KB128434

대통령을 보면 나라가 보인다

대통령학
Global Presidency

최평길 저

博英社

이 책을 소개하며

 1960년대 유학중에 미국 학계에서는 정치학, 행정학 등 정부학과 부분적으로 사회학, 경제경영학에서 지방정부론, 특히 중앙정부와 지방정부관계론, 대통령학, 후진국발전론이 심도 있게 연구거론되고 있었다. 저자는 물론 한국 발전에 초점을 맞추어 발전론 과목을 많이 수강하고 북한 정치행정발전 모형을 학위논문으로 삼았다. 이 과정에서 주위의 미국 학생들과 함께 정부학의 한 주류를 이루는 대통령학 저서와 논문을 도서관에서 찾아 읽고, 강의시간에 교수와 케네디 대통령이 쿠바에 설치하려는 러시아 미사일 저지에 관련한 백악관 위기관리 대응책을 다룬 사례분석 토론에서 대통령학 이론에 흥미를 가지게 되었다.

 헌법에 명시된 대통령 권한을 보면 실패할 대통령은 아무도 없을 것이다. 그러나 실제로 경제공황, IMF 체제, 지나친 이념경도로, 국민이 고통을 받고 사회가 불안해지는데, 이는 대통령의 국정관리능력에 의해 극복될 수도 악화될 수도 있다. 따라서 대통령의 리더십에 따라 경제공황 위기를 경기회복의 기회로 삼느냐를 경영관리 차원에서 관심을 가지게 되었다. 말하자면 대통령을 CEO로 보는 접근이 이뤄지기 시작한 것이다.

 미국에서는 1789년 제1대 조지 워싱턴 대통령의 취임 이후부터 2001년 제43대 조지 부시 대통령이 백악관에 입성한 지 212년이 되는 동안 대통령연구가 꾸준히 진행되어 왔다. 루즈벨트 대통령이 뉴딜 정책을 펴면서 미국 경제공황을 극복하고, 제2차 세계대전 직후 트루먼 대통령이 마샬 플랜을 수립하여 세계를 전쟁참화에서 벗어나도록 하였다. 레이건과 고르바초프 대통령은 자본주의와 공산주의 냉전체제 종식과 대량살상 핵무기전쟁 위협을 완화시키면서 대통령 리더십의 중요성이 크게 부각되었고, 대통령 연구는 본격적으로 진행되었다.

 그리고 탈냉전시대를 지나 시장경제가 유럽, 아시아, 미주 등 권역별에서 세계시장으로, 유럽과 대서양시대에서 아시아 태평양시대로, 초고속 정보화,

전자 정부와 신지식 산업사회로 변모되면서 국가경영 투명성과 개방경쟁이 자연스럽게 이루어지고 있다. 이런 변화와 도전의 중심에 대통령이 있게 되었다. 기업경영의 부침이 CEO 경영리더십에 의해 크게 좌우되듯이 21세기 정부의 성공, 국가의 밝은 미래는 대통령의 국정운영 리더십에 달려 있다. 그래서 대통령 연구는 지난 50년간에 심도 있게 다루어져 왔다.

최근 대통령 연구는 대통령 개인 리더십을 중요시하던 시각에서 대통령이 주위 참모, 각료, 소속 정당과 하나의 팀으로 예측 가능한 국정운영을 해야 성공한다는 시스템 또는 제도(Institutional Presidency)로서 대통령을 보는 관점에 무게가 실리고 있다. 여기에 국정관리지향 대통령이론(Managerial Presidency)이 주목을 받고 있다. 대통령실에 충성심과 전문성을 겸비한 참모 구성과 활동, 각료와 참모와의 협조, 전문 관료와 유기적 협력, 정부예산과 정책우선순위 선정, 법률 입안을 위한 의회와 원만한 관계유지, 국민에게 서비스를 전달하는 최적 효율성 유지, 지속적 정부기관의 활동 모니터, 언론과 시민단체와의 원활한 관계 유지는 대통령 국정관리 연구의 핵심이 된다.

최근에는 유능한 대통령은 선거전에 돌입하면서부터 통치의 비전 제시, 단기·중기·장기 정책구상과 그에 따른 유능한 보좌진 구성을 완료하고 그런 밑그림 속에서 신속히 정권 인수를 받아 취임 일 년 내에 파급 효과를 가장 크게 가져올 결정적인 정책부터 신속히 수행하는 준비된 대통령을 전략적 대통령(Strategic Presidency)으로 보는 이론도 제기된다. 이에 더하여 대통령 위상에 대한 역사적 정치철학, 법제도적 풀이, 대통령 리더십, 전략적 국정관리 능력도 포함하여 21세기를 이끄는 세계적 안목 속에 상생의 정책을 펴는 대통령을 세계화된 대통령(Global Presidency)으로 정의하고 싶다. 세계화 대통령은 다시 국민에게 안정된 복지 서비스를 제공하고 다자안보의 틀 속에서 세계평화와 사회의 안정을 유지하는 데 정보기술(Information Technology)을 연계하는 전천후 입체적 국정 기동력을 발휘하는 유비쿼터스 대통령(Ubiquitous Presidency) 역할모델을 모색하고 있다.

대통령 연구는 대통령 개인의 개성, 심리, 리더십에 연구관심을 두는 미시적 분석과 참모조직, 각료, 의회, 정당, 관료, 언론 등과 협조 속에 이루어지는 정책관리 체계에 비중을 두는 중범위적 접근, 그리고 대통령, 보좌진, 소속 정당의 이념성향과 역사적 맥락에 연구관심을 두는 거시적 분석이 상호연관을 맺으며 진행되고 있다. 이런 대통령 이론은 비교론 시각에서 문헌분석과 실증분석 때로는 계량분석으로 특정국가의 대통령 국정논리를 극복하고 예측 가능한 보편이론을 도출하려는 학문적 노력이 줄기차게 진행되고 있다.

한국에서 대학원 수학시절에는 조선실록에서 왕명 출납을 맡은 승정원(承政院)의 도승지(都承旨), 좌부승지(左副承旨), 우부승지(右副承旨)가 하는 일을 읽고, 경무대 시절의 대통령의 정책결정과정과 대통령에게 드리는 보고서 작성요령과 형식을 비서관을 인터뷰하여 정리도 해 보았다. 1981년에 청와대 경호실 요원에게 조직관리 이론을 강의하면서 청와대의 비서실과 경호실 운영에 관심을 가지게 되었고, 1981년에는 스페인·독일·영국·프랑스·이탈리아·미국·캐나다·일본·대만·태국·말레이시아 등을 현지방문 조사하여 대통령 또는 수상의 경호관리 실태에 대해 많은 것을 배우게 되었다.

또한 1990년대의 민주화와 정권 교체기인 1995년과 1997년 어간에 미국·프랑스 대통령실·일본·영국·독일 수상실 운영실태를 현지 방문으로 비교 관찰할 기회를 가졌다. 이어 실증조사를 기반으로 국내외의 학술저서를 읽고, 대통령, 비서관, 각료, 국회의원, 청와대 출입기자들을 면담하면서 그 결과물로 1997년 겨울에 「대통령학」을 집필하였다.

2000년대에 와서는 미국 대통령 선거전에서 민주, 공화 양당 대통령 후보와 참모진이 예비선거, 지명대회, 본 선거에서 활동하는 모습을 현지에서 참관하고 정리해 보았다. 또한 정권인수과정을 한국과 비교하고 관련 문헌을 좀더 체계적으로 분석하고 대통령 기념도서관 운영 실태를 둘러보면서, 2001년 가을에는 좀더 현실감각이 있는 이론으로 정립하고자 다시 대통령학 수정판을 펴내었다.

그러나 냉전 붕괴, 9.11 테러 이후 상황변화와 정보세계화 시대에 적응하려고 세계를 주도하는 국가들은 대통령과 수상의 국정운영시스템을 조직관리, 정보보좌기능, 언론홍보기능 강화 차원에서 기동적이고 효율성을 추구하는 정예주의로 탈바꿈하고 있다. 그래서 저자의 연구 팀은 2004년과 2005년에 G8 국가에 속하는 영국·독일·이탈리아·일본의 수상실과, 미국·프랑스·러시아의 대통령실을 방문하여 조직운영, 언론홍보 기능, 국가정보시스템, 테러와 경호 분야 담당 보좌관과 면담조사를 하였다.

국내에서는 박정희 대통령 이후 현재까지 대통령비서실장, 수석비서관을 초청하여 담론으로 청와대 국정관리시스템 디자인을 구상한 바 있다. 그리고 미국, 유럽에서 최근 새롭게 연구된 문헌과 저자 연구팀이 청와대 비서관 인터뷰, 전현직 청와대 출입기자, 대통령 언론공보비서관을 인터넷 설문조사로 대통령과 언론미디어와의 관계를 계량모형으로 정립하는 작업을 하였다. 그리하여 좀더 예측 가능하고 실제상황에 적용 가능한 대통령 이론을 정립하려고 새 대통령학을 저술하게 되었다.

대통령학을 연구하면서 느낀 점은 대통령은 혼자 하는 것이 아니고, 충성심과 전문성을 고루 갖추고, 역사의식이 있는 참모와 팀으로 국정을 운영한다는 것이다. 따라서 대통령은 국정운영시스템의 팀장으로 보아야 될 것이다. 그래서 대통령은 헌법 어떤 조항에도 없는 국정운영 비전 제시, 선거전략, 정권인수, 청와대와 내각 조직운영, 의회, 사법부, 언론과의 관계, 기자회견 기술 등에서 확실하게 공부하고 어느 정도 지식과 소양을 필요로 한다. 과거부터 현재까지 대통령을 관찰하고 세계화 시대에 경쟁력이 있는 대통령이 되어 국민을 고통 속에 빠지지 않게 하려면 대통령에 관련된 제왕학(帝王學)을 배워서 대통령인증제라도 주어야 될 것 같다. 또한 시스템 조직력으로 국정을 운영하는 대통령은 정치·경제·사회 갈등, 이해관계의 높은 격랑을 헤쳐 나가 잔잔한 물가로 안내하는 견인차, 조정자, 통합세력이어야 된다는 것이다.

마지막으로 대통령 국정관리시스템에서 주목할 변화는 내각제 수상실의 위상, 역할 강화로 대통령형 수상제로의 변화경향이다. 한편, 대통령 중심제에서는 의회의 폭넓고 깊은 국정개입으로 인해 대통령과 의회의 공동대통령제화 흐름으로 대통령제와 수상제에서 실질 국가경영 추진 메커니즘은 거리가 좁혀지고 있다는 점에 주의를 기울일 필요가 있다.

본 연구가 뿌리를 내리게 도움을 준 여러분을 기리게 된다. 미국·유럽·러시아·일본·한국을 대상으로 대통령학과 정부관리학을 연구하는 노승용·백정미·엄구호·박동석·이병철·박홍식·강용기·이종수·남기범·한승준·김현성 교수들이다. 박석희 사장·최승우 중령·홍영식·장원석 IT 팀장·형성원·임상근·김현석·이수홍·이영주·김민수 여러분에게 감사한다.

편집과 교정에 힘써 주신 박영민·최종석·장현철·이림경·김상민·도유나·허다혜·조현정, 그리고 강효지 대학원생의 노고에 고마움을 전한다. 또한 무더운 여름에 수고해 주신 박영사 편집부 여러분에게 감사의 마음을 전한다. 그리고 현지조사를 실시하도록 배려해 준 박관용·김광일·박지원·김우식 前대통령 비서실장, 서석재 前총무처장관, 주한 미국·일본·프랑스·영국·독일대사와 외교관들에게 고마움을 전한다. 또한 면담에 기꺼이 응해 준 김윤환·박관용·김광일·박지원·이상주·김우식 前대통령 비서실장, 비서관 그리고 대통령 재임 시와 퇴임 후에도 대통령 리더십과 업무수행에 대한 솔직한 심경을 대담으로 들려 준 전두환 대통령, 야당총재시절과 대통령당선 전후에 집중적으로 관찰하고 대화를 나눌 수 있었던 김영삼 대통령, 포철신화를 창조한 박태준 총리 등 여러 차례에 걸친 면담에서 경영철학과 국가경영전략을 들려 준 점에 대해 고마움을 표한다. 그리고 연구를 지원해 준 연세대학교, 포항제철, 현대, 선경, 삼성을 비롯한 여러 연구단체에 감사한다.

아울러 1995–1997년 사이의 현지조사에서 백악관 비서실장 토마스 맥라티(Thomas McLarty), 국가안전보장회의 사무차장 겸 안보수석실 비서관 앤드류 센스(Andrew Sens), 백악관 상황실장 짐 리드(Jim Reed) 대령, 일본 수상실 관방부 심의관 요시다 마사쯔구(吉田正嗣), 참사관 카츠노 겐스케(勝野堅介), 프랑스 엘리제궁의 행정실 차장 겸 수석비서관 삐에르 부스께 드 플로리앙(Pierre de Bousquet de Florian), 외무부 의전국장 다니엘 쥬아노(Daniel Jouanneau), 영국 수상관저 비서실의 정책실 보좌관 죠나탄 리스(Jonathan Rees), 수상 관방부 경제국장 빌 제프리(Bill Jeffrey), 로빈 웹(Robin Webb) 담당관, 외무부 아시아 심의관 죤 길란(John Gillan), 한국담당관 데이비드 퍼첼(David Purchall), 독일 수상실 정무수석비서관 롤(Hans-Achim Roll) 박사, 정무비서관 볼커 부세(Volker Busse) 박사, 정무비서관 귄터 비난드(Gunter Winands), 경제비서관 랄프 제프니크(Ralf Zeppernick), 외교안보비서관 볼리 마이어 바텐슈타인(Volly Mayer Bartenstein), 정보수석실 차석비서관 퍼터 스타웁바서(Peter Staubwasser) 등 여러분께 고마움을 전한다.

2004–2005년 어간의 대통령실·수상실 현지조사에서 바쁜 국정 스케줄을 잠시 접어 두고 심도 있게 면접토론에 응한 다음 분들에게 감사한다. 레이건

대통령 정무·인사보좌관 베키 노튼 던롭(Becky Norton Dunlop), 프랑스 내무부 보안차관 삐에르 부스께 드 플로리앙(Pierre de Bousquet de Florian), 부차관 쟝 프랑수아 클레어(Jean-Francois Clair), 경찰청 대테러본부장 쟝 프랑수아 렐리브아(Jean-Francois Lelievre), 총리실 정보위원회 사무총장 에두알 스캇 드 마틴빌(Edouard Scott de Martinville) 제독, 내무부 파견 대사 미셸 필홀(Michel Filhol), 경찰청 요인경호부실장 에실리 존스(Ashley Jones), 영국 내무부 국내보안부(MI5) 정부합동테러대책 팀장 엘런 펜리스(Alan Penrith), 관방부 정부합동정보위원회 실장 조나단 브루어(Jonathan Brewer), 외무부 대테러정책국장 필립 팔햄(Philip Parham), 수상관저비서실 공보관 존 프라트(John Pratt), 수상 경호관 샐리 버나타(Sally Benatar), 한영친선의원연맹 이사장 존 스탠리의원(John Stanley), 독일 수상 비서실장 보좌관 랄프 타라프(Ralph Tarraf), 언론홍보수석 컬스텐 벤트란트 박사(Kirsten Wendland), 정보수석실 보좌관 보르크 시만드(Volker Cimander), 루드비히 폰 트레츠코우 박사(Rudiger von Treskow), 이탈리아 수상 비서실장 안토니오 카트리칼라(Antonio Catricala), 차장 마시모 펜손타(Massimo Pensonta), 수상실 정보위원회 사무총장 에밀리오 델 메시(Emilio Del Mese), 인사예산 수석비서관 루이기 피온티노(Luigi Fioontino), 언론홍보 보좌관 치아라 라카바(Chiara Lacava), 러시아 외무부 신도전위협담당 부국장 울라지미르 안드레이예브(Vladimir V. Andreyev), 대통령직속 행정연구원 국제행정연구부장 앤디 마르굴린(Andrey Margulin), 행정연구원 국제협력센터 소장 울라지미르 콜로즈니코르(Vladimir Kolodnikor), 행정연구원 과학기술부장 발레리 바케헤브(Valeri Bakehev), 대통령실 안전보장회의 특별보좌관 아나톨리 코브시긴(Anatoly N. Kovsigin), 니콜라이 우스펜슬리(Nikolai N. Uspenslsy) 보좌관, 해외정보부 차장 빅터 넬루빈(Victor V. Nelyubin), 대통령 경호실 행정 부국장 와짐 추다코브(Vadim E. Chudakov), 일본 외무성 아시아 대양주 심의관 니시미야 신이치(西官伸一), 외무차관(면접당시 내각관방부장관보) 야치 쇼타로(谷内正太郞), 총리실 내각참사관 스즈키 마사키(鈴木正規), 외정참사관 하야시 하지메(林肇), 경찰청 경비국 경호실장 우시지마 마사토(牛山鳥正人), 경찰청 경비국 경비과장 보좌관 나기미쑤오, 국가안보위기관리 내각참사관 야마모토 타츠오(山本達夫), 외무성 동북아시아 부국장 코세이 무로타

(室田幸靖), 내각정보조사실 참사관 하야시 마나부(林學), 내각정보조사실 국제협력국 담당관 스즈키 미쓰오(鈴木三男), 수상관저 보도실장 쿠사카 마시치카(日下正周) 등 여러분이다.

　앞으로 본 저서는 계속 보완될 것이며 비교론 시각에서 저술된 대통령학 이론은 세계 모든 나라의 대통령실·수상실과 우리나라 청와대의 국정운영과 조직 관리의 효율성을 높이고, 정부·기업·대학·사회 조직을 이끄는 최고경영자와 경영 팀의 관리능력을 향상시키는 데 도움을 줄 것이다. 또한 국민 모두가 국가경영자 입장에서 대통령을 이해하길 바라며, 신세대 젊은이들은 다음 세대의 대통령을 준비하는 데 도움이 되기를 바란다.

2007. 7.

저자 서재에서

차　례

제 1 장　세계화 시대에 경쟁력 있는 대통령

제 2 장　대통령의 리더십

제 3 장　대통령 선거와 정권인수

제 4 장　대통령실의 국정관리 시스템 비교

제5장 비서실장, 수석비서관, 비서관의 역할

제6장 대통령 정보지원시스템 비교

제7장 대통령 경호시스템 비교

제8장 대통령의 국정 파트너

제9장 대통령 평가

표 차 례

《부　록》

그림 차례

세계화 시대에 경쟁력 있는 대통령

세계화 시대에 경쟁력 있는 대통령

1. 통치에서 국정관리 지향 대통령

정보 네트워크와 교통수단의 고속화로 세계가 일일생활권으로 묶이게 된 지구촌에는 아직도 쿠데타, 독재자 그리고 정당정치의 후진성을 그대로 간직한 채 허우적거리는 후진국가가 있는가 하면, 공산국가에서 시장경제체제로 전환하는 데 안간힘을 쏟는 동구권·러시아도 있다. 북한 역시 군사력이 최우선인 선군 정치에 경제력 회복을 차선으로 하여 개혁과 개방으로 강성 국가를 만들어, 고난의 행군을 통해 꿀과 젖이 흐르는 동방의 사회주의 가나안 땅으로 만들겠다고 연일 북한 인민을 독려하고 있다. 이와 함께 세계화 시대에 살아남기 위해 정치경제 구조조정에 전력투구하는 개발도상국도 있고, 신지식 산업을 기반으로 경제력 향상에 박차를 가하여 세계시장에서 계속 헤게모니를 장악하려는 선진국이 있다. 선진국이나 중진국 모두 세계화 시대에 살아남고 우위를 점하기 위해 국가경쟁력 향상에 안간힘을 쏟으면서 자기나라 물건을 팔기 위해서라면 대통령도 팔을 걷어붙이고 전용기에 기업인을 대동하고, 동계올림픽 유치를 관철하고자 직접 스키를 타고 나서는 등 세계 무한경쟁시대에 지구촌 모든 국가의 대통령들이 그 중심에 서게 되었다.

이러한 상황에서 사회과학이론은 정치권력의 정당성에 대한 연구 외에도 후진국에서 중진국으로, 중진국에서 선진국으로 도약하기 위한 관리 기술과 노하우 개발에 관심을 두고 있다. 그러한 관점에서 역사가 진행되는 동안 면면히 이어져 내려온 관련 이론들을 정부통치와 연관시켜 살펴보면 국가권력과 국민의 권리를 다루는 정치철학에 대한 연구가 주를 이루다가 최근에는 정당한 국가체제를 어떻게 관리하느냐의 문제로 초점이 옮겨가고 있다.

초기의 많은 이론은 국가존립의 정당성과 통치자와 시민과의 권력관계를 다루었다. 15세기 니콜로 마키아벨리(Machiavelli, 1950: 66-94, 252-300)는 이탈리아 플로렌스의 호족 메디치家의 로렌조공(公)에게 이탈리아 국가 통일의 기수가 되기를 바라면서 지도자의 자질을 이론적으로 정리해 주었다. 그는 로마 교황에 대항하고, 흩어져 있는 도시국가와 제후들을 하나로 묶어 이탈리아를 통일하여 공화정을 건설하려 하였는데, 이를 위해 강력하고 유능한 지도자의 필요성을 주장하였다. 강력한 지도자 밑에 강졸이 붙기 마련이므로 강한 지도자는 비록 자기 의사와 배치되어도 국민이 기뻐할 때 웃어 주고, 슬퍼할 때 울어 주어야 하고, 부하가 자신을 몹시 화나게 하는 조언을 하더라도 절대 흥분하지 말고 진실을 말하게 해야 한다고 하였다. 마키아벨리는 그의 「군주론」과 「2개의 제언」이라는 저서에서 훌륭한 정치제도는 역시 공화제이며 최고의 권력과 권위도 결국은 시민의 동의에서 나온다고 하였다. 계속해서 체제안정과 단결, 강력한 군사력으로 국가 생존을 유지하며, 종교도 국가 생존을 위해 활용하고, 온갖 상징조작도 국가 단결에 필요하다면 주저없이 사용하라고 주장하였다. 또한 지도자는 민주공화정을 확립하는 과정에서 필요할 때는 냉혹한 조치도 마다해서는 안 된다고 하면서 국가 건립에 있어 지도자의 현실적 리더십을 강조하였다.

마키아벨리가 국가건립과 지도자론을 내세운 이후, 국가는 시민이 계약으로 위임한 영역에서만 지도자가 활동할 것을 규정하는 논리가 나왔다. 시민은 태어날 때부터 모두가 동등한 권리를 지닌다는 천부인권(天賦人權) 사상을 바탕으로 만민의 권리를 보호하기 위해 위임받은 범위 내에서 국가 조직을 만들었다는 국가계약설의 주창자 토마스 홉스(Thomas Hobbes, 1588-1679)는 17세기까지 국가권력 행사와 시민의 자유 영역을 분명히 하려는 노력을 기울였다. 말하자면 국가론도 시민의 자유를 규명하고 군주가 휘두르는 권력공간을 규정하려는 통치권 차원에서 머물고 있는 것이다. 이어서, 루소(Rousseau, 1950: 82-109)는 계약론에서 국가를 개인 의사가 집합된 전체 의사로 파악하였다. 그래서 국가 조직인 정부가 개인 의사에 반대하는 행동을 할 때는 개인 의사가 합쳐진 시민전체 의지로 정부 지지를 철회하거나 정부를 전복할 수 있다고 보았다. 이러한 그의 사회계약론은 공화정부를 지향하려는 1789년 프랑스 혁명의 이론적 밑받침이 되었다. 한편 기원전 8-5세기 춘추전국시대에 순자(荀子)가 쓴 제왕편(帝王編)에는 "군왕은 배, 백성은 물이다. 그래서 바다인 백성이 군왕인 배를 띄운다. 그러나 군왕인 배가 수틀린 행동을 하면 바다인 백성이 포효하며 군왕인 배를 전복시킬 수 있다(군자주야 君子舟也, 서인자수야 庶人者水也, 수측재주 水側載舟, 수측복주 水側覆舟)."라는 구절이 있다(荀子, 帝王編, 모리야 히로시 저, 박화 역, 2004: 365).

다음으로 국가는 개인의 투표로 결정된다는 오늘날의 대의제 정치체제 골간을 만든 밀(John Stuart Mill)은 국가권력에서 시민의 자유를 보호하는 민주정부의 성격을 규명하기 위해 노력하고, 민주정부를 이끌 정부지도자를 선출하는 데 관심을 두었다(Mill, 1958: 69-84, 195-228).

19세기에 들어오면서 영국과 미국에서는 국민투표로 성립된 의회 민주주의로 정치적 자유가 보장되기 시작하였고, 반면 사회를 무산자와 자본가 계급의 대립 구조로 파악하는 마르크스(Karl Marx)의 이론에 입각한 러시아 등의 공산주의 국가에서는 공산주의 생산·분배 구조를 통해 경제적 정의를 쟁취하고 공산체제를 이끌어가야 한다는 무산자 헤게모니 논리가 국가 지배원리가 되었다(Engels, ed. 1967: 422-457).

이렇듯 20세기까지는 국가 관리의 노하우보다 국가 권력의 정당성 연구에 역점을 둔 통치차원 정치논리에 보다 무게가 실렸다. 즉, 정치적 자유와 경제적 자유가 균형을 이루는 정치사회체제를 달성하기 위한 논리가 현재까지 정치 실천 강령이 되었다. 이와 함께 정치적 자유와 시장경제 논리의 이념을 바탕으로 한 자본주의는 이념과 체제 발전에 적합한 지도자 선출과 관리운영에 주력하고, 경제적 평등의 극대화에 명분을 둔 공산주의 체제는 20세기 말까지 공산주의 유지와 공산당 간부 증원 및 관리운영에 역점을 두면서 발전해 왔다.

19세기와 20세기에 걸쳐 정치적 자유와 경제적 자유가 이념·체제 갈등 속에서 안정되기 시작하면서, 21세기로 접어드는 이 순간에 사유재산과 시장경제 체제 인정, 의회 민주주의 정착에 더하여 분배 정의의 실현으로 대변되는 진보적 자유민주주의가 정치적 정통성을 인정받고 발전하고 있다. 이러한 맥락에서 학문적으로도 국가 정치이념과 체제, 정치권력의 정통성에 관한 논리가 정립·발전되어 왔다.

　　그러나 열린 민주시민사회의 이념이나 체제도 중요하지만 그러한 정통성 있는 정치경제체제를 어떻게 운영·관리하느냐의 문제 또한 매우 중요하다. 국가 간 무한경쟁에서 살아남는 비결은 변화에 적응하고 능동적으로 개혁을 이루어 나가며 탄력적으로 자기 변신을 거듭하는 사고와 그러한 아이디어를 효율적 관리운영 시스템에 연결시키는 것이다. 오늘의 시대를 국가경영의 시대라고 한다. 국가경영시대란 토마스 모어가 말한 이상향을 건설하는 국가로부터 자원을 효율적으로 동원하여 국민에게 값싸고 질 좋은 서비스를 제공하는 관리국가로의 변신을 의미한다(Wilson, 1897: 197-220; Waldo, 1949: 128-131). 무한경쟁에서 살아남아 세계에 기여할 수 있는 초일류국가를 만들고 그러한 국가를 만드는 일등시민이 되기 위한 결정적인 요소는 최고 지휘 통제부인 대통령·수상실과 관련한 정부기관이 경쟁력을 갖추고 효율성과 책임성을 균형 있게 실현하는 행정국가(Administrative State)로 변신하는 것이다(Waldo, 1984: 186-196, 199-204). 따라서 대통령도 효율적 국정운영으로 실적을 창출하여 국민에게 만족스러운 서비스를 전달하는 데서 통치의 정당성을 찾아야 할 것이다. 대통령은 통치자로 군림하는 국가수반이 아니라 공익을 국민에게 가장 만족스럽게 전달하는 정부라는 기업의 최고관리대표(Chief Executive Office: CEO)이다.

2. 대통령 연구 내용

　　본서에서는 대통령중심제에서 실질 권한을 가진 대통령과 내각책임제에서 실질적 권한을 행사하는 수상을 같은 권한 차원의 국정 중심에 위치시켜 대통령으로 규정한다. 정치체제와 제도의 차이는 있지만 국정운영의 최고관리자(Chief Executive Officer)라는 의미에서 그렇다. 따라서 본문에서 국가별로 논의를 진행할 때 일반적인 논의에서 수상이라는 표현보다는 대통령이라는 표현을 주로 쓰게 되는데, 이 경우에도 대통령이라는 표현 안에 수상도 같이 포함된다.

　　국정최고의 위치에 있는 대통령을 이해하려는 분석 내용은 우선 거시적 차원에서 대통령을 바라보고 인식하는 정치철학관이다. 대통령을 헌법에 명시한 국가원수, 행정부 수반, 군 최고 통수권자로 보는 법 제도 차원에서 볼 것인가, 아니면 최고 권력을 행사하는 정치인으로 볼 것인가 하는 것이 그것이다.

두 번째 대통령과 관련해서 중요한 연구내용이 될 수 있는 것이 대통령선거(presidential election)이다. 대통령은 선거에서 당선되어 국민의 대표로서 국정운영을 하게 되는데, 선거라는 과정을 거쳐 대통령 자신의 국정운영 비전과 정치철학 등을 밝히게 되고 처음 국민과 대면을 하게 된다. 선거과정은 나라마다 차이가 있기는 하지만 당 대회에서 후보 선출, 본 선거과정을 통한 투표 등은 대통령제에서 거의 공통된 절차이다.[1] 반면 내각제에서는 국회의원 선거에서 원내 다수의석을 차지하는 당에서 선출된 대표가 수상이 된다.[2] 그러나 선거과정마다 전략이 있고 후보와 당에서 내거는 비전, 정책의 매력, 여론 조사와 득표전략 수정, 조직력, 자금 동원력, 언론 방송매체와 인터넷 활용은 선거 승패를 판가름한다.

세 번째, 이런 선거 과정을 통해 선출된 대통령은 정권인수 과정을 거쳐 대통령에 취임한다. 국정운영은 대통령을 주축으로 한 비서실, 내각으로 구성된 행정부, 그리고 소속 정당, 의회, 시민단체, 외국정부, 국제기구와의 상호관계에서 시민에게 최대의 서비스를 제공하는 데서 시작된다. 그러므로 정권인수 과정에서 대통령 당선자는 비서실, 행정부, 의회와의 협조 속에 중요 정책의 우선순위를 결정하고, 충성심과 전문성을 갖춘 인사 기용 준비, 즉 인사원칙을 설정하고 실제 기용하고자 하는 인사에 대한 철저한 검증과 더불어, 대통령 당선자의 국정운영을 효율적으로 달성하기 위해 조직을 어떻게 구성할 것인가에 대한 신중한 검토가 이루어져야 한다. 이는 대통령뿐만 아니라 어떤 조직이라도 조직에 들어가서 비전을 설정하고, 같이 일할 사람을 꾸리고, 일을 하기 위한 조직을 꾸리는 것은 가장 기본적으로 이루어져야 할 사항이다. 이것이 제대로 이루어지지 않았을 경우 실질적으로 일을 수행하는 데 있어서 많은 걸림돌

---

1) 미국의 경우는 더 복잡한 과정을 거치게 되는데 예비선거, 전당대회에서 후보지명, 본 선거의 과정을 거치게 되고 우리나라는 전당대회에서 후보선출, 본 선거과정을 거친다.

2) 그러나 최근 영국과 일본의 경우 다른 선거 형태를 보이고 있다. 예전에 비해 수상 개인에 대한 이미지 선거 형태가 최근 두드러지게 나타나고 있는데, 특히 영국의 블레어 수상과 일본의 고이즈미 수상이 그 대표적인 예다. 이는 대통령제의 대통령 선거에서 주로 나타나는 현상으로 이를 수상의 대통령제화(presidentialization)라는 표현으로 설명하는 연구들이 존재한다(Jones, 2001 :1017-1018; Krauss, 2005: 357-368; Thomas and Paul, 2005)

로 작용하게 된다. 따라서 정권인수 과정은 대통령 당선자가 취임 후 국정목표를 달성할 수 있는 기반을 마련하는 기초 작업이라 할 수 있다.

다음으로 실제 대통령 취임 후 국정운영 과정이 중요한데, 국정운영 과정에서 고려되어야 할 것은 먼저, 대통령과 대통령을 둘러싼 참모조직이다. 이는 충성심과 전문성을 갖춘 인물을 기용하여 임기 내에 업적 창출을 극대화하는 제도적 차원의 전략관리대통령(institutional-strategic-management presidency)으로서 중범위 연구에 해당한다. 그리고 국정운영과정에서 고려되어야 할 것은 대통령을 둘러싼 제 조직들과의 관계이다. 의회(여당, 야당), 사법부, 행정부, 언론, 시민단체, 국민과의 관계는 대통령의 국정운영에서 빼 놓을 수 없는 중요한 영역이다. 이러한 제 조직들과의 관계는 거버넌스 차원에서도 매우 중요하다. 이러한 조직들과 어떠한 관계를 형성하느냐에 따라 대통령의 국정운영의 성패를 좌우하게 되기 때문이다. 이는 대통령의 비서실 조직운영 관리시스템, 대통령을 둘러싼 제 조직들과의 관계에 대한 중범위 차원의 제도적·시스템적 접근에 해당한다.

이와 함께 중요한 것이 대통령의 리더십이다. 팀워크로 국정을 수행하는 대통령의 리더십은 어떤 것이며 어떻게 습득되는가? 대통령의 자아형성, 개성과 리더십은 어떤 관계가 있고 이념성향과 정책표출에 주는 영향은 어느 정도 인가를 밝히는 미시연구도 대통령의 연구에서 빼놓을 수 없는 중요한 내용이다.

이렇듯 대통령 연구 영역은 대통령에 대한 정치철학관, 리더십, 선출과정, 정권인수과정, 비서실과 행정부를 중심으로 정책을 도출하고 집행하는 정책관리, 비서실 조직구성과 운영원리, 의회·사법부·행정부·언론·시민단체·국민과의 관계 등을 포함한다. 또한 세계화 시대에서 각 국가는 세계의 정치·경제·문화로부터 자유로울 수 없다. 특히 정치현상은 더욱 그러하다. 따라서 국제기구, 외국 정부와의 관계 또한 대통령 연구에 있어서 매우 중요하다.

따라서 본 저서는 이러한 대통령과 관련된 영역들을 중심으로 전개된다. 그 내용은 대통령 개성과 리더십, 대통령을 중심으로 한 정책수행·국정관리 및 대통령에 관한 정치철학, 대통령선거, 정권인수, 국정운영과 관리의 순서로 이루게 된다. 국정관리와 관련해서는 비서실 조직관리 시스템과 대통령 참모의 역할을 다룬다. 다음으로 거버넌스 차원에서 대통령을 둘러싼 조직 행정부, 의회, 사법, 시민단체, 언론과의 관계를 다룬다. 그리고 대통령을 둘러싼 정보와 경호에 대한 연구를 첨부하였다. 마지막으로 대통령 퇴임 후의 대통령 역사기록물인 대통령기념 도서박물관에 대한 내용을 대통령 평가 차원에서 다루었다.

3. 대통령 연구 접근법

1985년 소련 공산당 중앙위원회에 의해 최연소 정치국원으로서 당 총서기와 대통령에 추대된 미하일 고르바초프가 '페레스트로이카'라는 정치적 상징조작을 통해 공산당 체제개혁을 시도할 때 이미 동·서 이데올로기 경쟁과 냉전체제는 종말을 고하는 서곡이 시작되었다. 1989년 동·서독 통합, 동구 국가의 시장체제로의 전환은 세계질서의 밑받침이 상대적으로 군사안보 역량에서 경제력으로(from military security capability to economic capability) 바뀜을 상징하는 것이었다. 통일독일을 중심으로 한 유럽 권역과 그들의 주력 통화인 독일 마르크화, 일본을 주축으로 하는 아시아·태평양 지역과 이 지역의 일본 엔화, 그리고 미국을 축으로 한 남·북미권과 달러화가 세계질서의 3대 축이며 그 원동력은 마르크, 엔, 달러화로 대별된다. 따라서 이들 경제권은 물론 그 경제권에 속한 국가들은 저마다 이념체제 경쟁의 명분론과 관념적 유희에서 벗어나 생존을 위한 체제행정관리, 경제경영관리에 국력을 집중하고 있다. 세계무역기구(WTO) 출범은 지역경제권과 지역 국가의 더욱 강력한 경쟁을 유발하고 있고, 이러한 정세 변화와 더불어 첨단과학기술(high technology)을 기반으로 한 경제력을 얼마나 보유하고 있느냐가 세계 일류국가로 생존할 수 있는가의 가늠자가 되고 있다.

이 같은 생존경쟁은 국민, 정부, 기업, 사회의 전체적인 노력에 달린 것이지만, 각국 정부의 활동을 볼 때 국가 최고지도부에 생존의 명운이 걸린 것이라 할 수 있다. 그리하여 대통령중심제인 국가에서는 대통령, 내각책임제 국가에서는 수상의 조직 및 정책관리에 현실과 이론의 양 측면에서 관심을 기울이고 있다. 학문적으로도 국가 최고지도부인 대통령이나 수상의 권력 정당성과 민주성에 연구의 초점을 두던 것에서 대통령과 그의 막료조직인 비서실, 수상

과 수상부 비서실 조직, 각료, 의회, 사법부, 언론, 시민단체와 연관지어 정책
수행의 관리전략과 기법개발에 관한 연구로 그 방향이 전환되고 있다.

  앞으로 국가 최고지도부인 대통령실과 수상실의 조직정책관리 개선과 생
산성 극대화가 국가생존의 관건이며, 정부 경쟁력의 세계화 지표가 될 것이다.
이러한 정책연구의 일환으로 이미 미국에서는 대통령학 관련 학술지
(Presidential Studies Quarterly)가 나올 정도로 학문적 연구가 진행되었고, 이
러한 연구 결과는 공화당과 민주당에 의해 백악관 정책관리에 실무적 정책참고
가 되고 있다.

  이런 맥락에서 대통령의 실체를 밝히는 요인이나 변수를 개별적으로 또는
상호관계를 정확히 설명하는 검증가능하고 설득력 있는 대통령이론 정립이 필
요하다. 이런 설득력 있는 이론은 미래를 어느 정도 예측할 수 있어야 하고 소
망하는 내용은 정책으로 실현하고, 바람직하지 않은 요인은 사전에 제거하는
통제기능도 제공해야 될 것이다(최평길, 1996). 설명력, 예측력, 통제기능을 고
루 갖춘 대통령이론을 정립하기 위해서 유효한 방법론의 체계적 응용이 필수적
이다. 대통령연구는 대통령을 개인수준에서 보는 미시적 접근, 선거, 정권인
수, 대통령과 참모, 정부핵심 조직, 정책관리를 한데 묶어 제도와 전략 정책으
로 다루는 중범위적 접근, 그리고 대통령과 집권 정당이 지향하는 이념과 정책
비전을 다루는 거시적 접근으로 나눌 수 있다. 또한 역사맥락, 문헌분석으로
대통령 실체를 정당성 · 규범성과 연계하여 이론정립을 시도하는 전통적 규범
론적인 연구와 변수를 추출하여 측정과 검증으로 이론을 도출하는 실증연구가
있다. 그러나 대통령 연구에서 현장 검증의 실증성만으로 설명할 수 없는 부분
에는 기존의 문헌 이론, 역사적 특수성을 찾아보고, 대통령 실체 내면에 존재
하는 요인도 분석하는 구조맥락, 해석학 지혜도 동원하여 정책도출 지향의 접
근법도 아울러 활용할 수 있다. 그리하여 미시, 중범위, 거시접근에 문헌 역사
전통이론, 실증론, 해석 구조 이론을 한데 투영한 분석망으로 대통령 연구의
종합적 접근이 가능하다.

  미시적인 접근에서 주 연구대상으로 대통령 개인 수준의 성격과 개성
(personality), 리더십(leadership)을 들 수 있다. 문헌분석 등을 통한 역사적 맥
락 하에서 혹은 관련 변수의 실제 측정을 통해 대통령 내면의 세계를 찾아 정

책대안을 모색하는데, 여기서 중요하게 다루어지는 것이 대통령 개인 수준의 개성과 리더십이다. 대통령 연구자들은 흔히 연구방법과 영역을 연계하여 법제도 접근, 심리 개성 연구, 권력분석, 정책도출 지향접근으로 나누면서, 대통령의 개성과 심리를 국가경영 리더십과 연계하여 분석한다(Hargrove, 1993: 73-74, 76-90). 개인으로서 형성된 가치, 인식태도, 인격, 자질, 심리, 기량, 본능 등을 포함한 성격이나 개성이 정치 활동에 투영된다는 것이 그 논리이다.

정치활동에 영향을 주는 대통령 개성을 정치 성격이라 할 때, 대통령의 정치 성격은 통치비전, 정책의 이념성향, 그리고 정책을 집행할 행정 스타일과 국정운영 방식에 영향을 주게 된다. 50년대부터 21세기 여명을 여는 이 순간까지 미국에서 전개된 대통령학 연구를 보면 미시적 접근법으로 대통령의 개성·심리·리더십 스타일을 주로 연구되어 왔다. 바버(Barber, 1972)는 대통령과 수상의 인간품성과 이념성향, 정책개성, 리더십 스타일이 국정운영에 결정적 요소로 보며, 드러커(P. Drucker)나 샤인(E. H. Schein)은 대통령 국정운영에 기업경영 리더십을 적용시키고 있다(Hesselbein, Goldsmith, and Beckhard, ed. 1996: vi, 99-130, 175-220, 249-272).

대통령과 수상이 창출한 업적을 종속변수로 하여 업적을 쌓아 가는 원인 제공의 독립변수로 대통령과 수상의 국민 인기도, 당선 득표율, 의회 지지도, 집권당 장악력, 각료와 보좌진의 규모, 팀워크 정도, 정부 정책집행의 효율성, 달성된 정책규모, 국민의 정책수혜 만족도, 대통령·수상의 개성과 스타일, 건강, 임기보장 정도 등을 들어 회귀모형으로 계량측정을 시도하는 연구도 있다 (Light, 1993: 166-182; King, 1993: 419-446)

현실 정치에서 대통령의 위치가 상대적으로 안정적이고 임무 수행에 여론이 호의를 보이는 정치여건이 좋은 상황에서는 정치력이 향상되고, 불안정한 정치여건에서는 양보와 타협도 패배로 간주하는 피해의식 속에 낮은 수준의 정치력을 보인다. 구체적 예로서 외조부와 아버지가 목사이며 미국 대통령 역사상 유일한 정치학 박사로 변호사, 교수, 대학 총장, 주지사를 역임한 노벨 평화상 수상자인 윌슨(Woodrow Wilson) 대통령은 도전 불가능한 권위주의적 성격을 띤 목사였던 외할아버지와 아버지 공간에 자신을 위치시켜, 자기에게 비판적인 정치인이나 비판적으로 제시된 의견은 도전으로 보아 수용을 거부한 경우가 특히 집권 후반기에 심했다. 오만과 자기 과신으로 협상을 패배로 간주하고 비판은 권위에 대한 도전으로 보는 정치적 피해의식과 불안정한 자기방어 심리로 인해 함량 미달의 정치 협상력을 보여, 일차 대전 직후 자신이 주창하고 세계가 찬성한 국제연맹 협약안이 상원에서 거부된 것이다. 정치 심리학자들은 윌슨 대통령의 심리 전개 수준을 세 단계로 나누어 보는데, 자기보존과 자아존중의 본능이 형성되는 초기 수준, 형성된 자기존중 유지에 대한 불확실과 불안정이 증폭되는 두 번째 수준, 불안정 심리가 절대자 같은 아버지와 권위적 관계를 형성하는 세 번째 수준으로 되어 있다. 이런 성격과 개성 심리형성이 대통령 국정수행에 그대로 반영된다는 것이다.

한편 대통령의 성격과 관련하여 보면 가정, 교육, 직장, 대인관계, 자기 수련을 토대로 내성적 혹은 외향적 성향, 직관적 혹은 이성적 판단을 선호하는 정치성향으로 분류한다. 또한 대통령 직무확대와 관련하여 긍정적·부정적 성향, 업무추진과 관련하여 적극적 혹은 소극적 성향으로 분류하는 연구도 존재한다. 이런 대통령 개성과 심리는 개인적 리더십과 연결되고, 대통령의 리더십은 제도화된 합리적·전략적 팀워크 위주의 세계화 시대의 국가 경영 리더십이론으로 발전시킬 수 있다.

중범위 차원에서는 대통령의 권력 행사 정당성도 중요하지만 정당한 권한을 어떻게 운영·관리하느냐가 더욱 중요한 이슈가 되었고, 기업의 '총체적 품질 관리기법(TQM; Total Quality Management)'이 국가 최고관리자 집무 체계에도 적용되기 시작하고 있다. 피프너와 쾨니히 등의 행정관리학파는 대통령제를 헌법과 의회, 사법부, 정당, 백악관 조직과 정책결정 과정으로 보는 중범위 시각에서 이론화하였다. 같은 맥락에서 유럽의 헤네시(Peter Hennessy)는 여왕과 수상, 하야오는 일본 수상과 각료관계를 정책형성과 집행과정에서 다루면서 수상과 각료론을 정립하였다. 중범위 수준의 대통령 연구는 대통령의 리더십을 조직리더십으로 발전시키는 과정, 선거 전략, 정권 인수단계와 대통령 비서실 조직과 인선, 정책우선 결정, 집행을 원활하게 하는 내각구성, 정책 모니터링과 협조·의회·사법부·언론·시민단체 그리고 외국정부 및 국제기구와의 관계에 대한 것이다.

리더십이 지도자가 설득과 타협으로 조직 구성원의 동의를 얻어 목표를 설정하고 조직 구성원이 전력을 다해 목표를 성공적으로 달성하는 영향력이라 한다면, 대통령 리더십이란 대통령 자신의 정책과 소속 정당의 정강 정책을 국민에게 보이고 지지를 획득하며, 참모·내각·의회·외국정부와도 타협과 협조로 갈등을 해소하여 국민에게 정책 서비스를 만족스럽게 제공하는 능력을 의미한다. 따라서 대통령의 리더십은 개인적 리더십도 중요하지만 대통령 보좌진, 행정부, 의회, 언론과의 상호관계에서 국정을 수행하는 능력을 대통령의 제도 또는 조직 리더십이 매우 중요하다. 여기서는 역사적 맥락과 문헌조사, 조직적 리더십의 변수측정, 리더십 훈련이 중요 연구 기법이 될 것이다 (Sinclair, 1993: 204-220). 대통령의 리더십은 대통령에 당선되어 대통령 보좌조직을 가동하고 정책을 달성하는 데서 진가를 발휘한다.

또한 선거과정과 전략에 대한 연구는 선거제도에 대한 연구와 함께 대통령 연구에서 중요하다. 후보자 위주의 선거, 정당조직 중심의 선거, 선거에 관한 언론 방송 매체 상대의 정책 선전 선거, 여론조사, 선거자금 모금 등 선거에서 승리하는 변수 분석과, 선거전략 마련과 관련하여 문헌조사, 현장 면접, 그리고 실증조사가 이루어질 수 있다(Aldrich, 1993: 30-57). 선거에서 승리하는 순간 정권인수와 대통령 보좌 조직, 참모 충원, 정책 우선순위, 정부와 언론 그리고 시민단체와의 협조는 성공하는 대통령의 관건이 되어 대통령 연구의 핵심이 된다.

충성심과 정책 전문성을 갖춘 대통령의 참모진 구성, 선거에서 공약한 정책의 우선순위 결정, 취임 첫해에 달성해야 하는 전략 정책의 선정과 집행, 적정수준의 내각규모, 총리 또는 부대통령과의 관계설정, 수상과 부수상의 업무분담은 국민의 여론과 전통적 관행에 따라 결정되거나, 업무의 증대에 따른 실증 분석과 전문가의 조직진단 접근으로 이루어진다(Hult, 1993: 112-115).

대통령이 조직리더십을 발휘하여 적실성 있는 정책을 달성하여 국민이 만족하는 서비스를 전달할 때에 성공한 대통령이라 부른다. 따라서 정책성공은 선거에서 득표율, 의회지지, 국민 지지도, 참모진의 팀워크, 정책결정과정의 투명성, 전문성, 그리고 효율성, 행정부의 추진력과 효율성, 정책 산출물의 질과 수량, 국민 만족도, 대통령의 리더십에 달렸다고 본다.

마지막으로 대통령연구에서 시도되는 거시적 접근법은 대통령과 집권정당이 지향하는 이념성향과 정치권력을 분석하는 것이다. 거시적 정치차원에서 대통령의 권력을 규명하는 뉴스타트(Richard E. Neustadt)를 중심으로 한 일련의 학자들은 정치권력의 원천, 행사방법과 대통령 업적 창출의 역사성을 주로 연구하였다. 대통령은 타협과 설득으로 합의 도출을 이끌어 내는 전략차원의 정치력을 발휘하고, 전문가를 규합하여 정책을 집행하는 기술차원의 전문성을 동시에 구비하여 다음 세대에 유산으로 업적을 남겨야 하는 국정 패러다임을 역대 대통령 사례분석으로 정립하였다. 정치이념은 세계사의 흐름에서, 한 국가의 역사맥락에서 전통, 가치, 그리고 시대상황을 이해하면서 형성된다. 많은 문헌분석과 전문가의 담론, 국민의 의식조사, 한 시대의 철학 사조 모두를 체계적으로 융합한 기반 위에서 정치이념은 형성된다. 또한 대통령의 개인적·제도적·전략적 리더십과 맞물려 대통령의 권력원천, 그 규모, 권력 행사의 정당성이 연구의 관심이 된다.

　이와 관련하여 헌법에 명시된 대통령의 권한만으로도 대통령은 이미 충분한 권력을 갖고 있고, 그 명칭이 의미하는 공식 직함, 정부 권위, 위엄, 정치전문가로 대통령의 권한 행사에 정부 관료는 복종하고 시민은 순응해야 한다는 논리가 존재한다. 그러나 대통령 권력은 헌법규정, 공식 권위보다는 타협과 협상에서 오는 설득과 합의 도출에서 나오며 권력 정당성은 유지된다는 입장도 있다(Neustadt, 1990: 32-50, 190-192). 아울러 대통령 권력을 회귀분석모형으로 측정해 보려는 시도가 있으며, 측정변수로 헌법에 보장된 임기, 국회 입법 거부권, 직접 혹은 간접선거, 집권당의 지도자 역량, 의회에 끼치는 영향력, 대통령실의 참모진 규모, 임명권의 심도, 행정부 규모, 관료통솔력, 대통령에 대한 국민의 존경과 지지도 등이 있다(King, 1993: 414-420). 현재까지 전개한 연구영역과 접근법을 다음 도표로 정리할 수 있다.

　한편, 대통령 연구를 투입-전환-산출-환류 과정의 시스템 접근법으로 조망할 수도 있다(Easton, 1965: 37-40, 85-100, 343-360, 430-460). 국내외 상황에 적절히 대처하는 정책 투입이 이루어지고, 대통령 비서실 내에서 전환이 이루어진다. 정책을 달성해야 하는 전환과정에는 대통령실의 조직과 보좌진 충원, 각료구성, 정부 간 협조와 조정, 정책순위 결정과 집행, 대통령의 조직 전략, 세계화 리더십이 포함된다. 전환 과정에서 실현된 정책은 선언적 시혜와

[표 1-1] 대통령연구 분석체계(Framework, Flow of Analysis Flow)

분류	규범적 분석 (Normative Analytical Analysis)	실증분석 (Empirical Analysis)	종합 해석적 정책 분석 (Electic Hermeneutic Policy Assessment)
미시 접근	• 대통령 개성과 심리 • 개인적 리더십	• 대통령 성격형성 • 리더십 요인 분석	• 대통령 리더십 습득 방법
중범위 접근	• 법 제도, 관리, 전략 • 세계화 리더십 • 참모진, 각료, 의회, 사법부, 관료, 언론, 시민단체, 외국 정부와의 관계, 정책수행력	• 선거전과 정권 인수단계 • 조직리더십 요인 분석 • 대통령부 적정 규모 설정 • 정책 우선순위 결정 • 충성심과 전문성에 입각한 참모진 충원 기준 설정	• 조직 제도 리더십, 전략 관리, 세계화 리더십 습득 훈련 • 정부 간 조정 협력 최적 모형 설정 • 정책 우선 순위 결정 기준 • 정책 집행 모니터링 체계
거시 접근	• 대통령 국정 비전과 이념의 전통, 역사성 분석 • 세계사상 조류에서 국정 비전과 이념 조망	• 대통령 정치 리더십 요인 분석 • 정치권력 구조와 변수 측정권력 변수 체계화	• 담론, 정책분석으로 예측 가능한 대통령 국정수행 체계 모형 정립

실체가 있는 업적으로 나누어지고 적기에 시민에게 정부 서비스로 전달된다. 그러한 정책에 대한 시민의 만족도에 따라 대통령에 대한 지지도는 변하고, 만족할수록 시민 지지를 기반으로 대통령의 국정수행 능력은 강화되며 국가 정통성은 뿌리를 내리고 국가는 성장하게 된다고 한다.

그리고 대통령의 정치 이념, 정책수행, 조직관리, 의회, 사법부, 언론, 시민단체, 국제기구에 대한 체계적 접근과 함께 종합적 비교분석을 시도하는 것이 대통령학 이론 정립에 필요하다.

본 저서는 대통령과 수상을 모두 최고국정관리자라는 시각에서 다루는데, 이는 정치권력이라는 측면보다는 국정관리와 국정운영이라는 측면에 초점을 맞춘다. 최근 내각책임제를 채택하는 국가들에서 나타나는 현상 중에 하나가 수상의 대통령화(presidentialization)이다. 이는 수상의 역할과 이미지가 기존의 내각책임제 국가에서 보이던 것과는 달리 대통령제의 대통령처럼 리더십이

[그림 1-1] 대통령 연구의 시스템 접근

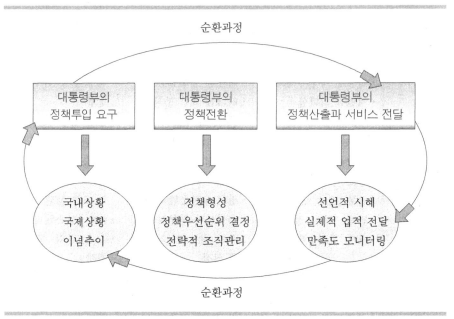

강화되고 역할이 확대되었음을 나타내는 것으로, 특히 영국의 블레어 수상과 일본의 고이즈미 총리에서 두드러지게 나타난다. 이는 다시 곧바로 수상 및 총리를 보좌하는 보좌기구의 강화로 이어졌다. 따라서 대통령제의 대통령과 내각책임제의 수상의 역할과 이미지가 수렴되는 것으로 보고 수상도 이러한 차원에서 다루어진다. 따라서 대통령중심제인 미국 백악관, 러시아 크렘린궁, 한국의 청와대와, 대통령중심제이면서 이원집정제인 프랑스 엘리제궁, 내각책임제인 일본의 관방, 영국수상 관방부와 다우닝 10번지 수상 비서실, 독일 수상비서실, 이탈리아 수상실에 대한 분석을 시도한다.

　대통령중심제에서는 대통령, 내각책임제에서는 수상이 국정을 운영하는 중심축으로 하여 국가별로 상이한 정치문화, 정치제도, 행정관행 속에서 비교분석을 시도하여 예측 가능한 보편 이론을 도출할 수 있다(Lijphart, 1992; Rose and Suleiman, 1980; Weller, 1985). 이는 순차적인 현지방문조사와 인터뷰, 문헌분석으로 이루어진다.

　본 저서는 미국, 러시아, 한국, 프랑스, 일본, 영국, 독일, 이탈리아 8개 국

가의 대통령과 수상의 리더십과 국정운영시스템을 비교분석하였으나 몇 부분
(특히, 리더십, 선거와 정권인수)에서는 몇 국가로만 한정되어 있다. 이는 이후
지속적인 연구를 통해 보완될 것이다.

제 2 장

대통령의 리더십

1. 대통령에 대한 정치철학적 관점

헌법은 '국가를 대표하는 국가원수, 그리고 국정운영의 책임자인 행정수반'으로서 대통령을 규정하고 있다(제66조). 이러한 공식적인 규정과 별도로 대통령을 어떻게 바라볼 것인가, 즉 대통령의 역할은 무엇이고, 대통령이 갖는 의미는 무엇인가에 대한 질문은 대통령에 대한 정치철학적 관점으로 설명될 수 있다. 대통령을 보는 관점은 불변의 것이 아니라 역사적 상황, 시대적 상황에 적응하고 대처하는 역할변화에 따라, 그리고 대통령에 대한 의식변화에 따라 해석이 달라진다.

일인 권력 장악론

대통령은 일인 권력장악자 모델로 설명될 수 있다. 이는 미국의 초기 대통령에 대한 해석으로 한 사람의 자연인이 선거를 통해 당선되어 국가의 상징적 원수이자 행정부를 관리하는 권한을 국민에게서 부여받은 권력자가 된다는 개념이다. 미국 독립 선언서 작성과 헌법 초안에 참여하고 후에 대통령이 된 매디슨(James Madison), 제퍼슨(Thomas Jefferson)이나 해밀턴(Alexander Hamilton)은 "대통령은 여러 사람으로 구성된 위원회도 아니고 그렇다고 군주도 아니다. 다만 국민의 뜻을 따라 선출된 임기가 한정되어 있는 한 사람이어야 한다"고 하였다(Thach, 1989: 151-155). 내각책임제에서도 세습제로 즉위된 국왕이나 여왕, 또는 간접선거로 당선된 대통령은 국가 통합의 상징적 원수일 뿐 행정부를 이끄는 수상이 실질적 권력자이다.

미국 헌법 제 2 조 1 항에는 "행정권(Executive Power)은 대통령에게 있다."

2항에는 "대통령은 군 최고사령관이며, 상원 동의를 얻어 조약 체결권, 각료 임면권을 가진다."라고 명시되어 있다. 한국 제1공화국 초기헌법 제51조에는 "대통령은 행정권의 수반이며, 외국에 대하여 국가를 대표한다."고 규정하고 있고, 이 규정은 7번의 헌법 개정 과정에서도 부동의 조항으로 남아 있다.[1] 영국의 수상은 행정부 수반이며 여왕의 승인으로 각료 임면권과 조약 체결권을 가진다고 불문율로 관례화되어 있다. 독일 기본법 65조에는 수상은 "정부의 정책 지침 결정권과 집행에 책임을 진다."라고 명문화되어 있다. 또한 "수상은 의회에서 통과되고 대통령이 승인한 정부 절차법에 따라 각료회의에서 의견을 조정하고 연방정부 업무를 관장한다."라고 규정하고 있다. 한편 프랑스 대통령은 직접선거로 선출된 임기 5년의 연임 가능한 대통령이다. 그는 정부 권력보유자들 중에서 최고 조정자이며 국가 계속성의 보장자 위치에 있다. 그리고 수상과 각료 임면권을 가지고 수상과 양원 의장에 자문한 뒤에 국민의회인 하원을 해산할 수 있다(제5공화국 헌법, 5조 1항, 8조, 10조, 12조 1항, 68조 1항). 그리하여 의회에서 다수결로 선임된 총리를 임명하고 행정부를 지휘·감독하며, 군 최고 통수권자로 의회의 동의를 얻어 조약 체결권을 가진다. 일본 헌법 65조에는 "행정권은 내각에 있고 내각은 집단적으로 의회에 책임을 진다."는 규정이 있다. 그러나 66조와 68조에는 "수상은 내각의 수반이며 각료 임면권을 가진다."고 규정하고 있다. 또한 72조, 73조, 74조에는 수상이 "대표하는 내각은 법규에 따라 행정업무를 수행하고 법률안과 국무 수행결과를 의회에 제출한다."고 규정하고 있다. 일본 내각의 각료가 의회에 연대 책임을 지고, 수상은 대표로서 내각을 이끌어 간다는 점에서 같은 내각책임제 국가인 독일과 영국의 수상 권한에 비해 일본 총리 권한은 다소 강력하지 못하다는 평가가 있다. 그러나 크게 보면 대통령 중심제를 채택한 국가의 대통령이나 내각책임제 국가의 수상 또는 총리 모두 국가 최고 권력지도자란 점에서 공통점이 있고 이들을 연구 편의상 대통령(President)이라 총칭하고 대통령을 중심으로 국정을 수행하는 핵심조직을 대통령부 또는 대통령실(Presidency)이라 한다.[2]

---

1) 현행 헌법에는 66조에 규정되어 있다.
2) 미국의 경우 White House Office(WHO)의 대통령비서실과 Executive Office of President(이하 EOP)의 대통령부(대통령실)이라는 공식적인 명칭이 존재하나 다른 국가들은 그렇지 않다. WHO는 대통령 참모조직, 즉 대통령 비서실을 의미하고, EOP는 대통령 직속기관을 의미한다.

미국의 경우 미국 독립 전후에 각 주에서 모인 대표자 회의인 대륙회의나 연합헌장에 따라 운영된 의회의 사회자나 의장 그리고 영국 식민지 시대의 주지사를 대통령(President)이라 불렀다.

우리나라에서 사용하는 '대통령'이라는 명칭은 고종황제 시절에 처음에는 중국 발음으로 뻬리시텐더를 한자로 표기한 백리새천덕(伯理璽天德)으로 호칭하다가 나중에는 일본에서 주로 사용한 대통령(大統領)으로 바뀌어 오늘에 이르고 있다. 고종황제 시절인 1881년 11월 15일, 미국의 슈펠트(R. W. Shufeld) 제독이 제21대 아서 대통령(Chester A. Arthur)으로부터 받은 신임장과 조미 우호통상조약 초안을 제시했을 때 미국 대통령을 대백리새천덕이라 하고 답신으로 보낸 고종의 조회문에도 백리새천덕으로 명기하였다. 1882년 5월 22일에 체결된 조미우호통상조약에도 중국 한자발음과 뜻을 표시하는 백리새천덕으로 하였다. 청나라의 이홍장(李鴻章)이 개입하여 만든 조약 문안에 미국 대통령을 백리새천덕으로 표기하였다. 백(伯)은 으뜸이란 말이고 리(理)는 관리, 새(璽)는 임금옥새로 통치권자, 천덕(天德)은 천자의 인덕으로 최고통치권자를 의미한다 (박경석, 2000: 508-518).

한편 일본은 1854년 3월에 맺은 일미우호조약, 1858년의 미일수호통상조약에 미국의 President를 대통령이라고 명기했다. 이 시기에 청나라의 조선에 대한 영향력이 쇠퇴하고, 일본과 한국의 교류가 강화되면서 고종은 1883년 6월에 전권대신 민영익(閔泳翊), 부사 홍영식(洪英植), 서기관 서광범(徐光範) 등으로 구성된 사절단 보빙사(報聘使)를 미국에 파견하였다. 샌프란시스코를 거쳐 9월 18일 뉴욕에서 아서 대통령을 만나 고종황제의 친서를 전달하였는데, 돌아와 귀국 보고를 할 때, 고종이 처음으로 "대통령을 만났느냐, 대통령 궁실의 제도는 어떠하던가?"라고 묻는데서 처음으로 대통령이란 용어가 사용되었고, 대화록은 고종 21년 승정원일기와 고종실록에 기록되어 있다. 그 이후 우리나라에서 최초로 대통령 호칭을 가진 분은 1919년 3월 1일 독립운동을 계기로 임시

대통령이나 수상 모두 보좌하는 참모조직들이 존재하여 이들과의 관계 속에서 국정운영을 하게 된다. 대통령제를 채택하는 국가는 대통령 비서실 조직이 그것이고, 내각책임제를 채택하는 국가의 경우 수상비서실 혹은 수상부가 그것이다. 대통령(수상) 개인과 대통령을 둘러싼 참모조직을 제도적인 차원에서 presidency라고 하는데, 여기서는 이를 대통령부 혹은 대통령실이라는 용어로 표현한다. 대통령부 혹은 대통령실이라는 표현은 기본적으로 대통령 참모조직을 의미하고 경우에 따라서는 범위가 확대되어 쓰이기도 한다.

정부를 만들어 대통령으로 추대된 손병희(孫秉熙) 선생이고, 그 다음은 이승만 (李承晩) 박사가 상해 임시정부 초대 대통령으로 추대되었으며, 후임에 박은식 (朴殷植) 선생이 뒤를 이었다(박경석, 2000: 515; 박성래, 중앙일보 2001년 1월 30 일자).

헌법준수 대통령론

대통령을 한 사람의 권력 장악자로 보기 때문에 권력견제가 필연적으로 제기된다. 1776년에 독립선언이 미국 대륙의회에서 선포되고 헌법이 제정되어 1789년에 조지 워싱턴(George Washington)이 초대 대통령으로 당선되어 오늘 에 이르기까지 대통령의 권한을 규정하고 역할을 정의하는 정치철학적 관점이 계속 발전되어 왔다. 이와 관련하여 한 사람의 권력 장악자를 견제하는 관점에 서 대통령이 엄격한 헌법준수 기관(Strict Constitutionalist Presidency)이 되어야 한다는 견해가 있다. 우리나라를 비롯하여 미국 등 국가의 대통령이 취임할 때, "나는 헌법을 준수하여 대통령 업무를 성실히 수행하는 데 최선을 다하겠 습니다."라고 선서하는 것이 엄격한 헌법준수 기관임을 명시적으로 선언한 것 이다. 태프트(Taft, Robert Alphonso, 1916: 135-148) 제20대 미국 대통령은 "대 통령이 행정부를 이끌어 가면서 명백하고 구체적인 권력 행사를 할 때에 공정 하지 못하고 이성적이지 못한 경우, 대통령 권한 행사는 불가능하다는 것이 나 의 견해다."라고 하면서 대통령의 자의적 권한행사에 주의를 돌리고 있다.

권한 확대지향 대통령론

그러나 국민 복지를 증대시키고 행복을 추구하는 데 과거의 전통적 헌법 준수 대통령 관점으로는 불가능하다는 적극론이 대두되었다. 헌법에서 구체적 으로 금지하지 않는다면 국민의 복지와 행복 추구를 위해 적극적으로 대통령 권한과 임무를 확대할 수 있다는 견인차 대통령론(Stewardship Presidency)이 그것이다. 제26대 루즈벨트(Theodore Roosevelt) 대통령은 재임 중 굵직한 일 들을 처리한 대통령이며 노벨 평화상도 받았다. 십여 만에 달하는 광산 노동자 의 임금 인상 파업을 해결하고, 철도 운영과 증권기업의 독점을 반독점 법정소 송으로 해결하였다. 그리고 대서양과 태평양을 연결하는 파나마운하를 건설하고 러일전쟁을 중재하여 포츠머스조약을 성사시켜 미국이나 유럽의 입장에서는 동북아시아와 태평양지역 안정을 달성하였다. 그는 대통령직 경험을 통해 다음과 같은 결론을 내리고 있다. "나는 권력을 찬탈하지 않았다. 다만 행정권을 매우 확대시켰을 뿐이다. 헌법이나 법규가 명백히 금지하지 않는 한 국민의 복지와 번영을 위해 필요한 모든 방법을 동원하여 임무를 수행하였다. 나는 강력히 밀어붙이는 대통령으로 재임중 부여된 권한을 모두 행사했고 권력 도용이란 비난에 개의치 않았다. 강한 행정부, 그런 대통령 파워를 신봉한다 (Roosevelt, 1913: 197-200)."

공익 대통령론

대통령은 헌법을 준수하고 구체적 법규 금지조항이 없는 한 국민 복지와 번영을 위해 대통령 업무영역을 적극적으로 넓혀 나가는 대통령 권한 확대론을 한 단계 높이는 차원에서 국민을 위한 공익 대통령론(Public Presidency)이 제기되었다. 윌슨(Woodrow Wilson) 대통령은 "대통령 임무와 역할은 특정 대통령과 그를 둘러 싼 환경과 시대 상황에 따라 다르다"고 하였다. 대통령은 소속 정당의 지도자인 동시에 국민의 지도자이며 복합적으로 구성된 사회를 응집하는 역할을 한다는 것이다(Wilson, 1908: 57-83). 공익 대통령론에서 보는 대통령은 국가 발전에 도움이 되는 정책을 소속 정당의 대변인으로 비전과 정책을 발표하고 집행하며, 국민 앞에 직접 나서서 호소하고 설득하며 여론을 조성하여 국민을 이끌고 나가야 한다.

대권달성 대통령론

헌법에 규정된 대통령의 임무는 매우 모호하여 대통령의 리더십과 직무수행 방법에 따라 막강한 공식·비공식 권한을 행사하며 이는 때때로 충격적 결과를 초래한다. 대통령은 국정의 지표를 제시하고 정책을 입안하여 보좌관과 각료를 동원하여 업적을 창출하고 역사적으로 평가받아야 한다. 그러므로 헌법 규정 어디에도 없는 노예 해방을 실시하고 반대파의 전쟁도발에도 국민통합을 위해 적극 대처하는 대통령의 결단을 대통령에게 주어진 소명의식 지향 대권이라고 한다. 이렇듯 위기 시에 역사의식을 갖고 고유한 대권을 당연히 성취해야 하는 대통령을 대권달성 대통령(Prerogative Presidency)이라 한다.

링컨(Abraham Lincoln) 대통령은 남북전쟁 당시 1864년 4월 4일자로 친구 핫지스에게 보낸 편지에서 노예 해방을 위한 대통령의 결단과 남북전쟁 도발을 종식시키는 노력은 대통령에게 주어진 소명의식으로 성취해야만 하는 수권이 라고 밝혔다(Lincoln, 1894: 65-68).

제도 대통령론

그러나 대통령은 혼자 하는 것이 아니다. 대통령이 정치경륜과 전문 리더 십을 발휘하고 헌법에 명시된 권한과 대통령이라는 최고의 권위로 임무를 수행 하지만, 비서실, 직속기관, 각료, 소속 정당의 지원과 팀워크 없이는 업무 수행 이 불가능하다. 여기서는 대통령은 정부체제의 통합부분이라 하고 정부 조직의 대표 행동 주자이다(Integrated Part, Institutional Actor)(Edward, 1993: 378). 그 래서 대통령을 대통령 개인을 중심축으로 한 다양한 대통령 조직이 국정을 운 영하는 제도로 대통령부(大統領府), 대통령실(大統領室), 대통령직(大統領職, Presidency)이라고 한다. 제도 대통령(Institutional Presidency) 관점에서 보면 정치권의 통합 조직으로서 대통령이 행사하는 권력은 대통령의 개인 권력이 아 니라 제도 권력이 된다. 요약하면 대통령 개인이 아니라 대통령직이라는 제도, 시스템이 국정을 이끌어 가는 것이다(Moe, 1993: 352-367).

건국 초기 백악관의 경우 대통령을 보좌하는 참모나 조직이 없었다. 따라 서 워싱턴 대통령 시기에는 1789년 의회에서 심의하여 설치한 최초의 행정부처 인 국무 · 재무 · 국방부의 세 장관이 대통령에 대한 중요한 국정 자문역을 담당 하였다. 특히 독립선언문을 만들고 독립전쟁 당시 파리 대사로 프랑스를 우호 세력으로 끌어들이는 데 공헌한 제퍼슨(Thomas Jefferson)이 초대 국무장관으 로, 독립전쟁 당시 워싱턴 사령관의 부관이었던 해밀턴(Alexander Hamilton)이 초대 재무장관으로 자문 비서역할을 담당하였다. 장관의 명칭이 자문 비서 (Secretary)인 것이 바로 이러한 연유에서 유래한다. 1789년에 3인의 자문 장관 으로 출발한 미국 대통령은 21세기에 즈음한 이 시점에 대통령 행정실, 백악관 비서실, 국가안전보장회의, 경제자문회의, 정책개발실과 이보다 한 단계 낮은 환경보존위원회, 과학기술실, 통상대사실, 총무실로 구성되고 2,000명 정도의 인원이 대통령을 보필하고 있다. 직속 행정기관으로 중앙정보부, 예산관리청, 인사청을 장악하고 있어 대통령은 정보, 자금, 인력 면에서 총체적 지원을 받고 있다(Davis, 1995: 161).

프랑스 대통령실에는 25명의 비서관이 전문 정책영역별로 대통령을 보좌하며 900명이 행정지원, 경호원, 시설유지, 전화교환수 등 기능직으로 대통령을 보좌하고 있다. 영국 수상은 관방부가 수상을 보좌하는 정규 부처로 기능하는데, 토니 블레어(Tony Blair) 수상이 집권하면서 수상관저에 종래의 방문객 접견, 문서 접수와 발송을 담당하는 수상 부속실을 대폭 확대하여 공보, 정무, 정책, 의회, 정당 담당 보좌관실로 진용을 짜서, 백악관 조직기능을 그대로 옮겨 놓았다(Meny, 1998: 251-252).[3] 독일 수상실은 초선 혹은 재선의원 2명이 수상 특별보좌관으로 국내 · 국제문제를 담당하고 비서실장을 중심으로 정무, 외교, 사회, 사회정세분석, 경제재정, 정보수석실이 수상을 보좌하고 있다. 일본 수상실에는 3명의 초선 혹은 재선의원, 4-5명의 과장 혹은 국장급 직업 공무원이 수상을 최측근으로 보좌하고, 관방장관을 중심으로 내각참사, 내정심의관, 외정심의관, 안전보장심의관, 광보관실, 정보조사실 등이 수상비서실 역할을 수행하고 있다. 관방조직은 정책대응을 관장하는 부장관보, 수상실 위기관리센터, 정보상황실을 신설 가동하여 1998년 북한 미사일이 일본 영해를 지나자 광학 위성 1호를 발사하고, 2006년 북한 핵실험 후에는 광학위성 2호를 궤도에 진입시켰다. 이와 관련하여 내각정보조사실이 정보수집, 분석, 생산 차원의 업무를 수행하고 있다.

한국은 청와대 비서실에 정책기획, 정무, 경제, 외교안보, 교육문화, 복지노동, 공보수석을 주축으로 대통령을 보좌하며 국정원은 대통령 직속기관으로 국내외 정보를 제공하고 있다. 현대의 대통령은 인공위성과 초고속 정보통신을 이용하여 자기 나라는 물론 세계 어디 누가와도 접촉이 가능하고 신속한 정책 결정을 내릴 수 있고 하늘을 날면서 지휘를 할 수 있어 현대의 제왕이라고도 한다. 이런 신속한 결정을 내릴 수 있는 위치에 있을수록, 긴박한 상황과 정치적 불안정 속에서 대통령의 강한 개성, 정치적 판단 결함으로 인한 국가 손실과 대량 살상무기 사용 오판 등으로 지구상에 치명적 위기를 가져올 수 있다.

---

3) 2004년 영국수상실 방문에서 관저 비서실은 백악관 편제로 증편 운영되고 있음을 확인하였다.

그런 위험은 항상 도사리고 있다. 대통령 실패를 잘 짜여진 대통령 보좌기구가 여과하여 개인이 아닌 제도로서 대통령직을 수행하는 시스템이 바로 제도 대통령이다.

전략적 관리 대통령론

대통령실이라는 제도는 성공한 대통령에게는 필요조건이기는 하나 충분조건은 아니다. 충분조건은 대통령 제도를 효율적으로 전략적으로 관리하는 것이다. 그렇게 해야 다음 대통령에게 위대한 유산을 남길 수 있다는 것이 전략적 관리 대통령론(Strategic Managerial Presidency)이다. 전략적 관리 대통령론에서 보는 대통령은 최고 경영인이다. 백악관 대통령은 2억 8천만 국민이 주주로 되어 있는 미국 정부 주식회사를 이끄는 CEO이다. 이 주식회사는 1조 3천억 불의 연간 예산과 2백만 연방 공무원, 200만 군인, 30여 개 정부부처, 50개 주, 3,041카운티, 19,205개 지방정부로 이루어져 있다. 대통령은 국민을 통합하는 비전을 제시하고 실현 가능한 정책 목표를 세워 각료에게 확실한 권한위임과 책임을 부여하고 비서실 참모가 그런 정책 집행과정을 모니터링하고 정책을 조정하고 갈등을 해소하도록 관리해야 한다(Pfiffner, 1999: 6, 45-48).

특히 대통령은 선거유세 기간 중에도 유세 팀과 병행하여 별도 팀을 운영하여 정책의 우선순위를 선정하고 정책을 집행할 충성심과 전문성을 겸비한 인물을 선별해야 한다. 그리하여 당선 후 신속하게 정권인수를 받아 취임 일 년 이내에 달성해야 될 파급 효과가 큰 전략 정책부터 적실성 있게 성취해야 한다. 이것이 성공한 대통령으로 가는 길이다 조직적 선거유세, 치밀한 정책선정과 인물충원, 질서 있는 정권 인수, 의회와의 긴밀한 협조, 각료에게 실질적 권한과 책임 부여, 비서실의 팀워크, 언론과 시민단체와의 협조 유지, 취임 일 년 내에 중요 정책의 실현을 신속, 치밀, 정면 돌파로 이룩하는 것이 성공하는 대통령의 전략 관리 요체인 것이다(Pfiffner, 1996: 75-77, 113-120, 181-190).

세계화와 유비쿼터스 대통령론

대통령은 지구를 껴안는 전지구적(cosmopolitan) 리더십을 가져야 한다. 오늘날의 국경 없는 초고속 정보화 사회에서는 대통령팀의 전략적 관리 능력만으로는 한 국가를 이끄는 데 역부족이다. 국정운영의 시야를 넓게 보고 유럽연합, 아시아권, 북남미권, 슬랍어권, 이슬람권, 동서 국가, G8, 그리고 부유국과 빈곤국을 넘나들고 포용하여 전 세계를 상대로 하여 대통령실의 정략정책을 집행해야 한다. 그러기 위해서는 대통령과 보좌진은 모국어 외에 하나 이상의 외국어를 업무협상 차원에서 구사할 수 있어야 한다. 그리하여 대통령 시스템이 세계를 투사하고(Global Projection), 세계화 확장(Global Outreach)이라는 안목을 가지면서, 국경 없는 정보화 사회에서 세계시민을 상대로 한 인터넷 영상 접촉으로 사이버 정치 활동을 해야 한다. 청와대, 백악관, 다우닝 10번가, 엘리제궁이 지향하던 20세기의 기업가 경륜이 21세기의 사이버 기업가 경륜으로 변신하여 UN, WTO, OECD, IMF 등 세계조직망에 유연히 대처하고 신뢰와 역량으로 각국 정부 정상과 전략적 제휴로 우주 속의 지구촌이라는 안목으로 상생의 세계 정치를 펼쳐야 한다(Schein, 1992: 285-294, 374-390). 이런 세계화 국정관리 문화를 창조하려는 의지, 비전을 가진 세계화 대통령 팀이 (Global Presidency) 정보기술(Information Technology)과 연계하여 국민에 대한 서비스를 모니터링하고 전략정책을 동시에 추구할 때 전천후 입체 리더십을 가진 유비쿼터스 대통령(Ubiquitous Presidency)이라 부를 수 있을 것이다.

2. 대통령과 리더십

대통령과 수상의 성공적인 국정수행 여부는 그들의 역사의식, 비전, 통찰력, 관리능력으로 이어지는 리더십에 달려 있다고 본다. 리더십 이론, 대통령 리더십에 관한 문헌분석, 각 국 대통령실의 현지조사, 한국대통령과 그에 버금가는 지도급 인사 면담, 그리고 기업 최고관리자(CEO) 리더십 이론과 사례분석으로 대통령이 가져야 할 리더십 덕목을 알아 본다. 리더십은 조직이 달성해야할 비전과 목표를 조직 구성원의 합의로 확정하고 조직 구성원이 능동적으로 참여하여 목표를 달성하도록 지도자가 행사하는 영향력이라고 한다.

가드너(Gardner, 1990: 17-40, 65-87)는 그의 공직생활과 리더십 연구를 통해 얻은 결론에서 리더십 구성 요소로 비전 제시, 목표관리, 조직원에게 동

기와 믿음 부여, 변화를 위한 쇄신, 지적 능력과 체력을 들고 있다.[4]

　　지도자는 조직이 지향해야 될 방향, 원대한 목표를 제시하고 조직원의 아이디어와 동의를 얻어 모두가 공유하는 가치로서 비전을 확실히 제시해야 한다. 이는 비전을 몇 개의 달성 가능한 목표로 나누어 실행 우선순위를 체계화하는 목표달성 관리능력이 수반되어야 한다. 그리고 목표를 성공적으로 달성하기 위해서는 조직구성원이 무엇을 생각하고 있는지 본능적으로 그 마음을 읽을 줄 알아야 하고, 목표성취 과정에서 발생하는 문제는 차분하게 합리적으로 풀어 나가야 한다. 종업원에 대한 동기부여로서 조직원에게 일어나는 모든 사건을 소상하게 알리는 투명성과 직접 연관된 분야의 정책결정에 참여시켜 조직원의 의견이 반영될 수 있도록 참여의 폭을 넓혀 믿음을 주어야 한다. 그리고 비전을 제시하고 달성 가능한 목표우선 순위를 정하는 데는 끊임없는 자기반성과 쇄신이 필요하다. 물론 이런 일련의 과정에는 전문지식과 이론으로 무장된 지적 능력과 지칠 줄 모르는 강인한 체력이 밑받침되어야 한다.

　　리더십 분야의 이론을 정리한 스토질(R. M. Stogdill, 1974: 189-195)은 11가지 리더십 특성을 다음과 같이 제시하고 있다. 여러 의견을 하나로 모으는 집단 결속력, 목표달성 유인책 강구, 조직목표에 구성원이 순종하도록 하는 기술, 조직을 이끄는 힘, 구성원 설득력, 구성원에 행사하는 영향력, 목표달성에 조직원을 동원하는 술책, 지도자와 구성원 간의 의기투합력, 상부상조의 관계 유지력, 지도자와 조직 구성원 간에 존재하는 기대와 역할을 최적상태에서 유지하는 능력이 그것이다.

　　한편, 유클(Yukl, 1994: 368-376)에 의하면 리더십은 명쾌하고 호소력 있는 비전을 조직 구성원에게 제시하는 지도자의 행동, 목표성취에 조직원을 능동적으로 참여시키는 영향력, 목표 달성에 조직의 공동노력을 유발시키는 힘이다. 이런 지도력은 조직이 처한 상황, 지도자의 개성, 구성원과의 관계, 조직문화에 따라 변화·발전할 수 있는 가변성을 지닌다. 이런 가변성이 있는 리더십으로 지도자가 분명하고 호소력이 있는 비전을 제시하고 다양한 논리, 슬로건, 과거 사례를 들어가며 조직원과 활발한 대화 토론으로 모두가 동의하는 보완된

---

4) 가드너(Gardner)는 심리학 박사로 존슨(Lindon Johnson) 대통령 당시 보건교육복지부 장관을 역임하고 『미국의 문제해결(Common Cause)』이라는 시민단체의 지도자로 봉사하고, 스탠포드대학 경영대학원 교수를 지냈다.

비전과 목표를 수립해야 된다. 그리고 비전을 구현하는 체계적 행동계획안을 포함한 전략을 수립하고 낙관적으로 생각하고 과감하게 행동으로 옮겨, 조직구성원이 자신감을 갖도록 해야 한다. 그래서 사업 초기에 작은 업적이라도 성취하여 성공사례로 발표하고 극적으로 추켜 세우고 보상하여 종업원이 이 길밖에 없다는 각오로 전진하는 자세를 견지하도록 한다. 과거의 전통 중에서 가치 있는 것은 계속 보존하되, 항상 새 것을 추구하고 변화를 모색하는 조직문화를 창조하는 활력소가 되어야 진정한 지도자인 것이다.

샤인(Schein, 1992: 211-253; Schein, 1996: 59-69)은 "지도자는 무릇 조직이 살아 숨 쉬는 비전을 제시하는 활력소 역할을 맡아야 하며, 조직의 목표달성에 종업원이 공감하여 자발적으로 참여하는 조직문화의 창시자, 유지 계승자, 변화 촉진자여야 된다"고 하였다. 또한 지도자는 위기 시에 지도력의 진가를 발휘하기 때문에 상황에 따라 팀워크로 위기를 극복하는 신축성, 과감성, 용기를 두루 겸비해야 한다(Bardwick, 1996: 131-139).

리더십은 과업성취 리더십(task-oriented leadership)과 인간지향 리더십(person-oriented leadership)으로 나눌 수 있다. 과업성취 리더십 요소로는 기획 능력과 조직 장악력, 문제 해결 능력, 정보의사소통 능력, 관찰감시 능력 등이 있다. 인간관계 지향 리더십에는 동기부여와 사기앙양, 자문 상담, 종업원 자기발전, 지원, 인정, 보상, 갈등해소와 팀워크, 유대 연결망 확충 요소가 있다(Yukl, 1994: 80-155). 과업성취 지향 리더십은 조직 내에 전통적으로 축적되어 있는 제도리더십 요소로서 매우 중요하다. 그러나 과업은 인간이 달성하는 것이기 때문에 인간관계 리더십 요소 또한 중요하게 고려되어야 한다. 이 두 가지 요소는 상호의존관계에 있는데, 최근에 지혜로운 감동, 감성 리더십(emotional intelligence leadership) 또는 원초적 리더십이라 하여 실제 상황에서 양자를 결합시키려는 시도가 있다.

골만·보야티즈·머키(Goleman, Boyatzis, McKee, 2002)는 제도 리더십과 인간 리더십을 결합하여 조직 효과나 업적을 극대화시키는 맥락에서 개인 능력 함양과 조직 및 팀 능력 개발에 원초적 감동 리더십(primal leadership)을 개발·적용하고 있다. 개인능력 향상은 곧 조직 팀 능력 함양으로 연결되기 때문에 개인은 항상 자기주제 파악과 자기관리를 필요로 한다. 자기주제 파악은 개인의 목표, 비전, 꿈이 무엇이며 현재 자신 능력의 강·약점과 처한 현실을 명확히 인식하는 데서 출발한다. 그래서 확신감과 자신감을 갖고 난관극복의 도전의식을 항상 가져야 한다. 그러기 위해서는 자기관리를 철저히 해야 한다. 목표 설정, 업적 성취 방법 강구, 자신의 감정 통제, 실용적 사고와 행동, 격려와 동기부여, 기회포착, 적응력 향상, 발 빠른 적응, 새 정보와 새로운 현실에의 민감성, 투명성, 정직성, 공개성, 일관성 등이 자기관리의 핵심요소이다.

자기관리를 철저히 이행하면서 다음 단계에서는 사회공공의식을 넓혀야 한다. 사회공공의식에는 다양한 배경을 가진 구성원과 감정호소, 깊숙한 인간적 흡인력과 봉사로 친밀감을 유지하고, 조직구성원들에게 조직생활의 중요성을 인식시키는 노력과 능력이 포함된다. 또한 광범위한 영역에 걸쳐 다양한 주제를 토론하고 항상 경청하는 자세를 견지하며 자기활동영역에서 광범위한 인적 구성망을 확충하고 고객을 접촉하고 관찰해야 한다.

마지막 단계의 리더십요소는 인간관계 관리인데, 여기에는 모두가 동의하는 공유 임무를 항상 인지하면서 모두가 자발적으로 동참하도록 유도하는 설득력 있는 영향력 행사가 포함된다. 때로는 지원 세력에 호소하고 설득력을 주무기로 삼아 조직원 발전을 추구하고 조직원 능력 개발, 조련·후견인·조언자 역할을 한다. 그리고 자신이 먼저 변화 촉진자, 촉매자로 조직변화를 유도하고, 관련 당사자가 참여하여 상이한 견해를 개진하더라도 청취하여 팀워크와 동류의식으로 합의점을 도출하여 갈등을 해소한다.

이런 리더십은 스스로 자신의 미래비전과 꿈을 구상하고 치열하게 고민하여 현재의 자기 강점과 약점을 고려한 현실적 달성 방안을 강구하고, 평소에 자발적 교육 훈련으로 습득하여야 한다. 최종적으로는 현장에서 실전으로 생활 리더십을 신장·발휘하고 일상생활, 조직생활에서 인간관계를 강화하고, 후원자·조언자 역할을 하며, 때로는 조직에서 지원세력도 든든히 확보하는 역량을 강화하는 것이다. 이렇듯 골만은 강압적 목표설정이나 나를 따르라는 지시형보다는 비전과 꿈을 제시하고 조언, 후원, 조련으로 동류의식을 강화하는 감성적 화음지향 리더십을 강조하고 있다(Goleman, et al., 2002: 51-96, 119-184, 245-260).

왕양명(박화 옮김, 왕양명·전습록·모로야 히로시 저, 2004: 30-32, 122-

123, 180)은 동양의 전통적 리더십으로 입지(立志), 근학(勤學), 개과(改過), 책선(責善)을 들었다. 입지란 뜻을 세우는 비전을, 근학은 오늘날의 연구개발(research and development)을, 근학은 시행착오과정의 오류시정을, 책선은 조직과업 달성을 의미한다.

한비자(韓非子)는 지도력으로 법(法), 술(術), 세(勢)를 들었는데, 지도자는 원칙을 기반으로 전략전술 기법을 구사하고, 시의성이 있는 세몰이와 동원력을 가져야 됨을 의미한다.

손자(孫子)는 지도력으로 지용엄인신(智勇嚴仁信)을 드는데, 지식, 지혜를 행동으로 옮기면서 자신에게 엄격하고 타인에게 어진 예로서 대하여 믿음을 갖게 하는 자질을 습득할 것을 강조한다.

여러 리더십이론 속에서 공통적으로 나타나는 리더십 덕목을 정리해 보자. 첫째로 들 수 있는 리더십 덕목은 비전 제시와 목표 명확화, 기획관리 능력이다. 지도자는 조직이 지향하는 비전을 제시하고 조직 구성원의 의견을 수렴하고 동의를 얻어 모두가 지지하고 따르게 해야 한다. 그런 면에서 비전은 모두가 공유하는 호소력 있는 가치로서 집단 결속력으로도 작용한다. 지도자는 따라서 끊임 없는 자기쇄신으로 항상 새로운 가치를 추구하고 다양한 논리를 개발하고 매력 있는 슬로건을 내걸고, 과거 사례를 들어가며 무릇 조직이 살아 숨 쉬는 그런 비전을 제시하는 조직문화를 만들어 가야 한다. 조직 구성원이 지향하는 가치가 비전이라면 비전을 실제로 구현하는 내용이 목표이다. 비전은 조직목표를 추구하는 구상과 방향제시일 뿐, 비전을 실현하기 위해서는 구체적 목표설정과 실현능력이 있어야 한다. 또한 달성 가능한 몇 개의 목표를 만들고 실행의 우선순위를 체계화하고 전문성과 충성심을 고루 갖춘 인물을 충원하여 목표를 성취하는 목표달성 관리능력이 수반되어야 한다. 그래서 목표 관리능력을 비전을 구현하는 전략적 행동계획안이라고도 한다.

둘째, 위기관리 문제해결 능력이다. 지도자는 끊임 없이 발생하는 위기상황, 경쟁력 우위 상실, 지지율 저하를 위기로 인식하고, 이를 극복하고 반전의 기회로 삼아야 한다. 위기가 발생할 때 자기감정을 통제하며 평상심으로 돌아가 문제가 무엇이며 어떻게 해결할 것인가를 강구하는 합리적 논리를 펴야한다. 그리고 이런 일련의 합리적 문제해결 과정을 습관화해야 한다.

셋째, 조직원의 인간관계 발전역량으로, 이는 조직원에게 동기를 부여하고 목표달성에의 믿음과 확신을 부여하는 능력이다. 무릇, 지도자는 본능적으로 조직구성원의 마음을 읽고 모두가 동의하는 목표를 인지시켜 자발적 동참을 유도하고 설득력 있는 순종책술, 영향력 행사, 인정과 보상을 적절히 구사할 수 있어야 한다. 때로는 지원 세력에 호소하고 설득력을 주무기로 삼아 조직원 발전을 추구하고 조직원 능력 개발을 위한 후견인, 조언자 역할을 한다. 그리고 자신이 먼저 변화 촉진자, 촉매자로 조직변화를 유도하고 관련 당사자가 참여하여 상이한 견해를 개진하고 청취하며 우호적 동반자로, 팀워크와 동류의식으로 합의점을 도출하여 갈등을 해소해야 한다. 또한 조직원에게 일어나는 모든 사건을 소상하게 알리는 투명성과 정책결정에의 참여폭을 넓혀 주어야 한다.

넷째, 정치협상과 조정력이다. 지도자의 진정한 힘이나 영향력은 타협, 설득, 협상으로 합의점을 도출하는 데서 나온다. 이것은 협동성과 팀워크로도 표시된다. 위기 시에 조직 내의 다양한 전문 인력을 차출하여 충분한 지원과 협조 속에 일정한 기간을 정하여 전문적 결속력과 위기극복 자신감을 갖고 연대책임을 지고 목표를 달성하려는 지도력을 발휘하는 것이다.

다섯째, 자신감, 결단력, 긍정적 · 낙관적 사고 행동이다. 과감성과 결단성은 정책달성의 적실성과 깊은 연관이 있다. 일단 수립된 전략적 행동계획안은 낙관적으로 과감하게 행동으로 옮겨, 조직구성원이 자신감을 갖도록 해야 한다. 그래서 사업 초기에 작은 업적이라도 성취하여 성공사례로 발표하고 극적으로 추켜세우고 보상하여 종업원이 이 길밖에 없다는 각오로 전진하는 자세를 견지하도록 하는 조직문화의 창시자, 유지 계승자, 변화 촉진자여야 된다.

여섯째, 전문지식과 강인한 체력이다. 전문적 지식, 협상력, 포용력을 갖춘 지성인으로 강인한 체력을 가져야 지도자로서 역할을 수행할 수 있다. 풍부한 지식과 지혜, 그리고 건강은 낙관적이며 긍정적 사고를 갖게 하여 끊임 없는 도전을 극복하고 위기에 직면하여 적실성 있는 결정을 가능하게 한다. 그리하여 무한한 인내로 조직원의 의견을 수렴하고 설득과 타협으로 조직을 최 일선에서 이끌고 목표를 성취할 수 있을 것이다.

일곱째는 도덕성이다. 도덕성은 미래에 남길 업적과 유산을 생각하고, 자신이 어떻게 평가받을 것인지 생각하며, 영원이 기억에 남을 자신을 반추하는 역사의식이 있어야 한다. 또한 조직관리 면에서는 자기 말에 책임지고, 투명성, 정직, 일관성을 가지고 구성원과 함께하는 자세를 일컫는 덕목이다. 이러한 도덕성은 최고지도자 개인이 가져야 자기관리이며 조직구성원이 벤치마킹하는 표상이 된다. 정신적인 면, 가족생활면, 경제·재정관리 면에서 수도원 혹은 사찰에서 증진하는 수도사의 자세로서 자신을 버리는 고도의 숭고성이 발휘되어야 한다.

3. 대통령의 국정수행과 리더십

일곱 가지 리더십 덕목을 대통령의 국정수행에 연계시키면서 대통령의 리더십 덕목을 실증적으로 분류하거나 대통령을 평가하는 기준에서 표출된 리더십 요소를 정리해 본다. 전문평가 기관, 대통령학 교과서, 언론기관의 대통령 평가 결과를 정리한 리더십 덕목이 [표 2-1]에 제시되어 있다.

[표 2-1] 제시된 대통령 리더십 덕목

평가자	대통령 리더십 덕목									
Riding & Mclever: 전문가 평가	위기 관리 능력	도덕성실성	조직 인사 관리력	능력 자질	정치 협상력	비전 제시	업적	지식과 체력	자신감 과 과단성	개혁과 참신성
Neustadt: 지표제시	위기 관리 능력				정치 협상력	비전 제시	업적			
Maranell: 전문가 평가	위기 관리 능력		조직 인사 관리력		정치 협상력					
Siena 연구소: 전문가 평가	위기 관리 능력	도덕성실성	조직 인사 관리력	능력 자질	정치 협상력	비전 제시		지식과 체력		

구분	위기관리능력	도덕성실성	조직인사관리력	능력자질	정치협상력	비전제시	업적	지식과체력	자신감과과단성	개혁과참신성
한국 공직자: 자체평가		도덕성실성			정치협상력	비전		지식과체력	자신감과과단성	
경향신문: 여론 조사	위기관리능력	도덕성실성	조직인사관리력		정치협상력	비전제시		지식과체력		
동아일보: 여론 조사	위기관리능력	도덕성실성				비전제시				개혁과참신성
최평길: 학자 평가	위기관리능력		조직인사관리력	능력자질			업적		자신감과과단성	
최평길: 국민 평가	위기관리능력	도덕성실성	조직인사관리력		정치협상력	비전제시		지식과체력	자신감과과단성	개혁과참신성

[표 2-2] 고위공직자가 기대하는 대통령 리더십 덕목

가장 중요하다고 생각되는 자질		응답내용(가중점수)	두 번째로 중요하다고 생각되는 자질	
인원(명)	비율(%)		인원(명)	비율(%)
169	54.3	미래에 대한 비전(411)	73	23.5
65	20.9	결단력(199)	69	22.2
25	8.0	도덕성(99)	49	15.8
28	9.0	신축적 사고(86)	30	9.6
8	2.6	포용력(46)	30	9.6
12	3.9	지식(42)	18	5.8
3	1.0	성실성(22)	16	5.1
1	0.3	자신감(10)	8	2.6
0	0.0	무응답(18)	18	5.8
311	100.0	합 계	311	100.0

자료: 최평길 · 박석회, 1994; 박석회, 1993.

정치학자와 역사학자가 대통령을 평가하면서 사용한 지표, 정부 고위공직자가 스스로 도출한 리더십 덕목, 그리고 국민이 내리는 대통령 평가기준에서 가장 많이 언급되고 높은 비중을 차자하는 리더십 덕목으로는 국정관리를 포함한 위기관리 능력, 도덕 성실성, 조직인사 관리능력, 능력과 자질, 정치 협상능력, 비전 제시역량, 업적, 지식과 체력, 자신감과 과단성, 개혁성과 참신성 순으로 되어 있다. 4명의 대통령을 곁에서 지켜 보면서 클린턴 대통령 공보 수석비석관으로 임기를 마치고 하버드 대학에서 교수로 있는 거겐(David Gergen)은 대통령이 지녀야 할 실물 리더십으로 개인적 일관성, 소명의식, 설득력, 정치인과 협력하는 능력, 취임 초에 견지한 순발력, 숙달된 참모진, 대중을 움직이는 능력을 들고 있다. 한편 우리 정부 고위공직자가 공무 수행상 느끼는 대통령이 가져야 할 덕목은 미래 비전, 결단력, 도덕성, 신축적 사고, 포용력, 지식, 성실성, 그리고 자신감 순으로 되어있다.[5]

리더십은 국민 앞에 약속한 정책을 수행하여 위대한 업적을 남기는 성공한 대통령이 되는 국정운영의 필수 요건으로, 대통령 평가기준으로도 사용할 수 있을 정도로 중요하게 인식되고 있다. 문헌으로 정리된 리더십 요소를 취합하고, 국정관리에 필수 요소인 대통령 리더십 덕목을 정리하여 대통령직을 역임하고 조금은 객관적일 수 있는 전직 대통령과 보좌진이 보는 대통령 리더십을 구체적인 대통령 리더십 덕목에 연결시켜 정리해 본다.

5) 1. 청와대 정책조직관리 연구 참여자 현황.

	이 름	비서실 근무 당시 직위	조사당시 직위	면접 일시	면접 장소
1	김계원	박정희 대통령 비서실장 (78. 12 - 79. 12)		10월16일 9:00 - 10:30	자 택
2	이규호	전두환 대통령 비서실장 (85. 1 - 85. 10)		10월26일 11:20 - 12:20	사무실
3	강경식	전두환 대통령 비서실장 (85. 1 - 85. 10)	민자당 국회의원	10월21일 3:00 - 3:40	국가경영 전략연구원
4	노재봉	노태우 대통령 비서실장 (90. 3 - 90. 12)	민자당 국회의원	10월10일 10:30 - 12:00	자 택
5	김충남	사정비서관(2급), (84. 4 - 86. 9) 정무비서관(1급)(86. 9 - 90. 5)	외교안보연구원 교수	10월15일 10:15 - 12:10	연구실
6	이종구	청와대 출입기자(정치부장 대우) (88. 4 - 91. 8)	한국일보 여론조사 부장과 북한 부장 겸임	10월15일 3:00 - 5:00	한국일보 사무실

　대통령에게 필요한 첫 번째 리더십 덕목은 비중과 논리상, 비전 제시와 목표 명확화, 기획관리 능력이다(envisioning goals). 대통령의 비전과 원대한 구상은 선거전에서 국민과의 직접 대화로 내용이 전달되고, 특히 선언적 화두의 형태를 띠고 간결하나 호소력 있는 신조어로 전파를 타면서 국민에게 전달된다. 이런 선언적 화두는 선거과정, 소속정당의 정책토론, 전문가의 비판과 국민의 반응을 통해 수정ㆍ보완되어 정착된다. 공화당 부대통령인 닉슨 후보에게 박빙의 차이로 선거에 이긴 케네디(John F. Kennedy) 대통령의 '신 개척자 정신(New Frontier Spirit),' 존슨(Lyndon B. Johnson) 대통령의 '위대한 사회건설(Great Society),' 카터(Jimmy Carter) 대통령의 '인권과 도덕정치(Moral and Humanism),' 레이건(Ronald Reagan) 대통령의 공급자위주 경제, 부시(George Bush) 대통령의 '신공화국 창조(New Republicanism),' 공화당 총선에서 깅그리치(Newt Gingrich) 하원의장이 내건 '미국과의 계약,' 부시 대통령과 그의 선거진영이 표방한 '온정적 보수론(Compassionate Conservative)'이 그 좋은 예이다.

　대처(Margaret Datcher) 수상의 '신보수주의 기치,' 블레어(Tony Blair) 수상의 '제3의 길,' 야수히로 일본 수상의 '불침 일본항모론,' 박정희 대통령의 '잘 살아보세, 새마을정신' 역시 국가 운영의 방향제시와 정치이념 구현에 개

2. 대통령 비서실 외부평가에 참여한 고위 공직자(1993년)(단위: 명)

부 처 명	참여인원	부 처 명	참여인원	부 처 명	참여인원
경제기획원	0	교통부	15	통일원	10
상공자원부	12	체신부	0	공보처	2
재무부	8	교육부	19	문화체육부	17
과학기술처	7	총무처	8	정무 제1	10
건설부	38	내무부	28	정무 제2	0
노동부	0	외무부	24	안전기획부	35
환경처	15	국방부	36	법제처	15
보건사회부	0	국무총리실	8	행정연구원	4
농림수산부	0	법무부	0	합계	311

념적 틀을 제공하고 있다. 대통령은 비전을 제시하기 위해 매일 같이 자기성찰과 부단한 자기쇄신으로 거듭나야 하고, 듣기 싫은 조언도 들을 줄 알아야 한다. 그래서 참신한 아이디어를 구하기 위해 주위에서 제시하는 좋은 아이디어나 번뜩이는 착상이 떠오를 때 지체 없이 기록할 노트를 항상 지니는 습관을 가져야 된다(Fox, 1998).

그래서 비전을 가진 대통령은 끊임 없는 자기쇄신으로 참신한 아이디어를 창출하는 훌륭한 개혁자이기도 하다. 이를 위해 역사를 읽을 줄 알고, 나름의 깊이 있는 지혜와 지식 그리고 통찰력 있는 지성을 겸비한 통치철학을 갖고서 정국을 관조할 수 있는 혜안을 가져야 된다. 통찰력 있는 지성과 개혁적 역량이 중요한 대통령 자질로서 이야기될 수 있는 것이다. 아무리 훌륭한 막료가 있다 해도 그 막료를 충원하고 적재적소에 배치하여 일할 수 있는 여건을 조성하고, 중요한 건의를 이해하고, 문제를 제기하고 최종적 선택을 하는 것은 대통령 몫이다. 한마디로 무언가를 제대로 알고 개혁할 줄 아는 대통령을 뽑아야 된다는 것이다.[6] 그리고 대통령의 비전은 달성 가능한 목표나 몇 개의 프로그램으로 만들어 정권인수 후 즉각 집행에 옮겨야 한다.

따라서 대통령 리더십으로 두 번째로 생각해 볼 내용이 바로 위기관리와 문제해결능력이다(crisis management & planning capability). 비전을 달성 가능한 목표로 세분하고 정부예산과 연계하여 우선순위를 선정한다. 잘 정비된 정책, 체계화된 정책우선순위는 준비된 대통령시스템의 제일요건이다. 대통령호는 출항 이후 순탄한 항해만 있는 것이 아니다. 기상 조건, 승객 만족, 선원 봉사정신, 엔진 컨디션까지 최상의 조건을 유지하면서, 위기에 대처하고 문제발생을 사전에 예견하고 논리적으로 문제를 풀어나가는 합리적 문제해결 과정을 생리적으로 몸에 익혀야 된다. 특히 대통령이 수행하는 정책은 소수의 전문 정책엘리트가 내리는 결정, 정부 정책집단이 그들만으로 형성한 배타적 정책, 관료의 전문 합리성만으로 이루어진 정책이 아니라 모든 요인과 대중성을 고려한

---

6) 대통령 비서실장, 세 번에 걸친 정무장관, 당 사무총장과 원내총무 2회를 거쳐 당대표까지 역임한 김윤환 의원은 대통령을 옆에서 보고 같이 일하면서 느낀 그 나름의 대통령 자질로서 통찰력 있는 지성과 개혁적 역량이 중요하다고 한다. 김윤환 의원은 정무비서관, 비서실장, 정무장관, 원내총무, 당 사무총장, 당대표를 역임하면서 청와대, 내각, 당, 국회와의 상호관계 속에서 체득한 대통령의 국정수행 행태에 관해 수차에 걸친 면담과 1997년 11월 4일 연세대 학부 초청강의에서 설명한 바 있다.

종합적이며 포괄적 성격의 정책이다. 정책 성격, 주위 환경과 여건, 기대감에 따라 신속 과감하게 집행하고 때로는 점증적으로 수행할 수 있도록 정책은 내용 구성 면에서는 체계적이고, 집행 면에서는 신축적이고 기동적이어야 한다. 정책의 성공은 형성, 집행, 배분의 과정을 거쳐 평가하고, 새로운 정책을 투입하는 정책 환류 과정에서 정책형성 단계에 많은 시간과 에너지를 투입할수록 성공할 가능성이 높다고 한다. 정책형성 단계에서의 깊은 성찰과 실제 상황에서 점검하는 시뮬레이션, 조직 정비, 충성심 있는 전문 인력 기용이 대통령 정책성공의 핵심이다(김형렬, 1997: 14; 이종수, 1987: 70-77; Dye, 1972: 19-43; Kingdon, 1995: 100-102; Aaron, 1990: 1-18, 185-211). 그래서 대통령에 당선되면 정책을 집행할 조직 정비와 인물 충원으로 정책을 체계적으로 신속하고 적실성 있게 집행해야 한다.

정책목표 집행능력과 위기관리능력을 포함한 대통령의 국정관리 역량은 또한 예측능력 및 대안제시와 긴밀한 관계가 있다. 예측 가능한 정치와 국정수행을 위해서는 합의 도출이 이루어져야 하는데, 먼저 그러한 합의를 이끌어내는 의제가 형성되어야 하고, 비전이나 중요한 전략정책은 미리 사태발생을 예견하는 연구조사와 국가 조기경보시스템을 가동하여 사전 대비책을 강구함으로써 현실화된다.

한국의 지도자 중 미래를 예측하고 대비책을 세우는 인물로는 포항제철을 창업한 박태준 회장을 들 수 있다. 그는 10여 년 전에 예측하기를 국내증권시장에서 우량기업의 증권을 외국투자가들이 대량 매수하여 경기가 좋을 때에는 국내 외환수급이 순조롭고 세계경제에 적응하는 기업이 많아지는데 이러한 조건 하에서 금융구조조정이 제대로 이루어지지 않으면 외국투자가의 환투매나 국내우량기업 합병매수가 이루어질 것이라고 경고하면서 대비책 강구를 제시하곤 했다. 그리고 포항제철의 관리경험, 용광로 개선, 냉연압연처리과정, 제품처리과정에 영국, 독일, 오스트리아의 제철기술을 선별 도입하고, 일본 제철의 견제에도 적절히 대처하여 오늘의 광양제철소를 만든 것은 사전예측과 대비책에서 이루어진 것이라 볼 수 있다.[7]

---

7) 저자는 1989, 1990, 1992년에 3회에 1-2시간 소요된 면담을 실시한 바 있는데, 박태준 회장은 그의 포철 집무실이나 국회의원 회관 사무실, 당 대표실, 또는 저녁을 들면서 지도자 리더십과 국가경영에 대해 포철경영의 경험과 사례를 들어가면서 설명해 주었다.

한편 라이트(Light, 1993: 171-180)는 대통령이 정책을 원활히 수행하는 몇 가지 요소를 들고 있는데, 대통령은 항상 모든 정책여건을 긍정적으로 만들고 활용해야 된다고 보면서, 정책달성 촉진 요소로 대통령 인기도, 선거 득표율, 의회 지지도, 참모 팀워크, 정책과정 시스템, 정부운영 시스템, 실현된 정책, 국민의 정책 만족도, 대통령의 개인 성향을 제시하였다.

세 번째 중요한 대통령 리더십으로 자리매김하는 요건은 바로 조직원 인간관계 발전역량(personal oriented inspiring)에 초점을 둔 조직인사 관리능력이다. 이는 유능한 막료충원과 그들의 전문성과 충성심의 조화, 정치적으로 임명된 정무직과 전문관료에서 충원된 경력직의 적절한 조정 관리의 문제이기도 하다. 대통령의 취임과 동시에 국정운영의 성공을 결정짓는 요소는 대통령이 비서실과 행정부 간부, 정무직과 경력직을 충성심과 전문성을 적절히 배합하여 균형 있게 충원 관리하느냐와 연관이 있다. 대통령실에 근무하는 막료가 행정부를 조정통제하고 행정부 각료는 자율성을 가지고 정책을 집행하는 현명한 균형을 대통령이 임기 말까지 최적 선에서 유지해야 된다(Pfiffner,1996: 154-157). 또한 정보보고와 처리과정 그리고 정책의 투명성이 명쾌하더라도 실행에 있어서 대통령 막료 간, 대통령 막료와 행정부 간부 사이의 협조체계가 뒷받침되지 않으면 안 된다.

군사독재자, 신 군부독재자로 비판을 받긴 하지만 위기관리와 업적창출, 그리고 인사용인술에서 박정희와 전두환 대통령이 우수한 평점을 받고 있고 두 대통령이 충원한 보좌진은 충성심과 전문성에서 상대적 관점이긴 하지만 안팎으로 승복할 만한 지성과 능력을 소유했다고 평가받고 있다(대통령 평가 부분 참고). 한편 김영삼, 노무현, 김대중 대통령이 인사 관리면에서 뒤처진 대통령으로 인식되는 데는 과도한 출신 지역 고려와 취약한 인재풀로 유능한 보좌진을 광범위하게 충원하지 못하고 대통령을 보좌하는 유능한 막료의 기량을 극대화하기 위한 조직력 가동의 취약성에 있다고 본다. 사회학자 막스 베버는 공동목표를 달성하기 위해서는 분업화되고 전문성과 능력에 따라 충원된 인력으로 구성된 계층제 조직이 필수적이라고 하였다(Gerth, Mills, 1946).

한편 거대기업인 미국 전신전화회사 사장의 기업경영 경험에 근거하여 버나드(Barnard, 1938: 52-55, 161-184)는 조직을 인간의 협동체계라 보고 전문성

정도에 따른 권위를 바탕으로 조직구성원이 정신면이나 체력면에서 최선을 다해 자발적으로 조직 공동목표 달성에 참여할 때, 인간의 협동체계인 조직력은 풀가동되고 조직목표는 성취된다고 하였다. 대통령제에서 대통령을 보좌하는 막료의 완벽한 협동체계는 대통령 업적 수행에 있어서 결정적이다. 변화하는 환경에 능동적으로 대처하고, 다양한 국민요구를 수렴할 전문적이고 체계화된 대통령 비서실로의 재구조화(restructuring)를 통해, 대통령이 미래지향적인 명확한 비전과 통치이념을 제시하도록 보좌하고, 이러한 비전과 통치이념을 정확히 해석하고 보완하며 정책화시키는 강력한 보좌기구로의 전환이 요구된다.

이승만 정권을 거쳐 경제발전에 주력하던 박정희 정권에 이르러 "잘 살아보세"라는 통치슬로건을 극대화시키기 위하여 청와대 조직을 확대하여 왔으나 그 이후 조직 축소라는 정치적 제스처 외에 역대정부는 비전을 강화하고 정책을 개발 달성하려는 차원에서 청와대 조직기능을 재정비하고 강화하려는 노력을 보이지 않았다. 청와대의 정책전문성 결여, 기획조정능력의 저하, 각 수석실의 인접 수석실과 정책협조 및 교류의 문제, 폐쇄적이며 행정부에 대한 감독·명령하는 관료적 행태가 우리나라 대통령 비서실이 갖는 문제점으로 제기된 것은 시사하는 바가 크다(박석희, 1993).[8]

또한 대통령은 국민과 참모에게 정책 일관성을 가지고 행동하며 항상 정직하고 투명하게 정책결정 사항과 중대한 정보를 알려 믿음을 갖게 해야 국정운영이 순조롭게 풀린다는 점에 유의할 필요가 있다. 뉴스타드(Neustadt, 1990: 18–23, 155–160, 190–192)는 대통령의 리더십은 대통령의 권력이나 힘이라 할 수 있고 그러한 힘은 헌법에서 보장되고 대통령의 정치행정 차원의 전문적 리더십, 그리고 대통령이라는 공적 조직의 권위에서도 유래된다고 한다. 또한 정치행정차원의 리더십은 전략 차원의 정치리더십과 전술 차원의 행정리더십으로 나누고 정치리더십은 협상과 타협을 통한 합의도출이고, 행정리더십은 단호한 의지, 명쾌한 내용, 공개성, 가능성, 결단성을 포함한 명령을 정부 공직자가 전폭 수용하는 것이라 하였다.

이와 관련하여 효율적인 목표관리로 국정운영능력을 향상시키는 데 대통

---

8) 저자 연구팀이 1993년 역대 대통령 비서실장과 비서관, 청와대 출입기자, 그리고 청와대 정무 협조를 위해 접촉과 거래를 해 온 행정부 정책기획 담당 고위 공직자 311명을 상대로 면접과 설문조사를 한 결과 제시된 문제점이다.

령이 지녀할 리더십 덕목으로 동기부여와 목표달성에의 믿음과 확신 부여가 있다. 정책 효과를 극대화하는 선도 목표를 적실성 있게 세울 줄 아는 기획 능력이 있어야 하고 대통령부의 참모, 행정부 각료, 국회와 국민의 마음을 본능적으로 읽을 줄 알아야 하고, 문제를 합리적으로 풀 수 있는 국정관리 능력이 있어야 한다. 대통령이 타인의 마음을 읽을 줄 아는 본능이 있어야 한다는 대목은 타인의 의견을 경청할 밝은 귀와 사람을 알아보는 맑은 눈을 가져야 된다는 뜻이다. 여기에는 자문 보좌관, 지인, 국내외의 친구, 역사적 사례에서 많은 조언을 듣고 배우는 열린 마음, 겸허함이 포함된다(Neustadt, 1990: 314). 대통령의 열린 마음과 겸허함에는 균형된 정보 판단력과 투명성도 포함된다.

내각책임제에서는 수상도 연방정부에서 국정을 수행하기 때문에 서민고충이나 민심동향파악에 다소 거리가 있을 수 있다. 그러나 영국수상은 정책실 보좌관과 지역구 정치보좌관, 독일 수상은 정보수석을 통해 해외정보, 국내방첩, 국방정보를 모두 수집·분석하여 비서실장, 특별보좌관과 함께 균형 있는 정보 판단을 한다. 미국도 정보부장이 혼자 대통령을 주기적으로 만나지 않고 일일보고를 백악관에 보내면 외교안보수석이 원본과 함께 요약한 내용을 대통령에게 보고한다. 균형된 정보판단을 구하기 위해 국무장관, 국방장관, 정보부장 등이 정보조정위원회를 열어 실무수준에서 조정하고 최종단계에서 대통령이 백악관회의를 거쳐 결정하게 된다. 그런 맥락에서 전략적 정책은 반드시 백악관 상황실에서 다양한 정보를 놓고 토론 조정한다. 물론 법안이나 중요 안건은 상·하원 상임위원회, 소위원회 주관 청문회를 거쳐 투명성 있는 정책 형성이 이루어진다.

우리나라의 경우 금융실명제 실시가 아무리 보안을 요하는 사안이라 하지만 청와대, 내각, 당, 시민단체의 공청회를 거치는 과정이 필요하지 않았을까? 무기명 채권 허용, 금융실명제를 유보하자는 논의가 대통령선거 이슈로 등장하였고, 재계가 이를 강력히 요구한다는 자체가 투명성 있는 사전 논의가 있었어야 되는 것이 아닌가 하는 의구심을 갖게 한다.

1998년 10월 초순 정치개혁특별위원회를 초대한 청와대 조찬회동에서 저자는 김대중 대통령에게 청와대 정책결정의 투명성과 균형감각을 가질 것을 강조한 바 있다. 그리고 다음과 같은 정책과 정보관리 사례를 설명했다. 원래 중앙정보부로 출발한 현재의 국가정보원은 구조기능 면에서 미국의 중앙정보부를 모델로 하였다. 그러나 일제의 교육훈련에 영향을 많이 받은 인물로 구성된 박정희 정권은 운영 면에서는 일본식을 답습한 것이 많아, 일본 수상비서실 격인 내각관방 산하 내각조사실 운영을 참고했다고 볼 수 있다. 즉, 일본 정부의 정보부격인 내각조사실은 법제상 국장이나 업무 면에서 차관역할을 하면서 매주 일회 소속 부서의 책임자인 관방장관, 정무 차관, 사무차관과 함께 수상 집무실을 방문하여 정보를 브리핑하고 상황에 따라 수상이 주관하여 참석한 구성원들이 합동으로 정보판단과 정책결정을 하게 된다. 따라서 일본 내각 관방의 내각조사실장은 정보를 브리핑하는 실무자일 뿐 중요 정책결정자는 수상, 내각관방장관, 차관, 특별보좌관들이다. 그런데 한국의 중앙정보부는 부장이 미국의 내각인 중앙정보부장의 역할을 하면서 대통령에 보고하는 절차는 일본 내각조사실장이 보고하는 것처럼 부장 자신이 매주 일회 직접 보고하고, 그것도 혼자서 대통령에게 브리핑하고 때로는 중요 결정도 하게 된다. 이런 독대 정보브리핑은 대통령이 선호하는 정보만을 선택적으로 진상을 하게 되는 폐단이 생길 수 있고 대통령이 정보판단에 균형감각을 상실할 수 있다. 그러므로 국가정보원장은 매월 첫 주에 일회 대통령을 면담하여 정보를 보고하고, 이때 반드시 보고사항과 관련된 차장, 국장, 청와대 비서관이 참석하여 정보 정책관리에 투명성을 유지해야 한다.

　　매월 둘째 주에는 행정자치부 장관, 경찰청장, 경찰정보국장, 관련 청와대 비서관도 참석한 국내 정보를 대통령이 듣는 기회를 가지면 된다.

　　매월 셋째 주에는 국방부장관이 정보사령관, 보안사령관을 대동하고 대통령에게 군사 정보를 전하고 넷째 주에는 집권당 대표, 사무총장, 정세분석실장이 국회를 중심으로 한 정치정보를 제공하면 대통령은 매월 4개 정보기관으로부터 국내외 정보를 투명성 있고 균형 있게 정보 판단을 효율적으로 하고, 정책오류를 최소화 할 수 있는 정보채널의 다원화와 함께 합의체 형식의 정책결정을 수행할 수 있을 것이다. 이러한 정보의 예측성 측정과 투명성 있는 정책결정은 대통령 국정운영의 키워드가 된다.

　　대통령의 넷째 리더십 덕목으로 정치협상력과 조정력(political bargaining & cooperation skill)이다. 협상력과 조정능력은 잘 짜인 팀워크로 토론과 담론문화에 입각한 고도의 협동성을 발휘함으로써 효과를 발휘한다. 따라서 대통령은 "혼자 하는 것이 아니다"라는 논리가 여기에 있다. 끊임 없이 밀려오는 정파 간, 행정부와 의회, 이익단체 간, 지역 간, 정부 부처 내, 국내외의 갈등을 해소하기 위해 협상에서 평온을 유지하여 설득, 타협으로 합리적 조정자 역할을 수행하는 고도의 협상력을 갖추어야 한다. 국내정책과 대외정책 수립, 정책 우선 순위 선정, 기회포착으로 정책을 수행하는 과정에서 국민 설득, 의회와 관련단체, 외국정부, 국민과 끝 없는 타협과 설득에서 대통령 리더십의 진면목을 볼 수 있다. 따라서 진정한 대통령의 권력은 헌법에서 보장하고, 대통령이 습득한 국정관리 노하우나 대통령 직위에서 나오는 것이 아니라 임기동안 줄기차게 공들이는 협상과 타협으로 설득하여 도출한 합의점 도출에서 나온다고 볼 수 있다(Edward, 1999: 280; Heclo, 1997: 169.).

　권력분산을 지향하는 내각책임제인 영국, 독일, 일본에서 권력분점 유지와 정책 조정역할은 수상이 수행하고 있다. 연합정권을 유지하는 독일과 일본 수상은 조정자, 정파 간 권력균형 유지자 역할을 하고, 특히 일본 수상은 정파와 파벌 간에 이루어진 협약과 정책을 확인하고 집행과정에서 비로소 행정력을 발휘하며 국민에게 정책실현의 서비스를 전달할 때도 항상 정파 간 협의와 조정으로 마무리를 짓게 된다. 그래서 일본 수상은 정파 간 조정력, 중재자로서 정책의제가 합의를 본 다음에야 본격적으로 집행력을 행사하는 반응적 리더십(Reactive Leadership)을 행사한다고 볼 수 있다(Meny, Knapp, 1998: 238-239; Hayao, 1993: 6-7, 15, 202).

　헬무트 콜(Helmut Kohl) 수상이 이끈 독일 정부는 기독교민주당, 기독교사회당, 자유민주당이 연합한 3당 연립정부이다. 연립정부이며 내각책임제인 독일의 행정부는 대통령제안 그 어떤 나라보다도 강력한 정부로서 독일통일을 달성하고 유럽통합의 맹주로 활약했다. 그 비결의 하나는 정파 간, 정부 부처 간, 사회기능 집단 간의 다양한 타협·협상·합의 도출로 균형을 유지하고 예측 가능한 정책을 일관성 있게 집행하는 데 있다.

　정치학자와 역사학자가 평가한 바에 의하면 역대 미국 대통령 중 협상과 타협의 명수는 F. 루즈벨트, 링컨, 존슨, 그리고 T. 루즈벨트 대통령 순으로 꼽히고 있다.[9] 협상과 타협에서 돋보이는 대통령은 재임 시에 창출한 업적도 화려한데, 그 이유 중 하나가 각자가 입는 손실을 극소화하고, 얻는 이익을 극대화하기 위한 합리적 토의와 설득을 통해 항상 균형을 유지하기 때문이라고 한다(Dye, 1984: 26-40). 그리하여 대통령 수준에서 원만한 타협과 협상 결과는 국민전체, 외국정부, 의회, 행정부, 각료, 기업, 노동계, 사회 이익집단 간의 이해관계를 조정하고 합의점을 모색하여 모두가 만족하는 원칙, 독트린, 또는 정책으로 구현된다.

대통령의 다섯째 리더십 덕목으로 자신감, 결단력, 긍정적 및 낙관적 사고와 행동(decisiveness, positive optimistic mind and behavior)을 들 수 있다. 모두가 합의한 정책이라도 예산, 인력 상의 제한, 예상치 못한 내외의 돌발 사태에 직면하면 실현가능성이 희박해지고, 진행중인 정책은 도전을 받고, 정책실패의 책임을 대통령에게 돌리게 된다. 그리고 주위 참모는 위기를 느끼고, 각료는 눈치보고, 행정 관료는 복지부동하고, 소속정당은 책임을 물을 희생양을 대통령실에서 찾으려 하고, 야당은 비난하고, 국민의 대통령 지지율은 격감하게 된다. 위기는 대통령 임기가 끝날 때까지 계속된다. 이런 위기에서 대통령이 보여 주어야 할 리더십은 자신감 있는 행동으로 자신 있게 행동할 때 국민과 대통령부의 모든 보좌진은 대통령을 믿고 따르게 된다.

취임 후 중앙정보부와 쿠바 해방론자의 검증되지 못한 정보와 군사작전으로 실패로 돌아간 피그만 침공 작전으로 인해 케네디 대통령은 경험 없는 미숙한 대통령이라는 여론의 비판을 받으며 외교 군사적 좌절을 맛보았다. 이어서 소련이 쿠바에 미사일 설치를 시도하자, 케네디 대통령은 소련의 쿠바 미사일 설치는 미국에 대한 선전포고로 간주한다고 내외에 천명하고 세계 전역에서 전

---

9) 42대 클린턴 대통령까지 리더십, 위기관리능력과 업적, 정치협상력, 인사용병술, 도덕성으로 나누어 정치학자, 역사학자 710명이 1등부터 42등까지 순위를 매긴 대통령 중에서 7위까지를 도표로 보면 다음과 같다(Ridings and McIver, 1997).

Overall Ranking	Leadership	Accomplishments and Crisis Management	Political Skill	Appoint-ments	Character and Integrity
1. Lincoln	2	1	2	3	1
2. F. Roosevelt	1	2	1	2	15
3. Washington	3	3	7	1	2
4. Jefferson	6	5	5	4	7
5. T. Roosevelt	4	4	4	5	12
6. Wilson	7	7	13	6	8
7. Truman	9	6	8	9	9

략무기로 소련을 포위압박하고 미사일을 적재한 소련 선박을 봉쇄하며 쿠바를 봉쇄하였다. 이에 흐루시초프는 미사일을 선적한 선박의 회항을 명령하였다. 케네디 대통령은 위기에 직면하여 단호한 행동을 취함으로써 국민을 안심시키고 자신감을 갖게 하는 대통령이라고 평가받은 반면 흐루시초프는 소련 공산당 서기장에서 밀려나는 계기가 되었다.[10]

결단성은 일을 착수하는 결심 및 결정과 그것을 행동으로 옮기는 초기 행태의 의미를 지니고, 과단성은 결심을 행동으로 옮겨 일을 추진하는 과정에서 어려운 여건이나 돌발사태가 발생해도 머뭇거리지 않고 그대로 밀고 나가는 행위과정의 의미를 지닌다. 한국에서는 박정희, 전두환, 김영삼 대통령이 결단성 있는 대통령으로 일컬어지고 있다. 이 중 전두환 대통령이 결단성이 있는 대통령으로서 1순위로 꼽힌다.[11] 아마도 강압적인 독재자 소리를 들으면서도 질서유지, 물가안정 등에서 나름대로의 평가가 이루어진 것이라 본다.

전두환 대통령의 결단성을 보여주는 사례[12]

사례 1) 청와대, 연희동 사저, 백담사에서 가진 장시간의 면담에서 그 나름의 리더십과 대통령의 통치술에 관한 논리를 사례를 들어 설명해 주었다. "최 교수는 국가관리학인 행정학을 전공하니, 나의 이 경험이 좋은 사례가 될 겁니다. 무릇 지도자가 앞장서서 나가고 챙기지 않으면 아무도 따라오지 않아요. 내가 특전여단장을 할 때였습니다. 새로 도입된 수송기로 공수훈련을 실시하는데, 점프명령을 내려도 낙하병들이 아무도 선뜻 뛰어내리지를 않는 겁니다. 왜냐 하면 옛날 수송기에서 낙하할 때는 비행기 옆구리에 있는 출구에서 낙하했었는데 신형기종에는 꼬리부분에 출구가 있어서 낙하병들이 겁을 먹은 겁니다. 여단장인 나 자신도 그런 느낌을 갖고 있었는데, '에라 모르겠다.' 하고 제일 먼저 뛰어 내렸지요. 낙하산에 매달린 채 위를 보니 내 뒤를 이어 전 여단 장병들이 속속 뛰어 내리는 겁니다."

---

10) 쿠바 미사일 대응에 관한 문헌으로는 다음 저서나 논문을 참고할 수 있다(McCort, 1991; Divine, 1988; Medland, 1988; Schlesinger, 1965; Sorensen, 1965; Kennedy, 1962-1964).

11) 정치학자 204명이 역대 대통령을 분야별로 평가할 때 전두환 대통령이 위기관리 분야에서 제일 높은 점수를 받았다(자세한 사항은 9장 대통령 평가부분 참고).

12) 이것은 1986년과 87년에 2회, 그 이후 93년과 98년에 총 2회에 걸쳐 실시한 면담 내용을 정리한 것이다.

사례 2) "내가 청와대에서 장관을 만나 서류를 결재할 때는 항상 결재 후에 장관에게 내가 갖고 있는 관심사항이나 지시사항을 전달했어요. 그리고 수첩에 적어 두었다가 그 장관이 다시 오면 반드시 나의 지시사항을 확인했지요. 그런데 어느 날 어떤 장관이 얼굴을 벌겋게 해 가지고 와서는 '대통령 각하! 전국 각지의 지방관청에서 올라온 보고서에 의하면 이번 저희 부가 추진하는 프로젝트는 반드시 달성되어야 합니다. 그러기 위해서는 어른의 도움이 절실히 필요합니다. 만약 이 계획이 성공만 하면 대통령의 위대한 업적으로 남을 것입니다.' 하고 말하는 겁니다. 이 친구가 그렇게 이야기 하길래 그럴듯해서 내가 기획원장관에게 특별예산까지 조처해 주었지요. 그리고 한 달 후에 그 장관이 다시 왔기에 결재서류에 사인해 주고 돌려보내려는데, 그 프로젝트 생각이 나서 내가 불러 세웠지요. '어이! 장관, 당신 저번에 만났을 때 추진하기로 한 그 프로젝트 잘 되고 있지' 하고 물으니까, 그 친구 머리를 긁적이면서 하는 말이, '아이구! 대통령 각하, 다른 일이 너무 많이 밀려 아직 손을 못 대었습니다.' 이런 다 말입니다. 그래서 너무 화가 나서 '한시라도 빨리 추진하지 않으면 나라가 망한다고 말해 놓고 아직도 안하고 있어. 당장 가서 즉시 실시해' 하고 내가 그 장관에게 조인트를 놓았지요. 그리고는 또 전화로 호출해서 물었더니, 그 장관 하는 말이 '아이구 대통령 각하! 저는 지금 방금 청와대 정문을 나와 정부종합청사로 가고 있는 중입니다.' 라고 말하더군요. 결국 대통령이 선두에서 직접 챙기지 않으면 아무 것도 되는 일이 없는 겁니다."

사례 3) "어느 날 청와대에서 손톱을 깎는데 손톱깎기 날이 단박에 뭉그러져서 국산제의 질을 높여야 되겠다는 생각을 가지고 있었지. 그런데 마침 프랑스 외무부에 출장 가는 외무장관에게 부탁하여 돌아오는 길에 프랑스제 손톱깎기 한 세트를 구입해 오도록 부탁했지. 그가 가지고 온 프랑스 손톱깎기 도구일체를 한국 손톱깎기 제조회사 사장을 불러 모아서, 이 제품보다 더 나은 한국제품을 만들라고 부탁하고 상공부장관에게 제조과정을 지켜보고 도와주라고 했지. 그리고 비망록에 적어 두었다가 수시로 경제수석 비서관실을 통해 체크했지. 몇 개월 후 만들어 가지고 온 제품은 아주 좋았고 그 이후 한국제 손톱깎기는 프랑스 등 외국으로 역수출되었지."

이와 관련하여 박정희 대통령이 여우와 사자의 절충형인 이지적 공격형이라면 전두환 대통령은 사자형의 저돌적 공격형, 노태우 대통령은 여우형 상황적응 대통령이라는 의견도 있다(김호진, 1990).

한편 김영삼 대통령은 한다 하면 과감하게 돌파하는 투사형이다. 그는 읽고 생각하기보다는 듣고 행동하는 본능을 갖고 있다. 김영삼 대통령은 저자와의 면담에서 "나는 경남 통영중학에서 축구선수로 센터포드였었지. 그러나 그 시절에는 포지션에 따라 움직이는 것이 아니라 축구공이 가는 곳에 따라 뛰는 식이었어. 나는 주력이 좋아서 공이 센터 서클에서 하프라인으로 넘어와 우리 진영으로 몰리면, 벌써 골문 옆에 와서 있었지. 그 이후 경남고등학교에서도 축구선수로 뛰었는데 시합 끝나고 상대편 학교, 특히 경남상고와 싸움이 벌어지면 내가 항상 맨 앞에 안 섰겠나."하고 말한 바 있는데, 이는 김영삼 대통령의 투사적인 일면을 엿볼 수 있게 한다. 김영삼 대통령은 마치 서부활극에서 화난 들소가 앞에 절벽이 있든지 바위가 있든지 막무가내로 돌진하는 저돌성과 고집의 특성을 보이기도 한다. 즉, 그는 정리된 보고서를 잘 읽는 스타일은 아니나 말을 듣고 일단 괜찮다고 느껴지면 즉각 행동에 옮기는 투사형 행동파였던 것이다.

또한 김영삼 대통령은 받아들일 수 있는 정책대안이면 과감히 수용하는 시의적절한 결단력을 보이기도 하였다.

그런 과단성 있는 대통령이 집권 5년을 세인이 말하듯이 국가부도까지 내

김영삼 대통령의 저돌성을 보여 주는 사례

1989년에 야당 총재와 1990년 여당대표 시절 김영삼 대통령이 북방외교를 개척하는 과정에서 생긴 일화이다. 김영삼 대통령은 야당 총재로 소련을 방문하였는데, 1989년 7월에 13차 세계정치학회가 모스크바에서 개최되었을 때에 저자가 참가하여 크렘린 궁, 공산당 중앙위원회, 하원 의사당 등을 카메라에 담아 만든 슬라이드를 보여 주면서 소련과 북한, 중ㆍ소 관계, 미ㆍ소 관계를 고려한 신중한 접근을 권고했다. 그리고 소련 방문 후에는 반드시 미국을 방문하고 조야에 자신의 방문소감과 한미관계의 돈독함을 보이고, 귀국 후에는 좋든 싫든 대통령을 만나 러시아 방문 소감을 피력해야 된다고 하면서 출발에 앞서 안기부장, 통일, 외무, 국방장관을 만나 상대국의

상황청취와 조언을 구하는 것이 좋겠다고 했다. 당시 야당총재였던 그는 이렇게 의문을 제기하였다. "내가 안기부장, 통일, 외무장관을 불러서 브리핑을 청취하고 자문을 구하면 다른 야당이 이상하게 보지 않겠나." 이에 저자는 정치적으로 성숙한 나라에서는 야당총재가 외국을 순방할 때는 대통령이나 수상을 만나 협의를 하며 순방 후에는 반드시 귀국보고를 하는 것이 관례이고, 그것이 초당외교라고 건의하였다. 그는 생각해 보겠다고 하더니, 그 다음날로 관련 장관, 실무국장을 만나기 시작하였다. 소련 방문 후, 그는 이렇게 말한 바 있다. "귀국길에 다른 사람은 모두 잠들었는데, 나만 깨어서 도착할 때까지 여러 가지 많은 생각을 했지." 그리고 한 달 후 김영삼 총재는 "내가 청와대에 가서 귀국보고를 하고 북한 외교부장 허담을 만나 김일성이 나를 초청하려거든 노태우 대통령부터 먼저 만나라고 한 이야기를 하니, 노태우 대통령이 감사하다고 하면서 앞으로 사안에 따라 정책연합을 하자고 하길래 내가 내친 김에 당을 합당하자고 했지." 그 이후 그는 3당 합당 대표가 된다. 대표가 된 어느 날 김영삼 대표는 2차 소련방문을 추진하게 되는데, 저자에게 이번에는 고르바초프를 꼭 만나야 되겠으니 그 가능성을 타진해 달라고 부탁하여 모스크바 방문 길에 알아보니 '국교수립 이전에 최대의 예우를 하여 당시 2인자였던 야꼬블레프를 만나 양국 관심사를 논의하도록 하겠다.'는 언약을 외무부 차관, 당 국제부 극동본부장이 해 주었다. 그러나 이 사실을 귀국 후 김대표에게 말하니 그는 일언지하에 "안 된다. 고르바초프를 만나야 된다. 고르바초프여야 된다."고 거절하였다. 외교관계가 없는 소련이 2인자인 야꼬블레브를 만나게 해 주는 것만 해도 파격적인 것이었음에도 막무가내였다. "가까운 시간에 노태우 대통령이 소련을 방문하여 국교수립을 할 것인데, 그 전에 내가 먼저 소련을 뚫어 놓아야지." 계속하여 그는 "내가 먼저 고르비를 만나야만, 3당이 합당한 지금 민자당 장악력에 힘이 실리지 않겠나."라고 하였다. 이후 다행히 많은 사람들(모스크바 대학 로구노프 총장과 부총장, 로구노프 총장은 모스크바 대학 직능대표인 하원의원이며, 공산당 중앙위원, 대통령 청소년담당 보좌역이었으며, 부총장은 공산당사를 전공하고, 크렘린에 지인이 많은 인물이었다)의 도움으로 모스크바 공식방문 첫날 오후에 김영삼 대표는 고르바초프 대통령을 만날 수 있었다.

고 집권 말년을 마감하며, 역대 대통령 중에서 최하위로 전문가·국민 모두가 평가하게 된 것은 무엇 때문인가? 그렇게 문민독재자라고 공격한 이승만, 군부독재자 박정희, 신군부 독재자 전두환 대통령이 김영삼 대통령보다 대통령 종합업적 평가에서 상위권에 있는 이유는 어디에 있는가? 아마도 이지적이며 지성이 가미된 국가경륜의 전문지식의 결여와 미약한 정책판단력이 한 원인일 수

김영삼 대통령의 결단력을 보여 주는 사례

사례 1) 군 사기 진작방안 채택: 김영삼 대통령이 군의 정치화, 사기저하를 해결하는 대안을 즉각 받아들인 경우는 다음과 같다. 전두환 정권시절인 1981년과 1995년 김영삼 정권 당시, 육해공군의 전군을 상대로 한 장병의식 조사에서 군의 사기가 '아주 높거나 약간 높다' 는 견해를 포함한 군 사기가 높다고 생각하는 군 장병은 전두환 정권시절 1981년에는 40%, 1995년 김영삼 정권 시절에는 10%였다.[13] 이와 관련해서 김영삼 대통령에게 연구결과와 군 발전 대안책을 제출하였다. 대안책으로 첫째, 군에서 발생하는 사고는 대통령이 먼저 개입하지 말고 문제해결 위주로 적절한 군 지휘계통에서 조사하고, 그 결과를 보아 가면서 대통령 수준에서 해야 될 조치는 최종적으로 국방장관을 통해 시정해야 된다고 건의하였다. 둘째는 일선부대장의 지휘비용의 현실화와 이사비를 예산에 책정해야 된다는 내용이다. 대통령은 군의 최고 통수권자로 군의 최종 보호막이 되어야 하고 장병 이사비용이나 지휘관의 적정수준 부대운영비는 현실적으로 개선 가능한 정책 프로그램이니 실천에 옮겨, 군의 사기를 높이는 좋은 계기를 만들어야 된다고 서면으로, 구두로 강력히 건의하였다. 김대통령은 이 건의를 받아들여 창군 이래 군 장병 이사비를 국방예산에 반영하고 지휘관 부대 운영비를 현실화시킨 최

---

13) 김영삼 정권에서 군 사기가 크게 저하된 것은 군을 율곡비리집단, 민주저해요소로, 군의 소부대사격 훈련에서 발생한 사고를 문제해결 위주가 아닌 사령관 해임이란 국민흥미 유발 언론 플레이로 취급한 결과이다. 현대 산업사회에서 군이라는 직업이 말쑥하거나 깨끗하지 못하고 위험과 어려움을 수반하는 3D직종으로 생각하는 통속 관념도 있다. 장병 개인으로는 낮은 군 보수, 자기 집 마련의 어려움, 영관과 장군의 전역 후 불안감, 사회직업 근무환경에 훨씬 못 미치는 열악한 군 근무조건, 더군다나 1995년 현지 설문조사 당시 우리 군에는 전후방 장병 교대시에 가족이 이동하고 이사 짐을 나르는 데 필요한 이사비용을 지급하는 예산이 없어 군인가족의 불평도 만만치 않았다. 더군다나 대대장, 연대장 등 일선지휘관이 예하 부대원을 표창하고 사기양양을 위해 지출하는 지휘비가 너무 적거나 형식적으로 존재하는 예산이어서 일선 지휘관으로 내정된 장교는 대대장은 평균 600만원, 연대장은 800만원, 사단장은 그 이상의 금액을 부대 부임 전에 개인 봉급으로 적금을 들어 준비를 한다는 내용을 일선 부대방문 면담에서 확인한 것이다.

초의 대통령이 되었고, 군 발전 대안책 제시 이후 군에서 발생하는 사고와 관련하여 정치논리와 언론과 TV매체를 이용한 정치행동을 자제하였다.

사례 2) 청와대의 정책기획 수석실과 상황실 설치: 1994년과 1995년에 백악관과 일본 수상실, 내각관방을 현지 방문하여 연구한 결과에서 청와대가 국가안보에 관한 국내외 정보를 수집·분석·전파하는 상황실을 설치하고, 각 수석실이 관장하는 정책수행의 우선순위 조정, 어느 특정 수석비서관실에 연관되지 않은 대통령의 포괄적 지시사항이나 전략정책을 수행하는 정책기획수석실을 운영하도록 방안을 제시하였다. 3개월 정도 연구 검토 후 상황실과 정책기획실이 설치 운영되고, 특히 북한 잠수정 침투 당시에 상황실은 대통령의 귀와 눈이 되어 크게 기여하고, 오늘에는 국정상황실로 발전되고 있다.

있을 것이다. 제대로 정리된 정책보고서를 읽고 이해하며 즉각 대응할 수 있는 지적 능력이 있어야 한다.

대통령에게 필요한 여섯째 리더십은 전문지식과 강인한 체력(intellectual and physical capability), 즉, 지적능력과 체력이다. 뉴스타드(Neustadt, 1990: 32)는 대통령이 지녀야 할 요소로 정신적·육체적 건강을 강조하였다. 스트레스의 연속인 국정수행을 잘 이겨내고 수행할 수 있는 것은 강인한 체력과 도덕적으로 건전하고 안정된 정서 속에서 정신적 건강을 유지함으로써 가능하다.

한편 현장 방문을 통해 조사한 내용으로는 미·영·프·독·일·이탈리아, 러시아, 한국의 대통령이나 수상은 하루 최소 100쪽에서 최대 300쪽 분량의 정보 보고서, 언론동향, 결재서류를 소화해야 되고, 한 시간 정도 소요되는 최소 일회 이상의 회의에 참석해야 되고, 다수의 면담자를 접견해야 된다. 서독의 경우 콜 수상은 오전 7시 기상과 동시에 비서실장과의 통화로 일과를 시작하여 오전의 비서관 회의, 연립정파회의, 각료회의, 면담, 서류결재가 끝나면 퇴근하는 시간은 저녁 10시이다. 이탈리아 베를루스코니 수상은 아침 6시에 기상하여 저녁 10시까지 공식 일정을 마무리하고 관저로 이동한다. 그러나 관저로 돌아와서도 곧바로 취침에 들어가는 것이 아니라 저녁 10시부터 새벽 4시까지 비서실장과 마무리 평가, 쟁점별 전략회의를 하고 잠든다 한다. 물론 오찬 후, 차량이동중에 칼잠을 잔다고 한다.[14]

김영삼 대통령의 상도동과 청와대 생활스케줄도 이와 비슷하여 아침 6시 전후 기상하여 조깅으로 일과를 시작, 자정에 잠자리에 들었다. 카터 대통령은 달리기, 레이건 대통령은 승마, 부시와 클린턴은 골프, 그리고 박태준 총리는 매주 남산순환도로 산책으로 건강을 다졌다. 김대중 대통령은 칠순 나이에도 중요 정보 보고서와 결재서류를 지나칠 정도로 꼼꼼히 읽고 기억하는 강인한 정신력을 발휘하는 것 같다고 그의 주치의가 말한 바 있다. 강인한 체력이 밑받침된 맑은 정신이어야 꽉 짜인 일정대로 생활하면서 안팎으로 밀어닥치는 도전에 대응하는 긴장과 스트레스를 이겨 낼 수 있고 통제력도 강해진다.

이와 더불어서 빠른 판단력과 속독력이 뒤따르는 지적 능력이 있어야 한다. "케네디 대통령은 많은 결제 서류나 정보보고서를 빠르게 읽는 속독력이 대단했다"고 소렌슨 보좌관(Thodore Sorensen)과 샐린저(Pierre Salinger) 공보비서관이 언급한 바 있다. 프랑스 대통령실인 엘리제궁에서 면담한 비서실 운영 차장은 "시라크(Jacque Chirac) 대통령이 유엔 창립 50주년 기념일에 참석하고 밤사이 비행하여 오늘 아침 엘리제궁에 도착하자 나를 포함한 보좌관들이 제출한 서류들을 읽고 서명한 서류를 오후에 받았다."고 하면서 대통령이 자기 의견을 개진하고 서명한 결재서류를 보여 주었다.[15]

대통령은 간결하지만 짜임새 있는 내용이 포함된 여러 보고서를 빠른 시간 내에 읽고 소화할 수 있어야 건전한 판단을 할 수 있다. 김영삼 대통령은 과단성이 있는 행동파이긴 하나 중요 보고서, 정책대안을 철저히 읽고 판단하는 지적 능력은 미약했고 그렇게 훈련된 대통령은 아니었다고 본다. 저자가 1987년 대통령 선거와 그 이후 1992년 대통령 선거 이후를 관찰하면 대통령이 되기 위해서라도 이런 저런 정책보고서를 읽어야 된다고 하면 돋보기를 쓰고 유심히 읽고, 질문을 하고 토론을 진행하였다. 그러나 대통령이 된 후부터는 읽어보고 검토하라고 전달한 정책보고서를 세심히 읽고 파악하는 강도가 대통령후보 시

---

14) 실비오 베를루스코니(Silvio Berlusconi) 수상의 비서실장 안토니오 카트리칼라(Antonio Catricala)와 집무실에서 면담(2005년 1월 27일 10시-11시).

15) Pierre Bousquet de Florian 엘리제궁 부속실 차장겸 프랑스 해외 영토와 보훈담당 보조관은 본인, 강용기 서남대 교수, 한승준 서울여대교수로 구성된 연구팀과의 면담에서 시라크 대통령은 보좌관이 제출한 보고서를 꼼꼼히 그러나 비교적 빠른 속도로 읽으며, 대통령이 의견을 직접 쓰고 결재하며, 미심한 부분이나 이해가 안 되는 주요한 내용은 보좌관을 불러 직접 알아본다고 한다(1995년 10월 24일 오후 5시 부속실차장실).

절보다 약화되었다고 한다.

외환위기와 경제난으로 IMF 관리체제로 들어서기 전에 위기 도래의 조짐을 예단하고 대안강구를 건의한 청와대의 보좌진이 처음에는 30쪽의 경제정세와 정책보고서를 대통령에게 제시하였으나, 대통령이 보려고 하지 않아 '아마도 너무 길어서 그런가 보다' 하고 저녁에 15쪽으로 요약한 보고서를 만들어 다음날 제출하였는데 여전히 대통령이 읽어보려 하지 않았다는 것이다. 셋째 날에는 아예 1쪽으로 요약하여 제출하니 대통령이 보고서를 한쪽으로 밀치면서 말하기를 "말로 해라."이었다고 한다.

전두환 대통령을 백담사에서 돌아 온 후에 그의 연희동 사저에서 만나 몇 가지 질문을 제기하는 가운데 재임 당시에 하루 얼마나 많은 문건을 읽었냐고 문의하니 대통령은 "나는 재임시에 꼭 몇 페이지를 읽었다고 정확히 말할 수는 없으나, 분명히 기억나는 것은 매일 퇴근하여 저녁 식사를 하고 서재에서 자기 전까지 집무시간에 못다 읽은 서류를 읽고, 그런 연유인지 시력도 약화되었다"라고 말한 바 있다.[16]

일곱 번째 중요한 대통령 리더십 덕목은 깊은 역사의식과 고도의 도덕성(Integrity, morality)이다. 이는 후대에 무엇을 남길 것이며 그것이 훗날 어떤 평가를 받을 것인가를 항상 염두에 두는 국정수행 자세와 고도의 자기절제, 극기의 생활태도를 의미한다. 대통령은 시의적절한 서비스 창출로 국민의 기대에 부응하고 국제환경에 탄력적으로 대응하여 국가통합의 영웅이나 상징으로, 국난극복의 지도자로, 갈등의 조정자로, 역사적 과업의 전수자로 그 의무를 다한 국가지도자로 남아야 된다(Neustadt, 1990: 151-167). 또한 대통령은 고도의 청렴성이나 도덕성을 유지해야 된다. 트루먼 대통령은 그의 자서전에서 이렇게 기술하고 있다. "나는 평소 권력, 돈, 여자에 관해 원칙을 세워 놓고 있다. 권력은 그저 잠시 왔다가 지나가는 것으로 미련을 갖지 말며, 돈은 자동차를 몰고 갈 때 필요한 기름같이 생활에 꼭 필요한 만큼이면 족하고, 여자는 반려자에 충실하면 된다"는 것이다(Truman, 1965: 150-230).

저자는 김영삼 대통령이 3당 합당을 한 후 당 대표에서 대통령 후보로 출마했을 때 그에게 다음과 같은 조언을 한 적이 있다. 그 시절에는 당 대표나 후

---

16) 전두환 대통령은 재임시 2회, 백담사 방문 1회, 사저 방문 3회로 면접을 진행하였다.

보라 하지 않고 야당시절에 흔히 부르던 총재로 호칭하곤 했다. "총재께서 꼭 대통령에 당선되고 싶으면 지금 갖고 있는 집, 부동산, 기타 재산을 전부 처분하여 현금으로 만들어 낙도 초등학교 교사, 등대지기, 소년소녀 가장, 상징적이나마 과학기술 개발 분야 등에 전부 희사해야 합니다." 김영삼 후보가 왜 그래야 되는가를 반문하기에 "3당 합당 후 젊은 세대는 김영삼 총재를 여당과 야합한 것으로 보고 있기 때문에 김대중 후보, 박찬종 후보에게 보다 높은 지지를 보내고 있으며, 김영삼 후보는 정주영 후보 지지자와 비슷한 계층에서 인기가 있습니다. 따라서 젊은 세대의 지지를 끌어 올리고 정직한 김영삼 후보 이미지를 유권자에게 심어 주기 위해서는 전 재산을 사회에 환원하고 당선 후 임기를 끝내고 청와대를 나올 때에는 퇴임 후 자서전을 집필하기 위해 모은 서류 가방 하나만 들고 나오는 대통령이 되겠다고 천명하는 것이 좋을 것입니다. 그것이 야합이라는 타 정당들의 공격에 도덕성으로 맞서는 효과적 대응방안이라고 생각합니다. 아울러 우리나라 국민은 정치인을 신뢰하지 않으며, 경제의 양적 팽창에 따른 정경유착의 부정적 후유증이 만연해 있는 현 상황에서는 지각 있는 정치지도자가 나서서 일종의 청교도적 순교자 정신으로 임해야 국민의 지지 속에서 개혁을 밀고 나갈 수 있으며, 퇴임 후에도 정치자금 수수라는 덫으로부터 자유로울 수 있을 것입니다. 이 같은 성공적인 선례를 남긴다면 차기 대통령도 따라가지 않을 수 없을 것입니다."

관악산, 북한산, 그 외 이름도 알 수 없는 산으로 등반할 때마다, 나는 재산반납 조언을 하였고, 김영삼 후보는 이 조언을 수락하여 적절한 시기에 발표하고 행동에 옮기기로 약속하였다. 그 후 저자가 러시아에 연구 차 다녀와 보니 당과 주위 정치인들이 그렇게까지 할 것은 없고 상도동 집 한 채 정도는 있어도 된다고 만류하여 그 이후 선거유세에서 김영삼 후보는 도덕성과 개인재산에 대해서 항상 이렇게 말하곤 했다. "국민 여러분, 나는 상도동 집 한 채밖에 가진 것이 없습니다." 아마도 김영삼 대통령이 초지일관 이러한 자세를 유지하고, 퇴임 후 자서전 집필용 서류가방 하나만 들고 세종로 길로 나서게 되었다면 국민의 지지는 상상할 수 없을 정도로 클 것이며, 금융외환 위기에도 그의 한마디는 난국 타개와 국민 단결에 결정적인 처방이 되었을 것이다. 아울러 끊임 없이 붙어 다니는 정치자금 공세에도 자유로울 수 있었을 것이다. 대통령에 당선되기 전에는 모든 재산을 처분하여 사회에 환원하라는 제의에 김대통령은 매우 긍정적이었고 행동시기만 기다리고 있다고 내게 말한 바 있다. 그러나 청와대에 입성한 후로는 반응이 없더니 저자가 여러 모임의 초청연사로 강연이나, 강의를 할 때에 지도자의 순교자적 리더십을 논하면서 대통령의 재산 사회 환원을 주장하였다. 그런 며칠 후, 청와대의 비서관이 내게 전해 준 말로는 정보기관에서 보내 온 정보보고서에서 나의 강연 내용의 전후 내용은 거두절미하고 대통령의 재산 사회 환원에 관한 저자의 강연내용만을 듣고 김영삼 대통령의 언급인즉 "왜 최 교수는 강연만 했다 하면 내 집 팔라 하노?"였다.

1998년 10월 정치개혁에 관한 청와대 조찬모임에서 저자는 김대중 대통령에게 다음과 같이 조언을 드렸다. "올해 외환위기를 극복하려고 우리 국민 모두가 일터로 나섰습니다. 그리고 서민들이 자기 금반지를 은행에 내다 팔아 수출하여 외화획득하려고 했습니다. 서민에게 있어 금지환은 무얼 의미합니까. 미국유학시절 결혼한 학생의 부인이 아기를 낳자 2주가 조금 지나 학생부부들이 모여 갓 태어난 아기에게 주는 선물 행사를 베이비샤워(Baby Shower)라 하는데 옷, 양말, 신발 등 아기 생활용품을 주로 산모에게 주는 것을 보았습니다. 그런데 우리나라에 전해 오는 풍속으로 갓난애가 자라 100일이 되면 동네 친지가 모여 100일 잔치를 하고 아기에게 형편에 따라 금반지를 선물합니다. 특히 여아인 경우에는 조금은 큰 반지를 선물합니다. 이 금반지는 전쟁이 나서 가족이 피난을 가거나 아기가 어느 정도 성장하여 가족과 헤어지는 어려운 처지를 당했을 때, 금반지를 풀어 주고 객주에서 하루 밤을 지새우고 요기를 하는 그 시대의 크레디트 카드입니다. 우리 국민이 각자의 신용카드를 선뜻 내놓고 외환위기를 극복하자는 정성에 대통령은 가지고 있는 집, 토지, 동산 모두를 믿을만한 외국 컨설팅회사에 실사를 거쳐 위탁 판매하도록 하십시오. 외국회사에 부탁하는 이유는 국내회사나 공공기관에 맡기는 경우에 혹시 있을 수 있는 국민의 의구심을 해소하기 위한 것입니다. 판매한 대금으로 소년소녀 가장에게, 벤처기업에, 과학기술개발에, 고용 재창출을 위한 직업훈련원에 상징적 차원에서라도 조금씩 나누어 희사하십시요. 그리고 청와대의 공보실에서 간략히 사실 확인만 하고 있다가 적절한 시기의 군중집회에서 대통령이 나의 전 재산을 사회에 환원했으므로 청와대를 떠날 때는 자서전을 집필할 자료가 담긴 가방하나 들고 나갈 것입니다. 이제부터 정경유착, 사회부정은 용서 안 할 것입니다. 이제부터 4대 구조 조정 작업과 경제 살리기에 전력을 다 하자고 하면 우리 국민이 흔쾌히 개혁에 동참할 것입니다." 김대중 대통령은 저자의 조언에 참고하겠다고 하더니, 얼마 후 일산의 집을 처분했다는 보도가 있었는데 그 사용내역이나 다른 재산을 사회에 환원했다는 소식은 공식적으로 알려진 바는 없다. 그러나 퇴임 후에 동교동에 지은 건물 일부와 대통령 재임 시 축적한 자료를 연세대의 김대중 도서관에 증여한 바 있다.

대통령의 국정관리 이론을 연구하면서 내린 결론은 특히 한국 대통령이나 사회 주요 최고지도자는 수도원에서 정진하는 수도사 같은 청교도적 생활 자세를 가질 것이 요구된다는 것이다. 국민이 기대하는 요구수준에 미치지 못하는 국정서비스를 제공해도 순교자적 리더십으로 자기를 버리는 순교자적 행동에 국민은 스스로 절제하며 따르고 지원할 것이다. 앞으로 대통령과 그에 상응한 직책을 맞아 임무를 수행하겠다고 국민 앞에 나서는 재력을 가진 지도자일수록 사회재산환원으로 자기를 버리는 순교자 자세를 보여야 국민의 호응을 받을 것이다. 절제하는 순교자적 리더십은 적어도 통일이 이루어지고 북한주민도 제대로 생활할 때까지는 한국 사회에 공감대를 유지하는 가치 신념으로 존재해야 된다고 본다. 이런 대통령의 리더십 덕목을 자기 분야에서 연마하여 자격이 있다고 생각하는 후보는 국민 앞에 나와서 당당히 검증을 받아야 한다. 깨끗하고 조직적이며 매력적인 선거 전략으로 대통령에 당선되면 신속하고 내밀성 있는 정권인수로 국민 앞에 공약한 비전과 정책을 구현시키는 일이 중요하다.

대통령 선거와 정권인수

제 3 장 대통령 선거와 정권인수

1. 대통령 선거 과정

대통령중심제의 대통령선거든 내각책임제의 수상 선출이든 각 국가의 정치체제와 선거법에 따라 모양새에 차이가 있다. 그러나 크게 보면 예비선거, 전당대회에서의 지명전, 본 선거로 이어지는 단계별 선거과정이 제도적으로 발전되면서 정착되어 가고 있다. 각 단계에 따라 후보는 비전과 정책을 제시하고 출마의 기선을 잡으며 소속 정당의 지원을 획득하여 선거 초반부터 유력한 후보로 자리매김하려 한다. 이 가운데 선거전은 치열해지고 후보의 분신으로 반드시 성공한다는 결의에 가득찬 전문 분야 전략가로 조직된 선거 팀을 신축적으로 총 가동한다. TV와 신문매체, 우편홍보, 인터넷을 사용하는 사이버 홍보전, 전국순회 유세를 통한 초반 여론몰이로 대세 장악에 총력을 기울인다. 그런 맥락에서 언론과 여론조사 기관의 여론조사가 유권자에게 주는 파급효과가 점점 커지고 후보 선거진영에서 실시하는 지지도와 인기도 여론조사는 득표 전략수립에 결정적 역할을 한다. 그러다 보니 선거자금이 필요하고 그 규모는 급격히 증가되며 모금방법도 다양해지고 있다.

한편 정당 선호도나 지지율이 안정되면서 득표에서 후보 개인의 이미지와 리더십, 비전과 정책 쟁점의 중요성은 증대하는 반면, 상대적으로 정당 영향력은 감소되는 경향을 보인다(Davis, 1995: 47).

미국 대통령의 선거 단계는 예비선거, 지명전, 본 선거를 거치는데, 이런 단계별 대통령 선거절차는 현재 43대 부시 대통령이 당선되기까지 212년 동안 계속적으로 수정 보완된 산물이다. 선거관리주체, 선거단위, 투표소를 기준으로 보면 상원과 하원 의원 선거, 대통령선거에서 중앙정부인 연방정부는 정당에 선거 자금 배분, 선거 지원과 협조 업무에 그치고, 선거관리에 깊은 개입을 피해 왔으며, 대신 지방정부가 실질적 선거업무를 주도하고 있다. 모든 선거는 각 주별로 진행되고 주 정부의 국무장관이 선거 주무 책임자이다. 주 정부를 밑받침하는 하위 지방정부 단위는 카운티 정부(county government), 시 정부, 지역마다 다소 다르긴 해도 차 하위 정부인 타운십 정부(townships), 자치도시(municipality), 교육구와 특별구가 있는데, 각 지방정부에 인구 1000명~5000명 단위로 투표구를 획정하고 투표소를 설치하여 자원봉사자의 지원을 받아 선거업무를 수행한다. 선거업무는 주로 후보추천자의 서명확인, 투표권자 등록과 투표절차 홍보, 입후보자 선거비용 보고서 보관, 정당에서 추천받거나 자원봉사자로 조직된 투표업무 종사원 교육, 투표용지 인쇄, 개표 업무를 포함한다.

한편 이런 주 정부 중심 선거체계에 맞게 공화당, 민주당을 위시한 군소 정당인 사회당, 공산당, 금주당은 연방정부 수준에서는 연방위원회(National Committee)와 전당대회조직을, 지방정부 수준에서는 주 정부, 카운티, 시, 타운십 정부 수준에 따른 선거담당 위원회를 두고 있다.

1787년 헌법제정회의에서 승인된 헌법은 선거인단에 의한 대통령 선출방식을 규정하였다. 1789년에는 하원인 국회의원으로 구성된 선거인단(Electoral College)이 국회에서 초대 워싱턴 대통령을 선출하고, 1800년~1824년에는 대통령후보의 선거 유세 후에 국회에서 선임된 대통령선출 위원회(Congressional Caucus System)가 대통령을 선출하였다. 그리고 정당제가 뿌리를 내리면서 주 정부의 정당대표에게도 대통령 선출위원 자격을 주어 주별로 선거인단이 모여 대통령을 선출하였다. 1804년 수정 헌법에서는 주별로 선거인단이 모여 대통령과 부대통령을 선출하되, 정·부대통령 후보의 한 사람은 자기 소속 주의 거주자가 되어서는 안 된다고 명시하였다.

1832년부터 정당배경 대통령 후보 지명대회가 시작되었고, 1968년에 지금처럼 정당 주최 예비선거, 전당대회에서 대통령 후보 지명절차가 이루어져 시행되는 등 대통령 선출절차가 계속 수정·보완되었다. 현재 대통령 선거자금모금개혁법이 논의되고 있다. 1829년 잭슨(Andrew Jackson) 대통령이 당내 후보 시절 일종의 전당대회(Party Convention)를 열어 대통령후보를 선출하는 계기를 만들고 주별 예비선거가 정착되기 시작했다. 따라서 미국 대통령선거는 1단계로 유권자나 당원이 후보를 지지하는 투표(popular vote)와 주 별로 각 당의 대통령후보를 전당대회에서 지명할 대의원 선출을 병행하는 예비선거, 그리고 2단계로 각 당의 후보자에 대해 유권자가 투표하고, 대통령을 선출할 선거인단 구성을 병행하는 본 선거로 나누어진다. 그러므로 예비선거는 3월부터 시작되고 대의원 선출은 민주당의 경우는 대통령 선거가 있는 해의 3월 첫째 화요일과 예비선거가 거의 종료되는 6월 둘째 화요일까지 개최되도록 제한하며 공화당 역시 비슷하게 이 기간에 실시한다. 그래야 야당은 7월, 여당은 8월에 대통령후보 지명 전당대회를 개최할 수 있게 된다.

예비선거에서는 등록된 당원만이 각 당의 후보자에게 투표하는 폐쇄방식과 일반 유권자도 당일 투표소에서 지지하는 정당을 택하여 그 정당의 대통령 후보에게 투표하는 개방형을 주별로 다르게 채택하고 있는데, 15개 주에서는 개방형, 35개 주에서는 폐쇄형 예비선거를 시행하고 있다(국회정치개혁특별위원회 편역, 2001: 61-70).

예비선거에서 최고 득표를 한 후보는 승자독식(winner-take-all system)원칙에 따라 사실상 승리한 주에서 대통령 후보 지명 대의원을 모두 확보하게 된다. 대의원은 당에서 각 주별로 상·하원 의원 수와 동일한 대통령 선거인단 표와 같은 비율로 할당하고 겸하여 과거 대통령 본 선거에서 획득한 투표율을 감안하여 추가 대의원수를 배당한다. 그리고 워싱턴 특별구에 별도로 대의원을 할당한다. 각주의 공화당과 민주당은 주별로 지방 당 간부회의, 카운티, 주의 연방의원선거구 전당대회를 거치면서 유력한 당원, 소속 당 출신의 지방의회 의원, 카운티 행정관, 시장, 주지사, 연방위원회 위원, 연방 상·하원 의원, 전·현직 대통령, 부통령을 대의원으로 선출한다. 대의원은 주별로 최고 득표를 한 후보를 전당대회 지명전에서 후보로 지명하고 본 선거에 대비한 정강정책을 채택한다.

대통령 선거는 민주당과 공화당의 양당선거로 대별되는데 초대 워싱턴 대통령 당시에는 지금 같은 양당 체제가 아니었다. 초기에는 강력한 중앙정부인 연방정부가 발전되어야 내외의 도전에 슬기롭게 대처할 수 있다는 정치철학을 편 해밀턴(Alexander Hamilton) 등이 이끄는 연방주의파가 정국을 주도해 나갔다. 워싱턴 대통령의 독립군 사령관시절 부관을 지내고 초대 재무장관이 된 해

밀턴(Alexander Hamilton)의 연방주의 노선을 정면으로 반박한 반연방주의파
는 독립전쟁 당시 프랑스 대사로 1789년 왕권을 타도하는 프랑스 혁명을 현지
에서 몸소 경험한 초대 국무장관 제퍼슨(Thomas Jefferson)이 이끌어 나갔다.

제퍼슨 공화파로 부르기도 하는 반연방주의파는 지방정부의 자율성이 강
화되어야 부강한 민주국가가 될 수 있다는 논리로 정국을 장악하여 민주-공화
파로 발전하였으며, 먼로(James Monroe, 1817-1825) 대통령 시절에 전성기를
이루었다. 그 후 테네시주 하원과 상원의원을 지내고 민병대를 조직하여 조지
아주와 알라바마주 일대를 영국군으로부터 탈환하고 메디슨 대통령으로부터
육군소장으로 임명받아 스페인과 전쟁에서 플로리다주를 접수한 전쟁영웅 잭
슨(Andrew Jackson, 1829-1837)이 대통령이 되면서 오늘의 민주당으로 발전하
게 되었다. 하지만 잭슨 대통령은 1830년대 민주당 독주에 제동을 걸어 휘그당
(Whig Party)을 결성하여 해리슨 대통령(William Henry Harrison, 1841)을 당선
시켰다. 그러나 재임 30일 만에 사망하고 부통령 타일러(John Tyler, 1841-1845)
가 대통령이 되고, 테일러(Zachary Talylor, 1849-1850) 대통령 역시 재임 중 사
망하여 부통령 필모어(Millard Fillmore, 1850-1853)가 대통령에 취임하여 휘그
당이 정국을 주도했으나, 노예 해방정책을 둘러싼 갈등으로 해체된다. 그 이후
1850년대 중반에 북부 공업지대와 서부지대의 개척민을 구심으로 노예제 반대
라는 기치 아래 모인 정당이 링컨(Abraham Lincoln, 1861-1865)을 대통령에 당
선시키면서 오늘의 공화당을 출범시켰다.

민주 · 공화 양당 체제가 정립되면서 전당대회에서 대통령후보로 지명받은
후보가 11월 첫째 월요일 다음 화요일에 실시하는 본 선거를 치르게 되고, 여
기에서 국민의 직접투표로 최고득표를 한 후보가 주별 선거인단을 갖게 된다.
50개 주별로 연방 국회의 상 · 하 양원 의원 수 만큼인 535명과 워싱턴 특별구의
3인으로 된 538명이 대통령 선거인단으로 구성된다. 그 구성을 보면 인구가 가
장 많아 하원 지역구 의원수도 많이 보유하고 있는 서부의 캘리포니아주는 54
명, 동부 뉴욕주는 33명, 남부 텍사스주는 32명이며, 중대형 주로 플로리다주
25명, 펜실베니아주 23명, 일리노이주 22명, 오하이오주 21명, 중간 규모의 주
로 미시간주 18명, 뉴저지주 15명, 노스캐롤라이나주 14명, 버지니아주 13명,
조지아주 13명, 소규모의 주로 유타주 5명, 하와이주 4명, 버몬트주 3명, 알라

스카주 3명, 워싱턴 특별구 3명 등 모두 538명이다.

앞에서 언급했듯이 본 선거에서 주 별로 최다 득표를 한 후보가 주의 선거인단을 모두 장악하게 되고 선거인단은 본 선거 후 12월 둘째 수요일 이후 도래하는 첫 월요일에 각 주의회 의사당에 모여 투표한다. 각 주의 모든 선거인단이 투표한 후인 1월 6일에 부통령 사회로 상·하 양원 합동회의에서 집계된 선거인단 표를 확인하고 당선자를 공표한다. 유권자 직접투표에서 최다득표를 해도 근소한 표 차로 대통령 선거인단을 주 별로 보다 많이 확보한 후보가 당선되는 경우가 있는데 1824년 애덤스(John Quincy Adams, 1825-1829), 1876년 헤이스(Rutherford B. Hayes, 1877-1881), 1888년 해리슨(Benjamin Harrison, 1889-1893), 2001년 43대 부시대통령이 그들이다.

선거권자는 18세 이상이며, 하원의원 출마 자격은 25세 이상으로 7년 이상 미국 시민권 자로 선출 당시 해당 주(州)의 주민이어야 하고, 상원의원 출마

[표 3-1] 미국 대통령 선거단계

선거과정	시 기	내 용
예비선거 Primary	2월-6월	각 당의 대통령 후보들이 30개 이상의 주에서 당원 또는 일반유권자도 참여하는 개방형, 당원만 참여하는 폐쇄형의 선거로 최다득표자가 사실상 후보로 확정, 동시에 득표수에 따라 지명전에 참여할 선거인단인 대의원 선출이 이루어짐.
전당대회 Convention	7월-8월 야당 7월 여당 8월	각 당의 대통령 후보를 각주의 선거인단이 모여서 선출, 대통령 후보가 수락하고 동시에 부통령 후보를 지명하고, 확정하며, 후보의 전국 유권자를 상대로 한 연설회 개최
대통령선거 Election	11월 첫째 주 화요일	유권자가 주별로 후보에게 투표하여 최다득표를 한 정당의 후보가 각 주의 대통령 선거인단 전체를 차지하는 승자독식의 선거. 과반수 미달일 때 하원에서 다수결로 선출
대통령 선거 인단 투표와 하원개표	12월 둘째 수요일 혹은 다음 월요일	선거인단이 모여 지지 후보자에게 투표하고 다음해 1월 5일에 연방하원에서 투표결과를 발표하고, 대통령 당선자를 공식 확정
대통령 취임	1월 20일	국회의사당 앞에서 취임식 거행 정오 12시에 대통령직 수행

자격은 30세 이상에 9년 이상 미국 시민권자이고 선출 당시 해당 주의 주민이어야 한다. 대통령 및 부통령은 35세 이상에 미국에서 출생하고 14년 이상 미국 내에서 거주해야 한다. 1933년 수정헌법에는 대통령 선거 후 인수인계를 거쳐 퇴임과 취임은 1월 20일 취임선서 후 당일 정오에 시작된다고 규정하고 있다. 1951년 수정헌법에서는 대통령의 임기는 2회로 하는 중임 규정을 두고, 1964년 수정헌법에는 미국시민이 세금 미납으로 예비선거나 본 선거에 투표자격을 상실당하지 않는다고 명시하고 있다.

  미국은 대통령이 당선되는 순간, 다음 대통령이 되기 위한 물밑 선거전이 시작된다. 그러나 대통령 선거 년도의 3월부터 본 선거가 있는 11월까지의 8개월이 핵심 선거기간이다. 즉, 대통령 임기 4년째 되는 첫 해부터 동북부의 눈보라치는 뉴헴프셔주를 선두로 예비선거(Primary)가 시작되고 중서부 아이오와주부터는 이름이 다르긴 하지만(caucus) 동일한 예비선거가 진행되고 전당대회 지명전(Party Convention)이 시작되는 7월 이전에 완료된다. 전당대회는 야당이 먼저 개최하고 4일 동안 치러진다.

  예비선거는 인구가 많은 뉴욕, 캘리포니아, 텍사스, 워싱턴, 버지니아주 등에서부터, 인구가 적고 선거인단 수가 적은 하와이, 알래스카 등 50개 주 전체로 확대되어 예비선거의 민주화가 진행된다고도 한다. 뷰캐넌(Buchanon, 1998 : 262-268)은 예비선거의 의미로 예비선거의 민주화, 유권자에게 후보를 알리는 기회제공, 후보자의 자질평가 기회, 대통령 리더십 정리 계기마련을 들고 있다.

  예비선거의 민주화는 정당인과 유권자가 직접투표하고 심지어 공화당과 민주당의 정당 배경을 가지지 않은 무소속, 독립당 후보로 출마하여 득표수에 따라 선거인단을 확보하기 위해 제도권 정치에 도전할 수 있다는 의미이다. 1968년 대선에 독립당 대통령후보로 출마한 왈라스(George C. Wallace), 1980년의 앤더슨(John B. Anderson), 1992년과 1996년의 퍼로(H. Ross Perot), 2001년의 네이더(Ralph Nader)가 그 좋은 예이다. 특히 조지아주 지사로서 출마한 왈라스, 억만장자 퍼로, 소비자보호 시민단체 지도자 네이더는 제도권 정치에 염증을 느끼거나 선호하는 후보가 없는 유권자에게 투표기회를 제공하여 제도권 정당 후보의 득표에 큰 영향을 주었다. 그러나 예비선거가 유권자에게 후보 선택의 기회와 후보자의 자질 평가 기회를 준다는 점에서 의미가 크지만 유권자의 투표참여율이 낮다는 점이 문제로 지적된다. 첫 번째로 시작되는 뉴헴프셔주의 예비선거에 참여한 투표자는 2만 3천명, 아이오와주의 투표자는 1만 1천명 정도로 투표율은 20-30% 내외이며 아주 낮은 경우는 16% 정도인 때도 있다. 최근 대통령 예비선거 투표율은 평균 16.3%, 본 선거 투표율은 48.8%로 알려져 있다(Buchanan, 1990: 40-50). 미국 의회 선거보고서에 의하면 대통령 본 선거 투표율도 계속 하락추세에 있다고 한다. 케네디 대 닉슨 선거전에서 유권자 63%가 투표하고 1988년 공화당 부시후보와 민주당 두카키스후보 선거전에서는 50%를 넘었고 1992년 클린턴과 부시 선거전, 1996년 클린턴과 돌후보, 2000년 부시와 고어후보 선거전에도 50%를 약간 상회하는 선을 유지하고 있다. 한편 대통령선거의 유권자 참여율은 상원과 하원선거 투표율보다 항상 10-15% 높은 편이다(국회정치개혁특별위원회 편역, 2001: 107).

한편 예비선거에서 시작하여 본 선거까지 대부분 정당인이 적극적으로 선거에 참여하여 정당이나 후보 개인 조직이 개인접촉으로 득표 활동을 전개한다. 득표활동에서 부각되는 특징은 지역과 정당 조직을 중심으로 하는 선거에서 후보자 본인 중심의 조직과 인기 위주로 전환되고 다시 정책선거에 무게가 실리고 있다. 그래서 후보 진영에서 실시하는 여론조사는 국민의 목소리와 여망을 담은 생동감 넘치는 비전이나 정책을 수립하는 전략적 의미가 있다. 국민이 원하는 정책을 가지고 대통령후보가 직접 유세장에 뛰어 들어 발표하고 대화하여 국민과 함께 하는 대통령의 면모를 보여 유권자의 표를 모으는 선거 전략을 구사하고 있다.

TV와 언론보도 역시 후보의 이미지를 유권자에게 전파하는 데 큰 효과를 주며 유권자가 투표장에 나가도록 투표율을 제고하는 데 큰 역할을 한다. 그런데 언론과 TV매체가 사실보도에서 흥미보도 중심, 편견이 뒤따를 수 있는 정당 정책, 후보 개인의 정책해설 위주로 전환하는 최근의 경향에 주의를 돌릴 필요가 있다.

예비선거에서 기선을 잡고 후보군의 선두를 확보하려는 선두주자 전략(Front-Runner Strategy)을 구사하기 위해 조기에 선거 캠프를 차린다. 그리하여 예비선거에서 대통령후보 지명선거인단을 많이 확보한 후보는 지명대회에서 본 선거에 출마할 정당의 공식 후보로 추대되고 각 후보별, 이념 정책별로 흐

트러져 있는 당원과 파벌을 한데 묶는 단합의 축제 마당을 만든다. 이어지는 본 선거는 당선된 대통령이 후보의 비전, 정당의 정책을 국가의 비전과 정책으로 전환하는 국민적 합의도출 계기 마련의 장이 된다.

한편 프랑스의 대통령 선거는 보수당, 사회당 모두 당내 파벌의 조정을 거쳐 전당대회에서 후보를 결정한다. 프랑스는 국민 직접투표로 선출된 임기 5년의 대통령이 수상 및 각료를 임명하며 하원 해산권을 가진다. 하원은 임기 5년으로 국민이 직접투표하여 선출하고 상원은 하원의원으로 구성된 선거인단이 정당별로 심사 추천된 인물을 선출하는데 임기는 9년이며 3년마다 3분의 1을 선출한다.

한국도 여당과 야당 모두 대통령 후보선출 전당대회에서 대의원이 후보를 선출한다. 최근에는 개방형 예비선거(open primary)로 시민 20만-30만 명을 투표에 참여시키고 후보 여론조사 결과를 일정비율로 투표에 반영시키는 방식을 채택하고 있다. 한국의 대통령 선거는 공직선거 및 선거부정방지법 34조 1항에 규정되어 있는데, 대통령 임기만료 이전 70일 후 첫 번째 목요일에 대통령 선거를 실시한다. 그리고 2항에 따라 대통령 선거일 이전 22일부터 2일간 본인 승낙서와 정당대표자 서명날인이 있는 추천서를 선거관리위원회에 제출하여 후보등록을 해야 한다. 또한 16조 1항에는 5년 이상 국내에 거주한 40세 이상의 한국인이면 후보자격이 있다고 되어 있다.

한편, 예비선거에서 후보의 우위를 결정하여 전당대회에서 확인하고 본 선거에서 최종 대통령을 선출하는 예비선거 과정이 프랑스에는 없다. 즉, 예비선거를 거치지 않고 바로 전당대회에서 당원인 대의원들만이 후보를 선출하여 본 선거에서 국민의 직접투표로 최다 득표자가 대통령에 당선된다.

내각책임제를 국정시스템으로 채택하고 있는 영국, 독일, 일본에서는 전당대회에서 경선으로 선출된 당수나 총재가 바로 수상 후보가 된다. 당수가 되면 국회의원 총선거에서 전국을 순회하며 지원 유세를 하고 원내 과반수를 확보하든가, 과반수를 확보하지 않으면 크게 보아 이념 정책면에서 궤를 같이하는 정당과 연대하여 수상이나 총리가 된다.

영국은 내각책임제로 잉글랜드지역 529석, 스코틀랜드 72석, 웨일즈 40석, 북아일랜드 18석으로 659개 하원선구에서 의원 659명을 선출하고 하원의 다수의석을 확보한 당의 당수가 수상으로 선출된다. 전통적으로 보수당과 노동당으로 대별되는 영국은 정당 간 연대는 없어 보수당 당수였던 메이저(John Major) 의원이 원내 다수의석을 얻어 수상이 되고, 토니 블레어(Tony Blair) 노동당 당수가 총선에서 승리하여 수상직을 수행하였다.

독일 하원은 지역 국민이 선호하는 후보에게 직접 투표하여 선출한 의원이 전체 의원의 2분의 1이며 나머지 절반은 비례후보를 나열한 정당을 지지하는 정당 투표로 득표율에 따라 비례대표 의원을 선출한다. 이렇게 해서 선출된 전체의원은 663명이다. 하원의원 임기는 4년이며 원내 다수당의 당수가 총리로 선출된다. 상원은 16개 주 정부의 대표나 주 의회의원으로, 인구비례로 최소한 3명 이상이 선출된다. 지난 시절, 기독교 민주당의 당수인 헬무트 콜(Helmut Kohl) 수상이 기독교사회당, 자유민주연합당과 연립정권을 수립하여 17년 반을 집권하고, 선거 때는 자신은 전국구 의원으로 각 지역구 유세로 선거를 지원하고 원내의석 확보에 전력하였다. 뒤를 이은 사회당 출신인 슈뢰더(Gehard Schroeder) 수상은 지역구 의원으로 국회의원 총선거에서 전국을 돌며 유세하기도 하였다.

일본은 자민당을 중심으로 하여 선출된 총재가 총리가 되는 정치관행이 유지되고 있다. 대의원이 총재를 선출하는데, 지방당 대의원부터 총재후보를 선출하는 예비선거 형식을 취하고 있다. 대의원은 원내 의원과 지방 당원으로 구성되며 자민당의 원내 참의원과 중의원은 각자 한 표로 현재 346명이며, 47개 도도부현(都道府縣) 지방당에 각 3명의 대의원을 할당하여 지방 대의원이 141명이 된다. 이렇게 해서 전체 대의원 수는 487명이다. 따라서 과반수인 244명의 대의원 지지를 확보하면 된다. 작은 정부, 구조개혁, 민영화, 재정삭감의 경제사회정책과 집단적 자위권행사, 총리직선을 보장하는 헌법개정을 내건 안보정책 등 신보수주의 노선과 파벌지양 정치화두로 고이즈미(小泉純郞) 의원이 지방 대의원부터 시작된 총재선거에서 전체 141명 지방 대의원 중에서 123표를 석권하였다. 그러므로 각 파벌로 분산되어 있는 자민당 원내 상·하 양원 346명 중 121명만 확보하면 총재 지명은 가능하게 된다.

한편 지방 대의원 123명이 고이즈미를 지지한 이상 나머지 18명 지방 대의원을 포함하여 원내에서 최소한 226명의 대의원 표를 확보해야 하는데 자민당의 최대 파벌은 100-110명을 넘어서지 못해, 결국 경쟁 후보인 당내 최대 파벌을 거느린 하시모토 류타로(橋本龍太郎) 전 총리도 후보경쟁을 접을 수밖에 없게 되고 고이즈미 의원이 개원과 동시에 총리로 선출된 것이다. 일본 의회에는 자유민주당, 사회민주당, 사키가케, 신신토, 민수토, 공산당, 테이요토 등 7개 정당이 상원인 참의원과 하원인 중의원에 의석을 확보하고 있다.

수상을 선출하는 중의원은 다수당인 자유민주당이 단독으로 때로는 사회민주당, 사키가케 등과 연합하여 총리를 선출하고 연립정부를 구성하고 있다. 참의원은 252석으로, 152석은 지역구에서 국민이 직접투표로 선출하고 100석은 정당에 투표한 득표율에 따라 비례대표로 선출하는데, 3년마다 절반이 개선된다. 중의원은 500석으로 300명은 소선거구에서 국민직접 투표로 선출하고 나머지는 선거구의 정당 득표율에 따라 비례대표로 선출된다.

일본도 총리 선출에 지방 대의원부터 총리후보를 지지하는 예비투표가 실시되고 최근에는 총리를 직선제로 선출하자는 주장과 함께 선거의 민주화와 주민참여의 폭이 확대되기 시작하고 있다. 따라서 시민이 후보의 자질을 알게 되는 정보 소스를 다방면으로 찾게 되고, 이에 따라 여론조사와 TV 및 언론매체의 중요성이 증대하였다. 이와 함께 후보진영은 매력적인 선거 전략을 세우고 총리 후보는 비전과 정책을 다듬어 자질을 검증 받는 데 상당한 노력을 기울인다.

한국의 초대 이승만 대통령 선거는 옹립형으로 국회에서 국회의원이 선출한 간선제였다. 미국 의회 간부회의 선거인단이 만장일치 식으로 초대 워싱턴 대통령을 선출한 과정과 흡사하다. 그러나 6·25전쟁 중 부산에서 발췌 개헌으로 이루어진 직선제, 4·19 이후 내각제에서 처음 시도된 총리 선출, 통일주체 국민회의 선거인단에 의한 간선제 형태로 선출된 박정희와 전두환 대통령, 다시 직선제로 선출된 노태우 대통령의 선거과정을 보면 선거절차만은 제도화의 과정을 밟았다고 볼 수 있다. 그렇지만 대등하고 자유로운 위치에서 비전과 정책대결로 당내 경선을 치르고, 당에서 선출된 후보끼리 본선에서 유권자를 상대로 한 정당하고 투명한 선거 캠페인이 진행되지 않았다. 즉, 정상적으로 투명한 선거 민주화가 정착하지 못한 것이다. 그러나 비록 예비선거과정은 없지만 당내 후보 경선의 여명은 김영삼 대통령후보, 김대중 대통령후보가 출마할 때부터 시작되었다고 볼 수 있다. 이와 더불어 2001년 이후 한국의 대통령 후보 선거의 민주화는 비전, 전략정책, 조직력 대결로 성숙되었다.

집권 초기에 군사정부 대통령은 무력을 앞세운 태생적 한계로 출발했다면 문민정부 대통령은 부패선거의 원초적 족쇄를 차고 출발했다고 볼 수 있다. 그러기 때문에 대통령이 지녀야 할 리더십의 중요한 덕목 중 하나가 청교도적 도덕성이며, 이는 대통령에 대한 이는 냉소주의를 극복하고 믿음을 갖고 지지를 극대화하는 요체라고 본다.

투명성, 합법성, 민주성의 맥락에서 대통령선거의 제도화는 대통령 당선 후 고도의 도덕성 추구 속에서 대통령이 혼자 국정비전과 전략정책을 수행하는 것이 아니라 팀워크로 실현하는 시스템의 제도화와 직결된다.

대통령 선거운동을 정리해 보면 정당 정체성이 확고해지면서 유권자가 보이는 정당지지 선호도가 안정화되어가고 있다. 그래서 대통령 후보의 득표율도 안정 기조를 유지하는 경향이 있다. 이런 정당 지지도 고정화를 일정 정도 깨기 위해 대통령 후보의 긍정적 이미지 향상이 중요시된다.

또한 후보 캠프의 선거 역량과 후보 개인의 인기가 선거 득표의 관건이 된다. 그래서 선거 캠페인은 정예주의로 효과극대화를 노리는 선거 전략화로 귀결된다.

선거 전략화는 간단명료한 비전제시로 정국 대세를 장악한 다음 비전을 실행 가능한 정책으로 프로그램화하여 유권자를 대상으로 홍보하는 것이다. 선거전략의 다양화, 전문화, 사이버화가 최근 선거에서 나타나는 특징이다. 이 과정에서 충성심과 정책 전문성이 충만한 참모를 중심으로 선거캠프를 조직하고 팀워크로 운영할 필요가 있다.

한편 당내 결속과 계파 화합으로 당조직을 강화하고 선거 자금을 조직적으로 모금 배정하면서 유세전에서 득표 극대화에 총력전을 펼친다. 최근 대통령 선거에서 당조직 동원도 중요하지만 후보자의 리더십 역량 발휘로 선거전 조기 가동(early start)을 통한 인기몰이와 대세장악의 중요성이 증대된다(Edward III and Stephen, 2003: 45-55).

또한 선거운동에서는 정당조직, 외곽조직, 후보의 사조직이 모두 선거를 겨냥하여 기능적으로 조직된다. 첫째 이런 조직은 일반적으로 여론을 진단하여 문제점과 대안, 처방전을 제시하는 여론진단 팀, 둘째, 유리하게 여론을 이끌어 정책을 개발하고 투약을 제시하는 정책 팀, 셋째, 정책을 유권자에게 전달하고 직접 투약하여 득표와 연결시키는 유세 팀으로 구성된다. 그 밖에 후보가 선거 캠프에서 범한 실수를 만회하고 문제를 해결하는 문제해결 홍보 팀, 유능한 인재나 전문가를 발굴하고 협조를 얻어내는 인재 발굴 팀, 선발대 운영 팀, 후보 일정조정, 선거자금관리, 기능별 팀을 조정·협조하는 기획조정 팀이 가동된다(Edward III, Stephen, 2003: 70-90).

2. 대통령 선거자금

미국의 경우 대통령선거에 출마하는 후보나 상·하원 의원 선거, 주지사와 지방정부 단체장, 지방의회 선거에 지원하는 후보 모두가 선거자금을 조직적으로 마련해야 된다. 선거자금은 대통령후보와 유권자 간의 상호이해, 연결, 매개를 위한 조직 활동비로 자금 마련은 후보자와 정당 몫이다. 특히 자유시장 경쟁원칙에 따라 방송, TV 매체 그리고 정부 지원을 받아 무상으로 사용할 수 없고, 자기 비용으로 사용하는 데 제한을 받지도 않는다. 또한 정당보다 후보자 위주의 선거가 진행되어 선거자금도 후보자 위주로 조성하고 지출하게 된다. 미국의 경우, 선거자금원은 후보자 개인이 조성하는 자금, 시민 개인의 기부, 이익집단의 기부, 이익집단과 연계된 정치활동위원회 구성원의 기부, 소속 정당의 기부, 정부제공 공공자금이 있다.

상원의 인준으로 대통령이 임명한 6인으로 구성되는 독립기관인 연방선거위원회(Federal Election Commission)는 연방선거법을 집행하고 정부제공 공공자금을 배분한다.

대통령과 연방의 상원과 하원의원 선거를 관리하는 연방선거운동법((Federal Election Campaign Act)이 1971년에 제정되고, 1974년, 1976년, 1979년에 개정되어 선거자금의 기부와 모금된 자금지출을 규제하고 지출내역을 밝히도록 하고 있다.

정치자금은 세금감면과도 연결되어 있어 1971년에 제정된 세법도 선거자금과 연관되어 있다. 선거운동법과 세법이 규정한 선거자금 모금 내용은 기부한도, 지출한도, 내역공개이다. 개인이 기부할 수 있는 한도액은 후보자에게 선거회수 당 1천 달러까지, 정당의 연방위원회에는 연간 2만 달러, 기타 정치 단체위원회에 연간 5천 달러, 모든 정치와 선거에 관련된 총 기부금은 2만 5천 달러로 되어 있다. 복수후보를 내고 있는 정치위원회는 후보당, 선거당 5천 달러, 정당의 연방위원회에 1만 5천 달러, 기타 정치위원회에 5천 달러까지 기부할 수 있고, 기타 정치위원회는 후보당, 선거당 1천 달러, 정당의 연방위원회에 2만 달러, 기타 다른 정치위원회에 5천 달러를 기부할 수 있다.

정당위원회는 후보당, 선거당에 1천 달러를 기부하며 외국인, 연방은행, 법인, 노동조합은 기부할 수 없으며 1백 달러 이상의 현금기부, 5십 달러 이상의 익명 기부는 금지하고 있다. 공공자금을 수령하는 후보자는 후보자 개인이나 직계가족에게서 최대 5천 달러까지 기부받을 수 있다.

한편 정부 공공자금을 지원받으면 대통령 후보는 예비선거에서 당시의 물가 변동분을 고려하여 연방차원 지출은 천만 달러에 선거조성비의 20%를 합한 금액으로 제한하고 각 주별로는 2십만 달러이나 유권자당 16센트를 지출하는 총액 기준으로 어느 쪽이든 많은 액수를 택하여 지출할 수 있다. 본 선거에서는 2천만 달러, 전당대회에서는 4백만 달러를 지출할 수 있다.[1]

정부가 연방선거관리위원회를 통해 후보에게 지급하는 공공자금은 후보가 받은 소액의 개인 기부금만큼 할당하는 대응자금(matching fund), 소액 기부자에 대한 조세 혜택, 정당의 연방위원회가 사용하는 우편요금 할인이다. 그러나 후보를 위한 정책선전, 외곽 모임 주선 등 후보에게 직접 헌금을 하지 않고 지원하는 연성자금(Soft Money)은 제한이 없어 후보의 지원 조직과 단체, 지향하는 정치 이념에 따라 규모가 크게 차이가 나서 정치 헌금에 대한 개혁이 이뤄져야 한다는 선거법 개정의 목소리를 후보들 자신들이 제기하는 실정이다.

미국 대통령 선거에서 사용된 자금의 총액은 집계된 바로는 링컨 대통령 당시에 1십만 달러, 가필드 대통령시절에 1백만 달러, 닉슨 선거에 1천만 달러, 연도별로 소진한 선거비용은 1960년 3천만 달러, 72년 1억 3천 8백만 달러, 1980년 2억 7천 5백만 달러, 1992년 5억 5천만 달러, 2001년에는 1십억 달러를

---

1) 1992년 예비선거의 선거비 지출 한도액은 27,60만 달러(550만 달러는 선거기금 조성비), 전당대회 지출 한도액은 1100만 달러, 본 선거 지출 한도금액은 5520만 달러이다(국회 정치개혁특별위원회, 2001: 88~95).

웃돈다 한다(Davis, 1995: 93.).

선거자금은 정부자금 지원과 비 정부자금 지원으로 대별된다. 정부 자금 지원은 정당과 후보에게 직접 자금을 배분하는데 그 기준은 득표율, 의회 의석 수, 기부금을 낸 전국 규모의 대표성 있는 시민 수이다.

프랑스는 선거자금의 투명한 흐름을 확보하려고 1962년 11월 6일에 법 제 62-1292호를 제정 공포한 이래 정치자금 지원활동과 선거비용 지출한계를 규 정한 법률과 함께 부패방지, 경제생활, 정치활동, 선거 재정 투명성에 관련된 법이 제정 시행되고 있다. 1995년 대통령 선거당시 후보에게 정해진 선거비용 지출한도액은 1차 투표에서 9천만 프랑(1천 8백만 달러), 2차 투표에서 1억 2천 만 프랑(2천 4백만 달러)으로 정해졌다. 프랑스 대통령선거는 미국처럼 예비선 거는 없으나 1차 선거에서 과반수 이상 득표를 못한 경우 2차 선거는 최다득표 자 2명을 놓고 결선투표를 실시한다. 대통령 선거에 정부자금을 지원하는 액수 를 보면, 법 규정에 따라 최근 실시한 1995년 선거에서 후보자 지원 상한액은 1 차 투표에서 1억 2천만 프랑, 2차 투표에서는 1억 6천만 프랑으로 설정되었다. 후보들이 지원받는 정부지원금은 선거비용 지출액의 25-50%에 해당한다. 정 부는 정당과 정치단체에도 공적자금을 지원하는데 그 기준은 최근 선거에서의 득표수와 의석 비율, 그리고 1만 명 이상 개인으로부터 1백만 프랑 이상의 기 부금을 받은 영수증으로 되어 있다(국회정치개혁특별위원회 편역, 2001: 76-81). 그 밖에 정부가 제공하는 간접 지원자금은 개인기부금에 대한 조세공제, 유세 기간 라디오와 TV 무료사용, 포스터, 투표지 등 선거유인물 인쇄비와 수송비 항목이다.

비정부 자금지원은 개인기부금과 정당 정치단체 모금이 원천이며 개인은 3만 프랑이 허용되고 1천 프랑 이상은 수표로 지불해야 된다. 선거기금협회를 통해서 5만 프랑을 기부하고 정당 기부금을 받을 수 있다. 정부자금지원을 받 는 후보나 정당은 선거법에 따라 전국 선거운동 회계정치자금위원회에 회계보 고서를 제출하고 통제, 승인, 수정, 기각 조치를 받는다.

임기 5년의 **영국** 하원의원 선거는 17일간으로 선거비용은 미국의 상원·하원과 대통령선거에서 드는 비용의 5분의 1정도로 값싼 선거를 치른다고 한 다. 전국 차원의 정당 선거자금 지출은 규제하지 않으나 하원의원 후보 개인의 선거비용 지출은 선거구 규모, 당시 화폐가치를 기준으로 규제하고 있다. 즉, 군 지역 선거구 후보자는 4,642 파운드＋등록된 유권자 1인당 5.2펜스 가산, 시 지역 선거구 후보자는 4,642 파운드＋등록된 유권자 1인당 3.9펜스를 가산한 선거자금을 지출할 수 있다.

최근 선거에서 지출한 후보자 개인 선거비용은 보수당 5,8430 파운드, 노동당 5,090 파운드, 자유민주당 3,169 파운드라 하고, 3개 정당이 전국 차원에서 지출한 총액은 보수당 천백40만 파운드, 노동당 천10만 파운드, 자유민주당 2백10만 파운드라는 자체 평가 보고가 있다. 영국 정부의 선거자금 직접지원은 국민의 지지를 받지 못하는 정당을 지원하도록 납세자를 강요하며 국민의 지지를 받는 정당의 수입을 불공평하게 감소한다는 논리로 정부는 선거자금을 지원하지 않고 있다. 다만 의원후보자의 우편물 무료발송, 득표율, 의석비율에 따른 방송매체 무료 사용 같은 정부의 간접지원은 제공된다. 의원후보나 정당에 개인이 기부하는 데 제한이 없고 세금감면 혜택도 없으나 정당에 기부할 때 증여세는 면제된다.

기업과 노동조합의 정치헌금은 허용되나 노조는 어떤 액수로 정치기부를 하든 반드시 공개해야 하고 기업이 2백 파운드 이상을 기부할 때는 공개해야 한다. 영국의 선거비 지출은 후보와 선거대리인만이 가능하고 지출명세서는 선거결과 공표 35일 이내에 선거관리위원회에 제출하고 2년 동안 시민이 열람할 수 있도록 하고 있다.

독일은 많은 규모의 정부 공적 자금지원, 제한 없는 개인의 정치헌금, 느슨한 지출내역 공개로 선거자금 조성과 지출에 관대한 정치문화 전통을 이어오고 있다. 정부가 직접 지원하는 선거자금은 하원의원 선거, 유럽의회 선거에서 득표율 0.5% 이상과 주 의회선거에서 1% 이상의 득표율을 성취한 정당에게만 배분된다. 배분방법은 하원의원선거, 유럽의회 의원선거, 주 의회의원 선거에서 최초 획득한 5백만 표에서 각 정당이 얻은 1표 당 1.3 마르크(1 달러)를 배분 받고 추가로 얻은 표는 1표 당 1마르크가 배당된다. 그리고 정당이 당비로 거두거나 개인, 기업으로부터 모금한 자금의 1마르크 당 0.5 마르크가 대응자금으로 지원된다. 그러나 제한은 있는데, 외부 기부금인 경우 기부자당 연간 6천 마르크(3천 6백 달러) 이하의 기부금액에만 대응기금을 배당하며 정부지원 총액은 매년 2억 3천만 마르크(1억 3천 8백만 달러)를 초과할 수 없다.

이렇게 정부가 지원하는 선거자금은 정당의 수입에서 30-50%를 차지한다. 정부가 6주의 선거기간에 간접 지원하는 방식은 정당과 방송사 간 협약으로 공공 TV와 라디오를 이용한 무료 광고, 무료 수송과 인쇄물 게시이다. 정부 자금지원이 아닌 비정부자금 지원에서 개인별 기부가 1천 마르크 이상일 경우는 익명으로 할 수 없다는 규정 외에는 어느 때나 무제한으로 정당에 기부할 수 있고 세금공제 혜택이 있다.

기업기부금은 허용되나 비영리단체나 노동조합의 기부행위는 금지된다. 외국기업이라도 독일시민 자산이나 소유지분이 50% 이상이면 1천만 마르크까지 허용된다. 이렇게 모금된 정치자금은 선거비로 사용되는데, 주 의회, 연방 하원 의원선거가 많은 해에는 4억 5천 3백만 마르크(3억 5백만 달러) 정도가 지출된다고 한다(국회정치개혁특별위원회 편역, 2001: 91-93쪽). 정당법에 따라 독일 정당은 매년 회계보고서를 하원의장에게 보고하고 회계사가 확인하고 입법자료로 검토하고 공개된다.

일본 정치계의 선거자금은 정부가 정당에 직접 지원하는데 매년 4월, 7월, 10월, 12월로 나누어 참의원과 중의원에서 5석 이상을 갖고 있거나 직전 총선거에서 유효표의 2% 이상을 획득한 정당에게 국회의석 비율에 따라 총액 309억엔(3억 달러)을 분배하며, 이 정부지원금은 일본인 한 사람 당 250 엔(2.5 달러)에 해당한다. 정부가 간접으로 지원하는 내용은 선거기간 중 12일 동안 후보자에게 공공운송 수단 편의, 우편엽서 2만장 제공, 광고 5편의 신문 게재 알선, TV와 라디오 방송을 이용한 10분 동안의 정견발표가 포함된다. 비정부지원은 개인이나 기업, 노동조합이 정당, 정당후원회에 대한 정치헌금이며 세금이 공제된다.

개인은 정당, 정당후원회에 매년 2천만 엔, 정치계파후원회에 천만 엔, 단일후원회에 150만 엔까지 기부할 수 있다. 기업은 자본금 총액, 단체와 노동조합은 조합원 수에 따라 매년 750만 엔(7만 5천 달러)에서 1억 엔(백만 달러)까지를 정당이나 정당후원회에 기부하고 정치계파후원회에는 375만 엔(3만 7,500 달러)에서 5천만 엔(5십만 달러)까지, 단일 후원회에는 150만 엔(1만 5천 달러)까지 기부가 허용된다.

개정된 1994년 정치자금규제법은 5년을 시한으로 개인후보는 기업, 노조, 기타 단체부터 직접 헌금을 받을 수 없고 후보자가 지정한 자금관리주체가 매년 50만 엔(5천 달러)까지 헌금을 받을 수 있다. 중의원 후보의 선거비 지출한도액은 선거구의 의석 수에 등록유권자 수를 나눈 후 그 비율에 15 엔을 곱하고 다시 1,910만 엔을 추가한 액수로 한다.

정치자금규제법은 정부가 지원한 금액, 개인, 기업, 노조, 단체가 제공한 모든 정치헌금과 당비를 받아 관리하는 정치단체의 경리담당자가 수입과 지출에 관한 재정기록을 3년 간 보관하고 5만 엔 이상 기부자, 정당발행 티켓 구매자의 인적 사항을 포함한 모든 재정기록을 선거관리위원회나 자치성에 제출하도록 규정한다. 정치자금 명세서를 잘못 작성하거나 허위로 작성 보고했을 경우에는 5년 이상의 징역이나 1백만 엔 이하의 벌금형에 처한다(국회정치개혁특별위원회 편역, 2001: 80~191).

한국에서는 대통령 선거자금의 투명성이 확보되지 못하고 선거관리위원회에서 산출한 대통령선거 자금 지출한도액의 현실성도 떨어지며 선거 후 각 당이 제출한 대통령 선거비 지출내역 검증이 철저하지 못한 점이 있다. 한국은 제헌국회에서 제 2 · 3대 국회의원 선거와 제 1대부터 제 4대 대통령선거까지 선거비용에 관한 규정이 없었고 국회의원 선거비용 제한은 1958년 1월 25일 국회 여야당 협의로 제정된 민의원선거법으로 규제되기 시작한다. 대통령 선거자금 제한은 1963년 2월 1일 법률 1,262호로 공포한 〈대통령선거법〉에서 처음으로 규정하고 1994년 3월 16일 제정된 〈공직선거 및 선거부정 방지법〉에서 선거비용 제한액, 선거비용 조사권, 일정비용 초과 지출에 있어 당선무효 등 통제장치를 마련했다.

대통령 선거자금에는 정부직접지원과 비정부지원이 있다. 정부 직접지원은 국회의원 총선거에 참여하는 선거권자 총수에 800원씩을 곱한 금액을 매년 세출예산에 포함하여 선거가 없는 해에는 정당별로 국고보조금으로 지급하고 대통령선거가 있는 해에는 800원을 별도로 추가하여 대통령 선거보조금을 지급한다. 지급절차는 보조금 총액을 우선 50%씩 나누어 배분기준에 따라 정당에 지급한다. 먼저, 50%는 정당별 국회의원 교섭단체에 균등분할 지급한다. 나머지 50%는 국회교섭단체를 구성하지 못한 5석 이상의 의석을 얻은 정당에

5%를 지급하고 5석 미만의 의석을 가진 정당 중에 최근 실시한 국회의원 총선 거에서 득표율 2% 이상 또는 정당추천이 허용된 전국 지방의회 또는 자치단체 장 선거에서 유효표 0.5% 이상을 획득한 정당 그리고 국회의원 총선거에 참여 하지 않은 정당 중 지방의회와 자치단체장 선거에서 득표율 2% 이상인 정당에 보조금의 2%를 배분 지급하도록 되어 있다. 나머지 50%를 그런 절차로 배분하 고 남은 금액은 100% 기준으로 하여 50%는 정당별 국회의원 의석 수 비율로, 다른 50%는 국회의원 총선거 득표비율에 따라 배분 지급된다.

대통령선거 보조금 지원도 정당별 국고보조금 배분 방식으로 지급된다. 정부의 간접지원 내용은 선전벽보 작성, 소형인쇄물 작성, 현수막 제작과 게 시, 신문방송광고, 방송연설, 교통운송, 통신, 선거사무장 수당이며 국고보전 형식으로 정부가 지원하고 있다(중앙선거관리위원회역, 1998: 80).

비정부지원에서는 정치자금법에 따라 당비, 후원금, 기탁금, 보조금, 후원 회 모금, 정당의 수입금이 주요 원천이 된다. 후원회는 중앙당, 시·도 국회의 원 지구당에 두고 국회의원 후원회를 따로 둘 경우는 지구당 후원회를 설치할 수 없다. 유권자인 후원인이 자발적으로 헌금할 수 있는 금액은 1회 1만원 이 상으로 매년 중앙당과 시·도지부 후원회에 개인은 1억원, 법인은 2억원 이내, 국회의원후원회에는 개인 2천만원, 법인 5천만원 이내로 헌금할 수 있고 세금 공제 혜택이 있다. 후원회 회원이 아닌 개인은 1회 1백만원 한도 내에서 익명

[표 3-2] 제15대 대통령 선거비 지출상황

내역과 후보	정부보조금	자체 모금	총 지출액	제한액(지출률)
총 계	50,382,000,000원	11,945,661,582원	62,327,661,582원	31,040,000,000
한나라 이회창	13,680,000,000원	640,144,5470원	20,081,445,470원	64.7%
국민회의 김대중	10,069,000,000원	16,103,004,380원	26,172,004,380원	84.3%
국민신당 이인제	1,442,000,000원	11,551,968,553원	12,993,968,553원	43.3%
건설국민 권영길		1,482,795,543원	1,482,795,543원	4.8%
공화당 허경영		826,658,990원	826,658,990원	2.7%
바른나라 김한식		148,962,983원	148,962,983원	0.5%
통일한국 신정일		621,825,663원	621,825,663원	2.0%

으로 기부할 수 있다.

이 밖에 선거관리위원회에 개인은 1회 1만원 이상 매년 1억원, 소득 100분의 5 중 많은 금액, 법인과 단체는 5억원 또는 전년도 자본총액의 100분의 2 중 많은 금액을 기탁할 수 있다. 기탁금은 정부보조금 배분비율에 따라 정당에 지급하는데 기탁을 원하는 집권여당에 대부분 지급되어 1997년 12월 정치자금법 개정으로 지정기탁금제가 폐지되었다.

선거관리위원회는 대통령 선거 당시 각 정당 후보가 사용할 선거비용 제한액을 발표하고 있다. 대통령선거에서 각 당 후보가 사용할 수 있는 선거비 제한액은 13대에서 139억 5천 2만원, 제 14대 대통령선거에서 367억 7천 7십 8만 7천원, 15대 대통령 선거비 제한액은 310억 4천만원, 2001년 12월 18일 실시된 16대 대통령 선거에서 각 당 후보가 사용할 수 있는 선거비 제한액은 341억 8천만원으로 결정하였다. 그리고 정부가 국고보조금으로 15대 대통령 선거 당시 한나라당에 136억 8천만원, 국민회의에 1백억 6천 9백만원, 국민신당에 14억 4천 2백만원, 기타 후보에게 나머지를 배분 지급하였다. 그런데 국민회의 김대중 대통령 당선자가 제출한 선거비용 지출 총액은 262억원, 이회창 후보는 200억원, 이인제 후보는 130억원 정도이다. 그렇다면 선거비용 지출 제한 총액 310억원 보다 적게 지출했고 한나라당 이회창 후보가 받은 정부보조금 136억원에 후보와 한나라당이 모금한 금액은 70억원 정도라는 계산이 나온다. 김대

[표 3-3] 제16대 대통령 선거비 지출상황

내역과 후보	정부보조금	자체 모금	총 지출액	제한액(지출률)
총 계	26,785,909,600원	26,247,108,400원	53,033,017,000원	341억 8천만원
한나라 이회창	13,825,192,420원	8,778,012,580원	22,603,205,000원	66.1%
새천년 민주당 노무현	12,399,788,720원	14,251,619,280원	26,651,408,000원	78.0%
하나로 국민연합 이한동	25,210,270원	1,065,218,730원	1,090,429,000원	3.2%
민주 노동당 권영길	535,718,190원	1,259,076,810원	1,794,795,000원	5.3%
사회당 김영규			314,740,000원	0.9%
호국당 김길수			54,397,000원	0.2%
무소속 장세동			521,043,000원	1.5%

중 당선자와 국민회의는 선거비 총 지출금액 262억원에서 정부보조금 1백억원을 제외하면 후보와 당이 모금한 순수한 선거자금은 162억원 정도가 된다. 양자대결로 좁혀진 정당의 대통령후보가 자체 모금한 선거자금 70억-160억원 (540만 달러-1200만 달러)은 현실성이 매우 낮다고 볼 수밖에 없다(중앙선거관리위원회, 1998: 79; 김보상, 1998: 50).

　　16대 대통령 선거에서 선거관리위원회에 한나라당이 공식 제출한 이회창 후보 선거비 사용액은 87억 8천만원이다. 그런데 법원에서 확인된 불법 선거자금 중 큰 부분의 하나가 '차떼기 150억원'이다. 불법선거자금의 일부가 공식 선거비용의 2배가 된 셈이다. 더구나 선관위에 제출한 선거비용은 선관위원회가 결정한 공식한도액의 66.1%를 썼다고 허위보고 하고 있다. 새천년민주당 노무현 후보가 사용한 공식선거비용과 밝혀진 실제비용과의 차이도 한나라당과 오십보 백보의 차이가 아닌가 한다.

　　정치자금법 개정으로 정부 보조금 외에 정당의 수입원은 후원회에 들어오는 개인과 법인, 그리고 단체가 헌금하는 후원금이다. 15대 대통령선거가 있던 1997년 중앙선거관리위원회에 집계된 각 중앙당 후원회에 접수된 후원금은 한나라당 389억원, 국민회의 211억원, 자민련 11억원, 국민신당 22억원이다. 중앙당 후원회가 매년 모금할 수 있는 후원금 한도액은 200억원, 16개 시도지부 후원회는 각 20억원, 227개 지구당 후원회는 2억원이며 선거가 있는 해는 2배로 상향조정되어 정치자금법, 통합선거관리법에 따라 합법적으로 거두어들일 수 있는 후원금은 974억원이 된다. 그러나 선거가 있는 해에는 후원금의 2배를 모금할 수 있어 합법적으로 1,948억원을 모금할 수 있었다. 이에 정부보조금 100억원을 가산하면 민주, 한나라당은 기본 선거비는 대략 2,000억원이 된다.[2]

[표 3-4] 한국의 1개 정당이 거둘 수 있는 후원금 한도액

구 분	기부한도	기부받는 조직 수	산출 금액
중 앙 당	200억원	1개	200억원
시·도 지부	20억원	16개	320억원
지 구 당	2억원	227개	454억원
합 계		244개	974억원

정부 보조금 1백억원, 개인, 기업, 이익단체가 당과 후보에게 별도로 제공하여 모은 헌금 1,948억원을 합한 2천여억원이 기본 대통령 선거비용이다. 그러나 지구당별로 지출하는 국회의원 총선거비용보다 더 큰 규모의 선거자금을 정권유지 차원에서 대통령선거에 쏟아 붓고 선거 마지막 3-4일에는 대통령 후보 개인적으로 조성하여 투입하는 선거자금도 막대하다. 이런 현실을 감안하면 후원금 2천억원에 3-5배를 더한 6천-1만억원이 각 당의 대통령후보 진영이 사용하는 선거자금이라고 보여진다.[3] 그렇다면 한국의 대통령선거에서 민주당과 한나라당의 대통령후보 진영이 선거에 지출하는 공식·비공식, 합법·비합법적 선거자금은 대략 1조원(1십억 달러) 이상으로 추정할 수 있다. 이 비용은 영국, 독일, 일본 하원의원 총선거 비용, 프랑스 대통령선거 비용보다 적지 않은 액수이다. 미국의 1996년 대통령 선거비용 1십억 달러와 2000년 대통령 선거비 지출 15억 달러에 육박하고 있다. 유권자수에서 독일, 영국, 프랑스와 크게 보아 비슷하고 일본보다 적고 미국의 3분의 1정도이며 면적은 캘리포니아주의 4분의 1정도인 한국의 대통령 선거비용이 이들 나라의 선거비용과 맞먹는다면 정치자금법, 선거법, 정치인·기업윤리, 한국경제여건, 시민의식, 세계화 정치 수준에서 보면 고비용 저효율 정치 행태라기보다는 고강도 부패선거라고 달리 말할 수밖에 없다.

선거자금을 투명하게 사용하는 방안으로 선거관리위원회가 회계법에 따라 정당이 선거자금을 규정대로 사용하는가를 선거자금 집행당시부터 현지 방문으로 철저히 확인 점검·시정하고, 허위지출을 처벌하는 강력한 통제장치가 나와야 한다. 동시에 정당 스스로 투명한 지출을 해야 하며 시민단체의 감시와 국민의 높은 관심 표명이 있어야 한다(전선일, 2001: 117-137). 법제도 측면의 보완과 함께 높은 시민의식과 정치의식이 동시에 수반되어야 하는 선거개혁이야 말로 21세기 글로벌시대의 정부 청렴성, 국가경쟁력의 지표가 될 것이다. 이런 선거개혁에 포함될 사항은 정부제공자금과 비정부제공자금의 확실한 구

---

2) 중앙선거관리위원회의 규정, 정치자금법, 통합선거법에 명시된 내용을 도표로 정리.

3) 대통령선거자금을 실체적으로 접근하는 데는 다음과 같은 복합 접근이 효과적이다. 후원회의 후원금, 정부보조금, 음성적·비합법적 자금액의 분석은 중앙선거관리위원회가 발행한 대통령선거총람 1988, 1993, 1998, 2002, 국회의원선거총람 1985, 1988, 1992, 1996의 자료를 바탕으로 한 것이다. 각 당의 선거회계관리인, 중앙선거관리위원회의 선거자금 전문가와의 면담, 선거자금을 분석한 문헌 접근 등이다(서정갑 외, 1994; 신명순, 1994; 김보상, 1998: 71-72).

분, 선거자금 조성과 사용처의 투명성, 대통령과 의회 선거에서의 정당 득표율·대통령 득표율·정당별 의석수 등을 고려한 정부의 선거자금 배분 방법의 형평성, 선거비용 절감 통제, 선거관리위원회의 선거과정 관찰추적 강화, 엄격한 선거법 적용, 후보에게 향응도 무관심도 거부하는 시민의식, 정당의 도덕성 고양, 투표율 증가 방안 강구 등이다.

3. 대통령후보의 선거 전략

예비선거와 지명대회를 거쳐 본 선거 후보가 되기까지의 대통령 지명 과정에서 비록 투표율은 저조하지만 국민이 직접 참여하여 투표하고, 무당파 후보도 출마할 수 있는 후보선출 과정의 민주화가 확대되고 있다. 또한 유권자의 입장에서는 후보의 개인자질이나 추구하는 정책을 파악하는 정보 획득 기회를 가져 가장 자격 있는 대통령을 본 선거에서 투표할 수 있는 계기가 된다.

한편, 후보자는 유세과정에서 얻은 유권자의 반응과 성찰로 자신의 비전과 정책을 가다듬고 시민의 지지를 얻기 위해 열정과 정력, 근면과 지구력을 최대한 발휘하고 공직에의 헌신을 다시 한 번 생각하는 좋은 기회를 만든다.

그러므로 대통령후보가 대통령으로 당선되는 순간 신임 대통령은 제 2기 대통령선거에 대비하고, 대권에 도전하려는 잠재 후보들은 차기 선거를 준비하게 된다. 4년 중임이 허용된 미국 그리고 5년 임기의 무제한 출마 제도인 프랑스에서는 당선되는 순간, 신임대통령은 차기 선거에 대비하고 다른 잠재후보 역시 대권도전을 준비하여 대통령 재임 4년 또는 5년은 대통령선거 준비기간 혹은 선거주기로 보아도 무방할 것이다. 의회다수당의 당수로 신임을 획득하고 있는 한, 계속 총리나 수상직을 수행하는 영국, 독일, 일본, 캐나다에서는 현재의 착실한 국정운영 그 자체가 수상선거로 보아야 할 것이다.

1992년 대통령 선거에서 당선된 클린턴 대통령은 당선 후 1년 6개월이 지나 의회의 중간선거에서 공화당이 승리하여 의석의 과반수 이상을 차지하자, 맥라티 비서실장을 차기 대통령 선거준비 담당 특별보좌관에 임명하여 1996년 선거에 대비하도록 하였다.[4] 같은 맥락에서 독일수상실의 정무비서팀은 콜 수상이 전국구의원으로 전국을 유세하면서 정책수행의 결과를 홍보하여 의회의 기독교 민주당 의석확보에 노력하는 정치행위를 수상선거와 연계하고 있다.[5]

예비선거, 지명대회, 본 선거를 거치는 대통령 선출과정에서나, 전당대회에서 지명된 당수가 의회에서 수상으로 선출되는 수상 선출과정에서 국민은 평화, 번영, 안정을 가져다 줄 능력 있는 대통령이나 수상에게 투표하고 싶어 한다. 따라서 대통령이나 수상은 국민의 마음을 읽고 선거상황을 정확히 파악하여 매력적이며 호소력 있는 전략과 정책을 제시해야 한다. 그리하여 선거를 승리로 이끄는 국면전환을 효과적으로 유지하여 국정운영의 준비된 지도자로서의 면모를 보여 당선 후 의회의 지지를 끌어 내어 국민에게 약속한 정책을 성공적으로 집행하는 국정운영 단계까지 연결시켜야 한다(Nelson, 1999: 270-290).

대통령과 수상실을 방문하여 수집하고 문헌분석으로 정리한 선거 전략과 선거과정에서 사용되는 선거관리기법을 다음과 같이 제시할 수 있을 것이다.

첫째 선거전 상황파악과 대세장악 국면유지(understanding campaign context and framing campaign initiative)이다. 선거에서는 유권자 표를 최대한 확보해야 한다. 유권자는 후보에 관련된 정보를 최대한 수집하여 국정을 가장 효율적으로 이끌 인물을 선택하려 한다. 그러므로 유권자의 마음을 읽을 줄 알아야 하고 선거 당시의 국내외 상황을 철저히 파악할 필요가 있다. 그리고 출마할 차기 당내의 후보와 경쟁당의 후보들도 파악해 두어야 한다. 대통령 임기는 프랑스는 7년, 한국은 5년, 미국은 4년이므로 선거전에 관련된 상황판단은 50년-100년 이후를 내다보는 장기 전망도 해야 한다. 그런 맥락 속에서 오늘의 이 시점에 흐르는 세계사적 조류, 이념성향, 그리고 5년에서 4년 동안 대통령이 성취해야 될 핵심쟁점과 정책을 확실하게 정리해 둘 필요가 있다. 그리하여 선거가 진행되는 동안 변화하는 정세, 상대후보의 유세전략, 유동적인 선거 양

---

4) 맥라티(Thomas McLarty) 비서실장은 아칸사주의 리틀록에서 클린턴 대통령과 유년시절, 초등, 중등학교 급우로 클린턴 정권의 초대 비서실장을 지나 1994년 11월 14일 오후 4시 본 연구팀이 백악관으로 방문조사를 할 때 그는 대통령 특별보좌관 직책으로 제 2기 대통령선거 백악관 준비위원장으로 일한다고 말한 바 있다.

5) 수상의 유세와 국민이 피부로 느끼는 수상의 정책수행과 서비스 전달이 수상의 상시 선거운동이라 한다.(1997년 1월 30일 9시 30분부터 11시 30분까지 수상 회의실에서 독일수상 비서실의 정무수석비서관 롤 박사(Hans-Achim Roll), 정무비서관 부세 박사(Volker Busse), 비난드(Gunter Winands) 정무비서관과의 세미나. 롤 정무수석비서관과 제프니크(Ralf Zeppernick) 경제비서관과 의회 내 각료식당에서 가진 2시간의 오찬면담).

상에 따라 신축적이면서 새로운 호소력 있는 정책을 유권자에게 전파하여 시종
일관 유리한 선거 국면을 장악해야 된다.

2차 대전 후 극심한 냉전 상황 속에서 전쟁 없는 현상유지 지향의 평화를
아이젠하워 대통령후보가 제시하고 대통령이 되어 재임기간 동안 한 명의 미군
병사도 냉전의 희생물이 되지 않도록 하는 평온을 유지했다면, 닉슨 대통령은
냉전 상대국의 한 축인 중국과 적극교류로 냉전체제를 구조적으로 변모시키려
하면서 대선 국면을 장악했다.

레이건 대통령후보는 소련체제를 현대판 악마의 제국으로 규정, 고르바초
프 대통령과 정상회담에서 레이건은 "우리는 군비축소를 할 수 있다. 동시에
군비증강도 할 수 있다. 그러나 군비경쟁에서 고르바초프 대통령, 당신은 이길
수가 없소"라고 정상회담에서 연설한 2주 후에 레이건 대통령은 방어 미사일
(protective missile defense system), 일명 별들의 전쟁이라는 전략방어미사일계
획(strategic defense initiative)을 발표하고 150억불의 예산을 책정할 것이라고
했다(Wilson, 1995: 209-210). 그로부터 소련은 전략무기 감축에 동의하고 소련
은 15개 공화국으로 해체되었으며 동구 공산권은 무너지고 탈냉전체제가 수립
되었다.

한편 국내정치와 경제국면을 읽으면서 선거대세를 장악하려는 노력이 있
어 왔다. 강력한 정부개입으로 경제공황을 극복한 프랭클린 루즈벨트 대통령후
보나, 물리적 서부개척이 완료된 시점에서 정신적 서부개척 마인드를 불어넣으
면서 미국 시민의 마음을 붙든 케네디 대통령 선거 캠페인은 유권자 마음을 꿰
뚫고 선거대세를 장악한 성공 사례이다. 클린턴 민주당 정권의 8년은 유권자에
게는 정치적으로 긴 세월이며, 비록 경제적으로 호황을 누렸지만 클린턴의 섹
스 스캔들에 미국 시민은 도덕적으로 혐오감을 느끼게 된다. 거기에다 앨 고어
(Alexander Gore) 부통령이 경험 있는 후보라 하지만 물 찬 제비 같이 준비된
완벽성에서 오는 넉넉함의 부족과 서민이 느끼는 괴리감을 간파한 공화당은 도
덕성과 가족 중시, 그리고 강력한 미국이라는 신보수주의 기치 아래 텍사스 카
우보이로 투영되는 부시 후보의 소탈함과 서민취향을 크게 클로즈업시키는 데
성공한 것이다.

독일의 경우 사회당 당수 빌리 브란트가 총리시절 기용한 비서관이 동독

첩보원으로 발각되자 물러나고, 헬무트 슈미트 총리가 뒤를 이었으나 사회당 당수직을 브란트에게서 넘겨받지 못하고 견제 당하자 독일 국민은 슈미트 총리가 이끄는 사회당 정권을 약체정부로 보기 시작하였다. 이를 간파한 헬무트 콜 기독교민주당 당수가 힘 있는 정부, 일관성 있는 정책수행을 강조하면서 총리로 선출되어 연립정부를 구성하여 17년 반을 통치하였다.

같은 시기에 정부의 과다한 사회복지비를 정면으로 반박하면서 기업의 생산성을 올리고 유연한 노동시장체계를 수립하겠다는 신보수주의 노선으로 영국 보수당의 당수가 된 대처 여사는 여세를 몰아 원내 다수당의 의석을 확보하여 수상이 되었다. 그러나 90년대 중반부터 일기 시작한 진보적 개혁노선이 대세를 장악하면서 미국 민주당의 클린턴 대통령, 영국 노동당의 블레어 수상, 독일 사회민주당의 슈뢰더 총리가 집권하였다.

최근에는 나라마다 정치상황, 경제흐름에 따라 차이가 있긴 하나 온건 우파가 집권하는 경향이 나타난다. 공화당의 50대 부시 대통령이 선거에서 내건 온정적 보수론, 중도 우파 연합인 자유의 집 동맹을 이끌어 42.1% 득표로 원내 다수의석을 차지하여 이탈리아 총리로 선출된 60대 베르루스코니(Silvio Berlusconi)의 강한 이탈리아 건설은 중도우파 이념과 정책이 21세기 문턱을 넘나들고 있음을 보여준다.

정국을 파악하고 대세를 장악하기 위해 대통령후보가 관심을 두어야 할 둘째 요소는 후보가 선거에 내거는 비전이다. 대통령 재임기간에 반드시 구현할 국정지향 방향을 확실하면서도 간단명료하게 그리고 호소력 있게 유권자에게 전달하는 화두를 개발해야 한다(Bolger, 1985: 296-307, 354-377). 미국 대통령선거에서 뚜렷한 비전을 제시하고 본격적인 선거 캠페인을 가동한 것은 20세기에 들어와서이다. 루즈벨트 대통령이 경제공황을 극복하려는 의지로 내건 뉴딜정책이나 국민에게 새바람과 개척정신을 심어주려는 케네디 후보의 대명사인 신개척정신(New Frontier Spirit), 존슨 대통령의 위대한 사회 건설(Great Society), 레이건 후보 진영이 내건 작은 정부의 공급자 위주 경제론 등이다. 민주당 클린턴 대통령과 상원과 하원에서 다수의석을 가진 민주당에 도전하여 미국 시민과의 계약(American Contract)이라는 구호를 총선에서 내걸고 감세, 작은 정부, 균형예산 실현을 공약한다는 공화당의 총선 전략은 상·하 양원의 다수의석 확보에 결정적 역할을 한 좋은 예이다. 정세를 정확히 파악하고 시민의 마음을 사로잡는 비전은 보수성향의 정권에서 실직의 아픔을 겪는 서민과 노동자에 다가서서 위로와 희망을 주는 노동당과 사회당의 발 빠른 행보에서도 나타나고 있다.

대처 수상에 이은 메이저(John Major) 보수당 정권에 맞서 조세 감면 정책을 펴면서도 생산적 복지정책을 정력적으로 밀고 나가겠다는 노동당의 블레어 당수가 내건 제3의 물결은 영국 서민계층과 지식층에 긍정적 비전으로 먹혀들었고, 17년 반의 콜 수상이 통치한 보수연립정권을 끝장내자는 슈뢰더 사회민주당 당수의 호소에 독일 시민은 집권의 길을 터 주었다. 대통령 선거를 앞에 둔 한국의 대외상황을 보면 온건한 시민, 보수 계층, 심지어 구직에 어려움을 겪는 대학생 계층도 북한에 지원하는 식량배급의 투명성이나, 현대를 위시한 기업의 북한과의 현금거래에서 자금사용출처의 명확성이 규명되지 않음에 불만이다. 대기업, 금융, 공기업, 노동 분야 구조 조정이 괄목하게 추진되지 않고 있는 현실에 국민은 경제침체와 연계하여 두려워하고 분노하고 있다. 따라서 자립지향 북한 경제발전계획을 수립하고 투명성이 보장되는 모호하지 않는 대북 정책을 수립하여 내치에서는 경제를 살리고 확실하게 고용을 창출하는 "실체 있는" 정책 비전이 다음 대통령 선거에서 대세를 판가름하는 관건이 될 것이다.

세 번째로 중요한 것은 간단명료한 비전을 실행 가능한 매력적이고 호소력 있는 전략 정책으로 전환하여 집중적으로 유권자에게 홍보하고 이해를 구하는 선거전이다. 선거의 목표는 보다 많은 유권자의 표를 획득하여 당선되는 것이므로 정책과 인물로 유권자에게 어필해야 된다. 그래서 정책 차원에서는 선명성과 실현가능성에서 다른 후보 진영과 차별화되어야 하고, 인물 면에서는 믿음과 신선함이 다른 후보에 비해 우위에 있어야 한다. 1996년 대통령 선거에서 공화당의 돌(Bob Dole)후보와 민주당 클린턴 대통령은 정책과 인물 면에서 각자의 강점은 부각시키고 약점은 강점 뒤로 숨기는 순발력 있는 전략을 구사하였다. 클린턴은 대통령 후보시절과 1기 재임시절에 터져 나온 부동산투자와 성희롱 사건으로 도덕적 상처를 입은 믿음이 가지 않는 인물 그리고 월남전에 참전을 기피한 인물로 인식되면서 돌 후보는 2차 대전에서 팔을 잃은 영웅으로 보다 나은 미국을 건설할 보다 나은 인물(better man for better America)이라는 인물론을 앞세웠다.

클린턴은 1기 대통령시절에 작은 정부 구축, 적자예산에서 균형예산 지향, 경제호황을 이룩한 업적으로 평가받겠다는 정책론을 펴면서 새로운 비전과 전략정책을 내놓고 대세를 장악하려 했다. 민주당의 클린턴 선거 캠프는 대학교육을 받지 못한 저소득층 근로자 소득을 향상하는 전통적 민주당 진보성향 정책에 중상계층의 가족 중시 가치를 기본으로 하는 공화당 정강도 아우르는 "적극중도정책 전략(active centrism)"을 구사하였다. 클린턴은 작은 정부를 지향하는 보수노선을 표방하면서도 저소득층 의료혜택, 교육예산 우선배정으로 실제 운영 면에서 진보노선을 고수한 것이다(Weko, 1998: 286). 유권자들은 처음에는 믿음이 가는 돌 후보의 인물론 전략에 호감을 보였으나 적극적이며 중도노선을 견지하는 포괄적 정책전략으로 나온 클린턴 후보에게 서서히 매력을 느끼게 되었다.

선거 전략에서 인물론이나 정책면에서 모두 우위를 지키는 균형 전략을 유지해야 하지만 상황에 따라서 후보의 상품이 인물이나 정책면에서 어느 하나가 단연코 월등히 우세하여 유권자가 호감을 살 수 있을 때는 일정기간 그 선거 상품을 집중 선전하는 전략을 구사해야 할 것이다.

열려진 시민사회로 항진하는 한국의 대통령선거에서 유권자에게 매력을 줄 수 있는 선거 전략은 정책면에서 양대 전선을 보아야 하는데, 먼저 정책면에서는 북한 경제원조의 투명성 확보, 경쟁력이 있는 경제 활성화, 과학기술 우위 확보, 성장 중시 경제계획수립과 실천, 고용창출 극대화로 확실한 실체가 있는 정책 청사진을 설득력 있게 국민 앞에 선 보이는 것이다.

그리고 인물 면에서는 자기의 전 재산을 일부 또는 모두를 사회에 환원하여 상징적이나마 무주택자, 소년소녀가장 지원 재단, 과학기술 개발, 고용창출, 직업훈련, 벤처 산업육성에 희사하는 청교도적 자기 헌신의 강도 높은 도덕성을 보여야 할 것이다.

정세를 파악하여 비전과 전략정책을 수립하면 유권자에게 접근하여 정책 상품을 팔아 득표하는 행동만 남았다. 그런 연장선상에서 네 번째로 중요한 선거전 요소가 득표의 핵심인 조직과 선거자금이다. 예비선거에서는 충성심과 전문성을 겸비한 측근 참모로 구성된 개인 사조직을 가동한다. 그러나 전당대회에서 당수나 총재, 또는 대통령후보로 선출되면 소속당의 공식조직이 가동되어 선거전에 돌입한다. 선거자금 역시 초기 단계에서는 후보 개인의 노력과 사조직으로 모금하고, 당의 공식후보가 되면 후보 개인의 모금활동과 병행하여 당이 공식적으로 선거자금을 관리하게 된다.

　최근에는 선거법에 엄격한 공영제가 실시되고 선거관리위원회에서 정당 정치자금을 배분하며 언론이나 시민단체에서 선거자금 투명성을 감시하므로 선거자금관리는 제도화되어가고 있다. 영국, 독일, 스웨덴 등의 내각책임제 국가에서는 국회의원 선거로 원내 다수의석을 확보한 당의 총재나 당수가 총리로 선출되므로 선거자금은 철저히 공영제로 되어 있는 지역 단위의 국회의원 선거에서 주로 사용된다. 그러나 전국을 단위로 직선제 대통령을 뽑는 미국, 러시아, 프랑스, 한국, 대만, 브라질, 아르헨티나에서는 대통령 선거자금이 선거관리위원회에서 배분되지만 당과 후보 개인의 대규모 모금 운동으로 선거자금을 충당한다.

　선거자금은 여론조사, 후보의 정견을 담은 서신발송, TV 선전, 인공위성 수신 인터넷 선전, 유세비용 등으로 그 규모가 크게 증가하고 있다. 1861년 링컨 대통령 선거비용은 10만 달러, 1881년 가필드(James A. Garfield) 대통령 선거비용은 100만 달러, 1969년 대통령 선거에서 닉슨은 1,000만 달러를 썼고, 그 이후 대통령은 5,000만 달러에서 1억 달러 이상을 사용하고 있다. 대통령 선거에서 모든 후보가 사용한 선거비용은 1960년대에 3천만 달러, 1970년대에 1억 4천만 달러, 1980년대에 2억 8천만 달러, 1992년에는 5억 5천만 달러, 2000년 대통령 선거에서는 이미 10억 달러를 넘어섰다고 한다(Davis, 1995: 93-96).

　한국의 16대 대통령 선거에서는 TV와 웹사이트를 이용한 정책토론 등 유권자에게 직접 다가가는 선거전 양상이 전개되고 젊은 층과 부동층을 이끌어 내는 매력적이고 개혁적인 정책과 구호가 사이버와 영상매체를 동원한 선거기법과 함께 본격 등장하였다. [6]

---

　6) 사이버 선거전은 선거 관련 조직이 웹사이트를 본격 가동하고 있는데서 나타나고 있다. 중앙선관위 http://www.nec.go.kr, 이회창 사이트: http://www.leehc.com, 이인제 사이트: http://www.ijnet.or.kr, 한나라 당 사이트: http://www.hannara.or.kr, 새천년 민주당 사이트: http://www.minjoo.or.kr로 가동되고 있다.

　다섯 번째 고려할 사항은 당내 결속과 계파 화합이다. 후보가 예비선거 단계를 거처 전당대회에서 후보로 지명되어 전국선거에서 유세할 때 모든 지방당원, 지역구 국회의원을 총 동원하고 자발적으로 득표활동에 참여해야 하기 때문에 지역, 이념 정책, 친소관계, 또는 학연, 혈연으로 분파되어 있는 당내 모든 계파를 결속하고 선거에서 승리하는 데 하나되는 합의점을 형성해야 된다. 당의 공식기구, 지역대표성이 있는 다선 의원, 당의 원로, 유력한 정치자금 제공자, 다양한 당내 비공식 조직을 활용하여 협상, 타협, 설득으로 당의 결속을 다지는 당의 자생력과 후보의 리더십은 유권자에게 믿음을 주는 원천이 된다.

　선거전에서 고려할 여섯 번째 요소는 후보자의 역량 발휘이다. 대통령 후보로서 이미 개인적 자질, 도덕성, 비전과 정책에서 검증을 받았지만, 언론에서 발표하는 후보의 과거 경력, 가족배경, 정치적·공적 업적 등을 검증하는 과정에서 제기되는 의문점에 의연히 대처해야 되고, 각종 TV토론회와 유세장 연설에서 진지한 태도와 실천 가능한 공약제기로 믿음이 가고 설득력 있는 행동을 보여 주어야 한다. 또한 상대후보와 토론에서 모호하고 대안 없는 제의에는 논리 정연한 내용으로 과감하게 대응하는 자세를 유지하고 상대 후보로부터 논리에 맞고 합리적인 비판과 협공을 당했을 때 유머와 위트로 대응하는 순발력과 여유를 가져야 한다. 그리고 끊임 없는 참모들의 조언과 유세장의 반응을 감지하여 선거전이 진행되는 동안 비전과 정책내용을 새롭게 정리 변형하여 항상 참신성 있게 유권자에게 다가서야 한다. 대통령의 국정운영이 팀플레이로 이루어지듯, 선거전에서의 승리도 단독플레이로 되는 것이 아니다.

　그래서 선거전에서 일곱 번째로 명심해야 할 준칙은 선거 캠페인 조직을 팀워크로 운영하는 것이다. 선거전이나 대통령 재임기간은 한정되어 있다. 따라서 주어진 기간에 모든 역량을 총 집결해서 고강도의 노력으로 목표를 성취해야 한다. 즉, 선거조직이나 대통령실 조직도 계층제 관료조직을 탈피하여 참여하는 모든 요원이 자발적으로 아이디어를 내어 합의를 보고 협동하는 자생적 조정관리 기능을 가진 팀 운영의 묘를 이끌어 내야 한다. 선거전에서 팀워크는 임무와 기능별로 다음과 같이 구성될 수 있을 것이다. 정세를 분석하고 여론을 진단하여 문제점과 대안을 제시하는 여론진단팀, 정책을 개발하고 제시하는 정책팀, 정책을 유권자에게 전달하여 득표와 연결시키는 유세팀, 후보와 선거 캠프에서 범한 실수를 만회하고 문제를 해결하는 문제해결 홍보팀, 인재 발굴팀, 그리고 이들 기능별 팀을 조정 협조하는 기획조정팀이다.

특히, 정책개발팀은 경제, 안보, 사회문화 세 분야를 기본으로 해야 한다. 한국의 경우에 국민이 바라는 정책 비전을 생각하면 "낡은 좌파이념 정치여 영원히 안녕과 경제 살리기"일 것이다. 그래서 대기업과 금융구조 조정, 공기업 구조 조정, 고용창출, 과학기술 경쟁력 확보, 사회문화, 교육, 외교통일, 국방 분야 혁신을 위한 정책 태스크 포스를 가동하여 국민에게 강력한 상징적 정책 의지를 전달하고 실체가 있는 정책 구현을 고려할 필요가 있다. 이렇게 선거과정에서 기능별로 역량을 발휘하고 충성심과 전문성을 검증받은 팀 요원들은 후보가 대통령에 당선되면 즉각 정권인수팀으로 활동하고 국정운영에 참여하게 된다.

4. 정권인수와 준비된 대통령

대통령제는 크게 '선거-정권인수-취임-국정운영-퇴임'이라는 큰 주기 속에서 운영된다. 이 주기는 내각책임제 수상에게도 마찬가지로 적용된다. 대부분의 대통령과 참모는 선거에 온 힘을 다함으로써, 정작 당선되는 순간에는 몸이 녹아내리고 구름 위를 걸어 다니는 기분을 느낀다고 한다. 그리고는 곧 오만해지고 '정권 점령군'으로 변해 버리곤 한다. 함정은 바로 여기에 있다. 당선은 대통령제의 큰 주기 속에서 시작일 뿐이다. 많은 대통령과 대통령 연구가들의 공통된 견해에 따르면, 성공한 대통령이 되기 위해서는 취임 1년 내에 중요한 정책을 과감히 실행에 옮기든지 아니면 최소한 시작을 위한 시동은 걸어 두어야 한다(Piffler, 1996: 1-4, 185-206). 그렇지 않으면, 임기 1년 이내에 권력누수 현상에 직면할 수 있다는 것이다. 권력누수를 초기에 차단하고 위대한 업적을 남기는 성공한 대통령의 요체가 바로 당선 후 취임직전까지 산뜻하게 끝내야 하는 것은 국정운영 구도(governing design)와 정책집행 플랜(policy action plan) 작성이다.

정권인수과정에는 세 가지 핵심사항이 포함된다. 대통령 당선자와 집권당이 국민 앞에 펼쳐 보인 국정운영 비전과 전략정책의 확실한 수립, 그리고 체계화된 정책을 집행할 인사충원과 조직정비이다. 아울러 정권인수과정은 제한된 시간 내에 이루어져야 하기 때문에 당선 직후 신속한 착수(quick start)와 빠른 행보(rapid pace)가 필요하다. 그래야 국민에게 준비된 대통령으로 믿음을 주고 취임 초기의 국민 지지와 의회 협조로 중요한 전략정책을 우선적으로 수행할 수 있는 것이다. 국회는 어느 나라나 대통령 취임 초에는 입법과정에서 관용을 베풀기 마련이다. 대통령과 수상은 이런 밀월시기를 최대한 활용하여 필요한 법률안 통과나 의회승인으로 대통령 임기 중 성취해야 될 정책우선순위의 물꼬를 트게 된다.

따라서 순조로운 정권인수는 국가 전체적인 차원에서 체제보위와 국정운영의 영속성이라는 점에서뿐만 아니라 새로운 정부가 지향하는 성공적 국정 운영의 출발점으로 첫 단추를 끼운다는 점에서 중요하다. 그래서 미국 대통령직 인수·인계효율법 제2조에는 연방의회는 대통령 임기만료와 신임 대통령의 취임에 질서정연한 행정권의 이양을 도모하는 것이 이 법의 목적이라고 선언하고 있다. 또한 대통령직 인수와 인계는 국가 이익차원에서 국내외적으로 충실한 법 집행과 국정운영에 영속성이 보장되도록 이루어져야 한다고 강조하고 있다. 그래서 국가와 국민의 안전과 복지에 좋지 않은 결과를 가져다 줄 행정권 이양시의 혼란을 피하기 위해 모든 공직자가 정권 인수·인계 과정에서 발생할 문제에 주의를 기울이고, 적절한 법적 조치를 강구하고, 권한과 책임을 다 할 것을 요구하고 있다. 물론 예비선거, 후보지명 전당대회, 본 선거가 진행되는 당선 전(before election) 1년 그리고 정권인수와 취임시기를 합친 당선 후(post election) 1년을 포함한 2년이 크게 보아서 정권인수와 정권조정기간에 해당한다.

대통령에 당선되어 국민에게 공약한 정책이 국가재정 형편을 고려하면서 실현 가능하도록 우선순위를 정하고, 정책을 집행할 인력을 충원하고, 필요시 정부조직 일부도 개편하는 국정운영골격(road map)이 바로 정권인수 작업이다. 대통령이 성공하느냐 아니면 실패하느냐의 여부는 이러한 정권인수 작업을 완벽하게 이루어내고 취임자가 바로 구상한 플랜을 신속하고 확실하게 행동으로 옮기느냐에 달려 있다. 반복해서 강조하자면 국민이 성원하고 국회가 동정적으로 협조하는 취임 초 6개월–1년 기간에 중요 정책을 밀고 나가야 한다. 이

때 대통령, 참모, 내각은 정권인수기간에 만들어 놓은 국정구상을 나침반 삼아 국정 항해 일지에 따라 순항해야 한다. 그래서 당선 후 취임까지 2개월간의 심도 있는 정권인수 작업이 취임 후 성공적 정책 달성을 위한 관건으로 볼 수 있다.

무엇보다도 최고의 정예 인물들(Best and Brightest)을 기용해, 임기 내에 순차별로 달성할 정책우선순위를 결정하는 것이 중요하다. 또한, 팀 운영 방식을 도입해 취임 전까지 철저한 도상 연습을 통한 팀워크와 정책 연구를 시작해야 한다. 단순히 대통령 당선자가 인수 인계서에 도장 찍고, 밥 먹고 헤어지는 것이 정권 인수가 아니다. 실제 비행에서 이착륙 각 10분이 안전 비행을 위한 중요한 시간이라면, 대통령 당선 후 2개월간의 정권인수 기간, 취임 후 첫 6개월이 그 정권의 순조로운 이착륙을 위한 중요한 출발이라고 볼 수 있다. 따라서 취임 전 2개월간의 정권인수 기간은 대통령호라는 함선이 성공적으로 순항하는 결정적 순간이며, 당선자 스스로가 확실히 챙겨야 하는 기간이다. 청와대나 백악관은 위원회나 만들어 계획이나 세우고 과거사나 들추어 내는 이념연구소가 아니라 국민에게 약속하고 계획한 정책세부 사항을 실행하는 국정행동본부이다.

성공한 대통령이 되기 위해 정권인수 기간에 착수해야 될 첫 단추는 대통령직 인수위원회 구성, 둘째 단추는 정책우선순위 선정, 셋째는 인사충원, 넷째는 부분적 정부조직 개편이다.

첫 단추인 대통령직 인수위원회 구성과 활동상황을 알아본다. 미국의 경우, 대통령이 11월 첫째 주 화요일에 실시한 대통령 본 선거에 당선되어 다음 해 1월 20일에 대통령 취임식에서 선서하고 백악관에서 집무할 때까지 2개월 17일, 통상 두 달 보름 남짓한 기간이 정권인수 기간이다. 정권인수 기간은 대통령 당선자의 국정 철학과 비전, 당 이념, 유권자에게 약속한 정책을 대통령의 입장에서 집행 가능하도록 구체화하는 기간이다. 또한 전임 정부가 수행해 온 중요한 사업이나 긴급을 요하는 사업의 정책집행을 결정해야 한다. 성공적 순항을 위해서 미국은 1963년에 '대통령직 인수·인계법(Presidential Transition Act of 1963)'을 제정하고 1976년에는 개정하여 시행하던중, 1988년에 대폭 수정·보완하여 '대통령직 인수·인계 효율법(Presidential Transition Effectiveness Act of 1988)'을 만들어 정권인수와 인계를 원활히 하려 노력하고 있다. 전체 6조로 된 이 법에는 정·부통령 당선자에게 제공하는 350만 달러, 사무실, 비품, 설비, 항공기, 인수위원회 사무직, 전문요원 채용과 급여, 교통비 지급, 공무원 파견지원 등이 명시되어 있다. 그리고 퇴임하는 대통령에게도 125만 달러를 지원하도록 하고 있다. 미국 대통령 당선자는 인수인계비용이 초과되는 경우가 많아 따로 정치자금을 모아 충당한다. 개정된 인수인계효율법에는 구체적 업무인수인계 절차는 기술되어 있지 않으며 관례에 따른 자율시행에 맡기고 있다. 미국의 정권인수법은 정권이양의 영속성 보장요구와 함께 전임, 신임 대통령의 정권 인수·인계에 필요한 인적·물적 편의제공과 예산조달이 중점적으로 규정되어 있다.

한국 정부의 대통령직 인수위원회에 관한 법규에는 새 정부의 정책수립에 필요한 국정현황 파악과 대통령 취임준비에 역점을 두고 있다. 대통령직 인수위원회 기능을 보면 정부의 조직·기능 및 예산현황 파악, 정부의 인적·물적 자원 관리계획 수립, 국가 주요 정책의 분석, 새 정부의 정책기조 설정을 위한 준비, 정부기능 수행과 관련된 민간단체 현황 파악, 대통령 취임행사 준비, 인수준비에 필요한 기타 사항으로 되어 있다.

경제공황이라는 국난을 맞아 여야 모두가 합심해야 되는 상황에서 행정부와 의회가 발 빠르게 합심한 노력이 프랭클린 루즈벨트 대통령 취임 초에서부터 여물기 시작하였다. 취임하던 1933년 3월 9일에 긴급은행정리법을 의회에서 통과하여 대통령이 공포·시행한 이래 6월 16일 철도건설법이 통과되기까지 100일간 15개 법안이 의회를 통과하여 한 달 평균 4-5개 법안이, 일주일 평균 1개 법안이 의회를 통과하고 대통령이 공포·시행한 셈이 된다. 그 뿐 아니라 취임 100일 동안 10회의 대통령 연설, 2주일마다 각료회의가 열려 행정부와 의회가 국난극복에 발 벗고 나섰으며 대통령은 정권인수 후 이런 초기 협조 무드에 편승하여 국정운영의 가속도를 높였다(Schlesinger Jr., 1959: 1-23). 한편 미국은 선거에 승리하여 4년을 중임하는 경우 외에는 야당후보가 대통령에 당선되었을 때는 물론, 같은 당 소속 대통령이 당선되어도 정권교체 인원이 6천 명에 이르며 국정비전과 전략정책이 새롭게 수립·집행된다.

35대 케네디 대통령은 선거 3개월 전인 1960년 8월에 백악관 비서실 조직, 내각운영, 인사관리에 관한 비망록 작성, 후보지명, 당선, 취임 직전으로 나누어 29개 정책연구팀을 가동하여 정책개발, 인재발굴을 시도한 준비된 대통령의 면모를 보였다. 37대 닉슨 대통령은 정책개발에 주력하고 39대 지미 카터 대통령은 300명을 동원하여 집권 준비계획을 세웠다. 40대 레이건 대통령은 선거 7개월 전인 1980년 4월 대통령 취임 초기 100일 계획을 세우고 인수기간에는 1,000명 규모의 인수위원회 기획단을 출범하여 예산검토, 정책우선순위 선정, 부처별 개선방안 마련으로 정권인수위원회 활동을 마감했다. 레이건 대통령이 41대 부시 대통령 당선자에게 업무를 인수인계할 때에는 부자간처럼 지극 정성을 다했다고 전해지며 대통령과 부통령이라는 상호고유 영역을 인정하면서, 협조 차원에서 잘 이루어졌다고 한다. 이러한 사실은 미국에서 대통령학을 연구하고 있는 라이트와 피프너 교수, 그리고 인수위원이었던 베키 던럽 헤리티지 부회장이 전해 주었다.[7]

　　42대 빌 클린턴 대통령은 1992년 11월 당선 1주일 만에 인수위원회를 구성하고 600명을 동원하여 정책우선순위를 선정하고 인사선발 과정에서 국민이 대통령 당선자와 새 정부에 호의적인 이미지를 형성하는 데 주력하였다.

　　43대 부시 대통령은 플로리다의 재개표 점검으로 인해, 여느 대통령보다 약 5주가 늦은 2000년 12월 14일에 당선통보를 받게 된다. 2000년 11월 7일 선거로부터 2001년 1월 20일 취임까지 정권인수 기간의 절반을 보낸 부시 대통령은 그래도 신속하게 정권인수를 마무리할 수 있었다. 부시대통령의 정권인수 사무총장(Executive Director of the Bush-Cheney Transition) 클레이 존슨이 미국 정책학회지에 기고한 글에 따르면, 대통령 선거 1년 전인 1999년에 이미 "선거에 당선된 뒤 우리가 할 일을 구상하는 계획"을 만들어 놓았다고 한다. 아버지 부시의 조언으로 이미 대통령직 인수위원회 활동이 시작된 것이다. 이미 선거 직전에 앤드류 카드를 비서실장에 내정하고, 플로리다 투표 재점검 공방이 이루어지는 동안에 체니 부통령이 주도하여 정권인수팀이 활동을 개시하였다. 정식 당선통보를 받은 12월 14일경에는 상당한 부분의 인수 준비를 내면적으로 끝내고, 12월 14일 후에는 수석비서관과 각료 내정자를 중심으로 공식적인 인수활동을 시작했다고 전한다. 국정 운영에 대한 도상 연습까지 마쳐, 1

---

7) 헤리티지 부회장실에서 카터, 레이건, 부시 그리고 클린턴 대통령의 정권인수 위원으로 활약하고, 백악관 정무, 인사보좌관을 역임한 던럽(Becky Dunlop) 현 헤리티지 재단 부회장 면담(2002년 12월 6일 오후 3-4시).

월 20일 취임 후 여느 대통령 보다 짧은 공식 정권인수 기간에도 불구하고, 차질 없이 국정운영을 시작할 수 있었던 것이다. 결과적으로 대통령직 인수위원회는 명분보다는 실리, 정치보다는 실무, 그리고 화려한 수사적 선언 보다는 조직적인 구성이 중요하다.

정권인수위는 위원장과 분야별 팀장으로 10-20명의 위원을 임명하는데, 직위 직급을 의식하는 관료적 운영을 타파한 기동성 있는 팀워크가 중요하다. 미국의 경우 인수위는 '외교 · 안보 · 군사,' '경제 · 상업 · 무역,' '문화 · 예술,' '사회 · 복지 · 주택건설 · 보건' 등 10여개 분야에 10-20의 위원으로 구성된 200여 명으로 구성된다. 대부분 무보수직이고, 사무실 운영비를 대통령 인수위행정처에서 제공한다. 부시대통령 인수위 경우 850만 달러를 지급받았고, 부족분은 공화당 후원회에서 기금을 마련해 주었다.

우리나라 과거 대통령직 인수위원회는 대부분 국회의원들로 구성되었다. 이에 따라 정치적 인물들로 구성되어 실무적 접근이 어려웠고, 전문위원회를 따로 구성하여 옥상옥의 조직 구조를 갖추고 있었다. 뿐만 아니라, 관련 행정부 부처의 관료들이 파견되어 성격과 방향성이 모호한 점이 적지 않았다. 인수위는 새로운 대통령의 통치이념과 정책에 동의한 정책 전문가들로 구성되는 것이 바람직하다. 레이건, 부시, 클린턴 그리고 오늘날 부시 대통령에 이르기까지 대통령직 인수위원회의 변함 없는 원칙 중의 하나가 바로 인수위는 대통령의 선거 참모가 아니라, 정책 실무진으로 구성되어야 한다는 점이다. 이는 레이건 행정부의 베이커 비서실장과 클린턴 행정부의 맥라티 비서실장에 의해서도 입증된 바이다.

클린턴 대통령 정권 인수위에 참여한 미국 아메리칸 대학 행정대학원 로젠블롬 교수는 미국의 역대 정권인수 위원회가 대통령 당선자와 뜻을 함께하는 정책전문가로 이루어지고, 과거 정부경험자, 교수, 기업가, 언론인, 벤처사업가 등 다양한 배경을 가진 인물들이 추천되어 구성되었음을 강조하고 있다. 각 부처의 정책집행에 새로운 대통령의 정책을 접목하고, 부처이기주의를 차단하기 위해 행정부의 현직 관료는 일체 배제되고, 그 대신 부처 현황 청취와 면담은 부처에 가서 직접 현장체험을 하면서 이루어졌다.[8]

---

8) 2002년 12월 4일 로젠블롬(Rosenblom, David)을 American University 행정대학원 교수연구실에서 면담.

한편, 김영삼, 김대중 대통령의 정권인수위의 경우 정치성이 강했다. 특히 DJP 연합으로 이루어진 김대중 대통령의 인수위는 민주당과 자민련 국회의원들로 구성된 정치위원회의 성격이 짙었다. 뿐만 아니라, 옥상옥 형식의 전문위원 조직이 있어 실무형의 국정운영 준비와는 거리가 있었다. 대통령 당선자는 그의 대선조직에 참여한 정책전문가와 국회상임위에서 전문성을 인정받은 국회의원을 부분적으로 포함시키되, 당선자의 정책에 공감하고 비판적 대안을 제시할 수도 있는 기업연구소 연구원, 교수, 언론인, 영역별 전문가를 두루 기용하는 것이 현실적으로 바람직하다. 이러한 조직 구성을 통해 새 대통령은 국민들에게 갓 출범하는 정부 정책에 대해 예측 가능하게 하고, 안정감을 줄 수 있을 것이다.

한편 내각책임제로 국정이 운영되는 영국, 일본, 독일 등은 야당이 총선에 승리하여 원내 최대의석을 확보하면 야당의 당수가 원내에서 총리로 선출된다. 일본과 영국의 경우 선출 다음날 천황과 여왕을 알현하는 승인절차를 밟으면서 당일로 수상에 취임한다. 1977년 5월 1일 총선에 승리한 노동당의 토니 블레어 당수가 원내에서 수상으로 선출되자 다음날 5월 2일 오전 11시 30분 보수당을 이끈 존 메이저 수상이 먼저 여왕을 알현하고 수상직을 사임하였다. 곧이어 여왕을 알현하고 돌아오는 블레어를 메이저가 맞이하면서 수상직을 인계하고 당일 정오에 블레어는 수상에 취임하였다. 고이즈미 일본 내각총리대신도 동일한 절차로 천황을 방문하여 수상직 승인을 받으면서 그 날로 총리에 취임하였다. 내각제에서는 야당도 주로 하원의원으로 구성된 예비내각(kitchen cabinet)을 운영하고 있어 집권당이 되어도 예비내각이 내각 팀으로 전환하여 차질 없이 국정을 운영하게 된다. 그리하여 내각제를 운영하는 영국, 독일, 일본은 새 정부에서 일할 정부인력 교체는 각료급 90여명과 정무직을 포함하여 최대 500명 정도에 이르며 선거 후 취임기간 내의 정권인수 기간도 수 주일이면 일단락된다(Pfiffner, 1996: 3-4.). 때문에 관례에 따를 뿐 정권인수 절차에 관한 예규가 따로 설치되어 있지 않다.

프랑스 대통령당선자도 정권인수법이 없이 관례에 따라 전임대통령과 보좌관이 협의하여 정권인수를 신속히 처리한다. 미테랑(Francois Mitterrand) 대통령은 1981년 5월 10일 대통령에 당선되어 10일 후 정권인수를 완료하고 5월

21일 취임했다. 14년 뒤인 1995년 5월에 같은 절차로 시라크(Jacque Chirac) 대통령이 취임했다. 2007년 5월 6일 프랑스 유권자 83.97%가 참여한 결선 투표에서 53.06% 득표율로 보수당 니콜라스 사르코지(Nocolas Sarkozy)가 46.94%를 득표한 사회당 후보 세골렌 루아얄(Segolene Loyal)을 6% 차이로 누르고 대통령에 당선되었다. 대통령 당선자 사르코지는 시라크 대통령 임기가 끝나는 5월 16일 오후에 취임식을 갖고 엘리제 대통령궁으로 입성하였다. 따라서 프랑스 대통령 정권인수기간은 10일 정도이다.

　　프랑스 대통령은 직선으로 선출되고 수상은 국회의원으로 의회에서 선출되어 대통령이 승인한다. 수상은 대통령이 속한 정당의 제2인자이며 국회에서 많은 의석을 가진 같은 당 소속 의원으로 의회에서 선출되므로 내각책임제에서와 같이 야당이 운영하는 예비내각의 인재 풀이 있어 각료선임이 신속히 이루어진다. 정권인수기간이 짧은 만큼 프랑스, 영국, 독일, 일본은 대통령과 수상 취임 후에도 대통령·수상실 보좌관은 일정기간 동안 충원 보강되고 중요정책은 집행절차, 파급 효과 면에서 계속 보완되며 취임 후 정권인수 조정기간이 어느 정도 지속된다.

　　우리의 경우, 이전의 경험과 각 국의 사례를 참고하여 현실적인 인수위 구성 방안을 마련하는 것이 시급하다. 대통령 당선자 개인도 정권인수 기간에 앞서서 보고만 듣는 것이 아니라, 인수위원회의 각 팀을 방문하여 중요 토론에 참석도 하고, 직접 보고서의 핵심 요약을 읽고 자기 것으로 소화해야 한다. 대통령은 하루 평균 최소 150쪽에서 많게는 350쪽의 보고서를 속독으로 읽어 내려갈 수 있는 지적 능력과 체력을 가져야 한다는 것이 본 연구팀이 미, 영, 독, 불, 일의 대통령·수상 비서실을 방문 조사했을 때 정리한 결론 중의 하나이다.

　　또한 대통령직 인수위원회 가동과 동시에 인수위원회와 당선자 간의 연락과 조정협조 업무를 수행할 비서실장을 빠른 시일 내에 결정하는 것이 중요하다. 그리하여 효율적이고 투명하게 운영되는 인수위의 가동으로 당선자는 국민에게 당선 이후 처음으로 안정적인 국정관리 능력을 보여 줄 수 있을 것이다.

　　미국식 대통령제를 채택하고 있는 한국은 초대 이승만 대통령은 인계해 줄 대통령이 없었고, 혁명과 정변으로 장면 총리, 박정희, 전두환 대통령은 전임자로부터 정권을 인수받지 못한다. 그러나 노태우 대통령부터 '대통령직 인수위원회 설치령'에 따라 대통령직 인수위원회를 구성하여 정부로부터 예산, 인원, 시설지원을 받아 정상적 정권인수 절차를 밟을 수 있었다. 그러나 대통령직 인수위원회를 통한 정권인수는 전임정권이 추진해 오던 정책 점검, 신임 대통령이 공약한 정책 실현가능성 검토보다는 대통령 취임준비에 관심을 두었다.

김영삼 대통령과 김대중 대통령 정권에 와서는 전임정부 정책파악, 새 정부 정책기조 설정과 정책개발에 역점을 두기 시작하였다. 특히 김대중 정부는 1997년 12월 18일 대통령 선거에 승리하자 대통령직 인수위원회설치령에 따라 8일 후 1997년 12월 26일 대통령직 인수위원회를 출범하여 위원장실, 대변인실, 행정실을 두고 정책을 다룰 6개 분과위원회를 구성하였다. 인수위원회는 국민회의, 자유민주연합의 양당 국회의원, 정당 간부, 정당 전문요원, 행정부 부처 공직자들로서 위원 25명, 전문위원 63명, 행정관 62명, 실무요원 57명 총 208명으로 구성되었다. 이들은 대통령이 공약한 정책의 방향을 가늠하는 국정지표를 심의하고 대통령 행사를 준비하였다.

법률제도 면에서 보면, 12대 대통령 전두환 대통령이 13대 노태우 대통령에게 정권을 이양하는 시점에서 1988년 1월 8일 대통령령 제 12,378호로 6개월간 한시적으로 '대통령 취임준비위원회설치령'을 공포하여 대통령취임의 제도적 기반을 마련하였다. 14대 대통령 김영삼 정부에 정권을 인계할 때는 노태우 정부가 1992년 12월 24일 국무회의에서 '대통령직 인수위원회설치령'을 제 13,794호로 의결하고 12월 28일 공포하여 새 정부에 정권을 인계하였다. 15대 대통령 김대중 정부 역시 1997년 12월 23일 김영삼 정부가 대통령령 제15,547호로 '대통령직 인수위원회설치령'을 공포하여 12월 26일 대통령직 인수위원회를 구성하고 정권인수인계와 대통령 취임준비를 순항시키려 하였다.[9] 그 뒤 2002년 12월 26일 '대통령직인수위원회 설치령'에 의해 노무현 당선자를 위한 대통령직인수위원회를 설치했다. 그러나 인수위 설치령은 6개월 간 효력을 가지는 한시적 성격으로 대통령 당선인의 당선 확정 후 취임 전까지의 지위와 권한 등에 관한 법 규정이 미비하여 국회에서 정식법안으로 심의하게 되었다. 이에 2002년 12월 27일 민주당과 한나라당의 합의와 국회 행정자치위원회 발의

---

9) 15대 대통령 정권인수 백서는 대한민국 수립 최초로 전임 대통령이 인계하고 신임 대통령이 정권을 인수하는 과정과 내용을 공식 문서로 역사 기록에 남긴 점에서 공헌하고 있다(제15대 대통령직인수위원회, 1998: 25-30, 411-420).

로 국회 본회의에서 2003년 1월 22일 의결하고 국무회의 의결을 거쳐 2월 4일 '대통령직인수에 관한 법'이 공포되었다. 한국정치에서 국가 정권인수가 제도적으로 보다 공고화 되는 과정으로 보아야 될 것이다.

노무현 정권 인수위원회는 2002년 12월 30일 출범하면서 위원장, 부위원장, 대변인, 기획조정, 정무, 외교통일안보, 경제 1, 경제 2, 사회문화여성 6개 분과 위원회를 두고, 위원 26명, 실장 1명, 부본부장1명, 전문위원 97명, 행정관 91명, 실무요원 31명 등 전체 247명으로 구성되었다. 수당은 원래 근무지에서 급여를 받지 못하는 인원에게만 급여를 주었다. 인수위원회는 분과위원회 별로 관련 정부 분야의 조직, 기능, 정책, 예산, 인력을 분석ㆍ진단ㆍ참고하여 새로운 정부의 국정비전, 정책과제를 현실성 있게 제시하는 임무를 수행하였다.

이 시점에서 대통령 당선자는 비서실장, 대변인을 임명하고 각료, 정부 고위 정무직, 공기업 조직의 수장을 충원할 인사영입 작업과 필요한 정부조직 개편 작업도 아울러 착수하게 된다. 16대 대통령직 인수위원회의 회의는 대통령 당선자 주재회의, 인수위원회 위원장 주재회의, 분과위원회 회의로 나누어졌다. 대통령 당선자 주재회의는 매일 오전 8시 30분 일일회의, 매주 1회 화요일 오전 9시에 전체회의, 매주 월요일 오전 9시 간사회의가 있다. 일일회의에는 당선인, 위원장, 비서실장, 당선인 대변인, 인수위 대변인, 기획특보, 기조간사가 참여하고 인수위원회 전체 업무 내용을 조율한다. 전체회의는 일일회의 참석인원, 6개 분과 위원, 국민참여센터본부장, 행정실장 등 30명이 참여하여 분과위원회별 추진현황, 협조 조정 업무를 정리한다. 간사단회의는 인수위 위원장, 부위원장, 6개분과위 간사, 국민참여센터 본부장, 인수위 대변인, 행정실장 등 12명이 참여하고 구체적 분과위원회 별 업무현황과 현안쟁점을 조율한다. 실무수준에서는 위원장 주재로 6개 분과위 간사단 회의, 각 분과위원회별 회의가 있다.

대통령직을 인수하는 첫 번째 단추인 정권인수위원회가 잘 꾸려지면 본격적인 임무수행으로 둘째 단추인 정책우선순위 선정 작업에 들어간다. 전임 대통령은 신임 대통령에게 현재 진행되고 있는 정책 프로그램 중에 중단할 수 없는 국가적 과제, 당장 시행되어야 할 국가적 현안을 이해시키고 인계하려 노력한다. 국정이 영속적으로 차질 없이 운영되어야 국민을 안심시키고 대외 국가신인도를 높이게 된다. 그래서 질서정연한 행정권 이양, 국정운영의 영속성을 유지하기 위해 새 정부는 정권인수에 관련된 중요 콘텐츠로서 정책, 인사, 조직 정비에 매달리게 된다. 그 중에서도 정책의 우선순위를 선정하는 것이 정권인수의 핵심이 되는 것으로, 전임 정부가 추진하고 있는 정책과 당선자가 선거기간 동안 제시한 비전과 공약을 접목시켜 우선순위를 정한다. 인수위가 정책실무형으로 짜여져, 각 영역별로 정책 선택을 해야 하는 이유가 여기에 있다.

　인수위의 영역별 전문가는 행정부처를 기능별·정책별로 분리하여 유사한 분야를 묶어 현지에 직접 가서 행정부처 정책 업무에 대한 브리핑을 듣고, 공동 숙의해야 한다. 카터 대통령은 정권인수용으로 준비한 두꺼운 정책현안 보고서나 정책현안 브리핑에 레이건 대통령이 별로 흥미를 보이지 않는 데 불쾌하게 생각한 반면, 레이건 대통령은 공급자 위주의 경제, 작은 정부, 복지 의료비의 삭감, 국방비 증액에 큰 관심을 보였다.

　공화당의 부시 대통령을 누르고 당선된 클린턴 대통령은 공화당이 주장하는 작은 정부를 저비용 고효율의 정부로 전환하며, 흑자예산을 이룩하기 위한 중간단계로 균형예산 확립, 그리고 의료, 교육, 복지분야에 정책의 우선순위를 두었다.[10] 유권자 투표에서 지고 대통령 선거인단 투표에서 이긴 조지 부시 대통령은 공화당이 지향하는 작은 정부와 민주당에서도 적극 주장하는 교육 복지와 감세 정책 추진에 우선순위를 부여하고 있다. 아울러 정권인수기간에 새로운 정책기조와 실천프로그램을 작성하는 데 필수적으로 고려되는 사항이 예산이다. 정부가 수행해야 될 우선순위의 상징적 선언이 정책이라면 그런 정책수행에 필요한 구체적 화폐가치 즉, 비용을 명기한 것이 예산이다. 그러므로 정권을 인수받는 순간, 선언적 정책과 그 정책비용인 예산을 파악하고 예산조정과 통제로 새 정부가 달성하려는 정책 우선순위를 실행 가능한 차원에서 체계화해야 한다.

　레이건 대통령은 취임 초에 스토크만(David Stockman) 관리예산청 장관에게 전권을 위임하다시피 하여 사회복지비를 대폭삭감하고 국방비를 증액하여 그의 공급자 우선 신보수주의 정책노선을 수행하였다. 동시에 대통령은 예산의

---

10) 오스본과 게블러가 작은 정부 개념을 기업경영 접근으로 정립하자, 고어 부통령팀은 저비용 고효율 정부표준화 작업을 진행하였다(Osbrone and Gaebler, 1993; Gore, 1997).

탄력적 운용으로 추구하려는 재정정책의 효과를 경기활성화에 접목시키려 하였다. 1%의 실업률에 대한 실직수당지급은 정부예산 90억 달러의 지출로 이어지고, 1%의 세금 감세는 정부세입의 25억 달러 감소를 가져왔다. 연방준비은행이 레이건 대통령과 의논하여 1981년에 1%의 이자율을 내리자 1982년 정부지출이 4.5억 달러 증가하고 경제성장률이 1% 하강하면서 정부 재정적자는 19억 달러에 이르게 되었다.

클린턴 정부에 와서 이 같은 예산운용과 재정정책, 경기활성화 연계순환 영향은 더욱 뚜렷이 나타났다(Pfiffner, 1996: 99-101). 그러나 대통령이 예산운용을 통한 재정정책을 통제하고 조정하는 데는 한계가 있다. 예산내역의 75%가 경직성 경비이며 시장경제에 정부가 개입할 여지가 별로 없고 인플레이션, 실업률, 이자율 통제도 대통령 마음대로 되는 것이 아니다. 특히 연방준비은행의 독립성, 의회의 견제와 법적 제한, 경제정책 결정과 집행에도 정부, 기업, 시장경제의 메커니즘이 복합적으로 엉켜 있어 대통령의 위력적 정책결정에 견제요인으로 작용하고 있다.

한편 조지 W. 부시 미국 대통령의 인수위가 유사한 기능별로 부처를 나누어 정책을 검토한 사례는 참고해 볼 만한데, 부시 대통령의 인수위는 정책 범주별로 외치(국방, 외교, 안보)와 내치(교육, 보건후생, 교통, 환경내무, 주택노동)로 나누어 인수 작업을 하였다. 이를 지원하는 행정 재정 인사 지원팀을 갖추었고, 각 팀에는 관련된 행정부처의 규모와 정책 복합성에 따라 10명에서 많게는 20명 정도의 인수위원이 배치되었다. 특히, '외교안보'팀은 국방, 외교, 안보로 나누어 체니 부통령 당선자가 직접 챙겼다고 한다.

정책 점검 제 1단계는 대통령 비서실과 부처에서 인수팀에게 설명할 정책진행 자료 책자를 만들어 주는 데서 시작되었다. 여기에는 부처가 당면한 문제, 해결해야 할 과제, 전략정책 과제, 부처의 장기정책 과제를 포함한다. 이를 바탕으로 인수위는 대통령 당선자와 소속 정당의 비전과 정책을 행정부처의 각 상황에 맞게 접목시켜 정책지침서(policy manual)를 만들어야 한다. 여기에는 해당 부처가 시행중인 행정명령, 관행, 각종 규정도 심사하여 부분적으로 시행중지까지 건의할 수 있어야 한다. 이런 의미에서 우리 대통령 당선자가 청와대와 외교통상부로부터 북한 핵 문제를 비롯한 외교안보 전반에 관해 브리핑을 받는 것은 좋으나, 지나친 의미 부여로 당선자가 오도되어서는 안 된다. 즉, 신속히 정권인수위를 가동하여 현 정부로부터 브리핑은 인수위를 통해 이루어지는 것이 바람직할 것이다.

이런 과정을 거처 만들어진 정책지침서는 두 종류의 정책백서로 출간 배포되어 대통령직 인수위에 제출된다. 첫째는 각 부처별 정책 지침서로 현안해결 문제가 1개월, 2개월, 6개월 단위로 작성되고, 연차별 계획 내용이 수록되어 있어야 한다. 다른 하나는 각 부처별로 요약된 정책우선순위를 체계적으로 정리해 두는 것으로, 이는 대통령과 비서관들의 모니터링 자료로 활용할 수 있다.

미국의 경우, 후자에서 언급한 지침서는 미국 정치학회, 헤리티지 재단, 부르킹스 연구소 등이 공동으로 참여하여 일정 형식으로 만들어진 백악관 활동 지침서이다. 헤리티지 재단이 역대 대통령 정권 인수위원과 전문정책가들과 공동으로 작성한 '대통령 정책 우선순위 (Priorities for the President)'와 '대통령 당선자를 위한 브리핑북 (The Candidate Briefing Book)'이 좋은 예이다. 이들 정책 우선순위 지침서에는 수행해야 할 전략정책이 수록되어 있는데, 국민연금, 지방정부, 가족·사회복지 개혁과 결혼, 정부 업무 축소, 의료 보험, 안보력 강화, 중국·러시아·나토 대책, 세계경제 대처 방안 등이 수록되어 있다. 한편, 주요 정책수행에는 의회의 협조가 필수적이기 때문에, 취임 1년간 여야 합의가 용이한 현안부터 처리해 나가는 것이 바람직하다. 이것은 대통령과 의회의 우호적 관계를 보여줌으로써 국민에게 안정감을 줄 수 있기 때문이다.

우리의 경우, 비교적 체계적으로 접근하여 정책우선 순위를 선정하고 투명성 있게 내외에 밝힌 김대중 대통령당선자 인수위원회는 6개 분과위원회로 구성되었다. 당선일인 12월 18일부터 대통령 취임일인 1998년 2월 25일까지 67일간의 정권인수 기간에 긴급히 추진되어야 할 정책현안을 전임정부와 협력하면서 추진하도록 결정하고 100대 중점 실천과제를 확정하였다. 6개 분과위원회 중 정책분과위원회는 정책총괄, 기획, 정책입안과 긴급현안처리를 담당하고 통일외교안보분과위원회는 통일원, 외무부, 국방부, 안기부 소관업무를 파악하였다. 정무분과는 대통령비서실, 총리실, 감사원, 내무부, 법무부, 총무처, 정무1, 정무2, 법제처, 비상기획위원회 업무를, 경제 1분과는 재정경제원, 통상산업부, 건설교통부, 공정거래위원회의 사항, 경제 2분과는 농림부, 정보통신부,

노동부, 해양수산부, 과학기술처업무를 담당하였다.

한편 사회문화분과위원회는 교육부, 문화체육부, 환경부, 보건복지부, 공보처, 국가보훈처의 소관업무에 관한 정책현안 파악과 신임 대통령이 펼칠 정책기조 설정에 노력하였다. 정권인수 기간 동안에도 중단 없는 긴급현안 실천사항으로 외환위기 극복, 경수로사업 재원분담대책, 규제개혁 추진, 정부조직 개편, 2002년 월드컵 경기장 건립방안, 15대 대통령 공약사항 재정리와 확정, 취임행사 준비 등 26과제를 정리하였다. 아울러 신임 대통령 공약사항을 전임 정부가 추진한 정책결과와 현실 상황을 고려하여 100대 국정과제를 정치행정, 외교안보, 경제, 사회문화분야로 나누어 "국민의 정부 품질혁신을 위한 100대 국정과제"라는 이름으로 확정 제시하고 있다(제15대 대통령직 인수위원회, 1998: 39-100).

100대 과제는 경제분야 40, 외교안보분야 20, 교육문화복지분야에 40으로 이루어졌다. 그러나 이런 과제는 보다 전략적 정책으로 압축하고 다양한 실행 프로그램은 해당 행정부처가 현실에 맞게 형성 집행하는 것이 좋을 것 같다. 그런 의미에서 16대 대통령직인수위원회 백서에 명시된 국민과 함께 하는 민주지향 국정목표, 원칙과 신뢰지향 국정원리, 한반도 평화체제 구축으로 동북아 경제중심 국가건설로 매진하자는 국정과제는 선언적 메아리 성향이 짙고, 과업성취 지향 목표 같은 실체성이 떨어진다는 문제점이 지적되었다.

통일외교안보, 정무, 경제1, 경제2, 사회문화 분야로 구성되어 있는 대통령직 인수위원회를 '총괄기획,' '통일외교,' '국방,' '정무,' '경제1,' '경제2,' '사회문화교육,' '의료복지,' 등 조금 더 세분화할 필요가 있었다. 즉 이를 통해 국방, 의료, 복지 등 쟁점이 되고 있는 현안문제를 전략적으로 풀어 나가려는 대통령 당선자의 국정관리 의지를 보여 주는 것이 중요했기 때문이다.

인수위원들은 분과 팀별로 관련 부처의 정책을 균형감 있게 검토하고, 새로운 정책을 접목시켜 부처별 정책 지침서를 만들어야 한다. 행정 관료와의 격의 없는 토론과 문서 검증을 통해 만들어진 부처별 정책지침서는 1개월, 2개월, 6개월, 년차별로 우선순위가 나뉜 정책들이 포함될 필요가 있다. 무엇보다도, 대통령 당선자는 분과 팀과 토론하고 문제점을 제대로 파악할 수 있는 시간을 가지는 것이 중요하다. 대통령은 정책우선순위 전략지침서를 보고 받아

이를 스스로의 것으로 만들어 냄으로써, 취임 직전까지 준비된 대통령의 면모를 보여주는 것이 필요하다.

16대 대통령직 인수위원회는 3대 국정목포, 4대 국정원리를 세웠는데, 국정목표로는 국민과 함께 하는 민주주의, 더불어 사는 균형발전사회, 평화번영의 동북아시대이며, 국정 원리로는 원칙과 신뢰, 공정과 투명, 대화와 타협, 분권과 자율을 내세웠다. 그리고 외교통일, 정치행정, 경제, 사회문화여성 4대 영역에서 12대 국정과제를 설정하였다.[11]

김대중 대통령 당선자의 100대 과제는 너무 백화점 나열 형이었다면, 노무현 대통령 당선자의 백서는 국정목표에 국정원리, 그리고 6개 분과위에서 논의된 정책이 4대 영역에 거쳐, 12대 과제로 논리적 체계를 갖추려 하였으나 매우 선언적(rhetoric statement) 의미로 국민이 피부로 느낄 수 있는 실적을 동반하는 정책 실체가 결여 되고 일부는 기존 정부 부처가 추진하는 진부한 내용도 포함되어 있었다.

대통령직 인수위원회가 만든 우선순위별 정책보고서는 대통령과 각료가 수행해야 될 간단명료한 실행계획서야 한다. 그런 대통령 정책 지침서(presidential priorities)야 말로 대통령이 집무실에서 항상 곁에 두고 임기 내내 모니터링할 국정항해 일지로서 제 기능을 발휘할 것이다. 그리고 대통령 정책 지침서 범위 내에서 부처별 정책 우선순위를 담은 부처 정책지침서(policy manual)는 각 부처 각료가 달성해야 될 과업일지인 것이다.

대통령직 인수위원회가 끼워야 할 세 번째 단추는 새 인물을 탐색 중용하는 작업이다. 실제로 정책은 전임 정권에서 하던 중요 계속사업을 참고하고 대통령 당선자가 국민 앞에 약속한 정책을 국가예산과 결부하여 산뜻하게 정리하면 되지만, 정책 실현은 사람이 한다는 점에 주의를 돌릴 필요가 있다.[12]

더구나 당선자와 당선자 소속정당의 이념, 정책에 동의하고 전문성이 뛰어난 인물을 구하기란 간단하지 않다. 인물선발은 충성심과 전문성, 정무직과

---

11) 16대 대통령직 인수원회 백서는 현재 Internet 상에서 볼 수 있고 최종 업무는 공식적으로 2003년 2월 21일 대통령직인수위원회 최종평가회의와 국정보고서 발표로 백서를 가름하게 된다(제16대 대통령직인수위원회 백서).

12) 실무 차원에서 보면 정권인수기간에 정책우선 선정 작업보다 인사충원이 더욱 중요하며, 대통령 취임 후 집권기간에 대통령 인사관리가 더욱 중요함을 절실히 느껴진다고 한다(구윤철 청와대 인사제도비사관 면담. 2007년 3월 22일 오후 2시−3시, 인사제도비서관실).

경력직, 지역, 혈연, 남녀성, 선발절차 등이 복합적으로 엉켜 이루어진 상호작용 결과이기도 하다. 다만 좀 더 합리적으로 선발 운용하고 충원된 인물이 스스로 창의적으로 일하고, 역사를 창조한다는 조직문화와 분위기, 대통령 리더십 속에서 고도의 생산적 팀워크를 유지하는 것이 중요하다.

현실적으로 새 정부에서 신임대통령과 함께 일할 인물 충원의 기준은 충성심과 전문성이다. 대통령의 통치철학을 믿고 실천하려는 사명감(commitment to presidential philosophy), 다른 의미로는 대통령에 대한 개인적, 정책차원의 총체적 충성심이다. 이러한 충성심은 하루아침에 이루어지는 것이 아니고 대통령 후보와 목표를 달성하는 과정에서 오래 동안 쌓아온 조직생활의 교분과 동지애에서 발원한다.

케네디 대통령의 백악관 3인방인 오도넬(Kenneth O'Donnell), 번디(McGeorge Bundy)와 함께 수석보좌관이던 소렌센은 자기의 자서전에서 피력한 대로 하버드 대학 출신 대통령이 남부의 이름 없는 대학 법학도인 자기를 중용한 것은 케네디 대통령이 상원의원 시절 의원보좌관으로 열심히 일한 결과일 것이라고 한다. 케네디 대통령이 텍사스주 달라스시에서 암살당하고 대통령으로 취임한 존슨 부통령이 다음날 아침에 소렌센과 통화를 원했을 때, 백악관 교환수의 "대통령 전화입니다. 받으세요" 하는 전화연결에 수화기에서 흘러나오는 대통령 목소리를 무의식적으로 케네디 대통령 목소리로 생각했다는 것이다. 대통령이 "여보세요" 하자, "안녕하십니까. 대통령 각하"라고 한 이 대목까지는 케네디 대통령으로 알았는데 "소렌센 보좌관, 백악관에 계속 남아 보좌관으로 일해 주세요"라는 대화 내용과 평소에 테드 라고 이름을 부르는 것과 다르다고 생각하고 "어제 대통령이 사망하고 오늘은 존슨 부통령이 새 대통령으로 집무하고 있구나"하고 혼자 중얼거렸다는 것이다. 그는 며칠 간 근무하다가 케네디 대통령과 뜻을 같이하며 지내 온 생각과 존슨 대통령이 호흡을 같이 할 새 보좌관을 임명할 프리헨드를 주기 위해 백악관을 떠난다(Sorensen, 1965; Sorensen, 1969).

닉슨 대통령이 임명한 홀드만(H. R. Haldeman)과 엘리히크만(John Ehrlichman)은 닉슨과 생사고락을 같이한 보좌관이고, 카터 대통령이 임명한 비서실장 조단(Hamilton Jordan)은 카터가 조지아 주지사 시절에 대통령후보로 출마하는 그랜드 디자인을 구상한 인물이다. 그리고 레이건 대통령의 백악관 삼두마차의 2인 인 디버(Michael Deever)와 미스(Edwin Meese)는 레이건이 캘리포니아 주 지사 선거 캠프시절부터 핵심인물이고, 클린턴 대통령의 초대 비서실장 맥라티(Thomas McLarty)는 클린턴과 아칸사주의 고향 유치원, 초등, 중·고교의 같은 반 죽마고우이다. 2001년에 집권한 부시 대통령이 임명한 300명의 고위 정무직 인사 가운데 42%가 부시 대통령 선거운동에 참여하고, 11%는 부시 대통령이 텍사스 주지사 시절에 함께 주 정부에서 근무한 인연이 있다고 한다(National Journal, Weekly Magazine, 2001(June, 25)).

프랑스 대통령 비서실장인 도미니끄 빌뺑(Dominique Villepin)은 외교관 경력을 가지고, 알랑 쥐페 총리와 시라크 대통령의 대선에 참여한 정치 보좌관이다. 후에 그는 외무장관, 내무장관을 거처 총리에 임명된다. 사무차장 장 피에르 데니스는 전직 재무부 재정조사관 출신으로 시라크 대통령이 파리 시장 시절 행정 부국장을 역임한 인연이 있는 보좌관이다. 안니 레리티에르(Annie Lheritier), 마리안느 히봉(Marianne Hibon) 보좌관은 파리 시장 시절부터 시라크를 도와 오늘에도 대통령 비서실에서 총무, 재정, 공보임무를 수행하는 대통령 동반자들이다. 이들은 항상 자연스럽게 대통령을 만나며, 심지어 존댓말 없이 "자크"라고 대통령 첫 이름을 스스럼없이 부르고 있다.

일본의 관방장관은 각료로서 수상 비서실장 역할을 하는데 대부분 수상과 오랜 정당 생활을 한 전우로 차기 수상직을 물려 줄 인턴으로 훈련시키고 있다. 독일 수상의 비서실장은 다선 의원이며 정보부장관도 겸임하는 각료로 수상의 뒤를 이을 차세대 지도자로 국정수업을 받고 있다.

부대통령으로 이승만과 러닝메이트로 출마한 이기붕, 서울시장을 역임한 윤치영은 이승만 대통령이 미국에서 독립운동을 할 때 맺은 인연으로 경무대 비서관으로 일했다. 박정희 대통령의 비서실장 이후락, 전두환 대통령의 실질적인 비서실장격이었던 경호실장과 안전기획부장을 역임한 장세동, 김영삼 대통령의 바람막이 역할을 한 김동영, 최형우 전 의원, 김대중 대통령의 분신으로 일해 온 동교동계 한화갑 의원, 박지원 실장 등은 평소의 근무자세에 대한 관찰과 함께 나는 대화에서 자신들이 보좌하고 있는 대통령에 대한 충성심을 강력하게 드러냈다.

그런데, 충성심과 전문성을 동시에 만족시키는 인사선발은 정당정치의 오랜 연륜으로 쌓아 온 넓고 깊은 풍성한 인재풀이 있을 때 가능하다. 근대적 정당으로서 150년 이상의 역사를 가진 독일 사회당이나, 100년 이상의 전통을 가진 미국 공화당과 민주당, 영국 보수당과 노동당은 넓고 깊은 전문 인력 인재풀을 소유하고 있어 집권 시작부터 각계각층에서 포진한 유능한 인물을 효과적으로 선발할 수 있다. 더구나 여당과 야당이 국민의 선거로 집권을 번갈아 하게 되면 정부의 다양한 정책분야에서 일한 행정 경험을 가지고 있는 전문 인재풀을 보유하게 된다. 영국의 보수당과 노동당, 독일의 기독교민주당, 기독교사회당, 사회민주당, 프랑스의 사회당, 보수당, 미국의 공화당과 민주당, 일본의 자민당과 사회당도 집권의 경험을 가지고 있어 소속 정당의 국회의원을 비롯하여 당 간부, 당의 지지자 가운데 전문가들이 포진하고 있다. 정당생활에서 정책전문성을 길러 오거나 특정 대통령후보를 지지하는 정책전문가는 충성심도 아울러 가지고 있어 정권인수 시기에 책임 있는 직위에서 대통령의 국정비전과 전략정책을 지속적으로 수행할 수 있다.

그러나 이들이 모두 행정부의 중요 직책을 이끌어 나갈 능력을 두루 갖추었다고 말할 수는 없다. 특히 전문 직업관료의 입장에서 보면 전문성에서 뒤떨어지고 주어진 직책에 걸맞는 임무를 수행하기에는 역부족이라고 생각한다. 반면에 신임 대통령이 기용한 측근 보좌관이나 정당에서 충원된 정무직 요원은 정부의 전문관료나 전임 정부에서 임명받아 일하는 정무직 요원을 기회주의자로 믿을 수 없다고 생각한다. 자기들은 마치 선거에서 승리하여 개선한 점령군, 차별화된 배타적 개혁군단으로 생각하여 기존 전문관료와 긴장과 갈등 관계를 보이는 것이다.[13] 그래서 대통령연구 전문 학자와 국방·법무장관을 역임한 연구팀은 미국 대통령 정권인수시기에 경력직 전문 관료와 정치적으로 임명된 정무직과의 상호관계를 정립하고, 이 경우 정무직에 임명되는 적정 정원

---

13) 최근 미국 대통령의 정권인수 시기와 집권 1년간에 전문관료는 정책 전문성에서, 대통령이 임명한 정무직 요원은 충성과 대중성, 그리고 점령군 심리로 상호 갈등이 있기 마련인데 시간이 지나면서 상호 이해하고 정무직은 전문관료의 능력과 국가에의 충성심에 존경을 표시하는 경향이 늘어가고 있다 한다(Pfiffner, 1999: 181-190). 청와대에 파견 근무하면서 김영삼 정부와 김대중 정부의 정권인수 과정을 경험하고, 정권인수위원회에 전문요원으로 파견되어 근무하면서 관찰한 전문 공직자는 한국에서도 정권인수 시기에는 미국과 비슷한 양상을 보인다고 한다(박명재 국민 고충처리위원회 사무처장, 권오룡 충청남도 부지사와의 면담).

은 2000명을 초과하지 말 것을 제시하고 있다.

정권인수 시 교체되어 외부에서 충원된 고위공직자는 현재까지 통계로는 60%, 내부에서 임명된 관료는 40%정도이며 외부에서 임명된 정무직 인사의 직업배경은 기업가 24%, 학자 16%, 법조인 12%, 주 정부와 지방정부 공무원 7%정도이며 법률전공 34%, 석사 21%, 학사 19%, 박사학위 소유자가 17% 정도이다(Pfiffner, 1999: 185–190).

백악관 직원 500명, 정무 고위직(Non career Senior Executive Services) 704명, 행정부 1–2급(Executive Level 1–2) 고위 경력직 590명, 중견간부(Schedule C) 1,699명, 임시직 3,000명이 신임 대통령 취임시 임명할 행정부 인력이다. 그런데 이들 인력선발은 충성심과 능력을 고려하여 대통령 선거 캠프, 정당, 외부에서 충원한 정무직 그리고 오랜 공직생활로 전문성을 확립한 행정부 관료와 조화로운 균형을 유지해야 한다는 것이다. 그래야 신임 대통령이 추진하려는 정책을 효율적으로 수행하여 성공한 정부를 만들 수 있다.

특히 외부에서 충원된 정무직 공직자는 이직률이 높고 재임기간이 짧아 일관성을 갖고 정책을 지속적으로 추진하는 데 무리가 있다. 존슨 대통령 당시 외부에서 충원한 정무직 공직의 평균 근무연수는 2.8년, 닉슨 대통령 시기에는 2.6년, 카터 대통령 당시는 2.5년, 레이건 시절은 2년이며 클린턴 정부에서도 2년 정도라고 한다. 반면에 전문 경력직 고위 관료 중 7할이 10년, 5할이 15년 장기 근무를 한 것으로 나타났다.

정권인수 시기에 행정부처의 직급이 늘어나고 외부에서 충원이 많아지니 전문관료의 사기가 떨어지고 정부를 떠나는 관료의 7할이 젊은 공직 지망생에게 산업계에서 평생직장을 구하라고 충고하고 있다(Pfiffner, 1999: 175–200). 또한 행정부처의 고위 정책직위와 중간관리층에 더 많은 행정부 경력직 관료를 충원하여 사기를 진작하고, 외부에서 충원한 인사에게 상원청문회에서 정책의견, 이념성향을 놓고 과도하게 격론을 벌리는 정치공세 수위를 낮추길 바라고 있다. FBI가 조사하는 개인재산 조사 등으로 노출되는 가정생활 침해, 전 직장에서 받은 수입보다 낮은 정부 보수, 퇴직 후에 정부에서 근무한 기관과 연관이 있는 기업 취업제한 등 퇴직 후 지켜야 할 과도한 요구수칙 등은 필요한 인재를 적재적소에 기용하는 데 걸림돌이 되고 있다.

　　정치적으로 임명된 정무직의 충성심과 경력직 관료의 전문성을 조화하는 방법으로 영국에서는 수상 비서실에는 충성심 있는 분야별 정책전문가를 외부에서 충원하고 행정부 직업관료는 될수록 해당 정부 부처에서만 근무시키려 한다. 그래서 행정부의 전문관료는 부처의 전문성에 입각하여 수상실이 수행하려는 정책에 과도하게 부하된 정치이념을 실천 가능한 형태로 만드는 등 현실적으로 여과시키는 역할을 하고, 직업관료가 수상실에서 근무할 때 권력에 매료되어 기회주의지향의 맹목적 추종자(yes man)로 전락할 소지를 차단할 수 있다 한다. 그러나 최근 블레어 수상이 수상관저 비서실에 근무하면서 경력을 쌓아가는 전문경력직을 신설하고 전문 공직자를 충원하여 수상 교체에도 모든 직원이 교체되는 행정공백을 막기 위한 장치를 마련하고 있다.

　　헬무트 콜 독일 수상은 수상실에 의전, 군사, 재정분야 행정부처 전문 관료가 필요할 경우에는 반드시 해당 부처 장관에게 개혁 마인드가 있는 중견 관료를 추천받아 비서실장관의 심사를 거쳐 수상이 직접 면담하여 기용한다. 면담을 할 때 콜 수상이 요구하는 사항은 비록 수상이 주장하는 정책이라도 전문관료의 정책관점에서 어긋날 때 "아니요"라고 의견을 개진할 수 있어야 하며, 전문관료가 볼 때 사실이며 옳은 내용인 경우 아무리 콜 수상이 화를 내더라도 끝까지 자기주장대로 조언을 할 수 있어야 한다고 다짐을 받고 수상실 근무를 명령하며, 2년 주기로 임무를 끝내고 소속 부처로 복귀할 때는 반드시 승진시켜 보낸다고 한다. 이런 전통은 슈뢰더(Gerhard Schroeder) 수상에 이어 앙겔라 메르켈(Angela Merkel) 수상에도 이어지고 있다.[14]

　　한국의 경우 정권 인수시기에 대통령의 인사충원에 지나친 지연과, 학연이 두드러진다. 특히 집권 말기 권력누수를 차단할 의도에서 노태우, 김대중 대통령은 지나친 자기출신 지역인사, 김영삼 대통령은 관료출신자 중 자기출신 대학연고 인사를 충원하는 경향이 있었다. 또한 충성과 이념코드에 지나치게 얽매여 인재풀이 얇은 노무현 대통령 캠프는 같은 인물을 자리바꿈하는 회전문 인사라고 지탄받고 있다.

---

14) 슈뢰더(Gerhard Schoreder) 수상 비서실장 슈타인마이어(Frank-Walter Steinmeier)의 보좌관으로 현재 외무장관인 슈타인마이어 정책보좌관으로 있는 타라프(Ralf Tarraf) 국장과 면담(2007년 2월 9일 오전 11시, 외무부 정책실).

　　메이저 영국 수상실의 경우 8명의 정책팀(Policy Unit)이 운영되고 그들은 전부 옥스퍼드 대학 출신으로 전략적 사고나 정책 감각의 다양성, 대표성이 결여된 감이 없지 않다. 한국의 청와대, 행정부, 기타 정부기관의 공직 임용에 있어 출신학교, 지역배경을 균형 있게 조화시켜야 하며, 통일 이 후에는 북한지역 출신배경도 배려해야 대표성이 있는 국정운영이 가능 할 것이다.

　　선발 절차도 투명성이 있게 제도화되어 가고 있다. 미국의 경우, 인수위원회가 마련한 인사충원 기준과 미국 정치학회가 마련한 인사가이드 북을 참고하여 6만 여명의 인사자료를 온라인을 통해 접수하여 관리하고, 대통령에게 분야별 인사를 추천하고 있다.[15]

　　대통령 당선자는 대통령이 되기까지 측근에서 도와 준 인물과 소속 정당에서 천거된 인물로 정권인수위원회를 구성하고 위원회에서 능력을 인정받으면 대통령실과 행정부 주요 직책을 맡게 된다. 그리고 정권인수위원회의 정식 멤버가 아니라도 신임 대통령을 지원한 인물이나 그룹, 소속 정당 요원을 새로 출범할 정부의 중요 직책에 등용한다. 부시 대통령은 3억 가까이 되는 미국인들에게 정부서비스를 제공하는 일종의 최고경영자(CEO)이다. 미국 정부의 경영자는 1조 3천억 달러의 연간 예산과 200만 연방공무원, 200만 군인을 관리·경영하는 막중한 임무를 지고 있다.

　　한국 대통령 당선자 역시, 4,800만 한국인들에게 929억 달러의 연간 예산, 57만의 행정부 공무원과 62만의 군인들을 관리하는 총 책임자가 되려 한다. 즉, 4,800만 주주, 중앙부처, 16개 시도와 그 산하 지방 자치단체를 관리하는 "대한민국 정부 주식회사"의 최고경영자인 셈이다.

　　미국 대통령이 임명할 수 있는 공직자는 5천명 선인데, 그 중 회사로 치면 간부급은 1,200명, 상원 청문회를 거쳐야 하는 임원급은 500명 정도이고, 백악관의 수석 비서관과 각료 등 핵심인원은 87명 정도이다. 한편, 대한민국의 경우, 국민들이 대통령에 부여한 인사 권한은 대략 110여명의 각료급 임명이다. 하지만, 임기가 보장된 공직자들의 임기가 끝나가면서 새로운 대통령이 임명할 수 있는 전략적 위치에 있는 임원급 공직자의 수는 늘어나게 된다.

　　미국은 1883년 팬들턴법을 제정하여 엽관제를 폐지하고 능력위주의 공무원 선발과 관리를 위해 중앙인사위원회를 설치·운영하였으나, 경직된 조직으

로 인식되어 1970년 후반 카터 대통령이 이를 폐지하였다. 그 대신 대통령 직

---

15) 〈미국 대통령의 정무직 인수 충원 절차〉
Overview of the Appointments Process

White House Office of Presidential Personnel narrows candicate list, checks references and makes single recommenotation to the president.

Candidate completes battery of forms in preparation for background check.

Office of the Counsel to the President oversees background check through the FBI, IRS, Office of Govemment Ethics and the agency's ethics official.

No conflicts found.   Conflists found.

                                       Office of Govemment Ethics and the agency's ethics officer work with candidate to address potential problems or conflicts

Counsel clea is the candidate

Office of Presidential Personnel submits nomination to Senate through the Office of the Executive Clerk.

Senate committee holds confirmation hearing and then votes.

Confirmation moves to full Senate for vote

Nomination approved.   Nomination disapproved.

President signs commission

Official is swom in.

출처 : http://www.appointee.brookings.org/sg/c2-1.htm(The Council for Excellence in Government and The Presidential Appointee Initiative, A Survivor's Guide for Presidential Nominees)

속의 인사청(OPM)을 만들어 전문관료는 연공서열에 따라 부처별 자율로 승진 보직을 관리토록 하고, 장차관급 핵심관료는 정무직으로 하여 상원청문회를 거치도록 했다. 부시 대통령은 당선 후, 텍사스 주지사 시절 자신의 보좌관이었고, 아버지 부시 대통령 때 교통부 장관을 지낸 앤드류 카드를 비서실장에 내정하고, 딕 체니 부통령 당선자를 인수위원장에, 클레이 존슨을 인수위 사무본부장에 임명하여, 이들을 중심으로 인물선정 작업을 하였다. 다시 말해, 정권인수위가 정책의 우선순위 결정에 대해 연구하는 과정에서 또 다른 소수 정예 조직이 인물 선정 작업을 수행한다.

물론 미국의 인수위는 정무직에 임명될 인물을 충원할 절차와 심사평가 서식, 상원청문회 절차를 포함한 인사지침서를 만든다. 체니 부통령 당선자는 부시 대통령의 신임과 과거 행정부 경험을 바탕으로 대통령 인수위원회 인수위원장과 인수위 외교국방 인수팀장으로 일하면서 인사충원에도 조언하였다.

한국의 대통령 당선자는 대통령 선거위원회의 핵심 대표, 당의 간부, 비서실장 내정자를 중심으로 인사위원회를 구성하여, 정무직 111명에 대한 충원에 들어가야 한다. 이 과정에서 한국의 경우 부통령제가 없으므로, 국무총리 내정자도 정권인수 기간 동안 인사위원회에 참여시켜 조언을 구하고, 새 정부 팀과 호흡을 맞춰 보는 것도 좋을듯 싶다.

한편, 정무직을 임명함에 있어서 미국의 경우 대통령이 잘 알고, 선거에 공헌했고, 정책 전문성이 있으며, 행정부 혹은 의회의 근무 경험을 고려한다. 크게 보면, 정책 전문성과 충성심이 가장 중요한 조건으로 작용하고 있다. 이와 함께, 미국 대통령은 인종별(ethnicity), 성별(gender), 그리고 지역별(geography) 안배에도 신경을 쓴다. 이를 EGG라고 표현하기도 한다. 한국의 경우 미국의 EGG를 교육(education), 혈연(gene), 지역(geography)적 안배로 재해석할 수 있을 것이다.

한국 인사 문화의 고질병중 하나인 학연, 혈연, 지연을 철폐하고 공정한 인사를 하기 위한 중요한 관건은 유능한 인재를 다수 확보하고 인재풀을 만드는 데 있다. 새 정부의 중요 요직에서 일하게 될 인물들은 대통령 당선자의 국정이념에 동의하는 관리능력이 있는 정책 전문가들로 이루어져야 한다.

미국 브루킹스 연구소, 헤리티지 재단, 체리터블 재단, 정치학회가 백악관 정권 인수팀과 협력하여 유능한 인재들에 대한 풀을 만드는 데 사용할 수 있는 소프트웨어를 개발하였다. 이는 투명성이 있고, 누구나 접근 가능한 것이다.[16] 이 소프트웨어는 인재들을 데이터베이스화한 것으로, 6만 명이나 되는 인재풀을 백악관 인사실에서(White House Office of Presidential Personnel) 인사 수석 보좌관이 이끄는 70–80명의 인사관리팀이 인물을 충원하는 인사운영 윈도우가 되고 있다. 인재풀에서 어떤 자리에 가장 적합한 인물을 선정하여 대통령에게 보고하고, 내락을 받아 후보자에게 알린다. 그러면 후보자는 온라인에 있는 신청서식에 본인의 모든 사항을 기록하여 제출한다. 예를 들어, 백악관 안보보좌관실, 국가안전보장회의, 국가안전청, 국토보안부, 정보부, 국무부, 국방부에 필요한 대통령 임명직 후보자로 등록하려면 온라인으로 서류를 받아 등록하면 된다.[17] 이후 정부윤리지침, 국세청, 연방수사국의 신원 조회를 거치고, 백악관 인사실의 검증 보좌관이 이를 최종 확인하고 상원 청문회에 회부한다. 과거에는 청문회 승인을 거쳐 임명될 때까지 350여 종류나 되는 과다한 심사서류, 후보자는 자세히 서류를 작성하는 번거로움의 문제가 있었다. 특히 출생부터 현 주소까지 재산과 생활에 대한 조사가 이루어졌다. 건강기록도 본인의 승인 아래 백악관 인사담당자가 직접 의사를 찾아가 검사하고, 특히 정신과 질환 여부를 신경 쓴다고 한다. 이 과정에서 지나친 개인 사생활의 노출로 인해 공직을 고사하는 사태도 종종 발생하여, 모든 인사검증 서류 절차를 하나의 검증 절차로 통합한 인사검증 소프트웨어를 부시 대통령 정권인수 기간에 만든 것이다.

한국의 대통령 당선자가 임명하는 111명의 고위 정무직은 비서실장, 수석비서관, 비서관, 장차관 등이다. 이들 뿐 아니라, 임기가 정해져 있는 고위 관료의 경우 임기가 만료되는 대로 새로운 대통령이 임명해야 한다. 이러한 임기 내내 필요한 고위직의 충원을 위해 인재들을 데이터베이스화해서 관리하는 것도 생각할 수 있다. 그래서 새 정부를 이끌 핵심 인사는 대통령 당선자의 국정 비전, 정책에 동의하는 정책 전문가를 소속 정당, 학계, 기업, 사회기능단체, 행정부 경험자, 일부 대통령직 인수위원들 중에서 선별하여 정부 중요 직위에 기용하게 컴퓨터 데이터베이스에 저장하는 시스템 구축이 필요하다.

---

16) www.whitehouse2001.org or www.appointee.brookings.org.
17) http://www.usaid.gov/procurement_bus_opp/procurement/forms/SF-86/sf-86.pdf.

인사시스템에 들어갈 컨텐츠는 청와대, 정부 각 부처 장·차관에 임명할 인사 데이터, 정치적으로 임명하는 정무직(political appointee)과 행정관료 전문직의 뚜렷한 구분과 인재풀 명단이다. 그리고 인사시스템은 공직후보자가 기록하는 내용이 국세청, 경찰, 법무부, 국가정보원 등 신원조회에 필요한 기관에 실시간으로 통보되면서 검증하고, 필요한 경우에 후보자, 대통령, 인사 검증 팀이 협의조정하면서 최단 시일 내에 인사검증작업이 이루어지게 하는 기능을 갖추어야 한다.

대통령직 인수위원회가 끼우는 마지막 단추는 대통령 당선자가 새로운 정책을 펴는 데 필요한 정부기구를 만들거나 일부를 구조조정하는 조직개편 작업이다. 제도로서 대통령실이 정책을 투입하여 집행할 수 있게 전환함으로써 정책결과를 산출하여 국민에게 만족할만한 서비스를 전달할 때 정부에는 힘이 실리고 국민의 대통령에 대한 지지도는 높아진다. 대통령 연구방법론에서 이미 제시한 대통령실의 정책투입-집행전환-산출로 이어지는 이러한 체계접근법에서 볼 때, 정권을 인수하는 대통령과 집행부는 새로운 전략정책을 집행하고 만족스러운 업적을 국민에게 전달할 수 있도록 그 나름의 정부조직을 큰 규모이든 작은 규모이든 재편하려 할 것이다.

정부업무의 조직관리 차원에서 정부조직을 개편하는 동기는 정부의 역할을 확대할 것이냐 아니면 축소할 것이냐의 이념성향에 있을 것이다. 이 과정에서 정부도 경영마인드를 가지고서 절약과 능률 향상을 도모하며 중복되는 정부기능은 하나로 통합하고 새로운 정책수행에 필요한 조직은 증편하게 된다. 특히 정권을 인계받은 대통령의 입장에서는 결정적으로 중요한 정책을 달성하려는 상징적 표현으로 정부조직을 개편하기도 한다. 또한 효율적 국정관리를 위해 예산, 인사, 정보 분야를 통제하고 관료집단을 장악하려는 조직개편을 시도한다(Pfiffner, 1996: 88).

즉, 전임 정부가 운용한 조직 메커니즘이 새 정부 국정운용에 적절하지 않다고 판명되면 대대적 정부개편이 이루어지고, 그렇지 않으면 부분적 개편이 이루어진다. 그래서 정권인수의 최종단계는 조직보강이며 대통령 취임 직전에 정비된 조직을 새 인물이 운영하면서 우선순위에 따라 정해진 정책을 집행하는 도상 예행연습까지 시도해 본다. 이를 바탕으로 대통령 당선자는 취임하면서 바로 정책을 집행하게 된다. 이렇듯 좋은 정책, 유능한 인물로 정비된 신임 대통령팀은 내외 상황에 능동적으로 대처하며 의도하는 국정운영 방향에 따라 정부조직을 재편하는 것이다.

미국 정부의 중요 조직개편은 대통령이 취임할 때마다 이루어졌다. 1933년에 32대 대통령으로 취임한 루즈벨트 대통령은 경제공황의 급한 불을 끄자 1936년에 브라운로(Louis Brownlow) 위원장이 주관한 행정부 조직관리개선 대통령위원회를 발족하여 1937년에 제출한 보고서에 따라 100여 개의 독립된 정부기관, 부처, 위원회 등을 통폐합하여 12개의 정규 부처로 정비하고, 1939년 정부조직법이 제정·공포되면서 처음으로 대통령실(Executive Office of President: EOP)을 설치하였다. 오늘날 백악관 조직의 모태가 된다. 또한 1921년의 예산회계법에 따라 운영된 예산청은 1939년 정부 조직개편으로 대통령 직속기관으로 강화되고, 1970년 닉슨 대통령은 예산청을 관리예산청(Office of Management and Budget)으로 개편하여 예산과 정책집행의 효율성을 연계하려 하였다.

트루먼 대통령은 전임 후버(Herbert Hoover) 대통령을 위원장으로 한 후버위원회를 만들어 행정개혁을 시도하여 경제자문회의를 설치하였다. 그리고 아이젠하워 대통령은 후버 대통령으로 하여금 제2차 후버위원회를 다시 조직하게 하여 정부의 총체적 역량분석을 시도하였다. 제2차 후버위원회에서 제출한 보고서의 핵심은 미국 경제활성화는 물론 국제질서유지에 대응하는 적절한 정부 역할과 탄력적 조직운용이었다.

1945년 4월 12일 루즈벨트 대통령이 서거하면서 부통령에서 대통령직을 계승한 트루먼 대통령은 전임대통령 잔여 임기를 치르고 1948년 대통령 선거를 앞에 둔 1947년에 급변하는 국제정세에 신축적으로 대응하려는 의도로 국가안보법(National Security Act)을 제정하여 명실상부한 국방부 명칭변경, 중앙정보부(Central Intelligence Agency)와 국가안전보장위원회(National Security Council)를 신설하였다.

존슨 대통령은 국내 민생 문제를 해결하겠다는 의지로 종래의 보건교육후생부에서 후생기능을 분리시키면서 주택도시개발부를 만들고, 닉슨 대통령은 취임하면서 기업인 에시(Roy Ash)를 위원장으로 한 행정부기능조사위원회(Ash

Council)로 하여금 정부 조직관리의 효율화를 향상시키려 인력자원개발, 경제위원회, 지역개발분야에 정부역량을 강화하였다. 카터와 레이건 두 대통령은 재임기간에 그레이스 위원회(Peter Grace Commission)를 두어 정부기구 통폐합으로 4천 2백 44억 달러 예산절감을 달성하려는 마스터플랜을 짜기도 하였다. 또한 레이건 대통령은 방만한 사회복지담당 정부조직을 통폐합했고, 뒤를 이어 등장한 클린턴 대통령은 집권하자 10% 정부 인력 조직, 예산 절감운동, 정부업적평가 기준설정, 정부기구 축소지향주의로 구조개혁을 단행하고, 고어 부통령이 주관하는 돈 적게 들고 일 잘 하는 작은 정부 만들기 보고서를 만들어 정부운영의 표상으로 하였다. 조지 W. 부시 대통령은 9·11 테러 참사 이후 국토보안부를 창설하고 집권 2기에는 통합된 정보조정부를 신설하였다.

영국은 노동당 당수 윌슨(Harold Wilson)이 수상으로 집권하면서 수상실의 정책개발, 조정기능을 강화하고자 정책실(Policy Unit)을 두고 전문분야에서 각계를 대표하는 정책 전략가를 동원하여 현재까지 그 기능을 수행하고 있다.

무엇보다도, 대통령 중심제인 우리나라의 정권인수과정에서는 대통령 국정운영을 보좌하는 중추기관인 청와대의 조직보강과 리엔지니어링에 초점을 맞추어 볼 필요가 있다. 특히 대통령 중심제인 우리나라에서는 무엇보다도 민주적이며 진취적인 대통령 리더십과 청와대 국정시스템이 필요하다. 이승만 대통령부터 박정희 대통령까지의 장기독재, 전두환 대통령부터 노태우 대통령의 과도한 검은 정치자금 축적으로 인한 부정, 김영삼 대통령부터 김대중 대통령의 친인척 비리, 대한민국을 평가절하(Korea discount)해 버린 노무현 대통령의 낡은 이념, 편협한 코드 정치, 막가파 발언으로 국민들은 청와대를 권력의 원부(怨府)로 생각하고 있을 뿐, 정책을 효율적으로 일사불란하게 밀고 나가는 경쟁력 있는 국가경영관리 집단으로 생각하고 있지 않는 편이다. 이런 국민정서에 편승하여 역대 대통령 후보는 국민의 표를 의식하여 청와대 축소를 부르짖게 되었고, 청와대를 경영마인드로 이끄는 데 스스로 족쇄를 채우게 되었다.

대통령 당선자는 취임 첫해를 대통령으로서 국정운영을 자신 있게 이끄는 결정적 여건 형성 시기로 보아 취임 직 후부터 여야 합의로 전략정책을 성공적으로 집행하여야 한다. 미국의 경우, 후버 대통령은 예산청을, 트루먼 대통령은 정보부를, 카터 대통령은 인사청을 백악관 직속으로 둘 수 있도록 의회가 승인해 주었다. 의회는 직선으로 당선된 대통령에게 핵심참모를 포함하여 돈, 정보, 인사를 모두 거머쥐게 하는 재량을 주어 마음껏 국정을 운영하는 재량을 부여한 것이다.

이런 맥락에서 보면 우리나라 청와대 조직을 경영관리 차원에서 대폭 보강하고 대통령의 정치이념에 충실할 수 있는 높은 충성과 정책전문성을 갖춘 인물을 사회 각 계층에서 고르게 충원하고 팀워크를 갖춘 조직을 만들어 내야 한다. CEO 대통령으로, 국가경영의 조정본부로 청와대를 운영한다는 의지를 국민에게 보이는 차원에서 청와대부터 개혁해야 한다. 마치 기업이 세계화시대에 살아남기 위해 대기업 회장실을 사령탑으로 하여 끊임 없는 구조조정을 통해 전략영업 분야를 개척하는 것과 같은 맥락이다. "작고 강한 청와대"는 결국 효율적인 정책 조정을 통해서 국민적 합의를 이끌어 낼 수 있는 대통령 보좌 조직을 말한다. 대통령제 하에서 무작정 보좌 조직을 축소하는 것은 바람직하지 않으며, 기능적으로 효율적인 조직을 어떻게 하면 만들 수 있을까 하고 대통령 당선자는 고민해 봐야 할 것이다.

한국은 장면총리와 참모진이 구상한 경제개발계획을 박정희 대통령 때부터 시작하여 대통령 직속기간인 중앙정보부, 경제기획원 등 많은 정부기관을 신설하고 역대 어느 대통령보다 많은 인원과 조직기구로 청와대를 강화하였다. 전두환 대통령도 정부기구개혁을 시도하고, 노태우 대통령은 취임 초에 정부기구개혁심의위원회를 두었고, 김영삼 대통령은 청와대 정책기획실, 상황실, 해양수산부 신설, 김대중 대통령은 행정자치부, 기획예산처를 기능통폐합으로 설치하고 중앙인사위원회를 신설하였다. 노무현 대통령은 대통령직속으로 국가균형발전위원회를 위시한 많은 위원회를 두어 지역균형 발전을 위원회 운영 접근방식으로 해결하려 한다.

정책, 인사충원, 조직개편의 골격이 짜이는 정권인수 이후 취임 1년간에 신속하게 정책을 집행하여 국민에게 만족할 정책 서비스를 적기에 전달해야 성공하는 대통령의 기반을 공고히 할 수 있다. 그러기 위해서는 정권인수 기간, 취임 100일, 1년 내에 핵심적 전략정책을 의회 협조 속에 신속하게 달성할 수 있는 준비된 대통령과 참모 진영으로서 진면목을 보여야 한다. 동시에 자신들의 내면적 성찰로 자신의 약점과 강점을 깊이 생각하고 자신을 스스로 낮추는 겸허하고 경청하는 태도가 필요하다. '실패는 없다'는 무오류의 자기과신, 오만, 자만에서 전임 대통령의 치적을 비하시키고 이것을 반면교사로 삼아 좋은 정책마저 계승하지 않는 전임 대통령의 전철을 밟아서는 안 된다.

트루먼이 백악관을 너무 정치 지향적으로 운영했다고 생각하여 아이젠하워는 비정치적이고 군대조직 성향으로 백악관을 운영한 감이 있다. 이것이 지나치다고 반발한 케네디는 백악관과 내각을 반 관료화된 운영으로 전환하고, 닉슨의 권위주의에 도전한 카터는 탈황제 대통령제를 표방하고 나섰다. 자질구레하게 따지는 미시적 정치 행정에 집착한 카터의 국정운영에 대해 레이건이 추구한 거시적 이념정치는 전임대통령과 정부에 대해 지양해야 될 지나친 반면교사의 좋은 예일 수 있다 한다(Bauer, 1986: 256-260).

한편 선거에 승리하였다 하여 가지는 지나친 낙관론은 금물이다. 신임 대통령은 전임 대통령, 행정부 각료, 고위전문 관료, 야당의원에게서 좋은 조언을 구하고, 그의 참모진, 각료, 집권당 의원에게 역사의식을 가지고 화합하여 일사불란하게 국정목표를 성취하는 솔직하고 명쾌한 임무와 역할분담을 해 주어야 한다. 대체로 집권 일년 동안 신임 대통령은 겸허하게 경청하고 열심히 일한다고 한다. 그러나 집권 2년 후부터는 "이만하면 나도 할 수 있다"는 자만에 빠져 정책결정과 국정운영을 독단으로 그르치는 대통령의 비극적 우(愚)를 자초하게 된다 한다.[18] 대통령과 모든 참모진은 팀워크로 임기동안 조직력을 풀가동하여 국정을 관리하고 대통령실 참모진과 각료, 고위 관료, 집권당의원, 그리고 가족도 함께 참가하여 국정운영의 골격을 이해하고, 상호 협조를 증진하며 각자의 행동반경을 이해하기 위해 세미나와 같은 모임을 정기·비정기적으로 가질 필요가 있다.

정권인수 과정에서 마지막으로 생각할 점은 국정영속성 맥락에서 퇴임하는 현 대통령과 당선자와의 역할과 협조 관계의 정립이다. 신구 대통령은 국정 참여에 있어 그 역할 협조 영역이 분명해야 한다. 대통령과 당선자는 67일의

---

18) 김영삼 정부의 초대 비서실장으로 일한 박관용 의원은 필자가 개설한 대통령학 강의 시간에 초청강의를 하면서 김영삼 대통령도 취임 일년에는 겸허하게 의견을 들어가며 대통령 나름대로 열심히 보고서를 검토하고 연구하면서 성실히 국정에 임하는 자세를 보였으나 취임 2년이 되면서 지나친 자신감에서 혼자 결론을 내리는 독단으로 국정 오류를 초래하는 기미가 있었다고 한다. 그럴 때 비서실장, 수석비서관, 정권 내의 실력자가 대통령 독단의 발목을 잡아야 한다고 역설함(1999년 11월 29일 오전).

정권인수 기간 동안 서로 협력할 필요가 있지만, 각자의 고유 역할은 법적 측면, 대내외 위기 상황 그리고 대통령과 당선자의 개인적 개성과 정치 연고에 따라 다소 바뀔 수도 있다. 비록 당선자가 12월 20일에 당선 통보를 받았지만, 다음해 2월 25일 취임하기 전까지 현 대통령은 그 역할과 임무를 다해야 할 것이다. 그러나 돌발위기의 발생 또는 대통령과 당선자 간의 소속 정당이 다름으로 인해 정권인수 차원에서 갈등의 소지가 있다. 특히 개인적 리더십과 개성이 다를 때에는 그 갈등이 첨예화될 수도 있다.

실제로, 1997년 김영삼 대통령 집권 말년에 IMF 구제 금융을 받아야 하는 절박한 경제위기 상황에서는 김대중 당선자가 김영삼 대통령을 대신해 외환위기 정국을 주도해 나가기도 했다. 엄격히 말하자면, 김영삼 대통령으로서는 대통령 업무를 소홀히 하는 오류를 범했고, 김대중 당선자도 업무 인수인계의 차원을 벗어나 대통령 역할까지 수행하게 된 것이다. 그 당시 김영삼 대통령이 경제 위기 정국을 극복해 나갈 리더십을 잃은 상태에서, IMF 관리체제 해결 담당 간부를 비롯한 모두가 차기 대통령인 김대중 당선자의 경제운용 의도를 파악하는 데 분주하였다. 따라서 임기 말 급박한 경제위기 상황은 김대중 당선자의 입지를 높여 주었으며, 자연히 그가 정책운영에 개입할 수밖에 없었다. 특히 김영삼 대통령과 김대중 당선자는 오랜 경쟁자 사이였을 뿐 아니라, 최초의 여야 정권교체 시점과 맞물려 서로 위기관리에 공동대응하기는 쉽지 않았을 것이다. 결과적으로 김대중 당선자는 현직 대통령의 고유 영역을 침범하게 되었고, 하나의 관행을 만들었다는 것을 부인할 수 없다. 하지만, 대통령과 당선자가 위기관리에 공동 대응하되, 당선자가 취임 전까지는 현직 대통령이 당선자의 지지를 받아 정국을 주도해 나가는 모습을 보이는 것이 정권인수 기간의 정치 미학이 될 수 있다.

레이건 대통령은 당선자 시절 취임 직전까지 세 번만 워싱턴을 방문했다고 한다. 그 모두가 정부의 브리핑을 듣고 카터 대통령과 업무 인수인계 상황을 논의하기 위함이었다. 카터 정부 말기, 이란 인질 사태도 카터 대통령의 주도 하에 처리되었으며, 취임 직후 이루어진 인질 석방에도 카터 전 대통령이 그들을 마중하게끔 배려했다. 그러나 다음과 같은 예기치 못한 상황에 대처하기 위해 원칙을 정해 놓는 것이 필요하다. 취임 전야 자정에 위급한 국가 안보위기 상황이 발생했을 때 누가 국정운영을 책임지느냐가 문제될 수 있다. 당선자는 국민 앞에서 취임 선서를 함으로써 대통령의 업무를 시작하게 된다. 헌법에서 요구하는 취임식과 선서는 당선 사실 자체와 함께 대통령이 되는 필요충분조건이다. 당선은 필요조건이고, 취임 선서는 충분조건인 것이다. 충분조건이 충족되지 않은 상태에서 취임식 前 자정에 발생한 국가 안보 위기는 당선자가 주도적으로 위기 상황에 대응해야 하지만, 아직 취임 선서를 하지 않은 상태이기 때문에 곤란한 상황이라고 볼 수도 있다. 물론 신임 대통령에게 국정관리 책임이 넘어갔다고 보아야 하는 것이 옳을 것이나, 이 점은 차후 헌법이나 대통령 인수인계법에 명시되어야 할 상황이다. 겸하여 최고의 명망 있는 인재를 끌어 들이고, 개편할 정부조직은 과감히 고쳐서 선정된 핵심정책을 일사불란하게 집행하는 데 최고의 호기가 바로 국민이 힘을 실어준 정권인수 기간임을 잊지 말아야 할 것이다. [19)]

---

19) 대통령 취임 후 집권 기간보다 당선자 시절인 정권인수 기간이 정부 조직개편, 새로운 정책채택, 좋은 인재 발굴에 훨씬 힘이 실리고 수월한 것 같다고 한다(김대중 대통령직 인수위원회에 참여한 전 국가안보보좌관과 주일본 대사를 역임한 나종일 박사 면담. 2004년 10월 7일 오전 7시, 주일본 한국대사관저).

제 4 장

대통령실의 국정관리 시스템 비교

대통령실의 국정관리 시스템 비교

1. 대통령실 조직체계의 구성 요인과 운영원칙

대통령은 국가통합의 상징, 국내외를 대표하는 국가원수, 정당총재, 의회 지도자, 행정부 수반, 국군 통수권자, 긴급재정명령권자, 공인의 표상으로 대통령직에 부여된 최상위의 권한과 임무를 수행한다. 그러므로 그에게는 보통사람과는 비교가 안 될 정도의 상상력, 창의력, 정책추진력, 국민역량 결집력, 기민한 판단력이 필요하다. 그러나 완벽한 자질과 덕목을 고루 갖춘 대통령이 과연 있을 것인지 의문이며, 비교적 균형 있는 대통령이라 할지라도 혼자서 하기는 힘들다. 밀어닥치는 세계경쟁에서 당당히 맞서고 경제회복과 삶의 질 향상 등 산적한 국내과제를 해결하기 위해서는 주위 보좌진의 도움이 필수적이다. 더욱이 자질 면에서 다소 떨어지는 대통령은 도리 없이 유능한 막료와 보좌진이 굳건히 받쳐 주어야 비로소 국정을 원만히 수행할 수 있을 것이다. 그래서 대통령은 혼자 하는 것이 아니라 잘 갖추어진 조직, 팀워크로 국정을 수행하는 제도로 보는 대통령실(presidency)을 의미하기도 한다(Koenig, 1968: 417).

최근에는 헌법에 규정된 대통령을 보좌하는 정부조직을 일컬어 대통령실이라 일컫고, 대통령실에서도 대통령을 보좌하는 핵심 막료진을 비서실이라 한다. 대통령이나 수상을 최고 통치권자의 개인 리더십, 국정운영의 주체, 정부 수반이 지향하는 이념 측면에서 볼 수도 있으나 주변 막료와 조직으로 구성된 국정운영시스템 및 제도 측면으로 볼 수 있다.

대통령·수상실에 대한 연구는 여태까지 주류를 이루어 온 정치·이념·권력·법규 관점에서 정책과 조직 관리에 역점을 두는 접근과 이론 정립이라는 새로운 패러다임으로 발전시켜 나가고 있다.

그렇다면 청와대 비서실, 백악관, 엘리제궁, 다우닝 10번지, 크렘린궁, 동경 수상관저, 베를린 수상관저, 로마 수상실은 어떻게 발전했으며, 오늘의 짜임새를 만드는 요인은 무엇일까. 오늘의 대통령실은 한마디로 대통령과 그 참모진이 국정을 운영하는 오랜 세월에 걸쳐 많은 시행착오를 겪으면서 축적된 산물이다.

우선, 비서실 조직체계를 정비하는 데 가장 큰 영향력은 아무래도 대통령의 정치성향, 기질이다. 대통령은 사령관, 비서실장은 참모장, 수석비서관은 참모, 각료는 부대장으로, 대통령마다 정치성향 등에 따라 다르지만 나름대로의 운영원리를 갖고 대통령비서실 조직체계를 발전시켜 왔다. 백악관을 군대 편제로 체계화시키려 한 아이젠하워 대통령, 그와 유사한 전두환·노태우 대통령, 백악관을 관료제화한 닉슨 대통령, 전원이 참여하는 난상토론으로 정책결정을 유도할 수 있는 보좌진 조직을 선호한 케네디 대통령 등 모두 그러했다. 그리고 임무달성 위주로 짜여진 기동형 수석보좌관제를 미테랑, 시라크를 거쳐 사르코지 대통령이 계승하고 있다.

대통령·수상 비서실 조직기능을 변화시키는 다른 요인은 선거과정에서 국민에게 약속한 전략적 핵심정책, 프로그램 달성이다. 박정희 대통령은 경제부흥에 역점을 두고 청와대에 경제계획 담당을 제1경제 수석, 산업무역 담당을 제2경제수석, 긴급과제로 중화학 육성 담당을 제3경제 수석비서관실로 분화시켰다. 그 밖에 행정부서가 전문적 기능분화로 확산 증편되면서 그에 따라 대통령 비서실에도 업무 협조와 조정, 지원, 감독, 감시 기능 수행을 담당할 조직이 만들어졌다(Kernell, 1997: 198-210). 2001년 9·11일 뉴욕 무역센터 테러 이후 미국 본토 안전을 책임지는 행정 부처로 국토안보부(Department of Homeland Security)가 발족하면서 백악관에는 국토안보담당 수석보좌관실이 생겼다.

끊임없는 국내외 위기발생 속에서 일관된 정책을 지속적으로 달성해야 하는 대통령에게 의회는 법적 재량권을 주어, 대통령 비서실 조직개편은 내각에서 동의하면 대통령 집행명령(executive order)으로 언제나 가능하게 되어 있다. 그러나 의회의 비판과 예산 감액, 여론 악화, 정치권 압박, 상황변화로 인한 정책우선순위 변경은 대통령 비서실 조직 강화, 재편에 제동이 될 수 있다.

대통령 비서실은 국정운영의 중심이며 중추신경이다. 이러한 맥락에서 보면 다양한 역할을 수행하는 복잡한 정부조직을 통합 조정하는 중심세력이 대통령이다. 정부 중심세력인 대통령은 혼자가 아니라 전문성과 충성심이 뛰어난 보좌진으로 구성되어 있는 조직이며 제도이고 팀이다. 대통령 개인은 팀의 주장이며 스타플레이어이기 때문에, 대통령의 성공 실패는 팀 구성원인 보좌진의 성공적 활동에 달렸다. 그래서 국정운영의 중심에서 뛰는 주공격수인 대통령은 비서진, 각료, 관료, 의회, 정당, 시민단체, 외국정부 수반까지도 중요 업무에 관해 일관성 있게 조정통제하는 국정관리자여야 한다. 조정통제력은 비서실, 행정부처, 정당, 의회가 서로 협조할 수 있도록 묶어 주며 정부부처의 정책 수행에서 오는 이해갈등을 해결하고 시민단체와 정부를 연계하고, 관료의 소신 있는 업무추진 방호벽이 되어 주는 관리능력이다. 물론, 엄격한 관료계층제 조직 관리로 진행되는 모든 정부업무를 세세히 빠짐 없이 챙기고 통제할 필요까지는 없으나 국정의 중심에서 핵심조직을 장악하여 보좌진의 다양한 견해, 정책아이디어를 담론과정에서 수렴하여 합의된 전략 정책을 수행하는 제도화된 관리 리더십을 발휘해야 된다(managerial leadership on structured collegial alternatives of multiple advocacy)(Pfiffner, ed., 1996: 178-180).

조직력이 극대화된 대통령실에 몰입된 대통령은 듣기 싫은 쓴 조언이나 대안을 제시하는 국내외의 조언자를 찾아 내는 밝은 눈과 경청할 수 있는 좋은 귀를 가져야 한다. 그리하여 진정한 권력은 정치술수나 정보공작정치에서 나오는 것이 아니라 타협, 협상, 설득에서 오는 합의도출이라는 경륜철학을 항상 가슴에 지니고 대통령실을 이끌어 나가야 한다(Pfiffner, ed., 1996: 314).

이런 대통령 · 수상실을 운영하는 데는 원칙이 있다. 첫째, 대통령 · 수상실은 명확한 기능과 임무별 수석비서관, 보좌관제로 운영되어야 한다. 소관 전문 분야에서 대통령에게 정책 자문과 조언을 하고 대통령의 정책의지를 행정부 소관 부처에 알리고, 정책 협조, 조정, 지원, 감시 · 감독을 수행하는 수석비서관실은 책임, 명령, 보고 체계가 기능상 단순 명료해야 한다. 가능하면 각 수석비서관실은 소수정예주의로 꾸려 나가야 한다.

둘째, 대통령의 정책 의지 표출, 의사전달, 수석비서관실의 협조 · 조정, 행정부처에 전달하는 대통령의 명령, 지시, 업무상 관련된 정부 부처와의 의사소통 채널은 파이프를 따라 물이 자연스럽게 흘러가는 도관 같아야 한다. 이것이 명령보고체계의 도관 원칙(conduit principle)이다. 노무현 대통령 집권 초기에 전국 물류 대란을 야기한 화물차 연대 파업의 경우 명확한 기능, 책임소재, 보고체계가 분명하지 않은 경제 수석, 경제보좌관, 정책실, 국민 참여, 민정수석실 등으로 구성된 혼란스러운 청와대 비서실에 해당 분야 행정부처 기관은 청와대 비서실 어디에 연락하고 보고하며, 정책조정과 사태수습을 해야 하는지를 놓고 당황하지 않을 수 없는 일시 정책공황에 직면하였다.

한편, 최근 대통령·수상실 조직관리 면에서 두드러진 현상은 대량 살상 테러 대비, 과학기술 경쟁력 확보, 정보화·세계화 시대에 적응하는 순발력 있는 국정운영에 초점을 두어 내각책임제의 수상실은 대통령제의 조직관리 시스템을 원용하고 대통령중심제에서는 의회의 국정공동 참여 주장을 행동으로 옮기고 있다. 내각책임제의 수상은 대통령형 내각제 국정시스템(presidential cabinet system), 대통령 중심제의 대통령은 대통령·의회·공동대통령제형의 균점 대통령 국정시스템(president and congress copresident, shared presidency) 형태를 보이고 있다.

이런 조직운영 체계 원리를 바탕으로 미국 백악관, 일본 수상실인 관방부, 프랑스 대통령 비서실인 엘리제궁, 다우닝 10번가의 영국 수상관저 비서실과 관방부, 독일과 이탈리아 수상 비서실, 러시아 대통령실인 크렘린궁을 현지조사하고 우리나라 청와대 조직운영을 진단해 본다. 중요한 것은 어떤 체제이든 국가를 부강하게 하고 안전한 사회에서 국민이 편안히 살게 하는 것은 통치체제의 형식이 아니라 국가 체제를 관리하는 운영의 묘에 있다는 것이다. 그런 의미에서 대통령형 내각책임제나 대통령과 의회 권력균점형 대통령제는 국정관리면에서 서로 강점을 답습하고 약점을 보완하는 상호적응 과정에 있다고 볼 수 있다.

성공적 국정운영의 묘는 비전을 가진 대통령의 리더십, 전략적 사고를 하고 충성심과 전문성을 가진 대통령을 보좌하는 비서진, 대통령·비서진이 하나가 되는 일사불란한 과업 달성형 팀워크, 과감한 권한위임과 책임을 부여한 각료 관리, 유연한 국회관계 유지, 투명성 있는 국정운영, 대통령·수상이 국정 수행에 개인영향을 지나치게 투입하는 인치(人治)가 아닌 제도(制度,

Institution)가 움직이는 운영체계여야 한다. 마지막으로는 역사에 남는 업적을 창출하겠다는 자기 몸을 던지는 대통령과 대통령 팀의 역사의식·국가적 소명감이 성공적 국정운영을 가능하게 한다.

미국, 프랑스, 러시아, 일본, 영국, 독일, 이탈리아, 한국 대통령실의 조직관리에서 공통된 점은 기능별로 국정운영을 보좌하는 시스템으로 구축되어 있다는 것이다. 또한 기능별로 분화된 보좌시스템은 경직된 관료제가 아니고 수평적이며 고도로 기동적인 조직 관리체계로 되었다. 기능과 임무별로 분화된 기동적 조직관리 시스템은 전문성에 입각한 수석비서실, 수석보좌관제형태를 띤다. 경제, 외교안보, 언론홍보가 보좌관제에서 나타나는 대표적 기능이다.

논어에 기록된 정치를 보면, 공자(孔子)의 제자인 자공(子貢)이 공자에게 "정치의 요체가 무엇입니까?"(子貢問政)라고 물으니 공자는 "식량을 풍족히 마련하여 국민을 잘 먹이고, 외침을 막을 수 있도록 군사력을 키우고, 국민이 믿고 따르게 하는 것이다."(子曰 足食 足兵 民信之矣) 하여 식(食), 병(兵), 신(信)을 들었다.

대통령·수상실에도 세 가지 공통된 기본기능과 조직이 있는데, 경제, 안보, 홍보가 그것이다. 공자가 말한 '식'에 해당하는 것은 경제, '병'은 안보, 그리고 '신'은 국민이 믿고 따르고 지지하게 노력하는 홍보 등이다. 이런 세 가지 기능이 확대된 역할을 분담하여 수행하는 대통령 보좌관에게 국정전반을 예의 주시하면서 자기 소관 전문분야를 정책적으로 관련 정부부처와 협의·조정하고 지원해야 하는 전략적 사고와 정책전문성이 요구된다.

그런데 자공이 "꼭 버려야 한다면 셋 중 어느 것을 먼저 버려야 합니까?(子貢曰 必不得已 而去於斯三者)"하고 여쭈니, 공자는 "군비를 버려야 하느니라.(何先 曰去兵)"라고 한다. 자공이 다시 여쭈기를 "나머지 둘 중에서 꼭 버려야 한다면 어느 것을 먼저 버려야 합니까?(子貢曰 必不得已 而去於斯二者)." "식량을 버려야 한다. 예로부터 사람에게는 다 죽음이 있게 마련인 것을 백성이 믿지 않으면 나라가 서지 못하게 된다(何先 曰去食 自古皆有死 民無信不立)."[1] 아마도 공자가 생각하는 병, 식, 신의 정치 요체를 현대의 전략적 정책우선순

---

1) 논어(論語), 안연편(安淵編) 제 7. 본문 해석에는 국문과 영문으로 나누어 설명한 송복 교수의 논어 서예전을 참조함(宋復 & 河慶姬, 1997: 33).

위로 풀이하면 국민에게서 믿음과 지지획득, 경제력 향상, 국방력 강화 순서로 될 것 같다. 공자가 인식하는 믿음은 형이상학적 차원에서는 국가에의 신뢰와 정통성 유지, 형이하학적으로는 국가경쟁력, 대통령 지지율이나 인기도를 의미한다. 그래서 각 나라의 대통령 비서실에는 비서실장, 다음에 수석비서관을 두는데 최근에는 언론홍보, 경제, 안보 수석비서관 순서로 되어 있는 것이 공자가 정부역할에서 국가정통성확립, 풍요로운 경제, 국가안보라는 우선순위와 무관하지 않다. 언론홍보, 경제, 안보 보좌관, 수석비서관을 주축으로 정무, 교육문화, 사회복지 수석비서관 등으로 임무, 기능이 분화된다.

  기능별로 분화된 보좌관제, 수석비서관실은 각료, 행정부처, 정당, 의회, 사법부, 시민단체(NGO) 활동을 대통령에게 연계하는 가교 역할을 한다. 전문분야에서 대통령을 정책적으로 조언하고 보좌하며 정부기관과 유기적 관계 속에 대통령의 국정의지와 정책을 구현하려고 관련 기관과의 업무 조정, 협조, 지원, 모니터링을 지속적으로 수행한다. 그러므로 수석비서관은 기능별로 연관된 정부 부처와 긴밀한 조직관리, 명령체계, 의사소통이 흐르는 물길같이 자연스럽게 연결되어야 한다. 그러므로 수석비서관실 명칭도 관련 정부 부처와 유사해야 행정부처가 혼란 없이 신속하게 관련 수석비서관실과 의사소통이 되고 협조체계가 이루어질 필요가 있다. 아울러 대통령 비서실의 수석비서관 직제는 대통령의 정책의지를 정부 공직자와 국민에게 전달하는 선언적 · 상징적 의미를 지니기도 한다.

  언론홍보, 경제, 외교안보 수석비서관을 필두로 기능별로 구성된 수석비서관과 비서관 등 참모는 대통령의 전략적 정책을 수행하는 정책전문가이다. 이들 정책전문가는 조직구성원을 설득하여 목표를 세우고 주어진 예산으로 기일 내에 과업을 수행하는 경험과 지식이 풍부한 전문적 정책가와 전문성은 별로 없으나 조직구성원이 목표를 추진하는 데 필요한 재원 동원능력과 조직 내의 갈등 해소, 집요한 외부압력을 차단하는 역량이 탁월한 정치적 정책가로 대별된다. 바람직하기로는 전문성과 정치력을 고루 갖춘 경륜 있는 정책가를 대통령 비서실에서 요구하고 있다(Greenstein, Polsby ed., 1967: 350~357). 구체적으로 대통령실을 구성하는 각 나라의 비서실 조직관리 실태를 알아본다.

2. 미국 대통령과 백악관 비서실 조직관리 체계

세계 주요 국가 대통령 비서실 연구의 첫 단계로 우리와 같은 대통령중심제인 미국 백악관 비서실의 조직관리 실태를 현지 방문과 주요 인사 면접 및 대통령학 관련 문헌분석으로 정리해 본다. 백악관 조직은 각료에게 자문을 구하던 초대 워싱턴 대통령과 의회의 대통령 통제로 작은 규모로 출발했으나 1939년 대공황 극복, 1945년 이후의 미국의 국제적 역할, 세계경제 대응으로 기능과 조직이 양과 질에서 팽창해 왔다. 탈냉전시대에 미국은 핵탄두와 미사일 제거에 관해 아직도 러시아와 협상이 진행중에 있고 사회주의 국가이면서 아시아·태평양지역의 강국으로 떠오르는 중국을 의식하지 않을 수 없으나, 오늘 이 시점에 미국은 상대 없는 초대형 군사강국으로 군림하고 있는 것이 사실이다. 그러한 군사력을 유지하는 데 있어서 어려움, 군사 외교역량을 기반으로 한 북대서양조약기구(NATO)에 동구권과 터키 등 중동지역을 포함시켜야 하는 점, 유럽연합과의 관계정립, 남북 미주와의 동맹관계, 이라크 전쟁, 정보기술산업과 방어미사일체계 선점은 21세기 세계 지도력을 확보하기 위해 새로운 국제질서 형성에서 미국이 해결해야 될 과제이다.

국제 과제와 관련해서 미국 대통령에게 18세기와 19세기의 비교적 단조로운 행동반경과 달리 지금은 군사안보 면뿐 아니라 경제·무역·금융 면에서 해결해야 할 복합적 전략과 리더십이 요구된다.

한편 연간 150억불 무역적자, 무주택자, 범죄율과 마약범죄 등의 증가, 도시 황폐화, 이슬람 과격주의자의 테러, 총기사고, 초·중·고교 등의 공교육 질 저하, 균형예산 관리로 인한 정부복지활동의 제약 등은 차세대 대통령이 감당하기 어려운 도전으로 클로즈업되고 있다(DiClerico, 1995: 364).

국민의 직접투표로 선정된 대통령 선거인단이 선출하는 대통령은 국가통합 상징성과 실질 행정권을 동시에 갖고 있다. 내각책임제에서 볼 수 있는 영국 국왕, 일본 천황, 독일 대통령이 갖고 있는 국가통합 상징으로서 의회 다수당이 선출한 수상 임명승인권을 갖는 상징적 권한을 미국 헌법은 대통령에게 부여하고 있다. 아울러 행정부를 이끄는 내각책임제의 수상권한도 대통령이 장악하고 있다. 그리고 상하 양원으로 구성된 입법부는 입법권, 탄핵소추권, 그리고 내각 각료와 그에 상응한 중요 기관의 책임자를 대통령이 임명할 때 승인권, 예산심사, 감사기능을 갖고 있어 대통령을 견제한다. 헌법재판소가 없는 미국에서는 대법원이 대통령의 월권행위를 심판할 수 있어 대통령은 입법부와 사법부의 견제 속에서 국정을 운영하고 있다. 동시에 대통령이 수행하는 국정운영을 입법으로 밑받침하기 때문에 입법부가 참여하는 행정부·입법부 공동대통령제(Co-Presidency)라고 할 수 있다.

세계화와 정보화 시대에 국제사회 상호작용 요인으로 미국은 국제적으로도 공동 대통령제화 성격이 짙어지고 있다. 미국 대통령은 세계 1차 대전과 2차 대전에 적극 개입하면서, 그리고 오늘날 아프카니스탄과 이라크 전쟁 개입과 함께 국제금융, 유가하락에서 핵심역할을 하는 국제패권국가(Pax-American)의 대통령이 되었다. 하지만 이라크의 전쟁에서 보여 주듯이 유엔의 결의와 합의, 유럽연합의 프랑스와 독일 등의 지원협조 없이는 고전을 면치 못한다. 따라서 오늘의 미국 대통령은 국내에서는 의회, 대외적으로는 국제사회의 협조와 지원 없이는 제대로 된 명분과 실리 면에서 만족할 만한 결과를 얻지 못한다. 결과적으로 미국대통령은 국내사회에서는 의회 그리고 국제사회의 견제와 동참을 필요로 하는 과정에서 조성된 권한과 책임을 균점하는 공동책임대통령(domestic international copresidency)의 경향을 보인다.

국내외의 제도권 공동책임, 권력균점지향 대통령은 이렇듯 국내외에서 그 위상과 역할이 점점 커지고 있다. 위상과 역할이 커지면 국내통합과 번영, 국제사회의 안전보장에 관한 역할과 책임 또한 커지게 된다. 대통령의 역할과 책임이 증가하면 그를 보좌하는 참모의 역할, 각료의 역할 역시 복잡해지고 중요해진다. 미국대통령을 보좌하는 일차 참모는 백악관의 보좌관이며, 이차 참모는 계선조직 선상에서 정책을 집행하는 각료이다. 백악관 보좌조직·인원·기능의 발전은 변화와 확대일로에 있는 대통령 국정관리의 환경변화에 부응하는 지표이다.

대통령은 도덕성과 민주성의 바탕 위에서 장기적인 국가발전의 비전을 제시하고, 정책 우선순위에 대한 정확한 선택과 각계각층의 새로운 지도층을 비롯한 국민의 동참을 유도해 냄으로써 합리적인 정책공동체를 이끌어 나갈 막중한 임무를 지니고 있다. 그래서 미국 대통령은 주위에 유능한 보좌진을 두어야 한다는 논의가 오래 전부터 있어 왔다. 초대 워싱턴 대통령시절부터 대통령에게 자문을 주 임무로 하는 비서관(Secretary) 호칭의 각 부처 장관과 백악관 집무실에서 대통령을 집중적으로 보좌하는 측근그룹(inner circle)인 보좌관(Assistant)이 존재했다.

초대 워싱턴 대통령 당시에는 의회가 조직하고 예산을 배정하여 만든 국무, 재무, 국방부 장관을 이끄는 3명의 각료보좌관(Cabinet Secretary)이 있었다. 초대 재무부장관인 해밀턴(Alexander Hamilton)은 1789년에 제정된 재무부법(Treasury Department Act of 1789)에 따라 각료로서 재정, 경제, 화폐에 관한 정책을 집행하고 대통령을 보좌하는 비서(Secretary)로서 일하였다.

이후 1857년에는 의회에서 대통령 비서를 채용하도록 정부지출을 허용하였다. 1922년에는 25명 정도의 대통령실 행정관이 직무를 수행하기 시작했다. 1936년 루즈벨트 대통령은 브라운로(Louis Brownlow) 등 3명의 학자를 중심으로 행정관리에 관한 대통령 위원회(President Committee on Administrative Management)를 구성하여 정부행정개혁 보고서를 대통령에게 제출하게 하였다. 브라운로 보고서는 변화하는 국내외 상황에 신축적으로 대처하도록 대통령실의 강화를 건의하고 100개의 독립관청을 12개 정규부처로 통합하였다. 그리하여 1939년 정부재조직법이 만들어져 대통령실(Executive Office of President)을 발족하고 백악관비서실, 관리예산청, 국가자원관리원, 인사관리연락실이 대통령실에 설치된다.

브라운로위원회에 이어, 후버위원회(Hoover Commission), 애쉬위원회(Ash Commission), 고어 보고서(Al Gore Report)로 이어 온 정부조직 개편에 대한 건의와 함께 오랜 전통과 경험을 바탕으로 점차 각 부처와 백악관 측근 참모조직의 역할과 기능이 정착되어 왔다. 이렇게 정비된 참모 조직체계가 오늘날 연간 2조 달러 예산으로 연방 공무원 500만을 이끌며 전 세계 정부와 기업 중 최고 최대의 조직을 관리하는 대통령의 국정운영을 보좌하고 있다.

백악관 건물을 상징하여 불려지는 대통령실인 백악관에는 루즈벨트 대통령 당시 37명의 보좌관이 있었다. 그 이후 존슨(Lyndon Johnson) 대통령에 와서 2배, 닉슨(Richard Nixon) 대통령 때에는 존슨 대통령 백악관 보좌관의 2배로 늘어났다. 루즈벨트 이후 67년이 지난 오늘날의 부시대통령 백악관에는 대통령 부속기관 인원을 포함 1000명의 인원이 포진하고 있다. 점증하는 연방정부 업무를 처리하는 국정의 중심에 서 있는 대통령은 확실하게 일인의 정부 최고관리자직(Single Strong Chief Executive Office)에 있다고 루즈벨트 대통령이 천명한 바 있다.

경영학자 드러커(Peter Drucker)는 대통령은 최고관리자라고 하였고, 대통령 학자인 피프너(James Pfiffner)는 여기에 더하여 중요 전략 쟁점이나 정책을 확실하게 입안 집행하는 전략대통령(Strategic President)이 오늘날의 미국 대통령이라 하였다. 한편 전략적 관리대통령은 국부창출에 주안점을 두는데, 반면 헤스(Stephen Hess)는 대통령을 창출된 국부를 얼마나 형평성 있게 각 분야, 개인, 사회조직, 세계사회에 배분하느냐의 정치활동을 중심으로 하는 정부의 최고정치관리자(Chief Political Officer)라고 하였다.

또한 대통령의 성향에 따라 백악관 운영 스타일이 다른데, 아이젠하워 대통령은 백악관 비서실을 군대조직같이 정비하여 대통령이 사령관이라면 비서실장은 참모장, 각료는 작전을 수행하는 지휘관 같이 운용하였다. 케네디와 카터 대통령은 엄격한 비서실장제를 중심으로 하는 관료화된 백악관 관리체제를 탈피하고 자신이 팀장이 되는 팀플레이로 대통령실을 운용하려 하였다. 그러나 서서히 백악관이 신축적인 비서실장, 수석비서관체제로 전환하게 되고 아이젠하워 때는 백악관 비서실의 보좌관 조직이 대통령을 중심으로 1계층 11개이던 것이 레이건 대통령 집권 시에는 4계층 29개 보좌진으로 확대되었다. 카터 대통령이 세밀하게 묻고 챙기는 스타일이라면 레이건 대통령은 공급자 위주의 시장경제체제 논리와 개인자유 신장의 작은 정부를 지향하고, 체제전복을 노리는 공산주의를 경계하는 큰 틀에서 국정을 관리하는 스타일이었다.

구체적으로 백악관의 방문 면담과 관련 문서를 토대로 백악관 대통령실에 대해 살펴보고자 한다.[2] 백악관은 조직편성이나 정책결정 과정이 매우 동적이

---

2) 1994년 11월 15일부터 16일까지 이틀 동안 前비서실장 맥라티(Thomas McLarty), 국가안전보장회의(National Security Council) 차장(Deputy Executive Secretary)인 센스(Andrew Sens), 그리고 NSC 산하의 상황실장(Chief of White House Situation Room) 리드대령(Colonel Jim Reed)을 면담하고 백악관의 조직관리 체계와 운영에 대하여 집중 토론함(2004년 9월 30일 헤리티지 재단 부회장이며 레이건 대통령 인사보좌관을 역임한 Becky Dunlop을 면담).

며 정부 통제 위주의 관료조직이 아닌, 팀워크 위주의 회의와 활동을 하는 신축적이고 탄력적인 조직관리의 특징을 보인다. 그러나 최근 대통령과의 외부 면담을 조정하고 비서실의 조직관리 효율성을 높이기 위해 다소 강력한 통제를 행사하려는 경향이 없지 않다. 하지만 본 연구팀이 백악관에서 관찰한 바에 따르면 전체적으로 비서실 조직은 매우 신축적이고 융통성 있는 조직관리 체계의 모습을 보인다.

백악관 참모는 대통령 의지와 뜻의 명확한 전달, 정책조정과 기획에서 동반자 또는 후원자의 역할과 기능을 담당하게 된다. 따라서 백악관의 참모진은 헌법이나 정부조직법에 규정된 정부직속의 계선 조직과 달리 대통령의 통치유형이나 시대에 따라 조직이나 그 역할이 달라지고 있다. 일반적으로 대통령을 정점으로 한 백악관 비서실은 3단계로 된 신축적 조직으로 운영되고 있다. 대통령을 정점으로 하여 비서실장과 비서실차장, 기능별 수석보좌관, 차석보좌관, 그리고 특별보좌관이 있다. 수석보좌관은 특별보좌관을 포함하여 14명, 차석보좌관은 25명 정도이다. 따라서 대통령을 측근에서 보좌하는 백악관 수석 및 차석 비서관은 39명 정도이다. 차석비서관(deputy assistant)은 직급이 차석이긴 하지만 수석처럼 독자적인 임무를 수행하고 비서실장과 의논하면서 대통령에게 직접 보고한다. 각료회의 의제담당 차석비서관이 좋은 예이다.

백악관 보좌관은 전문분야에서 정책 기능별로 대통령을 자문하고 수석보좌관실은 내각의 거울로 대통령의 정책의지를 각료에게 전달하고, 각료의 정책 입안과 정책결정에 관해 대통령에게 보고하고 백악관 차원에서 15개 내각부처를 지원하고 정책을 조정한다. 물론 각료는 대통령에게 소관업무와 관련된 정치행정 조언과 대통령의 정책의지와 지침을 행정관료에게 전달·구현하는 임무도 수행한다(Pfiffner, ed. 1996: 146-148). 그리고 각 부처 장관은 계선 지휘권을 가지고 소관부처 정책을 집행한다.

국정센터인 백악관에는 팀워크로 일하는 비서실 보좌관 외에 국가정보부, 중앙정보부, 관리예산부, 인사부 등 직속계선기관이 대통령을 기능과 임무별로 대통령을 직접 보좌하고, 그 밖에 무역대표부, 과학기술자문위원회, 경제자문위원회, 안보보좌관실 소속 안전보장위원회가 참모조직으로 활동하고 있다.

대표적인 수석보좌관의 임무와 기능을 보자. 비서실장, 차장, 특별보좌관,

각 부처와 연계하여 대통령을 보좌하는 수석보좌관은 정무수석보좌관(Assistant to the President for Political Affairs)을 위시하여 지방행정(Assistant to the President for Intergovernmental Affairs), 공보수석,(Assistant to the President for Communication), 의회담당(Assistant to the President for Congressional Relations), 언론담당(Assistant to the President for Press), 경제수석(Assistant to the President for Economic Affairs), 안보수석(Assistant to the President for National Security), 인사담당수석보좌관(Assistant to the President for Personnel) 등으로 이루어져 있다.

정무수석보좌관은 노조, 시민단체, 여러 정치세력, 정부기관을 상대로 대

[그림 4-1] 백악관 대통령실의 조직

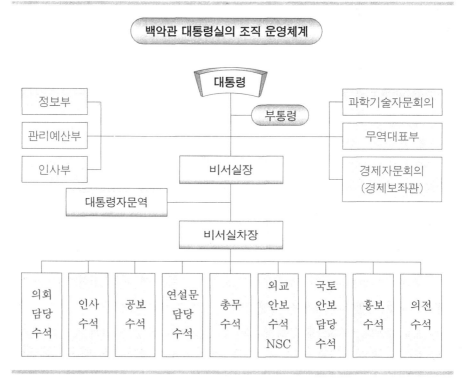

* 대통령 자문역
* 특별보좌관 1: 대통령 상담과 선거담당
* 특별보좌관 2: 국정자문
* 특별보좌관 3: 국제담당

통령의 국정 이념 구현, 정책 협의 조정을 담당한다. 지방행정담당수석보좌관
은 시·군·주 정부와 연관된 업무를 관장하고 대통령을 보좌하여 시장과 주지
사를 대통령에게 연결시켜 연방정부와 원활한 관계를 유지할 수 있도록 한다.
의회담당보좌관은 상·하 양원 의원과 대통령을 연결시키고, 각종 입법 활동에
서 민주당과 공화당과의 관계를 돈독히 하면서 대통령의 뜻을 전달하는 역할을
담당한다. 클린턴 대통령 당시 핵심 선거참모로 일하다가 공보와 정책담당 수
석비서관으로 일하던 스테파노폴로스(Stephanopoulos)의 뒤를 이어 보수성향
이 짙은 거건(Gargen)이 공보담당수석보좌관이 되었는데, 공보담당수석보좌관
은 대통령의 연설문 작성, 국민·TV·신문·언론매체의 활용, 대통령의 이미
지 제고, 정책선전 등 광범위한 홍보와 공보를 담당하며 때로는 정책조언 기능
을 한다. 홍보담당실은 대통령의 정책순위를 언론에 알리고 홍보하며 정기·부
정기적인 기자회견을 주선·담당한다. 경제수석보좌관은 국가경제위원회
(National Economic Council)의 간사 역할을 수행하면서 국내외 경제문제를 담
당하며, 수석비서관은 재무장관으로 옮겨 각료로 일하기도 한다. 클린턴 집권
당시 경제수석을 하다가 재무장관으로 자리를 옮긴 솜머스가 좋은 예이다.

　　한편 안보담당수석보좌관은 국가안전과 관련된 외교국방의 업무를 담당하
며 국가안전보장회의의 간사 역할을 담당하고 있다. 마지막으로 인사수석보좌
관은 백악관비서실의 인사업무를 관장하고 연방정부 인사를 관리하는 대통령
직속 인사청과 협의하여 국가인력자원과 중앙정부 인사관리를 조정하고 있다.

　　이들 수석보좌관실에는 각 직급에 따라 전문보좌관이 있어 관련 부처의
임무를 조정하고 후원하는 한편 정보보고를 작성하여 수석보좌관에게 보고한
다. 수석보좌관은 이를 바탕으로 대통령이 선택할 수 있는 대안을 만들어 비서
실장을 경유하여 대통령에게 보고하는데, 대통령이 이 보고를 바탕으로 최종
재가를 하거나 정책조정을 하게 된다. 이 밖에 백악관은 헌법과 정부조직법상
으로 직속기관을 두고 있는데, 그 내용을 보면 1947년 안전보장법에 따라 국가
안보회의(National Security Council), 중앙정보부(CIA)가 대통령 직속 참모 조
직으로 구성되고, 1969년 닉슨 대통령 시기에 내정위원회(Domestic Council),
카터 집권 시에는 인사위원회가 해체되어 인사청(Office of Personnel
Management)이 들어오고, 예산관리청(Office of Management and Budget), 과

학기술자문관(Advisors for Science and Technology Policy), 경제자문회의 (Council of Economic Advisors), 무역대표부(U.S. Special Trade Representative) 가 대통령실에 설치되어 있다.

대통령과 참모들의 일정은 시스템으로 움직이는 대통령과 대통령 비서실 조직의 활동과 기능에 대한 좋은 자료가 된다. 또한 일정표 분석을 통해 대통령이 중요하게 생각하는 정책에 대한 분석이 가능하다. 여기서는 간단하게 레이건, 부시, 클린턴, 조지 W. 부시 대통령에 이르는 최근 대통령이 주도하는 일정을 일일, 주간으로 보고자 한다.

백악관의 일상 일정을 살펴보면 매일 아침 백악관에서는 대통령 주재 아래 비서실장, 차장, 그리고 특별보좌관, 사안에 따라서는 관련 수석보좌관이 참여하는 7명 규모의 회의가 있다. 이와 함께 대통령이 주요 결정을 해야 할 때는 실장, 차장, 특별보좌관, 수석 보좌관, 보좌관, 때로는 관련 장관이 참석하는 최대 20-25명이 모이는 회의를 열기도 한다. 더불어 수시로 대통령의 비전을 정책화하기 위해서 관련 비서관이 자유롭게 토론하는 회의가 있다. 대통령은 관저에서 아침 6시에 현재까지 일어난 모든 국내외 상황, 언론동향 정보에 대해 정보비서관의 보고를 받는다. 그리고 매일 오전 8시에 루즈벨트 룸(Roosevelt Room)에서 대통령은 비서실장이 주재하는 참모회의에서 중요 정보, 국정현황에 대한 브리핑을 받는다. 비서실장 주관 참모회의 멤버는 수석비서관이다. 특히 여기서 얻은 정보와 참모조언을 소화한 후, 오전 9시에 대통령은 사안에 따라 관련 부처 장관, 수석비서관이 참여하는 회의에 참석하여 대통령의 지침을 전달하고, 정책집행과정을 점검하고 쟁점을 조정·협의한다. 국가안보와 관련된 사항인 경우에는 9시에 대통령, 부통령, 비서실장, 안보보좌관, 특별보좌관, 국무장관, 국방장관, 정보부장, 국토안보부장관, 상황에 따라 FBI국장, 합참의장이 참석한다. 특히 국가정보부장은 백악관 옆(Old Executive Building(Eisenhower Building)에 사무실을 두고 9시 회의에서 정보브리핑을 주도한다.

한편, 매주 1회 정기적으로 각료회의를 백악관에서 개최한다. 각료회의에 앞서 국무조정비서관(Cabinet Office Assistant)은 관련 부처 담당비서관, 수석비서관의 도움으로 의제를 정리하고 부처 간 갈등을 조정한다. 부처 간의 갈등

이 첨예하게 대립할 때는 국무조정비서관이 관련 부처의 부장관과 협의해결하
고 비서실장에게 보고하여 최종의제를 조정하며, 그래도 여의치 않을 경우에는
관련 부처 장관이 모인 회의에서 대통령이 조정한다. 부처 간 조정회의는 대통
령마다 다른데 레이건 대통령 집권 시에는 6개의 Cabinet Council을 운영하였
다. 5~6명의 각료가 참여하는 소규모 각료회의는 경제회의(EconomicCouncil),
자원환경회의(National Resources and Environment Council), 관리법규정책회
의(Management and Legal Policy Council), 식품 농업회의(Food and
Agriculture Council), 무역상업회의(Commerce and Trade Council), 인적자원

[표 4-1] 미국의 대통령 주재 정책조정회의

Foreign Policy Group	Domestic Policy Group
대 통 령	
부 통 령	대 통 령
비서실장	부 통 령
안보보좌관	비서실장
국무장관	경제보좌관
국방장관	재무장관
정보부장	상무장관
국토안보장관	사안별 관련 수석비서관
사안에 따라 에너지부 장관 참석	사안별 각료 참석
합참의장, FBI 국장 배석	

회의(Human Resources Council)로 이루어져 있다. 그리고 클린턴 대통령 때에는 국가안보에 관한 최고조정회의는 외교안보정책그룹(Foreign Policy Group)이라 하여 대통령, 부통령, 비서실장, 국무장관, 국방장관, 정보부장, 상황에 따라 UN대사, 합참의장이 배석하였다.

한편 국내 경제사회 문제조정은 국내정책그룹(Domestic Policy Group)이 해결하는데, 여기에 참석하는 멤버는 대통령, 부통령, 비서실장, 경제·사회 관련 수석비서관, 재무장관, 법무장관, 상무장관 또는 사안 별로 해당 각료가 참여한다. 부시 대통령은 전임 대통령들과 비슷한 국정운영시스템을 보이고 있으나, 2001년 9·11 테러 이후 고강도 정보운영시스템을 활용하고 있다. 대통령은 매일 오전, 오후로 나누어 국가정보부 브리핑팀으로부터 문서화된 정보보고, 때로는 구두정보 보고를 받고 있다. 그 외 국가정보부장은 대통령이 요청하거나 정보부장이 필요하면 대통령을 직접 만나 중요 정보를 보고한다.

백악관 비서관과 수석비서관은 대개 오전 7시 30분에 출근하고 오후 8시에 퇴근한다. 그러나 자정까지 일하기도 하며, 주말에도 근무하는데 일요일에는 오후에 출근하여 업무를 처리한다. 백악관 보고체계나 의사결정은 대통령지시나 수석비서관의 정책제의에서 출발하는 Top Down 형식이 있으나, 업무처리는 아래로부터 절차를 밟는다. 예컨대 안보보좌관실, 의회담당 정무보좌관실의 경우를 보면 관련 부처 국방부, 국무부의 담당직원(Desk Officer)이 선임국장(Senor Director)에게 보고하고 선임국장은 차관에게, 차관은 부장관에게, 부장관은 장관에게 보고하여 그 결과를 백악관 안보보좌관실에 보낸다. 백악관 안보보좌관실은 선임보좌관, 행정실 차장, 실장을 거쳐 차석비서관, 수석비서관에게 보고한다. 수석비서관은 비서실장에게 보고, 협의한 후 최종적으로 대통령에게 보고하고 결심을 받게 된다. 물론 이 과정에서 직급, 직책에 따른 부처 간, 백악관 보좌관 간의 다양한 의견조율이 이루어진다. 그러나 긴급 상황 발생 시에는 백악관 내의 안보보좌관만이 비서실장을 경유하지 않고 직접 대통령에게 보고하고 결심을 받기도 한다. 이 때 보고서는 1쪽 혹은 1~2쪽이며 길면 8쪽 분량인 경우도 있다. 그러나 각 부처에서 제시된 정보, 중요정책 배경설명은 보고문서 뒤에 첨부된다.

프랑스 엘리제궁 관행처럼 백악관 국정운영에서도 대통령과의 개인적 친분관계나 상황에 따른 업무의 중요성으로 참모 조직과 역할에 무게가 다르게 실리고 있다. 백악관 비서실장, 차장, 수석비서관은 백악관 입성 이전부터 대통령과 오랜 깊은 인연을 맺고 있다. 아칸사주에서 어린 시절, 유치원, 초등학교를 함께 다니며 친하게 자란 클린턴 대통령의 친구이자 사업가 출신인 맥라티는 대통령 취임 즉시 백악관 비서실장에 임명된다. 클린턴 대통령이 후임 비서실장으로 임용한 前예산청장 파네타(Leon Panetta), 대통령 제 2기 집권 시에 차장에서 비서실장으로 기용한 보울스(Elskin Bowles)는 모두가 대통령 선거에 일조한 참모들이다.

최근 백악관 조직을 보다 강화시키고, 느슨해진 조직을 조여 국정운영의 고삐를 바싹 당기려는 대통령은 바로 이런 자기 측근 비서실장팀을 활용하는 경향이 강하다. 비서실장에서 특별보좌관으로 일하는 맥라티는 면담에서, "특별보좌관 임무는 클린턴 대통령 제 2기 당선을 위해 과거 선거에서 일하고 도와 준 전국 사조직을 다시 정비하고 클린턴을 지지하는 핵심 민주당 간부를 챙기는 한편, 친 민주당 노조, 상하원 의원의 기능과 조직 등을 정비하고 점검하는 임무를 수행하고 있다" 한다. 즉, 맥라티는 클린턴 대통령의 재선을 위한 전초작업을 수행하고 백악관 정책집행에 가속도를 가하는 등 조직정비와 관련하여 대통령을 보좌하였다. 대통령에 당선되는 순간부터 제 2기 대통령 선거를 준비하는 정치본능은 백악관의 부시 대통령 참모진영도 다를 것이 없다. 부시 대통령의 비서실장 앤드류 카드(Andrew Card), 칼 로브(Karl Rove) 수석고문, 캐런 휴스(Karen Hughes) 정무 보좌관도 부시 대통령의 텍사스 주 지사 선거에서부터 이미 팀으로 일해 온 사람들이다.

3. 프랑스 대통령과 엘리제궁 비서실 조직관리 체계

프랑스는 1789년 혁명 이후 많은 정치적 변화를 거쳐 현재의 공화정 체제가 성립되었다. 1799년에는 나폴레옹이 쿠데타를 통해 제1대 대통령이 되는데 곧 그 자신이 황제로 취임하여 공화정체제에서 제 1제정 체제로 전환하였다. 1804년에는 나폴레옹이 워털루 전쟁에서 패한 후 왕정으로 복고되었다. 그러나 황제는 상징적 위치에 머물고 의회를 중심축으로 하는 영국식 내각제를 가미했으나 1830년 혁명으로 무산되어 입헌군주국으로 일시 전환하였다. 이것이 7월 혁명으로 성립한 의회주의 왕정체제이다. 곧이어 1848년 2월 혁명으로 왕정이 무너지고 미국식 대통령제를 본뜬 헌법을 만들어 나폴레옹 조카인 루이 나폴레옹이 4년 임기의 대통령에 당선된다. 이 때가 제 2공화정이다. 그러나 루이 나폴레옹은 스스로 쿠데타를 일으켜 황제로 취임하고 1870년까지 재임하여 공화정에서 제 2제정으로 전환되었다.

1870년 보불전쟁에서 나폴레옹 3세가 항복한 후 파리에서는 공화정이 선포되는데 이것이 제 3공화정이다. 그리고 1875년에 제 3공화국 헌법이 제정되었다. 3공화정은 의회제로 과도기에 7년 임기의 대통령이 당선되기도 하였지만 65년 간 내각책임제가 지속되었다. 이렇듯 제 1공화정과 제 2공화정의 실패를 겪은 후 공화정은 마침내 불확실한 시기를 거쳐 영속적으로 자리 잡는 데 성공했다. 그러다가 2차대전으로 독일군이 파리로 입성하자 1940년 비시(Vichy) 정부가 들어서고 망명한 드골 장군이 연합군의 일원으로 개선하여 헌법을 개정하여 제 4공화국이 탄생되었다.

1959년 국민투표와 의회에서 제정된 제 5공화국 헌법은 국가위기시에 대통령에게 비상대권과 의회해산권을 부여하였다. 제 5공화국 헌법은 공화정의 정신을 살린 대통령의 위상 강화와 의회정치 위주의 체제를 동시에 살리는 체계로 되어 있다. 대통령은 직선제 대통령으로 내각책임제에서 보이는 단순한 국가통합의 상징적 존재가 아니라 국정의 최고 책임자인 실질적 국가원수로 그 위상이 헌법에 규정되어 있다.

프랑스 대통령은 헌법 제도상으로 크게 세 분야에서 권한을 행사하는데, 첫째 외교권, 둘째 군사통수권, 셋째 수상 임면권이 그것이다. 이 외에도 긴급명령권, 의회해산권을 갖는다. 실제로 대통령은 국정 전반을 장악하는 국가 통수권자이며 수상을 비롯한 중요 국가 공직자 임면권한을 갖고, 외교·국방·안보 분야를 직접 관장하고 있다. 대통령은 국가원수, 국정의 최고조정자, 국가보위와 영토보존의 책임자, 국제조약 준수자로서의 권한과 임무를 달성해야 한다.

한편 총리는 원내 다수당에서 선출되어 대통령이 임명한 행정부의 수장으로 내각을 이끄는 국정관리자이다. 프랑스 현 정치체제는 대통령중심제이나,

대통령과 수상의 역할이 헌법에 규정된 제도화된 이원집정제(二元執政制)이다. 대통령중심의 이원집정제는 대통령이 권력의 핵이고 통치의 중추부이지만 수상도 권한·임무 수행에 있어서 각각 고유의 통치 공간을 확보하고 있는 정치체제이다.

총리는 의회 다수당이 구성한 내각의 수반이면서 그의 주된 임무는 경제분야를 중심으로 한 내정 관리이다. 원내 제 1당 대표로 내각을 구성할 때는 모두 총리 소속당 혹은 친총리 소속당 인물로 내각을 구성한다. 대통령이 최종 인사권자이지만 총리가 중요 인사를 대통령에게 제청하며 결정적 하자가 없는 한 총리가 제청한 인물을 임명하는 것이 관례이다. 아울러 총리가 대통령과 같은 정당 소속일 경우 특별한 사태의 발생이 없는 한 자연스럽게 차기 대통령 주자로 내정된다. 현실적으로 볼 때, 대통령중심 정치체제를 인정하면서 의회 다수당 출신 총리와 국정관리를 공유하고 있다.

대통령이 의회 다수당 지도자이면 대통령의 지도력으로 국무총리와 라인업(line-up)이 되어 대통령에게 한층 힘이 실린 명실상부한 대통령중심제 국정관리체제(presidential executive governing system)가 된다. 즉, 같은 정당을 배경으로 한 대통령과 총리는 정치적 위계질서 속에서 각자 뚜렷한 역할로 이념 구현과 정책 집행에서 가속도가 붙어 국정운영을 수행한다. 동일 정당배경을 가진 총리와 대통령이 호흡을 같이 하여 국정을 순조롭게 운용하는 예는 드골 (Charles de Gaulle) 대통령과 뽕삐두(George Pompidou) 총리, 뽕삐두(George Pompidou) 대통령과 샤방 델마(Chaban-Delmas) 총리, 데스탱(Giscard d'Estaing) 대통령과 시라크(Jacque Chirac) 총리 등에서 볼 수 있다. 또한, 같은 정당 출신인 자크 시라크(Jacque Chirac) 대통령과 알랑 주페 총리(Alain Juppe), 집권 후반기에는 비서실장, 외무장관, 내무장관을 역임한 빌팽(Dominique de Villepin) 총리 팀은 밀접하고 돈독한 정치·행정 유대를 형성하면서 시라크 대통령은 정치 전반의 정국 구상을 제시하고 총리는 구체적 정책을 집행하는 상호 보완적 팀워크를 구사하였다.

그러나 서로 다른 당에서 대통령과 총리가 선출되는 동반정권(cohabitation government)에서는 이념과 정책 면에서 갈등이 생기기 마련이다. 그러나 프랑스 정부의 안정에 혼란을 초래할 경우에는 공멸만 있을 뿐이라는 내외

압력과 정치판단, 그리고 프랑스의 정치여정에서 생성된 정치 성숙성으로 동반 정권은 일정기간 조화를 이루며 운영된다. 미테랑(Francois Mitterrand) 대통령 과 시라크 총리, 시라크 대통령과 조스팽(Lionel Jospin) 총리가 그 대표적인 예이다(Claisse, 1996: 13-34). 즉, 제5공화국에서 1986-88년의 미테랑과 시라크, 1993-1995년의 미테랑과 발라디르는 좌파 대통령과 우파 총리로 연립 정권이 두 번이나 구성되었다. 1997년 시라크 대통령이 국회를 해산하고 총선을 실시한 결과, 야당이던 사회당이 원내 다수당이 되어 주페 총리는 사임하고 대신 사회당 당수 조스팽 의원이 총리가 되어 또 다시 여·야당 동거정권 시대로 돌아간다. 한편 시라크 대통령 집권 후반기에는 빌팽이 총리가 되어 같은 우파 정당 팀으로 국정을 수행하였다. 사르코지 대통령은 우파정당 출신 대통령이나 좌우온건파를 아우르는 국정수행을 제시하고 있다.

　　대통령이 의회의 다수당 출신이 아니고 야당이 원내 일당이 되어 야당 소속 총리를 선출하면 대통령이 임명할 수밖에 없고, 또한 이 경우 총리와 헌법상의 역할을 분명히 하여 일종의 동반 또는 동거 국정관리체계(Cohabitation)를 형성하게 된다.

　　여·야당은 정권 내에서 상호 동반 견제세력으로, 특히 대통령은 의회에 대한 견제 세력으로 영향을 줌으로써 일관된 정책 수행이 어려운 문제점이 있다. 하지만 프랑스 특유의 축적된 정치 역량으로 좌파 대통령과 우파 총리 또는 우파 대통령과 좌파 총리 사이에서 좌우파 정책이 조화될 수 있다. 그래서 사전·사후 대통령과 총리 간에 국정 조율과 협의가 끊임없이 이루어진다. 빈번한 국가기관간의 공식·비공식 조정협의가 관례화되어 분산된 프랑스 국가기관의 권한과 기능을 효율적으로 통합하는 프랑스식 대통령중심제의 힘이 된다. 물론 이 경우에도 대통령과 총리 간에 법규상은 물론 비공식적 막후 접촉이 이루어진다. 특히 동일정당이 아닌 경우에는 빈번한 대통령과 국무총리 간에 사전 조정협의가 이루어지며 관례화되어 있다. 비록 대통령과 국무총리가 같은 당 소속이 아니어서 동반정부 형태로 국정을 운영하더라도 대외관계는 한 목소리를 내며, 그 목소리는 대통령의 목소리여야 하는데, 실제로 그렇게 되어 있다고 한다.

　　그리고 국내문제에 있어서도 총리가 각료를 이끌어 주도적으로 수행하지만 중요 의제는 사전에 대통령과 상의하여 상호 믿음을 가지는 것이 프랑스 대통령제의 요체이다. 때로는 동반정부의 경우, 국내문제에서 대통령이 그의 국정이념이나 정책에 너무 거리가 있을 때는 독단적으로 그 의지를 관철시키려 하거나 관철하는 경우가 있다. 실제로 사회당 출신의 미테랑 대통령은 우파 출신 시라크 총리가 자기 당 사람으로 전 각료를 임명하려고 대통령에게 제청할 때, 대통령이 임명을 거부하여 좌우파의 중간노선에 있는 인물을 내무장관으로 임명한 경우도 있다.

　또한 시라크 대통령은 사회당 조스팽 총리가 일주일 35시간 근로시간을 법으로 결정하자 거부한 일이 있었다. 이 경우에는 국민투표에 회부할 수밖에 없었고, 실제로 국민투표를 실시한 결과 주당 35시간 근로기준법이 채택되어 시라크 대통령도 최종적으로 법안에 서명할 수밖에 없었다. 이렇듯 프랑스 국정운영시스템은 대통령은 국정조정자로, 총리는 국정관리자로 상호보완 · 견제를 통해 운영되는 이원집정제 국가관리 시스템이다.

　따라서 국정을 총람하는 프랑스 대통령을 보좌하는 막료조직도 총리비서실과 긴밀히 협조하면서 내각의 국정운영을 감독하고 후원할 수 있도록 설계 · 운영되고 있다. 1995년 5월 13일 보수당 대통령으로 당선되어 2007년 5월 16일 임기 만료로 퇴임한 74세인 시라크 대통령을 보좌하고 있는 대통령실의 보좌관은 취임 이후 초기에는 무로아섬의 핵실험, 과도한 재정 적자 손실을 막기 위한 복지비 삭감으로 위대한 프랑스 강국 만들기라는 보수 우파의 정치 이념을 중심으로 국정을 운영하였다. 그들은 어떤 직책에 따른 관료 조직으로 운영되는 것이 아니고, 보좌관 개인별 임무 부여를 통해 인물, 업무 중심으로 조직을 관리 · 운영하는 것이 특징적이다. 미테랑 좌파 정권이 물러나고 우파 시라크 정권이 1995년 5월 13일 들어선 후 새롭게 짜여진 대통령실 정책관리팀의 면모는 팀컬러만 다를 뿐 전임 정부와 비슷한 조직골격이었다.[3]

---

3) 저자의 연구팀은 1995년 10월 24일 엘리제궁을 방문하여 엘리제궁 비서실의 전문직 보좌관인 삐에르 부스께(Pierre de Bousquet de Florian) 대통령부속실 차장을 면담하였다. 그는 오후 4시부터 저녁 8시 30분까지 4시간 30분에 걸쳐 대통령 비서실의 조직관리, 정책집행에 관한 설명을 해 주었다. 1954년 6월 12일생인 부스께 보좌관은 파리 법대를 졸업하고 1982년 국립 행정 대학교를 졸업했다. 재학 당시 그의 동창인 현 대통령부의 비서실장 빌레팡의 천거로 자크 시라크 대통령 비서실 보좌관으로 합류하게 된다. 그는 경찰청장 비서실장, 법무장관 비서실장, 프랑스 혁명 200주년 기념행사위원회 위원, 앨프 아키텡(Elf Aquitoine) 석유회사 섭외 · 홍보 부국장, 바세-노르망디 지역 문제 사무국장 등을 역임한 조정 기능 분야의 전문가이다. 다음날 10월 25

　　프랑스 대통령 비서실은 대통령이 집무하는 엘리제궁에 있으며, 통상 엘리제 비서실로 불려진다. 부스께 대통령 보좌관, 쥬아노 의전장, 블랑쥐 행정실장과의 면담, 대통령 비서실에서 제공한 보좌관 프로필과 분담한 임무 자료표 분석으로 프랑스 엘리제궁 대통령 비서실의 정책, 조직관리 체계를 정리해 보고자 한다.

　　엘리제궁의 프랑스 대통령 비서실은 기능별 보좌관 중심으로 운영된다. 대통령을 정점으로 비서실장격인 사무총장(General Secretary to President), 운영실장(Director of the Cabinet of President), 50명의 기능별 보좌관으로 구성된 3단계 조직으로 되어 있다. 각 보좌관은 자신의 참모 없이 단독으로 임무를 수행하며 미테랑 대통령 당시는 최대 67명, 제1기 시라크 대통령 비서실에는 35명, 집권 2기인 현재는 50명으로 구성되었다.[4] 백악관, 청와대의 비서실장,

[그림 4-2] 엘리제궁의 비서실 조직

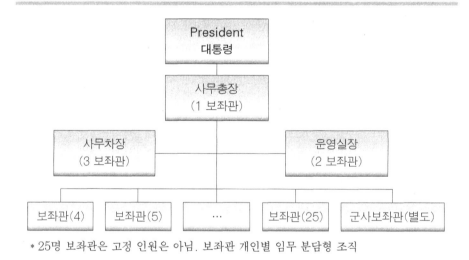

* 25명 보좌관은 고정 인원은 아님. 보좌관 개인별 임무 분담형 조직

　　일에는 다니엘 쥬아노(Daniel Jouanneau) 외무부 의전장을 면담하고 수상실 보좌팀 운용에 관해 설명해 주었다. 프랑스에서는 외무부 의전장이 대통령과 수상의 의전을 모두 담당하여 대통령과 수상실과의 국정 운용상의 관계도 알아 볼 수 있었다. 다니엘 주아노 의전장은 1946년 9월 15일생으로 1970년에 국립행정학교(ENA)를 졸업하고 1970년 6월 1일 외무부에 들어간 이래, 교육부 파견 근무, 외무부 법률국, 주 이집트 대사관 서기관, 외무부 경제국 부국장, 솔리즈버리 총영사, 퀘벡 총영사, 모잠비크 대사를 역임한 전형적 외교관이다.
4) 블랑쥐(Michel Blangy) 행정실장과 2004년 8월 11일 오후 4시 엘리제궁에서 면담.

일본 관방장관 등 비서실장에 해당하는 직책을 프랑스 엘리제궁에서는 사무총장(General Secretary)이라 부른다. 그리고 대통령 해외 출장 담당, 의전, 대통령실 운영, 엘리제궁의 시설 관리, 국가치안과 연계한 대통령 경호 등을 관장하는 운영실이 있다. 엘리제궁 운영실(cabinet office)은 백악관과 청와대로 치면 의전, 총무, 경호, 부속실 임무를 총괄하는 부서로, 운영실장(Director of Cabinet)이 이끌고 있다. 엘리제궁 운영실장은 사무총장인 비서실장과 함께 프랑스 대통령 비서실 관리팀의 주요 축이다.

프랑스 대통령 보좌관은 한국이나 미국처럼 수석비서관, 비서관, 행정관으로 관료계층화되어 있지 않고 50명의 보좌관이 급수나 계급 없이 모두가 동등하게 기동형(mobile task force)으로 대통령을 보좌한다. 그들은 전문 소관분야에서 대통령이 구현하려는 정책 비전을 구체화하고, 정책 관심 사항을 내각에 알리고, 집행 사항을 체크하고, 관련 정책을 중심으로 부처 간, 정부와 이익단체, 시민 간의 갈등을 해소하는 조정 역할을 수행한다.

또한 프랑스 대통령실에는 국내안전위원회, 국방위원회가 가동되어 헌법상 부여된 대통령의 국가안보 임무를 수행한다. 최근 국제적 관심사인 테러예방과 대응을 주목적으로 국내안전위원회가 운영되고 있는데, 국내안전위원회는 위원장이 대통령이며 위원은 국무총리, 내무, 국방, 법무, 경제, 해외영토담당장관, 대통령 비서실장, 행정실장으로 구성되어 있다.[5] 한편 국방위원회(Defense Council)는 역시 대통령이 위원장이며 위원은 국무총리, 국방, 외무, 대통령비서실 사무총장, 운영실장으로 구성되며, 사안에 따라 내무, 경제, 해외영토 담당자가 위원으로 참가하며 이 모임은 국내외 국방군사 그리고 안보상황에 따라 수시로 개최된다.

대통령 비서실의 운영과 관련하여 대통령이 주관하는 정기적인 엘리제궁 보좌관 전체회의는 없으며 6개월에 1회 아니면 1년에 1회 있을 정도이다. 따라서 대통령이 주재하거나 사무총장이 주재하는 정해진 또는 제도화된 비서실 전체 회의는 없다. 그 대신 비서실장인 사무총장이 주재하는 보좌관 회의는 일주

---

5) 또한 최근 매쏘니(Massony) 파리경찰청장을 국내안전담당 대통령보좌관으로 임명하여 국내안전위원회 사무처장(General Security of Domestic Security Council)의 임무를 동시에 수행하게 하여 사실상 국내안전위원회를 프랑스 국내 테러대책의 최고 심의기구이며 사령탑으로 만들었다.

[그림 4-3] 프랑스 대통령실 50명 보좌관의 기동형 조직[6)]

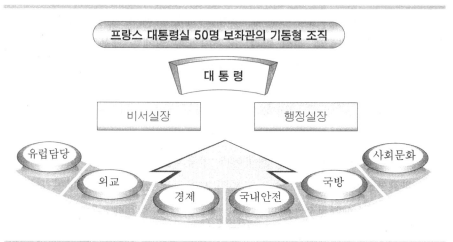

[그림 4-4] 프랑스 대통령실의 기동형 조직

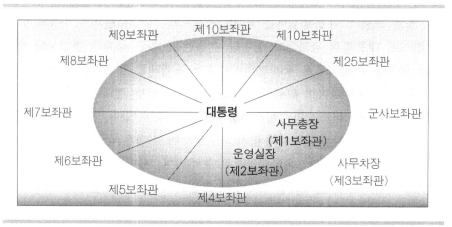

일에 화, 목, 금 3회에 걸쳐 오전에 1시간 동안 자유롭게 의견을 개진하며 진행
된다. 보좌관 회의를 기반으로 비서실장은 매일 수시로 대통령을 만나 보좌관
이 제시한 서류검토, 결제, 자문, 총리실과의 쟁점사안 등에 대해 협의를 한다.
비서실장은 주제와 임무별로 각 보좌관에게 물어 보고 확인하는 절차를 거치며

---

6) 사무총장이 비서실장에 해당하고, 운영실장은 행정실장으로 기능한다.

중요 현안에 관한 언론 동향을 보좌관에게 브리핑해 준다.[7]

　　프랑스 대통령실은 대통령을 정점으로 비서실장이 업무를 통제·조정하면서 기능별 보좌관이 업무별로 대통령, 비서실장, 총리, 각료, 이익 단체 등과 접촉, 조정, 지원하는 다양한 정책 관리 형태를 보인다. 대통령을 안보, 복지, 문화, 유럽관계 등 전문 정책기능별로 보좌하는 보좌관은 사안별로 대통령과 회의를 하며 기동형으로 운영된다.

　　보좌관이 대통령에게 보고하거나 건의하는 방식은 구두 보고와 서면 보고로 나누어진다. 구두보고는 대통령이 직접 부르거나, 꼭 필요한 경우에는 직접 대통령을 만나 의논한다. 그러나 대부분 비서실장인 사무총장을 통해 짧으면 1쪽~2쪽, 길어야 4쪽 이내의 자유스런 서식으로 요약된 보고서를 제출한다. 시라크 대통령의 경우 서류 검토 후 비서실장에게 건네주고, 사무총장이 보좌관에게 돌려준다. 시라크 대통령은 속독가로 오늘 소견 서류를 대통령에게 제출하면 내일이면 읽고 결재하여, 때로는 서류에 자기 의견을 개진하여 해당 보좌관에게 건네준다고 한다. 그러므로 비서실장에게 대통령이 읽거나 재가해야 될 서류를 보내면, 비서실장이 대통령 결재를 받아 보좌관에게 돌려주기 때문에 보좌관은 대통령이 직접 부르거나 또는 전화로 통화하지 않으면 직접 만나는 경우는 거의 없다. 물론 매우 흔하지는 않으나 특정 사안이나 대통령이 결재한 서류, 내용이 보좌관이 생각하는 경우와 다르고, 충분한 상호 이해나 조정·개선이 필요하면 사무총장을 경유하든지, 또는 사무총장이 반대하거나 사무총장을 경유하는 것이 바람직하다고 느끼지 않을 때는 보좌관이 직무상 직접 대통령 면담을 신청하여 만날 수도 있다. 그러나 비서실장을 경유하지 않고 언제나 만날 수 있는 4명의 최측근 실세 보좌관이 있는데, 이들은 거의 매일 대통령 집무실을 드나들며 주요 현안을 보고하고 의논한다. 이들 4명은 시라크 대통령이 파리 시장을 할 당시부터 보좌해 온 인물들로서 비서실장인 사무총장, 운영실장, 공보비서(시라크 대통령의 딸), 대통령 대변인이다.

　　엘리제궁 업무는 비서실장, 행정실장, 보좌관이 오전 9시 전에 출근하면서

---

7) 저자의 연구팀이 방문한 날은 마침 자크 시라크 대통령이 뉴욕 UN 50주년 참석 후 귀국한 다음 날이어서 뉴욕에서 있었던 일을 수행한 외교보좌관팀이 보고하고, 군사자문관은 보스니아 유고 내전 상황을 설명하였으며, 특수사항으로 경제 분야의 주식 동향을 대통령이 문의하였다. 이에 담당 보좌관은 유럽 주식 시세를 보고하고, 이를 논의하는 방식으로 회의가 진행되었다.

시작되고 오후 9시 직전에 퇴근하고 주말에도 일한다. 대통령은 평균 오전 8시 30분 출근하며 퇴근은 오후 8시 30분 내지 9시로 평균 12시간 집무한다. 대통령 비서실과 관련한 프랑스 각료회의는 매주 수요일 오전 10시−11시 사이 1시간 정도 개최된다. 짧은 시간에 각료회의가 효율적으로 진행되기 위해서 사전 부처 간 그리고 매주 월요일 저녁에 국무총리 비서실장이 대통령 비서실장을 방문하여 최종적으로 중요 쟁점에 대한 사전조정 협의를 거친다. 그리고 이 과정에서 대통령과 국무총리는 전화로 또는 총리의 대통령 방문으로 사전 정책협의가 이루어진다(preliminary meeting).

프랑스 헌법에 규정된 것처럼 대통령은 국가주권 수호자이며 주권은 국민에게 있기 때문에 안건에 대한 의회 심의를 중요시하며 중요 의제는 국민투표로 결정한다. 따라서 대통령은 국무총리와 비록 동일 정당 출신이 아니더라도 최종 중요 전략정책 결정, 인사, 국정관리 감독은 대통령이 행사하며, 이 과정에서 원만히 매끄럽게 국정을 처리하기 위해 총리주관 행정부 실무자와 대통령실 보좌관 협의, 대통령 비서실장과 총리 비서실장 협의, 대통령과 총리 간의 의견 조성 등 3단계 작업이 이루어진다.

4. 러시아 대통령과 크렘린 비서실 조직관리 체계

러시아 대통령실은 유럽국가 중에서 후발제국에서 공산제국으로, 다시 광역민주국가로 발전하는 통치수단으로서 활용된다. 러시아 대통령은 국가체제를 유지 발전하는데 대통령 비서실, 경호실, 대내외 국가 정보기관의 3두마차(troika system)를 초강력 정권운영체계로 활용하였다. 러시아 정권운영체계는 러시아 발전과정에서 수많은 시행착오를 거치면서 생성된 축적물이라고 볼 수 있다. 러시아는 B.C. 2000년경에 인도유럽, 우랄알타이계(Indo-European, Ural-Altaic) 종족이 모여 살았다. 이후, AD 4~10세기에 걸쳐 훈족(Huns), 아바이스(Avais), 게르만, 바이킹족이 섞여서 키에프(Kiev) 공국, 노브고르드(Novgorod) 공국으로 발전되었다. 그러다가 12세기 몽골 침입으로 타타르(Tator) 왕국이 건립되고 1500년에 이반(Ivon) 3세가 러시아(Russia) 공국을 건설하고 로마노프(Romanov) 왕조를 이루어 초기국가 형태를 갖추게 되었다.

그 후 18세기에 이르러 피터(Peter) I세 대제, 1725년 캐서린(Catherine) 여제, 1801년 알렉산더(Alexander) I세 대제 때 러시아 제국으로 발전하여 1917년 니콜라이(Nicholai) 1세 황제가 레닌이 주도한 공산혁명으로 멸망하기까지 유럽의 후발제국으로서 위상을 강화했다.

유럽열강에 비해 늦게 출발한 국가이긴 하나 영토 확장을 통해 후발제국으로 발전한 러시아 제국은 1917년에 레닌이 이끈 공산혁명으로 폴란드, 리투아니아, 라트비아, 체코, 헝가리, 유고슬라비아 등 위성국가를 거느리고 베트남, 중국, 북한, 쿠바를 공산동맹국가로 한 거대공산국가를 형성하게 되었다. 그러나 이 광역공산제국도 1992년 고르바초프 실각으로 레닌, 스탈린, 말렌코프, 후르시초프, 브레즈네프, 체르넨코, 포드고르니를 거쳐 고르바초프에 이른 8대 공산당 서기 겸 대통령이 75년간 이끈 공산제국도 민주화 과정에서 냉전의 역사 속으로 사라졌다.

냉전종식, 공산체제 붕괴 후에 건설된 자유시장, 직선제 대통령형의 민주국가로 발돋움하여 옐친에 이어 푸틴 대통령이 집권하고 있다. 그러나 후발제국, 공산제국, 그리고 민주화 과정을 거치고 있는 현재의 러시아연방공화국(The Republic of Russia Federation)은 전 세계의 1/6, 유라시아(Eurasia)의 2/3, 한국의 100배, 미국의 2.5배에 달하는 큰 영토를 갖고 있다. 우랄 서쪽 모스크바가 저녁이면 우랄동쪽 하바롭스크는 새벽이다. 5대양 6대주에 걸쳐 국경을 접하고 있는 러시아연방공화국은 광역제국으로 전통을 쌓아왔다. 민주화 과정을 거쳐 지방화, 민주화, 시장경제화 과정을 거치면서 주변 15개 공화국이 분리되고 현재 러시아공화국만 남았지만 그럼에도 불구하고 역시 광역제국의 성격을 띠고 있다.

민주화, 자유시장 경제체제로 변모하는 러시아연방공화국을 관리하고 통치하는 정치스타일, 행정관리 형태는 광역제국 관리의 전통이 내재되어 있다. 특히 지방화, 민주화, 사유재산 인정 속에 급격히 자본주의 시장경제체제로 변화하는 상황을 탄력적으로 받아들이고 운용하는 과정에서 자연스럽게 광역제국의 전통과 분권다원화의 현실성을 조화시키는 러시아적인 국정운용의 묘책이 러시아 대통령실의 강력한 조직관리 체계이다. 러시아 대통령을 떠받치는

직속기관은 대통령실, 경호실, 대통령 직속 해외정보부와 국내보안부 정보기관
으로 대별되는 3두마차(troika system)로 되어 있다. 이 3두마차의 전위에 대통
령실이 있고 양 날개를 이루는 두 기관이 대통령 경호실과 정보기관이다. 민주
화시대에 이들 기관은 독재 권력을 옹호하는 권력독점기관이 아니라 고도의 전
문성을 가진 대통령 국정운영의 보좌기관으로서 탈바꿈하고자 함이 러시아연
방공화국 대통령실의 현주소이다.

러시아 대통령 비서실(The President Executive Office)은 오랜 러시아 정
치·행정 관행에서 시행착오를 거치며 시대상황에 적응하면서 축적된 제도이
다. 그런 면에서 오늘의 푸틴 대통령 비서실은 제정러시아 황제대통령의 CEO
기획조정실이다. 옐친에 이어 푸틴이 이어받은 러시아 대통령 정치체제는 민주
화와 시장경제 정착에 일차 목표를 두고 있다. 그리고 선진국이 향유하는 열린
시민사회를 지향하고 있다. 따라서 분권화, 지방화, 시장경제 자율화, 사회기
능 다원화를 추구하면서 광역 러시아를 효율적으로 유지·발전시키는 2개의
상반된 국가발전목표를 병행하여 추진해야 하는 어려운 국가관리 상황에 처해
있다.

광역국가의 유지와 민주분권화 병행에 걸맞은 선진국 전략도입과 소멸된
과거 러시아제국과 공산제국 통치기법, 제도, 전통이 복합적으로 합성된 표상
이 현재의 푸틴이 이끄는 러시아 연방국 대통령실 운영체계이다. 분권화·지방
화 시대를 열면서도 광역 러시아를 유지하는 데에는 국가관리의 최고 정점에
있는 러시아 대통령이 국가관리 권능을 철저히 장악해야 한다. 대통령 권력장
악론은 대통령을 보좌하는 비서실장을 중심으로 수석비서관, 보좌관이 각료보
다 기능과 권한에서 상위에 있다는 데에서 명백해진다. 이들 수석이나 보좌관
은 임무나 기능면에서 장관과 동급이나 우위에 있으며, 대통령을 보좌하는 대
통령비서실장은 위상이 현실 국정수행과정에서 총리보다 우위에 있다고 한다.

총리와 각료는 소관 부처 기능관리자라고 한다면, 대통령 비서실장과 수
석비서관, 보좌관은 전략수립, 정책조정자이다. 막강한 권한과 임무를 수행하
는 대통령 비서실이 떠받드는 대통령은 제국의 황제다운 CEO 대통령이다. 더
욱이 러시아연방공화국을 7개 광역으로 나누어 대통령 분신인 7명의 지역전권
담당대사가 중앙의 연방정부 차원에서 대통령의 국정의지와 전략정책을 침투,

투사시키는 역할을 수행하고 있다. 7명의 지역대통령파견관은 지역조정관으로 중앙의 황제 CEO를 떠받드는 역할을 맡고 있어, 오늘날 러시아 푸틴 대통령은 황제 CEO 대통령이라고 할 수 있다.

내각제 수상은 대통령형 수상으로, 대통령중심제 대통령은 분권형 대통령으로 변모되는 21세기 상황에서 러시아 대통령만 집권형 황제 CEO 대통령으로 군림하는 현상은 러시아 특유의 역사, 정치상황에 기인하고, 변화하는 현재의 국내외 여건에 적응하려는 러시아적 노력의 단면으로 보인다. 동시에 황제 CEO 대통령을 보좌하는 대통령 비서실과 지역대통령파견관은 거대 러시아를 현대의 기업그룹 차원에서 보면 연방정부와 지방정부, 기능별 사회 인프라를 연결시켜 국가목표를 수행하는 황제 CEO 기획조정실이라 할 수 있다.

광의의 대통령실은 대통령지역파견관실, 대통령 비서실, 대통령 경호실, 국내외 정보기관 그리고 국가안전보장회의로 구성되어 있다. 각 기관은 법적으로 그 임무, 조직이 규정되어 있다. 대통령 비서실은 러시아 연방헌법에 명문화되어 있다. 대통령 비서실에는 대통령 비서실장, 차장, 7개 수석 또는 보좌관실이 있다. 외교안보수석, 국내정책수석, 조직자원수석, 의전수석, 공보수석, 대통령연설문 담당보좌관, 행정총무수석이 핵심조직이다.

수석비서관이나 보좌관은 그 임무가 명확한데 수석비서관은 유사한 임무를 수행하는 관련 내각 부서를 묶어 대통령의 국정의지를 전달하고, 대통령과 내각부처의 가교역할을 하며, 정책집행사항을 모니터하고 전략정책을 개발하고 내각에 침투시키면서 정책조정임무도 아울러 수행하고 있다. 한편 보좌관은 대통령에게 전문정책분야, 지역, 기능 면에서 필요한 조언, 자문역할을 수행하고 있다. 수석비서관과 보좌관은 임무와 활동영역에서 7개 부서로 한정되어 있기는 하나, 국정상황 수행에 필요하거나 조언이 필요할 때에 추가로 수석이나 보좌관을 임명 활용할 수 있다. 현재 푸틴 대통령비서실 수석비서관 인원 수는 10명, 보좌관은 9명이다. 수석비서관실에는 3명 정도의 부수석비서관, 3명 정도의 비서관이 있으며 행정실 요원이 있다. 이런 행정실은 대통령지역전권대사 또는 대통령지역파견관실, 대통령 비서실장 행정실, 수석보좌관 행정실, 인사, 시민인권보호, 문서보관, 홍보담당 행정실로 되어 있다. 대통령비서실 전체 인원은 지역파견관, 대통령비서실장과 행정실 직원을 포함 1500명이다.

[그림 4-5] 러시아 대통령실의 조직운영체계

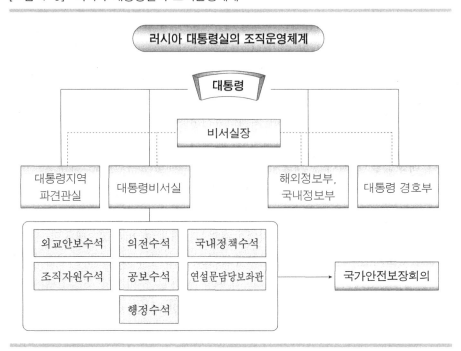

대통령은 필요할 때마다 비서실장, 수석비서관, 보좌관 또는 지역파견관, 정보부장, 경호실장을 불러 토론을 한다. 그러나 매주 월요일 각료회의, 그리고 토요일 오전에 있는 국가안전보장회의가 대통령이 주재하는 공식회의이다. 물론 각료회의 이전에 국무총리와 대통령 비서실장의 사전협의 그리고 대통령 비서실장, 수석비서관과 보좌관의 각료준비회의가 선행되고 있다. 매주 월요일 9시에 개최되는 각료회의는 대통령이 주재하고 오전 한나절 또는 2-3시간 동안 계속된다. 국가안전보장회의 역시 토요일 오전에 시작되어 한나절이 걸리는 회의이나 사안에 따라 30분이나 2-3시간이 걸리기도 한다. 대통령의 집무시간은 공직자 근무시간에 준하나 성향에 따라 달라 푸틴 대통령은 아침에 조금 늦게 일어나고 저녁 늦게까지 일하는 습관을 갖고 있다고 한다. 보고서는 정해진 서식은 없으나 대통령비서실장, 수석비서관, 보좌관, 각료, 국내외 정보부장을 막론하고 1-3페이지 범위 내에 압축 요약된 내용이 담긴 보고서를 대통령이 요구하고 있다.

대통령비서실은 책임내각제 같은 각료의 위상 강화나 업무수행의 자율성을 보장하지만, 이들 각료의 정책집행 사항을 점검하고 종합정책 가이드라인 수립, 전략정책 수립 등 최고정책결정은 대통령 비서실에서 이루어진다. 러시아 대통령 비서실은 전략정책을 수립하고, 각료는 정책사무관장으로 위상과 역할이 뚜렷하게 구별된다. 따라서 외무부장관이 사무장관이라면 외교안보수석비서관, 국가안전보장회의 보좌관은 정책장관이며 그만큼 큰 영향이 있고, 그 위에 있는 비서실장은 대통령을 최측근에서 보좌하는 최고 참모지휘사령탑이다. 그러므로 한국 정부가 중요 쟁점을 러시아와 관련하여 협상하거나 대통령 방문이 이루어지는 경우, 비서실장이 현지를 방문하거나 대통령을 수행하여 사전에 양국 비서실장 간의 쟁점 협상으로 큰 가닥을 잡는 비서실장 외교가 큰 효과가 있을 것으로 보여진다. 이런 경향은 최근 대통령제인 미국, 러시아는 물론 대통령형 내각제를 운영을 하는 영국, 일본, 독일에도 동일하게 적용될 것 같다.

아울러 대통령 비서실장, 수석비서관, 보좌관, 정보부장 혹은 일부 각료는 전문성을 갖춘 인물로서, 대통령과 과거 같은 정부기관에서 일하거나, 동향인으로 충성과 인연이 발탁 요인이 되고 있다. 푸틴 대통령의 현재 비서실장 드미트리 아나톨례비치 메드베데브(Dmitry Anatolyevich Medvedev), 차장 이고르 이바노비치 세친(Igor Ivanovich Sechin), 대통령전권지역파견관 드미트리 니콜라예비치 코제크(Dmitry Nikolayevich Kozak), 해외정보부장 세르게이 레비데브(Sergei Levidev)는 푸틴 대통령과 동향인 상트페체르부르그 출신이거나 전직 KGB 해외정보부 근무자들이다.

한편 러시아를 7개 광역으로 나누어 대통령을 대신하여 광역지역 행정을 조정 협조하는 대통령지역파견전권대표(Presidential Plenipotentiary Envoys to the Federal Districts)가 있다. 러시아는 민주화 시대를 맞아 지방정부 책임자를 주민선거로 선출하고 자율권을 확대하는 지방분권 시대로 접어들고 있다. 그러나 동쪽 끝 태평양 북부 사할린이 저녁이면 서쪽 끝 대서양 북해의 무르만스크는 새벽인 광활한 러시아 전 지역에 중앙정부인 연방정부의 통합발전 정책이 고르게 실행될 것이 요구된다. 또한 민주화의 첫발을 내딛는 러시아는 과거의 제정러시아나 공산제국의 강력 중앙집권화에서 급속한 지방분권에 따른 소수

민족 독립국가화, 이념다양화에 따른 사회갈등 심화, 지역경제차이 심화, 지역자원의 전국 차원에 걸친 효율적 사용요구 등으로 연방정부 차원의 통합조정 능력이 필수적이다. 그리고 제국시대의 지역 총괄, 공산독재 시대의 중앙감시의 전통도 혼재되어 연방정부 대통령은 광역 러시아 국가관리에 대통령이 직접 영향력을 행사하는 방안이 모색되었다.

대통령이 광역지역을 정치, 경제, 사회적으로 통합 관리하는 방안으로 전국을 동서남북으로 나누고, 지역특성, 경제발전 전략, 군사안보 차원을 고려하여 다시 동북부, 서북 중앙아시아, 남북 7개 광역지역으로 나누어 7개 지역에 대통령 참모를 파견하였다. 7개 대통령보좌관은 7개 지역에 파견되어 대통령의 전권을 수임받아 중앙정부의 정책을 지역 주지사, 지방정부 수장에게 주지시키며, 주지사나 지방정부 단체장이 지역관리에서 생기는 애로사항이나 정책협조를 대통령에게 건의하여 관련 각료나 행정부서가 협조·지원하도록 하였다.

아울러 옐친 대통령 이후 광역 주지사는 주민선거로 선출하던 선출직에서, 푸틴 대통령에 와서는 대통령 임명직이 되어 대통령 지역파견 전권대표가 지역을 이끌기에 합당한 지사후보들을 심사평가하여 대통령에게 우선순위를 포함한 지사후보 명단을 보고한다. 동시에 광역지역 지방자치단체장이 지역정책과 연방정부의 전략정책을 조화롭게 융화시켜 지역경제발전을 성공적·효율적으로 추진하는지를 항상 점검하였다. 그래서 전권대표가 맡은 지역의 발전상황을 점검하고, 연방정부의 지역발전 담당 각료나 부처와 연락하고 협조를 구하며, 최종적으로 대통령에게 책임 지역 주지사의 리더십을 평가한 소견서 제출, 책임지역 정치·경제·사회 상황을 직접 보고하게 된다. 한마디로 광역지역에 파견된 대통령전권대표는 러시아 광역지역의 지방정부 단체장과 대통령과의 정책가교 역할, 지방과 중앙의 현실성 있는 정책협조 및 조정, 지방발전의 모니터링, 대통령의 지방정부 단체장 임명에 있어서 인사조언 혹은 추천을 하는 대통령 지방 대리인 역할을 하는 지방 담당 대통령 수석비서관이다. 그들은 지역과 대통령실의 지방파견 대통령전권대표 행정실로부터 행정지원을 받는다. 7명의 광역지방파견 대통령전권대표는 대통령, 대통령 비서실 비서관, 각료 혹은 지방주지사가 참여하는 국가행사나 이들 모두가 모이는 국가행사에 참석한다. 그러나 대부분은 대통령과 1대1 대면보고와 토론으로 업무를 수행하

며 대통령 비서실장, 보좌관, 업무 관련 각료를 만나 위임받은 해당지역 정책
민원사항을 해결한다.

러시아연방공화국은 정책을 전략정책(Strategic policy)과 전술정책(tactical
policy)으로 구분하여 수행한다고 한다. 전략정책은 대통령 비서실과 경제, 산
업, 무역, 과학기술, 교육을 전담하는 내각의 행정각부를 이끄는 각료의 팀워
크로 추진하는 과업이다. 한편 전술정책은 전략팀 하부 단위나 규모가 작은 내
각의 부서에서 실제로 수행하는 구체적 실행 프로그램을 말한다. 예를 들면 대
통령 비서실의 국내정책, 조직자원 수석비서관실, 광역지역 대통령 전권대사,
내각의 지역발전부(Ministry of Regional Development)는 긴밀한 협조체계로
상대적으로 부유한 대서양 북해 해안지역, 태평양 해안지역, 흑해 연안지역,
중앙공업지대, 가스 오일생산 지역 등과 척박하고 빈곤한 내륙이나 시베리아
지역을 균형 있게 발전시키는 통합전략정책을 수립 집행한다.

그리고 수석비서관실, 전권대사 행정실, 지역발전부 산하의 실·국이나,
독립청 그리고 주지사가 이끄는 광역지역 지방정부의 청·실·국은 실무 차원
의 팀워크로 전술적 정책 실행프로그램을 실천에 옮긴다. 대통령실 소속 광역
지방담당 대통령전권대사는 중앙과 지방 간의 전략, 전술정책을 조화롭게 조정
하고 구체적 정책프로그램이 현지에서 달성되어 주민에게 서비스가 전달되도
록, 중앙과 지방의 행정, 재정지원 흐름이 신속하게 이루어지도록 대통령을 정
점으로 비서실, 각료, 독립 청과 직접 접촉하는 촉진자, 가교역할을 한다.[8]

따라서 7개 광역지역에 파견된 대통령전권대표는 대통령에 대한 충성심이
높고 정책전문성, 행정력이 풍부한 인물로 충원된다. 그들은 과거 주민 선출로
주지사를 역임했거나 행정부 각료, 부총리를 역임한 장관이나 대통령 수석비서
관보다 위상이 높은 명망 인사이다. 예를 들면 남부지역 파견 대통령전권대사
인 코작은 행정부장관, 비서실차장을 역임했고, 서남지역 파견 대통령전권대표
인 프리브노프(Privonov)는 과학기술부장관과 부총리, 서부지역 전권대표를 역
임하였다. 또한, 마트베리예르코(Mativeriyerko)는 상트페체르부르그 여성주지
사, 부총리를 역임한 행정가들이다. 이들은 대통령 비서실 지역담당 수석비서

---

8) 2005년 1월 24일 오후 3-5시 대통령 직속 행정연구원에서 국제행정연구부장 안드레이 마르굴린
(Andrey Margulin), 국제협력센터 소장 울라지미르 콜로즈니코르(Vladimir Kolodnikor)와 대통
령 비서실, 대통령전권대표 역할에 관한 세미나 개최.

관 역할을 하면서 대통령을 보좌하고 있다. 모스크바의 대통령 비서실, 7개 광역 지역을 다루는 대통령 지역전담비서실, 정보부, 경호대는 기업 총수의 기획조정실, 사령탑으로서 현대판 러시아 황제 CEO, 푸틴 대통령을 전방위로 보좌하고 있다.

5. 영국 수상과 비서실 조직관리 체계

국민의 직접투표로 선출되는 대통령제, 국회에서 다수당이 내각을 구성하는 내각제, 그리고 직선제 대통령과 원내 다수당이 선출한 총리로 구성되는 혼합형인 이원집정제가 오늘날 지구상에서 발전된 국가의 대표적인 통치체제이다. 영국 발전의 한 면모를 보여주는 정치발전은 국가체제 확립과정에서 나타나는 국왕과 시민대표인 의회와의 권력소유 관계로 설명된다. BC 600년경부터 알려진 영국본토 국민, 유럽대륙 북동부, 중부에서 몰려 온 인종이 모여 앵글로–색슨계가 주류를 이루는 오늘의 영국을 형성하게 된다. 대영제국의 공식명칭은 대영국 & 북아일랜드 연합왕국(The United Kingdom of Great Britain and Northern Ireland)으로 남부 영국(England)·중부 웨일스(Wales)·북부 스코틀랜드(Scotland)를 합한 브리튼과 북아일랜드로 구성된 면적 24만km² 인구 58,395천명의 앵글로색슨족으로 이루어진 국가가 바로 오늘날의 영국이다.

국왕과 의회와의 권력균점, 권력소유 등 권력 관계는 고전적 정치발전 형태로 전개되었다. 그리고 이런 정치발전에 영향을 주는 요인으로 조세를 중심으로 한 경제, 기독교를 중심으로 한 개신교, 가톨릭 그리고 영국 종교로 안착된 성공회(Anglican church)의 영향, 시민사회의 영향, 유럽대륙의 프랑스, 네덜란드, 독일 왕가와 결합한 왕권세습에 따른 국제관계가 주류를 이룬다.

영국이 서구문화를 받아들인 것은 줄리어스 시저의 영국본토 정벌로 시작되었다. 이후 북부 스코틀랜드, 서부 웨일즈, 남부 잉글랜드를 배경으로 유럽대륙 왕가와 연계하여 군림한 왕국, 봉건영주 그리고 지역토호를 중심으로 한 국가체계, 권력체계가 정착되었다. 그러나 경제적인 면에서 조세권을 놓고 국왕과 주민대표, 영주, 토호와의 대립·갈등이 생기고, 국왕의 통제력이 약화되면서 국왕에 대한 조세저항이 생기게 되었다. 조세저항은 영국의 권력관계에 변화를 주게 되며 절대왕권은 서서히 침식당하였다. 이 침식공간에 시민대표, 영주, 토호가 자리를 잡게 되었으며, 1215년 국왕의 절대권 행사에 맞서 타협안으로 만들어진 대헌장(Magna Charta)이 바로 그런 예이다.

　1265년 영국 역사상 처음으로 각주, 지방 대표들이 모인 의회가 열리게 되어 의회정치가 이루어지기 시작했다. 그리고 1341년 소귀족, 농장주, 상인, 지식인 등 시민대표기관인 하원(House of Commons), 귀족과 승려 등 상원(House of Lords)으로 이루어진 양원제가 발달하기 시작하였다. 이후 100년 전쟁(1337~1453), 장미전쟁(1455~1485)의 기나긴 전쟁과 헨리왕의 튜더 왕조, 제임스 1세의 스튜어드 왕조, 조지왕의 하노버 왕조를 거치면서 1689년 권리장전(Bill of Right)을 통해 영국 절대주의는 막을 내리고 의회정치의 기초를 마련하였다. 동시에 왕권을 인정하면서 개혁을 주장하는 휘그당(Whig Party)과 국왕에게 족쇄를 채우고 시민권을 확대하려는 토리당(Tory Party)으로 나누어진 정당정치가 나타났다.

　이 과정에서 공화정을 주장한 크롬웰(Oliver Cromwell)의 영향력을 감안하여 절대왕권 군주제는 입헌왕권 군주제로 전환하게 된다. 1774년 미국 식민지 해방, 1789년 프랑스 혁명을 거치면서 1776년의 스미스(Adam Smith)의 국부론(Wealth of Nation), 밀(John Stuart Mill)의 대의제 이론을 기반으로, 국왕이 의회 다수당의 대표를 수상으로 임명하는 정치관행이 왈폴(Robert Walpole) 의원을 정부수반으로 하면서 시작되었다.

　1832년에는 일반 국민의 투표권을 확대하는 의회개혁 법안이 통과되었다. 산업혁명과 마르크스(Karl Marx)의 공산주의 이론 전개에 따라 휘그당과 토리당은 자유당(Liberal Party), 노동당(Labour Party), 다시 보수당(Conservative Party)으로 이어진다. 19세기 디즈렐리(Disraeli), 글래드스톤(Gladstone) 수상 그리고 2차대전 당시의 처칠(Winston Churchill) 보수당 수상, 윌슨(Harold Wilson) 노동당 수상은 자유당을 매개로 하여 오늘의 보수당과 노동당이라는 양당 정당제를 안착시켰다. 이 과정에서 영국은 최근 마가렛 대처(Margaret Thatcher) 보수당 출신 수상이 12년 장기집권을 하고 존 메이저(John Major) 수상이 뒤를 이었다. 이후 토니 블레어(Tony Blair) 수상이 노동당 당수로 집권하고 2007년 6월 17일 퇴임하였다.

국왕과 시민 대표인 의회와의 관계정립이 고전적 정치발전이라면, 국왕과 의회관계가 정립된 21세기 오늘 영국의 현대적 정치발전은 자연히 상수인 국왕을 고정시킨 상태에서 영국 수상의 권력관계를 보아야 할 것이다. 국왕 및 여왕은 국가원수(Head of State), 수상은 정부수반(Head of Government)이라는 등식이 마련된 이 시점에 하원의 다수당이 행정부를 구성하고 다수당 대표가 행정부 수반인 수상이 된다. 그런데 국가통합의 상징적 제도인 국왕권한의 약화는 자연히 행정부 수반인 수상의 권력 강화로 이어지고, 강대해지는 수상권한을 약화시키려 하는 것이 영국내각제의 정치현실이다. 그 구체적인 예가 수상은 원내 다수당에서 선출된 각료의 대표, 수석장관(primus inter pairis, prime minister)일 뿐이다. 따라서 모든 결정은 각료의 동의가 있어야 한다. 또한 5년의 임기 내에 여왕의 승인으로 5년이 되기 전에 의회를 해산하고 선거를 실시하여 다시 신임을 받아야 한다. 이처럼 고전적 정치발전 시대의 국왕권력 약화 정치공세가 수상 권력을 각료의 책임공유, 권력균점으로 약화시키려는 현대적 의미의 정치발전으로 전개되고 있다.

그러나 종교분쟁, 왕가의 왕위계승 개입, 시민의 조세저항이 없는 현시점에, 유럽연합정부(European Union Government)에의 가입, 세계경제에 주도적인 참여를 통한 경제력 향상, 탈냉전 이후 이슬람 테러에의 대처 등의 국제상황이 수상의 국정운영에 새로운 도전요인으로 등장하고 있다. 장·단기적 위기요인, 경제·국제요인이 수상의 국정관리능력 극대화를 요구하고 있다.

한편 수상의 실체적 권력 집중을 우려하여 수상을 중심으로 한 국정운영체계의 효율성을 강화하려는 노력이 전개된다. 그런 맥락에서 집권당과 의회의 지도자, 각료 인사권자, 국내외를 대표하는 행정부 수반, 정부의 광범위한 인사권자, 의회의 타협정치 지도자로서 수상을 심도 있게 재검토하여 국정관리의 운영체계 강화 차원에서 수상 권력체계를 재정립하고 있다(Watts, 2006: 128-135). 이것은 미국을 위시한 대통령중심제 국가의 대통령실 국정운영 시스템 강화와 같은 맥락 선상에 이해할 수 있다. 그래서 내각책임제 영국수상을 대통령형 내각제 수상으로, 수상실 운영체계를 대통령형 수상 운영체계로 규정할 수 있다.[9]

영국을 관리하는 수상실의 조직과 정책관리 체계를 분석하기 위해서는 영국 정치체계를 구성하는 국왕, 상·하원, 내각과 수상, 왕실자문단(Privacy Council), 법원, 지방정부를 이해하는 것이 필요하다. 영국 정치는 지방봉건군주, 지방정부, 지역에서 선출된 주민대표, 그리고 중앙정부를 구성하는 국회의원이 활동하는 의회의 발전으로 이루어졌다고 볼 수 있다. 의회는 지역구에서 1인을 선출하는 하원(House of Commons)과 국가사회의 주요 인사로 구성된 종신의 상원(House of Lords)으로 이루어진다. 지역구에서 선출된 하원은 651명으로 보수당이 집권당으로 내각을 이끌었으나 현재는 노동당이 보수당의 정책까지 선택적으로 취합한 포괄적 정책인 '제3의 물결' 정책강령으로 집권하고 있다.

한편 상원은 켄터베리 대주교(Archibishops of Canterbury and York)를 위시한 영국 전 지역과 사회 각 기능분야를 대표하는 인물 1,194명으로 구성되어 있다. 국회에는 의장이 대표이며, 원내총무(chief whip)가 각 당 의원을 대표하여 의사진행을 하고, 수상은 집권당의 총재가 맡는다. 모든 법안은 상하 양원에서 인준되어야 하나 법안 발의와 심의의 주도권은 하원에 있다. 상하 양원에는 지역을 중심으로 스코틀랜드·웨일즈·북아일랜드 상임위원회, 특수의안을 심의하는 외교·유럽의회 담당 등 특별위원회(Select Committee), 그리고 상하

---

9) 저자는 1996년 7월 29일과 30일, 2004년 9월 21일과 22일 2회에 걸쳐 영국 수상실을 보좌하고 있는 관방부, 다우닝 10번가의 수상실, 외무부를 방문하여 관련 인사와의 면담을 실시하였다. 면담자는 외무부의 남북 아시아 심의관 죤 길란(John Gillan), 극동 태평양 한국 담당관 피터 휴즈(Peter Hughes), 외무부 해외과의 데이비드 퍼첼(David Purchall)으로서 이들은 지방자치, 의회, 정당정치, 의원내각제의 발전과정에서 생성된 영국 수상실에 대해 설명해 주었다. 관방부의 빌 제프리(Bill Jeffrey) 경제국 내국 부국장과 관방부 인사처의 로빈 웹(Robin Webb) 정부 표준 담당관이 정규 내각 부서인 관방부의 조직구조와 각료회의에 보고·토의·심의되는 각 부처의 안건을 조정 처리하고 수상을 보좌하는 기능을 정리해 주었다. 또한 다우닝 10번지의 수상관저 비서실의 정책실 정책보좌관 죠나단 리스(Jonathan Rees)와는 영국 수상 비서실의 조직기능과 정책관리체계에 대한 설명과 아울러 청와대·백악관·엘리제궁·일본 관방부 조직관리체계와 연계하여 비교토론을 가진 바 있다. 파이낸셜 타임사(Financial Times)의 아시아 편집국장 피터 몬타뇽(Peter Montagnon), 퀸 매리 웨스트필드 대학(Queen Mary and Westfield College)의 역사학과에서 영국 수상과 내각 역사를 전공하는 피터 헤네시(Peter Hennessy)교수, 동양 아프리카 대학원(School of Oriental and African Studies)의 한국학 전공 케이스 하워드(Keith Howard), 제도개발 연구소장 테렌스 비숍(Terrence Bishop), 런던대학(London School Economics and Political Science)의 행정학 전공 크리스토퍼 후드(Christopher Hood) 교수를 만나 영국 내각제와 연계한 직업 공무원과 수상의 기능·위상 그리고 리더십에 관한 토론을 하였다. 이 같은 면담과 토론 자료 및 관방부·수상 비서실·대학에서 제공한 관련 문헌을 토대로 영국 수상실의 조직과 정책관리체계를 분석하였다.

원 합동위원회가 있어 국회 본회의에 제출된 의안을 심의한다. 그리고 의회 개원은 1년 주기로 10월 정기국회에서 이듬해 11월까지 열리며, 평균 연간 하원은 165일, 상원은 140일 동안 개원하고 이 기간 동안 수상은 항상 의회에 참석하여 의원의 질문에 답변해야 한다.

다수당은 수상을 선출하는데, 선출된 수상은 국왕이 임명하는 절차를 거쳐 내각을 구성하고 행정부를 이끌어 간다. 국왕은 수상이 추천하는 모든 행정부 장관, 대법원장, 여왕자문관, 국책기관 책임자를 그대로 임명하므로 형식상 임면권은 여왕에게 있으나 실질 임면권자는 수상이다. 영국 국왕은 오랜 왕정과 의회 발전과정에서 생겨난 타협의 소산으로 수상과 각료를 임명하고, 주요 국정상황을 수상으로부터 정기적으로 보고받기는 하지만, 의회에서 다수결로 선출된 수상이 추천한 각료, 대법원장, 국책기관장을 자동적으로 임명하는 국가 통합의 상징 역할만을 담당한다. 따라서 현재 엘리자베스 여왕은 성문헌법에는 없으나 오랜 관행에 따라 국가최고통치권자, 입법·사법·행정부의 수장, 국군통수권자, 영국교회의 대표로 되어 있다([그림 4-6] 참조).

한편, 행정부를 관리하는 수상의 권한은 동료의원인 각료, 여야당, 지방정부 그리고 시민의 지지와 견제 속에서 균형을 이루면서, 군림하는 강력한 권한을 가진 수상이 나오지 않도록 항상 견제를 받아왔다. 그러나 2차 대전의 전쟁

[그림 4-6] 영국의 정치체계

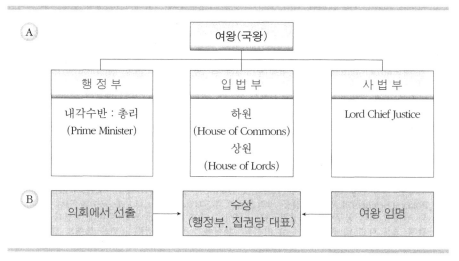

관리, 노동당 집권기간 동안 과도하게 비대해진 정부, 불어난 재정적자 등이
표출된 시대상황은 보수 정책을 요구하게 되고, 처칠과 대처 같은 강력한 리더
십을 가진 수상을 탄생시키기도 했다. 그리고 이러한 수상의 강력한 리더십은
효율성, 체계성, 전문성, 충성심, 기동력을 갖춘 비서실 보좌진의 밑받침으로
가능한 것이었다. 보수당의 존 메이저 수상 또한 초기에는 대처 수상만큼 강력
한 리더십을 발휘하지 못하는 것 같았지만, 대처 수상이 마련해 놓은 수상 비
서실의 정책실 보좌 팀 등에 의해 서서히 그 리더십을 강화시켰다. 토니 블레
어 수상 또한 보다 강력한 리더십을 토대로 국정을 원활히 이끌고 있다. 다음
에서는 이러한 강력한 리더십 행사의 밑바탕이 되는 수상의 비서실 조직과 정
책관리 실태를 심도 깊게 살펴보도록 한다(HMSO, 1996: 3-78).

이미 밝혔듯이, 수상은 의회 다수당의 대표임과 동시에 행정부의 수반으
로서 내각을 이끈다. 수상은 조세와 재정, 시민의 참여와 연관된 국왕과 봉건
영주, 봉건영주와 서민, 시민대표인 의회와 국왕, 의회 내의 정당으로 이어지
는 정치발전의 소산으로서 수상을 선임재무장관(First Lord of Treasury), 인사
장관(Minister of Public Service)으로도 부른다. 그러나 실제로 재정은 재무장관
혹은 대장성 장관에게, 직업공무원 관리는 관방부 장관겸 인사담당 장관에게
일임하고 있다. 주로 하원의원으로 구성되는 행정부 각료 중 수상은 선임 장관
이며, 부수상 겸 국무장관이 그 다음 서열이다.

[그림 4-7] 수상 비서실의 상호보완적 체계

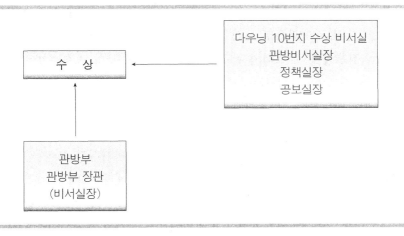

행정부를 이끄는 수상의 국정관리를 보좌하는 내각의 정규 부처가 바로 관방부(Cabinet Office)이다. 관방부는 내각의 정규 부처로서 수상 업무를 보좌하고, 주로 각 부처에서 각료회의에 상정될 의제를 조정·정리하며, 내각의 최고정책을 협의하고 조정하는 역할을 담당한다. 내각은 수상, 부수상을 포함하여 25명의 각료로 구성되어 있고, 5개 영역에 걸쳐 16개부로 되어 있다.

이 밖에 경제 부문에서 농수산식품부·통상산업부·교통부·재무부, 법률 분야에서 법무부, 사회문화 부문에서 교육훈련부·환경부·보건부·내무부·문화부·연금부, 지방부문에서는 북아일랜드부·스코틀랜드부·웨일즈부, 그리고 외교안보 분야에서 국방부와 외무부가 있다(HMSO, 1996: 525-533; Foreign and Commonwealth Office, 1996, HMSO, 1991).

수상실 운영체계를 보면 우선 정부각료인 관방부장관(Secretary of Cabinet Office)이 비서실장으로 행정부처 차원에서 영국 수상을 보좌하는 한편, 수상이 집무하고 있는 다우닝10(Downing 10)에는 측근 비서실이 따로 있다. 따라서 정규부처 비서실인 관방부가 각료 차원에서 수상을 보좌하고 있다면, 수상실 비서실(Staff Assistant of Inner Circle)은 수상 측근 조직으로 기동성 있게 밀착 보좌하고 있다. 이와 같은 이중 보좌조직을 가진 수상실은 점점 그 국정수행에서 능력을 향상시키고 있다.

다수당이 수상을 선출하여 국정을 운영하는 통치형태인 의원내각제를 채택하고 있는 영국과 일본은 정규내각의 관방부가 수상을 보좌하는 비서실 기능을 가졌다는 점에서 유사하다. 즉, 관방부(官房部, Cabinet Office)는 일본 관방부와 마찬가지로 정례적으로 내각 각료회의에 회부할 의안을 협의조정하고 최종 법률안, 정책결정, 각료회의 결정을 마무리하여 수상의 재가를 받아 각 부처별로 정책을 집행하는 모든 과정에서 수상 보좌역을 맡고 있다. 그러나 영국의 수상비서실인 관방부는 그 조직과 내각운영을 보다 제도화시킨 점에서 특이하다. 한편 영국 행정부는 내각 구성원인 장관과 차관들을 내각의 여러 위원회로 묶어 합의제 형식의 정책결정을 하도록 관습화·명문화시키고 이를 관방부가 조정하고 있다. 전통적으로 관방부장관(Chancellor of the Duchy of Lancaster, Minister of Cabinet Office)은 하원의원이 아닌 최고공직자를 임명해 왔는데, 블레어(Tony Blair) 수상은 취임하면서 국회의원으로 자기와 정치노선을 같이 하는 노동당 중진의원인 알렉산더(Douglas Alexander)를 관방장관에 기용하였다.

　관방장관(Cabinet Secretary) 밑에는 2명의 차관이 있는데 선임차관 (Minister of State)은 정무차관으로 국회의원이며(Parliamentary undersecretary) 국회와 정당과의 가교역할을 한다. 또 하나의 차관(Ministry of State)은 사무차 관(Permanent Undersecretary)으로 직업공직자가 맡게 되며, 부내 행정과 인사 그리고 실질적인 각료회의 의안 등을 3인의 실장을 통해 협의 조정함으로써 수 상을 보좌한다. 차관 밑에는 부차관(Deputy Undersecretary)이 있는데 부차관 급인 3인의 실장이 기능별로 업무를 분담하고 있다. 3개실 구성을 살펴보면 제 1실은 경제 및 국내 담당(Economic and Domestic Secretariat), 제 2실은 국방 및 해외 담당(Defence and Overseas Secretariat), 제 3실은 유럽 담당(European Secretariat)으로 영역이 구분되어 있다. 그리고 각 실에는 차관보 · 국장 · 과장 급이 관련 내각 부서와 각료가 참가하는 정책성질별 위원회 및 소위원회를 관 장하고 있다. 경제국내실에는 차관보 · 국장 · 과장급이 8명, 국방해외실에는 6 명, 유럽실에는 10명의 담당관이 있다. 따라서 수상비서실인 관방부는 4단계 비서관제로 운영되고 있다.

　영국에서는 국왕으로부터 봉건제후의 정치활동 공간 확보, 봉건제후와 국 왕으로부터 시민의 권리확보, 수상으로부터 내각장관의 권한확보 등의 과정에

[그림 4-8] 영국 내각관방부의 조직

서 수상의 권력집중에 대한 견제가 줄기차게 전개되어 왔다. 그러므로 수상의 입장에서는 내각장관들과 공유하는 토론(shared discussion), 공유하는 결정 (shared decision)을 통한 합의 도출을 필요로 하게 된다(Cabinet Ministry, 1995: 2-8).

각료들은 바로 이러한 합의 도출 과정을 통해 산출된 정책을 자신의 의지가 포함된 결정체로 보고 믿음과 소명감을 갖고 정책을 집행함으로써 예측 가능한 정치와 효율적인 정책집행을 도모할 수 있게 되는 것이다. 내각이 보수노선이든 진보노선이든 상관없이 비전을 갖고 다양한 정책수단을 동원하여 일사불란하게 정책프로그램을 밀고 나가게 하는 추진력은 결국 이러한 수상의 합의 도출 리더십에 있다고 본다. 처칠과 대처 수상은 그러한 비전 제시와 리더십 발휘에서 지도자의 면모를 보여 준 것 같다.

영국 수상은 자신이 스스로 발휘하는 리더십과 함께 관례에 따른 권한도 가진다(Hennessy, 2001: 86-91). 헌정 절차 면에서는 정부와 국왕과의 관계유지, 국왕자문단(Privy Council)에 공동 참여하는 정부와 야당과의 관계유지, 내각관리 및 각료와 행정부 당국자의 의회 출석 조정, 직업공무원 충원관리, 정부 정보관리, 의회 해산권을 갖는다. 다음은 임명권으로 각료임면, 외교관·정

[그림 4-9] 영국 수상실의 대통령형 조직운영체계

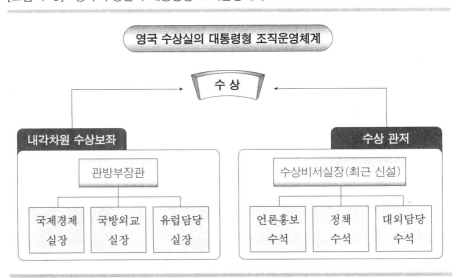

보분야 · 군고위자 임면 및 대학총장 · 방송사장 · 공기업사장 임면과 훈장 수여권을 행사한다. 그리고 내각과 의회분야에서는 각료회의와 내각위원회의 소집과 의제 선정, 상하 양원의 입법과정 책임, 회기중 주 1회 의회에 참석하고 발언권을 그 내용을 한다.

정부조직관리 영역에서는 내각 · 행정부 · 수상실 조직개편과 이에 따른 충원, 내각 · 정부의 업무분담, 효율성 제고, 정보장악과 정부전복테러 예방, 정부홍보에 관련된 권한 행사를 할 수 있다. 그리고 경제와 재정분야에서는 정부예산확정, 금리조정, 경제정책을 추진하고, 외교안보 면에서는 정상외교, 외교협정, 미영관계, 핵무기관리, 군사전략과 국방관리에 주도적 책임을 진다.

한편 정규 내각 부처로 수상을 보좌하는 관방부 · 총무부 등의 계선 조직 외에도 측근에서 자유로운 참모기능과 정책보좌를 담당하는 수상 측근 비서실이 다우닝 10번지 수상관저에 있다. 다우닝 10번지의 수상 비서실에는 3개실(室)이 있는데, 이는 총무 · 의전 · 군사 · 안보의 관방실, 국내정책을 다루는 정책실, 수상의 언론 공보를 책임지는 공보실로 구성되어 있다. 3개실(室)에는 각각 실장이 있는데 모든 보고서와 수상의 결재가 필요한 서류는 관방실장을 거치게 되므로 관방실장이 최측근 실장이며, 정책실장은 국내정책을 담당하고, 언론홍보실장은 수상의 이미지 함양, 여론조사, 언론을 담당하는 기능을 갖고 있다.

이 밖에도 2개의 보좌관실이 따로 있는데, 정치담당 보좌관실은 수상의 지역구 관리, 야당 접촉을 담당하며, 의회담당 보좌관실은 의회연락, 집권당 의원 협조를 담당한다(Many, Knapp, 1998: 251-252). 그리고 영국 수상실에는 정책 두뇌집단이 포진하고 있는 것이 주목할 점이다. 1975년 노동당 당수인 해롤드 윌슨 수상(Harold Wilson)이 다우닝 10번지 수상관저에 정책실(Policy Unit)을 두면서 수상관저 비서실은 소수정예 측근비서로서 기능이 활성화되어 왔다. 대처 수상에 이르러서는 다소 인원이 축소되었으나 중요 정부문서 전달, 수상의 결재사항 접수발송, 수상 근황소개와 공보활동에 걸쳐 내각 관방부와의 밀접한 관계 속에서 25명의 소수 측근막료들이 수상을 최측근에서 보좌하고 있다. 정규 비서실장 격인 내각 관방장관은 주 1회 수상을 독대하고 내각회의에 상정될 의제 조성이나, 수행되고 있는 정책 중 내각 차원에서 협의 조정해야 하는 사항을 수상에게 보고하고 협의한다. 그러나 다우닝 10번지 수상관저 비서실의 3인 실장은 수상의 요청이나 보좌진의 필요에 따라 수시로 수상을 만나며, 수상이 알고자 하는 주요 정책사항을 설명하고, 전략적 정책의제의 선택을 건의하고, 주요 현안에 대해 협의하는 수상의 최측근 참모(inner circle)이다.

그러나 블레어 수상이 집권하면서 백악관 비서실을 답습한 조직을 수상관저에 설치했다. 관저 비서실장(Chief of Staff)을 필두로 언론홍보수석(Director of Communication and Press Office), 정책수석(Director of Policy Directorate) 그리고 정부대외담당수석(Director of Government Relations)으로 된 3명의 수상 수석보좌관을 두고 있다. 공식적인 비서실장 외에 수상 개인 부속실장(Private Principal Secretary)이 있어 문서수발, 의전을 담당하고 있다.

현재 비서실장, 언론홍보수석, 정책수석, 정부대외담당수석은 전부 정치적으로 임명된 정무직이며, 그 밖에 행정각부에서 파견되어 온 전문관료와 수상실에서 전문성에 입각하여 직접 채용한 경력직을 포함 300명이 근무하고 있다. 이 중에는 수석비서관 외에 25명의 수상특별보좌관이 있어 전문영역별로 수상을 보좌한다. 노동당 출신 윌슨 수상이 선발한 60여 명의 정책전문가로 구성된 정책실(Policy Unit)은 보수당 출신 존 메이저 수상 때까지 이어져 왔으나 블레어 수상에 와서는 개편되어 정책수석실로 명칭과 기능을 바꾸고 각 부처에서 파견된 경력직 관료가 관련 정책 분야를 행정부처와 연계하여 보좌한다. 또한 25명의 정책특보를 따로 두어 기동형 정책팀으로 수상을 보좌한다. 비서실장 조나단 파웰(Jonathan Powell)이 정무직으로 블레어 수상을 측근에서 보좌하였다.

수상비서실의 기본 임무는 수상을 위한 국정운영 전략과 전술의 마련, 정책조언, 관방부와 협의를 통한 각료회의 의제조정, 협조, 후원, 대내외 수상 이미지 제고, 언론홍보활동, 정당과 시민단체 유대결속이다. 수상 비서실의 언론홍보수석실에는 60명, 정책수석실에는 20명, 정부대외담당 수석실에는 60여명이 있다. 그 외 인원은 수상실의 기능보조요원이다. 대외담당수석실은 집권당인 노동당, 시민단체, 지방정부, 기타 사회단체 지도자와 수상과의 협조 관계 유지 위한 연락창구 역할을 담당한다.

현재 영국 수상실은 국내경제 활성화, 테러대비 국제환경에 대한 능동적인 대응 등 국정운영 능력을 극대화하기 위해 조직운영체계를 강화하고 있다. 내각책임제에서 볼 수 있는 관방부의 지원과 대통령제에서 볼 수 있는 비서실장 중심의 비서실 운영체계로 2중 방호 참모조직을 운용하는 가운데, 대통령형 수상실 운영체계로 향하고 있다(presidential cabinet system, presidential prime minister).

6. 독일 수상과 비서실 조직관리 체계

20세기 비극인 제2차 세계 대전을 일으킨 독일은 민족 내부의 동서독 평화통일을 실현하고 동서이념분쟁 종식과 공산독재의 허구 말소를 세계에 행동으로 보여 주었다. 그 여세를 몰아 유로화 발행, 유럽 통합의 주역으로 21세기를 선도하려 하고 있다. 아울러 한반도의 1.6배(356,885Km²)의 면적에 인구 8천 1백만, 연평균 1.9% 경제성장, 국내총생산 2조 4천 억 달러, 1조 46백 억 마르크 수출입으로 세계 2위 교역국 그리고 국민일인당 3만 달러 소득을 구가하고 있다. 이와 같은 독일의 저력은 어디에서 기인하는 것일까? 많은 요인 중에서도 지방자치를 기저로 한 민주제도, 한자동맹에 의해 중세기 길드상공업으로 일찍 발달한 성숙된 산업화, 종교개혁과 문화발전, 다양한 이념스펙트럼으로 시민사회의 의사를 결집하는 성숙한 정당제도, 권력분산형 의원내각제를 권력통합형 대통령중심제보다 더욱 강력하게 운영하는 국가관리 역량을 들 수 있을 것이다. 특히 중앙정부인 연방정부의 최고 정책조정 관리기관인 독일 수상실의 정책조정과 조직관리력이 돋보인다. 효율적 국가관리로 통일독일을 이끈 통치 엔트로피를 가진 독일 수상실의 체계를 알아보기 전에 독일의 국력을 밑받침하는 요인을 분석해 본다.

독일 민주제도의 요체는 지방자치정부의 발전과 지방정부와 연방정부 간의 분권화된 균형 잡힌 민주제도에 있다. 독일은 서기 8세기 경에 프랑코 족의 칼 대제, 샤를르망대제 등이 로마 교황의 승인을 받아 알프스 북쪽에 신성로마제국을 건설하면서 시작되었다. 이 제국은 후에 동·서 프랑코로 나누어지고, 동 프랑코 주변 부족 족장과 제후가 선출한 콘라드 1세(Conrad 1)가 독일 최초 국왕이 되어 기초를 굳건히 하여, 오토대제(936-973)에 이르러 독일 신성로마 제국이 되고, 1802년 프란츠 2세(Franz 11) 황제의 제위 포기로 제국은 해체되었다. 이 시기에 독일 황제와 로마 교황, 황제와 제후 간에 권력균형이 정립되고 한자 동맹(Hanseatic League)으로 함부르크와 브레멘은 도시국가로 성장하여 길드산업조직, 무역과 상업으로 오늘의 고도산업화 발판을 마련하였다.

한편 종교문화면에서는 15세기 문예부흥과 함께 1517년 마틴 루터가 이끈 종교개혁은 찰스 대제와 함께 로마 교황에게 도전하고 성경번역과 독일문자 정비, 고유문화를 성숙시키는 계기가 되었다. 종교개혁을 통해 개신교와 가톨릭으로 나누어지고 독일 신성로마제국 내에 350개의 개별 국가 또는 제후 국가들이 할거하여 결과적으로 오늘의 지방정부 자치성이 정착되는 계기가 되었다.

정치면에서 1815년 나폴레옹이 전쟁에 패하자 오스트리아와 프러시아가 느슨한 연방국가를 형성하였으나 북부독일을 장악한 프러시아가 독일을 통합하기 시작하여 1862년 비스마르크(Otto von Bismarck)가 재상이 되면서 19년간 강력한 독일국가를 만들어 독일신성로마제국에 이어 제 2제국인 프러시아제국을 건설하였다. 이 시기에 진보적 중산계층과 좌파 성향의 근로자계층이 정당을 조직하고 우파 가톨릭도 정당조직을 만들기 시작하였다. 제 1차 대전에서 독일이 패배하고 바이마르 헌법제정으로 바이마르 공화국이 들어서면서 프러시아 제국은 사라진다. 이어지는 세계경제공황과 정치 불안은 히틀러의 등장을 정당화하면서 나치총통제의 제 3제국 건설로 이어졌다. 2차대전에서 연합군에게 패함으로 인해 히틀러의 독일제국은 종말을 고하게 되고, 이후 독일 동북지역은 소련 공산체제 주도의 독일민주공화국으로, 서부지역은 자본주의 자유시장경제체제 하의 독일연방공화국으로 분단된다(Press and Information Office of the Federal Government, 1995: 19, 88-89).

독일연방공화국은 1949년 5월 23일 헌법인 기본법(Basic Law)을 제정하고 연방하원과 주정부 의회의원으로 구성된 연방의회(Federal Convention)에서 임기 5년의 연방 대통령을 선출하고, 상·하 양원을 구성하여 하원에서는 수상을 선출하여 정식국가로 출범한다. 현재까지의 대통령은 호이스(Theodore Heuss, 1949-1959), 리브케(Heinrich Lubke, 1959-1969), 하이네만(Gustav Heinemann, 1969-1974), 쉴(Walter Scheel, 1974-1979), 칼스텐스(Karl Carstens, 1979-1984),

바이츠케(Richard v. Weizsacker, 1984-2004), 켈러(Horst Koehler, 2004-현재)
대통령으로 이어온다. 독일연방공화국인 서독은 1990년 10월 3일 동독이 수락
한대로 기본법에 따라 동독을 통합하게 된다. 그러나 기본법을 주정부의 지사
와 주의회 의원이 주도적으로 제정하듯이 현재 통일독일의 민주제도의 기저는
16개 주(Lander)의 주정부와 주의회이다. 그리고 연방하원(Bundestag)은 16개
주에서 임기 4년으로 지역주민이 소선거구에서 직접선거로 672명을 선출하고
상원(Bundesrat)은 각 주정부에서 인구비례로 주의회 의원이나 주의 저명인사
중에서 임명하는데, 인구 200만 명 이상은 4명을 기본으로 하여 600만 명 이상
은 4명, 700만 명 이상은 6명으로 각 주에서는 최소 3명의 상원을 선출하게 된
다. 독일의 정치제도는 이처럼 지방정부와 중앙정부의 권한배분에서 균형과 연
방제 내의 다양성을 특징으로 하고 있다(Press and Information Office of the
Federal Government, 1995: 19, 88-89).

  한편 독일정당은 각 주의 지역에 뿌리를 내리고 있고, 보수우파인 기독교
민주당(The Christian Democratic Union), 진보우파인 기독교사회당(The
Christian Social Union), 온건자유주의 성향인 자유민주당(The Free Democratic
Party)이 연립정권을 주도하고 있었다. 한편 야당은 사회민주당(The Social
Democratic Party)을 주축으로 연대90과 녹색당(Alliance90/Greens)이 의회에서

[그림 4-10] 독일의 정부조직

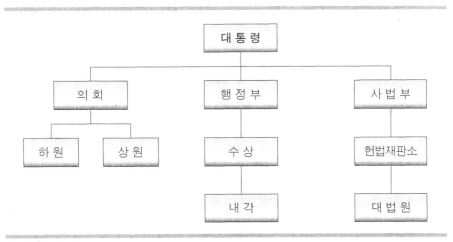

국민의사 결집을 시도하였다. 그 결과 슈뢰더 당수가 이끈 사회민주당이 승리하여 17년 반의 우파 연립정권의 집권을 종식하고 좌파 정권의 시대가 열렸다 (Busse, 1995).

2006년 총선거에서 기독교민주당, 사회민주당이 연립정권을 이루어 동독 출신인 앙겔라 메르켈(Angela Merkel) 기독교민주당 의원이 수상으로 선출되었다. 지방 16개 주와 연방정부, 의원내각제의 행정부를 효율적으로 관리하고 통일과업을 달성하고 있는 독일 정부에서 수상실은 예측 가능하면서 효과적인 조직운영과 정책조정관리의 중심부에 있다.

수상실 조직과 정책관리에 관련된 상황과 요인을 현지 방문과 관련 문헌 분석으로 설명하며 예측하고, 가능하다면 실천적 차원에서 최적 조건의 조직과 정책관리 모형을 도출해 보는 것이 수상실 연구의 핵심이다.[10)]

독일 수상비서실을 제대로 알기 위해서는 독일 정부조직에서 자리매김하는 위상과 역할을 알아야 하므로 연방정부의 조직체계를 독일기본법과 정부예규에 따라 정리해 볼 필요가 있다. 독일 정부의 헌법상 국가원수인 대통령은 연방 하원과 주의회 의원, 명망인사로 구성된 연방회의에서 선출된다. 한편 입

---

10) 독일 수상비서실 현지방문은 1997년 1월 30일부터 2월 3일, 2004년 8월 16-19일 사이에 이루어졌다. 1월 30일 목요일 오전에는 수상비서실의 정무수석비서관 롤 박사(Hans-Achim Roll)와 정무비서관 부세 박사(Volker Busse)가 수상실 회의실에서 9시 30분부터 11시 30분까지 연방정부조직과 수상실의 위상과 역할, 그리고 수상의 리더십, 수상과 비서실장, 특별보좌관 그리고 수석비서관의 정책과정에서 이루어지는 조직관리체계를 설명하였다. 세미나식의 토론회로 의회와 각료회의 담당 비난드(Gunter Winands) 정무비서관은 수상비서실과 정부부처와의 관계, 그리고 각료회의 준비과정을 상세히 사례와 단계별로 설명하였다. 의회 내 각료식당에서 가진 2시간의 오찬 세미나에서 롤 정무수석비서관과 제프니크(Ralf Zeppernick) 경제비서관은 수상과 각료, 비서들의 업무처리상의 리더십, 개성에 관한 사례를 들려 주었다. 오후 2시 30분부터 3시 30분, 3시 30분부터 4시 30분까지 경제, 군사외교와 유럽연합에 관한 수상실의 정책조정 과정을 파악하였다. 경제비서관인 제프니크 박사는 독일경제와 재정정책, 유럽통합에 따른 화폐단일화 문제, 경제조정에 관한 수상실의 경제비서관실의 역할을 설명하였다. 직업외교관인 볼리마이어 바텐슈타인 외교안보비서관은 군사외교정책의 조정과정과 직업관료가 수상부에 선발되는 기준 등을 언급했다. 다음날 1월 31일 금요일 오전 9시부터 12시까지 정무비서관 부세 박사, 그리고 헤거(Heger) 비서관으로부터 수상비서실의 다양한 단계별 회의, 정책조정과정, 보고형식과 보고유형 등을 설명받았다. 다음날 2월 3일 월요일 오전 10시부터 11시까지는 정보수석비서관실의 스타움바서(Peter Staubwasser) 차석비서관이 동서독 정보기관 통합과 정보 보고체계를 브리핑해 주었다. 그리고 11시부터 12시 30분까지는 비난드 정무비서관으로부터 의회와 내각의 정책조정과 의원내각제에서 각료회의 형태에 관한 설명을 들음으로써 현지방문과 면접조사를 끝마쳤다. 한편 2004년 8월 현지 조사에서는 수상 비서실장 보좌관 Ralph Tarraf, 공보비서관 벤트란트(Dr. Kirsten Wendland), 헌법수호청 테러담당 국장 시만더(Volker Cimander), 정보비서관 트레츠코 박사(Dr. Rudiger von Treskow)와 면담하여 수상실 운영, 수상과 언론홍보, 수상 정보보좌, 경호체계에 관해 면담하였다.

법부는 소선거구제에서 당선된 하원의원과 주 정부에서 인구비례로 임명된 상원의원으로 구성된다. 행정부는 하원 내 다수당을 차지하는 정당에서 선출된 수상이 대부분 다수당 의원으로 내각을 조각하여 정책을 집행한다. 사법부는 헌법재판소(Constitutional Court)를 필두로 대법원, 고등법원, 지방법원으로 나누어져 있다([그림 4-10] 참조).

그리하여 수상은 하원의 원내 다수당에서 선출되고 최종적으로 대통령이 임명한다. 수상은 행정부인 내각을 조각하는데, 내각은 17개 부서로 이루어져 있다. 수상이 임명한 각부의 장관은 대부분 하원의원으로 부수상인 외무부장관을 필두로 내무, 재정, 법무, 국방, 보건, 체신, 환경, 교육과학연구기술, 비서부장관 등으로 구성되어 있다([그림 4-11] 참조).

한편 지도자는 강인한 체력과 지성, 결단력, 과단성, 일관성, 도덕성, 개혁과 창의성, 그리고 후대에 빛나는 과업을 남기려는 역사의식이 필요하다(Gardner, 1991: 110-125). 역대의 독일 수상이 보여 준 비전과 지도력에서 돋보이는 것은 초대 수상인 아데나워의 오늘을 내다보는 기본법 제정, 정의로운 사회건설, 주변국 관계와 독일통일을 다진 원대한 비전제시라고 한다. 한편 사회당 출신 슈미트 수상은 진지한 자세, 분명한 관점견지, 명확한 사고와 어휘구사력이 장기였다. 콜 수상은 국민이 무엇을 원하는가를 기민하게 파악하고 특정 쟁점의 실타래를 다양한 전략으로 풀어가는 날카로운 정치 감각의 소유자였다. 슈뢰더 수상은 진보노선에 박력과 친화력을 보였으며, 메르켈 수상은 합리적이며 매사를 분명히 한다고 한다.

콜 수상의 경우, 그의 하루 일과는 아침 7시에 시작해서 10시에 끝나지만 통일시기와 유럽연합을 위한 정상회담 때는 새벽 2-3시까지도 일하며 많은 보고서를 챙기고 읽었다. 콜 수상은 1969년부터 1976년까지 라인란트팔츠 주지사를 역임하였고 76년부터 하원의원과 기민당 당수로서 당을 이끌었다. 프랑크푸르트와 하이델베르크 대학 출신의 철학박사인 그는 풍부한 행정과 정치경륜을 바탕으로 연합정파 운영, 내각조정, 국민정서 파악, 주변국관계 개선 등을 고려하면서 많은 회의를 하고, 때로는 정세와 여건이 호전될 때까지 참고 기다리며 때가 오면 적시에 옳은 과업을 민첩하게 행동으로 옮기는 기량을 지녔다. 신임하는 참모로부터 항상 솔직하고 정확한 보고를 서면이나 구두로 받으려 하

고, 어느 곳 누구와도 전화통화를 즐기고 필요시 누구나 수상에 접근하도록 하
여 스스로 고립되지 않는 지도자가 되고자 노력했다.

　　또한 베를린 장벽이 허물어지고 독일 통일에 동정적인 고르바초프 대통령
이 집권을 오래할 것 같지 않다는 전망 속에서 그가 영향력을 행사할 때 독일
통일을 실현시키는 것이 효과적이고 주변국 관계와 독일 국민의 감정을 고려해
서도 신속한 통일행동이 필요하다 판단하여 6개월 내 주변국의 동의 창출, 5개
월 내에 체제통합을 실현할 수 있는 순발력을 발휘하기도 하였다.

　　수상을 포함한 18명의 각료가 정책을 입안하고 집행하는 각료회의와 수상
의 집무를 원활하게 하는 수상보좌업무를 책임지고 이끌어 가는 부서가 수상실
이다. 국가마다 뉘앙스가 다르지만 내각책임제를 운영하는 나라에는 수상실이
있는데, 일본의 관방부, 영국의 관방부와 수상관저 비서실이 이러한 수상실에
해당한다. 특히 일본 관방부장관, 독일 비서실장관은 실세장관으로 수상 혹은
총리와 오랫동안 정당생활을 함께 하고 각료회의의 의제조정, 각 부처의 정책
조정·협조·감독, 야당과의 협상, 집권당과 수상의 비전과 정책개발 조언, 수
상 대변인 역할 등, 행정부의 핵심역할을 수행하고 있다.

　　그래서 독일 연방수상실도 영국, 일본, 이탈리아 수상실과 운영 면에서 비
슷하여 독일 수상도 실질적 행정수반으로 내각을 이끌고 국정을 장악하는 리더
십은 미국 대통령만큼 효율적이고 강력하다. 그런 운영상의 묘미는 연방수상실
의 국정운영 시스템에서 나온다고 본다. 독일 수상실비서실(Office of Federal

[그림 4-11] 독일의 내각조직

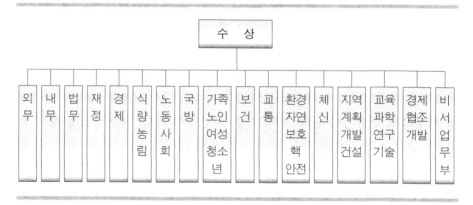

[그림 4-12] 독일 수상의 비서실 조직

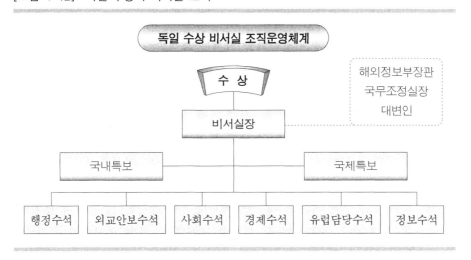

Chancellery)의 조직운영체계는 수상을 정점으로 비서실장인 비서실장관(Head of Federal Chancellery), 특별보좌관(Minister of State), 수석비서관(Department Director)의 4단계 조직으로 짜여 있다. 물론 수석비서관실에는 관련과(section)와 계(subsection)가 있어 수석실 업무를 전문가 입장에서 수행하고 있다([그림 4-11] 참조).

　　내각제의 관례에 따라 독일수상, 비서실장, 특별보좌관은 지역구 출신의 하원의원으로 수상과 비서실장은 각료이다. 특별보좌관은 각료회의에 참석하고 발언권은 있지만 표결권은 없다. 정책결정 단계나 명령보고 절차를 보면 수상을 정점으로 비서실장이 업무를 장악하고 특별보좌관은 업무를 국내외로 나누어 관련 수석으로부터 보고를 받고 수상 및 비서실장과 함께 정책결정을 한다. 그러나 수석비서관이나 비서관들은 계선상 비서실장에게 직접 보고하고 업무를 처리함으로써 특별보좌관은 비서실장과 수석비서관의 중간단계에 위치한 참모기능을 수행한다. 정확한 표현으로 수석비서관은 관련 국장(department director)으로 정무국장, 경제국장으로 호칭될 수 있으나, 정무직 또는 경력직의 차관급 역할을 수행하여 통상 실질적 의미인 수석비서관으로 표현할 수 있을 것이다.

　　독일 수상비서실은 세 가지 통치조직관리운영 지침을 갖고 있다. 첫째는 수상이 지향하는 통치정책 지침 구현, 둘째는 수상의 비전을 참조하면서 각 부처 장관이 세운 정책목표의 수립과 시행, 셋째는 수상, 비서관, 각료, 정부관료가 행동으로 옮기기 전에 조정합의를 거치는 조직관리 원칙이 그것이다. 이들 지침을 통합시켜 행동으로 옮기는 중심 위치에 있는 수상실의 비서실은 비관료적이며 고도의 능률성을 지닌 결과지향의 행동대이다. 그리하여 수상을 보좌하는 모든 보좌관은 조언자·집행자·정책 관련 정보제공자의 역할을 수행한다.

콜 수상이 집권할 당시에는 수상의 통치 비전이 기독교민주당, 기독교사회당, 자유민주당이 만든 연합정권의 집권당과 내각이 의회를 거쳐 일관성 있는 정책을 효율적으로 집행하도록 하는 구심점이었다. 수상 비서실의 위상과 기능은 슈뢰더 수상이 이끄는 새 정부에서도 마찬가지이다. 수상의 통치비전 자체는 국민, 집권당, 야당, 관료, 심지어 국제사회, 특히 유럽연합 국가를 움직여서 독일의 사회정의에 입각한 자유시장 경제체제, 시민사회의 다원정치와 유럽통합을 달성하는 명확한 목표제시에 있고, 추진력과 설득력이 기반이 되는 수상 리더십과 긴밀히 연관되고 있다. 대통령 리더십은 타고난 재능과 후천적인 교양전문교육으로 다져진 개인 자질, 조직에서 주어진 권한, 조직구성원을 이끄는 전문지식과 경험 그리고 조직이 당면한 과업성취와 상황적응 능력이며, 이런 총체적 기량으로 국민에게 비전과 정책목표를 제시하고 설득하여 만족스러운 정책 결과를 산출할 때 리더십의 진가는 발휘된다(Yukl, 1999: 279-289; Worl, 1995).

독일 수상실에는 수상에서 운전기사, 시설유지기사에 이르기까지 총 450명의 인원이 일하고 있다. 한편 외무부 직원은 9000명 정도에 이른다. 수상실의 450명은 수상을 중심으로 팀워크를 이루어 내각의 장관이 소속 부처의 고유 업무를 수행하는 데 협조조정의 업무를 수행한다. 그러므로 수상실은 각 부처의 업무를 협조하고 내각 전체 차원에서 상호 교통정리하고 정책조정을 하는 만큼 행정부처의 기능에 따라 편성되어 있다. 그래서 독일 수상비서실 조직은 내각부처의 거울이라고도 한다. 독일 수상실에는 행정, 외교안보, 사회, 경제, 유럽, 정보 등 6개의 수석실이 있다. 6개 수석실 가운데 정책기획전략 수석실이 있었는데 현재 이 수석실이 없어졌다. 대신 최근에 유럽통합의 행정, 의회, 경제, 사회를 총괄하는 유럽담당수석실이 새로 생겼다. 행정수석실은 인사, 회계, 서무 그리고 내무, 법무 분야를 담당하고, 외교안보수석실은 외교, 국방과 후진국 개발원조 업무에 관한 관련 부처를 지원하고 정책조정을 하면서 수상의 대외정책을 보좌하고 있다. 업무에 따라 수석실의 인원 수에 차이가 나지만 외교안보수석실의 인원 수는 3-4명의 국방보좌관을 포함 20여 명이 된다.

한편 사회수석은 보건의료, 가정보호, 청소년대책, 노후생활 등 사회복지 문화 분야에서 수상을 보좌하며 관련 행정부처를 지원한다. 국내 경제, 국제 금융무역을 총괄하는 경제수석과 유럽공동체를 전담하는 유럽담당 수석실이 주로 경제분야를 담당하고 있다. 유럽담당 수석실은 유럽공동체가 산업, 경제, 재정뿐만 아니라 독일 국내문제에도 영향을 미침에 따라 외교안보 업무로 보던 관점에서 벗어나 확대된 유럽업무를 담당하게 된다.

유럽연합의 21세기 지향목표는 유럽화(europeification)이며 유럽연합화를 연구하는 전문가들은 구체적 실천 과제로 교통체계, 에너지 시장의 규제 철폐, 교육체계, 정보통신망의 단일화, 이민규제에 관한 공동 규칙제정, 경찰치안의 협동체계를 들고 있다(Andersen, Eliassen, ed. 1993: 244-254. 255-263). 이런 유럽화에 적응하고자 3년 전 유럽부를 내각에 정규 부서로 두려는 개편 움직임이 있었으나 부처 간 의견 상충이 있었다. 타협안으로 수상실에 유럽담당수석실을 두어 유럽연합과 연관된 업무를 담당하게 했으며 관련 부처와 협조, 정책조정을 맡게 되었다. 특히 유로화 사용 이후는 외교안보뿐만 아니라 경제, 재정, 시민생활에 이르기까지 폭넓게 연계되어 유럽담당수석실을 가동하고 있다.

한편 독일 수상실만이 독특하게 운영하고 있는 수석실 조직이 정보수석실이다. 정보수석실은 경찰정보, 해외정보, 국방정보를 총괄 조정한다. 그리하여 정제되고 보다 정확한 정보를 수상에게 제공하고 행정부처 및 관련 기관에 알리며 정부기관이 요구하는 정보를 수집, 해석하여 전파한다.

비서실장은 해외정보부장관, 국무조정실장, 대변인을 겸임하며 자체에 5-6명의 보좌관을 두고 있다. 헬무트 콜 수상 당시에는 수요일 각료회의가 있는 날을 제외하고 매일 수상 주재 수석비서관회의가 있었으나, 슈뢰더 수상 정권에서는 정규 수상주재 비서관회의는 없고 사안에 따라 관련 수석비서관, 비서실장, 특별보좌관이 수시 모임을 가졌다. 그러나 비서실장 주재 수석비서관회의는 1주일에 2회로, 화요일과 목요일 10시 30분에서 11시 30분 사이 1시간 정도 열렸다. 이 회의에서는 각 부처의 문제점이 논의되고 수상의 정책지침에 의거 쟁점을 정리하고 각료회의에 대비하였다. 수상과 비서실장은 같은 층에서 근무하며 수시로 만나고 수석비서관은 수상이 필요할 때 불러 의논하는데 사회, 외교안보, 유럽담당 수석비서관이 업무상 수상과 만나는 빈도가 높았다.

또한 외국 원수와 전화통화를 할 때는 외교안보수석이 참석하여 통화내용을 기록하며 통화시간은 대략 20분 정도이다. 비서실장 주재 수석비서관회의 외에 소규모 비공식 고위전략모임이 수상실에서 열렸다. 비공식 고위전략모임에는 수상, 비서실장, 연립정권의 녹색당(Green Party) 대표, 조시카(Joschka) 외무장관, 사회당 당수, 재경, 내무장관, 국회의원으로 구성된 특별보좌관 등 10여 명이 참석하여 필요시 사안에 따라 전략정책을 결정하였다. 이라크 전쟁에서 미국에 호응하여 파병할 것인가의 여부도 이 전략모임에서 최종 결정하였다.

수상관저는 베를린 제국 국회의사당 건너편 빌리브란트가(Willy Brandt-Strasse) 1번지에 위치한 현대식으로 건축한 수상실 건물 맨 위층인 8층에 있어 승강기를 타고 내려오면 바로 집무실이다. 슈뢰더 수상은 매일 아침 8시에 출근해서 자정까지 근무한다. 1년에 1–2회 정구하는 것 이외에는 특별한 취미활동은 없고 대신 주말에 떨어져 있는 고향의 가족을 만나기 위해 승용차 편으로 이동하며 그 나들이가 휴식이 된다고 한다. 슈뢰더 수상은 자유분방한 투사형이며 실용주의자로 자기주장을 내세우는 솔직한 인물이며, 수상이 당수직을 갖는 것이 통상적이나 수상 취임 이후 기꺼이 당수직을 내 놓았다고 한다. 슈뢰더 수상은 관료기질을 싫어하며 과거 콜 수상처럼 사회 각계각층의 전문인력 확보망을 가지고 있지 않으나, 정치 감각이 뛰어나고 자기 주장이 옳으면 밀어붙이는 성격이었다. 그래서 부시와 이라크 문제로 미·독관계가 악화되었을 때도 이라크 문제만 놓고 보면 양국 사이가 좋지 않으나 다방면 관계는 좋다고 하면서 당당히 부시와 맞섰다고 한다.

한편 수석비서관, 보좌관은 대개 핵심만 요약한 2.5페이지 분량의 보고서를 수상에게 제출하는데, 사안에 따라 보고서가 길어질 수도 있으나 수상을 짜증나지 않게 하는 방법은 간결 요약된 보고서 제출이라고 한다. 물론 필요할 때는 관련 부처가 제출한 원본도 첨부된다. 콜 수상은 17년 이상 수상으로 있으면서 기독교 민주당, 기독교 사회당 당원으로서 전문 인력을 충원하여 수상

실에 보좌관으로 기용하였다. 그러나 이후 사회당은 집권당으로서 역사가 짧아
서 그런지 수상실 보좌관의 수석, 차석 비서관 정도 외에는 거의 70%가 행정부
처에서 파견된 전문공직자였다. 이들은 대부분 3-4년간 근무한 후 자기 부처
로 승진하여 돌아간다. 기독교민주당 출신인 메르켈 수상은 콜 수상에 이어 오
랜 집권 전통으로 비교적 전문 인재 풀이 넓고 깊은 편이며, 사회당과 연정이
어서 사회당 저변 인재도 함께 충원하고 있다.

7. 이탈리아 수상과 비서실 조직관리 체계

이탈리아는 철저한 공화정치에 의한 지방분권국가를 전통으로 하고 있다.
BC 246년경에 로마 공화정(Rome Confederacy)으로 출발한 공화정부를 유지하
였다. 시저(Julias Caesor)가 부루터스 형제로부터 살해된 것도 공화정부를 황제
제국으로 만들려는 의도분쇄로 보아도 된다. 그러나 기원 후 4세기까지 황제통
치의 로마제국으로 존재하다가 게르만족에게 멸망당하였다. 그 이후 17세기까
지 로마, 베니스, 플로렌스 등 거대 도시국가로 명맥을 유지하였다. 도시국가
들은 로마교황, 프랑스, 스페인의 침공과 지배 속에서 잘 적응하면서 견뎌 왔
다. 14-15세기까지의 르네상스를 거치고 도시국가의 번영이 유지되다가 1796
년 나폴레옹의 침략으로 체제가 붕괴되었다. 그러나 1861년경부터 사르디니아
(Sardinia) 봉건제후의 결속으로 유럽에서 가장 늦게 군주공화정으로 통일국가
를 형성하였다. 이후 무솔리니(Benita Mussolini)가 이끄는 국가사회주의, 파시
스트(Fascist) 전제국가는 1943년 몰락하고, 2차 대전 이후 왕정폐지와 함께 철
저한 공화정치 체제를 수립하였다.

내각제 공화정치도 상징적 대통령이 있고 실질적 정부 관리는 수상의 몫
이다. 수상은 하원의 다수파 당대표가 원내에서 선출된다. 이탈리아는 좌파,
우파, 중도파 등으로 나누어 연립내각을 형성한다. 그러나 취약한 정당이합집
산으로 수상의 임기가 1년 내지 6개월간 집권하는 단명 내각수상으로 끝나고,
모로(Aldo Mora) 수상은 괴한에게 납치되어 살해되기도 한다. 이탈리아는 2차
대전 후 1948년 4월 총선거로 새로운 민주공화정권이 탄생할 때 정치 상황이

불안정하였다. 북부 산업지대, 남부 농업권, 젊은 세대, 도시 화이트 칼라, 영세민, 가톨릭으로 구분되어 분절된 좌파, 중간좌파 정당, 스탈린의 지원으로 조직화된 공산당이 우파, 중간우파 세력을 압도하는 정치 상황이 노정되었다.

트루먼 대통령은 이탈리아 정치 불안으로 서구식 민주체제 정착이 어렵다는 1947년 11월 14일 국가안전보장회의(National Security Council: NSC) 보고서에 따라 정보 공작 차원에서 국회의원 선거에 개입하였다. 유럽 점령지에서 압수한 기금 가운데 1,000만 달러를 조성하여 반공산당 심리전에 쓰고, 일부는 기독교민주당 당수이며 선거 후에 수상이 된 가스페리(Alcide de Gasperi)에게 제공하였다.

한편 미국 농림장관 엔더슨(Clinton P. Anderson)은 트루먼의 지시에 따라 이미 원조한 양곡뿐만 아니라, 남미에 원조하던 양곡 중 일부를 추가로 이탈리아로 보내는 등, 집중 지원 속에 1948년 4월 총선거에서 하원의석 574석 중에서 우파 기독교민주당이 307석을 차지하여 집권할 수 있었다(Christopher, 1996: 171-173).

그러나 부패한 기독교민주당, 관료, 기업, 그리고 마피아 연계로 얼룩진 이탈리아 사회를 부패청산 운동(clean hand)으로, 특히 정치권 정화 작업이 시작되었다. 1992년 이탈리아 북부 산업도시 밀란에서 보렐리(Francesco Saverio Borrelli), 피에트로(Antonio Di Pietro) 검사가 주축이 되어 세금 탈루, 부정거래, 뇌물죄로 정치인, 기업인, 관료, 마피아를 대거 체포하여 법정에 서게 하였다. 정치권은 사회당, 공산당, 기독교민주당이고 가릴 것 없이 연루되었다. 수사를 받던 크락시(Bettino Craxi) 수상은 투니시아로 도망치고 유럽연합에서 이탈리아의 영향력은 프랑스, 독일, 영국, 다음으로 바닥이었다. 정치권 정화, 마피아 부정소탕으로 프로정치에서 중도 중산계층의 각계 영역에서 선출된 관리자 그룹, 대학교수 계층에서 선출된 의회선거로 정치권이 대폭 물갈이되었다. 이 과정에서 밀란 법대를 나와 선상의 무명 가수, 건축가, 3대 TV 언론미디어 사주, AC 밀란 축구 구단주로 100-140억 달러 자산을 소유한 거대기업 그룹 총수가 된 베를루스코니(Silvio Berlusconi)가 주동이 되어 중간우파 성향인 전진이탈리아당(Forza Italia)을 만들어 총선에서 승리하였다. 이탈리아 정치계에 새로운 바람을 일으키며, 우파정파를 연합한 하원의석은 전체의 58.1%로 집권하였다(Ginsborg, 2005: 65-67, 94-96, 188-190).

베를루스코니 수상은 1994년 5월 10일 수상에 취임하여 그해 12월 22일까지 7개월 집권하고 다시 2001년 총선에서 승리하여 2006년 사회당 프로디(Romano Prodi) 수상이 가까스로 하원 다수의석을 차지하여 집권하기까지 6년 가까운 기간 동안 이탈리아 공화정에서 최장수 수상을 역임하였다. 밀란에 본사가 있는 그의 매스컴 재벌회사가 탈세로 총수인 베를루스코니는 수상재임 시와 현재도 검찰의 수사를 받고 있다. 그리고 이탈리아 특유의 가족세습 기업경영, 보스정치로 부분적으로 부정적 음영을 드리우고 있는 베를루스코니 수상이지만 전문 정치인이 아닌 기업인으로 21세기 정당을 만들어 최창수 이탈리아 수상으로 국정을 이끈 비결은 어디에서 왔을까? 아마도 자수성가한 기업인으로서 근면성, 실용적 자세, 낙관적 사고, 카리스마가 있는 권위적 리더십이지만 보좌관을 전력화시킨 조직력, 자금력이 아닐까 한다. 이탈리아 수상은 다양한 정치이념 스펙트럼을 균형 있게 관리하고, 북부산업지역과 남부 농업지대의 빈부격차를 해소하고, 전통적인 도시 분권국가의 정치, 행정, 문화를 살리면서 이탈리아를 안정적으로 유지·관리하고 발전시키는 데 정치력을 쏟고 있다.

그런 정치행정 수단이 이탈리아 수상실의 조직구조와 관리 형태이다. 장기집권과 안정 기조 위에서 국민의 지지를 등에 업은 베를루스코니 수상은 분권과 수상실 체제 약화에 만족하는 정치권과 정치심리를 수용하면서 분권 속의 강하고 안정적인 이탈리아 번영을 앞세워 수상실을 기능과 임무 면에서 강화시켰다. 이탈리아 수상실은 도시국가 전통의 지방분권형 체제를 안정적 국가통합의 에너지로 동원하는 조직관리체계로 전환하고 있다. 임무 면에서 지방경제, 지역산업의 자율성과 번영을 철저히 보장, 장려하면서도 국가 전체 맥락 속에 결속시키기 위한 장치를 수상실에 설치 운영하고 있는 것이 그 좋은 예이다. 그러면서도 수상실의 비서실장이나 수석비서관, 참모는 각료를 지원하고 결속시켜 국정을 이끄는 전략정책기구로 수상을 보좌하는 국정의 견인차 역할을 한다. 각료회의에서 수상 비서실장은 수상 옆자리에 위치하고, 사실상 각료회의의 간사역할을 한다. 이런 흐름은 토니 블레어 수상실에서 보듯이 수상을 내각 각료 차원에서 보좌하는 관방장관 외에 수상 집무실에서 수상을 보좌하는 백악관 비서실장과 같은 역할을 하는 새로이 설치된 영국 수상 비서실장 직책, 역할과 그 궤를 같이한다. 따라서 영국 수상실과 마찬가지로 내각제의 이탈리아 수상실도 백악관의 대통령형 수상실 국정관리 체계로 변모되고 있다.

이탈리아 수상은 내각제의 행정부 수반으로, 그의 공식명칭은 내각회의 의장(President of Council of Ministers)이다. 수상실은 수상보좌장관 (Undersecretary of State, Prime Minister)이란 공식명칭을 가진 비서실장이 있다. 물론 언론담당 수상보좌장관이 1명 더 있다. 그러나 수상보좌장관인 비서실장이 수상의 국정 전반 수석보좌관이다. 매주 금요일 오전 9시 30분에 개최되는 각료회의에 회부될 안건을 준비하기 위해 비서실장이 주재하는 수석비서관 회의가 매주 화요일 오전 9시에 열린다. 화요일에 개최되는 수석비서관 회의는 9시부터 11시 30분까지 2-3시간 정도 소용된다. 수석비서관은 관련 부처 장관, 장관 비서실장과 직접 또는 전화로 각료회의 의제를 협의하여 수석비서관 회의에서 정리한다. 이 과정에서 운영실장(General Secretary Office of Prime Minister)은 의제를 체계적으로 정리하는 실무역할을 맡아 수상보좌장관인 비서실장이 각료회의 간사로서 효율적이고 매끄럽게 회의를 진행하도록 실무적 담보를 한다.

수상보좌장관인 비서실장은 수상보좌, 비서실관리, 각료회의 간사 역할을 하는데 수상과의 정치적 신임, 국가 운영에서 수상의 국정자문 파트너로서 부수상보다 관료, 조직 서열은 낮다. 그러나 그 역할은 외무장관인 부수상보다 훨씬 높고, 국정 전반에 걸쳐 가장 중요한 역할을 수행하므로 실질적으로는 부수상인 셈이다. 총리에게 제출하는 모든 문건과 관련해서 각료, 수석비서관, 중요 기관의 어떤 부서장이 제출하든지간에 비서실장의 서명이 없는 문건은 수상에게 제출해도 수상이 읽지 않고 바로 비서실장에게 일단 보낸다고 한다. 그의 서명이 있어야 수상은 문건을 읽거나 결제를 한다.

수상의 일정은 아침 6시에 일어나서 8시에 출근을 하고 오후 11시에 일을 마치고 관저에 가서도 새벽 2시까지 일한다. 그래서 비서실장은 아침 7시에 출근하고 중요 국정은 밤 11시에 수상이 관저에 도착하여 있을 때 찾아가서 하루 일정의 결과를 보고하고 국정을 논한다. 이와 같은 일정을 토요일과 일요일에도 소화하고 있다. 비서실장은 수상과 집무시간이 비슷하거나 길다고 보아야 할 것이다. 수상이나 비서실장은 평균 3-5시간 수면한다고 보면 된다.

한편 비서실차장인 운영실장은 총리실에서 수상보좌관이 비서실장을 도와 수상비서실 사무관리와 비서실장을 정책적으로 보좌하는 임무를 수행한다. 운영실장은 법률가, 행정가, 총리실 부속실장 등을 역임한 행정가 출신이다. 베를루나크스 시절 비서실 차장인 카트리칼라(Antonio Catricala) 운영실장은 그런 배경을 가진 행정가로 비서실 내의 전반적인 행정관리를 책임지면서, 수석비서관이 정리한 정책보고서를 전부 정리하여 비서실장에게 보고한다. 운영실장인 비서실 차장이 비서실장에게 보고하는 정책보고문건은 하루 평균 20건이며 이는 모두 비서실장이 수상에게 보고하며 사안에 따라서 비서실 차장이 구체적 설명을 해야 할 때는 비서실 차장도 같이 가서 수상에게 보고한다. 비서실 차장은 실장과 달리 아침 7시에 출근하여 10시 전후에 퇴근하고 집에 도착하면 11시라고 한다. 그리고 주말에는 집무실에서 일하는 실장과 달리 차장은

[그림 4-13] 이탈리아 수상비서실 조직운영체계

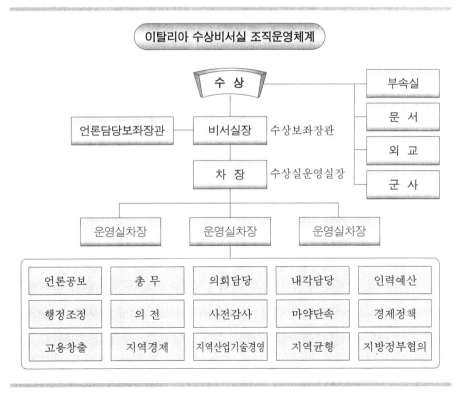

집에서 휴식을 취한다고 한다.

수상비서실에는 실장, 차장, 산하에 3인의 운영실 차장이 있고 국 (departments) 단위로 16개 수석비서관이 있으며, 4000명의 수상실 직원이 일 하고 있다. 비서실차장은 차관 중 최고위인 외무부차관보다 상위이고, 수석비 서관은 차관과 국장의 중간위치에 있으나 모두가 실제업무와 역할에서 상위 직 급의 위상이라고 한다. 수석비서관실의 임무는 이탈리아 도시국가 전통의 지방 분권 신장 속에서 국가통합을 유지 · 관리하려는 국가운영의 의지가 엿보인다. 총무, 의회담당, 내각, 인력예산, 행정협조, 마약감시, 인권보호, 고용창출, 내 부통제, 의전담당 수석들이 있다. 그러나 그 중에 경제조정, 지역경제, 지역과 학기술산업 경영, 지역균형, 지방정부 협의담당 수석실 등은 지방분권화 시대 의 중앙정부 차원의 지방경제 신장과 국가통합 목표의 동시 달성을 추구하는 정책의지를 나타내는 표상이기도 하다.

국 단위급으로 조직된 수상실의 수석비서관실을 조직 · 인사 면에서 사례 를 들어 관리 실태를 알아 본다. 베를루니크스 시절 예산인력담당 수석비서관 은 1985년 재무부의 국고국 근무를 시발로 재무부 법무관실에서 근무하다가 1993년 감사과장이 되고 1996년에 행정비서관으로 일하던중 1998년에 국장으 로 승진하였다. 2000년 10월 재무부 행정 조직국장 재직 시, 수상비서실장이 명령하여 인력예산 수석비서관이 되었다. 예산 인력 담당 수석비서관은 실제 차관 이상의 역할을 수행하나 법제도적으로는 차관과 국장 중간의 차관보급에 해당한다. 인력예산수석실에는 국장급 4명, 과장급 22명을 포함 600명이 일하 고 있다. 92%가 전문 관료경력직이며 정무직은 3년간 계약직으로 정권이 바뀌 면 모두 물러가게 되어 있다.

수상실의 회의과정을 보면 수상이 직접 주재하는 공식 비서실회의는 없 다. 그 대신 수상은 필요할 때 상시로 비서실장과 차장을 면담하고, 수석비서 관을 전화로 불러 주요 쟁점 사안에 대해 논의한다. 다만 제도화된 공식회의는 수상이 주재하고 비서실장이 간사가 되며 매주 금요일 9시 30분에 시작하는 국 무회의가 있다. 이 국무회의는 길게는 오후 5시까지, 과거 정권에서는 3일간 계속된 적이 있었으나, 현재는 4시간 정도 걸린다고 한다. 비서실 내부회의는 각료회의에 대비한 내각 부처의 안건을 정리하는 소관 수석비서관이 모이는 비서실장 주재 회의가 매주 화요일 오전 9시에서 11시 사이에 걸쳐 진행된다. 그리고 매년 11월 예산 편성 시 비서실장이 주재하는 수석비서관 전체회의가 있다. 공식모임은 아니나 수상이 매년 크리스마스 때 모든 수석비서관과 보좌관을 불러 파티를 여는 행사가 열리기도 한다. 수상에게 보고하는 문서의 양식은 없으나 대략 2-3 페이지 범위 내에서 정확하고 논리 정연하며 간결한 보고서를 요구하고 있다.

수상실의 비서실장이나 차장은 수상의 리더십으로 말과 행동이 일치하는 자세, 인간적 연민, 정책균형 감각이 무엇보다 필요하다고 본다. 베를루스코니 수상은 누구에게 전화할 때에도 지금 전화받을 시간이 있느냐고 물은 뒤 대화를 하며 조금만 일을 잘 해도 칭찬하였다 한다. 그리고 소득세를 내리는 세제개혁을 처음으로 주도한 개혁주의자로 인식된다.

또한 비서실장과 차장이 수상, 각료, 비서실 직원, 다른 부처 공직자와의 관계에서 원활한 수상보좌를 위한 덕목으로는 정직성, 투명성, 융화, 포섭, 겸손, 경청, 나서지 않는 자세를 제시한다. 더불어 국정관리 면에서는 신중한 토론 후에 신속하면서 과단성 있는 결정을 내리고, 이를 즉각 소관부서나 각료에게 알려 신속하고 일관성 있는 정책집행, 차질 없는 국정관리로 효과극대화를 노려야 한다.

8. 일본 총리와 비서실 조직관리 체계

일본 내각총리대신과 내각의 국정 운영을 보필하는 총리실의 조직 관리체계를 보면 많은 부분에서 관료에 의존하는 경향이 짙고 일본 특유의 정치 현상인 내각총리대신의 소극적·반응적 리더십(reactive leadership)으로 총리부의 활기찬 역동성은 저강도인 것 같다.[11] 그러나 고이즈미 총리가 집권하면서 총리

---

11) 1995년 3월 22일부터 24일까지 3일간 동경에 있는 일본 수상, 내각총리대신의 비서실인 총리부 내각 관방을 방문하여 주요 인사를 면담하고 관련 문헌을 수집 검토한 바 있다. 면접한 주요 인사는 내각총리대신관방(內閣總理大臣官房)의 심의관(審議官) 요시다 마사쯔구(吉田正嗣), 참사관(參事官) 카츠노 겐스케(勝野堅介), 인사과 기획직원계장(企劃職員係長) 고가와 나요이(小川尚良), 참사관보(參事官補) 야마키 도오후우(山木遠夫), 총무과 심사담당과장보좌(審查擔當補佐) 데라다 도쿠고레(寺田德之) 등이다. 내각관방의 비서실 기능을 정부 외곽부처에서 알

직을 보다 긍정적으로 인식하고 내각 장악력을 굳건히 하면서 공세적으로 총리 역할을 수행하고 있다.

2차 대전 이후 군국주의를 벗어나 내각책임제를 기본 정치체제로 하는 일본 국가체제는 국가와 국민 통합의 상징인 천황을 정점으로 총리를 수장으로 행정부, 사법부 그리고 하원인 중의원과 상원인 참의원으로 구성되어 있다. 천황은 헌법규정상 국회 승인이 끝난 총리임명, 대사임명과 외교사절 접견, 각종 법령공포 등의 기능을 수행한다. 사법부는 대법원·고등·지방법원과 가정법원으로 구성되어 있다. 한편 행정부는 국회를 중심으로 의원이 장관으로 임명되어 운영되며 수상인 총리대신은 장관의 일원이고, 대내외 수장으로 장관을 지휘·통제하며 행정부를 이끌고 있다. 의회의 경우 하원은 중선거구로 1개 구에서 3~5명이 4년 임기로 동시 선출되며 전체 의원은 511명이다. 상원은 득표수 비례로 선출된 전국구 의원 100명과 47개도에서 2~8명 선출하여 당선된 152명 등 전체 252명으로 구성되어 있다. 20개 부처 장관 가운데 과반수 이상을 이들 국회의원으로 임명하여 내각제 행정부를 형성하고 있다.

행정부에는 총리실과 직속기관으로 여러 위원회와 청이 있다. 그 밖에 상훈국, 문서보관소, 영빈관, 학술회의, 국제평화협력본부, 행정개혁위원회 등도 있다. 또한 내각 직속으로 법규제정심사, 법률 자문역을 담당하는 내각 법제국, 경력직 직업공무원을 임용하고 훈련시키는 인사원, 연간 몇 차례 국가안전과 국방 관련 정책을 합의 도출하는 국가안전보장회의가 있다.

내각제를 채택하는 일본 정부는 헌법상에도 20개 부처의 장관은 과반수 이상을 국회의원 가운데 임명하게 되어 있어, 집권당의 국회의원을 중심으로 정부의 최고정책결정이 이루어진다. 그러나 국정의 운영실체는 사무부장관이 이끄는 행정부 전문관료집단이며, 보수정치집단과 관료집단이 연합체가 되어 일본 정부를 이끌어 왔다. 이같은 관료집단화는 총리실을 핵심으로 내각총리대신을 보좌하는 수상 비서실 기능을 수행하는 내각관방의 관리체계에서도 그대

아보고, 일본 정부의 조직관리 효율화를 위한 일본 공무원의 세계화 조치, 신세대에 대응하는 임용제도 개선, 행정기구 개편, 정원관리 등 최근 조치들을 파악하기 위해 인사원(人事院)의 사무총국 산하 관리국 연수심의실 연수심의관 후꾸시마 가츠오(福島一夫), 국제과 국제전문관 하나야마 하쿠시미(花山博巳), 임용국 기획관 하코노 히로미(葉子野廣), 총무청 행정관리국 다베 히데루키(田部秀樹) 조사관을 만나 면담하고 관련 자료를 분석하였다.

로 나타나고 있다. 또 하나의 특징은 행정부 수반인 총리의 권한을 축소하는 데 있다. 의회 내 다수당 혹은 연립정당이 선출한 의원이 총리가 되고, 총리는 각료를 임명하여 형식적이나마 천황이 임명 승인하는 절차를 밟는다. 그런데 행정부 수반이 되는 일본 총리는 대표 장관으로서 그 이상도 이하도 아니다. 특히 일본 정당의 파벌정치 산물인 총리는 거대여당 자민당 내의 파벌 간의 협상을 통해 선출된다. 그리고 파벌 간의 세력균형이 깨어지고 협상이 유효하지 못하는 순간 일본 총리의 재임기간은 잘 해야 1년에서 2년으로 단명하고 그가 이끄는 내각 역시 단명내각이 된다.

특히 1980년대까지 자민당의 파벌계파 정치에서 1990년대 야당이 모여 구성한 연립정권이 형성되면서 단명 내각은 가속화되었다. 1993년 8월 9일 사회당, 신생당, 공명당, 일본신당, 민사당, 신당, 사키가케 등 사민련의 8개 정당이 연립정권을 만들어 호소가와 총리를 선출하였고, 각 정당별로 각료를 안배하여 국정을 운영하였다. 뒤를 이은 사회당 출신 무라야마 총리도 같은 정치 궤적으로 국정운영을 이어갔고, 오부치 총리는 화합형 내각수상으로 마무리하였다. 전통적으로 권력을 분산시켜 민주주의를 구현하고 국민에게 직접 정책서비스를 전달하고 책임지는 정치를 실현하려고 고안된 내각책임제를 채택한 일본은 과거 군국주의 망령으로 내각책임제 수상에게 과도한 권한집중을 금기시하였다. 파벌계파정치, 연립파벌계파정치, 단명 내각, 수상에 과도한 권력집중 금기 정치문화는 결국 일본 수상의 국정운영 리더십을 소극적이고 수동형(reactive, receptive leadership)으로 만들었다.

그러나 2001년 자유민주당 총재에서 총리로 선출된 고이즈미 준이치로(小泉純一郎)는 2001년-2006년 까지 5년간 제87-89대 일본 총리로 정부를 이끌어 왔다. 고이즈미 총리는 일본 정부 관점에서 보면 드물게 5년간 안정 기조를 유지하며 개혁 국정을 수행하였는데, 자민당 대의원, 원내 의원, 일본 국민의 높은 지지 속에서 총리를 보좌하는 총리 비서실을 증강하고, 조직을 전력화시켜 일사불란한 시스템으로 가동하는 적극적 리더십을 발휘한 것이다. 그리하여 내각 운영, 총리실 조직관리 운영체계 강화 면에서 명실상부한 대통령형 수상제로 내각총리대신(內閣總理大臣, presidential prime minister)은 그 위상과 역할을 굳혀가고 있다.

일본의 대통령형 수상을 보좌하는 비서실은 정규 행정부처인 내각관방(內閣官房: Cabinet Office)이다. 총리 비서실인 내각관방은 일반 내각의 핵심 참모와 계선기능(staff and line function)을 동시에 수행하고 있다. 내각관방은 헌법 66조, 내각법 42조 1항의 규정에 따라 그 기능이 매우 규격화되어 있고 또한 관료화되어 있다. 내각관방은 내각이 지향하는 중요 정책의 틀, 방침, 의제를 총괄 조정하면서 내각 정책기조의 일관성을 유지하고, 총리의 정책의지를 내각에 전달하여 내각의 정책형성과 집행을 조정, 후원하는 임무를 수행한다. 그러나 이 기본임무 외에 상황적, 쟁점별 전략정책의제를 실행에 옮기고 있다.

내각관방은 비서실장인 내각관방장관이 전체를 총괄하며 3명의 부장관이 관방장관을 보좌하고 있다. 내각관방장관은 총리의 오랜 정치동지로 다선 의원이며 차기 총리 유력 후보자이다. 그는 내각에 상정될 의제를 각부 장관과 협의 조정하여 각료회의의 간사로서 사실상 각료회의를 주재한다. 내각관방장관은 정부대변인이며, 국무조정실장 임무도 수행하는데 내각 각부, 청의 임무나 정책을 조정하고 총괄하면서 총리를 측근에서 보필한다.

부장관 중 중의원 담당 정무부장관과 참의원 담당 정무부장관은 젊고 유능하며 장래가 유망한 초·재선의원 중에서 임명된다. 주 임무는 총리의 추진 정책이나 관방에서 수행하는 정책을 의회와 정당을 상대로 협조를 구하는 역할을 수행하고, 관방장관 부재 시에 관방부를 관리한다. 말하자면 상하 양원 담당 정무수석 보좌관 역할을 하고 있다. 행정담당 부장관은 일본 최고위 경력직 공무원으로 각료회의에 회부될 각 부처의 의제를 조정·기획하고 정책집행과 정책서비스 제공과정에서 고이즈미 내각의 정체성 확보, 정책의 일관성을 유지하고, 정보조사업무를 책임진다. 그리하여 총리 비서실은 총리, 관방장관, 정치·행정 부장관, 심의실장의 4개축으로 운영되는 제도화된 관료집단이다.

1986년 기구개혁으로 총리비서실의 기능이 정착되어 내각관방은 관방장관, 부장관 2명, 수석비서관격인 6명의 심의실장이 관련 부처의 정책을 지원하고 조정하며 총리의 정책의지를 전달하고 내각의 정책집행과정을 항시 주시하고 있다.

그러나 1998년 일본 영공을 지나가는 북한의 장거리 미사일 발사, 2006년의 북한 핵실험을 계기로 개혁지향인 공세형 고이즈미 총리는 총리실을 주축으로 내각관방과 내각의 역할을 강화하고 내각의 정책 결정과정을 더욱 단순 신속하게 만들었다.

한편 고이즈미 총리가 집권하면서 내각관방의 조직이 확대 강화되고 내각의제의 기획총괄, 일관성 유지, 체계화라는 전통적 임무 수행에 전략정책, 시급한 쟁점별 정책을 추진하는 임무를 부차적으로 갖게 되어 관방조직은 정책본부장 역할을 수행하게 된다. 종래의 6개 심의실장 중에서 내정, 외정, 안전담당 심의실장을 부장관보로 격상시켜 사실상 전문직업 공직자로서 최고위직인 사무부장관과 맞먹는 기능과 임무를 수행하고 있다. 부장관보는 부장관과 관방장관에게 보고하여 관방장관이 총리에게 최종적 업무보고와 정책결심을 받아내지만, 상황에 따라서는 총리와 직접 만나 정책협의와 자문을 한다. 내정담당 부장관보는 행정개혁, 도시재생, 구조개혁특구, 지적재산권보호, 수해피해복구, 지역재생, 우정민영화, 지방분권 업무를 관련 내각부서와 협력하여 추진하는 책임을 진다. 외정담당 부장관보는 정보통신기술, 화학병기 폐기물처리, FTA 처리, 북한 납치자 가족지원, 지적재산권 보호유지협상, 대륙붕 탐사 등 외교군사적 쟁점사항도 관련 행정부서와 협력하여 해결한다. 안전담당부장관보는 수재방지대책, 총리실 위기관리대응센터에 참여, 공항과 항만 안전, 테러대응 등 국내안전 쟁점에 경찰과 협의하여 해결하고 수상을 보좌한다.

아울러 총리 고위보좌관제가 신설되었는데 5인 이내로 총리 보좌관이 장관급으로 충원되고 있다. 또한 지진, 홍수, 태풍 그리고 안보위기에 대비한 위기관리에 대처하는 내각위기관리감을 총리직속으로 신설하여 총리가 국가안전을 직접 지휘하는 시스템을 만들었다. 여기에 종래의 총무비서관 역할을 담당하는 내각총무관실을 행정보좌, 관저정비관리, 총리연설문 작성 담당, 수행비서로 구성된 기구로 확대하였다. 다만 종래의 6개 수석비서관 중 광보관, 내각정보조사실장은 다른 심의실장이 부장관보로 격상되어 있음에도 불구하고 그 직위와 직책이 그대로 있다. 그러나 광보관은 행정부처 언론홍보담당관을 조정통제하는 임무를 수행하고, 여론조사를 담당하는 기능과 영역이 확대되고, 내각정보조사실 정보관은 광학위성이라고 불리는 2개의 첩보위성을 직접 관장하여 신호, 영상정보를 직접 수집, 해석, 전파하는 임무와 총리관저에 있는 정보집약센터를 운영하는 막중한 역할을 수행하고 있다.

[그림 4-14] 일본 수상비서실 관방조직도

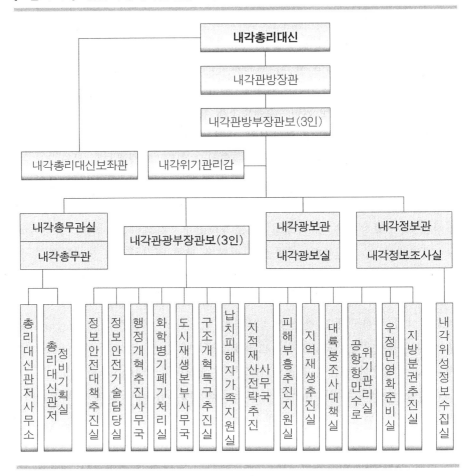

그리고 부장관보, 광보관, 정보관은 산하에 각 부처에서 파견되거나 내각
관방에서 경력직을 쌓아 온 전문공직자로 대략 13명 가량의 과장급(參事官)을
각각 두고 있다. 각 과장은 많으면 40명의 직원을 두고 있는데 총리 비서실인
내각관방의 각 수석비서관인 부장관보, 정보관, 광보관, 위기관리감, 총무관이
장악하고 있는 인원은 전체 648명이나 된다. 고이즈미 총리 이전 1995년에 관
방직원이 165명이던 것이 2004년 현재 648명으로 증원된 것은 그만큼 조직이
강화된 것이다. 이 인원은 백악관의 각 수석실에서 근무하는 인원보다 많은 편

이다.

한편 총리가 이끄는 20개의 각 부처가 수행하는 고유업무와 쟁점정책을 실현하기 위해 총리비서실인 관방이 협력, 조정, 후원하는 주도 역할을 하면서 관련 부처와 파트너십으로 추진본부나 위원회를 구성하였다. 추진본부, 위원회는 관방과 관련 부처가 공동으로 운영해 나가는데 주요 추진 쟁점별 전략정책은 지구온난화 대책본부, 식량농업농촌 정책추진본부, 행정개혁추진본부, 경제재정자문회의, 종합과학기술회의, IT전략본부, BT전략회의, 규제개혁 민간개방추진본부 등 20여 개나 된다([그림 4-15] 참조).

이처럼 총리실은 관방장관을 주축으로 3명의 부장관, 3명의 내정, 외정, 안전담당 부장관보, 3명의 정보관, 광보관, 총무관 그리고 총리직속 위기관리감, 5인의 장관급 보좌관이 각부성에서 차출되었거나 관방부 고유 공직자로 구성된 600여 명의 인력으로 전략정책을 쟁점별로 추진하고 있다. 일본 수상실 관방부에는 규정에 따라 4가지 유형의 정책회의가 있다. 정책조정 순서로 보면 첫 번째 회의는 매주 월요일과 목요일 12시-1시 사이에 내각관방에서 내각관방장관이 주도하고, 부장관, 6개 심의실장, 각 성·청 사무부장관으로 구성된 부장관회의(administrative deputy ministers' conference)이다. 관방 사무부장관이 실질적으로 주도하는 이 회의는 총리가 특별히 지시한 안건과 20개 성·청의 안건을 관련 심의실장이 보고하고 토의하며, 그 내용을 정리하여 각료회의에 상정할 의제를 준비한다. 이는 최종적으로 관방장관실에서 마무리되어 각의에 상정하는 최초 단계의 정책투입 메커니즘이다. 물론 부장관회의에 앞서 부처 실, 국장을 소집하여 수석비서관별 회의를 개최하여 관방장관의 각료회의 안건회부에 실무적 마무리를 한다. 예컨대 외정담당부장관보는 경제산업부, 재무부, 농수산부 국장을 참석시켜 FTA 교섭, 해상권익, 경제무역, 대륙붕조사 등에 관하여 관련부처 실무국장과 대책을 협의하고 광우병 대책, 미국산 쇠고기 수입과 식품안전대책을 논의하여 합의점을 도출하거나 협상카드를 마련한다.

두 번째 회의는 매주 수요일 9-10시에 각 성·청의 정무담당 부장관들로 구성된 정무부장관회의(parliamentary deputy-ministers' conference)로, 이 회의에서는 각의에 상정하기 전 주요 쟁점사항을 정치면에서 접근하여 의견조정을 한다. 세 번째 회의는 총리가 주재하는 각료회의(cabinet meeting)이다.

[그림 4-15] 일본 내각의 전략정책 추진조직

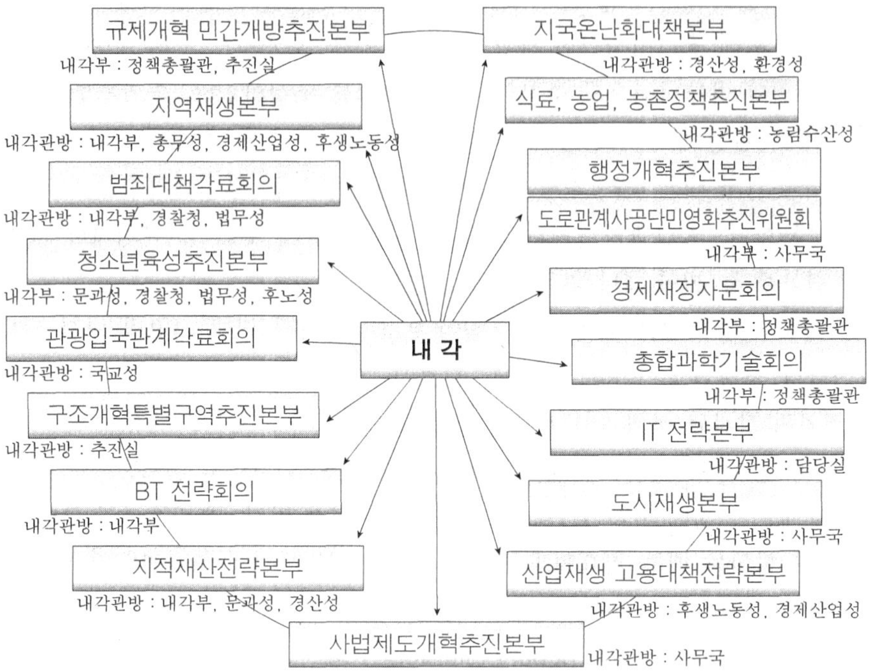

규제개혁 민간개방추진본부
내각부 : 정책총괄관, 추진실

지역재생본부
내각관방 : 내각부, 총무성, 경제산업성, 후생노동성

범죄대책각료회의
내각관방 : 내각부, 경찰청, 법무성

청소년육성추진본부
내각부 : 문과성, 경찰청, 법무성, 후노성

관광입국관계각료회의
내각관방 : 국교성

구조개혁특별구역추진본부
내각관방 : 추진실

BT 전략회의
내각관방 : 내각부

지적재산전략본부
내각관방 : 내각부, 문과성, 경산성

지국온난화대책본부
내각관방 : 경산성, 환경성

식료, 농업, 농촌정책추진본부
내각관방 : 농림수산성

행정개혁추진본부

도로관계사공단민영화추진위원회
내각부 : 사무국

경제재정자문회의
내각부 : 정책총괄관

총합과학기술회의
내각부 : 정책총괄관

IT 전략본부
내각관방 : 담당실

도시재생본부
내각관방 : 사무국

산업재생 고용대책전략본부
내각관방 : 후생노동성, 경제산업성

내 각

사법제도개혁추진본부
내각관방 : 사무국

행정부 수장으로 행정 각부의 각료가 고유 임무와 쟁점별 전략정책을 수행하는 데 가장 필수적인 제도장치가 각료회의이다. 매주 화요일과 금요일 오전 10시 시작하여 30분-1시간 내에 총리 관저에서 이루어지는 각료회의는 관방장관이 실질적인 진행을 한다. 이 각의가 최고 정책회의로 각 성·청에서 논의된 안건만 처리한다. 각의가 끝나면 미진한 토의부분을 보완하는 자유토론식의 각료 간담회가 30분 정도 이어진다. 그 밖에 총리가 원하면 일시에 관계없이 언제든지 관련 분야 각료를 총리관저에 불러 회의를 한다. 각료회의, 관계장관회의, 수시 각료간담회 등 총리 참석 회의는 관저에서 진행하며 회의에는 관방장관이 참석하고 회의 전후에는 관방장관, 관방부장관, 관방부장관보, 상황에 따라 광보관, 정보관이 참석하여 후속 대책 강구나 마무리를 한다.

네 번째 회의는 관계장관회의(ministers' conference)로 각의 수준에 해당하나, 좀 더 구체적인 의제, 장관들의 상호 의견조정이 필요한 의제에 대하여 논의하며, 월 1-2회 개최한다. 이 같은 회의는 매우 제도화되어 있고 정형화된 것이 특징이다.

고이즈미 총리는 관방장관이 주관하는 관방부장관, 부장관보, 광보관, 정보관, 총무관, 위기관리감이 참석하는 관방수석비서관 회의에 참석하여 의견을 듣기도 한다. 아울러 총리보좌관 5인은 휘하에 참모는 없으나 정책사안 별 총리자문역으로 정책 상담을 한다. 전 국회의원인 야마사키 간사장은 북한문제, 가와구치 전 외무장관은 외교안보, 농림수산성 고위관료 출신으로 우정민영화 추진실장을 역임한 와타나베는 내정, 아키노 전 건설부장관은 도로공단 민영화 분야를 각각 담당하여 총리에게 자문한다. 이처럼 총리특별보좌관을 장관급 인사로 기용하여 총리의 전략정책 추진을 보좌하며 총리의 국정운영을 한 단계 업그레이드시킴은 물론 위상을 높이고 있다.

고이즈미 총리는 정당의 파벌구애를 받지 않아 정치적으로 제약을 덜 받으며 성격은 근엄하며, 각종 회합에 참석하여 잘 어울린다고 한다. 그리고 자신의 생각을 알기 쉽고 명쾌하게 참모나 부하에게 전달하고 회의진행도 한정된 시간 내에 끝내는 효율성을 강조하는 인물로 총리실 내의 참모들은 평가하고 있다. 아울러 보고서식은 규격화된 양식은 없고 2-3쪽으로, 될수록 큰 글씨로 정리 요약한 보고서를 선호한다. 수상의 국정운영 역량이 대통령형으로 강화되면서 언론방송과의 관계도 긴밀해지고 국민에게 정책홍보와 총리메시지 전달에 많은 노력을 기울이고 있다. 2006년 9월 자민당 총재에서 제 90대 총리가 된 아베 신조(安倍晋三)가 세계화 시대의 일본이 순항하기 위해 구축된 대통령형 내각총리직을 성공적으로 수행하느냐는 전적으로 아베 총리의 리더십, 그런 리더십에 반응하는 관방 보좌진 팀워크, 총리와 일체가 된 각료의 일관된 정책 실현에 달렸다고 본다.

9. 한국 대통령과 청와대 비서실 조직관리 체계

이승만 대통령 이래 윤보선, 박정희, 최규하, 전두환, 노태우, 김영삼, 김대중, 노무현 대통령에 이르는 대통령 비서실의 조직관리 실태를 문헌분석, 실증 면접방법, 총체적 시각으로 분석해 본다. 다른 나라 대통령은 물론, 특히 우리나라 대통령의 위치는 동기의 순수 여부는 물론, 결과로 평가받고 국민에게 책임지는 자리이다. 따라서 대통령의 통치업적을 극대화시킬 수 있도록 돕는 것이 바로 비서실의 존재 의의라 할 수 있다. 국정과업 달성의 극대화라는 목표를 수행하는 비서실은 대통령, 비서관, 관련 행정부 각료와 협동체계 차원에서 분석될 수 있다.

대통령은 명확한 비전제시를 통해 확실한 국정운영의 목표를 제시하고, 폭 넓은 권한 위임과 활발한 토론문화를 위한 분위기 조성에 노력해야 한다. 이런 맥락에서 비서실장은 대통령의 이념을 명확히 해석해 주고 비서관과 관련 부처에 정확한 지침을 알리고, 정치권으로부터 좋은 조언을 수렴하고 과도한 영향력을 막아 줄 수 있을 만큼 능력 있고 균형 감각이 있는 덕목을 지녀야 한다. 비서관에게는 전문성과 기획조정 능력이 필수적이며 이들의 충성심은 맹목적인 것이 아니라 국민에게 공약한 대통령의 정책 사업을 달성하려는 정책의지와 대통령을 지지하는 자유의지를 토대로 형성된 것이어야 한다.

비서실의 조직관리체계는 대통령의 통치이념을 각 부처에게 정확히 해석하고 전달해 주어 구체적인 사업으로 집행될 수 있는 기반을 조성해 주도록 기능이 분야별로 분화되어 있어야 한다. 이와 함께 자체적인 정보 수집과 정보 분석 능력을 갖추어 정확한 상황판단을 하고 대통령의 결정을 도와 줄 수 있도록 설계되어야 한다. 아울러 대통령 비서실은 각 부처, 사법부, 정당, 국회, 이익단체, 언론 등과 원만한 관계와 의사소통을 하여 대통령의 업적을 홍보하고 국민을 이해시키는 중요한 역할도 수행해야 한다. 결국 비서실은 각 부처를 통제하려는 전통적인 틀에서 탈피하여 부처 간의 업무를 조정하는 심판자(refree), 그리고 동반자(partner)의 위치에서 이해와 관심을 갖고 행정부를 도와주는 지원자적 리더십(supportive leadership) 발휘를 기대하고 있다. 또한 비서실은 세밀한 팀워크(team-work)를 갖춘 팀플레이어(team player)로서 행동해야 한다. 한국의 대통령 비서실도 이런 맥락에서 정책 조직관리 능력을 높이는 국정운영의 노하우를 발전시켜 세계화 추세 속에 경쟁력 있는 청와대 브랜드를 가져야 한다.

1945년 8월 15일 해방 후 한국이 1948년 7월 17일 제헌 헌법으로 신생독

립국이 되었을 때부터 타협과 설득은 매우 어렵고 제왕 같은 대통령의 권위정
치가 펼쳐졌다. 한민당이 주도하여 유진오 헌법 작성팀이 만든 원래의 헌법초
안에는 정부 형태가 영국식 내각책임제이었고 대통령은 국회에서 간접선거로
선출되어 영국 여왕, 일본 천황, 오늘의 독일 대통령같이 국가통합의 상징인
국가원수로서 활동하고, 현실정치는 의회를 중심으로 이루어져 의회 다수당이
선출한 국무총리, 또는 수상이 국정을 관리하게 짜인 것이다. 그러나 미국에서
귀국한 이승만은 미국 대통령제에 익숙하여 대통령은 국민이 직접 선출하여 상
징적 국가원수 역할 수행은 물론 국정을 실질적으로 이끄는 행정부 수반이어야
한다는 대통령중심제 정부형태를 강력히 주장하였다. 타협의 소산으로 대통령
제에 내각제를 가미하여 대통령이 국회동의를 얻어 임명하는 국무총리제 통치
구조가 만들어졌다.

　　초대 대통령에 한해 중임을 철폐하여 영구집권 계기를 마련하여 3대 대통
령으로 당선된 이승만 대통령은 1960년 4·19 학생혁명과 국민저항으로 하야
하였다. 1948년 7월 12일 제정되어 17일에 공포된 제헌 헌법은 그 이후 9차에
걸쳐 개정되었다. 그런데 3차 개헌으로 1960년 6월 15일 공포된 내각책임제로
통치형태가 바뀐 단 한 번의 헌법 개정 이외에는 모든 헌법 개정이 대통령제
강화에의 길로 갔다(俞鎭午, 1949: 27).

　　존슨 대통령의 특별보좌관이던 조지 리드(George Reedy)는 백악관 근무에
서 느낀 소감을 정리한 그의 저서 「대통령의 황혼기」에서 현대판 황제인 미국
대통령은 국민통합의 상징, 국민을 계도하는 교사, 정치 결사체의 중심인물,
도덕적 표상, 정책의 조정자이기를 국민은 기대하고 대통령은 그런 기대에 부
응하려 노력하고 있다 한다. 이런 국민의 기대에 부응하는 정책을 형성하여 실
현시켜야 하고, 때로는 어떤 정책이 옳고 정당한가를 국민에게 알리고 설득시
키며 앞장서는 대통령이어야 한다고 한다. 50만 대군의 월남 파병, 이라크 파
병 등 지루하고 명분이 퇴색한 전쟁, 불충분한 정보 판단 속에 카스트로 정권
을 전복시키려 피그만에 상륙시킨 병력의 몰살, 전 세계 경제 불황으로까지 연
결된 경기침체, 부패한 정치 음모로 인한 국론 분열 위기에 대한 책임은 고스
란히 대통령에게 전가된다. 이러한 일련의 사건들이 대통령의 실패, 집권당의
추락뿐 아니라 국민에게 고통을 주고, 국가를 멸망의 구렁텅이로 빠지게도 한

다. 그래서 한 사람에게 권력이 집중되어 결정적 정책결정에 과중한 책임과 위험부담을 지우는 대통령제에 특별한 관심을 쏟아야 한다고 주장한다(Reedy, 1970: 39-41).

청와대 조직은 이승만 대통령 이후 현재까지 비서실 운영에서 한국 사회, 정치권에서 쏟아 낸 유형·무형의 많은 압력, 조언을 받아들이고, 국정운영 시행착오 과정을 거치면서 발전된 정치행정 축적물이다. 청와대 국정운영체계는 대통령의 정치 성향, 국정운영 스타일과 리더십, 행정부처의 업무 분화, 비서실장, 수석비서관, 각료와 대통령과의 친소 정도에 따른 개혁성향, 업무추진력, 주어진 정책우선순위, 내각의 거울로서 기능별 분화에 따라 신축성 있게 이루어진다. 그렇게 디자인된 청와대 조직은 수도관을 따라 물 흐르듯이 명령과 책임이 자연스럽게 명확하게 전달되는 도관의 원칙(導管原則, conduit principle)에 따라 운영된다. 즉 대통령의 정책결정내용이 비서실장, 수석비서관을 거쳐 관련 내각 행정부처측 장관, 차관, 실장, 국장, 과장, 팀장, 실무자에 이르거나(top down decision), 거꾸로 실무자, 팀장, 국장, 차관, 장관을 거쳐 수석비서관, 비서실장을 경유하여 대통령에 전달되는(bottom up decision) 임무와 책임 면에서 간결 명확해야 되고 관련 조직 도관을 따라 자연스런 흐름이어야 한다. 따라서 청와대 비서실은 대통령을 정점으로 비서실장, 수석비서관, 비서관과 행정관으로 조직되어 관련 행정부처의 임무와 책임을 공유하는 전문 기능협조체계로 구축 운영되어야 한다.

그런데 현재 청와대는 전문적 기능별 수석비서관 시스템도 아니고, 비서실장 외에 수석비서관을 장악하는 옥상옥의 장관급인 정책실장과 안보실장을 두고 있어 관료적 정체성과 임무과부하로 비서실 조직이 기동적이지 못하다. 전직 비서실장, 청와대 수석비서관에 따르면, 청와대는 대통령을 중심으로 비서실장이 조정하여 수석비서관 위주로 수평적 기동적으로 운영되는 것이 바람직하다. 특히, 장관급 정책실장이 경제, 과학기술, 사회정책, 혁신관리분야 수석을 장악하고 국내 정책을 거의 수렴하는 업무관리는 전지전능한 천재 아니면 불가능하다고 전직 청와대 비서실장이나 수석비서관이 주장하고 있다.[12]

---

12) 청와대 국정운영 시스템 개선 토론회 개최(2003년 7월 10일 목요일 11:00-13.30. 인터콘티넨탈 호텔 2층 회의실, 참여자는 진덕규(이대 교수, 사회진행), 최평길(연세대 교수, 정리)와 청와대

한편, 비서실장은 시민사회, 민정, 홍보, 인사수석을 장악하며, 안보실장은 안보수석비서관을 휘하에 두고 있다. 사회정책수석, 시민사회수석 등 임무와 책임이 모호한 수석비서관이 정책실장, 비서실장 소속으로 되어 있다. 더구나 비서실장, 정책실장, 안보실장으로 된 3명의 장관급 실장이 청와대를 구획 짓고 있어 기능별 수석비서관 위주로 대통령, 수상을 보좌하고 내각을 협조 지원하는 임무, 책임 면에서 명확한 도관원칙을 따르는 선진국의 국정운영 관행과는 거리가 멀다. 청와대는 현재 비서실장을 포함 3명의 장관급 실장을 포함, 경제, 사회, 혁신관리, 시민사회 수석비서관과 민정, 홍보, 인사 분야를 다루는 8명의 수석보좌관, 2명의 경제, 정보과학기술 담당 보좌관, 관련 비서관, 행정관이 있다. 시민사회수석비서관과 사회정책수석비서관의 뚜렷한 임무는 무엇이며, 경제수석비서관과 경제보좌관은 기능면에서 무엇이 다른가.

　　청와대 비서실 기구 명칭은 대통령의 정책의지를 국민에게 알리는 선언적 (rhetoric message) 의미와 더불어 해당 행정부처가 쉽게 연계하여 보고하는 표시판기능을 한다. 참여정부 초기에 화물연대가 일으킨 화물운송 차량 파업으로 물류 대란이 일어났을 때 노동부, 산업자원부, 재정경제부, 지방정부는 청와대 관련 수석비서관실을 찾느라고 우왕좌왕하다가 듣지도 보지도 못한 사회정책수석비서관실이라는 곳에 노동담당 비서관이 있다는 것을 알고 접촉을 시작하였다. 그러나 이미 이때는 물류대란이 정점에서 하강기에 접었던 때였다. 그리고 실질적으로 해결을 했던 수석비서관은 업무가 다른 수석비서관실이었다. 청와대 수석비서관을 거친 전 비서실장은 "현 정부 정책보좌기능을 보면 정책실장이 얼마나 천재인지 몰라도 모든 국내 업무를 다 처리하려 하는데 굉장히 어렵지 않나 하는 느낌이 듭니다. 왜냐하면 내가 교육부에 관련했기 때문에 교육분야에 문제가 생겼을 때 청와대에 가서 얘기할 데가 없어요. 교육정보유출 문제, 화물연대 파업도 민정수석이 그냥 결정하고 가서 다 해버리고 하는데 이게 체계가 없다는 느낌이 듭니다. 행정부의 기능과 상응하는 수석실이 지난 박 대통령 때부터 정착되어 왔는데 그것이 유지가 되어야 한다는 느낌입니다."

　　대통령 비서실 기능은 크게 정책보좌와 순수 비서업무로 나뉜다. 정책보

비서실장, 수석비서관, 국정원장을 역임한 이상주(교육문화수석, 비서실장), 허화평(정무수석), 김영섭(경제수석), 장세동(경호 실장, 안기부장), 이상연(민정수석), 남궁진(정무수석), 김한길(정책기획수석)임.

[그림 4-16] 청와대 비서실 조직체계(2007. 현재)

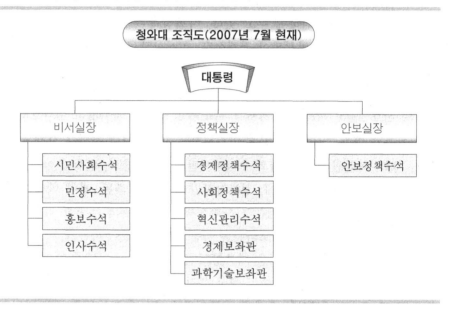

좌 기능은 대통령을 위한 비전 제시, 대통령과 내각, 의회, 사회 조직과의 정책 협조, 조정, 대통령과의 중계(linker) 역할을 포함한 정책업무를 의미하고, 대통령 업무 경감을 위한 의전, 행사기획, 인사, 부속실의 총무 기능은 순수 비서업무이다. 백악관 비서실 기능을 정책보좌, 대외협력, 지원 임무로 나누기도 한다. 정책보좌기능은 국가안보, 국내현안, 경제, 과학기술, 환경 영역을 포함하고, 대외협력은 홍보, 언론미디어, 의회, 사법부, 정무 상담 기능을 포함하고, 지원임무는 행정지원, 사진, 전화, 통신, 출장, 의료, 경호 분야를 의미한다 (Edward III and Stephen, 2003: 200-206).

대통령의 정책비전을 구체화와 합리적이고 타당한 정책의 신속한 집행을 위하여 대통령을 지원하고, 의회, 사법부, 사회조직과 연계하여 정책전략을 주도하는 전문 기능별 수석비서관제 중심으로 청와대를 구조조정해야 한다. 또한 대외협력을 돈독히 하고 지원부서로서 그 임무를 다하고 책임을 명확히 하여 정부조직 도관을 따라 물 흐르듯 자연스러운 청와대 국정운영체계 확립이 요구되고 있다. 그래서 정책의 최종 여과기능을 수행하며 행정부 유사기능을 한데 묶어 지원하는 수석실을 경제, 안보, 사회문화복지, 언론홍보, 정무, 정보 분야를 담당하는 수석실 위주로 재편할 필요성이 있다. 따라서 수석실은 임무 수행 면에서 소수 정예화로, 책임의 간결 명료성을 발휘하여 전문정책을 혼합형으로 포괄하고 있는 옥상옥의 관료 계층제 표상인 정책실, 안보실, 중복되고 모호한 수석비서관실, 보좌관제를 폐지하고 대통령 비서실 주변부 각종 위원회는 총리실, 행정부처에 이관해야 할 것이다.

그리고 비서실장은 대통령을 보좌하는 수석보좌관제를 팀워크로 이끌고 청와대 실무진을 대표하여 행정부의 총리, 국회정당의 여당대표를 상대역으로 최종 정책조율을 관례화할 필요가 있다. 특히 민정수석실 기능은 감사원, 검찰에 대폭 이관하고, 정무기능을 활성화하여 의회 관계를 개선하고 21세기 세계화·정보화 시대에 대처하여 과학기술경쟁력을 확보하고, 테러에 대비하는 정보기능을 강화할 필요가 있다.

대통령 지지 획득 극대화를 위한 언론미디어 접촉과 역동적 관계유지, 정보와 정무기능 강화는 21세기 권력 분점형 대통령이나 대통령형 내각 수상이 공통으로 선택하는 국정운영 수단이다. 북한과 대치하는 한반도 상황에서 국방

[그림 4-17] 새로운 청와대 조직 제안

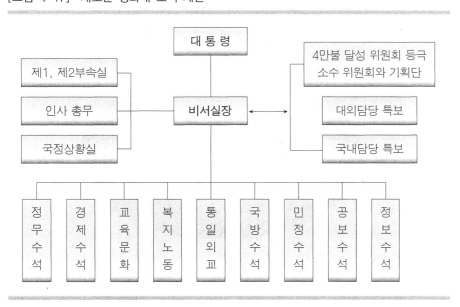

관련 의견들을 수렴하고 군사상황에 대해 고민하는 국방수석비서관을 한시적으로 신설 운용하는 것도 고려해 볼 만하다. 월드컵 4강에 이어 세계 경제 8강국, 연평균 경제성장율 7%, 국민소득 4만 달러, 맑은 시냇물과 깨끗한 공기, 꽃향기 가득한 밤거리를 마음 놓고 거닐 수 있는 통일 코리아를 향해 21세기를 산뜻하게 출발해야만 하는 한국, 그 한국을 이끌 청와대의 국정운영 체계를 새롭게 디자인하였다([그림 4-17], [그림 4-18] 참고).

재조정된 21세기 청와대 국정시스템을 기동적으로 책임 있게 효율적으로 운영하려면 예측 가능한 운영시스템으로 전환해야 한다. 이와 관련하여 고려할 것이 회의시스템이다. 즉 대통령을 위시한 청와대 참모가 국정의 중심에서 부지런히 정규 회의를 체계적으로 운영하고 정책집행을 독려하고 지원하며 관찰 감시하는 것이다. 헬무트 콜 수상은 화요일 오전 연립정권 수뇌회의, 수요일 각료회의 참석 외에는 매일 오전 수상주재 비서실 참모회의를 진행하고 그 전통은 지금까지 이어오고 있다. 부시 대통령은 오전 국가정보부장의 국내외정보 브리핑을 받은 후 매일 아침 백악관 안보비서관회의를 개최하고, 각료급 정무를 조정하기 위해 안보정책 그룹과 국내경제정책 그룹으로 나누어 매주 회의를 주재한다.

[그림 4-18] 청와대 보좌진의 기동형 조직 제안

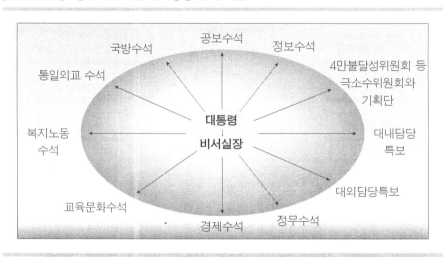

청와대는 대통령 주재로 비서실장, 수석비서관이 참석하여 일주일 동안 정리한 업무를 점검하고 조정하는 수석비서관회의가 매주 월요일 오후 3시-4시까지 1시간 정도 진행된다. 그리고 일주일을 마감하고 새로운 정무, 정책 조정, 다음 각료회의를 대비하는 비서실장 주재 수석비서관회의가 매주 금요일 오전 9시 30분부터 10시 30분까지 진행된다. 수석비서관은 이어 분야별로 실행할 의제를 확인 조정하려 비서관, 행정관을 소집하여 오전 11시부터 12시까지 회의를 진행한다. 그리고 매일 아침 8-9시까지 비서실장이 주재하고 국정상황실장이 간사가 되어 중요 정보를 브리핑하고 수석비서관, 보좌관, 비서관이 일일 현안 과제나 쟁점을 해결하는 일일상황점검회의를 개최한다.

청와대의 비서실장, 수석비서관, 비서관, 행정관이 조율한 정책내용이 내각의 관련 부처, 집권당과 연계되는 과정을 추적해 본다. 정책결정과정에서 정책집행은 행정부처의 몫이다. 아울러 정책의제를 형성하고 대통령의 재가를 받고 각료회의를 거쳐 국회에서 법률안으로 통과되어야 하는 경우에도 청와대가 전 과정을 모니터링하게 된다. 정부정책이 행정부의 특정부처나, 집권당, 야당, 시민단체, 이해집단, 또는 청와대의 수석비서관실 등 어디에서 발의되든, 청와대가 주도적인 역할을 하고 최종적으로는 대통령의 재가, 공포, 확인 과정을 거치게 된다. 그러므로 중요 정책의 형성, 집행, 평가단계를 청와대 차원에서 보면 대통령의 지시나 확인에서 시작되고, 수석비서관이 행동으로 옮기면 행정부에서는 실장, 국장의 실무검토를 거쳐 차관과 장관이 확인하게 된다.

행정부처의 정책이 해당 부처에서 집행되어도 괜찮은 성격이면 독자적으로 추진할 수 있으나 정책의 파급효과가 전국으로 영향을 주고 각 부처나 당과 정부의 협의가 필요할 때는 국무총리실의 행정조정실장이 차관회의를 주재하여 의견을 조정한다. 이 과정에서 청와대 수석실이 연락 조정 역할을 한다. 차관회의를 거치면 총리주관 장관협의를 하고 그 결과를 집권당과 연석회의를 열어 당정협의를 마치면 관련 수석실은 비서실장에게 알린다. 마지막 단계는 당대표, 국무총리, 비서실장이 협의 조율하여 대통령에게 보고하고 최종확인 절차를 거쳐 마무리된다.[13]

---

13) 당정협의는 5, 6공 시절에는 비교적 조화롭게 되었지만, 7공화국에 와서는 당 대표입장에서 볼 때 예측 가능하고 순조롭게 이루어지지 않는 것 같다 한다. 금융실명제를 당정협의는커녕 청와대 발표 30분 전에 당에 일방적 통고를 한 것이 그 전형적 예이다(5, 6공화국에 대해서는 10월

부지런한 대통령은 일주일 1회 각료회의 주재 외에 매일같이 비서실 보좌관회의를 주재해야 한다. 또한 일주일 단위로 열리는 비서실 수석비서관회의는 정권인수기간에 체계화된 대통령 임기 5년 동안에 달성해야 하는 전략정책, 연도별, 분기별로 완료해야 하는 정책프로그램을 지속적으로 관찰하고 독려하며 지원하는 내용이 주요 의제로 다루어져야 한다. 국정운영의 궁극책임, 위기관리책임은 청와대가 지며 청와대 수석실이 관련 업무를 조정하고 협조 통제해야 한다. 구체적 예로 인천공항을 개항할 때 정무수석비서의 경험을 소개한다.

"나의 소관 사항은 아니었으나 어떤 문서가 왔는데 인천공항 개항식이 있는 날 자동시스템으로 공항 시무를 하다가는 오작동이 있을 수 있고 그렇게 되면 국제 망신을 당하겠으니 수동으로 해야 된다는 내용이 담긴 것이었습니다. 국제공항이 시스템에 문제가 있다고 판단되어 제 소관도 아닌데 담당 비서관을 보내 확인하고 수동으로 보완하는 대책을 세워서 개항식을 무사히 치렀습니다. 장관은 100% 자신 있다고 그러는데 청와대 비서진들은 문제가 있다고 본 것입니다. 그래서 장관에게 책임질 거냐고 하니 책임지겠다고 합디다. 책임은 무슨 책임을 져요. 문제가 생겨 참석한 세계 공항 CEO에게 알려지면 비난은 대통령에게 모두 들씌워지는 것이지요. 장관이 대통령 임기와 같이하지 못하는 한국 상황에서 길어야 1- 2년만 있다 가는 장관만 믿고 내각에 국가 목표를 맡긴다면 국민에 대해 무책임한 일이고 있을 수 없는 일이라고 봅니다."

비서실장의 9 · 11테러 조치를 들어보자.

"9 · 11테러, 아프간 사태 등 심야에 위기가 발생하면 청와대 주도로 관련 기관 업무를 통제 조정하여 해결할 수밖에 없습니다. 정책 집행은 내각 장관이 책임지나 장관도 대통령을 보좌하고 정책과정에서 행정 부처도 결국은 실장, 국장, 과장에 의존하며 자기부처 고유의 이해집단, 고객이 있고, 내각의 이기주의와 분파주의를 극복 조정하기 위해 청와대 비서실 개입이 필수적입니다. 대통령이 주재하는 수석비서관 회의는 매일 열고, 대통령이 주재하는 관계 장관, 수석비서관이 참석하는 정책조정회의는 수시로 개최해야 합니다."[14]

14일 연세대학교에서 김윤환 대표 면담과 강의 내용을 정리하였고, 7공화국 청와대 정책과정은 1997년 4월 9일, 5월 13일 연세대학교에서 비서실장 보좌관 김장실박사와의 면담과 강의 내용을 정리한 것임).

14) 청와대 국정운영 시스템 개선 토론회에서 남궁진 청와대 정무수석비서관 이상주 비서실장 의견(2003년).

대통령 비서실 수석비서관은 차관급이지만 정부 부처의 관련 정책조정과 협의 역량은 장관급 이상일 수가 있다. 정치사학자인 진덕규 교수는 조선조 승정원 역할을 다음과 같이 설명한다. "경국대전에 보면 조선조 대통령비서실인 승정원에는 비서실장격인 도승지가 있고 좌우승지가 있습니다. 왕명출납을 수행하는 도승지가 힘이 있고 일을 잘 해 잘 나가도 그 직급은 참판 급입니다. 즉, 요즘으로 말하면 차관급입니다. 조선조의 청와대 비서실장이 차관이라는 겁니다. 좌우승지는 국장급입니다. 그렇지만 이들은 사실상 참판 이상의 역할을 수행하고 있습니다. 아울러 요직이어서 도승지, 좌우승지가 되면 앞으로 출세는 보장이 됩니다. 거기서 주로 하는 일이 뭐냐 하면 자기가 맡고 있는 육조 중에 어느 한 조의 판서나 참판하고 정책협의에 관해 이야기합니다. 또 판서, 참판 밑에 있는 정랑 하고도 협의합니다. 그리고 도승지 팀은 육조에서 올라오는 서류를 보고 정리하여 국왕께 상주하는 것입니다. 주로 이처럼 연락관 역할을 하는데, 재미 있는 것은 3정승, 6판서가 경연에서 정사를 논하거나 왕을 만나기 전에 앞으로 국정의 나아갈 방향을 개인적으로 참판이나 판서에게 암시적으로 이야기를 해 줍니다. 그렇게 적은 인원을 가지고도 정책협의나 비서역할을 효율적으로 잘 수행했다고 느껴집니다." [15]

건국 초기에 한국 정부의 국정 운영체계가 대통령중심제로 변모되면서 일인지배, 군위신강(君爲臣綱)의 유교적 전통 권위주의 정치문화가 청와대 정책결정에서 스며들어 대통령 지시문화로 바뀌어진 것 같다. 특히 계층제 관료조직에서도 막스 베버가 유형화해 놓은 봉건군주에 충성하는 전통관료 행태와 일본 강점기에 교육받은 정부공직자가 고객 봉사위주가 아닌 국민 위에 군림하는 관료의 폐쇄적 온정주의 정책문화도 국정운영에 큰 영향을 주고 있다. 한편, 미시적으로는 초대 이승만 대통령의 오만한 개인적 품성, 카리스마적 리더십, 현실 기반이 약한 전략정책이 결정적 영향을 주고 있다. 청와대 대통령 주재 수석비서관회의, 각료회의에 투영되는 그런 관행은 군사정부, 문민정부, 참여정부 등 어떤 그럴싸한 수식어로 점철된 정권의 최고정책결정 과정에도 똑같이 이어져 오고 있다.

---

15) 청와대 국정운영 시스템 토론회에서 진덕규 이화여대 학술원장의 승정원 기능 설명(2003년 7월 10일 인터콘티넨탈 호텔 2층 회의실).

백악관 대통령 집무실에서나, 영국과 독일 수상실에는 한국의 청와대나 정부종합청사의 각료회의실에서와 같이 직사각형 테이블에 마이크를 설치하고 크고 부티 나는 의자를 비치하여 먼 거리에서 대통령의 지시사항이나 경청하는 회의장을 볼 수 없다. 오히려 10평－20평 내외의 좁은 공간에 두께가 얇은 타원형 널 판지 테이블과 여느 회사의 업무용 의자가 전부이다. 이러한 환경에서 격의 없는 토론문화로 타협과 화합을 통해 예측 가능한 국정운영을 하고 있는 것이다. 각료 및 참모들은 민주당 그룹의 빌 클린턴 주식회사의 주주로, 공화당 재벌 그룹의 조지 부시 주식회사의 주주로, 노동당 그룹의 토니 블레어 회사의 간부로, 보수연합 그룹의 헬무트 콜 정치회사의 소액주주, 슈뢰더 주식회사, 메르켈 연합 기업의 주주로서 저마다의 정책아이디어를 세일즈하여 정치 이익금창출을 극대화하고 있는 것이다. 그들은 이익금을 챙기기 위해서라도 대표이사인 대통령에게 직언을 서슴지 않게 되며, 몸을 던지는 각오로 임기 말까지 아침 7시에 나와 밤 12시에 귀가하고, 주말에도 사무실에 나와 일하는 경쟁력 있는 대통령ㆍ수상실을 만들기 위해 모든 시스템을 풀가동하고 있다.

그리고 어떤 대통령도 대통령 수준에서 국정관리를 수행한 경험이 없기 때문에 비서실은 정책적 조언을 제시하여 5년 단임제에서 올 수 있는 조기의 권력누수(lame duck) 현상을 방지하고 집권 후반기에도 중단 없는 업적 창출에 도움을 주어야 할 것이다. 이와 함께 국내정치현안의 원만한 해결, 국가경쟁력 향상, 국제통화기금(International Monetary Fund)의 협조를 구할 수밖에 없었던 경제몰락에서 금융, 대기업, 공기업, 노사관계의 실질 구조조정으로 21세기 뉴밀레니엄 경제도약, 합의통일 혹은 흡수통일이던간에 한국이 경제적으로 책임지는 통일시대에 능동적으로 신속하고도 체계적으로 대응할 수 있도록 대통령 비서실의 능력(system capacity)을 적정수준까지 끌어 올릴 필요가 있다.

유교로 대표되는 동양 아시아적 가치에서 군사부일체(君師父一體), 살신성인(殺身成人), 수신제가치국평천하(修身劑家治國平天下), 반구제기(反求諸己)는 긍정적 가치문화로 인정될 수 있을 것이다. 낳아서 길러 주는 부모, 사람이 되게 가르친 선생님, 안팎의 침입자를 막고 땅을 일구어 편안하게 살게 해 주는 왕은 하나같이 소중히 여기며, 자기 자신을 갈고 닦고 집안을 잘 꾸리면서 나라를 다스리고 세계를 평정하고, 모든 일의 원인은 항상 자신에게서 나오며 자기반성이 필요하다는 논리는 국가를 이끄는 정치문화에도 정착되고 있다. 그러나 삼강오륜(三綱五倫)에서 군위신강(君爲臣綱), 부위부강(夫爲婦綱), 부위자강(父爲子綱)은 생활윤리 규범으로 일면 정당성이 여겨지나 부정적 가치문화로 많은 면에서 역기능을 수행한다고 여겨진다. 임금은 신하의 연결고리인 중심에 있고, 남편은 부인의 지주이고, 부모는 자식의 근간이라는 윤리의식은 자칫 정체된 사회문화를 이루고 권위주의 정치문화를 낳게 된다. 열린사회의 시민참여가 제한되고 정부 정책결정에 토론과 투명성, 합리적 제도화가 결여되면 역동성이 없는 파행적 국정운영 문화가 태동된다(Almond and Verba, 1966: 363-390; Almond, 1966: 76-189).

한국의 정치문화는 권위주의와 정체성에 공산주의, 자본주의 대립 냉전논리가 더하여 타협과 설득으로 합의점을 모색하는 원원(Win-Win)의 상생(相生) 문화가 정착되지 못하고 있다. 흑백논리와 권위주의 정치문화에서는 정치인, 관료들은 성장 활동 과정에서 그들 개인 성품, 정치이념, 섬기는 리더십과 합의점 모색이 어려운 권위주의형으로 변모하게 되는 것 같다. 선진국의 경우 대통령이나 수상의 옆방에서, 복도건너 사무실에서 왔다 갔다 하면서 대통령과 수상, 비서실장, 수석비서관, 비서관이 머리를 맞대고 지혜를 짜내고 있다. 그러나 한국의 청와대는 비서실장이나 수석비서관이 차를 타고 청와대 본관에 결재를 받으러 가야 하고, 행댕그렁한 청와대 본관에 의전 담당, 부속실 요원 몇명만 있을 뿐이다. 이러한 왕조 대궐식의 오피스 매니지먼트는 김영삼, 김대중, 노무현 등 소위 국민과 함께 한다는 문민 대통령이 집권한 후에도 변한 게없다. 대통령이 취임할 때마다 국회의원, 언론, 학계에서 정풍 운동으로까지 내세워, 여과된 다양한 정보와 국정관리 자료를 수석비서관, 각료, 당 간부가 균형 있게 대통령에게 전달하고 공유하여 적실성 있는 정책결정이 이루어지지 않는다고 주장하는 기저에는 현재 청와대 본관을 위시한 청와대의 구조조정이 절실하다는 필요성을 단적으로 표출하고 있다.

정책수행 조직관리 면에서 발생한 취약점은 과거 정부의 청와대 비서실에도 있었던 일이긴 하나 문민 대통령이 이끄는 현재의 청와대에도 계속 심화되고 있다. 청와대 국정운영에서 표출되는 중요 취약점은 정책결정 과정에서 대통령의 닫힌 마음, 탄력적이거나 명쾌하지 못한 투명성이 결여된 대통령의 리

더십이다. 또한 각 수석실 간의 폐쇄성, 협조체계의 화석화 현상, 민정·시민
사회수석실의 사정 감시기능으로 각 수석실의 위축, 옥상옥인 정책수석실의 과
부하된 업무로 전략적 조정능력 한계성 노출도 한 몫을 한다. 각 수석비서관,
각료, 비서관의 출신배경, 경력과 지나친 이념 편향에 따른 대통령 접근에의
제약, 정책 갈등, 편 가르기, 대통령의 편향된 사고와 이념성향에 충성심 경쟁,
청와대 공간의 집무관리 허점, 청와대의 전략적 사고 미흡도 극복해야 될 취약
점이다.

제 5 장

비서실장, 수석비서관, 비서관의 역할

1. 정치력, 전문성, 충성심에 입각한 조정자, 심판자, 지원자
2. 백악관 비서실장, 수석비서관, 특별보좌관, 비서관의 역할시스템
3. 엘리제궁 사무총장, 보좌관의 역할시스템
4. 크렘린 비서실장, 보좌관의 역할시스템
5. 영국 수상실 관방장관, 관저 비서실장, 수석비서관의 역할시스템
6. 독일 수상실 비서부장관, 특별보좌관, 수석비서관의 역할시스템
7. 이탈리아 수상실 비서실장, 수석비서관의 역할시스템
8. 일본 수상실 관방장관, 특별보좌관, 부장관, 장관보, 관방실장의 역할시스템
9. 한국 청와대 비서실장, 수석비서관, 비서관의 역할시스템

비서실장, 수석비서관, 비서관의 역할

1. 정치력, 전문성, 충성심에 입각한 조정자, 심판자, 지원자

대통령과 수상의 위치는 동기는 물론 결과로 평가받고 국민에게 책임지는 자리이다. 따라서 대통령이나 수상의 통치업적을 극대화시킬 수 있도록 돕는 것이 바로 비서실의 존재 의의라 할 수 있다. 즉, 통치업적의 극대화 목표를 위한 대통령과 수상의 리더십, 대통령비서실과 수상비서실, 비서관을 하나로 묶는 조직관리 체계에 주목할 필요가 있다.

대통령은 명확한 비전제시로 확실한 국정운영의 목표를 제시해 주어야 할 뿐 아니라 폭 넓은 권한위임과 활발한 토론문화를 위한 분위기 조성에 노력해야 한다. 이와 함께 비서실장은 대통령의 이념을 명확히 해석해 주고 비서관과 관련부처에 정확한 지침을 내려 보낼 수 있어야 한다. 또한 정치권과 호의적 관계를 유지하여 과도한 정쟁으로 일렁거리는 정치 파고에서 오는 영향력을 막아 줄 수 있는 정치력을 가진 인물이어야 하며 균형감각은 절대적으로 필요하다. 이 점이 바로 정치력, 전문성을 의미한다. 고도의 정치력, 실무에 밝은 전문성, 자기를 앞세우지 않는 성실성으로 업무를 추진하여 의회, 정부각료, 행정관료, 비서관의 신뢰, 그리고 최종적으로 대통령의 신임을 받을 때 성공한 비서실장, 또는 실세 실장이라고도 한다(함성득, 2002: 304-305).

비서관에게는 전문성과 기획조정 능력이 필수적이며 이들의 충성심은 맹목적인 것이 아니라 국민에게 공약한 대통령의 정책 사업을 달성하려는 정책의지와 대통령을 지지하는 자유의지를 말한다. 겸하여 비서실의 조직관리 체계는 대통령의 통치이념을 각 부처에게 정확히 해석하고 전달해 주어 구체적인 사업으로 집행될 수 있도록 기능이 분야별로 분화되어 있어야 한다. 이와 함께 자체적인 정보 수집, 분석 능력을 갖추고 있음으로써 정확한 상황판단을 하고 대통령의 결정을 도와줄 수 있도록 설계되어져야 한다. 아울러 대통령비서실은 각 부처, 사법부, 정당, 국회, 이익단체, 언론 등과의 원만한 관계 유지와 의사소통으로 대통령의 업적을 홍보하고 국민을 이해시키는 중요한 역할도 수행해야 한다.

그리하여 비서실은 각 부처를 통제하려는 전통적인 관료 틀에서 탈피하여 국정 전반에 걸친 조정자(coordinator), 부처 간의 업무를 조정하는 심판자(referee), 그리고 동반자(partner)의 위치에서 이해와 관심을 갖고 행정부를 도와주는 지원자적, 섬기는 리더십(supportive leadership)을 발휘해야 할 것이다. 또한 비서실은 내밀한 팀워크(team work)로 국정 최고지도자인 대통령과 수상을 팀 플레이어(team player)로 하여 일사불란하게 국정을 이끄는 중심에 있어야 한다. 비서실장을 포함한 모든 보좌진(각료 포함)은 대통령과 운명을 같이하는 역사의식이 있는 정책전문가를 기용하되, 개혁성·실용성·포용성 등을 겸비한 인물이어야 한다. 이를 위해 대통령은 선거기간 동안의 관계를 잊어버리고, 중도 보수까지 아우르는 보다 넓은 인재 풀을 확보할 필요가 있다. 이를 통해 대통령 자신이 추구하고자 하는 정책의 균형성을 확보하고, 보다 큰 틀의 정책을 기획하고 실행에 옮기기 위한 초석을 다질 수 있다.

비서실장은 정책을 통합하고 조정하는 중재자 역할에 충실해야 한다. 비서실장이 가져야 할 큰 덕목 중의 하나가 '공정한 중재자'가 되는 것이며, 대통령을 입법부나 행정부, 나아가 국민에게 연결시켜 주는 중요한 고리로서의 역할이다. 과거의 경험에서 보듯, 비서실장의 정치적 역할이 두드러지면, 小대통령이라든지 하는 정치권과 국민의 비판의 대상이 되기 쉬우며, 이는 청와대 조직의 안정성과 운영에도 직결된다. 뿐만 아니라 비서실장을 비롯한 모든 청와대 보좌진은 여러 부처가 관련된 정책을 대통령 국정운영의 큰 틀 속에서 조정하고, 모니터하는 입장에서 대통령을 보좌하는 기능을 수행해야지, 보좌진 개개인의 이념을 정책에 반영하려고 해서는 안 될 것이다. 과거의 예에서 보듯, 이러한 정책은 국민적 합의를 만들어 내기도 힘들고, 부처와의 갈등을 조장할 위험도 크다. 이러한 것들이 모여 대통령을 '실패한 대통령'으로 만드는 데 결정적인 역할을 한다는 것을 우리는 잘 알고 있다.

2. 백악관 비서실장, 수석비서관, 특별보좌관, 비서관의 역할시스템

조정자, 중재자, 촉진자, 정치방패, 행정총람의 비서실장

대통령실의 핵심인 백악관은 대통령을 중심으로 다양한 전문 배경을 가진 비서진으로 구성되어 항상 새로운 아이디어, 제2·3 대안을 제시하면서 대통령이 시도하는 최우선 국정과제를 결정하고 추진하려 한다. 따라서 백악관 참모진은 막강한 권한과 책무를 행사하나 대통령에 대한 충성심, 정책수행능력이 대통령, 집권당, 국민에게 인정될 때 그 정통성이나 존재가치가 있다(Kernell, 1997: 162-165).

대통령을 보좌하는 백악관 참모진의 팀 리더는 대통령 비서실장(chief of staff)이다. 대통령 비서실장은 국정총람의 중심에 있는 백악관에서 조정자의 역할에 가장 큰 의미를 둔다. 비서실장은 대통령이 공약한 정책의 우선순위, 예산 규모를 결정하는 데 대통령의 의중과 여론동향을 살피면서 백악관 참모, 행정부 각료, 의회와의 의견수렴과 합의모색 과정에서 조정자 역할을 한다. 대통령에게 보고되는 모든 쟁점, 정책, 정보는 수렴과정을 거친 정확하고 균형 있는 내용이 되도록 비서실장이 조정하고, 대통령에게 보고하는 많은 문서를 취사선택하고 대통령의 일정, 주간, 월간 행사참여 계획 작성, 면담 희망자 선정에 공정하고 확고한 원칙으로 조정하며 통제한다(Davis, 1995: 174; Pfiffner, 1996: 5-8; Pfiffner and Davidson, 1997: 187). 따라서 국정운영의 중심에서 조정통제하는 비서실장이 가져야 할 덕목은 공정한 중재자(arbiter, spokes of wheel)로서 조직이나 개인이 공무로 대통령을 만나려 할 때 주선해 주고 대통령과 소외감을 느끼지 않게 지원하고 사기를 북돋아 주는 촉매자, 촉진자 역할이다.

비서실장은 대통령이 역사의식을 가지고 당장에는 인기가 없고 비난받는 원대한 정책을 추진할 때 쏟아지는 모든 비난을 맨 앞에서 감내하고 공격의 화살을 막는 방패가 되는 악역을 맡아야 하고, 대통령이 의기소침할 때 원기를 내고 자신감을 갖게 하는 응원자가 되어야 한다. 그런 헌신적 비서실장은 대통령이 오기로 독단적 결정을 내릴 때 누구도 꺼리는 쓴 충고를 할 수 있고 때때로 대통령은 이 충고를 받아들인다.

　1789년 프랑스 혁명 이후 로베스피에르의 공포정치 잔재 일소와 왕당파를 일거에 제압하고 제일 통령에 오른 37세의 보나파르트 나폴레옹은 1799년 브뤼메르 쿠데타 이후 황제에서 퇴위 한 1814년까지 15년 간 전쟁영웅, 행정가로서 유럽을 장악하였다. 그러나 젊음과 패기, 장기집권, 황제의 야망에서 오는 독선과 오기에 대해 곁에서 조언하고 제동을 거는 싱크탱크가 없었고, 또 나폴레옹은 자기 의사에 반하는 조언을 경청하려 하지 않았다 한다. 그러나 가끔은 전쟁비용 조달방법, 종신 대통령제, 스페인 침공, 세습제 이양, 조세핀과의 이혼, 유럽과의 평화제의 등의 쟁점의 경우 탁월한 법률지식, 행정경험, 예리한 판단력, 변함 없는 충성심, 뒤에서 묵묵히 일하는 조용한 제 2통령, 대법관, 행정참모장이었던 캄바레스가 나폴레옹에게 진언하는 중립적 의견은 다소 받아들여졌다고 한다(월로치 · 이저, 차재호 옮김, 2001: 197-207, 258-260, 320-323).

　마지막으로 대통령 비서실장은 행정총람의 주무장관(chief operating officer)이다. 대통령중심제인 미국에서 부통령은 차기대통령의 수업을 받으면서 지역배경과 정치역량으로 대통령을 보좌한다. 프랑스나 한국처럼 대통령제와 내각제가 공유하고 있어 국무총리가 행정관리 책임을 맡으나, 예외 없이 비서실장이 대통령의 유일한 보조자와 보호자의 역할을 하며, 그 역할과 힘은 드러나지 않는 가운데 행사하게 된다. 비서실장의 역할과 위상은 대통령과의 관계에서 비롯되는데 국정상황의 변화, 비서실장의 개성과 권력의 복합적 연계에서 비롯된다. 대통령을 전면에 내세우지만 대통령의 방패막이 역할로써 대통령을 정치권과 언론의 공세로부터 보호하고 가장 정직하고 성실한 중개인 조정자 역할을 한다(Kernell and Popkin, 1986: 168-183). 결국 비서실장은 장막 뒤에서 보이지 않게 수석보좌관, 보좌관, 관련부처 등을 조정하고 후원해 주는 등 행정면에서 小副統領으로 그 위상을 발휘하게 된다.

　저자의 연구팀이 면담한 클린턴 대통령 초대 비서실장이었던 맥라티 前실장은 쾌활, 솔직, 그리고 남을 편하게 해 주는 성격의 소유자로 보인다. 그가 보는 비서실장의 주요 임무는 비서실 직원의 통솔과 모든 명령체계의 관장, 수석비서관을 통해 올라온 해당 분야의 각종 정책과 보고서를 정리하여 대통령에게 보고하는 한편 대통령이 결정하도록 보좌하고 국민과 언론에게 결정된 주요 사안을 발표하도록 도움을 주는 것이다. 그런데 비서실장의 역할이 갈수록 복잡하고 다양해져가며 업무량은 과다해져가고 있다. 아울러 행정 뿐 아니라 정치적 역할까지 담당하는 역할의 변화로 그 위상이 점차 드러나고 있기도 하다. 즉, TV나 신문 같은 언론매체에 비서실장은 백악관의 관리자로서 뿐만 아니라 정치가로서의 역할이 자주 노출되고 있다.

이러한 비서실장의 위상과 역할은 대통령의 통치유형과 정치상황에 따라 크게 좌우된다고 볼 수 있다. 비서실장의 적극 공세형(high profile) 위상은 기자회견과 수석보좌관, 각 부처 장악 정도에 따라 다르게 나타나고 있다. 예컨 대 과거 닉슨 대통령의 비서실장인 홀더만은 관리자로서의 행정관리의 극대화 역할에 주력하였고 전혀 기자회견을 하지 않았던 것이 특이하다. 그런데 최근에 올수록 공세적 위상이 상황변화에 따라 그 강도가 높아져가고 있는 경향이 있다. 레이건 대통령 2기의 비서실장인 리건(D. Regan)은 일종의 총리 역할을하였다. 또한 부시행정부의 베이커(J. Baker) 역시 그러하였다고 볼 수 있다. 부시 대통령의 수누누(J. Sununu)도 거의 철권을 행사하는 공세적 비서실장의 전형적인 유형에 해당한다.

한편, 클린턴 대통령의 비서실장이던 맥라티 특별보좌관은 아칸사주에서 클린턴과 어린 시절 친구라는 각별한 관계와 부유한 기업인 집안의 사업가로 비교적 자유로운 성격의 호인형이나 매우 논리적이고 단호한 의지의 인물이었다. 그러나 백악관을 좀 더 강력하게 쥐고 관리하기 위해 공세적 유형의 파네타를 기용한 것으로 보이며, 후임자로 임명된 보울스는 착실한 관리자형으로 대통령을 조용히 보좌하였다. 상·하 양원의 민주·공화 양당의 여소야대 정국으로의 상황변화로 인해 비서실장도 조용한 관리조정 실무자로 정치무대 뒤에 있게 하려는 전략으로 보인다. 부시 대통령 비서실장의 백악관 조직관리도 크게 보아 이런 괘도에서 수행되는 것 같다.

비서실 차장은 비서실장을 도와 일종의 참모장 역할을 수행한다고 볼 수 있다. 대통령의 정치의지와 지시사항, 각 부처장관의 건의와 협조사항을 비서실장이 하나도 빠짐없이 챙기고 수행하도록 도와주는 역할을 담당한다.

기동타격형 상담역인 특별보좌관(Counselor)

백악관의 특별보좌관은 대통령의 마음을 읽을 줄 아는 사람으로 특수임무를 수행하고 대통령의 정치 전반을 생각하는 전략기능을 담당하고 있다. 우선 비서실장을 역임한 맥라티는 과거 대통령 선거에서 클린턴을 후원해 준 단체와 인물을 관리하고 나름대로 언론매체와 교섭하여 대통령의 이미지를 높이는 역할을 담당하였다. 백악관을 떠나기 전 스테파노폴로스 공보수석 보좌관도 자리를 옮겨 대통령 특별보좌관으로서 대통령이 직면한 중요 정책과제인 의료보험, 국방, 안보, 외교, 재무, 통상, 노동조합 등 다양한 분야에서 대통령의 자문에 응하고 신속한 자문을 적극적으로 개진하는 역할을 하였다.

린지 국제특보는 대통령 국내외 방문시 항상 동행하면서 대통령이 참석하는 국제회의 조직을 담당하는 임무를 수행하였다. 또한 APEC은 물론 이보다 3배 이상 규모가 큰 남미 국가원수 초빙계획을 세워, 클린턴 대통령이 34명의 중남미 국가원수를 초청하여 이 지역 무역확대에 관한 회담을 개최하였는데 국제 담당 특보가 이 임무를 수행하였다. 특별보좌관은 단순히 사람을 위해 만든 자리가 아니라 대통령이 특별한 관심을 갖고 부여한 국제, 국내 특수 분야나 국정 전반에 걸친 사항에 대해 흉금을 털어놓고 상담하거나 자문을 해 주는 역할을 수행하고 있다.

수석보좌관은 각 부처 정책의 조정 후원자

정부, 의회, 지방, 공보, 언론, 경제, 인사, 안보 분야에서의 8명의 수석보좌관은 그 성격이나 임무가 기능적으로 분화되어 비교적 뚜렷하게 규정되어 있는 것이 특징이다. 아울러 가능한 경직되지 않게 소관분야의 장관, 민간단체장, 의회지도자와 연계하여 문제점이나 정책사항을 해당 부처에 먼저 제시하고 실천에 옮기는 일을 적극적으로 하고 있다. 해당 부처의 정책결정에 대해 대통령으로부터 최종 재가를 받거나, 부처 간 이해가 상반된 복합정책을 최종적으로 조정하여 대통령의 결심을 받아 관련 부처가 원활하고 일관성 있게 일을 추진해 나가는 데 조정·후원자의 역할을 담당하고 있다. 미국 연방정부의 내각은 1789년에 최초로 창설된 재무부, 국방부를 시발로 1988년 현재 전역군인부

[그림 5-1] 미국 연방정부 조직

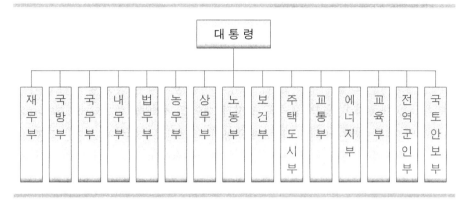

를 포함 15개부에 15명의 장관이 있다(Moe, 1997: 137).

　　대체로 수석보좌관은 전문성에 입각해 충원되거나 혹은 대통령과 오랜 세월 함께 지내온 지지자로 주로 선거참모 중에서 발탁되는 경우가 많다. 수석보좌관 다음인 차석보좌관과 기타 보좌관 역시 비슷한 배경을 가진 인물로 충원되며 대통령의 정책이념을 충실히 수행하는 가운데 기본적으로 정책충성심(program loyalty)을 갖추고 있다. 선거참모에서 기용된 보좌관은 선거전략, 정책수행에서 감각이 뛰어난 능력의 소유자이며, 정규업무평가에서 적격자이여야 하며 그렇지 않은 경우 누구라도 백악관에 남아 있을 수 없다. 집무실 배치는 수석보좌관만이 백악관 본관에서 근무하고 나머지는 옛 백악관 건물인 별관(Old Executive Building)에서 근무한다.

　　한편, 백악관의 선거참여 정도를 보면 정치담당 수석보좌관, 선거담당 특별보좌관이 선거전략을 수립, 조정, 집행하나 백악관에서 정치자금을 모으는 등의 정치활동은 금지되어 있다. 클린턴과 부시의 여소야대 선거결과에 대해서 백악관 비서실도 그 책임의 일부가 대통령을 잘못 보좌한 비서실에 있다는 것을 시인하고 있다.

　　부처의 조정·후원자로서 대통령의 보좌관으로서 하나의 팀으로 일하는데 중요한 것이 회의이다. 비서실장 주재 아래 수석보좌관 회의는 매일 있고, 대통령 주재 아래 열리는 수석보좌관 회의는 사안에 따라 1-7명, 최대 20-25명이 모인다. 기능별로 보면 매일 대통령이 회의를 주재하는 편이다.

백악관 외교안보의 4개축

백악관에는 외교안보수석보좌관, 외교안보조정팀, 국가안전보장회의, 상황실의 4개 외교안보기관이 있다. 4개의 국가안보체계의 축을 외교안보수석보좌관이 실질적으로 관리하고 있다. 적극적이고 공세적인 입장에서 외교안보수석보좌관은 대통령이 항상 창의적 조정과 대안을 선택할 수 있도록 돕는 마지막 절차의 최종 해결사이다. 그는 대통령의 외교안보분야에서 조정, 최종보고를 하고, 대통령이 결심을 하게끔 도와주는 역할을 한다.

외교안보수석보좌관은 중요 외교안보상황을 미리 예측하고 안보분야 부처가 정책을 집행할 수 있도록 유도한다는 점에서 적극적이고 공세적이다. 또한 대통령의 통치의지를 안보 면에서 구상하여 안보 관련 부처가 세부정책을 세워 집행하게 한다는 측면에서 창의성과 조정력을 발휘한다. 아울러 국방부, 국무부, 정보부, 그리고 상황에 따라 국토안보부 등 안보 관련 부처 간 정책혼선, 갈등, 이해 대립, 서로 다른 정책관점을 조정하여 최종적으로 대통령의 결심을 얻어내는 해결사이기도 하다. 그래서 외교안보수석보좌관은 안보정책의 조정자, 대통령의 결심을 받아 내는 최종 정책보좌관이라 할 수 있다. 이와 함께 그

[그림 5-2] 외교안보수석실의 구조

는 안보수석실을 관리하는 행정책임자이며, 외교안보조정정책팀의 간사, 국가
안전보장회의의 간사, 그리고 상황실의 관리자이기도 하다.

외교안보수석실에서는 수석 보좌관과 2명의 차석보좌관이 있다. 차석보좌
관 다음으로 행정실장과 차장이 있다. 이 밖에 16명의 선임보좌관(senior
directors)이 있어 각자 전문성에 입각해 기능과 지역을 분담하여 국방부와 국
무성 등 관련 부처를 담당하고 있다. 즉, 중동, 아시아, 핵확산 금지, 국방, 정
보, 국제경제 등과 같이 지역과 기능에 따라 분야를 담당하고 있다. 예를 들어
동북아시아 담당비서관은 국무부와 국방부 등과 협의하여 한국을 비롯한 동북
아시아 관련 업무를 수행하고 있다.

외교안보수석실의 정책관리 운영 실태를 보면 국제상황 분석과정에서 문
제가 있다고 판단되면 국방부, 국무부, 정보부, 무역대표부 등 관련부처에 대
처방안을 강구하도록 하고 있다. 반면에 각 부처에서 결정된 사항을 대통령에
게 보고하고 결심을 받든가 아니면 각 부처 간의 이해가 상충된 견해와 다양한
의견을 조정하고 종합하여 대안을 만든 후 대통령이 선택하고 재가해 줄 수 있
게끔 한다. 전자의 경우는 주도적으로, 후자는 계선 조직의 흐름에 따라 정책
결정을 한다.

명령체계나 보고계통을 통해 본 일상적인 정책결정과정을 보면 외교, 안
보, 정보, 통상 분야의 행정부처에서 결정된 사항을 장관이 대통령에게 보고
할 때 일반적으로 외교안보수석을 경유하고 대부분 외교안보수석이 대통령에
게 보고하여 결심을 받아 정부부처에 통고해 주는 것이 관례이다. 이때 각 행
정부처에서는 해당담당관 → 국장 → 차관보 → 차관 → 장관의 보고계통을 밟
아 간다. 장관은 결정사항이나 보고사항을 외교안보수석을 통해 대통령에게 보
고하거나 결심을 얻게 된다.

이 외에도 대통령의 재가를 얻기 위해 외교안보수석에게 해당부처가 작성
한 정보보고서나 정책을 제시할 경우에 담당 차관보가 외교안보수석실의 지역
담당 선임보좌관에게 제출하면 그 내용은 행정실장과 차장을 경유하고 차석비
서관을 거쳐 외교안보수석보좌관에게 전달된다. 정책결정사항이나 문제점에
안보 관련 부처 간 알력과 갈등 그리고 이해상충이 있는 경우 일차적으로 선임
보좌관과 차관보 선에서 해결 노력을 하고, 그것이 여의치 않을 경우 차관들이

중간에서 안보수석실의 행정실장, 차장과 토의하여 조정하게 된다. 이러한 과정을 거치고도 문제가 있으면 관련 장관과 외교안보수석이 모여 문제를 해결한다. 외교안보수석이 상이한 의견들을 전부 정리하고 외교안보수석의 독립된 견해와 그의 정책선택(policy option recommendation)을 대통령에게 전달하면 대개의 경우 대통령이 수용한다. 따라서 안보수석실은 정책결정의 조정자와 심판관, 중재자 역할을 하게 된다.

백악관 비서실의 보고서 작성은 비슷한데 보통 1쪽~2쪽 정도로 짧게 요약된 보고서 형식이며 길어야 8쪽 정도이다. 다만 추가로 설명할 세부내용이 있을 경우 1쪽-2쪽의 요약된 보고서 뒤에다 첨부한다. 외교안보수석실의 지역담당 선임보좌관이 오랜 전문성과 잘 훈련된 능력을 발휘하여 각 부처로부터 제출된 건의사항, 정책, 정보보고서를 요약하여 행정실에 보내면 행정실장과 차장이 이를 수정, 보완하여 다시 짧게 요약하는 것이 관례이다. 이러한 과정을 거쳐 작성된 보고서(memorandum)는 외교안보 차석에게 보내지고 두 명의 차석보좌관은 대통령이 원하는 모든 내용이 포함되어 있는지 여부를 확인하여 수석보좌관에게 제출한다.

외교안보수석보좌관은 특별히 부처 간에 쟁점이 없는 경우 비서실장을 경유하여 대통령에게 보고한다. 그러나 최종순간까지 이해상충과 정책쟁점이 존재하는 등 문제점이 해결되지 않으면 외교안보수석이 각 장관을 직접 만나거나 전화를 통한 대화로 해결한다. 그렇지 않으면 각 부처 견해를 동일선상에 두어 수석보좌관의 견해를 건의한 후 비서실장과 의논하면 대체로 비서실장은 외교안보수석의 의견을 따르는 게 관례이다. 이를 외교안보수석은 대통령에게 보고하여 결재를 받게 된다. 또한 긴급사항이나 중요사항이 발생할 경우 외교안보수석은 비서실장을 경유하지 않고 직접 대통령에게 보고하여 결심을 받아내기도 한다. 백악관에서 대통령에게 비서실장을 경유하지 않고 직접 보고하는 유일한 보좌관이 바로 외교안보수석이다.

외교안보정책조정팀

국내문제, 경제 관련 보좌관실과 마찬가지로 외교안보 분야에서도 부처 간 정책조정과 쟁점해결 사항이 많고 그 사안들이 매우 민감하다. 그래서 외교안보수석실의 중재로 해결하기 어렵거나 외교안보수석실의 조정판단 업무를 순조롭게 하기 위해 실질적인 정지작업이 이루어지는데 이것이 관행으로 제도화된 것이 외교안보정책조정팀(Foreign Policy Group)이다. 과거 대통령시절에도 있었지만 참석하는 범위가 다르다. 레이건 대통령은 국가안보회의 구성원을 그대로 이용하거나 5명-6명의 관계 장관을 부르기도 하였다. 그러나 클린턴 대통령은 1주에 1회-2회 정도 그의 집무실에 관련자들을 모아 외교안보 현안을 논의하였다. 이러한 정책조정팀은 매우 비공식적이고 자유스러운 분위기에서 의견을 개진하고 문제를 해결하며 정책조정과 단일 의견 도출을 위해 실질적 회의를 한다. 여기에 참석하는 구성원은 대통령, 부통령, 국무장관, 국방장관, 정보부장, UN 대사, 합참의장(국방장관 요청시 참석), 외교안보수석 등이다. 물론 이 회의는 대통령이 주재하나 회의의 진행간사는 외교안보수석이다. 또한 상황에 따라서는 이들 외에도 관련 부처 장관이 참석하는데 부시 대통령은 걸프전 등 중동전쟁이 발생하였을 당시에는 에너지부장관이나 재무장관을 참석하도록 하여 토론하기도 하였다. 외교안보 정책조정팀 회의는 배석자와 회의록 없이 참석자가 진술하고도 솔직한 대화를 통해 조정과 합의를 위해 노력한다. 즉, 외교안보정책조정팀 회의는 안보 관련 문제해결 중심의 실질적인 최종 회의이다.

국가안보회의

외교안보정책조정팀을 확대한 것이 국가안보회의(NSC: National Security Council)이다. 국가안보회의는 1947년 안보회의법으로 규정된 제도적 장치이다. 이 회의는 자주 이뤄지지 않고 월 1-2회 정도 부정기적으로 모임을 갖는다. 수석보좌관실 뿐만 아니라 정책조정회의에서도 해결하지 못한 쟁점과 외교안보정책의 공식결정이 필요할 때, 그리고 토의안건이 구체적이지 않지만 의견을 모으고 확인할 사항에 대한 토의가 필요할 때 부정기적으로 회의를 갖게 된다. 아울러 국민과 언론에 정책을 알릴 필요가 있을 때에도 소집된다. 공식적으로 참석하는 사람은 대통령, 부통령, 국무장관, 국방장관, 정보부장, 합참의장, 외교안보수석보좌관, 법무장관이다. 그러나 해당 사안에 따라 관련 부처 장관이 참석할 수 있다.

백악관 상황실(White House Situation Room)

상황실은 피델 카스트로 공산 정권을 무너뜨리려고 미국 중앙정보부가 망명한 쿠바인을 군사부대로 꾸려 1961년 쿠바 피그만에 상륙을 시도하다 실패하고, 1963년에 쿠바에 러시아 미사일을 설치하는 위기가 발생하자 실시간으로 정확한 정보가 필요하다는 판단에서 케네디 대통령이 만들어 지금까지 운영되어 오고 있다. 케네디 대통령은 상황실에 전달되는 모든 보고는 반드시 작성자가 서명한 서면 보고서야 한다는 정보실명제 원칙을 세웠는데, 지금도 이 전통은 이어져 오고 있다. 백악관 상황실은 대통령의 눈과 귀이며, 대통령 보좌관, 관련 행정부처의 조기경보체계이다. 상황실은 중요 사건 발생 인지, 사건 발생으로 조성된 위기추적 정보 전달, 위기 해소 차원의 백악관, 정부부처 회의 주선과 회의장 제공, 정보홍수에 쌓여 고민하는 대통령을 정보 교통질서로 보좌, 대통령이 원하는 국내외 통화 연결자 역할을 핵심 임무로 하고 있다.

최근에는 오늘의 기상조건, 백악관에 가까이 있는 약국, 워싱턴 지역에 있는 싸고 맛 있는 음식점도 문의하는 백악관 직원의 도우미 역할도 한다. 원래 대통령이 알고자 하는 정보를 관리하는 기구로 링컨 대통령은 남북전쟁 상황을 보고하는 조직을 백악관 옆 구청사에 두었고, 맥킨리 대통령은 백악관 2층에 상황실을 마련하여 스페인과의 전황을 관찰하고, 루즈벨트 대통령은 백악관 1층에 2차 대전 전쟁 상황실을 설치 가동하였다.

상황실은 크게 네 가지의 기능 및 임무를 수행하고 있다. 첫 번째는 정보관리기능(information management function)이다. 국방, 국무, 정보부, 군 등 다른 부처에서 정보가 오면 이를 분류, 선택하고 누구에게 보고해야 하는가를 신속하게 결정한다. 그리하여 백악관 내 각급 보좌관에게 전자 우편(electric mail system)으로 신속히 보내어 주위를 환기시키고 때로는 공식문서로 작성하여 안보수석보좌관에게 제출하기도 한다. 또한 매일 아침과 저녁 모두 2회에 걸쳐 수집된 정보의 주요 내용을 1-2장 정도로 요약해 관련 보좌관에게 정기적으로 보낸다. 내용에 따라서는 정보보고 대상을 선별적으로 확대하여 국무성, 국방성, 정보부에도 정보를 제공해 준다.

두 번째는 조기경보 기능이다. 멕시코 대통령 후보 총격사망, 보스니아 전쟁악화, 김일성 사망, 북한 핵실험 등과 같은 세계 주요 사태 발생 시에는 외교안보수석에게 짧은 메모형식의 보고를 하고 이를 외교안보수석이 대통령에게 직접 보고한다. 아울러 민간언론에 발표되는 중요 내용도 먼저 채취하여 백악관 비서실과 각 부처에 그 내용을 제공해 사실 확인과 적절한 대응조치를 강구하도록 돕는다.

세 번째는 통신보고역할이다. 백악관에 전달되는 국내외 안전보장에 관한 보고내용을 직접 받아 대통령에게 보고하고 대통령의 국가안보에 관한 지시사항과 관심 내용, 그리고 서신 등을 다른 부처나 외국에 직접 송부한다. 때로는 각 국 대통령 간의 전화통화를 연결시켜 주는 역할도 담당하고 있다.

네번째가 정보를 분석하고 해석하여 전파하는 임무이다. 각 부처의 정보보고서, CNN 등 TV와 언론의 뉴스내용도 모두 수집하여 분석한다. 그 후 주요 사항을 대통령에게 안보수석이 직접 보고하여(initial notification) 경계심을 갖게 하고 필요에 따라서는 대안을 만들 수 있도록 돕는다. 뉴욕시 세계무역센터의 폭파사건도 백악관 상황실에서 이슬람 계통의 테러범 소행이라는 정보를 최초로 접수하여 주도적으로 분석·처리한 바 있다.

상황실은 상황 관찰실, 회의실, 문건저장소, 요원 사무실로 구성되어 있다. 상황실은 외교안보수석보좌관의 관장 하에 운영되며 실무는 외교안보수석실의 2명, 행정실 차장 중 1명이 상황실장을 맡고 있다. 현역 군인도 상황실장으로 근무하는데 클린턴 대통령 당시 레이크(Anthony Lake) 외교안보수석은 플레쳐 국제대학원에서 국제정치학을 전공한 리드 현역 대령을 기용한 적도 있다. 상황실장의 책임 아래 30명이 5개 팀으로 나뉘어 오전 6시–오후 6까지 12시간 교대 근무로 24시간 동안 국제상황, 국제상황과 결부된 국내상황 관련한 민간언론 보도를 비롯한 각 부처에서 제출된 정보보고서를 받아 정리하여 대통령을 포함한 수석실, 해당 기관에 통보하는 역할을 수행한다. 즉 상황실은 정보 수집과 분석의 핵심 역할을 수행하는 백악관의 신경센터(nerve center)라 할 수 있다(Bohn, 2003: 1-55, 116-120). 각 팀은 3명의 전문가와 국무성, 육해공군, 정보부에서 파견된 요원, 1명의 통신전문가 등 전체 7명으로 구성되어 있다.

이런 팀 구성은 유동적인데 전달된 정보 수집 요원, 정보처리와 전달 요원, 감독 요원, 2명의 분석 및 보조요원으로 구성될 때도 있다. 대개 국방, 안보 부처에서 파견되어 1–2년 근무 후에 원래 근무 부서로 돌아간다. 직급은 과장급에서 사무관, 주사급, 군은 대위, 소령급 장교가 차출되어 근무한다. 상황실에 있는 회의실은 최근 영상회의, 인공위성연계 컴퓨터 데이터처리시스템 보완으로 전 세계 어디와도 대통령이 직접 통화하고 접촉할 수 있는 최고 기밀 뉴스 상황실(super-secret news room) 기능으로 탈바꿈하고 있다.

백악관 보좌관의 충성심과 전문성

백악관 비서실장, 차장, 수석보좌관, 그리고 선임 보좌관들을 비롯한 보좌관 전원은 대통령에 대한 개인 충성심과 정책 충성심이 강하여 이것이 근무형태로 나타난다. 개인 충성심은 선거참모와 측근으로 오랜 동안 교분과 지원을 아끼지 않은 데서 비롯된 존경심의 발로이며, 정책 충성심은 정책 관철에 대한 강한 윤리의식이다. 거의 모든 선임 보좌관급 이상의 고위 보좌관은 7시 30분 출근에 오후 8시 정도까지 일하나 경우에 따라서는 자정 내지 밤새우는 경우도 많아 개인생활의 희생이 적지 않다.

비서실장이나 수석비서관은 오전 7시에 출근하여 오후 10시에 퇴근하고, 중요상황이 발생할 때는 자정이 넘어야 집으로 돌아간다. 외교안보수석보좌관의 경우, 매일 아침 7시에 나와 1쪽–12쪽 정도의 정보부, 국방부, 국무부로부터 대통령에게 보내 온 정보 보고서를 읽어야 하고, 상황실의 보고서와 각 국 주재 대사관에서 국무부를 통해 온 1쪽–7쪽 정도의 보고서도 챙겨야 한다. 또한 매일 아침 비서실장과 만나 요약된 보고서를 놓고 15분 정도 토의한 후 15분 정도 대통령에게 보고한다. 한편, 다른 수석보좌관실과 마찬가지로 외교안보수석실의 차석, 행정실장, 차장 등도 아침 일찍부터 저녁 늦은 시각까지 일에 몰두하고 있다.

백악관 비서실의 보좌관은 대통령과 오랜 친분관계와 동지애로 뭉친 선거참모, 정치참모 중 능력 있고 대인관계와 인간성이 좋은 인재들이라 할 수 있다. 이는 각 부처에서 파견된 전문직 관료출신 보좌관들이 인정하는 바이다. 반면 정치참모 역시 자신의 몸을 던져가면서까지 일하는 전문직 보좌관을 높이 평가하고 있다. 백악관 비서실의 보좌관들 모두는 비록 일이 고되고 힘들며 높은 수준의 전문지식과 판단력이 필요한 어렵고 힘든 일이지만 자신의 업무에 상당한 자부심을 느끼고 있다. 무엇보다도 그들의 정책과 상황판단의 준거기준은 국가이익이다. 클린턴 대통령 집권 시에는 민주당 그룹의 클린턴 주식회사의 주주로, 부시 대통령이 백악관주인으로 있는 시점에는 공화당 그룹의 부시 주식회사의 주주로 이익금을 극대화하여 몫이 큰 배당금을 챙기기 위해서도 대표이사 대통령에게 바른 말을 하고 정확한 정보를 제공하며 밤낮으로 백악관 현장에서 뛰고 있는 것이다.

3. 엘리제궁 사무총장, 보좌관의 역할시스템

프랑스 대통령 집무실은 엘리제궁에 있고 비서실장에 해당하는 직책을 사무총장이라 하며, 다음은 사무차장과 보좌관으로 구성되어 있다. 엘리제궁의 전문 기능직은 900명이며 비서실장이 정원 조정 등 인사관리, 엘리제궁 재정 회계를 관장하고 있다. 또한 그는 경제와 사회 분야에 있어서 대통령을 보좌하고 있다. 한편 비서실장인 사무총장을 중심으로 25명의 보좌관이 있는데, 이들은 일반 정책 보좌관과 기술 전문 정책 보좌관으로 나뉜다. 크게 보아 청와대나 백악관의 수석비서관에 해당되는 경제, 외교안보, 행정, 정무, 사회문화 책임보좌관으로 일한다. 그러나 수석비서관, 차석비서관, 비서관으로 계층화되어 있지 않아 수석비서관이란 부서의 책임자가 있는 것이 아니다. 즉 엘리제궁의 비서실 조직은 대통령, 사무총장, 보좌관 직책만이 있을 뿐, 부서로 조직된 것이 아니고, 사무총장을 포함한 25명의 보좌관이 개인별로 엘리제궁 국정업무를 대통령으로부터 부여받아 동등한 베이스로 역할을 수행하는 것이 특징이다. 임기 5년의 대통령을 끝까지 보좌하는 동안 내각의 부서가 개편되고 장관 수가 바뀌는 상황에서 수석실을 만들어 고정된 임무를 수행하기보다는 보좌관 개인별 역할 분담으로 탄력적 정책 조직 관리를 수행하는 것이 효과적이란 개념이다. 비서실장은 대통령의 뜻을 받들어 내각에 대통령의 통치의지가 반영되는지를 확인하고 대통령과 수상의 가교역할을 한다. 또한 보좌관은 내각의 각부장관이 정책을 일관성 있게 집행할 수 있도록 정책조정과 후원자 역할을 수행한다.

비서실장은 정책조정과 내각감독 대리인

비서실장은 대통령의 국정 비전을 내각의 수상과 장관에게 알리고 대통령을 대리하여 대통령의 정책의지가 집행되는 것을 감독한다. 동시에 보좌관을 통하여 각부 장관이 추진하는 정책을 조정하고 동반자로서 후원하는 임무를 수행한다. 대통령중심제 국가에서는 대통령을 보좌하는 비서실 기능에 국가 통치행위의 힘이 실리게 마련이다. 미국의 백악관에는 부통령이 있어 대통령 유고 시의 계승자로서 중요 정치 현안의 조정과 타협자 역할을 한다. 그러나 그 정치활동의 공간은 대통령의 활동 영역을 보강시켜 주는 역할, 그리고 대선 당시 런닝 메이트라는 정치 위상에서 항상 장막 뒤에서 조용히 움직여야 하는 한계가 있다. 한국에서는 대통령 다음으로 헌법상 국무총리가 있긴 하나, 건국 초기부터 대통령중심제와 내각책임제 운영의 두 갈래 정치 논박에서 거듭되는 여당의 헌법 개정에 야당의 내각책임제 주장을 정치 타협으로 수용한 것이 국무총리제이다. 헌법상으로는 대통령을 보좌하고 국정을 관리하도록 되어 있어, 적극적 차원에서는 프랑스 대통령제에서 볼 수 있는 이원집정제(二元執政制) 스타일의 내정(內政)을 총괄하는 수상의 위상과 동일한 것으로 생각할 수도 있다. 그러나 대통령을 보좌하는 국무총리는 정치행정 관행상 대통령에 대한 1급 참모(Prime Assistant)로서의 기능을 수행할 수밖에 없다. 그 이상의 역할은 대통령 통치를 침해하거나 국정 총괄 기능을 약화시키는 것으로 여겨져 왔다.

그래서 장막 뒤에서 조용히 그러나 힘 있는 비서실장의 역할이 대통령 중심제에서 자연스럽게 부상하게 된다. 미국 백악관의 비서실장, 한국 청와대 비서실장, 프랑스 엘리제궁 사무총장 역시 정치 차원에서는 부통령 혹은 국무총리와 동일한 통치 공간에 있지는 않으나, 그보다 낮은 위상의 정치 공간에서 대통령을 실제로 가장 가까이서 보좌함으로써 최고 영향력을 행사한다. 비서실장은 현대의 정보화 사회에서 다양하고 복합적인 정책 결정 메커니즘 속에서 대통령의 분신으로 최고 정책에 대한 조정·통합 기획 능력을 발휘하여 장막 뒤 혹은 수면 아래에서 실세로, 때로는 통치 메커니즘 물 위에서 대통령에게 몰려오는 정치 공세를 여당 국회의원과 함께 정책 차원에서 차단시키는 방패역할도 하고 있다. 그리고 각료나 내각 부처 정책이 자주 바뀌어도 대통령 5년 임기 기간 내에 대통령부에서는 일관된 정책 조정을 일사불란하게 이끌고 나가야 하기 때문에, 국무총리와 대통령 사이의 조정·매개 역할과 함께 국정 총괄의 최종 조정 감시자로 비서실장격인 대통령실 사무총장이 장막 안팎에서 실질적 영향력을 행사하고 있다.

엘리제 대통령궁 운영실 차장을 역임한 부스께 수석보좌관은 법률상 장관보다 낮은 위치이나 실질적으로 장관 이상의 권한과 역할을 행사하는 것이 사무총장이라 하였다. 또한 그는 "장관은 다소 시원찮아도 사무총장은 정말로 유능한 인물로 충원되어야 한다."고 말한다.[1]사무총장은 대통령 정책 수행을 보좌하는 25명의 수석 보좌관 중 제일 선임자이며, 매일 대통령을 만나는 유일한 보좌관이다. 제1급 수석보좌관으로서 전체 비서실 기능을 조정하고, 총리 혹은 총리 비서실장과 정책을 조정하고 각료 회의에 회부되는 의안을 조정한다. 또한 대통령에게 보고되는 모든 정보와 수행되는 모든 정책의 최종 전달자이기도 하다.

시라크 대통령 비서실장인 사무총장 도미니끄 빌팽(Dominique Villepin)은 1995년 당시 41세로 외교관 경력을 가지고, 알랑 쥐페 총리 당선과 시라크 대통령의 대선에 참여한 정치 보좌관이다. 그는 상원 외교 위원장인 아버지를 둔 프랑스 국립행정학교(ENA) 출신으로서 동아프리카 외교관·뉴델리 참사관, 쥐페 내각의 외교 특별보좌관을 역임하고, 시라크 비서팀으로 대선에서 활동하고 이후 사무총장이 되었다. 후에 외무장관, 내무장관을 거쳐 총리가 되어 시라크 대통령 후계자로 정치 이목이 집중되었으나 대중성이 높은 내무장관 사르코지에게 대통령 후보를 허용할 수밖에 없었다. 빌팽은 비서실장으로서 매우 의욕적이고 예리한 분석력을 가지고 빠른 상황판단을 하며, 표현력이 정확하며, 전문지식이 뛰어난 선거 연설에 정평 있는 연설 전문가라 한다. 매우 냉정한 권위주의적 기질도 있어 국립행정학교 학생시절부터 권위주의적 관료성향도 있었다 한다. 그의 누이도 국립행정학교 출신이다. 매일 아침 9시 30분에 전체 보좌관 회의를 그의 사무실에서 하는데 전부 선체로 보고 받고, 관련 사항을 지시·조정하고 여론과 언론 동향을 알리면서, 직접 언론과 상대하는 수면

---

1) 삐에르 부스께 운영실 차장 겸 해외 영토관리, 보훈담당 보좌관과 그의 엘리제궁 집무실에서 1995년 오후 4시~8시 30분까지 면담.

위의 활동도 하였다.

한편 사무차장 장 피에르 데니스는 34세로 전직 재무부 재정조사관 출신으로, 시라크 대통령이 파리 시장 시절에 행정 부국장을 역임한 대통령과 인연이 있는 보좌관이다. 사무차장은 비서실 차장 격으로 사무총장을 보좌하는데 주로 경제·재정 업무, 사회 분야, 엘리제궁 직원 관리를 담당하고 있다.

직언하는 대통령의 측근 그룹(Inner Circle)

대통령 측근그룹은 대통령을 언제나 만날 수 있고 무슨 대화도 할 수 있는 실세그룹이다. 프랑스 대통령실에는 비서실장인 사무총장을 통제조정자로 하고 25명의 수석비서관격인 보좌관이 개인별로 임무를 부여받아 대통령을 직접 보좌하고 있다. 보좌관은 중요 보고서를 사무총장을 경유하여 대통령 재가를 받거나 지시 사항을 전달받는다. 때로는 사무총장을 통해서 또는 대통령 집무실로 전화하거나 대통령과 직접 만나, 특정 사안을 토의하거나 재가를 받는다.

그러나 엘리제궁에는 항상 그리고 수시로 사전 연락 없이 시라크 대통령과 만나는 4-6명의 최측근 보좌관이 있다. 이들은 대통령을 항상 만나 의견을 개진하고, 격의 없는 토론과 조언을 하는 만큼 정책결정 과정에서 실질적 영향력을 행사하고 있다. 이런 측근 실세 그룹은 15년 전 시라크 대통령이 파리 시장 시절부터 최측근에서 보좌해 오면서 제각기 전문 분야의 경력을 쌓았고 대통령 선거에도 일해 온 전문 가신 그룹이라고 볼 수 있다. 도미니끄 빌팽 사무총장(Dominique de Villepin), 베트랑 랑드리우 운영실장(Betrand Landrieu, Directeur du Cabinet), 클라우드 시라크 공보보좌관(Claude Chirac), 까트리느 꼴로나 대변인(Catherine Colona)이 그들이다. 이들 외에 파리 시장 시절부터 시라크를 도와 대통령 비서실에서 일하는 안니 레리티에르(Annie Lheritier), 마리안느 히봉(Marianne Hibon) 보좌관이 있다.

이들은 대통령실의 총무, 개인 재정 관리 임무를 수행하면서 항상 자연스럽게 대통령을 만나며, 심지어 존댓말 없이 "자크"라고 대통령 첫 이름(first name)을 스스럼 없이 부르며 격의 없는 토론 문화 속에서 사실에 근거한 진솔한 정책 조언을 하고 있다. 특히 사무총장실은 엘리제궁 중앙홀 2층 대통령 집무실, 접견실 좌측에 있어 언제나 출입이 가능하다. 사무차장실은 사무총장실 위층에 있고, 개인 비서와 운영실장실은 집무실 우측에 있어 사무관리 면에서 대통령이 쉽게 접근하도록 되어 있다.

임무완수 기동형 대통령 보좌관(Mission Oriented Mobile Presidential Assistants)

프랑스 대통령실에는 백악관, 청와대, 일본 관방성처럼 외교, 경제, 행정, 공보수석실 등 관료제적 조직이 있는 것이 아니다. 보좌관 개인별로 임무가 부여되어 수행하는 기동타격대식 조직으로 되어 있다. 대통령을 위하여 상하 계층 없이 동등한 위치에서 임무를 수행하며, 사무총장은 중재 · 조정자일 뿐 사무총장을 포함한 전원이 수석보좌관이 되어 대통령을 중심으로 각자 임무별로 대통령을 보좌하고 있다. 충원 과정을 출신 배경과 연관지어 보면 엘리제궁 대통령 보좌관은 크게 3개 그룹으로 나눌 수 있다.

첫째 그룹은 대통령과 과거부터 함께 일한 가신(家臣)그룹이다. 이들은 시라크 대통령이 대통령을 꿈꾸며 본격적인 활동을 시작한 15년 전 파리 시장 때부터 그를 보좌한 인물들이다. 모우리스 우리흐(Maurice Ulrich)는 시라크 대통령 보좌관 중 70세로 제일 연장자이면서 보좌관 중 장로로서 엘리제궁의 조직 관리 개선을 담당하고 있으며, 시라크 대통령에게 현안으로 무게가 실린 조언을 주로 한다. 한편 33세의 안느 레르티에르는 파리 시장 시절부터 총무일을 보았는데 엘리제궁에서도 유사한 업무를 담당하고 있다. 39세의 올림픽 금메달리스트인 쟝 프랑소와 라무르는 그의 인기를 바탕으로 파리 시장 시절 시라크의 주가를 올렸으며, 스포츠 문화 분야 보좌관으로 일했다.

대통령 개인 비서 업무를 맡고 있는 마리안느 히봉, 교육 문화 담당 보좌관인 크리티앙 알바넬도 파리 시장 시절부터 시라크를 보좌해 왔다. 가신 그룹의 핵심은 32세의 시라크 대통령의 딸인 클라우드 시라크이다. 신세대를 대표하는 시라크는 공보 업무를 담당하며 엘리제궁에서 대통령의 정책 수행에 가장 큰 영향력을 주는 인물로 보여진다. 이 같은 가신 그룹은 미테랑 대통령 집권 당시에도 있었고 대통령 중임 14년간 운명을 같이하였다.

엘리제궁의 둘째 유형의 보좌관은 대통령 선거에 참여하여 대선팀으로 한 몫을 한 선거팀 그룹이다. 물론 이들은 과거부터 시라크를 지지하던 인물들로서, 대선에 적극 참여하여 당선을 이끌어 낸 그룹이다. 대선팀 그룹에는 사무총장 빌팽, 사무차장 쟝 피에르 데니스, 총리를 지낸 알랑 쥐페의 외무장관 시절 외무부 부대변인 출신인 39세의 꺄트린느 클로나, 쥐페 장관 시절 외교관 출신인 베르나드 에미(Bernard Emil) 등이 있다. 데니스, 콜로나, 에미 등은 쥐페 전 총리, 시라크 대통령과 공·사 업무에서 일을 같이한 인연으로 대선에 참여한 보좌관들이다.

엘리제궁의 대통령 보좌관 중 세 번째 그룹은 고급 공무원에서 충원된 인물들이다. 물론 시라크 대통령, 쥐페 전 총리를 보좌한 가신 그룹, 대선 그룹 등과 대통령·총리와도 직간접으로 연계를 가진 그룹이다. 프랑스의 공무원은 정당 가입이 가능한데, 우파 보수 성향의 이념을 가진 보좌관도 있으나, 이러한 이념 성향이 보좌관 충원의 기준은 아니며, 대부분 본인의 전문성과 연계되어 본인이 원하여 현재의 보좌관 임무를 받아들인 것이다. 부스께 보좌관은 간접적으로 시라크 대통령이 알고 있었으나, 사무총장 빌팽과 국립행정학교 동창으로 그의 추천과 요청으로 보좌관직을 수락하였다. 운영실장인 랑드리유는 시라크 총리 시절 농업부 차관이었고, 여러 번 보좌관을 역임한 경험이 있다.

측근 가신 그룹, 대선 참가 그룹, 고급 공무원 그룹으로 구성된 대통령 보좌관은 다시 기능상 일반보좌관(general counsellor), 기술보좌관(technical counsellor)으로 구분된다. 기술보좌관은 문자 그대로 그 분야에서 고도의 전문성을 갖고 있는 보좌관을 말한다. 사실 이 분류는 외부에서, 특히 언론에서 분류한 외부 전시용 분류지만, 일반 보좌관도 자기 분야에서 일가견이 있는 전문가들이다. 일반직 보좌관인 사무총장 빌팽은 외교관, 사무차장 데니스는 재무조사관, 운영실장 랑드리유는 농업부차관, 끌로나와 이스나드 보좌관은 오랫동안 공보 전문가로 활동해 왔다.

한편 기술 보좌관의 담당 임무를 보면 재무성 국장 출신인 쟝 프랑소와 실레리(Jean-Francois Cirelli)는 경제 담당, 예산국 출신인 안느 디슐류 쇼피네(Anne Duthilleul Chopinet)는 산업담당, 알바넬은 문화교육담당, 올리비에 에샤프(Olivier Echappe)는 최고 재판소 검사관 출신으로 법무담당, 비서관과 행정 관료 출신인 부스께는 해외 영토 자산 관리, 지방자치, 국토 개발, 재향군인 업무 등 복합적인 임무를 수행하였다.

　이 외에도 국정 최고 책임자인 대통령은 외교·안보·군사 분야를 실질적으로 담당하기 때문에 보좌관 중에서 외교·군사 분야의 전문가가 많은 편이다. 피에르 메나(Pierre Menat)는 쥐페 외무 장관 시절의 외교관 생활을 한 유럽 담당 보좌관, 대사를 역임한 쟝 데이비스 르비트(Gen-David Levitte)는 무임소 외교보좌관, 국제담당인 에미 보좌관, 그리고 대사를 역임한 드푸시 외교·행정 보좌관이 전문 외교 보좌관으로 일하고 있다. 그리고 프랑소아 델라트르(Francois Delattre)는 쥐페 외무장관 시절에 외교관으로 일한 경험 있는 군사전략 분야 보좌관이다. 25명의 보좌관 외에 따로 군사 보좌관으로 현역 해군제독이 대통령을 보좌하고 있다. 이 국방 보좌관은 군사 정보 제공, 군사정책 건의, 대통령의 군 관련 명령 전달과 의사전달 업무를 수행하였다.

　모든 보좌관에게는 타자수, 접견 역할을 하는 비서 1명 정도가 있으나, 국방보좌관만은 자신을 포함 각 군에서 파견된 공군 대령, 해군 중령, 육군 장성 각 1명씩 모두 4명의 비서관이 있다. 그리고 국방보좌관은 별도 조직이지만 사무총장의 지시와 통제를 받고 있다. 그 밖에 공식 보좌관 명단에는 없으나 과거 드골 대통령 시절부터 근무한 기술 전문 보좌관이 있다. 이들은 과거 드골 시절부터 주로 프랑스 식민지였던 아프리카 여러 나라의 외교관·국가 원수·기업인 등과 접촉하고 대통령실 보좌관과 친밀감을 유지하여 그들과 만나면 마음이 놓이고 "아! 내가 잘 대접받고 있구나." 하고 안도감을 느끼게 하여 외교차원의 개인적 연속성과 일관성을 유지해 왔다. 그리하여 그들은 뽕삐두, 데스텡, 미테랑 대통령 재직 당시에도 계속 엘리제궁에서 기술 전문 보좌관으로 근무하였다.

　시라크 대통령 재임 초기인 1995년에 엘리제궁 보좌관은 31세 최연소자부터 70세까지 포진하고 있으나, 60% 가까운 보좌관이 30대이고, 70대 한명, 60대 한명, 50대 1명 외에는 모두 30-40대이며, 평균 연령도 40세이다. 그리고 대통령 딸을 포함한 3명의 여성 보좌관 외에는 대부분이 국립행정학교 출신이며, 대통령 자신의 중요 임무가 외교 안보 분야여서 그런지 외교관 출신이 많은 수를 차지하였다. 그러나 대통령마다 달라서 드골 대통령 당시는 외교관 출신, 뽕삐두 시절에는 민간 출신, 지스카르 데스텡 정권에서는 정부의 여러 부처 출신, 미테랑 정부에는 정부 각 부처 출신과 대학 교수, 그리고 시라크 대통

[표 5-1] 엘리제궁의 역대 대통령보좌관 배경

출신 배경 \ 역대 대통령	De Gaulle		Pompidou		Giscard d'Estaing		Mitterand		Chriac	
	인원	%	인원	%	인원	%	인원	%	인원	%
외 교 관	17	24	6	14	8	20	6	9	5	25
참 사 원	7	10	2	4	3	7	5	7	2	10
재무부재정조사부	4	6	3	7	4	10	2	3	1	5
회계감사원	2	3	3	7	3	7	1	1.5	0	0
도 청	8	11	6	14	4	10	2	3	2	10
자원개발기술관	3	4	4	9	1	2	0	0	1	5
사 법 관	3	4	2	4	1	2	2	3	1	5
대학교수	4	6	3	7	1	2	8	12	0	0
정부부처	15	21	3	7	11	29	9	13	4	20
전직장관	0	0	0	0	0	0	3	4.5	0	0
민간출신	7	10	12	27	5	11	30	44	4	20
계	70	99	44	100	41	100	68	100	20	100

령의 보좌관 중에는 외교관, 민간인, 정부 부처 출신 공무원 순으로 높은 비율을 보인다.

드골 대통령부터 뽕삐두, 지스카르 데스텡, 미테랑 그리고 시라크 대통령에 이르기까지 엘리제궁 보좌관 수는 드골 대통령 당시 70명으로 제일 많고, 미테랑 당시에는 68명, 시라크 대통령 취임 초에는 20명으로 출발했다.

엘리제궁의 대통령 보좌관이 어느 정도 능력이 있으며 얼마나 영향력을 행사하느냐의 여부는 업무 수행 능력과 대통령의 신임을 얻어 정책집행 사안별로 대통령에게 접근이 가능하여 정부 각 부처와 외부 인사에게 정책상의 도움을 얼마나 줄 수 있느냐에 달렸다.

가신 측근 실세는 대통령과 항상 만날 수 있고, 그만큼 대통령과 정책 결정에 영향을 준다. 그러나 업무능력면에서 탁월하고 대외관계에서 대통령 의사가 정확히 전달되고, 정책 집행의 효율성이 극대화되도록 담당 부처를 지원하고, 상이한 의견과 갈등이 증폭될 때 이를 조정하는 능력이 있는 보좌관 역시 정책 실세로 불리어진다.

결국 엘리제궁 실세 보좌관은 정부 기관과 외부에 영향력을 주고 지원 조정 능력이 뛰어나며, 그 내용이 대통령에게 정확히 전달되는 순환 과정이 원만히 이루어지도록 활동 공간을 크게 확보하는 보좌관이다. 외부에 영향력을 주는 보좌관의 좋은 예로서, 올림픽 펜싱 금메달 리스트인 쟝 프랑소아 라모르 보좌관을 들 수 있다. 그는 청소년에 인기가 있고 그의 행동과 말은 청소년과 체육계에 크게 영향을 주었다. 내각 기능이나 조직이 바뀌기 때문에 1 : 1로 보좌관과 내각 기능을 맞출 수가 없고, 대신에 각 보좌관 특히 기술 전문 보좌관이 여러 부처가 관장하는 기능을 복합적으로 담당하고 있다. 그리고 그들의 임무 중 대통령 정책 사항의 추진 · 감독, 대통령 정책의지와 내각 부처정책의 조화, 합의된 정책추진과 지원, 내각 업무의 추진 실태 파악, 내각과 엘리제궁의 정보 교환, 관련 부처 업무 수행을 위한 지원이 핵심 업무이다.

엘리제궁 보좌관의 충성심과 전문성

프랑스 통치 체제는 대통령이 외교 안보를 중심으로 국정 전반을 총괄하고, 총리는 의회 다수당 출신으로 내각을 이끌면서 경제 사회에 중점을 두는 내정에 주력하는 역할 분담이 분명한 이원집정제이다. 따라서 수상에게 위임한 내정 프로그램이 실질적으로 잘 움직이며, 대통령의 정치 공약이 제대로 국정 수행과 정책 집행 과정에 반영되는지를 감독하는 것이 대통령실의 일차 임무이며 역할이다. 이런 맥락에서 대통령 비서실의 각 보좌관은 자기에게 주어진 임무에 따라 관련 부처의 장관을 만나고, 전화 통화로 접촉한다. 그러나 정치인 장관을 접촉하는 것 외에 장관 비서실과 자주 접촉하고 상호 정보 교환을 하기도 한다. 이 과정에서 내각의 동반자로서 어려운 문제를 해결해 주기도 한다. 쥐페 수상은 대통령과 동일 정당으로 서로 정치적으로 신뢰하는 가까운 사이였지만, 다음 수상인 죠스팽은 대통령과 다른 당 출신이었다. 그리하여 정책의 효율적 수행을 위해 대통령 보좌관은 내각에 직접 영향력을 행사하기보다는 장관 비서실과 밀접한 관계를 유지하면서 대통령 정책 수행을 감독하고, 부처에 정보를 제공하고 지원하는 차원에서 업무 협조를 한다.

대통령 보좌관이며 엘리제궁의 운영실 차장인 부스께는 사회질서 · 미풍양속 담당으로 내무장관과 접촉하고, 해외 영토 재산 관리도 담당하기 때문에 그

책임장관인 지방자치 장관 등과도 접촉하였다. 최근 재향군인회에서 연금으로 생활하기 힘들다고 시위까지 하는 상황에서 재향군인 담당 장관이 직접 전화로 대통령실을 통해 재정경제원 예산실이 재향군인부에 필요한 예산을 지원하도록 영향력을 행사해 달라고 부스께 보좌관에게 부탁을 하였다. 이때 그는 재향군인부에 대한 예산증액을 고려하지 않으려는 재경원 장관에게 전화하고, 대통령 예산담당보좌관, 수상실 예산보좌관에게 연락해서 재향군인부에 예산증액을 가능하도록 조치하였다.[2]

좌파 연립 시절, 미테랑 대통령의 좌파 정권과 발라뒤르 수상 우파 정권 시절에는 대통령실과 수상실 사이에 조정이 필요했고 일하는 데에 어려움이 있었던 것도 사실이다. 그러나 수상과 대통령의 갈등은 공멸뿐이라는 정치경험에서 동반정권의 수레바퀴는 자제하면서 잘 돌아가며, 인간적 유대관계가 좋은 경우 대통령실과 내각 간 협조가 잘 이뤄진다. 같은 당이라도 시라크 대통령과 쥐페 수상은 사이가 좋고, 사무총장 빌팽은 알랑 쥐페 수상과 친구였기 때문에 대통령부와 수상실 협조는 잘 되었다. 한편 우파 시라크 대통령과 좌파 조스팽 내각은 절제하며 동반정권을 유지하였다.

대통령 비서실 보좌관은 개인별로 부여된 임무를 수행하는 과정에서 매일 아침 9시 30분에 시작되는 보좌관 모임에서 선 채로 정보교환을 한다. 그리고 이 때의 정보는 각 보좌관이 업무상 관련 있는 내각의 부처에서 보내 오는 정보 보고서를 많이 참고한 것으로, 국방부에서 국방보좌관에게 보내는 정보 보고서, 내무부ㆍ파리 경시청ㆍ경찰 본부에서 작성한 정보 보고서, 언론담당 보좌관이 수집한 언론 동향 등을 상호 교환한다. 그리고 대통령 보좌관이 필요한 정보를 내각 부처에 보내고 정보를 교환하는 환류 메커니즘을 유지하고 있다.

대통령과 총리는 수요일 개최되는 각료 회의 이전에 따로 만나 의안을 조정하므로 매주 1회 정기적으로 만난다. 그리고 대통령과 총리가 참석하는 각료 회의는 대통령이 주재하는 회의이긴 하지만 총리가 내각에서 일어난 정책 정세를 보고하고, 장관이 의견을 개진하고 보고하는 만큼 실제로 총리가 주도하고 있다. 그리고 대통령이 장관을 만나고, 외부 인사를 접견하는 접견 계획

2) 삐에르 부스께 운영실 차장 겸 해외 영토관리, 보훈담당 보좌관과 그의 엘리제궁 집무실에서 1995년 오후 4시-8시 30분까지 면담.

(appointment schedule)을 대통령이 직접 관리하지만, 수요일 각료회의에서 장관들이 소속 부처에서 대통령을 만나야 하는 대외 인사 그리고 대통령 보좌관이 대통령과 만나야 되는 인물들을 제시하면 운영실 차장 부스께 보좌관이 전부 정리하고 사무총장이 이를 확인하면, 대통령이 그대로 대통령 개인 의전 담당 보좌관의 도움으로 면담을 진행하였다.

총리 비서실에도 일반 정치 보좌관과 기술 전문 보좌관이 있는데, 정치 보좌관은 약 30명으로 상대적으로 높은 지위가 인정되며, 행정부에서 파견되거나 총리실에서 경력을 쌓은 직업 공무원인 전문 보좌관 50명의 도움을 받는다. 총리실 보좌관은 매주 1회 총리 비서실장의 주재로 회의장에서 각자 의견을 개진하는 정식회의를 하며, 매주 수요일 각료회의에서는 대통령 비서실 사무총장과 수상 비서실 사무총장이 나란히 같은 책상에 앉아 배석한다. 프랑스는 과거 쥐페 내각시절 장관의 평균 연령은 45세였다.

보좌관 업무에서 제일 중요하게 여기는 기준은 전문성이며, 다음이 충성심이다. 보통 8시 30분에 집무실에 나와 저녁 9시에 퇴근하고, 토요일, 일요일에도 일이 있으면 나오며, 대통령이 소집하면 즉각 어디에서고 달려온다. 이렇듯 대통령 보좌관은 일반 정무 부서의 공직자보다 더 많이 일한다고 볼 수 있다. 대통령과 오랜 시절부터 같이 일해 온 가신도 그런 과정에서 소관 분야에서 일가견을 가진 전문가가 되며, 그러면서 서로 두터운 신뢰관계를 이루게 된다.

엘리제궁에는 전화교환수, 경호원, 운전사, 타자수 등 900명의 기능 전문직이 있으나, 그들은 대통령이 바뀌어도 계속 일하고 있다. 이에 반해 대통령 비서실의 보좌관들은 대통령 임기가 끝나면 퇴직하는 대통령과 운명을 같이 한다는 의식을 가지고 있다. 시라크 대통령과 같이 일하는 사무총장을 포함한 대통령 보좌관들은 대통령이 퇴임하면 당연히 모두 물러나기로 생각하고 있다. 미테랑 대통령 시절에는 60명의 대통령 보좌관이 있었는데, 그들은 미테랑 대통령 14년 통치기간 후에 함께 퇴직하였다. 시라크 대통령 보좌관 팀이 정권인수 과정에서 미테랑 대통령 보좌관 중 일부에게 그 능력과 전문성을 고려하여 같이 일하자고 권유했지만 모두 퇴임하였다 한다. 그 이유는 전임 대통령과의 정치적 신념 일치, 운명 결사체 의식으로 현 대통령과 같이 일할 수 없다는 것이다. 그리고 부분적 이유로는 14년이 지나 나이가 이미 들어 그만둔다는 것이다.

관련된 일화가 있는데, 부스께 비서실 운영차장 겸 내무담당 보좌관이 시라크 대통령이 집권한 직후 미테랑 대통령을 보좌한 비서관을 만나 그가 쌓은 대통령 보좌경험을 살려 프랑스를 위해 시라크가 집권한 엘리제궁에 가서 다시 한번 같이 일하자고 권유한 적이 있다 한다. 그는 미테랑 대통령 집권 당시 30대에 엘리제궁으로 들어가 대통령보좌관으로 일하다가 14년 후 50대 초반으로 훌륭히 임무를 완수하고 미테랑 캠프와 함께 엘리제궁에서 철수하여 쉬고 있었다. 그런데 함께 일하자고 요청을 받았던 그 50대 초반의 미테랑 시절의 보좌관은 "한마디로 나는 자크 시라크 대통령 진영에서 같이 일할 수 없는 것이 유감입니다. 그 이유는 다음과 같습니다. 나는 진보적 이념에 동조하여 미테랑이 이끄는 사회당 노선을 지지하고, 미테랑이 대통령에 당선되는 데 혼신의 노력을 다했습니다. 그리고 미테랑 집권 14년 간의 역사무대에서 온몸을 불태우고 이제는 한줌의 재가 되었습니다. 그런데 나는 당신들이 보좌하는 시라크의 우파 보수 노선에 동조하는 것도 아니고 더군다나 시라크 대통령이 당선되는 데 일조를 한 것도 아닙니다. 더하여 나는 미테랑 시절에 활화산처럼 프랑스를 위하여 불태웠습니다. 그런데 한줌의 재가 된 나를 끌어 들여 다시 불태울 필요가 있겠습니까. 죽이 되든 밥이 되든 같은 이념으로 뭉치고 대통령 당선에 온갖 노력을 다한 당신들이 국민에게 책임지는 역사의식으로 시라크 대통령의 무대에서 온몸을 불태우는 대통령 보좌역할을 하십시오." 라고 말했다 한다.

4. 크렘린 비서실장, 보좌관의 역할시스템

대통령 비서실장은 황제 대통령의 CEO 기획조정실장

러시아 대통령은 민주화와 시장경제 정착에 일차목표를 두고 있다. 그리고 분권화, 지방화, 시장경제 자율화, 사회기능 다원화를 추구하면서 광역 러시아를 효율적으로 유지, 발전시키는 2개의 상반된 국가발전목표를 병행 추진해야 하는 상황에 처해 있다. 상반된 국가목표를 추진하는 대통령의 국가관리 능력은 바로 크렘린궁 비서실장, 수석비서관, 보좌관의 전문성과 충성심을 기반으로 한 보좌 능력에 달렸다. 대통령은 필요할 때마다 비서실장, 수석비서관, 보좌관 또는 지역파견관, 정보부장, 경호실장을 불러 토론을 한다. 대통령 비서실은 책임내각제 같은 각료의 위상강화나 업무수행의 자율성을 보장하지만, 이들 각료의 정책집행 사항 점검, 종합정책 가이드라인 수립, 전략정책 수립 등 최고정책결정은 대통령비서실에서 이루어진다. 러시아 대통령비서실은 전략정책을 수립하고, 각료는 정책사무관장으로 위상과 역할이 뚜렷이 구별된다. 따라서 외무부장관이 사무장관이라면 외교안보수석비서관, 국가안전보장회의 보좌관은 정책장관이며 그만큼 큰 영향이 있고, 그 위에 있는 비서실장은 대통령을 최측근에서 보좌하는 최고 참모지휘사령탑이며 황제 대통령의 CEO 기획조정실장이다. 따라서 러시아 대통령 비서실장은 제도적으로 장관보다 우위에 있고 국정관리 측면에서 총리와 동급이거나 상대적으로 우위에 있는 실세이며, 차기 대통령 후계자로서 대통령을 최측근에서 보좌하면서 충성심과 국정관리 능력 면에서 검증받고 후계 수업을 받는다.

수석비서관은 충성심 있는 전략적 전문 정책 조정가

총리와 각료가 매일의 소관 부처 기능관리자라고 한다면, 대통령 비서실장과 수석비서관, 보좌관은 전략수립, 정책조정자이다. 대통령 비서실에는 대통령비서실장, 차장, 7개 수석 또는 보좌관실이 있다. 외교안보수석, 국내정책수석, 조직자원수석, 의전수석, 공보수석, 대통령연설문 담당보좌관, 행정총무수석이 핵심조직이다. 이들 수석이나 보좌관은 임무와 기능면에서 장관과 동급이거나 우위에 있다. 수석비서관이나 보좌관은 그 임무가 명확한데 수석비서관은 관련 유사한 임무를 수행하는 내각 부서를 묶어 대통령의 국정의지를 전달하고, 대통령과 내각부처의 가교역할을 하며, 정책집행 사항을 모니터하고, 전략정책을 개발하고 내각에 침투시키면서 정책조정 임무도 아울러 수행하고 있다.

한편 보좌관은 대통령에게 전문정책분야, 지역, 기능면에서 필요한 조언과 자문역할을 수행하고 있다. 수석비서관과 보좌관은 임무와 활동영역에서 7개 부서로 되어 있으나 대통령이 국정상황 수행에 필요하거나 조언이 필요할 때에 추가로 수석이나 보좌관을 임명·활용할 수 있다. 푸틴 대통령 비서실 수석비서관 인원수는 10명, 보좌관은 9명이다. 수석비서관실에는 3명 정도의 부수석비서관, 3명 정도의 비서관이 있으며 행정실 요원이 있다. 이런 행정실은 대통령지역전권대사 또는 대통령지역파견관실, 대통령비서실장, 수석보좌관, 인사, 시민인권보호, 문서보관, 홍보담당 비서관을 지원하는 행정실로 되어 있다. 대통령 비서실 전체 인원은 지역파견관, 대통령 비서실장과 행정실 직원을 포함 1,500명 정도이다.

지역전권담당대사는 대통령 지역집정관

러시아연방공화국을 7개 광역으로 나누어 대통령 분신인 7명의 지역전권담당대사가 중앙의 연방정부 차원에서 대통령의 국정의지와 전략정책을 침투시키는 역할을 수행하고 있다. 지역집정관으로 중앙의 황제를 떠받드는 역사적 잔영 속에서 7명의 지역파견관은 거대 러시아를 현대의 기업그룹 차원에서 보면 연방정부와 지방정부, 기능별 사회 인프라를 연결시켜 국가목표를 수행하는 21세기 러시아 황제대통령을 보좌하는 지역 본부장이다. 민주화의 첫발을 내딛는 러시아는 과거의 제정러시아나 공산제국의 강력한 중앙집권화에서 급속한 지방분권에 따른 소수민족 독립국가화, 이념다양화에 따른 사회갈등 심화, 지역경제 차이 심화, 지역자원의 전국 차원에 걸친 효율적 사용 요구증대에 연방정부 차원의 통합조정 능력이 필요하게 되었다.

전국을 동서남북으로 나누고 지역특성, 경제발전 전략, 군사안보 차원을 고려하여 동북부, 서북부 중앙아시아, 남북 등으로 7개 광역지역으로 다시 세분하여 대통령의 전권을 수임받은 지역전권담당대사가 파견된다. 지역전권담당대사는 중앙정부의 정책을 지역 주지사, 지방정부 수장에게 주지시키며, 주지사나 지방정부 단체장이 지역관리에서 생기는 애로사항이나 정책협조를 대통령에게 건의하여 관련 각료나 행정부서가 협조·지원하게 한다. 한마디로 광역지역에 파견된 대통령전권대표는 러시아 광역지역의 지방정부단체장과 대통령과의 정책가교역할, 지방과 중앙의 현실성 있는 정책협조 및 조정, 지방발전의 모니터링, 대통령의 지방정부단체장 임명에 인사조언 혹은 추천을 하는 대통령 지방 대리인 역할을 하는 지방주재 수석비서관이다.

크렘린궁 보좌관의 충성심과 전문성

제정러시아, 공산제국을 지나 민주화, 산업화 과정을 거치는 현대판 러시아 제국은 정치제도가 안정 기조에 착근하지 못한 상태이다. 그러므로 광역 러시아를 이끄는 대통령은 대통령 비서실, 정보부, 경호실, 내각, 지역담당 수석비서관의 충성심과 업무 전문성에 크게 의존할 수 밖에 없다. 대통령 보좌관은 대통령에 대한 충성심이 높고 정책전문성, 행정력이 풍부한 인물로 충원된다. 그들은 정보부, 군, 주지사, 행정부 고위직, 각료, 부총리, 대통령 비서관을 역임한 경력가이다. 대통령 비서실장, 수석비서관, 보좌관, 정보부장 혹은 일부 각료는 전문성을 갖춘 인물로서 대통령과 함께 과거 정보기관, 상트페체르부르크 시정부, 크렘린 비서실에서 근무한 인연이 있는 인물들이다. 특히, 상트페체르부르크시 출신으로 동향인 중에서 발탁하는 충성심과 인연이 큰 요인이 되고 있다. 푸틴 대통령의 현재 비서실장 메드베데프(Dmitry Anatolyevich Medvedev), 차장 세친(Igor Ivanovich Sechin), 대통령전권지역파견관 코자크(Dmitry Nikolayevich Kozak), 해외정보부장 레비데프(Sergei Levidev) 등은 푸틴 대통령과 동향인 상트페체르부르그 출신이거나 전직 KGB 해외정보부 근무자 등이다.

5. 영국 수상실 관방장관, 관저 비서실장, 수석비서관의 역할시스템

관방부장관은 각료 비서실장, 각료회의 의제 실무조정자

관방장관(Secretary of Cabinet)은 각료로서 수상의 위임으로 관방업무와 전문 직업 공직자를 관리하는 업무를 담당한다. 행정부 각 부처장관의 수상과의 정책협의, 부처의 정책형성과 집행을 내각 차원에서 도와주고 수상의 정책의지를 반영하면서 수상을 보좌한다. 따라서 영국의 수상 비서실은 내각에서 결정하여 집행하는 국정현안과 의제를 조정하고 보좌하는 내각의 관방부, 그리고 측근 보좌업무를 수행하고 보다 실질적이고 수상에 밀접한 핵심 업무를 다루는 수상 측근 비서실로 크게 이분되어 있다고 할 수 있다. 즉 관방부 장관은 내각에서 조정하고 처리하는 의제조정을 책임지는 제도적 비서실장이라면, 다우닝 10번지 수상 비서실의 비서실장은 수상 최측근에서 핵심쟁점과 정책 사안을 보다 실질적·기동적으로 수행하는 측근 실장이라고 할 수 있다. 양자는 근접거리에서 상호 보완적 기능을 수행한다고 볼 수 있다.

　　관방부장관은 국회의원이 겸직하지 않는 관례에 따라 임명된 영국 내각 각료 중 非의원 각료이었으나 최근 블레어 수상이 의원 중에서 임명하였다. 관방장관은 각료회의 시 수상 옆에 앉아 수상을 보좌하고 각종 의안을 처리하는 간사 역할을 하며, 발언권은 있지만 투표권은 없다. 또한 각료회의 합의 도출은 관방부의 조정능력에 크게 의존한다. 그리하여 관방부의 3개 실은 중요의안·쟁점·입안사항 등을 정책집행과 국가 차원의 정책효과를 고려하여 관련 내각의 장관들이 위원회를 구성하여 충분한 토의를 통해 합의를 본 다음 주무부서에서 각료회의에 상정하여 결정을 하게 한다. 계속해서 수상의 최종 재가를 거쳐 수상의 책임 아래 국회입법, 정책집행, 쟁점해소의 과정을 거치게 한다. 따라서 영국 수상비서실의 경제·국방·유럽실에서는 19개의 위원회 또는 세부 소위원회를 두어 각 위원회에는 수상·부수상·주무장관·관련 장관들이 위원장 혹은 위원으로서 필히 참석해야 하는 예규를 만들어 운영하고 있다.

　　그리고 위원회에 주무부서가 제출한 쟁점사안·정책안·법률안은 그 취지·내용·조치사항 대로 3쪽 내외의 간략한 서면보고를 하게 되어 있다. 19개의 위원회는 경제국내위원회, 경제국내전략정책위원회, 안보정보위원회, 국방해외위원회, 핵방어위원회 등 총리·부총리가 위원장이 되는 위원회에서부터 주무부서장관이 위원장이 되는 환경위원회, 사회위원회, 보건위원회가 있다. 경제 및 국내위원회는 영국 산업의 대내외 경쟁력, 산업, 통상, 소비자, 과학기술, 규제 철폐, 공공투자 부문에 관해 관련 부처 장관이 모여 쟁점사안에 대한 의견조정, 정책합의, 각료회의, 부처동의에 이르는 합의도출을 한다. 이 과정에서 관방부의 관련 실·국·과에서는 조정협의의 주무부서로서 최종사안을 정리하여 관련 부처에 통고하고, 수상에게 보고하며 수상이 각료회의에 회부하여 최종결정을 하도록 보좌역할을 하고 있다. 그리하여 각 부처가 제기한 의제나 부처 간 의제를 스스로 조정하고, 그래도 해결 안 된 내용은 관방부의 각 실이 중심이 되어 내각위원회를 동원하여 정리하고, 수상·부수상·원내총무 등 각료 25명이 매주 수요일 아침 9시에 시작하여 2시간 전후로 열리는 각료회의에서 모두 심의·의결한다.

그리고 이렇게 각료회의에 회부되는 각 부처의 다양한 의제를 관방부가 협의 조정하는 조건과 절차를 명확히 예규로 규정해 놓고 있다. 관방부와 관방부가 지원하는 각료들로 구성된 관방위원회는 모든 정부정책의 최종 조정자로서 내각이 연대책임을 지고 재정지출, 의회법안, 여론의 표적이 될 중요 정책쟁점, 부처 간 의견불일치 의제, 각 부처에 연관된 정책 등 복합적인 정부업무를 협의·조정한다. 그러므로 관방부는 각 부처 업무를 도와주는 지원기능 리더십(supportive leadership)을 발휘하는데, 구체적으로 관방부 산하 국내경제, 국방외교, 유럽담당 3개실(室)은 개별각료와 내각부처에 대해 엄정 중립을 지키고 의안조정협의 지원부서로서 적실성과 효율성을 극대화한다. 즉, 각 부처 간 의견조정, 내각위원회·소위원회의 협의조정활동 지원, 각종 의제발제, 토론·합의과정의 분위기 유도, 절차 제시와 추진 지원, 모든 부처 정책과정의 보고서 제출과 정보제공, 각 부처 간 연락, 의제 설정과 의안제출 시기결정, 서식작성 요령 등에 이르기까지 모든 지원업무를 수행하고 있다. 또한 이 과정에서 수상관저 비서실과 면밀한 협조를 한다. 그러므로 관방부는 각료회의에 제출할 의제 정리 외에 모든 부서에서 수행하고 있는 업무를 파악하여 그 내용을 다른 부처에 알려 주고, 내각위원회에 중요 사항을 보고하는 정보통신 센터 역할과 수상과 수상관저 비서실에 수시로 협조하는 내각제 수상비서실의 다목적 역할을 하고 있다. 관방부 내에서 서로 교환하는 모든 제안서나 보고서는 700단어 또는 2쪽 전후로 되어 있다.

한편 수상의 권력 강화나 권력집중을 억제하는 전통에 따라 비서실장인 관방장관에게도 권한행사 소지를 많이 주지는 않고 있다. 실질적 부총리나 다름 없는 일본의 관방장관과는 달리 영국 관방장관은 의안을 조정하고, 수상이 주재하는 각료회의에서 간사역할을 할 뿐이다. 관방장관은 수상을 도와 실질적 회의진행을 하고 발언권도 있지만, 각료회의에서 발언을 할 때도 될수록 자제하고 수상 옆에 앉아 귓속말로 수상의 이해를 돕고 회의진행 보조역할을 하며, 투표권이 없는 것도 특징이다. 말하자면 관방장관의 기능을 각료회의에 회부될 의안들에 대한 교통정리 역할과 내각 부처를 도와주는 협의조정기능에 국한시키려 한다.

수상관저의 백악관식 비서실운영

한편 블레어 수상이 집권하면서 수상 집무실에는 백악관 비서실장 형태의 공식 비서실장(Chief of Staff)과 언론홍보수석(Director of Communication and Press Office), 정책수석(Director of Policy Directorate) 그리고 정부대외담당수석(Director of Government Relations)의 3명의 수상 수석보좌관을 두고 있다. 공식적인 비서실장 외에 수상 개인 부속실장(Private Principal Secretary)이 있어 문서수발, 의전을 담당하고 있다. 현재 비서실장, 언론홍보수석, 정책수석, 정부대외담당수석은 전부 정치적으로 임명된 정무직이며, 그 외 행정각부에서 파견되어 온 전문 관료와 수상실에서 전문성에 입각하여 직접 채용한 경력직을 포함 300명이 근무하고 있다. 이 중에는 수석비서관 외에 25명의 특별보좌관이 있어 전문영역별로 수상을 보좌한다. 비서실장 조나단 파웰(Jonathan Powell)은 정무직으로 블레어 수상을 측근에서 보좌하였다.

수상비서실의 기본 임무는 수상을 위한 국정운영 전략과 전술 마련, 정책조언, 관방부와 협의하면서 각료회의 의제조정, 협조, 후원, 대내외 수상 이미지 제고, 언론홍보활동, 정당과 NGO 유대결속이다. 수상 비서실의 언론홍보수석실에는 60명, 정책수석실에는 20명, 정부대외담당 수석실에는 60여명이 있다. 그 외 인원은 수상실의 기능보조 요원이다. 대외담당수석실은 집권당인 노동당, NGO, 지방정부, 기타 사회단체 지도자와 수상과의 협조 관계유지 위한 연락창구 역할을 담당한다. 현재 영국 수상실은 국내경제 활성화, 테러대비 국제환경에 능동적으로 대응하는 국정운영 능력을 극대화하기 위한 조직운영체계를 강화하고 있다. 내각책임제에서 볼 수 있는 관방부의 지원과 대통령제에서 볼 수 있는 비서실장 중심의 비서실 운영체계인 2중적 참모조직을 강화하는 가운데, 대통령형 수상실 운영체계로 탈바꿈하고 있다(Presidential Prime Minister)(Meny and Knapp, 1998: 251-252).

정책수석실의 수상 정책보좌 기능

영국 수상관저의 비서실에서 돋보이는 것은 정책수석실이다. 노동당 출신 윌슨(Harold Wilson) 수상 때 60여 명의 정책전문가로 구성된 정책실(Policy

Unit)이 발족되어, 보수당 출신 존 메이어(John Major) 수상 때까지 이어져 왔으나, 블레어 수상에 와서는 개편되어 정책수석실(Policy Directorate)로 명칭과 기능을 바꾸고 각 부처에서 파견된 경력직 관료가 관련 정책 분야를 행정부처와 연계하여 보좌한다. 또한 25명의 정책특보를 따로 두어 기동형 정책팀으로 수상을 보좌하고 있다. 정책수석실은 안보외교 이외의 내정에 관한 정책 일체를 관장하고 있다. 블레어 수상을 위하여 국내 문제에 관한 정책을 개발하고, 정책성격을 설명하는 임무를 수행한다. 정책수석실에는 실장과 8명의 정책비서관이 각각 고유 임무를 분담하고 있다. 이들은 주로 대학·언론·기업계 등에서 충원되는 외부 영입 인사이며, 평소 수상과 친분이 있거나 집권당의 정치 이념을 지지하는 경향도 있으나, 충원 기준은 어디까지나 전문지식과 경험, 업무수행의 탁월성, 전략적 사고 등 인물의 능력에 토대를 두고 있다. 블레어 수상이 정책수석비서관직제로 바꾸기 전에는 정책실장제로 있었는데, 실장은 지난 16년간 거의 외부에서 충원되었다. 메이저 수상은 집권 당시 정책실장에 노먼 블랙웰(Norman Blackwell)을 기용하였는데, 그는 40대로 맥킨지 회사의 공동사장이었고 1990년에서 1995년까지 5년간 존 메이저 수상을 보좌한 전임실장 사라 호그(Sarah Hogg)는 신문기자 출신이었다. 정책실장은 영국 행정부의 관리직급(executive class)인 장관급(permanent secretary grade 1), 차관급(deputy secretary grade 2), 차관보급(undersecretary grade 3), 국장급(assistant secretary, bureau director grade 4-5) 중 장관급에 속한다.

그들은 전문성에 따라 국내정책 분야에 관한 업무를 분담하는데, 경제·무역상업·교통공해·공무원 인사·사회보장·중소기업·농수산·교육·언론공보·자선사업·보건·가족·지방정부·농업·청소년, 그리고 유럽연합(Europe Union)의 경제무역과 그에 관련된 외교 등으로 나뉘어진다. 그런데 8명의 정책보좌관이 전원 옥스퍼드 출신이어서 정책감각이나 사고에서 대표성이 결여되고 좁은 시야와 때로는 배타적 정책투영이 수상의 국정운영에 그림자를 드리울 수 있다는 점에 관심을 돌릴 필요가 있다.

존 메이저 영국 수상이 추구하는 보수당 정책이 영국 국민에게 폭넓게 수용되지 못하고, 토니 블레어(Tony Blaire) 노동당 수상에게 정권을 내 준 것은 영국 수상관저 비서실에서 활동한 정책실 비서관이 옥스퍼드 대학출신이라는 한정된 교육배경을 가지고 수상의 정책을 보좌한 것과 무관하다고는 볼 수 없을 것이다. 그에 비해 14년 이상 강력한 정부를 이끌어 온 헬무트 콜 독일 수상 비서실을 보면 하이델베르그 대학을 졸업한 콜 수상부터 비서부장관, 수석비서관, 심지어 내각각료가 전부 다른 지역과 다른 대학 출신배경을 가진 점이 특이하다.

정책수석비서관실의 기능을 구체적으로 살펴보면 크게 3가지로 분류된다. 첫째는 국내문제에 관련된 정책 전반에 걸쳐 수상에게 정책을 건의하거나 정책 사항에 관해 설명과 조언을 한다. 정책건의와 조언 과정에서 정책비서관은 관련 부서 및 관방부와 밀접한 관계를 유지하면서 공식 · 비공식 대화를 통해 정책 쟁점을 해결하고 정책을 조정하고 합의를 도출한다. 둘째는 수상을 위해 정책 아이디어를 도출하거나 정책구상과 정책골격을 제시한다. 특히 수상이 걱정하거나 관심을 두는 노인복지 · 런던 전철 사유화 문제 등에서 관련 행정부처 · 직능단체 · 전문기관 · 시민 등의 여론을 종합하고 조정하여 적절한 정책대안을 수상에게 제출한다. 셋째는 외부와의 정책 연계(vehicle to outside world)로서 수상에게 쏟아지는 다양한 정책 요구를 곧장 정책수석실로 보내 이를 설명하게 하고 수상은 행정부 장관에게 정책 수행을 지시한다.

과거 존 메이저 수상은 복잡한 내용을 싫어하며 반드시 증명할 만한 근거에 의한 정책건의나 보고서를 원하고 해당 쟁점을 매우 구체적으로 꼬치꼬치 묻는 성격이어서 세밀한 내용이 담긴 보고서를 작성해야 한다고 한다. 보고서는 사안의 중요성에 따라 다르지만 통상 3쪽 이내의 논리적으로 압축된 내용이어야 한다. 수상은 대개 장기적 전략 수립가 혹은 정책가라기보다 주로 당면 문제 해결에 치우치는 경향이 많은데, 대부분 수상은 당면 문제 해결이나 조정자로서 수완을 발휘한다.

한편 수상은 정책 사안별 보고나 토의과정에서 수상이 받아들이기 어려운 보고에 대해서 화를 내는 경우가 있는데, 이 경우에는 정책수석실 비서관 전체 회의 이름으로, 각 부처 회의 결과를 외부 여론 결집의 이름으로 제시하기도 하며, 매주 수상이 자신의 선거구에서 주말을 보낼 때 선거구민과 직접 대화를 통해 시정 소식을 파악하게 함으로써 자연히 수용하기 어려운 건의도 받아들이게 한다는 것이다.

한편 관방실과 정책수석비서관실은 될수록 적극적 보좌와 업무 분담을 통해 수상의 격무를 가능한 완화시키려 하는데, 이를 위해 부수상에게 가능한 국정 업무를 분담시키고 있다. 그리고 6개월에 1회씩 휴가를 가게 하여 휴식과 정책구상을 하게 하며, 정책수석실 역시 매 6개월마다 정기 정책평가와 활동보고서를 수상에게 제출하여 새로운 정책구상과 대안 마련의 기반이 되게 하고 있다. 수상관저 비서실 요원은 거의 개인 가정생활이 없을 정도로 이른 아침에 출근, 저녁 늦게 귀가하는 격무를 수행한다. 그러나 영국 국정을 통괄하는 수상 비서실에서 소관 업무 수행으로 수상을 보좌한다는 자부심과 역사의식의 소명을 갖고 하나의 집단 팀(collective team)으로서 공무를 수행한다.

영국 수상 비서실의 정무직과 직업공직 비서관의 윤리

행정부는 보통 정치적으로 임명된 정무직(political appointee)과 직업공무원 출신인 직업공직(career official) 출신으로 구성되어 있다. 그리고 정치적으로 안정되고 제도가 잘 정비된 국가의 정부일수록 선거로 당선된 수상이 임명하는 정무직은 소수일 뿐이며 대부분은 전문직업 관료로 채워져 있다. 따라서 대통령이 바뀔 때마다 5천명 이상의 연방정부 정무직을 채워야 하는 미국 행정부에서 전문 직업공직자의 활동영역이 정무직의 과다로 축소되거나 자율성이 약화되는 것을 우려하는 의견도 있다(Riggs, 1991).

천년의 역사를 가진 영국의 내각제 행정부에서는 장관과 정무차관만을 선거에서 당선된 국회의원 출신이 차지하고, 사무차관과 그 외의 실·국·과장 등은 모두가 직업공직자이다. 수상을 보좌하는 관방부 역시 장관과 정무차관만이 정무직이며 사무차관 이하 전 직원은 직업 관료들이다. 다우닝 10번지 수상 관저 비서실의 비서실장, 수석비서관은 정무직이며 비서관은 재무부·외무부·환경부 등에서 차출된 차관보급, 국장, 과장급 직업공직자로 충원되어 있다. 그러나 블레어 수상이 수상실 근무 경력직 공무원을 충원하는 제도를 마련하여 소수이긴 하나 수석실 별로 경력직 공무원을 선발하여 수상과 정권이 바뀌어도 이들은 수상실에 그대로 있어 정권의 영속성을 행정관리 차원에서 이어가고 있다. 한 마디로 영국 정부는 정책 창출직은 소수 상위 정무직으로, 정책집행은 대부분 행정부의 전문 관료직으로 충원되는 소수 정무직, 다수 전문 관료직의 연합체로 되어 있다고 할 수 있다.

그러나 정무직과 전문 관료직의 성격이나 역할을 구체적으로 살펴보면 국가정책 수행에서 엄정 중립·공평성·전문성·충성심 등에 있어서 문제가 제기된다. 특히 영국 수상비서실에서는 전문직과 정무직 공직자가 갖는 각각의 성격이나 기능에서 이러한 문제가 두드러진다. 주로 비서실의 최고책임자는 대부분이 정무직 공직자라는 점에서 다수를 차지하는 전문 관료직과는 항상 긴장이 존재하며 또한 함께 수상을 보좌하는 과정에서도 갈등의 소지가 있을 수 있다. 정무직의 긍정적인 측면은 수상과 집권당의 정치이념을 지지하고 수상의 지역구 당선은 물론, 원내 다수당이 되기 위해 개인적 충성심과 노력을 쏟는 책임감을 겸비한 그룹이라는 점이다. 그리고 수상 관저 비서실의 언론홍보, 정책, 대외 담당 수석비서관실에서 수상을 보좌하는 수석비서관과 비서관은 충성심 외에 개혁성과 창의성을 가진 고도의 전문적·전략 아이디어맨들이다. 이들 정무직 보좌관은 새로운 아이디어를 구상하고 전략정책을 수립하는 원천이 된다.

한편 그들이 갖는 부정적 측면은 직업공직자는 수상과 집권당이 바뀌어도 계속 현 직책에서 근무하거나 정부 부처의 원래 직책이나 직급으로 되돌아갈 수 있으나, 정무직은 수상과 운명을 같이 하여 퇴직 후에 신분보장이 안 된다. 따라서 권력의 핵심부에서 끊임없는 정경유착과 부패에 연루될 취약점으로 정치적 엽관주의와 정치부패의 오명을 쓰게 되는 등 십자포화의 표적이 될 수 있다.

반면에 직업공직자의 긍정적인 면은 그들은 헌법상 규정된 엄정 중립·공정한 직무수행을 하는 동안 임기가 보장되는 안정적인 전문직 공직자로서 합리성과 전문성에 입각하여 국정을 관리한다는 것이다. 그러나 직업관료의 부정적인 측면은 영국의 의원내각제 정치체제에서 전문 직업공직자는 다우닝 10번지 수상관저 비서실이나 정무직 보좌진에 너무 가깝게 접촉함으로써 특정 정당의 정치노선에 오염이 되거나 정치 흥정과 권력의 시녀로 전락할 위험이 상존한다는 것이다. 즉 수상 비서실과 정무직에 너무 접근하면 권력에 취약함을 드러내는 관료의 기회주의적 근성과 권력지향성으로 인해 정치적 불편부당성, 엄정 중립성을 잃게 되고, 올바르고 정의로운 조언을 피하는 권력의 맹목적 추종자가 될 가능성이 있다고 본다.

영국 수상실에는 이러한 상황을 빗댄 다음과 같은 일화가 회자된다. "갤러헌(Gallaghan) 수상이 퇴임하여 뒷문으로 나갈 때 전송하는 많은 공직자는 눈물을 흘리고, 뒤이어 앞문으로 들어오는 대처 수상에게는 웃음으로 손을 흔든다." 그러나 수상에 충성하고 전략적 사고를 갖춘 정무직이나 특정 정당과 정치인에 충성하지 않지만 국정 전반에 걸친 전문적 관리인으로서 소임을 다하는 직업공직자 모두가 헌법에 충실하고(constitutional accountability), 국민에게 봉사하는 국가 공직자라는 인식은 그들 모두에게 확고하게 각인되어 있다.

6. 독일 수상실 비서부장관, 특별보좌관, 수석비서관의 역할시스템

독일 수상 비서부장관은 차기 수상 준비자인 부통령

수상의 비전과 지도력을 강화시키는 수상비서실의 보좌진 역할을 비서실장인 비서부장관부터 알아본다. 내각제인 독일에는 국가통합의 상징이며 의전 역할을 하는 대통령이 있다. 따라서 원내 제1당에서 산출된 의원이 대통령 임명절차로 수상이 된다. 연방수상은 실질적 행정수반이 된다. 내각제이기는 하나 내각을 이끌고 국정을 장악하는 수상의 리더십은 미국 대통령만큼 효율적이고 강력하다. 그런 운영상의 묘미는 연방수상실의 국정운영시스템에서 나온다고 본다.

내각부처의 거울이라고도 하는 독일 수상 비서실은 수상을 보좌하는 비서실장을 정점으로 행정, 외교안보, 사회, 경제, 유럽, 정보 등 6개의 수석비서관실이 있다. 즉 비서실장은 해외정보부장관, 국무조정실장, 대변인을 겸임하며 5-6명의 보좌관을 두고 있다.

수상관저는 베를린 제국 국회의사당 건너편 Willy Brandt-Strasse 1번지에 위치한 현대식으로 건축한 수상실 건물 맨 위층인 8층에 있어 승강기를 타고 내려오면 바로 집무실이다. 독일수상 비서실은 대통령형 내각제의 지표로 강력한 수상보좌시스템을 가동하여 오고 있다. 수상 다음으로 외무장관이 부수상이

지만 기독교민주당의 콜 수상이 연립정권을 구성하면서 연정파트너인 자유민주당 출신 클라우스 킨켈(Klaus Kinkel)이 외무장관 겸 부수상이어서 비서실장인 수상비서부장관의 역할이 더욱 증대되고 무게가 실리면서 정치의 수면 아래와 위에서 역동적으로 움직였다.

사회당이 집권하면서 국회의원이 아닌 슈타인마이어 비서실장이 장막 뒤에서 조용히 슈뢰더 수상을 보필하나 콜 수상 당시의 볼 비서실장이 발휘하던 영향력과 대동소이하다. 독일연방 수상실(Federal Chancellery) 비서실장은 공식 직함으로는 각료인 비서부장관과 특수임무부 장관(Federal Minister for Special Tasks and Head of the Federal Chancellery), 대변인, 국무조정실장이다. 비서실장이 특수임무부 장관이라고 하는 것은 대외정보부장관직도 겸임하고 있다는 의미이다. 그래서 독일 수상 비서실장은 일본 수상실의 비서실장인 관방장관의 역할, 영국 수상관저 비서실을 통합한 기능 수행, 미국 백악관 비서실장 위상보다 넓은 활동 공간을 가진 국정실무를 조정하는 부통령 역할을 수행하고 있다.

수상실 비서부 장관인 비서실장은 행정부 최고결정권자인 수상을 최측근에서 보좌하고, 수상실 비서관이 관련 부처와 소관업무를 협의한 내용을 정리하여 수상의 최종재가를 받아내고 각료회의에 의결할 안건을 조정 협의하여 수상이 내각을 순조롭게 이끌도록 무대 뒤에서 조용히 일한다. 콜 수상 당시는 3당 연립정권이며 내각책임제인 만큼 세 정당의 정치이념과 정책을 정책과정에서 조정·협의해야 하고 야당과도 타협해야 하므로 날카로운 정치 감각과 협상 능력이 있어야 하며 수상과는 신뢰와 충성을 바탕으로 동지적 차원에서 결합되어야 한다.

비서실 장관은 수상의 국정수행에 필요하다고 판단되는 의제에 대해서는 언제나 수상을 만나 서면 또는 구두 보고를 하고 토의한다. 따라서 수상과 비서실장은 당과 의회에서 오랫동안 긴밀하게 일한 인연이 있고 비서실장은 정치와 국가 관리에서 한수 위인 수상에게서 통치기법과 리더십을 전수받아 차기 수상 수업을 받는 실세장관으로 실질적인 부수상이라 할 수 있다.

콜 수상 집권당시 프리드리히 볼(Friedrich Bohl) 수상 비서실 장관은 1945년 출생인 50대로 1963년에 기민당에 입당하고 마르부르그(Marburg)의 필립스 대학(Philipps University)에서 정치법률학을 전공, 변호사가 되어 1980년부터 하원의원으로 원내총무를 역임하고 67세인 콜수상과는 한 세대 차이로 정치인 · 국가관리자로 일하였다.

수상 비서실장의 덕목으로 매일같이 쏟아지는 엄청난 정보와 정책사항을 수상이 이해하고 결정할 수 있도록 조정 · 정리 보고하고 조언하는 체력, 지성, 그리고 정치 감각이 있어야 한다. 콜 수상의 볼 실장은 주요 정책결정에 참여하고 결정하는 일 자체를 좋아하는 성격이었다 한다. 비서부 장관인 비서실장과 비서관이 일심동체가 되어 정치 · 행정 · 언론 등에서 문제가 생기기 전에 미리 감지하고 수상에게 도달되기 전에 해결하는 조기경보체계로 해결사 역할을 한다. 사회민주당의 슈뢰더 총리가 집권하면서 임명한 그의 비서부 장관도 오랜 의회 동지인 프랑크 슈타인마이어(Frank Walter Steinmeier)이다.

비서부장관이 그런 막중한 역할을 순조롭게 신속히 처리하는 여건은 본인의 능력에 달린 것이지만 수상과 비서부장관의 친소관계, 성격에도 달렸다. 수상 다음으로 연방정부의 핵심부에 위치한 비서부장관 밑에 특별보좌관, 수석비서관, 고위비서관을 포함 500여명의 비서실 요원이 있고 135명이 석사학위 이상의 고학력자이다. 이들은 효율적 팀워크를 유지하고, 여야 의원과는 동료의식으로 관계를 유지해야 되므로 경직된 사고나 규정준수, 관료행태를 지양하고 유연하고 비공식적 조직관리 리더십을 발휘해야 한다. 수상 최측근 고위참모로서 수상의 통치비전을 명확히 하고 정책을 입안 조정하는 과정에서 정부정책의 중요 물꼬를 트거나 정책변환을 시도하는 비서부장관인 비서실장은 원래 직업공직자, 명망인사, 교수들이 맡기도 했으나, 1980년대 중반기 들어 지적 능력과 정치행정경험이 있는 의원으로 대체되었다. 정무직(political civil servant)이건 직업관료직(administrative servant)이건간에 실장을 위시한 수상부 비서실 요원은 국민에게 서비스를 전달하는 국가공직자로서 일하고 있다.

다음으로 독일 수상 비서부 장관이 수행하는 중요한 업무를 수상실 일정에 따라 분석해 본다. 통치비전, 중장기정책 등은 집권초기에 국민에게 공약하고 그 골격이 완성되어 연간, 분기별, 월별 정책운용이 이루어지나, 정상적인 정부의 대통령 · 수상 비서실은 주로 일주간 일정으로 운영된다. 독일 수상비서실의 하루 일과는 수상이 비서실장에게 전화 연락하는 아침 7시에 시작하여 수상이 퇴근하는 저녁 10시 마감된다고 보면 된다. 그러나 수상이 퇴근하면 마무리하고 끝나는 시간이 비서실장은 11시, 수석비서관은 그로부터 한 시간 뒤인 12시이다.

그리고 수상이 주재하는 비서부회의는 일주일 동안 매일 아침 8시 15분에 시작되어 10시에 끝난다. 다만 2주일에 한 번씩 화요일 아침 8시부터 10시까지 진행되는 연립정부 회의와 매주 수요일 아침 9시 30분부터 12시까지 열리는 각료회의가 있을 때는 생략된다. 하원 회기 중에는 매주 수요일과 금요일에 본회의에 맞추어 매일 아침 9시에 수상이 참석해야 하기 때문에 비서실 중요회의는 그 시간에 맞추어 단축된다.

비서부의 회의를 시간별, 요일별로 보면 먼저 매일아침 7-8시 사이에 수상이 전화로 비서실장에게 생각나는 사안이나 쟁점에 관해 의견을 교환한다. 뒤이어 본격적인 회의는 아침 8시 15분에서 8시 30분까지 비서실장이 주재하는 실장수석회의가 있고, 뒤이어 8시 30분에서 8시 45분 사이에 수상과 비서실장 간의 만남이 이어진다. 앞서 실장수석회의를 주재한 실장은 수석들이 회의를 8시 45분까지 계속하게 하고 8시 30분에 수상 집무실로 가서 수상에게 보고하는 회의를 가진다. 8시 45분이 되면 세 번째 회의인 수상, 실장, 특별보좌관, 관련 수석비서관이 참석하는 비서부 회의가 대략 10시까지 진행된다. 이 회의는 정책사안별로 수상수준의 확인과 결심과정으로 통상 30분에서 90분이 소요된다. 이러한 세 가지 회의가 오전 10까지 완료되면 그 이후부터는 수상을 위시하여 실장, 특보, 수석, 일반비서관들은 관련 업무를 수행한다.

비서실장 격인 비서부장관이 주재하는 수석비서관회의는 수석비서관의 소관별 상황보고와 현안 설명청취 그리고 정보교환을 하는 비관료적 비공식적 회의이다. 수상 집무실, 비서부 장관 집무실, 수석회의실, 각료회의실이 2층에 같이 있고 복도 건너편에 비서관 휴게실이 있다. 사무실은 소박하고 공간관리도 효율적이어서 수상, 장관, 특보, 각료 등의 업무추진의 효율성이 높다.

비서부 장관은 수석비서관과의 회의에서 얻은 내용을 갖고 곧장 수상 집무실로 가서 수상에게 현안, 정보, 대안책을 보고한다. 이어서 수상, 장관, 특별보좌관, 그리고 현안문제에 관련된 수석비서관이 참석한 수상주재 정책전략회의가 열린다. 매일같이 개최되는 세 종류의 회의는 국정운영에 필요한 전략과 연방정부의 정책수립 · 집행 · 평가를 포함한 정책과정을 조정, 통제, 감독 · 협조하여 수상을 보좌하는 전략회의이며 비서부 장관이 주도적으로 책임지고 이끌어 가는 회의이다.

한편 매일 오전회의가 끝나면 비서부 장관은 매주 월요일 오전 9시 30분부터 11시까지 내각의 행정부 차관을 소집하여 차관회의를 주재하고 진행중인 부처업무 진도파악, 매주 수요일 개최되는 각료회의에 대비한 의제조정과 부처간 갈등 해소를 시도한다. 그리고 2주마다 화요일 아침에 열리는 연립정파 정책회의에도 참석하여 수상을 돕고, 수요일 각료회의에서는 수상 곁에 앉아 의제를 상정하면서 수상이 각료회의를 순조롭게 진행하도록 간사 역할을 한다.

국회 회기 중에는 매주 수요일과 금요일에 지역구 국회의원으로서 수상을 수행하여 본회의에 참석하고 여야 원내총무 등과 접촉하여 원만한 의회운영이 이루어지고 수상에게 유리한 국면이 되도록 움직인다. 그리고 매주 월, 수, 금요일 3회에 걸쳐 수상 공보실에서 기자회견과 각료회의 내용을 발표하는 공보활동도 전개한다. 독일 수상이 대통령제의 대통령권한이나 활동영역보다 장기간에 걸쳐 오히려 더욱 막강한 통치력을 행사하는 면모를 수상 비서실의 비서부 장관의 활동영역과 역량에서 알 수 있다.

수상실의 특별보좌관은 수상 정치 상담역, 의회 차원 정책추진 촉매자

비서부 장관이 정치행정업무로 바쁠 때 간과하기 쉬운 전략정책을 추스르고 정당, 의회, 내각, 비서실을 커버하면서 비서실장의 격무를 분담하여 경감시키면서 수상을 보좌하는 실장과 수석의 중간에 자리매김하는 직책이 있다. 일본 수상 비서실인 관방부 공식조직을 떠나 국회의원, 중견 공직자로 조직된 수상 관저 측근 팀이 정책전략 차원에서 순발력 있게 수상을 보좌하는 역할과 비슷하고, 영국 수상관저 비서실 대외담당 수석비서관과 유사한 성격이다. 그러나 기능이나 역할이 매우 분명하고 기동적이다.

공식명칭이 국무장관(Minister of State)인 두 명의 중견 국회의원이 대내, 대외업무로 나누어 수석비서관으로부터 소관 정책현안과 업무추진상태를 보고받고 의회와 정국운영 차원에서 비서부장관과 협의하면서 수상을 보좌하고 있다. 수상 비서실의 공식계층상 이들은 수석비서관을 통제 조정하는 위치에 있지 않으며 공식 지휘체계는 수상, 비서부장관, 수석비서관, 관련 비서관으로 되어 있다. 그들은 계층조직에 있지 않으나 소관 수석비서관으로부터 업무보고를 받고 협의하며 수상에게 직접 건의하고 의회와 정당과 접촉하여 정치적 해결을 하는 기동타격대형의 특별보좌관이다. 국회의원인 이들 특별보좌관은 비서실장과 마찬가지로 과거부터 수상과 같이 일한 정치행정 후배이다.

과거 콜 수상이 라인란드-팔라티나테 주지사와 야당 당수로 집권 사회당을 공세적으로 몰아갈 때, 특별 보좌관인 슈미드바우어(Bernd Schmidbauer) 의원과 파이퍼(Anton Pfeifer) 의원은 참모로 일했고 1982년 콜 수상 집권에 한몫을 단단히 한다. 따라서 이들은 미국 백악관의 특별보좌관처럼 정치 쟁점이 되는 현안을 해결할 때마다 집권당과 콜 수상을 염두에 두는 정치초점에 맞추어 행동한다.

슈미드바우어 특별보좌관은 대외관계를 담당하여 외교국방과 정보, 수상 경호와 보안과 관련하여 해당 수석비서관의 보고를 받고 협의하며 관련 부처와 접촉하여 수상을 직접 보좌하는 참모역할을 한다. 한편 파이퍼 특보는 대내문제를 전담하여 정무, 경제, 사회분야 수석과 협의하고 관련 부서는 물론 지방정부와 의회를 담당하면서 수상 참모로 일하였다.

특보의 위상은 두 회의에 참석함으로써 돋보이는데, 수상 비서실에서 매일 아침 8시 45분부터 10시까지 통상적으로 이루어지는 수상 주재 비서실 회의와 매주 수요일 아침 9시 30분부터 12시까지 계속되는 각료회의에 참석한다. 수상 주재 비서실 회의는 고위전략회의로서 수상, 비서부 장관, 특보가 정규멤버이나 쟁점이 되는 해당 수석비서관이 통상 참석하여 수상이 지향하는 정치와 정책집행을 논의한다. 그리고 각료회의에서는 수상, 비서실장 좌우에 자리잡고 참여하여 토론하며, 발언권은 있으나 표결권은 없다. 아마도 독일 수상실의 핵심은 수상, 비서실장, 그리고 특별보좌관으로 구성된 트로이카 시스템이다.

수석비서관은 충성심 있는 전문 정책조정가

수상실의 국정집행은 수상을 중심으로 비서부 장관, 국무위원급인 특별보좌관이 주도하지만, 의회와 행정부 각 부처를 접촉하여 수상의 정책의지를 전달하고 협조, 조정, 지원하여 정책을 실현시키는 수상 비서실의 실무 기구는 전문조직인 수석비서관실이다. 행정, 외교안보, 사회, 경제, 유럽, 정보 등 6개의 수석비서관실로 구성되어 있고 책임자는 수석비서관이며 최상위 국장급 관료직급(super director)이나 실질적으로 차관 역할을 수행하고 있다. 그들 중에는 외무부, 경제부처의 경력직 최고위 직업공무원 중에서 발탁된 수석비서관도 있는데, 콜 수상시절에 유럽 국가 문제를 오랫동안 다룬 외무부의 비틀리히(Bitterlich) 국장이 외교안보수석이 된 것이 그 예이다. 그러나 의회, 집권당, 지방정부에서 경력을 쌓거나 수상 참모로 오랫동안 같이 동고동락을 해 온 전문정무직 수석이 대부분이며, 각 수석실 내의 다수 비서관도 정무직 비서관이다.

롤 정무수석비서관, 부세, 비난드 정무비서관은 콜 수상이 주지사, 하원의원, 수상직을 수행하는 20여 년을 보좌한 충성심 있고, 의회, 각료회의, 정책조정에 다년간 경험을 쌓은 전문가이고, 슈뢰더 수상 비서실의 언론홍보수석비서관인 컬스텐 벤트란트 박사(Kirsten Wendland)도 독일 사회당에서 슈뢰더 수상과 함께 일해 왔다.

내각이나 비서진은 다양한 계층을 대표하면서도 정치행정 경험이 풍부한 인사들로 구성된다. 물론 그들은 집권당이 바뀔 때 비서실을 떠나고 새로운 집권당 참모가 들어서 국민에게 공약한 비전과 정책을 수행하는 것은 당연한 것이다. 그리고 수상, 비서부 장관, 특별보좌관, 수석비서관, 일반비서관, 연립정부의 장관, 주정부 장관들은 출신지역, 대학 학력에 있어서 모두 제각각의 특성이 있으며 동시에 자기가 거주하는 지역에서 정당생활을 하여 청년시절부터 정당조직생활이 몸에 배어 있는 사람들이다(Nagelschmitz(a), 1995: Nagelschmitz(b), 1995)

수상이 직접 임명한 독일 수상 비서부의 수석비서관들이 지녀야 할 덕목으로는 충성심, 전문성, 독창성, 혁신성, 정치력, 관리능력, 강인한 체력, 도덕성이다. 한마디로 정력적이고 조직적으로 밀어부치는 역사의식이 있는 아이디어맨이어야 한다. 동시에 집권당과 수상이 지향하는 비전을 구체화시키기 위한 정책을 개발하고, 수상에 대한 아이디어 제공과 중요 현안을 설명하는 조언자 역할을 하고, 의회와 행정부에 대한 지원과 정책조정 및 협조를 통해 수상이 국민에게 공약한 정책이 성취되도록 하는 것이다.

수석비서관이나 기타 비서관은 이념과 정책 방향성이 뚜렷하여 자신의 정치이념과 일치하는 정당에 몸담아 활동을 해 왔다. 때문에 꼭 정치학도나 변호사일 필요는 없고, 여러 지역출신으로, 다양한 대학을 졸업하고, 다양한 직업배경으로 일하고 있다.

수석비서관이나 관련비서관들의 충성심은 집권당과 수상이 추구하는 이념과 비전을 보다 구체화시키고 정부 각 부처가 프로그램을 달성하도록 협조·지원하는 정책충성심에서 발로된다. 분야별 전문적 정책충성심은 정력적으로 과업을 성취하는 과정에서 그들의 하루 일과로 증명된다.

콜 수상 비서실의 경우 일과는 오전 8시부터 오후 9시까지였다. 그러나 콜 수상의 집무개시가 7시에 시작되고 통상 10시에 끝나며, 볼 비서부 장관은 7시에서 11시에 종료되었다. 따라서 자연히 수석비서관들은 7시에 출근하여 12시 자정에 퇴근하게 된다. 의회담당과 각료회의를 준비하는 콜 수상의 비난드 정무비서관은 가끔 10시에 퇴근하여 자녀를 잠재운 후, 새벽 4시까지 업무를 처리하고 9시에 다시 사무실로 돌아와 각료회의를 준비하였다.

슈레더 수상 비서실의 수석비서관도 대략 이런 시간 스케줄로 움직였다.[3] 따라서 일일 최소 10시간에서 최대 17시간을 수상실에서 일하게 되는 셈이다. 그들은 전문기술직에게 지급되는 과외 잔업수당을 받는 것도 아니고 오랜 소속정당 생활과 수상의 막료역할에서 빚어진 충성심과 집권 시기에 업적을 남기려는 역사의식이 밤낮으로 일하는 동인인 것 같다. 이 점은 백악관, 엘리제궁, 다우닝 비서실도 다를 바가 없다.

한편, 수석비서관이나 고위비서관, 수상과의 오랜 친분관계가 있는 선임 정무직 비서관에 비해 행정부의 각 부서에서 파견되어 충원된 전문경력직 공직자나, 젊은 공무원인 경우는 집권당원일 필요는 없어, 때로는 다른 정당 배경을 가질 수도 있고 정치적 충성심을 강요당하지도 않는다. 수상실 비서관 충원규정에 따라 수상비서실이 해당 부처에 충원을 요구하면 전문경력직 공무원을 파견시켜야 한다.

수상비서실 비서관으로 발령을 받으면 수상실 예산으로 보수가 지급되고

---

3) 랄프 타라프(Ralph Tarraf) 전 슈레더 수상 비서실장 보좌관, 현 독일 외무부 정책기획실 부실장 면담(2007년 2월 9일 금요일 11–12시, 베를린 외무부 집무실).

2년 간 주기로 2회 근무가 가능하며 일반 공무원법에 따라 65세까지 근무할 수 있다. 젊은 관료가 수상비서실에서 일하게 되면 수상실의 폭넓고 균형된 정치 행정 감각과 정책조정능력을 갖도록 선임비서관이 교육시킨다. 수상실 업무수행을 스스로 익히고 각 수석실 간 서로 다른 부서에서 순환근무를 하면서 수상실의 국가정책을 거시적으로 보게 된다. 이러한 업무추진과정에서 전문경력직 관료는 자연스럽게 수상실 분위기에 젖어들고 충성심이 생기고 적극적으로 일을 찾아서 하게 된다. 그러다 보면 수상비서실이나 원래 소속 부서에 승진하여 복귀하게 된다. 따라서 일단 수상비서실에 일하게 되면 수상, 비서실장, 특별보좌관, 수석비서관, 선임비서관, 그리고 각 부처 파견 경력직 관료비서관 모두가 가속도가 붙어 오버타임차지(overtime charge)를 못 받고 개인 사생활이 희생되는 상황에서도 엄청난 양의 과업을 처리하는 것이다.

수석비서관은 매우 영향력이 커서 소관 부서의 누구와도 접촉하고 대화를 나눌 수 있어 장관과도 업무협조를 하나, 주로 차관과 국장을 업무수행 파트너로 한다. 수석비서관이 수행하는 큰 몫은 부처 간의 정책이견을 조정하여 수상이 주재하는 각료회의에서 순조로운 의견일치를 보게 하고 내각의 부처가 업무를 수행하는 데 협조하고 지원하는 것이다. 수석비서관이 정부 장·차관, 국장을 만나거나 회의를 진행하는 의도는 주로 비공식 협조이며, 일반비서관이 행정부 각 부처의 국장, 과장, 계장 또는 어느 누구와도 접촉할 때 반드시 이견조정과 문제해결 차원에서 비관료 비공식적 자세로 임한다. 각 수석실 비서관이 수행하는 다른 임무는 부처업무 수행상태를 확인하고 수상과 집권당의 비전과 정책의지가 일관되게 집행되는가를 파악하고 감독하는 일이다.

수상 비서실의 중요한 업무 가운데 하나가 수상에게 제출할 보고서 작성이다. 수상에게 보내는 구두 또는 서면보고서는 유연성과 신축성이 있으면서도 정확하고 간결 명확해야 한다. 수상에게 제출하는 보고서는 행정부처가 소관업무 추진 실태보고, 승인·결재문건, 각 수석비서실의 상황 보고와 결재 서류들이다. 각 수석실 소관별로 작성된 보고서는 비서실장에게 제출되어 검토·정리된 뒤에 수상에게 보고된다. 비서실장인 비서부 장관이 취합하여 수상에게 보고해야 될 일일 평균 보고서는 200-250건이며, 이 중에서 중요도와 우선순위에 따라 30건만 채택하여 수상에게 제출 보고된다. 언론보도 자료까지 포함하여 2쪽 내외로 정리된 30건의 문건은 대략 100쪽으로, 수상은 하루 평균 100쪽의 문건을 읽어야 집무가 가능하다. 물론 하루에 수상에게 올라가는 200-250건의 보고서 중 직접 제출된 30건 외의 문건은 모두 수상에게 비서부 장관이 구두로 요약 보고한다. 수상에게 보고하는 내용 중에는 대부분이 체계적으로 시간을 갖고 잘 정리된 문건이지만, 상황에 따라서는 긴급사항이 발생하여 비서실장을 경유할 시간적 여유가 없거나 비서실장이 부재중일 때는 수석비서관이 수상과 비서실장에게 동시보고서(parallel report)를 띄운다. 같은 맥락에서 수석비서관이 없을 경우에 선임비서관이 비서실장에게 직접 보고하고 나중에 수석비서관에게 사후보고를 한다. 절차상 수상을 만나 보고할 수 있는 비서관은 비서실장·특별보좌관·수석비서관이나, 수석비서관은 정책사안별로 수상을 만나야 할 때 비서실장을 거쳐 보고하게 된다.

수상은 각 수석실에서 제출된 보고서를 읽고 전화로 확인도 하고 최종재가를 내려 해당 수석실로 서류를 보낸다. 수상에게 보고하고 결심이 필요한 사항 중에는 각료회의에 회부할 심의안건이면서 부처 간 갈등이 있거나, 수석비서실 간에 의견일치를 보아야 할 사항, 수상에 대한 비판적 여론과 정보사항도 있다. 이런 사항은 사전에 소관비서관, 수석비서관 사이에서 토론하고 정리되며 비서실장과 수석비서관회의에서 처리된다. 그리고 최종적으로는 매일 수상과 비서실장의 만남, 수상이 주재하는 비서실장, 특별보좌관, 해당수석비서관, 공보비서관이 참석한 회의에서 모든 쟁점처리와 정책선택이 이루어진다. 정부에서 이루어지는 중요한 모든 사항은 국민에게 알려지는데, 격주로 화요일마다 열리는 연립정당 당대표회의, 매주 수요일마다 개최되는 각료회의, 중요 정부 추진 정책사항은 매주 월·수·금요일 3회에 걸쳐 각 부처 공보관이 배석한 가운데 수상비서실 공보관이 기자회견으로 발표한다.

수석비서관실이 수행하는 업무내용은 수상 통치비전 강화, 정책자문, 정보제공, 정책개발, 정책조정협의, 부처정책 추진지원 등이다. 경제, 외교, 정보, 정무수석실별로 구체적으로 알아본다.

경제수석실은 경제재정정책 개발추진과 경제부처협의지원 임무를 수행하고 있다. 수석실을 정부부처의 국으로 생각하면 과, 계로 조직되어 있는 셈인데, 실질적으로 보면 수석실의 과는 국장급의 심의실, 계는 부국장 또는 고참 과장급의 담당관으로 생각하면 무난할 것 같다. 따라서 수상 비서실의 수석비서관실에는 심의실장급의 과장과 담당관급의 계장이 있는데, 수석실에 따라 최대 4개과에서 1개과, 각 과는 2개계에서 5개로 구성되어 있고 각 수석실에서 근무하는 비서관 요원은 대략 10명에서 14명 정도이다.

경제수석실은 4과와 10계로 되어 있고 14명 비서관이 소관 업무를 수행하여 팀을 이루고 있다. 이들 14명 비서관은 연방정부 재무부를 위시한 경제부처의 2,000여 명 경제관료와 1,000여 개의 기업, 경제연구소와 접촉하고 있다. 실무와 경제이론에도 밝은 이들은 상당 수가 행정부의 경제부처에서 선발되어 오거나 수상과 직무상 인연이 있어 발탁된 경우로 수상비서실 근무 후 승진하거나 그전 보직보다 나은 직책으로 원래의 경제부처로 돌아가는 것이 관례로 되어 있다. 이들은 수상실에서 2년 근무 연임이 가능하다.

경제수석실 제1과는 유럽연합과 관련된 경제, 재정, 유럽단일 화폐, 유럽중앙은행관리 등을 담당하고, 제2과는 국내경제와 편입된 동독지역경제부흥, 재산권 해결을 수행하고, 제3과는 미시경제 차원의 기업과 산업을 책임지고, 제4과는 공공경제영역인 금융, 조세, 예산을 다루고 있다. 이들 소수 정예 막료는 중요 경제 현안에 관한 이론적인 설명으로 수상이 나름대로의 일가견을 갖게 한다. 이들은 수상에게 경제정보를 제공하고, 현재 진행되고 있는 내각 경제부처 정책을 평가하고, 관련 경제부처와 협의하여 마련한 특별대책을 수상에게 제시하고 정책집행이 가능하게 한다.

경제수석실 비서관들은 특히 각료회의가 개최되기 전에 경제부처의 정책협의조정, 기업 갈등 해소, 유럽통합과 관련한 경제금융문제 해결 등에 관해 공식회의, 개인접촉, 비서관 간의 의견조정을 통해 사전협의·조정한다. 이때 장·차관, 국장, 과장, 계장 선에 이르기까지 다양한 비공식 접촉을 하고, 일종의 팀워크로 업무를 처리한다. 그 밖에 경제부처와 협의하여 각 국 경제장관, 국제적으로 유망한 경제인, 기업인과 수상과의 면담을 주선하여 대외 경제협력과 신인도를 강화시키는 데 한몫하고 있다.

외교안보수석실에는 외교담당과 국방안보담당의 2개 과가 있다. 외교과에는 유럽통합, 북미 3주, 유럽의 중·동·남부담당, 아시아, 아프리카, 라틴아메리카, 그리고 남북문제 담당계가 있다. 국방안보과에는 국방정책과 군비통제,

국방안보와 군사작전운용계가 있으며 25명이 일하고 있다. 수석비서관과 외교·국방비서관들은 주로 외무부와 현역군에서 차출된 사람들로 집권당과 비서실장이 심사하여 수상이 최종적으로 선택하는데, 관료적 조직운영에서 탈피하여 경영마인드, 개혁지향, 균형감각이 있고, 일을 찾아서 신속히 처리하는 그런 인물을 선호한다.

그러나 외무부, 국방부의 직업관료가 비서관으로 와서 합리적이고 매끄럽게 일을 처리하기도 하지만, 수상이 싫어하거나 화내는 정확한 정보나 정책제공을 기피하거나 새롭고 도전적인 비전과 전략제시에는 한계를 보이는 것도 사실이다. 그래서 콜 수상 집권초기에는 외부에서 집권당이 추구하는 이념을 정책으로 표출하고 전략적 사고를 가진 외부 인물을 영입하기도 하였다. 그러나 정부 밖에서 영입된 인물이든 부처에서 선발된 직업공무원이든 일단 외교안보비서관이 된 순간부터는 개인이 아닌 독일 국가를 위해서, 수상의 통치목표가 독일의 국가이익과 일치한다는 맥락에서 수상과 집권정당이 추구하는 외교국방정책을 전문성을 살려 정력적으로 추진함으로써 충성을 다한다.

특히 과거 기독교민주당, 기독교사회당, 자유민주당으로 형성된 연립정권에서 지분이 작은 자유민주당 출신 의원인 클라우스 킨켈(Klaus Kinkel) 장관이 외무부를 이끄는 경우에는 집권정파에서 지분이 제일 큰 기독교민주당을 이끄는 콜 수상 사이에서 일어날 수 있는 외교국방 쟁점을 대립과 갈등이 없게 매끄럽게 처리하는 정책관리능력을 발휘했다. 메르켈 수상이 사회당 슈뢰더 수상의 비서실장이던 슈타인마이어를 외무장관에 임명한 것도 초당적 차원에서 수행되는 외교로 기독교민주당, 사회당의 연립정권을 유연하게 유지하려고 취한 조치로 볼 수 있다.

또한 수상의 참신한 아이디어를 보수적인 외무부와 국방부가 자발적으로 관철하게 하는 균형감각, 수상을 위한 정책충성심이 필요하다. 특히 오랜 경험과 관록이 쌓인 장관이 집무할수록 수상의 정책의지 전달이 힘든 것이 사실이다. 그리고 국방부, 외무부, 의회, 해외대사관, 국내외 관련단체, 연구소 등과 공식·비공식 접촉을 통한 신중한 정책협의와 조정관리 능력이 돋보여야 한다. 더불어서 각 국과 진행중인 협상 진행상태 파악, 평가와 감독, 정책조정과 함께 수상 지침 전달과정에서 신속성을 보이면서도 기밀을 유지해야 한다. 그리고 이 과정에서 재량권을 가질수록 협조하면서 고도의 지적인 판단력으로 업무를 추진해야 한다.

외무부와 국방부의 주요 보고서, 해외주재 대사관에서 보내는 정보보고서는 수상실의 외교안보수석실에도 동시에 보고된다. 외무장관이 수상을 직접 만나 정책을 검토 조정하기도 하지만 그런 경우는 많지 않으며, 대부분 외교안보수석실을 통해 조정된다. 거의 24시간 상황근무로 국제문제가 발생하거나 수상이 전화로 문의할 때는 수상에게 2쪽 이내의 보고서를 제출하고 신속하게 대응한다. 그리하여 정무직 비서관은 계속 근무하여 정치권에서 자기 발전을 거듭하고, 외무부와 국방부에서 파견된 직업관료나 현역은 차관, 국장, 대사 또는 장군으로 진급하여 원대 복귀한다.

정보수석실의 정보 통합관리

독일 수상비서실에서 눈에 띄는 수석실이 정보수석실이다. 정보수석실 임무는 국내외 정보를 수상에게 제공하여 원활한 국정수행이 이루어지도록 하는 것이다. 수석과 차석비서관이 있으며 1개의 과로 되어 있으나 그 밑에 5개의 계를 두어, 22명의 비서관이 수상을 위한 정보막료 역할을 하고 있다.

정보수석실 각 계의 기능을 보면 국내방첩, 해외정보, 국방정보를 관리ㆍ장악하고 있음을 알 수 있다. 제1계는 연방정부 정보관리와 감독을 담당하는데, 정보기관의 조직, 인력, 예산, 보안, 정보수집에 관련하여 감독조정을 하며, 정보활동과 연관된 국회연락 업무를 취급하고 있다. 제2계는 해외정보, 정보상황종합, 정보임무조정을 담당하고, 제3계는 국내방첩, 연방정보기관의 활동을 조정하는데, 비밀정보수집국가위원회, 국회정보위원회, 연방방첩부, 군방첩부를 조정지원하고 있다. 한편 제4계는 국제 현안과 관련된 특수정보를 취급하고, 정보수집과 분석, 전파도 담당하나, 주로 국제무기와 마약 거래, 국제규모의 돈 세탁, 국제테러, 그리고 핵무기 밀매를 취급하고 있다. 제5계는 연방정부의 정보기관 조직발전과 인력계발에 관련된 정책을 담당하고 있다. 그러한 이유로 수상비서실의 정보수석실은 연방정부의 계선 조직인 연방정보부(Federal Intelligence Service), 연방방첩부(Federal Office for Protection of Constitution), 군방첩부(Military Counter Intelligence Service)를 장악, 조정, 지원하고 있다.

표면상 연방정보부는 독립하여 활동하지만 정보처리과정에서 정보수석실이 모든 연방정보부 정보활동과 정보보고서를 조정하고 정보부장은 비서실장에게 정보보고를 하는 등 비서부장관이 연방정보부를 궁극적으로 장악하고 있다. 뿐만 아니라 연방방첩부는 각료인 내무장관의 산하에 있으나 모든 정보는 수상실 정보수석실에서 취합하여 비서실장을 거쳐 수상에게 보고되므로, 비서실장의 통제 하에 있게 된다. 국방부장관이 직접 지휘하는 군방첩부의 정보 역시 수상에게 보고되고 처리되는 과정에서 정보수석 비서실로 전달되어 정리되면 비서실장이 수상에게 최종 보고하게 된다.

연방정보부장은 수상실 정보수석비서관과 동급이긴 하나 임무와 기능 면에서는 정보수석비서관이 우위에 있으며 연방방첩부장 역시 내무부 차관 내지 선임국장급으로 역시 연방정보부장과 비슷한 위상이다. 군방첩부장은 주로 현역소장계급이나 전문관료가 이끌기도 하였다.

그리하여 정보수석이 국내외 정보를 조정·관리하는 과정에서 비서실장이 연방정보부를 직접 장악하고 또한 내무부에 속한 연방방첩부, 국방부 군방첩부도 수상에게 보고하고 처리하는 과정에서 비서부장관이 조정하고 있다. 아울러 연방방첩부는 내무장관이, 군방첩부는 국방장관이, 연방정보부는 비서실장이 국회에 보고하고 책임지나, 수상을 정보활동면에서 보좌하고 이 맥락에서 3개 정보기관을 조정 감독하는 비서실장이 연방정부 정보기관의 활동에 관하여 국회에 대해 총체적 책임을 진다.

그리고 비서실장은 그 공식직함이 말해 주듯이 수상 비서부장관 겸 특수임무부장관(Special Tasks)이기 때문에 정보사항을 국내와 국외로 나누어, 특히 중요하고 쟁점이 되는 사항을 다룬다. 비서실장이 국정 전반에 걸쳐 수상을 보좌하면 국회의원인 2명의 특별보좌관은 비서실 차장 격으로 국내외로 임무로 나누어 구체적으로 세밀하게 쟁점사항을 해결하면서 비서실장과 함께 수상을 보좌한다. 외교안보와 정보를 다루는 국제담당 특별보좌관은 수상실 내규로 정보위원회 위원장(Commissioner for the Intelligence Service)이 되며, 정보수석의 도움을 받아 비서실장과 협의하면서 국제관계와 정보 면에서 수상을 보좌하고 있다. 수상실 특별보좌관은 막료직으로 각 비서관과 계선상 명령관계가 없지만 각 수석비서관과 관련 비서관은 비서실장과 특별보좌관에게 동시보고를 하게끔 되어 있다. 또한 수석비서관들이 비서실장에게 소관 사항별로 보고하고 협의하지만, 동시에 국내외 쟁점사항별로 수상을 위하여 특별보좌관과 구체적으로 협의하고 조정한다.

매일 오전 8시 45분부터 10시까지 수상이 주재하는 비서실장, 국내외담당 특별보좌관이 참석하는 수상비서실회의에서 특정사안별로 해당 수석비서관이 참석하여 구체적 사항을 설명하고 의견개진을 하는데, 주요 토의 내용이 정보사안일 경우 정보수석비서관이 참석하여 정보보고를 한다. 그 보고에 이어 외교안보와 정보를 담당하는 특별보좌관이 의견개진을 하고 비서실장이 동의하면서 수상이 최종결정을 내리게 된다.

대통령이나 수상에 대한 정보보고 체계를 보면 국가마다 다양하나 보고 내용이나 절차가 제도화되어 있는 것이 공통된 특징이다. 정보보고 내용을 서면으로 보고하는 절차가 공개적이고 투명성이 있으며, 개인적 밀실 인물이 아닌 다수인의 합의된 공동 노작으로, 균형적 평가가 이루어지고 정책대안이 제시되었다는 점에서 제도화이다.

영국은 내각관방부에서 수상, 외무, 국방, 내무장관이 참석하는 대외정보정책조정회의를 소집하고, 이 과정에서 해외정보부, 국내방첩부장을 참석시키거나 정보보고서를 제출하게 한다. 정보정책조정회의는 내각에 정보 관련 의안을 상정 통과시키는 준비조정회의이기도 하다. 아울러 수상은 정보·방첩·군사정보기관이 보내 온 다양한 정보보고서를 수상관저 비서실장이 원본과 함께 요약한 내용을 매일 읽고 파악한다. 프랑스 엘리제궁의 군사안보좌관이 정보부에서 보내 온 원본과 함께 요약한 정보보고서를 보며, 백악관에서는 매일 아침 중앙정보부에서 보내 온 일일정보보고서를 외교안보보좌관이 원본과 함께 요약한 내용을 대통령에게 제출한다. 또한 백악관 상황실에서는 국무부, 국방부, 정보부, 그리고 관련 부서가 국내외 사건을 취합하여 보내 온 내용을 오전과 오후로 나누어 요약한 보고서를 대통령에게 제출한다. 미국의 국가정보부장은 매일 오전에 대통령에게 정기적으로 정보보고를 하며, 그 밖에 중요한 정보보고는 외교안보보좌관을 통해서 대통령에게 서면으로 제출한다. 부장이 만나야 할 때나 대통령이 부장을 필요로 할 때 단독으로 또는 국가정보부 실무국장과 대통령의 보좌관이 합석하여 정보보고를 하거나 정보전략정책을 결정한다.

일본은 수상비서실인 관방부가 수상에게 매주 한번 중요 정보를 보고하고 정책을 결정하는데, 관방부 장관, 관방부 부장관, 관방부의 내각조사실장이 수상집무실을 방문한다. 수상에게 정보보고를 할 때는 해외정보를 위시하여 공안청, 방위청의 관련 정보를 취합하여 내각조사실장이 브리핑을 하고 관방장관, 부장관, 부장관보, 측근보좌관이 토의하여 전략정보정책을 결정하게 된다. 따라서 미국의 정보부장이 장관급인 점 외에는 미국, 영국, 독일, 프랑스, 일본의 정보책임자는 모두가 정보전문가로서 정확한 정보를 수집, 분석, 전달하는 정보전달자(intelligence briefing officer)이다.

수상이나 대통령에게 정보보고를 할 때는 비서실의 정보수석이나 정보를 담당하는 외교안보수석비서관이 정보 부서에서 제출되고 브리핑된 정보내용을 비서실장, 외교안보담당 특별보좌관이 참석한 합동회의에서 보고하는 것이 관례이다. 그렇게 함으로써 어느 개인의 정보, 국가원수가 선호하는 정보만 전달되는 병폐를 없애고, 합의되고 균형을 갖춘 정보전달이 이루어지고, 이를 토대로 위험부담이 적은 정책을 선택하게 되는 것이다. 한국의 경우 대통령의 원활한 국정수행을 뒷받침하는 정보제공의 전달 체계는 미국 국가정보부형이고, 운영실태는 일본 관방부의 내각조사실 관행을 보인다. 그러나 내각조사실에서는 실장이 정보상황을 설명하고 의견개진을 할 뿐, 수상, 관방장관, 관방부장관, 수상관저 고위보좌관이 참석한 합의체형식의 정보전략정책을 수립하는 것이 다르다.

아울러 동서독 통일과정에서 나타난 독일정보기관의 통합은 서독에 의한 흡수합병이라고 보면 된다. 서독정보기관이 동독정보기관을 흡수 통합할 때 동독정보요원을 전부 해고시켰다. 그 이유는 통일된 독일 민주사회에 동독정보요원이 자질 면에서 적합하지 않고 전문성이 낮으며, 과거 러시아와 동구 공산 정보요원과 깊이 연계되어 있어 믿을 수 없고, 정보요원으로 채용하면 러시아 정보기관에 정보를 유출할 것으로 생각하였기 때문이다. 그리하여 현재도 통일된 독일 정보부나 국내방첩부에서 젊은 세대를 정보요원으로 신규 채용할 때는 과거 동독지역 출신으로 모스크바 대학이나 레닌그라드 대학에 유학한 젊은이는 일단 러시아 해외정보부에서 학업을 시켜주고 연계를 가졌을 것으로 보아

신원검증을 철저히 하여 충원하지 않는 일종의 연좌제로 묶어 놓고 있다. 엄중한 검증과정을 거쳐 충원된 구동독 출신 젊은 정보요원은 러시아, 체코, 헝가리, 폴란드어 등을 사용하는 지역연구 부서에서 근무하게 된다.

현재 독일 해외정보부에는 약 6,000명이 일하고 있었으나 5,000명으로 축소하는 등 작고 효율적인 정보기관으로 탈바꿈하고 있는중이다. 아울러 군대와 지방정부에도 이와 비슷한 동독인 인력관리원칙이 적용되고 있다. 흡수 통합당시 동독군 장교 중 중령이상은 전부 예편되었으며, 현재 통일독일군 장교 중 과거 동독군 장교는 당시 대위, 중위, 소위 등 모두 5명 정도가 남아 영관 장교로 근무하고 있다.

과거 동독지역의 지방정부에도 동독정부에서 근무한 국장과 과장은 서독 교육수준이나 시민에게 서비스를 전달하는 전문성이 크게 떨어져 전부 해고하고 심사를 거쳐 선발된 약간 명의 계장급 관리만 충원하고 그 외는 단순고용원으로 채용하여 근무성적이 좋은 자만 정식공무원으로 임명한다.

현재 동독 출신인 메르켈 수상 비서실에도 동독 출신은 하급직 소수 인원만 상징적 차원에서 근무하고 있다. 통일과업은 원래 독일 내독성이 담당했으나 1989년 베를린 장벽이 무너지면서 정부, 기업, 사회의 모든 조직이 총체적으로 통일에 연관되어 수상실에 통일준비기획단이 조직되어 통일 조정 작업을 체계적으로 집행하고 현재는 해산단계에 있다.

수상 비서실은 연립정부회의와 각료회의 견인차

과거 독일 연방정부 내각은 기독교민주당이 주축이 되어 기독교사회당, 자유민주당이 어우러진 연립정부여서 내각의 각료회의는 연립정당의 의견수렴과 정책공감대를 만들어 내는 정치시장이며 국민의 동의가 필요한 상품은 정치무대인 의회에서 선보여 법안으로 통과되었다. 따라서 의원내각제인 독일 연방정부의 각료회의에서 국회의원인 각료는 지역구의 이해관계, 소속정당의 정강정책, 연립정부의 합의사항, 야당의 주장 등을 미리 조정 타협시켜야 했다. 그래야 법률요건이 필요한 의제는 국회에서 무난히 통과될 수 있었다. 일본이나 영국 정부처럼 각료회의 안건을 사전 조정하는 관방부가 없는 독일에서는 당연히 수상비서실이 각료회의 사전준비기관으로 활동하며, 모든 수석비서관실이 소관분야별로 행정부처와 의회를 접촉하나 정무수석실이 주도적으로 각료회의를 준비한다. 연방행정부의 각료회의는 수상비서실이 주관하여 수상비서실회의, 차관회의, 연립정당간부회의 등을 개최하면서 이루어진 합의사항을 정책으로 집행하기 위한 장이다.

수상비서실은 격주로 화요일마다 열리는 연립정당간부회를 준비한다. 수상겸 기민당 당수, 기사당 당수, 자민당의 당수, 3당 사무총장, 원내총무, 관련 장관, 비서부장관이 참가하는 최고정책조정회의는 조찬을 하면서 아침 8시부터 10시까지 진행된다. 메르켈 수상이 이끄는 기독교민주당, 사회당 연립정부도 이 관행을 따르고 있다. 연립정파 최고조정회의에서는 각료회의에서 정당이해관계로 보류되거나 통과되지 못한 의제 중 중요한 의안을 다시 심의하고 다음에 개최될 각료회의에 제안될 정책의제를 논의하게 된다.

연립정당수뇌회의에서 결집된 의견이나 합의를 본 정책, 쟁점들은 매일 오전에 열리는 비서실장 주재 수석비서관회의, 수상과 비서실장 대면, 수상주재 비서실회의에서 각료회의에 상정할 의제로 다듬는다. 다듬어진 의제는 파일로 만들어 각 부처 차관에게 배포되고 매주 월요일 오전 9시 30분부터 11시까지 개최되는 비서실장 주재 차관회의에서 조정 확인된다.

차관회의는 연정과 각료회의를 위한 준비모임인 동시에 주요 정책집행사항을 확인협조하는 기회가 된다. 각료회의를 준비하는 전단계모임에서 수상비서실 모든 비서관은 정당, 행정부처에 전화, 팩스, PC 통신, 상호방문으로 의견조정, 갈등해소, 정책합의를 이루어낸다. 특히 정무수석실에서는 각료회의 진행을 책임지기 때문에 각료회의 2-3개월 전부터 각료회의에 회부될 부처의제를 다루기 시작하며 필요할 때는 취합된 모든 정보를 관계부처에 제공한다. 수상실에서 주도적으로 추진하거나 각 부처에서 제기하는 의제를 해당 수석실에서 조정할 때도 공평무사한 중재자 입장을 유지한다.

각료회의에 회부할 안건을 취합하는 과정에서 부처와 합의를 보거나 미합의된 내용을 정리하여 수시로 담당비서관이 수석비서관에게, 수석비서관은 특별보좌관에게, 그리고 비서실장에게 알리고, 어떤 의제가 각료회의에 회부되고 통과되어야 할 것인가를 결정한다. 현시점에서 각료회의에 회부되어 통과되어서는 안 된다고 판단하는 결정권자는 비서실장이며 관련 장관과 협의하여 결정한다.

어떤 연립정파의 장관은 자기 부처 정책의안을 정부 전체 차원에서 볼 때 수용할 수 없는 안건이라도 자기 정파 국회의원에게 미리 알려 각료회의에 의제로 삼을 것을 로비하면, 비서실장도 국회의원이기 때문에 일방적으로 지지하는 의원을 설득하여 저지하기도 한다. 최종마무리 단계에서는 월요일 오전에 열리는 비서실장주재 수석비서관회의에서 각료회의에 상정할 의제를 일일이 체크하고 이상 유무를 확인한다. 이 과정에서 다시 한번 이견이 있을 때 관련 부처의 과장, 국장, 차관, 장관을 거치는 의견조정 과정이 있고, 비서실의 모든 비서관이 공식·비공식으로 의안과 관련된 소관 부처의 계장까지 접촉하여 합의를 보고 정책집행의 지원태세를 갖춘다.

이 과정에서 상정될 모든 의제는 배경설명과 함께 수상에게 보고되며 쟁점사항이나 의문점이 있으면 수상은 비서실장에게 전화로 혹은 불러서 설명을 듣고 최종결심을 한다. 그러나 해당 장관이 불복하면 비서실장이 전화로 또는 직접 만나 합의를 보며, 연립정권이기 때문에 비서실장선에서도 해결되지 않으면 거중조정이 필요할 경우에는 수상이 마지막으로 각료회의 시작 전에 수상이 그 장관을 수상집무실로 직접 불러 해결하게 된다. 매우 드문 경우이기는 하나 장관이 계속 각의 상정을 고수하면 각료회의에서 표결로 결정하는 수도 있다.

각의 상정이 유보되거나 무산될 때에도 해당 부서 장관이 끝까지 자기의 사를 고수하는 경우가 있는데 대개 전국 차원이나 지역구 유권자를 겨냥하는 정치 행위일 수도 있다. 영국에서 발생한 광우병이 독일에서도 발생할 수 있는 상황에 대한 조치, 독일이 페루의 리마에서 수입한 소에 광우병 검사 조치, 새로운 조세입법 등에서 거부반응을 일으킬 것으로 보이는 지역시민과 지방정부 시장, 지사의 동의를 구해야 되는 상황에서 생긴다.

이렇게 하여 각료회의 일주일 전에는 회부될 모든 의제를 리스트로 만들어 각 부처에 보내고 토의순서, 내용 등을 다시 한번 최종 확정하게 된다. 매주 수요일 오전 9시 30분부터 12시까지 진행되는 각료회의는 연간 32–36회 정도이며 상정 통과되는 의안은 16–40개 정도가 된다. 각료회의에는 수상, 수상비서실장, 2명의 국무장관인 특별보좌관, 16명 장관, 유럽담당 외무차관, 공보관을 포함한 22명이 참석하고 각료회의 진행과 속기록담당 정무비서관이 배석한다. 연립정부이기 때문에 3개 정당 의견도 수렴하면서 완전합의를 보아야 하기 때문에 각료회의에 소요되는 시간은 2시간에서 2시간 30분 정도 걸린다. 그래야 국회에서 원만한 법안처리가 이루어질 수 있는 것이다.

한편 수상실의 각료회의 담당비서관이 관찰한 바로는 유능한 각료는 각료회의에서 주제파악이 잘 안된 상태에서 상징적이고 모호한 정치발언을 한다든가 각료회의와 자기부처에서 서로 다른 언행을 하는 장관이 아니고, 분명한 주제파악과 명확한 의미로 정책실현을 주도하는 장관으로 보고 있다. 3당 연립정부를 안정감 있게 이끌면서 통일을 달성하고 유럽통합까지 이루어 내려는 독일 내각제의 비결은 뿌리박은 풀뿌리 민주주의 표상인 지방정부와 정당의 발전을 기반으로 협상과 타협 지향의 수상 지도력을 중심으로 정책조정, 행정부처 후원을 몸을 던져 수행하는 수상보좌관들의 역사의식과 행동에 있다고 본다.

7. 이탈리아 수상실 비서실장, 수석비서관의 역할시스템

대통령형 수상의 비서실장은 국정관리의 수상 대리인

하원의 다수파 당대표가 원내에서 이탈리아 수상으로 선출된다. 이탈리아는 좌파, 우파, 중도파 등으로 나누어 연립내각을 형성한다. 그러나 취약한 정당이합집산으로 수상의 임기가 1년 내지 6개월간 집권하는 단명 내각수상으로 끝나고, 알도 모로(Aldo Mora) 수상은 괴한에게 납치되어 살해되기도 한다. 그러나 1990년대 말에 시작되어 2000년 초에 일단락된 정치권 부패와 마피아 부정소탕으로 프로정치에서 중도 중산계층의 각계 영역에서 선출된 관리자 그룹, 대학교수 계층에서 선출된 의회선거로 정치권이 대폭 물갈이된다. 이 과정에서 한때 선상의 무명 가수에서 2개의 TV 언론미디어 그룹 총수, AC 밀란 구단주인 실비오 베를루스코니(Silvio Berlusconi)가 주동이 되어 전진이탈리아당(Forza Italia)을 창당하고 정치계에 새로운 바람을 일으키며, 드물게 5년 반 장기집권으로 안정적 정치기조를 유지하였다. 2006년 총선에서는 프로디 이탈리아 사회당 대표에게 수상 자리를 물러 주었다.

이탈리아 수상은 다양한 정치이념 스펙트럼을 균형 있게 관리하고, 북부 산업지역과 남부 농업지대의 빈부격차를 해소하고 전통적인 도시 분권국가의 정치, 행정, 문화를 살리면서 이탈리아 국가를 안정적으로 유지, 관리하고 발전하느냐에 정치력을 쏟고 있다. 그런 정치행정 수단이 이태리 수상실을 이끄는 비서실장, 수석비서관의 리더십이다. 이탈리아 수상은 공식명칭은 내각회의 의장(President of Council of Ministers)이고 비서실장은 수상보좌장관 (Undersecretary of State, Prime Minister)이란 공식명칭을 가지고 있다. 수상보좌장관인 비서실장은 국정전반에 걸쳐 수상을 보좌하는 수석보좌관이다. 수상보좌장관인 비서실장은 매주 금요일 오전 9시 30분에 개최되는 각료회의에 간사역할을 하며 각료회의의 석상에서 수상 옆에 위치한다. 각료회의에 회부될 안건을 준비하기 위해 비서실장이 주재하는 수석비서관 회의가 매주 화요일 오전 9시에 개최된다. 화요일에 개최되는 수석비서관 회의는 9시부터 11시 30분까지 2~3시간 정도 소용된다. 이 과정에서 비서실 차장인 운영실장(General Secretary Office of Prime Minister)은 의제를 체계적으로 정리하는 실무역할을 맡아 수상보좌장관인 비서실장이 각료회의 간사로서 효율적이고 매끄럽게 회의를 진행하도록 실무적 담보를 한다.

수상보좌장관인 비서실장은 수상보좌, 비서실관리, 각료회의 간사 역할을 하는데 수상과의 정치적 신임, 국가 운영에서 수상의 국정자문 파트너로서 부수상보다 관료, 조직 서열은 낮으나 그 역할은 외무장관인 부수상보다 훨씬 높고, 국정 전반에 걸쳐 가장 중요한 역할을 수행하므로 실질적인 부수상이며 수상을 대리한 국정관리면의 대리인 역할을 한다. 총리에게 제출하는 모든 문건은 그것이 각료, 수석비서관, 중요 기관의 어떤 부서장이 제출하든지간에 비서실장의 서명이 없는 문건은 수상에게 제출해도 수상이 읽지 않고 바로 비서실장에게 일단 보낸다고 한다. 그의 서명이 있어야 수상은 문건을 읽거나 결제를 한다. 실례로 67세인 수상보좌장관 지안니 레타(Gianni Letta) 비서실장은 전직 언론인으로 언론중재 방송위원회 사무총장을 역임하고, 다양한 행정경험을 갖고 베를루스코니 수상과 같이 일한 경험이 있다. 이탈리아 수상 비서실장의 역량은 백악관 비서실장, 최근 신설된 영국 수상 관저 비서실장, 독일 수상 비서부장관 직책, 기능과 그 궤를 같이한다. 따라서 영국, 독일 수상실과 마찬가지로 이탈리아 수상실도 백악관식 대통령형 수상실 국정관리 체계로 변모되고 있다.

수상의 일정은 아침 6시에 일어나서 8시에 출근을 하고 오후 11시에 일을 마치고 관저에 가서도 새벽 2시까지 일한다. 그래서 비서실장은 아침 7시에 출근하고 밤 11시에 수상이 관저에 도착하여 있을 때 찾아가서 하루 일정의 결과를 보고하고 중요 국정을 논한다. 이와 같은 일정을 토요일과 일요일에도 소화하고 있다. 비서실장은 수상과 집무시간이 비슷하거나 길다고 보아야 할 것이다. 수상이나 비서실장은 평균 3-5시간 수면한다고 보면 된다.

운영실장(비서실 차장), 수석비서관 체제는 국정의 견인차

수상실의 비서실장이나 수석비서관, 참모는 각료를 지원하고 결속시켜 국정을 이끄는 전략정책기구로 수상을 보좌하는 국정관리 면에서 국정의 견인차 역할을 한다. 수석비서관은 관련 부처장관, 장관 비서실장과 직접 또는 전화로 각료회의 의제를 협의하여 수석비서관 회의에서 정리한다. 한편 비서실차장인 운영실장은 총리실에서 수상보좌관이 비서실장을 도와 수상비서실 사무 관리와 비서실장을 정책적으로 보좌하는 임무를 수행한다. 운영실장은 법률가, 행정가, 수상실 부속실장 등을 역임한 행정가 출신이다. 베를루스코니 수상 당시 비서실 차장인 안토니오 카트리칼라(Antonio Catricala) 운영실장은 그런 배경을 가진 행정가로 비서실 내의 전반적인 행정관리를 책임지면서, 수석비서관이 정리한 정책보고서를 전부 정리하여 비서실장에게 보고한다.

운영실장인 비서실 차장이 비서실장에게 보고하는 정책보고문건은 하루 평균 20건이며 이는 모두 비서실장이 수상에게 보고하며 사안에 따라서 비서실 차장이 구체적 설명을 해야 할 때는 비서실 차장도 같이 가서 수상에게 보고한다. 비서실 차장은 실장과 달리 아침 7시에 출근하여 10시 전후에 퇴근하고 집에 도착하면 11시라고 한다. 그리고 주말에는 집에서 휴식을 취한다고 한다.

수상비서실 차장인 운영실장 산하에 3인의 운영실 차장이 있고 국(departments) 단위로 16개 수석비서관이 있으며, 4,000명의 수상실 직원이 일하고 있다. 운영실장인 비서실차장은 차관 중 최고위인 외무부차관보다 상위이고, 수석비서관은 차관과 국장의 중간위치에 있으나 모두가 실제업무와 역할에서 상위 직급의 위상이라고 한다. 수석비서관실의 임무는 이탈리아 도시국가 전통의 지방분권 신장 속에서 국가통합을 유지, 관리하려는 국가운영의 의지가 엿보인다. 총무, 의회담당, 내각, 인력예산, 행정협조, 마약감시, 인권보호, 고용창출, 내부통제, 의전담당 수석들이 있다. 그러나 그 중에 경제조정, 지역경제, 지역과학기술산업 경영, 지역균형, 지방정부 협의담당 수석실 등은 지방분권화 시대의 중앙정부 차원의 지방경제 신장과 국가통합 목표의 동시 달성을 추구하는 정책의지를 나타내는 표상이기도 하다.

이제 수상실의 국 단위 조직인 수석비서관실을 인사관리 수석비서관을 사례로 들어 조직 실태를 알아본다. 예산인력담당 수석비서관은 1985년 재무부 국고국 근무를 시발로 재무부 법무관실에서 근무하고, 1993년 감사과장이 되고 1996년에 행정비서관으로 일하다가 1998년에 국장으로 승진한다. 2000년 10월 재무부 행정 조직국장 재직시 수상비서실장이 명령하여 현재 인력예산 수석비서관이며 실제 차관 이상의 역할을 수행하나 법제도적으로 차관과 국장 중간의 차관보급으로 보면 된다고 한다. 인력예산수석실에는 4명의 국장급, 22명의 과장을 포함 600명이 일하고 있다. 이들은 정무직(political appointee)이 8%, 나머지는 92% 전문 관료경력직이 차지하고 있다. 그리고 정무직은 3년간 계약직이며 정권이 바뀌면 모두 물러가게 되어 있다.

수상실 회의과정을 보면 수상이 직접 주재하는 공식 비서실회의는 없다. 그 대신 수상은 필요할 때 상시 비서실장 차장을 면담하고, 국 단위의 수석비서관을 전화로 불러 주요 쟁점 사안에 대해 수시로 논의한다. 다만 제도화된 공식회의는 수상이 주재하고 비서실장이 간사가 되어 매주 금요일 9시 30분에 시작하는 국무회의가 있다. 이 국무회의는 길게는 오후 5시까지, 과거정권에서는 3일간 계속된 적이 있다 하나 현재는 4시간 정도 걸린다고 한다. 비서실 내부회의는 각료회의에 대비한 내각 부처의 안건을 정리하는 소관 수석비서관이 모이는 비서실장 주재 회의가 매주 화요일 오전 9시에서 11시 사이에 걸쳐 진행된다. 그리고 매년 11월 예산 편성시 비서실장이 주재하는 수석비서관 전체 회의가 있다.

수상비서실의 충성심과 전문성

비서실장과 차장이 수상, 각료, 비서실직원, 다른 부처 공직자와의 관계에서 원활한 수상보좌를 위한 덕목으로는 정직성, 투명성, 융화, 포섭, 겸손,경청, 나서지 않는 자세를 제시한다. 그리고 국정관리 면에서는 신중한 토론 후에 신속한 과단성 있는 결정을 내리고, 이를 즉각 소관부서나 각료에게 알려 정책집행의 신속성과 일관성, 차질 없는 국정관리로 효과의 극대화를 노려야 한다는 것이다. 전문경력직은 전문성에 입각하여, 정무직은 수상에 대한 충성심을 기본으로 수상을 위한 정책판단을 하고, 접근맥락은 달라도 의견 접근은 비슷한 방향으로 흐른다 한다.

8. 일본 수상실 관방장관, 특별보좌관, 부장관, 장관보, 관방실장의 역할시스템

총리 비서실장인 내각관방장관은 정책조정자, 대변인

파벌계파정치, 연립파벌계파정치, 단명내각, 수상에 과도한 권력집중을 금기시하는 정치문화는 결국 일본 수상의 국정운영 리더십을 소극적이고 수동형(reactive, receptive leadership)으로 만들었다. 그러나 최근 6년 이상 일본정치의 관점에서 보면 장기집권과 안정 속의 국정을 운영한 고이즈미 수상은 그 정치스타일, 행사하는 국정운영 리더십이 적극적이며 임무수행과 조직관리 면에서 대통령형 내각책임제 총리 권능을 행사하고 있다. 일본의 대통령형 수상은 상대적으로 볼 때 국민의 지지, 원내 의원, 전국 대의원의 지지가 높은 가운데 장기간에 걸쳐 안정적인 국정운영을 수행하는 정치형태이다. 아울러 총리의 리더십이 적극적이며 총리를 보좌하는 총리 비서실 시스템이 규모 면에서 조직 전력화, 기능 면에서 일사불란하게 작동되고 있음을 말한다.

일본 총리 비서실은 정규 행정부처인 내각관방(內閣官房: Cabinet Office)이다. 내각관방장관(Cabinet Secretary)은 부총리제가 없는 일본 행정부 각료 중에 실세로서 부총리 역할을 한다. 그리고 총리의 고위보좌관제가 신설되었는데 5인 이내로 장관급 내각총리대신보좌관이 충원되고 있다. 내각관방은 내각이 지향하는 중요정책의 기본방침, 틀을 기획하고 내각의 각 부처가 추진하는 정책을 총괄한다. 아울러 총리가 이끄는 내각의 정책 일관성과 정체성 유지, 전체 구도의 통일과 통합을 시도한다.

내각관방장관은 총리의 오랜 정치동지로 다선 의원이며 차기 총리 유력 후보자이다. 그는 내각에 상정될 의제를 각부 장관과 협의 조정하여 각료회의 의 간사로서 사실상 각료회의를 주재한다. 동시에 내각관방장관은 정부 대변인 이며, 국무조정실장 임무도 수행하는데, 내각 부처의 임무나 정책을 조정하고 총괄하면서 총리를 측근에서 보필한다.

1986년 기구개혁으로 내각관방 총리비서실의 기능이 정착되고 고이즈미 총리가 집권하면서 조직이 확대·강화되어 내각 의제의 기획총괄, 일관성 유 지, 통일화 외에 전략정책과 시급한 쟁점별 정책을 추진하는 본부장제 역할을 부차적으로 갖게 되었다. 고이즈미 총리 이전 1995년에 165명이던 관방직원이 2004년에 648명으로 증원된 것은 그만큼 조직이 강화된 것이다. 이 인원은 백 악관의 각 수석실에서 근무하는 인원보다 많은 편이다.

한편 총리가 이끄는 20개의 행정 부처가 수행하는 고유 업무와 쟁점정책 을 실현하기 위해 총리비서실인 관방이 추진본부나 위원회를 구성하여 관련 부 처와 파트너십으로 협력, 조정, 후원한다. 이 추진본부나 위원회는 관방과 관 련부처가 공동으로 운영해 나가는데 주요 추진 쟁점별 전략정책은 지구온난화 대책본부, 식량농업농촌 정책추진본부, 행정개혁추진본부, 경제재정자문회의, 종합과학기술회의, IT전략본부, BT전략회의, 규제개혁 민간개방추진본부 등 20여 개나 된다.

이처럼 총리실은 관방장관을 주축으로 3명의 부장관, 3명의 내정, 외정, 안 전담당 부장관보, 3명의 정보관, 광보관, 총무관 그리고 총리 직속 위기관리감, 5인의 장관급 보좌관이 관방 경력 직원이나 행정부서에서 파견 되어 온 600여 명의 인력으로 전략정책을 쟁점별로 추진하고 있다.

관방장관은 지역구 출신 중진 국회의원이 그 직책을 맡아 수행한다. 그리 고 총리와 오랜 동지차원에서 정당생활을 해 온 경력의 소유자이다. 이가라시 관방장관은 1945년 이래 계속 사회당 소속의 다선 중진 국회의원으로 무라야마 총리와 함께 일한 좋은 예이다. 일본 내각의 총리 다음 서열은 부총리인데, 다 선 위주로 외무대신이 부총리를 맡고 있다. 그러나 과거 연립정당에서 선출된 사회당 출신의 무라야마 총리는 같은 당 출신의 다선 의원인 60세의 이가라시 관방장관을 최측근에 두고 공식 정책결정과 정무보고 외에 개인적 정치조언을 받고 있다. 하시모토 총리 역시 자기의 오랜 동료 국회의원을 관방장관으로, 오부치 총리는 노나카 히로무 중진의원을 관방장관으로, 고이즈미 총리 역시 자기 측근 중진의원 후쿠다 야스오(福田康夫)를 관망장관으로 기용하고 있다. 시오자키 야스히사(鹽崎恭久) 관방장관은 현재 아베 총리의 의회 동지이다.

총리가 행정 각부의 각료와 함께 최종 쟁점별 전략정책을 의결하고 수행하는 제도적 장치가 각료회의이다. 각료회의(cabinet meeting)는 총리주관으로 매주 화요일과 금요일 2회 1시간 30분 정도 열리고, 각료회의 전후에 쟁점별, 정책사안별로 정책협의와 조정이 필요한 경우에 총리가 관계 장관을 불러 20-30분 정도 소요되는 관계장관회의(ministerial conference)를 개최한다. 그 밖에 총리가 원하면 언제든지 관련분야 각료를 총리관저에 불러 회의를 한다. 각료회의, 관계 장관회의, 또는 수시 각료간담회이던 관저에서 진행하며 회의에는 관방장관이 참석하고 회의 전후에는 관방장관, 관방부장관, 관방부장관보, 상황에 따라 광보관, 정보관이 참석하여 후속 대책을 마련한다.

이와 함께 각료회의 이전에 관방장관이 각부성의 부장관회의를 소집하여 의제를 조정한다. 그리고 부장관회의에 앞서 부장관보, 정보관, 광보관은 소관별로 관련 부서와 정책조정을 협의하는 실장, 국장을 소집하여 수석비서관별 회의를 개최하여 관방장관의 각료회의 안건회부에 실무적 마무리를 한다. 아울러 총리보좌관 5인은 휘하에 참모는 없으나 정책사안별로 총리자문역으로 정책상담을 한다. 전 국회의원인 야마사키 간사장은 북한문제, 가와구치 전 외무장관은 외교안보, 농림수산성 고위관료출신으로 우정민영화 추진실장을 역임한 와따나베는 내정, 아끼노 전 건설부장관은 도로공단 민영화 분야를 각각 담당하여 총리에게 자문한다. 이처럼 총리특별보좌관을 장관급 인사로 기용하여 총리의 전략정책 추진을 보좌하며 총리의 국정운영을 한 단계 업그레이드시킴은 물론 위상을 높이고 있다.

관방장관은 매일 오전과 오후 각 한 차례씩 기자회견을 하여 국정 현안과 주요 쟁점에 관해 의견을 발표한다. 그리고 각의가 있는 화요일과 금요일에는 각의 결정사항을 기자회견으로 발표하는 정부 대변인 역할도 수행하고 있다.

이 밖에 관방장관은 각 성·청 장관과 개별적으로 주요 쟁점사항에 관해 의논하고 결정하며 총리의 관심·지시사항을 전달하고 그 이행 사항도 체크한다. 이렇듯 관방장관은 국회의원이면서, 정부 각료의 계선 지휘관의 역할, 그리고 총리의 비서실장으로서 막료기능을 수행하고 있다. 그리고 직업공무원으로 제도화되고 관료 경직화의 역기능을 초래할 우려마저 있는 관방 비서실을 항상 살아 움직이게 하는 유일한 정무직의 정치실세이다. 따라서 일본 총리 비서실장의 위상은 최근 미국 대통령 비서실장이 서서히 수면 위에서 대통령의 정치 방패막이로서 그 위상을 드러내는 것과 비슷한 맥락에서 이해될 수 있다.

관방부장관은 정무, 행정조정자

총리 비서실장인 관방장관을 보좌하는 관방부장관은 3명이다. 중의원, 참의원 중에서 재선급 이상 의원으로 각각 관방부장관(官房副長官)을 임명하여 관방장관과 팀을 이루어 총리의 정책이 상하원에서 지원을 받거나, 법률안으로 통과 되도록 하는 정무역할을 수행한다. 이들은 능력과 잠재력이 있는 재선 급 이상 의원으로 차기 행정부, 의회를 이끌 지도자 수련을 받는 과정에 있고 관방장관 부재시 관방장관직을 맡는다. 내각에서 결정하여 추진하는 정책에 의회 협조를 이끌어 내는 상하 양원 담당 정무수석비서관 역할을 하고 있다.

한편 일본 직업공직자의 최고위 꽃이라 할 수 있는 관방사무 부장관은 행정 각 성·청의 사무부장관이 모인 사무차관회의를 진행하는 국무조정실장 역할을 수행하면서 각료회의에 회부될 각 부처의 의제를 조정, 기획하고 정책집행과정과 정책서비스 창출과정에서 고이즈미 내각의 정체성 확보, 일관성, 통일성을 행정 실무 면에서 유지하려 한다. 또한 수석비서관에 해당하는 부장관보, 광보관, 정보관을 지휘 통솔하기 때문에 관방 사무부장관은 일본 행정부의 최고 행정 실무 조정자이며 직업공무원의 최고 행정 실세이다.

관방사무 부장관은 총리실 산하 정부 기관에서 근무하다가 승진하거나 다른 성·청에서 사무 부장관으로 일하다가 유능하다고 판단되어 관방사무 부장관으로 발탁된다. 연립정당 공천으로 동경도 지사 후보로 나갔던 이시하라 노부오(石厚信雄)는 68세로 전에 자치성 사무부장관으로 일하다가 관방 사무부장관으로 8년간 재직해 왔다. 현재도 관방 사무부장관은 자치성, 후생성 등 다른 부처의 유능한 부장관에서 발탁된다.

일본 총리 비서실의 관방사무 부장관은 백악관 비서실의 차장과 비슷하다. 그러나 백악관 비서실 차장은 실장 보좌의 고유 업무와 비서실 인사, 총무 기능을 수행하지만 비서실 전반을 지휘 통제하는 관료적 행정 실세는 아니다. 이는 국회의원 중심의 정치와 일본 직업공무원 중심의 행정이라는 일본 독특한 내각제 통치 시스템에서 오는 현상이라고 볼 수 있다. 일본 관방 비서실의 사무 부장관은 이 점에서 일본 직업공무원의 공무수행에 매우 중요한 보호 장치의 상징이 되고 있으며, 총리, 관방장관, 부장관보, 각 성·청 간의 가교 역할을 하고 있다. 그러나 정치의 역동성, 끊임없이 전개되는 상황변화로 인한 대내외 도전에 전원 직업공무원으로 충원된 거대 관료집단인 관방 비서실이 총리의 정책수행에 순발력 있고 탄력적으로 대응할 수 있느냐에 대해서는 일본 내에서도 조심스럽게 문제가 제기되고 있다. 일본 최고 행정관료 엘리트의 표상인 68세의 이시하라 노부오가 8년간 관방사무 부장관관을 지낸 경력을 인정받아 연립 여당, 공명당에서 연합공천으로 동경도지사 선거에서 탤런트, 소설가 출신 개혁파 참의원인 62세인 아오시마 유키오(青島幸男)에게 패배하였다. 이 결과는 바로 국민과 함께 하는 민주성과 행정 효율성을 겸비한 리더를 필요로 하는 일본 성향과 시민의 반 관료 감정 표출로 이해될 수 있다.

수석비서관인 부장관보, 심의관은 전문정책가

내각관방에는 총리를 정책기능 면에서 보필하는 관방장관, 부장관이 있고, 그 아래에 수석비서관 격인 부장관보, 심의관이 있다. 전문 기능 정책 사안별로 관방장관, 부장관의 지휘로 총리를 보필하는 수석비서관실은 내각총무관실(內閣 總務官室 Cabinet Secretary Office), 내정부장관보실(內政副長官補室, Deputy Assistant Secretary Office on Internal Affairs), 외정 부장관보실(外政副長官補室, Deputy Assistant Secretary Office on External Affairs), 안전보장 부장관보실(安全保障 副長官補室, Deputy Assistant Secretary Office on Security Affairs), 광보관실(廣報官室, Cabinet Public Relations Office), 정보조사실(內閣 情報調査室, Cabinet Information Research Office), 내각위기관리감(內閣危機管理監, Cabinet Crisis Management Office)로 구성되어 있다. 수석비서관에 해당

하는 이들은 직업공무원으로서 차관으로 승진할 고참 국장으로 기능 면에서 차관급으로 일하고 있다. 내각총무관실은 총리 행정보좌, 관저정비관리, 총리연설문 작성 담당과 수행비서로 소속된 기구로 확대되었다.

1986년 관방기구 개혁과 2000년대 고이즈미 총리 주도 정착된 내정담당 부장관보는 국내업무 전반을, 외정담당 부장관보는 국제외교 업무를, 안전보장 담당 부장관보는 군사와 국방, 국가위기관리를 관련 부서와 협조하여 정책조정·지원을 한다. 부장관보는 대개 기능별 고유 업무를 수행하는 행정부처 중진 국장 중에서 발탁된다.

내정 부장관보는 경찰청, 대장성, 외정 부장관보는 외무성, 안정보장 부장관보는 방위청 직업공무원 중에서 기용되고 대개 2~3년 근무 후 원래 임지로 돌아가나 계속 남아 근무하는 요원도 있다. 특히 일본 방위청이나 총리실 관방의 안전보장 부장관보실에는 현역은 없으며 전부가 민간 전문가로서 경력직 공무원이다. 그들은 20-30년 동안 국방분야에서 경험을 쌓아 현역 장교와 협의하여 일본 방위청 중장기 계획을 주도적으로 수립한다. 현역 장병은 방위청 통합 막료장이 지휘하는 조직 내에서 군 작전 훈련에만 전념하게 되어 있다. 안전보장 부장관보는 총리, 관방, 방위청, 외무성, 대장성, 경찰청, 경제기획청 장관으로 구성된 국가안전보장회의 운영을 책임지고 있다.

부장관보 명칭으로 바뀌지 않은 수석비서관은 내각광보관실과 내각정보관실이다. 광보관실은 광보관을 포함 52명이며 실장은 경찰청에서 선발된 경찰 출신도 있다. 일본 경찰은 과거 군국주의시대부터 일종의 경찰 통치에서 성장한 폭넓은 활동개념으로 보아 국가업무 관련 분야에서 다양한 인재가 많은 편이다. 종전 후에는 독재, 폭압, 경찰 관료성을 배제한 민주화와 전문성 확보에 노력하여 대장성, 외무성과 동격으로 젊은 관료 지망생에게 인기 있는 공직으로 평가되고 있다. 특히 대민관계와 언론관계에 익숙해 있고, 행정부 내에 광보부가 없고 지방정부나 중앙정부의 홍보과, 총무과 등에서 국민홍보를 담당한다. 때문에 광보관실에서 정부 홍보와 총리 홍보를 관련 부처의 홍보 담당자와 긴밀히 협의하면서 언론기관, TV 등 홍보매체를 통한 광고 선전, 그리고 민간 조사연구기관을 통하여 정부정책에 관한 시민의 여론조사를 실시 발표한다. 총리의 기자회견을 위한 사전 자료 준비, 보도 자료 제공도 광보관실이 담당하고 있다.

내각정보조사실은 내각과 총리의 정책결정에 도움이 되는 국내외 정보수집, 해석, 보고의 임무를 관련 부처와 민간기관과의 긴밀한 협조 속에서 수행하고 있다. 수석비서관은 내각정보관으로 자체의 경력직 공무원 또는 경찰에서 경력을 쌓은 전문직 공무원에서 기용되고 1200여명의 요원이 있다. 내각정보조사실은 총리 직속의 공안위원회와 경찰청, 법무성 산하의 공안조사청과 긴밀한 협의를 하고 정보조정 임무를 담당한다. 작은 조직으로 광범위한 정보활동을 전개하는 내각정보조사실은 독일 수상실의 정보수석비서관, 이탈리아 수상실 정보사무처장, 영국 관방부 정보실무위원장이 수행하는 정보종합, 조정, 해석 기능과 유사하며 한국의 내밀한 국가정보원, 미국 정보부의 축소판으로 유사한 역할과 기능을 담당하고 있다. 소수의 인원으로 미국, 독일, 한국의 5000명에서 7,000명에 이르는 정보기관 기능에 맞먹는 역할을 하는 비결은 직위 고하를 막론하고 요원들이 일본 각계의 전문가를 자문위원으로 위촉하여 그들에게서 다양한 조언, 전문지식, 중요 국제상황을 정보자료로 분석정리 하는 방식을 구사하는 데 있다.

수석비서관은 총리의 관심사항과 특별히 지시한 사항을 정책화시키고, 관련 부처와 연관된 복합정책을 소관별로 조정한다. 그리고 각료회의에 상정할 안건을 조정하고 준비하며 내각 전체의 정책 일관성 유지에 관심을 기울인다. 그런데 수석비서관인 이들 부장관보, 광보관, 총무관, 정보관은 관방사무 부장관과 관방장관에게 직접 중요 사항을 보고하고 승인을 받는다. 각 성·청에서 제기한 정책이나 의제에 문제가 있거나 정책상 쟁점의 소지가 있을 때 사무부장관과 함께 관방장관에게 가서 의논하여 결정을 내리는 경우도 있다. 이에 앞서 수석비서관은 각 성청의 담당 국장과 긴밀히 협의한다. 수석비서관이 긴급히 총리에게 보고할 때도 문서로 하지 않고 구두로 보고하는 것이 통례이며 간혹 서면보고를 하더라도 3쪽-4쪽 정도의 간략한 보고서이다.

수석비서관 중에서 정기적으로 총리와 관방장관에게 보고하는 실장은 내각정보사실의 정보관이며, 중요 정보를 매주 1회 30분 동안 내각관방장관에게 보고하며, 관방장관, 부장관과 함께 매주 1시간가량 총리에게 보고하는데, 보고 양식은 일부는 구두, 일부는 서면이다. 독일은 정보수석비서관이 매일 비서실장과 국제담당 수상특별보좌관이 참석하는 수상주재 비서관회의에서 보고한다.

　백악관에서는 국내외 정부 각 부처에서 상황실로 보고되는 각종 정보를 외교안보수석이 오전과 오후로 나누어 대통령에게 보고하고, 국가 정보부장의 보고서는 외교안보수석이 요약하고 원본은 별첨으로 하여 안보수석이 직접 대통령에게 보고한다. 그리고 미국 국가 정보부장은 정기적으로 대통령을 만나지 않고 대통령이 수시로 필요할 때나 부장의 요청으로 만남이 이루어진다. 한국의 국정원장이 대통령에게 매주 한번 직접 보고하는 관행은 일본 관방 정보조사실 정보관이 수상에게 매주 한번 직접 보고하는 관행과 맥을 같이한다.

　이 밖에 지진, 홍수, 태풍 그리고 안보위기관리에 대처하는 내각위기관리감을 총리직속으로 신설하여 총리가 국가안전을 직접 지휘하는 시스템을 만들었다. 부장관보로 위상이나 명칭이 바뀌지 않은 수석비서관 중 내각광보관은 언론홍보와 여론조사를 담당하는 각 부처 언론홍보담당관을 조정 통제하는 임무를 수행하고 그 영역이 확대되고 있다. 내각정보조사실 정보관은 다른 심의실장이 부장관보로 격상되어 있음에도 불구하고 그 직위와 직책이 그대로이지만, 기능과 임무 면에서 더욱 막중한 역할을 수행하고 있으며 인공위성을 통한 신호, 영상정보를 직접 수집, 해석, 전파하는 임무도 새롭게 수행하고 있다.

총리 측근 비서실 운영

　일본 총리는 20개 성·청을 거느린 내각책임제의 최고 통치권자이다. 그에게는 정부 내각 정규 부서인 내각관방이라는 보좌기구가 있으나 제도화된 관료조직이어서 총리의 비전이나 개혁정책을 순발력 있게 역동적으로 추진하는데는 한계가 있다. 특히 일본 총리는 연립정권에서 잡다한 파벌 타협으로 선출되어 창의적으로 신선한 정책개발과 정책우선순위 선정에 연립정권의 파벌협조를 끌어내고, 관료집단에 동기부여를 하는 리더십 발휘가 필요하다. 이런 맥락에서 측근 두뇌집단의 전략적 조언과 정책조정 활동이 필요하다.

　총리 최측근에는 국회의원, 전직 각료, 전문가로 구성된 장관급보좌그룹과 행정부 고참 과장이나 신참 국장급으로 조직된 비서진이 있다. 국회, 연립정당, 총리와의 가교 역할을 하고 총리를 위해 정치 조언을 하는 국회의원 보좌관의 경우 과거 무라야마 총리가 연립 정당에서 선출된 만큼 자민당, 사키가케, 사회당에서 1명씩 국회의원이 선발되어 측근 보좌를 한다. 행정 차원에서는 무라야마 총리가 사회당 출신이기 때문에 사회당 출신 정무 비서관 1명과 경찰청, 통산성, 대장성, 외무성에서 파견된 노련한 과장급으로 4명의 전문직 일반 공직자가 측근에서 보좌하고 있다.

고이즈미 총리도 측근 비서진을 연립정권의 권력 구조에 따라 조직하는데 이들은 모두 40대 후반에서 50대 초반으로 곧 국장이 될 고참 과장급에서 선발된다. 비서실장 격인 비서실 주무과장, 외교, 국제통상산업, 국내치안, 국내문제, 예산, 산업분야에서 관련 부처 간의 파이프라인 역할을 한다. 언제나 총리관저에서 중요 의제와 관련 사항을 해석·설명하고, 서류를 전달하는 기능을 담당하고 있으며, 내각관방 장관과 협의하여 총리 일정표를 작성한다. 이들 전문직은 총리가 바뀌어도 계속 근무하는 경향이 있는데, 외무비서관은 호소가와 총리 시절에 외무성에서 파견되었고, 통산성 업무담당 비서관은 하타 수상 때 통산성에서 파견되었다. 이 외에도 관방 내각참사관실의 수석참사관은 총리 비서실 총무과장 역할을 수행하며 총리관저에서 근무하고 있다.

국회의원인 정무직은 머리 역할, 전문직인 직업공무원은 허리 역할로 조직관리 상의 역할 분담이 분명한 것이 특징이다. 이 같은 역할 분담은 총리 비서실인 내각관방에서 더욱 두드러지고 있다. 이들 측근과 내각관방 관료는 총리와 장관의 격의 없는 자유토론을 유지하는 데 큰 역할을 한다. 일본 총리, 내각, 관방장관이 주축이 된 최고정책결정 과정은 각료회의, 정무·사무차관회의 등으로 매우 규격화·제도화되어 있으나 이들 총리 비서실 측근그룹과 관방관료의 도움 속에 총리관저에서 내각 장관이 모여 1시간 정도 사안별로 자유스럽게 토의하는 자유토론이 있다. 사회당과 사끼가께당이 주장한 내각 축소 조정과 정체된 직업공무원제 개혁을 골자로 한 내정개혁과 행정개혁, 세계무역기구 대응과 변화하는 세계추세에 적응하는 규제완화, 하시모토 총리의 정책조정토론과 대안제시 전략회의, 고이즈미 총리의 우정사업의 민영화와 정부구조조정, 아베 총리의 21세기 일본 진로 구상은 관방장관, 관방관료의 도움과 측근 보좌관, 비서진의 조정역할로 장관이 총리관저에 모여 격의 없는 토론을 통해 합의를 이끌어내고 있다.

관방 비서실의 관료화

막스 베버는 능력과 전문성에 입각한 엄격한 계층제 조직으로 목표를 달성하는 도구가 합리적 관료제라 한다. 그러나 전문성과 엄격한 계층제로 되어 있는 산업사회에서 거대조직의 하나인 정부 관료조직은 안정된 전문직업주의로 타성에 젖어 부처이기주위와 인력증대를 추구하는 경쟁력 없는 매우 정체된 조직으로 전락하는 경향이 있다. 그래서 공직자의 자기개발, 자아실현 기회를 제공하고 상위관료들이 하위계층의 어려움을 알게 하고 조직 갈등을 해소하는 모의 훈련도 한다. 이런 조직개발과 병행하여 조직의 총체적 질적 통제(total quality control)와 재원점검(inventory inspection)을 하면서 저비용 고소득 지향의 조직개편을 단행하고 있다.[4] 아울러 조직에의 몰입과 충성심을 고양시켜 살아 숨쉬는 조직으로 전환시켜 역동성과 생산성을 극대화하려 한다. 백악관 비서실의 실장, 차장, 수석비서관, 비서관 요원은 민주당, 공화당 출신의 대통령이 선거로 교체될 때마다 소속 정당에서 잘 훈련되고 이론과 경험이 풍부하며 충성심이 강한 인물 중에서 선발된다. 그들의 충성심은 역사의식을 바탕으로 같은 당 소속이라도 부시 또는 클린턴 대통령의 비서관으로 일하고 그것으로 역할을 끝내려는 임무충성, 정책충성, 대통령에 대한 충성심이다. 자체평가를 통해 끊임없이 충성심과 정책전문성이 검증되도록 하여 필요한 인물만 생존할 수 있도록 한다. 물론 허리부분인 전문직 비서관은 소관 부처에서 파견되어 오기도 한다. 그들은 아침 7시에 출근하여 10시에 퇴근하거나, 아니면 새벽까지도 업무를 수행하고 긴급한 상황에서는 밤을 지새우며, 실장과 수석비서관 및 관련 비서관은 주말에도 근무한다. 비서관이 앞 뒤 가리지 않고 24시간 뛰는 일벌레 근성은 독일, 영국 수상실에서도 마찬가지이다.

일본 총리실 관방장관, 정무·사무 부장관 역시 격무에 바쁘고, 속이 같은 자민당, 사회당 출신 국회의원으로 총리와 관방장관은 운명을 같이하며, 역사의식을 가지고 밤낮 없이 함께 뛴다. 정무 부장관, 사무 부장관, 부장관보, 정보관, 광보관, 위기관리감도 이에 동참하고 있다. 그러나 사무 부장관, 부장관

---

4) 워런 베니스가 제기하는 반관료적 관료제, 벡크하트의 조직개편, 오스본의 작고 생산적인 정부 리엔지니어링은 정체된 관료조직을 전환시키려는 시도의 일환으로 볼 수 있다(Bennis, 1969; Beckhard and Harris, 1977; Osborne and Gaebler, 1992; Gore, 1993).

보, 정보관, 광보관, 위기관리감은 경력직 직업공무원 출신이어서 주어진 일 처리에는 매끄럽게 보이나 새로운 총리와 함께 역사의식을 갖고 운명을 같이한 다는 강력한 충성심, 정책충성의 실현 의지는 느끼기 힘들다. 총리부와 관방비 서관 공직자는 8시 30분에 출근하여 4시 30분에 퇴근하거나, 또는 9시 30분에 출근하여 5시 30분에 퇴근하는 정상 근무제로 움직이고 있다. 제도화된 절차에 따라 실수 없이 일관성을 가지고 성실하게 총리보좌 역할을 수행하고 전문성을 바탕으로 일정 수준의 예측 가능성 속에서 생산성을 높이는 점은 강점으로 지 적할 수 있다. 하지만 대통령제이든 내각제이든 정권쟁취와 국민과의 약속 이 행을 위해 제한된 임기 내에서 몸을 던지는 각오로 일하는 생동감이 관방비서 실의 제도화와 관료체제에 묻혀 버리는 느낌이 있다.

청와대 비서실은 대통령의 대권 도전에 동참한 세력과 각 부처에서 파견 된 직업공무원 출신인 비서관, 행정관이 산뜻한 연결 고리로 하나되는 점에서 는 아쉬운 점이 있지만, 대체로 미국 백악관, 독일, 영국, 일본 총리 비서실 시 스템의 중간 정도인 것 같다. 운영의 묘에 따라서는 이 시스템이 각 부처와의 긴밀한 협의, 조정, 지원 속에서 급변하는 대내외 상황의 도전에 잘 대응하고, 체계적으로 중요한 국정을 강도 높은 생산성으로 잘 해결해 나갈 가능성은 충 분히 있다고 본다. 이 점에서 무라야마 총리가 이끈 사회당과 연정의 사키가케 당이나, 하시모토 내각, 고이즈미 내각, 아베 내각도 강력한 행정개혁을 주장 하면서 현재 20개 성·청을 절반으로 축소하거나 공무원의 감원, 생동감 있는 외부 전문인사의 공무원 영입계획으로 정부 구조조정을 주장하고 있다.

그러나 인사원과 총무청에서 시도하는 행정개혁은 중장기 개혁으로 즉각 적 조직개편이나 행정관리개혁은 보이지 않고 있다. 다만, 관방비서실 사무 부 장관의 정책역할 강화, 수석비서관의 명실상부한 부장관보직으로의 지위강화, 승진 후 자기 소속 부서로 되돌아가려는 기회주의 척결, 소신 있는 정치리더십 과 정책전문 수석비서관으로 만들려는 개혁이 정책적으로 거론되고 있다. 아울 러 총리실, 관방장관, 부장관보, 외부 전문가, 학자, 언론인, 기업인, 공공단체 의 전문가를 통한 정책자문의 길을 넓혀 정책의 참신성과 추진력을 살리려 하 는 노력을 행동으로 보여주고 있다.

일본 내각제는 2차 대전이후 1980년대까지 자민당의 장기집권에서 1990년

대의 연립정권으로, 다시 자민당 정권으로 이동이 시작되면서 변모되고 있다. 일본총리는 자민당 내의 파벌 간 합의, 정계, 관료계, 경제계의 삼각구조에서 정책결정을 해야 하므로 총리가 개혁정책을 주도적으로 밀어붙이기보다는 당 안팎에서 여론이 제기되고 정책윤곽이 잡혀야 비로소 총리가 나서는 반응적 리더십(reactive leadership)을 보이는 경향이다(Hayao, 1993: 6-7, 202). 주도적 개혁정책 지향 리더십이 아닌 총리의 소극적 추수형 리더십은 연립정권이 들어서면서 더욱 심화되었다.

1993년 8월 9일 사회당, 신생당, 공명당, 일본신당, 민사당, 신당, 사끼가께, 사민련의 개혁 8정당이 비자민당(非自民黨) 연립정권을 호소가와 총리를 중심으로 형성한 이래 총리의 추수형 리더십은 일본 정부 구조조정, 경제금융개혁, 일본의 세계시장 정책이 표류하고 있는 원인제공을 하고 있다(장달중, 2000; 서동만, 1998). 오부치 총리가 근면한 화합형 리더이었다면 고이즈미 준이치로(小泉純一郎)총리는 일본 총리의 반응적 추수형 리더십에서 탈피하여 정책추진의 주도권을 잡기 위한 리더십을 행사하였다.

일본 총리의 전통적 추수형 리더십에서 탈출하는 방안으로 야스쿠니신사(靖國神社) 참배, 2차 대전 정당성을 수록한 일본 교과서 내용의 수정 거부, 일본 군사력의 세계화를 주장하는 국수주의를 불안한 일본 시민에게 고취시켜 선거에 승리한다. 대중 상대의 정치를 펴면서 북한 미사일, 핵실험을 총리실 강화 계기로 삼고 부시대통령의 팍스아메리카나 기류에 동승하여 국익신장의 계기로 삼는다. 우정사업 민영화 등 개혁정책을 주도적으로 추진하는 가속도는 일본 내각제 총리를 대통령형 내각제 총리로 체질을 변화시키고 있다.

9. 한국 청와대 비서실장, 수석비서관, 비서관의 역할시스템

청와대 비서실장은 정책조정, 갈등해소, 대통령방패와 제어 역할의 실세 소통령

대통령은 국가를 이끌 비전을 제시하고 국민에게 약속한 정책을 실현하도록 비서실 가동을 극대화시켜야 하는데, 무엇보다 중요한 것은 비서실을 대통령 뜻대로 관리할 비서실장을 선택하고 보좌를 받는 일이다. 비서실장의 임무 수준, 역할의 폭, 활동의 영역, 영향력은 대통령의 개성과 위상, 대통령과 비서 실장의 친소관계, 상호성격 보완, 합의된 대통령의 통치철학에의 공감정도, 비서실장의 개성, 경력, 리더십, 업무추진 능력에 따라 결정된다고 본다. 그러므로 실세부통령이라고 할 수 있는 비서실장은 대통령의 오랜 정치여정이나 공직생활에서 동고동락한 인물이어야 한다. 그리고 정부공직, 사회공직 경험이 있는 유능한 비서실장을 기용해도 궁극적으로는 대통령이 얼마나 관리능력이 있으며 비서실장에게 확실하고 명확한 어휘와 내용으로 무엇을 할 것이며, 어떤 것은 하지 말아야 하는지를 언급해 주어야 일하기가 편하다고 비서실장 등은 말하고 있다(Kernell and Popkin, 1986: 130-138). 닉슨 대통령 비서실장이던 할드먼은 비서실장은 대통령의 뜻, 의지, 이해관계에 따라 움직이며, 케네디 대통령의 비서실장 격이던 소렌센 변호사는 편안한 마음의 대통령 상대역으로 일하였다고 한다(Kernell and Popkin, 1986: 189). 인기가 폭락하거나, 선거기 간중이거나, 집권말기 레임덕 현상이 발생하거나, 언론이 거세게 비판할 때도 비서실장은 대통령이나 수상 곁에서 용기를 북돋아주고 바른 말로 조언하고 다양한 목소리를 정리하여 알리는 균형감각으로 적절히 대응해야 된다.

건국 이래 청와대 비서실장은 현재 근무 중인 실장을 포함하여 27명이다. 한국 대통령은 정치권, 군대 생활에서 경력을 쌓아 정당 정치권 동료나 동지, 군 동료나 전우에서 비서실장을 발탁하고, 그 다음은 친소관계가 있는 고위 관료, 학계에서 충원하고 극히 소수로 인연이 있는 정치 언론계에서 영입한다. 미국에서부터 이승만과 인연을 맺은 젊은 이기붕과 고재봉 비서관장은 70대의 원로 독립운동 혁명가인 이승만 대통령의 카리스마적 리더십에 묻혀 대통령과 국정운영 비전을 공유하거나 전략정책을 수행하는 동반자 입장에서보다는 경무대 주인 대통령의 집사역이 아니었던가 생각된다. 1949년 1월 6일 처음으로 내각의 의결을 거쳐 대통령령으로 공포된 "대통령 비서관 직제"에 명기된 내용은 비서관장의 사무장 역할을 잘 설명하고 있다. 직제령 제 2조에는 다음과 같이 명시되어 있다. "대통령 비서관실은 좌기사항을 관장한다. 대통령관저 및 시종에 관한 사항, 대통령에 직속하는 서무문서 및 경리에 관한 사항, 대통령의 명에 의한 공보 및 정무에 관한 사항."

윤보선 대통령은 짧은 기간 내각제의 상징존재로 있는 동안 그의 비서로 일한 이재항을 1960년 개정된 대통령 비서실 직제에 따라 처음으로 신설된 비서실장으로 임용하였다. 박정희 대통령은 군 출신으로 장기집권을 하여 대통령 비서실장에 장성이나 전문 관료를 등용했다. 전두환·노태우 대통령은 전문관료, 훈련된 학계 교수, 정치 언론계에 친소관계가 있는 인물로 비서실장에 기용했다. 김영삼·김대중 대통령은 오랜 야당생활 동지나 연관이 있는 정치관계 인사를 비서실장으로 임명하였다.[5]

대통령 중심제인 한국의 청와대 비서실장 임무를 정리하면 첫째로 꼽히는 것이 평형자 또는 균형자(counter balance) 역할이다. 비서실장은 대통령이 정책결정 과정이나 국정수행에서 결코 편견을 가지게 해서는 안 되고 특정각료나 정치인, 수석비서관이 빈번하게 대통령을 만나 과도한 영향력을 주는 것을 막아야 한다. 장관이나 고위관료가 자기업적을 자랑삼아, 책임 면피용으로 대통령을 만나려 한다던가, 청와대 수석비서관이 자기업무 영역을 확장하려고 내각의 업무를 끌어드리는 행위를 제어해야 한다. 그렇다고 각료나 보좌관, 다양한 사회지도자가 대통령에게 접근하는 것을 차단할 필요는 없고 오히려 정치적 편견을 버리고 정확하고 균형 있는 판단을 할 수 있도록 정부안팎의 사람을 고루 만나게 해 주어야 한다.[6]

정부노선이나 정책프로그램을 둘러싸고 생기는 각료나 의회지도자의 갈등을 공정한 입장에서 조정하고 합의를 도출하여 대통령이 폭넓고 깊이 있는 지지 기반 위에서 국정을 수행하게 하는 정직한 중개인(honest broker) 역할을 해야 한다. 매년 추곡수매에 정부수매 가격을 농수산부 장관은 농민을 고려하여 10%를 인상하자 하면 재경부 장관은 정부예산의 어려움을 들어 5%-3%선에서 인상하자는 주장을 한다. 북한정책에 국가정보원장과 국방부 장관은 강경 기조

---

5) 비서실장 배경을 청와대 공보 자료를 이용하여 전문 영역별로 정리하였다.

6) 김대중 대통령 공보수석비서관, 정책기획수석, 문화관광부 장관. 비서실장을 지낸 박지원 전 대통령 비서실장은 청와대 내의 한정된 충성심, 정부 제도권 정보 보고에서 대통령이 자유로워지게 비록 비서실장에 대한 비판적인 견해를 개진해도 강원룡 목사, 박권상 KBS 사장 등을 초청하여 그들의 의견을 듣게 했다 함. 특히, 원래 7개 종교계 단체를 한국기독교 총연합회도 묶어 8개 종단으로 확대하여 1년에 5-6회 대통령과 면담을 주선하여 넓고 깊은 민심흐름을 파악하도록 노력했다 한다(2007년 6월 11일 오후 6시 30분-8시20분, 박지원 전 비서실장 연세대 행정대학원 특강).

[표 5-2] 역대 대통령 비서실장과 임명 배경

구 분	이승만	윤보선	박정희	전두환	노태우	김영삼	김대중	노무현
정치공직생활 동반자	이기붕 고재봉	이재항	이후락 김계원			박관용 김광일	한광옥 박지원	문희상 문재인
전문관료			김정렴 최광수	이범석 강경식 박영수	홍성철 정해창			
학 계				김경원 함병춘 이규호	노재봉			김우식
정계.언론계. 친소관계				김윤환		김용태 한승수	김중권	이병완

를 펴는 반면, 통일부 장관은 유화노선을 견지하려 한다. 이런 정책 이견은 부처 간 조정, 국무총리실 국무조정실장이 차관회의를 소집하여 의견을 조정하고 여당과 정부회의를 거쳐 정책조율을 하지만 실무단계에서 대통령이 최종 결심을 할 때까지 청와대 관련 수석비서관실이 조정하고 시종일관 비서실장이 공정한 중재자 입장에서 타협 조정한다. 역대의 비서실장을 면담해 보면 그들은 대통령의 의지와 정책 관심사항이 내각에서 잘 진행되도록 조정·협조하고 후원하며, 국회차원에서 지원과 이해를 구하도록 여야당과 좋은 관계를 유지하려 하고, 비서실 내의 합의 도출을 그 임무로 하고 있다. 그러나 비서실장이나 수석비서관이 그 역할을 제대로 못하면 정부의 다른 조직 또는 청와대 밖의 제3의 인물이 대통령의 의견에 영향을 주거나 개입하는 경우도 있다.

둘째로 들 수 있는 비서실장의 역할은 대통령이 추구하는 정책추진 실태를 파악하고 대통령 손이 미치지 못하는 국정영역을 챙기는 해결사(policy monitor)이다. 대통령실의 수석비서관실은 전문가들로 구성되어 있으나 전문정보를 공유하지 않고 폐쇄적일 수 있다. 따라서 국정 전체를 조망할 때 발생할 수 있는 갈등을 해소하고 소관분야가 아니라는 이유로 서로가 미루고 소홀히 하는 정책 추진 사각지대를 추스르는 것은 비서실장 몫이다. 쌀 수입은 절대 안 하겠다고 우긴 김영삼 대통령도 우루과이 라운드 협정에 따라 쌀 시장

개방이 필연적이자, 대통령의 농업정책 의지를 보인다고 농림수산수석실을 만들었다. 그러나 쌀 시장 개방은 WTO에서 주관하는 세계시장화의 전체 맥락에서 보아야 하고 대통령 비서실장은 그런 큰 정책 밑그림 속에서 정책을 파악하고 챙겨야 한다.

또한 복합적이고 미묘한 정책결정 사항은 정책형성 단계에서 관련 기관이 모여 충분히 토론한 후 결정하고 이런 과정을 제도화해야 한다. 김영삼 대통령은 취임 후 한 달쯤 되어 아무런 준비 없이 부정부패 척결차원에서 대통령 재임 중 단돈 1원도 안 받는다는 내용을 기자회견 형식으로 발표한다. 느닷없는 이 발표로 집권당은 6개월 후 당 재정이 바닥나고 장관이 그만 두거나 군 지휘관이 청와대에 신고식을 할 때, 불우 이웃돕기에 격려 차원에서 대통령이름으로 주는 성금마저 불가능해져 버렸다. 이런 대통령의 즉흥적 단독 결심에는 반드시 당정협의회를 거쳐 사후 대비책을 투명하게 마련한 후에 보다 높은 부정부패 근절 파급효과를 노리고 발표해야 되고, 이런 조치는 대통령 비서실장이 주도적으로 밀고 나가야 한다. 김일성 주석이 국제 핵사찰을 거부하고 핵무기 개발을 강행하려 할 때, 비서실장, 국정원장, 외무, 국방, 통일, 외교안보수석, 국무조정실장이 참여하는 통일안보정책조정위원회를 설치 가동하여 사태를 파악하고 정책을 추스르며 대통령에게 보고하는 것도 외교안보수석과 함께 비서실장이 주도적으로 수행해야 하는 당연한 조처이다.

셋째, 대통령의 방패역할을 하면서 대통령 국정홍보와 개혁정책의 전도사 역할을 해야 한다. 국정 목표를 파악하고 정책추진 실태, 정책집행의 산출물, 국민에게 이해를 구할 사항 등을 알리는 대외홍보 역할을 한다. 또한 대통령의 정책을 공격하는 반대파를 제압하거나 악역을 맡기도 하고 공격과 비난의 화살을 비서실장이 선두에 서서 막아야 한다. 그리하여 때로는 대통령이 격렬한 야당의 정치공세나 국민의 비난표적이 될 때는 비서실장이 완충역할을 하든가, 자진하여 희생양이 되기도 한다는 것이다.[7]

청와대 비서실팀을 이끄는 비서실장을 곁에서 관찰한 바로는 비서실장은

---

7) 청와대에서 전두환, 노태우, 김영삼 대통령 집권중에 직업공직자로 행정관, 비서관, 비서실장보좌관으로 근무한 김장실 박사는 그가 관찰한 비서실장의 역할을 백악관 비서실장 임무와 유사하게 정리하나 우리나라에서는 대통령을 위한 실장의 희생양 역할이 특이하게 재기된다고 하였다 (1997년 5월 7일 연세대 행정학과 4학년 정책학 강의와 면접).

대통령 대리인, 보호자, 때로는 희생양 역할을 한다고 한다. 해결가능성이 희박하거나 잘못된 정보판단, 불분명한 정책개념은 처음부터 대통령이 개입하지 않게 하고, 전문가와 각료의 조언으로 대통령의 정책비전을 한 단계 격상시키는 것도 비서실장의 역할이다.[8] 그리하여 비서실장은 비서실 팀을 이끄는 미식축구팀의 쿼터백(quarterback)이 되거나, 대통령 업적을 널리 알리고 대통령 사기를 높이는 응원단장(cheerleader), 또는 정치공세의 투창을 막는 방패(javelin catcher)역할을 한다는 것이다(Kernell and Popkin, 1986: 168). 따라서 비서실장은 어느 정파, 각료, 기능별 비서관의 시야를 망라한 넓은 지평으로 국정 전체를 조망하는 차원에서 대통령을 보필하는 것이다.

넷째, 대통령이 지나친 개인의지를 표출 할 때 제어하고 한쪽에 치우친 편향된 시각이나 오도된 정보에 눈이 멀지 않도록 대통령 발목을 잡는 것도 청와대 비서실장에게 주어진 중요한 임무의 하나이다.[9] 비서실장이 완곡하게 대통령의 결심에 제동을 거는 다음의 예를 보자. 전두환 대통령 임기 후반기에 이한기 총리가 건강상 이유로 사임을 하자 조반을 하면서 전대통령이 김윤환 실장에게 "후임 총리에 영국, 일본대사를 역임한 최경록 장군이 어떻겠소."라고 거론하자 김실장은 묵묵부답으로 있으니, 전대통령이 "비서실장은 내키지 않는 모양이군, 그렇다면 김정렬 장군은 어때?"라고 하여 김실장이 "좋을 것 같습니다" 하니 전대통령은 즉시 안현태 경호실장을 전화로 불러 "경호실장, 공군총장과 국방장관을 역임한 김정렬 장군을 찾아 연결시켜"라고 명령한다.[10] 비서실장의 입장에서는 집권 후반기에 군 출신 대통령에 민간출신 총리를 팀으로 하는 정권구도가 바람직하다고 생각했다. 그러나 대통령이 군의 존경받는 원로를 총리로 기용하는 의지가 강하여, 그럴 경우에는 보다 연륜이 높은 군 원로를 추천하고 싶었다는 비서실장의 의도이다. 특히 자질이 떨어지는 대통령이 투명성이 결여된 밀실 정책결정을 하여 정책오류를 범하고 국가에 치명적 결과를 가져올 가능성이 있는 경우일수록 비서실장은 설득력 있는 조언자, 정직한 중개자 역할을 해야 한다. 박지원 실장은 김대중 대통령에 대한 입에 담

---

8) 김장실 박사 면담. 전게서.
9) 박관용 비서실장의 강의와 면담내용. 2000년 11월 29일.
10) 민자당 대표와 한나라당 고문을 역임한 김윤환 의원의 1997년 5월 8일 연세대 행정학과 초빙 강의에서 청와대의 정책결정 사례를 예시하며 강의.

을 수 없는 비판 내용도 꼭 대통령이 알아야 한다고 판단되면 참아 면전에서 말할 수 없어, 모든 보고를 끝낸 다음, 서면으로 만든 내용을 살며시 대통령 앞 책상에 놓고 "대통령님, 이것 한번 읽어 보십시오." 하고 대통령 집무실을 빠져 나온다 한다.[11]

청와대 비서실장은 350명의 비서실직원을 관리하며 오전 7시에 출근하여 대통령이 집무실에서 관저로 이동한 오후 7시 이후인 7시 30분에 공관으로 퇴근한다. 준비 관계상 새벽 5시 50분에 일어나 묵상과 기도로 시작하여 자정에 취침하는 1일 평균 18시간 일하는 비서실장도 있다.[12] 5시 30분에 기상하여 12개 신문을 읽고 실내 자전거를 타면서 뉴스를 청취하고, 조반 후 집무실에 도착하면 6시 50분이 된다. 각종 보고서를 읽고 지난밤에 있었던 국내외 상황을 점검한 후에 7시 10분에 관저로 대통령을 방문 보고하고 하루 일정을 논의한다. 아침 8시에 수석비서관회의를 주재하고 수석비서관으로부터 분야별 개별 보고를 받는다. 이런 회합 결과를 9시 50분부터 10시 사이에 대통령에게 보고한다. 11시에는 출입기자단에게 실장실에서 차를 들며 환담하고 오후 4시부터 5시 사이에도 출입기자와 티타임을 가진다. 대통령 주재 오찬, 만찬, 대통령 행사에 배석하고, 오후 2시에 행정부처 업무현황을 보고 받아 취합하여 대통령에게 보고한다. 오후 5시 30분에 대통령에게 오후 마감을 알리는 보고를 하고 저녁 11시에 대통령에게 전화로 최종 보고를 하고 저녁 12시에 취침한다. 이런 일정을 소화하는 비서실장은 오전 오후로 나누어 언론과 환담하는 뉴스미디어 접촉에 상당한 비중을 두고 있다.[13] 공관은 자동차로 5분 이내에 청와대로 갈 수 있어, 사실상 24시간 항시 대기근무로 봐야 한다.

백악관 비서실장은 아침 7시 출근에 오후 10시 아니면 자정까지 일하고, 독일 수상실 비서부장관은 아침 7시 출근, 저녁 11시 퇴근이 정상 스케줄로 되어있다. 청와대 비서실장은 아침 7시에 출근하여 지난밤과 현재까지의 국내외 상황과 쟁점, 대통령 하루일과를 정리하고 8시 20분부터 9시까지 대통령을 집

---

11) 박지원 비서실장, 연세대 행정대학원 특강 "청와대 정책결정 영향 변인 체계"(2007년 6월 11일 18 : 30~20 : 20)
12) 노무현 대통령 비서실장을 지낸 김우식 박사의 1일 일정을 면담으로 정리하면 그는 1일 평균 18시간을 근무하는 셈이다. 박지원 실장도 아침 6시에 일어나 대개 자정에 취침한다는 내용을 연세대 행정대학원 특강에서 밝힌 바 있다(김우식 대통령 비서실장 1일 일정, 부록 1 참고).
13) 박지원 대통령 비서실장 1일 일정(부록 1 참고).

[표 5-3] 대통령이 선호하는 정책결정 방식

응답내용	인원(명)	비율(%)
대통령 개인의 상황판단에 따른 直感에 의한 정책결정	134	43.1
여러 개의 정보망을 통해 의견을 수렴한 뒤 정책결정	104	33.4
대통령 개인의 경험과 전례에 입각한 정책결정	31	10.0
대통령 개인의 私組織을 통해 정책결정	21	6.8
사안별로 위원회를 비롯한 임시조직을 만들어 조언을 받은 뒤 정책결정	19	6.1
무 응 답	2	0.6
합 계	311	100.0

무실에서 만나 보고하고 지침도 받는다. 본관에서 내려온 실장은 매일 아침 개최하는 일일 현안점검 수석비서관회의를 9시 30분부터 10시 30분 내외로 주재하고 수석비서관으로부터 소관사항 브리핑과 의견을 교환하고 대통령의 지침 또는 지시사항을 전달한다. 최근 청와대 일일 현안점검 수석비서관회의를 8시 10분부터 9시 까지 1시간 이내에 끝낸다. 그리고 매주 금요일에 열리는 대통령 주재 청와대 수석비서관회의를 통해 주요정책 사항을 점검한다. 이승만 대통령 시절에는 대통령의 문서수발이 주종을 이루었으나, 박정희 대통령 시절에는 비서실장이 비교적 장기로 근무하여 이후락 실장은 정치, 김정렴 실장은 경제에 역점을 두어 대통령의 정책의지를 실현한다. 이 시기의 청와대는 경제개발 역점사업의 모니터링을 위해 3개 경제수석실이 확대개편 되었다. 전두환 대통령은 취임 초부터 민간인 비서실장을 기용하고 군 참모형 조직으로 재편하여 비서실이 일상적 업무수행 외에 대통령 지시사항을 수행하도록 하였다. 오히려 민감한 비노출 정치를 사안에 따라서는 경호실에 이관하는 경향이 있었다. 노태우 대통령 당시에는 노재봉 비서실장이 대통령을 대리하여 정책조정을 수면 위에서 내 놓고 실행하고, 김영삼 정권에서는 사조직과 친인척 상대로 폐쇄적 밀실 정책결정에 비중을 두어 청와대는 정치 무대 위에 선 대통령의 솔로 연출에 박수나 치는 역할을 한다는 견해가 있었다.[14] 1992년부터 1993년 사이에 청

---

14) 김계원, 김윤환, 노재봉, 박관용, 김광일 비서실장과의 면담, 서면 질의에서 실장과 대통령과

와대 비서실과 업무상 접촉을 가진 정부 국장급 311명을 대상으로 김영삼 대통령이 선호하는 정책결정 패턴이 어떤 경향을 띠고 있느냐는 설문조사를 한 결과 대통령 개인이 직감에 의해 상황을 판단하고, 대통령 사조직을 이용한 정책결정을 하는 독특한 방법으로 행정부를 관리한다는 견해가 제시되고 있다(박석희, 1993). 비서실장은 만능의 인물은 아니므로, 끊임없는 잡음과 모함을 견디어 내고 합의된 정책을 대통령의 의지대로 일사불란하게 실천하려면 뚝심과 과단성 있는 리더십으로 청와대 비서진을 하나로 묶는 팀워크가 필요하다. 그리고 청와대보좌관, 행정부각료, 국무총리, 집권당대표를 엮는 전략적 팀워크의 포스트플레이어로 뛰어야 한다. 행동반경에서 비서실장은 실세 부통령역할을 한다. 그러나 대통령이나 수상이 무대에서 스타플레이어로 수면 위에서 물살을 가르는 수영선수로 화려하게 활동할 때 비서실장은 장막 뒤에서나 물 밑에서 소리 없이 그림자같이 익명으로 움직이는 역할에 머물고 있다. 국정을 이끌고 국민에게 호소하고 지지를 받아 업적을 창출하여 최종적 책임을 지는 자는 대통령이나 수상이기 때문이다.

수석비서관은 정책조정과 부처후원자

건국 직후 제1공화국 초대 이승만 대통령을 보좌한 비서실은 중앙청에 있어 비서관장, 정무비서관 3명, 공보, 서무, 문서담당 비서관 각 1명이 배치되었고, 대통령이 집무하고 있는 경무대에는 2명이 근무하여 전체 8명이 직제상 명시되어 있다. 제2공화국에서는 비서관장 명칭이 비서실장으로 바뀌고, 국방비서관이 신설되고, 문서, 서무담당 비서관 직제가 없어지면서 7명이 근무한 셈이 된다. 그러나 본격적인 비서실 활동영역, 조직기능, 인원은 제3공화국이 들어서면서 구체화된다. 박정희 대통령이 집권한 초창기에 장관급 비서실장을 중심으로 1급에 해당하는 정무비서관을 두고 정치, 경제, 행정, 외교, 농림, 정보, 민원, 의전, 공보, 총무 비서관으로 기능 분화가 전개된다. 대통령에 재선

의 임무 수행 면에서 당시 상황과 대통령의 개성, 능력, 친소관계에서 독특한 역할 패턴이 있음을 알 수 있다. 노태우 대통령의 과단성과 능력의 미흡함으로, 노재봉 비서실장은 비서실과 내각 간의 정책조정에 매우 적극적이고 공개적이었다. 보좌진 의견보다 친인척과 사조직 의견 청취에 비중을 두고 언론에 민감하고, 비서실장을 중심으로 하는 제도적 정책결정에는 상대적으로 비중을 적게 두는 김영삼 대통령의 국정관리 스타일에 박관용, 김광일 실장은 우려를 나타내고 있다.

되고, 제4공화국 유신체제를 거치면서 경제개발을 본격적으로 추진한 60년대 중반부터 70년대에 수석비서관, 특별보좌관제가 신설되어 중장기 정책개발과 대통령 상담역은 특별보좌관이, 행정부처 정책집행 확인, 조정, 감독, 각료의 대통령과의 의사소통 가교역할을 포함한 행정관리 부문은 수석비서관 몫이다. 그래서 행정부처와 연계하여 대통령의 국정운영 방향, 정책의지를 전달하고 정책을 입안하고 조정하는 핵심역할은 수석비서관이 수행한다. 따라서 60년대 후반부터 70년대의 청와대 인원은 최대 400명에서 227명 규모로, 수석비서관은 경제 1·2·3 수석비서관, 정무·민원·공보·의전·총무로 구성된 8명이었고, 안보·외교·경제·정치·교육문화·사회·사정·국제정치·법률분야에 걸쳐 9명의 특별보좌관, 비서관 27명, 행정관 63명으로 되어 있다.

　　전두환 대통령이 들어선 제5공화국과 노태우 대통령이 집권한 제6공화국 청와대는 특별보좌관제를 폐지하고 수석비서관도 장관급에서 차관급으로 하향 조정하면서 군 조직운용 체계에 맞추어 수석비서관은 참모기능으로, 장관은 지휘관으로 역할분담을 확연히 구별하려 한다.

　　전두환 대통령의 청와대 비서실 정원은 350명으로 정무 1, 2, 공보, 의전, 총무, 경제, 교육문화, 민정, 사정, 법무에 걸쳐 10명의 수석비서관, 비서관 37명, 행정관 78명으로 기능과 인원에서 증편된다. 노태우 대통령이 이끈 청와대에 수석비서관은 정무, 경제, 외교안보, 행정, 민정, 사정, 공보, 정책조사, 의전, 총무로 구성된 10명의 수석비서관에 특별보좌관이 신설되고 비서관 49명, 행정관 83명을 포함하여 384명으로 증원된다. 김영삼 대통령의 청와대 비서실은 정무, 경제, 외교안보, 행정, 민정, 사회복지, 공보, 의전, 총무, 정책기획, 농수산의 11개 수석비서관, 특별보좌관이 있고, 비서관 62명, 행정관 90명을 포함하여 377명이 정원이다. 김대중 대통령이 보좌를 받고 있는 청와대는 정책기획, 정무, 경제, 외교안보, 교육문화, 복지노동, 공보수석실에 7명의 수석비서관, 비서관 41명, 행정관 150명을 포함하여 405명이 정원이다.[15] 노무현 대통령이 집권하고 있는 청와대는 3명의 장관급인 비서실장, 정책실장, 안보실장을 위시하여 경제, 안보, 시민사회, 민정, 홍보, 인사수석비서관, 경제보좌관

---

15) 청와대 조직편제, 인원현황은 다음 자료와 면담으로 정리(박중훈, 1996: 46-70; 정부간행물, 비서실직제; 2001년 8월 7일 청와대 총무비서관실 전화면담).

등 10명의 수석비서관급이 있고 비서관 53명, 행정관 213명, 기능직 보조원을 포함 531명으로 증원되어 있다.

미국의 클린턴 대통령, 영국의 대처수상이 신보수주의 물결과 작은 정부 구현에 초점을 맞추어 김영삼, 김대중 대통령은 청와대부터 모범을 보이겠다며 청와대 직제와 인원의 축소를 선거유세에서 공약으로 내걸기도 했으나 실질적 감소편제는 없는 편이다. 점증적으로 다양하게 증가하는 대통령부의 기능과 조직은 새로운 전략정책을 수행하고 국내외 정세에 적응하는 과정에서 충분히 이해될 수 있는 현상이다. 그러므로 충분한 분석과 신중한 배려 없이 대통령이 미리 청와대를 축소운영하겠다는 구호나 공약은 유연하게 국정운영을 하려는 자기 발목을 스스로 덫에 걸리게 하는 것과 같다.

비서실장은 대통령의 통치이념을 구현하도록 청와대 조직을 꾸리고 그에 알맞는 참모를 기용하여 보좌진의 힘을 극대화시키는 역할을 하는 막료의 대표 (primus inter pares, first among equals)로서 대통령이 주연배우이자 연출자인 무대 뒤에서 익명으로 일한다. 그런데 대통령을 실질적으로 보좌하는 참모진은 수석비서관과 전문 분야 비서관이다. 세계중요 국가의 대통령이나 수상비서실 은 상대적 차이가 있을 뿐 기본임무는 대통령이 국정수행을 할 때 전략적 사고 를 갖도록 전문분야에서 정책보좌를 하며 대통령, 내각, 의회를 연결시켜 정책 을 조정하고, 갈등을 해소하고, 정책집행 후원자로서 지원하고 대통령 업적을 국민에게 알려 국민의 지지를 얻게 하는 데 있다. 그 같은 임무는 대통령에 대한 충성심과 고도의 전문성을 갖춘 수석비서관과 비서관들이 수행한다. 청와대 역시 예외는 아니어서 비서실장이 책임을 지고 수석비서관과 비서관은 자기분 야에서 전략적 사고를 갖고 전문적 정책자문으로 대통령을 보좌하고 있다. 독자적으로 또는 행정부처·연구기관의 협조로 정보를 수집·분석하여 예상 사태에 대비하고, 대통령의 관심 사항에 지혜를 제공하고, 판단에 있어 자문역을 담당한다.

부처책임자가 직접 청와대를 방문하거나, 구두, 서면, 전화, 팩스, 전자우편으로 비서관과 정책협의를 하고 지원을 받으며, 비서관은 대통령의 정책의지를 전달하고 필요한 정보를 수집하고 분석한다. 그리고 대통령이 제시한 비전을 정책으로 실천하는 과정에서 행정부처와 긴밀히 협의하여 정책목표를 수립하고, 그러한 정책목표를 달성하기 위한 실천수단을 강구하며, 소관 행정부처가 세부 실천 사항을 작성하고 집행하는 데 지원과 후원자 역할을 한다. 이런 과정에서 수석비서관은 관련 행정부처, 의회, 정당과 협의하며 정책을 조정하고 후원자로서 임무를 수행한다.

정책비전이나 핵심쟁점에 관해 청와대는 국정 전체를 조망하고 대통령의 국민적 지지를 고려하지만, 행정부처의 각료나 차관, 국장은 자기 부처의 핵심 사업추진에 몰입되어 있고, 직접적 혜택을 받는 고객과 이익집단을 고려하기 때문에 청와대와 행정부서, 수석비서관과 장관, 비서관과 행정부처의 실장, 국장, 과장이 서로가 지향하는 정책의지나 쟁점이 항상 일치되는 것이 아니다. 특히 집권당, 국회상임위원회, 지역구 국회의원과의 협의와 타협을 이루어 내기 위해서는 정책을 집행하는 장관과 대통령 정책의지를 실현하려는 수석비서관 사이에 긴밀한 협조가 이루어져야 한다. 대통령에게 현장에서 뛰는 장관의 고충과 현실을 전달하고, 연결통로를 만들어 주는 것은 성공하는 수석비서관의 중요한 덕목 중 하나이다.

미국의 경우에도 사임한 닉슨 대통령에 이어 선임된 포드 대통령을 도와 조용히 부드럽게 일한 도날드 럼스펠드(Donald Ruffled), 리처드 체이니(Richard Cheney) 비서실장, 레이건 대통령을 보좌한 제임스 베이커(James Baker), 지미 카터 대통령의 잭 왓슨(Jack Watson) 비서실장 등은 선두에서 수석비서관 스스로 내각과 의회와 손잡고 협조하여 백악관 정책의지를 관철하는 데 성공한 보좌진으로 일컬어진다. 일단 결정된 정책은 다소의 수정이 있을 수 있지만 대한민국 국민 100%가 지원한다는 자신감과 역사의식으로 눈치 보지 말고 밀고 나가야 한다는 청와대 비서관 철학을 가진 박정희 대통령 당시의 이후락 비서실장은 정치 행정관리 면에서 논박이 있지만 영향력을 남긴 실장이며 김정렴 비서실장 역시 경제수석비서관, 경제 각료와 함께 경제개발에 강력한 드라이브를 구사한 비서진 팀워크를 구축하였다.

김윤환 실장은 전두환 대통령의 청와대 비서실 군사문화를 다소간 문민 정치문화로 체질을 개선하고, 노재봉 실장은 노태우 대통령의 우유부단한 정국 운영을 비서진을 수면 위에서 부상시켜 커버하고, 박관용 실장은 김영삼 대통령의 독선이나 비선조직에 제동을 걸고 중재하는 비서실을 이끌고, 김광일 실장은 청와대 정책추진에 체계와 투명성을 확립하려 한 점은 주목할 만하다.

박지원 실장은 사려는 깊으나 행동력이 약한 김대중 대통령을 대신하여 북한에 현금 제공으로 옥고를 치를 위험도 감수하며 남북 정상회담을 이끌어 냈다고 한다. 그는 비서실장, 수석비서관, 측근이 마땅히 감내해야 될 중요 임무로 대통령에게 직언할 것을 들면서 "대통령 측근은 대통령의 입을 때로는 손으로 막고, 차 앞에 드러눕는 일도 마다하지 않아야 한다"면서 "어떤 의미에서는 다른 수석이나 장관들이 말씀드리지 못하는 내용을 가감 없이 보고하는 운명공동체로서의 역할도 중요하다"고 측근 참모의 역할론을 강조했다.[16]

조정력이 뛰어난 비서실장과 호흡을 같이하면서 수석비서관은 업무수행에 필요한 정부와 사회 인사를 대통령이 만나볼 수 있게 면담을 주선하고, 일정을 조정하며, 인사기록을 준비하여 대통령이 필요로 하는 정부 인사를 충원할 때 조언한다. 또한 수석비서관실이 수행해야 되는 임무는 돌발 사태에 대응하는 위기관리이다. 항상 미래를 예측하고 그에 대한 대비책을 세워야 한다. 그러나 정보부족·판단착오·예기치 못한 사태 발생 시에 신속하게 집권당·내각과 협의하여 대통령이 적시에 결정을 내리고 수습할 수 있도록 보좌하는 것이 중요하다. 그러나 여기에는 대통령과 비서실장이 의기투합하듯이 수석비서관이 대통령의 신임을 받아 행정부서장과 협의, 조정, 타협으로 합의를 이끌어 내어 위기관리에 탄력적 대응을 하는 것이다.

김영삼 대통령이 취임 후에 단행한 금융실명제는 주무 수석인 경제수석에게 신임을 주지 않고, 그를 제쳐놓은 상태에서 경제. 재무장관과 몇 사람의 실무자와 단행한 전격밀실 처리로 효율적이며 정상적인 정책결정과정으로 볼 수 없는 전형적인 예이다. 또한 대통령을 보좌하는 수석비서관의 행정부처와의 정책조정능력, 정보수집력, 대통령의 국정비전을 전달하는 영향력 행사에 치명적 상처를 주게 되고, 대통령 국정장악력이 떨어지는 직접적 요인이 되기도 한다. 대통령이 어느 날 느닷없이 경제수석에게 "금융실명제를 어떻게 생각하나"라고 물으니, 경제수석비서관이 "아직은 시기가 아닌 것 같습니다"라고 말 한 것이 전부이다. 비슷한 시기에 대통령은 비서실장에게도 같은 질문을 던져, 비서실장은 "금융실명제는 절대 시행해야 합니다"라고 지나가며 하는 소리로 대

---

16) 박지원 비서실장, 연세대 행정대학원 특강(2007년 6월 11일 18 : 30−20 : 20).

답한다. 그러자 대통령은 경제수석은 시기적으로 부적절하다 하니 제외하고 비서실장만 알고, 경제기획원장관, 재무부 장관, 그리고 실무자 몇 명만이 금융실명제 시행 실무작업에 들어가라고 지시한다. 보안이 극도로 이루어진 상태라 금융실명제에 관한 서적도 구매도 어려워 교수와 강경식 전 장관에게 구두로 내용을 알아보고 비서실장은 대통령에게 설명한다. 10월에 들어서, 발표 당일 오후, 자나가는 말로 기자가 오늘 오후는 "한가하십니까"라는 질문에 경제수석은 "네, 별 일 없고 한가한 편입니다"라고 대답하는 그 시간에 비서실장은 수석비서관 회의를 소집하였다. 곧이어 오후 6 : 30분에 개최할 각료회의에 회부할 금융실명제 시행령을 통과시킬 사전의견 조정으로 회의를 소집한 것이다. 수석비서관회의에서 비서실장이 제일 먼저 언급한 내용은 경제수석비서관에게 금융실명제 작업을 알리지 않고 추진한 점에 심심한 양해를 구하고 다른 수석비서관에게도 이해를 시키려한 노력이다. 또한 회의에서는 청와대 경제수석비서관실이 주도적으로 충분한 시간을 가지고 실물경제전문가, 법률가들의 조언을 받아가며 경제, 재무부장관, 실무자와 협의 · 조정하였으면 더 좋은 효과도 얻었을 수 있었을 것이라는 의견 개진도 있었다.

정책결정 연속과정에서 보면 청와대는 내각과 집권당을 묶는 팀워크의 중추가 되어야하고, 대통령은 미래지향적이고 시대에 맞는 국정이념을 제시하고 독선적이어서는 안 되고 철학을 가진 종합 판단력이 있어야 된다. 내각, 당, 비

[표 5-4] 관련 비서실의 주요 정책 결정방법

응답내용	인원(명)	비율(%)
상황에 따라 결정한다.	186	59.8
해당부처의 의견을 충분히 수렴하여 부처 의견을 중심으로 결정한다.	53	17.0
가능한 장단점에 대한 충분한 토의와 분석이 이루어진 후 결정한다.	44	14.1
전례에 비추어 결정한다.	25	8.0
무 응 답	3	1.0
합 계	311	100.0

[표 5-5] 공직자의 대통령 국정수행능력 평가

평 가	매우 잘함	약간 잘함	보통 정도	약간 미흡	매우 미흡
응답비율	4%	20%	37%	28%	11%

서실에 신축성 있는 권한 위임과 참여를 허용하는 팀의 감독역할을 해야 한다. 그런 맥락에서 보면 비서실장은 팀의 포스트 플레이어이고 수석비서관은 팀장들이다. 수석비서관과 비서관은 대통령 뜻이 각료나 행정부처에 정책으로 반영되고 집행되도록 감독하고 도와주며, 동반자로서 그 위치를 확실히 해야 하나 아직도 수석비서관실은 임무별로 내각의 몇 개 행정부처를 관료적으로 장악하고 통제하는 것으로 인식되고 있다. 고위 관료인 행정부 국장들은 청와대 비서진이 토론이나 합리적 분석에 기초한 정책결정과 해당 부처의 의견을 충분히 수렴하는 정책결정보다는 정치상황에 따른 정책결정방식을 선호한다고 보고 있다(박석희, 1993: 89).

　　그리고 각 수석비서관실이 대통령이나 비서실장의 통제를 많이 받고 있으며 행정부서에 대통령의 국정이념을 해석해 주고 정책형성지침을 제공하기보다는 각 부처를 통제하기 위한 집권화, 관료계층제화가 심화되어 있다고 본다.

　　행정부 국장들이 청와대와 접촉하면서 경험한 바로는 청와대 비서실이 분권화되어 있다는 견해는 6.7%, 집권화와 분권화가 균형되어 있다는 견해는 24.4%인 반면, 7할에 가까운 67.3% 고위관료는 집권화되어 있다고 본다. 또한 7할의 고위공직자가 청와대비서실의 수석비서관실은 각 부처를 통제하는 소내각형식으로 나누어져 있고 저마다 폐쇄적으로 활동하고 있다고 본다. 비서실은 정치색깔이 강하여 정책기능보다 정치성향이 높다고 보는 견해 역시 6할 이상이다. 그리고 해당 부처로부터 보내 오는 정보의존도가 높으면서도 관련 부처와 의견교환을 충분히 하느냐 라는 물음에는 38.3%만 그렇다고 대답하여 전체적으로 볼 때 정책을 일선에서 집행하는 국장들은 청와대를 보는 시각이 긍정적이지 않음을 알 수 있다. 그것은 곧바로 공직자가 대통령을 긍정적으로 평가하는 수준과 직결되어 있다.

　　1995년 12월 11일부터 20일간에 중앙정부 각 부처 공직자 1급부터 9급까

지 900명, 전국 도시지방정부 1급부터 9급 공직자 500명을 표본 추출하여 공직
자의 전문성 조사를 실시한 바 있다.

　60년대 이후의 한국 경제발전에 힘입은 풍요로움과 민주화시기에 알찬 교
육을 받은 30대와 40대가 전체공직자의 8할, 대학 이상 졸업자가 7할이나 되어
생활수준은 중산층의 중간계층에 위치하는 이들 신세대 공직자는 국민에게 서
비스를 전달하는 전문직 종사자로 고도의 프로정신을 갖고 있다고 생각한다.
그들은 공직선택 이유로 신분보장과 국민봉사의 자부심을 들고 있고 책임성,
봉사선, 전문성, 청렴성 순으로 공직자의 중요 자질로 들고 있다. 그리하여 상
사가 갖고 있는 리더십 덕목으로 제일 높게 꼽는 것이 업무에 정통한 리더십을
필두로, 상하 간의 인간적 신뢰감을 주는 리더십, 소신껏 일하게 해 주는 리더
십, 실적지향의 리더십 순으로 들고 있다. 국민에게 서비스를 제공한다는 프로
기질이 대단한 이들 신세대 공직자는 당시의 김영삼 정부가 수행한 개혁 중에
긍정적으로 평가한 내용으로는 금융실명제, 공직자 재산공개, 행정규제완화 순
으로 들고 있고 지방화정책이 비교적 성공적으로 진행되고 있다고 본다.

　또한 정부를 이끄는 대통령에 대한 평가는 매우 잘 한다(4%), 약간 잘 하
고 있다(20%)를 포함하여 2할을 상회하는 공직자만이 긍정적으로 평가를 하
고, 미흡하다는 견해는 39%, 보통정도 수준이라는 견해는 37%였다. 김대중 정
부에서는 IMF 금융위기 극복, 월드 컵 축구 4강, 대통령의 노벨상 수상, IT 강
국 발돋움을 세계적 뉴스 토픽에 드는 업적으로 스스로 자부하고 있다.

　그리고 충분한 정보를 입수하고 대통령에게 정보와 정책건의를 제시하는
장본인은 청와대의 수석비서관과 비서진의 몫이다. 따라서 비서관들은 전문직
공직자 이상의 국가관, 충성심, 전문성을 갖추어야 하고 때로는 대통령이 싫어
하고 역정 내는 경우에도 진실하고 정확한 정보, 옳다고 생각되는 건의를 전달
하는 용기와 자세가 필요하다.

비서관은 충성심 높은 정책전문가

　청와대 대통령비서실 막료는 3백 63억 원의 연간 예산으로 대통령 보좌임
무를 수행하고, 특히 531명의 비서실 막료는 충성심과 전문성으로 대통령을 정
책적으로 보좌하고 있다. 비서실이 강화되고 조직이 확대개편 되는 요인은 대

통령의 통치 스타일, 약화된 정당 활동, 의회기능의 강화, 새로운 정부기능 증대와 맞물려 있다. 백악관도 상·하 양원 전문위원 증대, 새로운 위원회 신설에 백악관이 적절히 대응하기 위해 조직기능이 확대시켜 왔다. 박정희 정부에서 경제발전 추진과 정부 정통성 확보를 도모하고자 청와대에 비서실장, 특별보좌관, 수석비서관, 비서관들이 많이 충원되고 기능이 강화되었다. 이후 전두환 정부에서 감소되었다가, 6공에서 다시 증가되어 오늘에 이르고 있다. 비서실이 조직기능 면에서 강화되어가는 추세 속에 백악관, 엘리제궁, 다우닝 10번지, 베를린 수상부는 물론 청와대에서도 계속적으로 요구되어지고 관행으로 지켜지고 있는 것이 있는데 그것은 수상이나 대통령을 보좌하는 비서관의 높은 충성심과 고도의 전문성이다. 충성심과 전문성은 비서관이 지녀야 할 덕목 중 필요충분조건으로 창공을 가르는 독수리의 양 날개 혹은 대들보를 지켜 주는 두 개의 버팀목이라 할 수 있다.

청와대에 근무하는 비서관이나 행정관이 지니는 충성심은 대통령이 추구하는 통치이념과 국정비전을 충분히 이해하고 지지하며 수행하는 정책을 기필코 달성하려는 강력한 의지를 표출하는 정책충성심과 그런 과정에서 우러나는 대통령에 대한 존경심이다. 대통령을 향한 충성심은 하루 이틀에 형성된 것이 아니다. 그들의 충성심은 대통령으로 당선되기 오래 전부터 대통령이 되기까지 혼신의 노력을 쏟은 대통령과의 오랜 동지적 유대에서 다져진 것이다. 흔히들 그런 경력을 가진 충성심 높은 비서관을 가신이라고도 한다. 그러나 지방자치와 정당정치가 일찍부터 발전된 국가에서는 정당이 지역에서 뿌리내리고 당원이 지방 당에서부터 성장하여 지방정부를 지역주민의 신임 속에서 관리 운영하게 된다. 그러한 지방정부 운영 관리의 경험을 바탕으로 해서 전국선거에서 중앙정부를 장악하는 데 성공한 집권당의 역량 있는 당원이 대통령실이나 수상실에서 보좌관으로 일하게 된다. 그러한 보좌관은 인간적이고 맹목적인 충성심만 가진 가신이 아니라, 소속정당의 정강정책에 자기를 일치시키고 그 정당을 이끄는 수상이나 대통령이 실천하려는 정책에 충성하는 브레인 트러스트(brain trust)이다.

백악관 주인이 민주당 클린턴 대통령 당시 차기를 노리는 공화당 브레인들은 스탠포드 대학 후버연구소나, 워싱턴의 미국정책연구소(Institute of

American Enterprise)에서 공화당 정강정책에 맞추어 국민을 매료시킬 정책공약을 개발하였다. 민주당 클린턴이 백악관을 공화당 대통령에게 넘겨주게 되자 이들 정책가들이 입성하여 정책을 추진하고, 반면 민주당 정책가는 브루킹스 연구소 등에서 차기집권을 노리는 정책개발에 주력하였다. 따라서 백악관, 엘리제궁, 청와대 할 것 없이 보좌관은 인간적 정책 충성심이 복합적으로 엉켜있는 제도적 합리적 충성심에 충만해 있다고 본다.

그러나 한국의 청와대는 오랫동안 여당의 연속집권으로 야당이 여당이 되어 집권한 경험과 대통령을 보좌하는 막료의 노하우를 축적할 기회가 없었다. 또한 대통령이 퇴임하는 순간 그가 이끈 정당은 역사의 뒤안길로 사라지는 하루살이 정당이 되어 폭넓고 깊이 있는 두터운 인재풀 형성이 너무나 취약한 실정이다. 그리하여 대통령 보스에 돌리는 충성심은 강하나 정책충성심을 고양시킬 기회가 주어지지 않았다.

한편 청와대 비서관은 국내정치, 경제, 통일안보, 사회문화 등 전문정책분야에서 대통령에게 지혜를 제공하고 자문역할을 하며, 내각이 정책을 형성하는 데 조정협조하고, 정책을 집행하는 동반자로서 지원하는 고도의 전문가 역할이 기대된다. 또한 의회·사회단체·각 계층의 이익갈등을 녹여 하나 되게 하는 융화용기(melting pot)여야 한다(Etzioni, 1966: 190-193). 그런데 정당정치가 성숙되지 못하고 여야 정당 간 정권교체가 순조롭지 못한 한국 현실에서 청와대에는 대통령과 정치동반자로 행동을 같이한 정책전문 참모가 많지 않아서 자연히 대통령이 되기 전에 연결이 없어도 사회전문가나 정부직업공직자 중에서 충원된 보좌관이 존재하게 된다.

대통령이 되기 전부터 뜻을 같이한 동지적 정책전문 비서관은 대통령주식회사의 소주주로 이익금을 극대화하기 위해서도 대표이사 대통령에게 바른 말하고 정확한 정보를 제공하는 등 강점을 갖고 있으나 때때로 대통령에게는 거추장스러운 존재로 보인다. 반면에 행정부처에서 파견되어 온 직업공직자 출신 비서관은 대통령 지시사항을 매끄럽게 충실히 수행하여 마음 편한 보좌관으로 생각하는 강점이 있으나, 대통령이 위기에 직면한 경우 옳은 말과 전략적 사고로 정국의 물꼬를 트며 운명을 같이하는 동지적 유대감이 약하고, 때로는 기회주의적인 자세를 취하기도 한다.

　　김영삼 대통령은 초기에 새로운 인재를 등용하는 듯 했으나 검증을 거치지 않은 인물등용이라는 언론동향에 민감하게 반응하면서 그 대안으로 정부 전문 직업공직자 중에서 각료급으로 인사충원을 하여 청와대 비서관, 정부 장관, 차관은 거의 직업공직자로, 특정 대학출신 위주로 포진된다. 그리하여 정부인사에서 출신지, 성장지역, 인종, 성, 종교, 학력 등에 걸쳐 균형 있는 충원을 통해 관료 대표성을 확보하려는 흐름도 혼탁해지고 있다.

　　김대중 정부에 와서는 특정대학 위주 충원은 시정되는 듯 하나 특정지역 출신 집중 임용으로 공직 사회에서 냉소주의와 신복지부동 확산에 원인제공을 하고 있다. 청와대의 비서실은 대통령이 당선되도록 선거전에서 정책전문성과 충성으로 몸바쳐 일한 대통령 출신 지역 인사를 보좌관으로 기용하는 것은 이해하나, 행정부처의 전문직 공직자를 특정지역 출신 위주로 중용하는 인사는 청와대 보좌관과의 정책 조정협의단계에서 융화되기가 힘들게 되고 국정운영에 역기능을 가져다 줄 뿐이다. 특정한 지역, 종교, 학교, 관료계층 배경으로 충원된 청와대 비서관은 대통령과 운명을 같이하며 전략적 사고와 옳고 정확한 조언으로 정국의 물꼬를 터는 거시적·주체적 안목과 행동반경에 본질적으로 한계가 있게 마련이다.

　　존 메이저 수상시절, 수상을 보좌하는 수상관저 비서실의 정책실 요원은 정책실장 이하 8명의 보좌관이 전원 옥스퍼드 대학 출신이다. 시라크 대통령의 많은 비서관이 국립행정대학원 출신이다. 그러나 콜 수상 당시의 비서실에는 수상, 비서부장관, 특별보좌관, 수석비서관이 모두가 각기 다른 지역의 다른 출신대학 배경을 갖고 있다. 정책집행과 조직관리 차원에서 살아 움직이면서 넓고 깊게 국민의 마음을 읽고 정책효과를 극대화하는 시스템으로 독일 콜 수상의 비서실이 보다 대표성 있고 효율성이 높아 보인다. 그런 맥락에서 보면 메이저 수상은 선거에서 야당인 노동당에게 정권을 넘겨 주고, 시라크 대통령은 국회 총선거에서 야당에게 내각총리를 물려 줄 수밖에 없는 정치상황이 초래되는 것도 이런 맥락에서도 이해가 가는 일이다. 같은 논거에서 연립정권을 이끄는 콜 수상은 오히려 17년 집권에 통일을 이룩하고 오늘에는 유럽통합의 전위로 행동하는 기반을 닦은 것도 당연한 것으로 이해된다(Nigro and Nigro, 1986: 182-185).

오늘의 청와대에는 거시적 전략, 개혁대안을 과감하게 건의하여 정확하고 옳은 내용이면 대통령이 싫어해도 토론하고 의견을 개진하는 보좌관 문화가 없다는 것이 청와대 안팎에서 지적되고 있다. 물론 팀워크로 상이한 대안을 놓고 충분히 토론한 후 정책을 추진하고 보좌관의 의견, 집권당과 야당의 의견 수렴, 행정부의 정책 수용에 유연한 자세를 취하는 청와대 국정운영 분위기 유지는 일차적으로 대통령 리더십에 달렸다. 아울러 전문성이 미약한 당 출신 비서관, 대통령에 충성하는 가신 보좌관과 행정부에서 파견된 전문 관료 사이의 미묘한 갈등으로 행정부처와의 정책조정과 정보 분석력에 취약성을 노출시키고 있다. 그리하여 비서관에게 있어서 국정 전반을 거시적으로 보는 기획조정능력이 떨어진다는 견해가 많다.

이와 함께 청와대와 정무협조를 해 본 경험 있는 행정부 고위공직자들은 비서관에게 요구되는 자질로 전문성, 조정능력, 도덕성, 충성심 순으로 예시하고 있다(박석희, 1993). 따라서 청와대 비서실은 대통령 통치이념을 구체적으로 해석하여 행정부처와 충분한 협의를 거친 실현 가능한 정책형성지침을 제공함과 더불어 부처를 통제하기 위한 집권화, 계층제, 관료제화되는 부정적 조직관행은 근원적으로 탈피해야 될 것이다.

대통령 비서실 정책결정과정을 보면, 대통령 지시사항에 의한 위로부터 결정(top down decision)이든 아래에서 정책 건의(bottom up decision)이든, 행정관이 기획하고 비서관이 수정한 후 수석비서관이 회의 소집과 사회를 결정하면, 비서실장 주재 수석비서관회의에서 검토하여 대통령이 최종 재가한다. 이 과정에서 정보보고, 회의보고, 행사보고, 정책보고서들이 최근 대통령 비서실에 구축된 E-지원(知園)시스템으로 검토, 수정, 확인 순환 과정을 거치면서 정책결정이 이루어진다. 청와대에서 이루어지는 정책결정, 의제관리 단계는 정보처리 단계, 의제화 논의 단계, 의사결정 단계, 사후관리 단계로 나뉜다(박남춘, 구윤철 외(대통령비서실 보고서 품질향상 연구팀), 2007: 145-211, 240-281).

정보기술시스템 활용과 함께, 비서실은 각 수석실 별로 폐쇄적으로 고립되어 운영되는 구태에서 벗어나 조직력 있는 팀워크로 과업을 달성해야 한다. 이와 함께 비서관은 대통령주식회사 소액주주로 윗사람의 눈치만을 보거나 대통령의 의전행사만을 담당하는 도구가 아니라 변화하는 환경에 신속히 적응하

[표 5-6] 비서관 임용의 자질요건

가장 중요하다고 생각되는 임용 기준		응답내용(가중치)	두 번째로 중요하다고 생각되는 임용 기준	
인원(명)	비율(%)		인원(명)	비율(%)
182	58.5	전 문 성(435)	71	22.8
50	16.1	조 정 능 력(225)	125	40.2
45	14.5	도 덕 성(158)	68	21.9
32	10.3	충 성 심(83)	19	6.1
1	0.3	대 인 관 계(8)	6	1.9
0	0.0	체 력(4)	4	1.3
1	0.3	무 응 답	18	5.8
311	100.0	合 計	311	100.0

고 행정부 정책집행자를 지원하는 유연한 경륜을 갖춘 정책가로 자유스럽게 토론하고 실질적인 정책을 개발하여 국익을 챙기는 산실로 신속히 탈바꿈해야 한다.

대통령 정보지원시스템 비교

대통령 정보지원시스템 비교

1. 정보 수요, 수집, 분석, 전파

　　정보는 특수한 지식체계이다. 용도가 분명하고, 도출과정이 논리적이며 확실하고, 지식 자체가 구체적 내용을 가지고 있다. 국가이익 추구와 평화유지를 위해 사회 안정을 파괴하려는 잠재 적국의 의도를 사전에 알아내어 조기 경보를 발령하고, 국가 방위를 위해 중요 시설, 자원, 기밀 사항을 보호하며, 국가 대외정책 수행을 밑받침하는 구체적 지식이라고도 한다(particular kind of knowledge). 즉, 정보는 국가 존립과 국가안보 이익의 증대와 보호라는 목적 지향의 지식이라 볼 수 있다. 그런 구체적 지식은 국가 존립과 안보에 직결되는 내용이어서 비밀을 요하고 때로는 보호를 받아야 하기 때문에 특수 지식, 또는 국가존립을 위한 핵심 지식이라 한다. 국가 안위에 직결된 특수 지식은 공인된 국가 조직이 주체가 되어 논리적으로 타당성이 있는 과정과 활동을 거쳐 제조된 생산품이어서 특수 지식, 특수 이론 체계라고도 한다.

　　따라서 흔히들 말하는 정보(information)는 국가안보에 연결된 정보공동체(intelligence community), 정보론, 정보학 관점에서는 첩보에 해당한다. 첩보(information)는 직접 사람을 만나 듣거나 관련 자료를 읽고 정리한 보고서, 인공위성이나 무인정찰기로 촬영한 사진, 함정에서 녹음한 통화내용, 인터넷으로 검색한 다양한 형태로 수집된 자료이다. 이 첩보 자료를 분석하고 의도한 목적에 따라 검증 해석하여 사용하려는 주문자인 국정관리자에게 제공하는 맞춤형 지식체계가 정보(intelligence)이다(Herman, 2001: 1-5, 50-51). 그러므로 정보는 수많은 첩보에서 도출되어 정제된 구체적 내용으로 모든 정보는 넓은 첩보 범주에서 검증된 하나의 속성이다.

정책결정자가 정보를 요구하면 공급자인 정보가는 수요를 판단하고 가능한 역량으로 정보를 수집하고 분석하여 제공하는데, 여기에는 체계화된 과정이 있다. 이는 정보 요구, 수집 · 처리 정리, 분석 생산, 제공 전파 · 사용, 그리고 새로운 정보 요구 단계로 연결되는 끊임 없는 환류 과정을 거친다(Lowenthal, 2003: 1-5, 41-49). 실무와 이론을 결합한 정보개념을 끊임 없이 진행되는 정보 활동 순환과정에서 정리하는데, 정보 제공을 요청하는 요구단계에서 정보수집, 처리, 분석, 배포단계에서 구체화된 실체가 정보이다(최병제 편. 2006: 36-48, 49-125). 요약하면 정보는 정보 요구, 정보 수집, 정보 분석 생산, 정보 제공과 사용, 새로운 정보 요구로 연결되는 환류 과정을 거친다. 이런 환류과정의 각 단계마다 요구되는 방법과 행동을 정보활동이라 한다. 정부의 예산 주기처럼 연초에 정부 기관이 임무 수행에 필요한 정보를 요구하면 정보기관은 정보 소요를 판단하고 정보를 수집하게 된다.

그리고 수집 방법으로는 크게 인간정보(human intelligence)와 과학기술정보(technical intelligence) 방법으로 나눌 수 있다. 인간정보는 정보요원이 적대 국가, 위험 지역, 정보 수집 대상 지역에 잠입하거나 대상 인물에 접근하여 정보를 수집하는 고전적 방법이다. 고대 중국의 병법가인 손자(孫子)는 그의 병법 용간편(用間篇)에서 간첩을 이용하여 적의 내부 사정을 알아내는 정보야 말로 전쟁에서 승리를 담보하는 길이라 했다. 그래서 활용도에 따라 향간(鄕間), 내간(內間), 반간(反間), 사간(死間), 생간(生間) 이라는 5개의 간첩 유형을 열거하였다. 향간은 적국의 백성을 써서 현지에서 간첩 활동을 하게 하고, 내간은 적

[그림 6-1] 정보 환류과정(Intelligence Feedback Process)

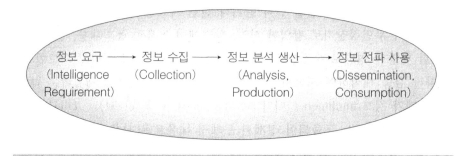

국의 관리를 매수하여 간첩으로 이용하며, 반간은 적의 간첩을 포섭하여 이중 간첩으로 활용하고, 사간은 아군의 첩자에게 잘못된 정보를 주고 적에게 일부러 잡히게 하여 거짓 정보를 흘리게 하고, 생간은 아군의 간첩을 보낸 뒤 정보를 수집하여 살아서 돌아와 보고하게 하는 것이다(허준 역, 2005: 104-110).

과학기술정보는 인공위성을 이용한 영상처리, 정찰기와 무인항공기로 촬영한 사진과 영상, 레이더, 잠수함, 함정으로 신호 통신감청, 암호해독 등 다양한 기술로 정보를 획득하는 방법이다. 그리고 정보화 시대에 인터넷으로 공개된 자료를 정보로 활용한다. 아울러 정보를 수집하거나, 분석과정에서 재검증을 요하고, 획득된 정보를 비밀리에 저장하고 보안을 유지하려고 공작(covert action) 활동을 전개한다. 공작 활동에는 선전 심리전, 경제 교란, 정치 쿠데타, 그리고 준 군사작전(para-military)이 있다.(Holt, 1995: 125-130; Lowenthal, 2003: 124-125).

정보는 합법적 국가 정보기관과 정보요원이 정보 수요와 요구에 부응하여 첩보 수집, 분석, 정보 생산, 배포, 활용에 이르는 정보 과정, 각 정보과정에 필요한 정보활동, 정보 보안 유지, 이와 관련된 공작과 방첩 활동을 종합한 체계로 보아야 할 것이다. 그리고 그 중심에는 정보활동 주체인 정보기관과 조직이 있다. 정보가 국가 안보정책을 수행하는 정책결정자의 필요에 부응하는 의미 있는 지식이라면 그 지식을 창출하는 주체인 정보기관은 국가 전체에 결정적 재앙을 초래할 안보 사태를 미연에 방지하고, 임기가 한정된 선출직 안보정책가에게 전문적 장기 정보 예측과 전망을 제공하여 정책 수행에 도움을 준다. 아울러 생산된 정보, 정보획득 단계, 사용된 방법을 노출시키지 않는 보안 유지의 책임을 지고 있다(Lowenthal, 2003: 3-8).

정보화·세계화 시대인 오늘날 정보는 객관적 분석과 검증, 신뢰도와 타당성 평가과정을 거친 비교적 투명한 가공된 지식으로 정부 정책 수행에 유용한 자산으로 활용된다. 더욱이 열린 시민사회에서는 공공재화로서 시민이 공유해야 한다는 의식이 고조되고 있다. 동시에 시민은 자신의 재산과 안전 보호, 행복추구를 위해서도 전문 분야나 자신이 소속된 조직에서 인지한 국가안보에 관한 사항이 있다면 국가정보기관에 알리는 쌍방향 정보전달 체계가 구축되어야 한다는 여론이 일고 있다(Treverton, 2003: 241). 특히 냉전 체제 종식과 9·11

테러 이후에 중요 국가는 국가목표와 이에 따른 정보목표 우선순위(priorities of national intelligence objectives)를 조정하고 정보기관을 재정비하고 있다. 그리하여 종국적으로 대통령과 수상에게 정보를 제공하는 정보 메커니즘을 새롭게 구축·운영하고 있다. 21세기 시대에 능동적으로 대처하고 적응하려는 중요 국가의 대통령·수상 정보지원 메커니즘을 알아본다.

2. 각국의 정보조직관리 체계와 대통령 정보지원시스템

정보 메커니즘을 새롭게 구축하고 대통령·수상을 지원하는 정보시스템을 재정비하는 과정에서 대통령중심제 국가의 대통령은 의회와 함께 국정을 운영하는 공동 대통령제, 균점형 대통령제 성향이 표출되고, 내각책임제 국가의 수상은 대통령형 수상제로 변모되고 있다. 대통령중심제 국가인 미국, 프랑스, 러시아, 내각책임제 국가인 영국, 독일, 이탈리아, 일본으로 나누어 정보조직관리 체계와 대통령·수상 지원정보시스템을 분석·정리해 본다.

미국 정보조직관리 체계와 대통령 정보지원시스템

• 미국 대통령보좌 정보기관(임무와 기능별 3대 축)

워싱턴 초대 대통령은 원래 정보원이었다. 식민지 시대였던 21세 때 영국군이 보낸 스파이로 활동하였는데 버지니아 오하이오 들판 산림지대에서 주둔하고 있는 프랑스군의 동태를 영국군에 알리는 임무였다. 그러나 브래독(Edward Braddock) 장군이 지휘하는 영국군은 영국군의 움직임을 사전정보로 알고 있던 프랑스군으로부터 일격에 퇴패당하였다. 이 싸움에서 워싱턴은 자신의 전투모에 프랑스군이 쏜 4발의 총탄을 맞고 구사일생으로 살아났다. 이때부터 정보수집의 중요성을 깨달은 워싱턴은 20년 후 독립군 사령관이 되었을 때 예일대학 출신 해일(Nathan Hale)을 영국군에 침투시켜 활동하도록 하였다. 해일은 이후 체포되어 사형당한 최초의 정보원으로 기록된다. 워싱턴 사령관은 전쟁 중에 해일에 이어 톨매쥐(Benjamin Tallmadge) 소령이 이끄는 스파이단(spy ring)이 수집한 정보를 이용하여 정면이 아닌 우회한 기습전을 벌여 승리하였다고 한다.

그 이후 대통령들은 본격적인 정보활동의 중요성을 인정하였다. 1차 대전당시 윌슨 대통령은 워싱턴 주재 영국정보책임자 와이즈먼(William Wisemon)을 신임하고 그가 수집·분석한 독일 정부와 독일군 정보를 국내 어느 정부기관의 정보보다 신임했다. 해군차관이었던 프랭클린 루즈벨트 대통령은 이 정보활동에 깊은 인상을 받고 자신이 대통령이 되어 2차 대전을 치를 때 인간정보와 통신감청정보 등에 매우 깊은 관심을 보였다. 후임 트루먼 대통령에 와서는 태평양 극동지역에서 활동하는 정보공작대(OSS: Office of Strategic Service)가 창설되었는데, 1953년 국가안전보장법에 따라 대통령 직속 중앙정보부의 모태가 되었다. 케네디 대통령은 인간정보활동에 관심을 보이면서 쿠바 피그만 상륙전실패로 정보망 확충과 정보종합상황 판단에 관심을 보여 백악관에 상황실(Situation Room)을 설치하였다(Andrew, 1966: 6-19, 20-191, 212-400, 434-537).

아이젠하워 이후 역대 대통령들은 인간정보 외에 통신감청, 인공위성에 의한 영상정보까지 정보활동 범위를 확대하였다. 그러다가 레이건 대통령에 와서는 중앙정보부(CIA: Central Intelligence Agency)와 국방정보국(DIA: Defence Intelligence Agency)을 확대 강화하였고, 부시 대통령 때는 9·11 테러 이후 정보강화의 필요성을 절실히 느끼게 되었다. 미국은 2차 대전까지는 육·해·공군의 군사정보, 국무부 정보 그리고 동맹국인 영국의 정보협조가 중요정보의 골간을 이루었다. 하지만 대통령의 국정운영과 정책결정에 눈과 귀가 되는 정확하고 완벽하면서 적실성 있는 정보가 결여되어 있었다. 그 이유는 너무 많은 정보기관이 산재하면서 효과적인 협조체계가 이루어지지 않고, 더군다나 최종적으로 협의조정 과정을 거쳐 적실성(timely)있고 정확하며(accurately) 완벽한(completely) 정보가 대통령에게 전달되는 채널이 없었다.

최종적으로 대통령에게 보고되는 조정과정, 협의기구가 없어서 정보조정과 협의를 책임지는 기구로서 1953년 국가안전보장법(National Security Act)이 제정되고 이에 따라 대통령 직속으로 국가안전보장위원회(NSC: National Security Council)와 중앙정보부가 만들어졌다. 그러나 중앙정보부는 해외정보활동에 한정되어 있고, 또한 냉전 이후 9·11 테러까지 50년 동안 해외정보에 관한 협의조정기구 역할보다는 계선정보조직으로 관료화되었다. 그 결과 상원 청문회에서도 인정하다시피 정부 내 다른 정보기관과 벽을 쌓게 되는 결과를 가져오게 되었다.

중앙정보부는 해외정보 수집·해석·전파를 주 임무로 하였으며, 정부전복예방, 방첩, 테러대응, 범죄수사정보 등 국내정보 수집, 해석, 전파는 법무부 연방수사국(FBI: Federal Bureau of Investigation)이 맡게 된다. 국방부의 국방정보본부를 주축으로 육·해·공군 그리고 해병대의 자체 정보수집, 해석, 전파 임무를 국방부가 수행하고 있다. 중앙정보부, 국방부 정보기관, FBI가 미국 정보기관의 3대 축이며 임무 면에서도 해외, 군사, 국내정보를 담당하고 있다.

한편 2차 대전과 냉전을 거치고 현재의 테러시대에 발전된 기능별 정보는 정보원(情報員)이 정보원(情報源)에 접근하여 정보를 수집하는 인간정보(human intelligence: Humint), 도청 및 감청 그리고 신호처리로 정보를 탐색하는 신호정보(signal intelligence: Sigint), 항공으로 촬영하는 영상정보(imagery-mapping intelligence: Imint)가 있다. 특히 신호, 영상정보는 첩보인공위성으로 지역정보를 정확하게 실시간으로 전송받고 있다. 이런 개념을 사이버 정보(cyber

[그림 6-2] 미국의 중앙정보부(CIA) 조직

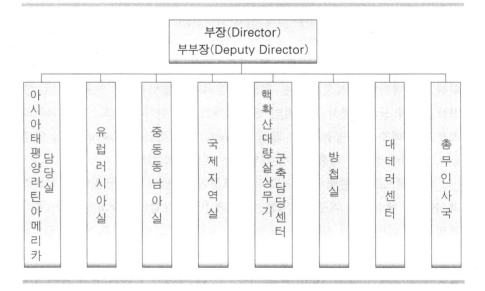

intelligence) 라고도 한다.

• 15개 정보기관의 협조체계

현재 미국 정부의 정보기관은 행정부처 수준, 정보임무와 기능 차원에서 15개 기관으로 나누어진다. 먼저 중앙정보부는 국제정보 활동기관이다. 주 임무는 해외정보수집 그리고 국내외 테러대처 정보를 수집한다. 조직과 임무는 지역과 기능별로 편성되어 있다. 연방수사국(FBI)은 국내 안전에 관한 정보를 책임지며 기본 임무는 방첩, 테러대응 정보활동이다. 그 조직은 국내외에 지부를 갖고 있다. 국방정보국(DIA)은 국방부 소속으로 국방정보생산 프로그램을 총괄하고 신호, 영상정보 수집의 종합기능을 수행한다. 국가안보청(NSA: National Security Agency)은 국방부 소속으로 항공정찰, 레이더기지, 인공위성

[그림 6-3] 미국 정보조직 운영체계

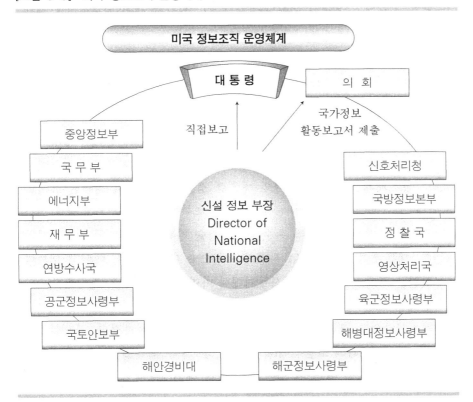

을 이용해서 통신 감청, 신호처리 정보활동을 한다. 국가지리정보청(NGA: National Geospatial- Intelligence Agency)은 국방부 소속으로 인공위성 촬영으로 전 세계 지역 영상정보 처리결과를 실시간으로 보낸다. 국가정찰청(NRO: National Reconnaissance Office)은 군사첩보 위성으로 지역표적물, 대량살상무기 소재지, 무기체계 실체 확인과 이동 상태를 감시한다. 육·해·공과 해병대 정보사령부는 부대지휘관 작전을 위한 정보제공을 기본임무로 한다. 그러나 국내외 주둔 군사정보부대의 정보활동을 통해 획득된 정보를 정보부, 국무부, 국토안보부 등 정부부처에도 제공된다. 국토안보부 정보분석처와 해안경비대 정보분석처는 국내안전, 테러, 국가기간시설 보호, 생화학테러 대응, 도로교통 항만 시설보호에 관한 정보를 수집한다. 국토안보부 소속 해안경비대(United States Coast Guard)는 해안접근 테러, 밀수, 마약근절, 불법이민 색출, 불법 해안접근 선박 감시 등에 관한 정보를 수집하는 활동을 한다. 국무부, 재무부, 에너지부의 정보국은 주재국 대사관이 보내오는 정보에 대한 정보판단과 연관 부서에 정보제공, 위조지폐, 국제금융범죄, 테러자금 파악과 관련한 정보획득, 세계 에너지 추세, 에너지 공급분석 그리고 핵발전소와 핵무기 관련 정보를 수집, 분석하고 대안을 제시한다.

• 백악관 정보조정기능의 취약성 극복

15개의 정보기관이 있으면서도 대통령의 9·11 정보판단에는 일관되고 정확하면서 예측 가능한 정보와 대응책이 결여되었다. 그 이유로는 산재한 정보기관의 협조체계 미흡과 백악관의 대통령 정보 조정·통제 리더십 결여를 들 수 있다. 대통령은 매일 아침 8시면 중앙정보부의 순수정보 브리핑을 받는다. 중앙정보부는 종합한 정보를 순수 정보, 기술 차원에서 구두와 서면으로 보고하는데, 대통령의 요구나 CIA 부장의 요청으로 이루어진다. 이어서 대통령 안보보좌관은 국가안전보장회의 사무처에서 마련한 전략대안을 제시한다.

문제는 오랜 기간 정보종합을 취합하는 정보부의 기능이 어느덧 계선 독자 해외정보기관으로 관료화, 정체화, 자폐화된 점이다. 정보경쟁, 과도한 보안의식이 타 정보기관과의 효율적이고 원활한 정보교류 협의를 경직되게 만들었고, 그 결과 스스로 담을 쌓게 된 것이다. 아울러 해외정보의 집착으로 국내외 정보의 큰 숲을 보지 못하는 결과를 가져왔다. 또한 백악관 안보보좌관은 국제외교와 군사안보에만 치우쳐 국내외를 연결한 정보판단에 입각한 대통령을 위한 국가안보와 관련된 완벽하고 포괄적인 대안책을 적시에 제시할 수 없는 상황이되었다. 말하자면 각 부처 정보기관의 정보를 협의·조정 취합하는 리더십의부재현상이 발생한 것이다. 그래서 정보기구 혁신요구가 백악관, 의회, 시민모두에게서 대두되었다.

2001년 9·11 테러 사태는 미국을 심리적으로 위축시키고 개인과 국가안전에 경각심을 갖도록 하고 애국심을 불러일으켰다. 그런 애국심을 한데 모으는 구심점이 백악관의 신보수주의(neo-conservative ideology)와 결합된 조지부시 대통령, 딕 체니 부통령, 럼스펠드 국방장관, 라이스 안보보좌관을 중심으로 한 지도부이다. 이들이 제일 먼저 손을 댄 것이 미국 정부의 정보망(Intelligence Network) 재구성이다. 정보기구 재편은 야당인 민주당과 국민의정부 테러대응 능력 미숙 비난을 감수하고 역공으로 나가는 차원에서 관심을가지게 되었다.. 한편 의회에서는 미국정보기관의 취약점을 지적하는 상원청문회를 개최하였고, 정보개혁보고서를 발간하게 되었다.

의회 정보개혁보고서는 해외정보기관인 중앙정보부의 정보판단 미숙, 대내정보기관인 연방수사국의 국내테러예측 정보 미약과 더불어 두 기관이 서로담을 쌓아 대내외 정보종합과 정확한 정보판단이 결여되어 테러대응의 허점을노출했다고 분석하였다. 그래서 이 보고서는 국내외 정보기관을 통합하여 정보활동을 총체적으로 관장하는 정규 행정부처로 정보부(Department of Intelligence)를 만들자고 건의하였다. 그러나 정부기관의 정보독점이 국가기관권력독점, 개인자유 침해, 민주사회의 걸림돌이 될 수 있다는 점에서 부시대통령은 회의적이었다.

한편 정보기관 종사자들은 정보기관에서는 변화가 일어나야 한다는 점에서는 어느 정도 동의하나, 하나의 각료급 부처가 정보활동을 총체적으로 장악하는 데 의문을 제기하였다. 이런 상황 속에서 여전히 매일 아침 부시 대통령은 정보부의 정보팀이 제공하는 정보브리핑을 받는다. 정보부가 대통령에게 보고하는 정보는 매일 아침 브리핑 팀이 제공하는 정보, 일일정보, 주례, 월별 종합정보 브리핑이 있다. 그리고 백악관 안보보좌관은 이런 판단을 기반으로 하여 대통령에게 배경설명, 전략정책, 대안을 제시하는 안보브리핑을 한다.

단일 정보부가 구성되면 15개나 되는 여러 정보기관을 통합하는 정보 황제(Intelligence Czar)가 되는데 이는 현실성이 없다고 본다. 그 이유는 단일 정보부는 고유정보를 수집하여 보고한 정보를 단순히 저장하는 기능에 불과하며, 만일 그렇게 저장한 정보를 처리하여 심도 있고 정확한 정보를 선별하여 우선순위를 결정, 대통령에게 보고하는 데에만 3~4주일이 걸리게 된다. 그렇게 되면 실시간으로 정보를 받고 대내외 국가안보정책을 추진하는 대통령은 실기하게 된다고 정보실무가들은 지적하고 있다. 또한 단일부서는 정보저장과 인원관리, 정보예산이나 다루는 정보 관료기능밖에 더 있겠느냐고 회의적인 시각이 존재하였다. 이와 함께 독특한 고유정보 임무를 수행하는 다양한 정보기관은 정보활동의 기본 수혜자가 다양하고 차원이 다른데 어떻게 단일 정보부서에서 모든 정보기관을 통합할 수 있겠으며, 정보를 요구하는 많은 정보기관과 일반 정부기관이 원하는 정보를 어떻게 모두 제공받을 수 있겠는가 하는 문제가 제기되었다. 아울러 같은 내용의 정보를 여러 정보기관이 수집하는 정보력의 낭비의 문제도 있다.

그리하여 현실적으로 가능한 대안은 백악관에 정보수석을 두든지, 아니면 대통령안보보좌관이 제도적으로 시스템을 강화하여 국내외 정보를 전담하는 기관의 정보를 제공받아 심도 있는 심사, 선별, 정책전략을 곁들인 엄선된 정보를 대통령에게 보고하여 효율적인 국정운영이 가능하도록 하는 과단성 있는 창의적 리더십 발휘가 필요하다고 한다.

결론적으로 백악관에 정보조정 종합처리시스템을 제도적으로 강구하는 옵션을 전문정보기관에서는 선호하고 있다.

이런 맥락에서 2005년 의회에서 통과된 국가정보법에 따라 15개 국가정보기관의 정보를 종합, 조정하고 정보 예산을 통제하며, 종합된 정보를 매일 아침 대통령에게 보고하는 국가정보부를 신설하였다. 국가정보부장(Director of National Intelligence)은 장관급으로 정보종합센터를 운영하게 된 셈이다. 그러나 상·하 양원 정보위원회에서는 국가정보부가 백악관 내에 있어서는 안 되며, 대통령에게 보고한 동일한 내용을 월별, 분기별로 의회 정보위원회에 보고하고, 정보비를 사용할 때는 반드시 의회정보위원회의 승인을 받도록 하였다.

의회 차원에서 보면 신설된 국가정보부에 대해 부분적으로 정보감사원 기능을 수행하도록 하여 국가존립 기반이 되는 정보활동 영역을 의회와 대통령이 공동 경영하는 균점형 대통령제가 표출되고 있다.

프랑스 정보조직관리 체계와 대통령 정보지원시스템

• 대통령실 국방위원회

1959년 1월 7일 제정된 헌법규정에 따라 국가안보를 책임지는 대통령실에 국방위원회가 설치되었다. 이 국방위원회는 군사와 외교를 포함한 포괄적 국가 안보에 관한 최고의 핵심 전략정책 심의결정 기구이다. 헌법에 명시된 바와 같이 대통령은 국가안보 최고책임자로서 국방위원회는 대통령이 위원장이 되어 국무총리, 외무, 내무, 국방, 재정경제부 장관으로 구성되며 그 밖에 해외영토 담당장관, 비서실장, 행정실장 그리고 사안에 따라 외교, 군사보좌관이 참여한다. 모든 핵심 전략적 결정은 대통령의 최종 결심으로 이루어진다. 그러나 국방위원회는 실제로 1년에 1회 또는 위기 발생 시에는 수차례 회의가 소집되기도 한다. 2004년에는 7월에 1회 2003년에는 4회 회의가 열렸고, 이 회의에서 안보전략정책결정, 2003-2008년 간 군사운용계획승인, 국방예산, 그 밖에 총리실 산하에 있는 국방위원회 사무처가 내각의 각 부처에서 제출한 국가 안보에 관련된 정책과 정보를 종합하여 국방위원회에 보고한다. 그러나 대통령실 국방위원회는 대통령이 국가 안보의 최고책임자로서 핵심전략정책을 심의 결정하는 기구로, 프랑스 정부의 대통령과 국무총리의 역할 분담을 고려하여 매일같이 진행되는 국가안보정책관리는 국무총리실 산하의 국방위원회 사무부가 관장하고 있다.

• 국무총리실의 국방위원회 사무부

국무총리실 산하의 국방위원회 사무부(Secretary General of National Defense)는 그 임무에 있어서 내정을 관장하는 국무총리가 국가안보관리에도 공동책임을 지고 참여하여 대통령실의 국방위원회 기능을 관리차원에서 집행하는 기구이다. 1978년 대통령 집행명령에 따라 대통령실 국방위원회의 사무 관리를 전담하여 국방안보 관련 내각기구의 업무조정과 연결, 국가안보회의 준비, 국무총리의 국방안보정책 수행을 보좌하고 있다. 요약하면 안보부처 간의 정책협의와 연락연계, 안보부처의 정책조정, 총체적 국가안보 전담으로 대변된다.

구체적으로 살펴보면 안보부처 간의 정책협의 연락연계 임무에는 대통령실 국방위원회에 국가안보결정사항 보고와 지시사항 수행, 국제분쟁과 위기추적, 정보활동이 포함된다. 또한 안보부처 간 정책조정 임무로는 프랑스 무기수출 통제와 대량살상무기 확산방지, 국방기밀보안 유지, 과학기술보호, 보안관리, 통신감청 장치 통제, 전국적 국가안보망 체계개발 등이 있다. 총체적 국가안보 전담에는 정부통신체계 확립, 프랑스 해외영토 보존노력이 포함된다. 국무총리실의 국방위원회 사무부는 실장(secretary general)과 부실장(deputy secretary)을 정점으로 하는 계선기관으로 정보위원회, 국제전략국, 국가안보국, 과학기술국, 통신보안국, 행정국으로 구성되어 있다. 또한 실장보좌기구로는 정치, 법률, 과학, 국방보좌팀이 있다.

총리실의 국방위원회 사무부 실장은 전문 공직자로 수석차관이나 장관급에 해당하는 직책이며, 부실장은 현역 해군 제독으로 전임자는 프랑스군 합참의장으로 승진되었다고 한다. 국가안보 관련 부서에서 파견되어 근무하거나 계약직으로 임명된 전문가 200명으로 구성된 총리실 국방위원회 사무부는 총체적 국가안보의 협의조정과 안보업무 전담수행 사령탑으로 자체 내에서 통신감청 업무, 세계영공의 위성추적 정보활동을 직접 하는 전문적 안보기구이다. 따라서 프랑스에서 대통령과 국무총리가 동일 정당에서 선출되지 않은 동거정권인 경우에 고도의 전문성으로 정치색깔이 없는 중립적 위치에서 국가안보 업무를 수행하는 총리실 국방위원회 사무처 기능은 더욱 그 진가를 발휘한다.

구체적으로 보스니아 내전을 다룰 때 보수당 출신 시라크 대통령, 사회당 출신 쥐페 국무총리는 국방위원회 사무처가 범내각 차원에서 수집 정리한 정보와 안보정책을 정치색깔이 없는 국가안보 이익차원에서 잘 소화하고 총리의 지지 속에 시라크 대통령이 국가안보 최고책임자로 갈등 없이 잘 해결할 수 있었다. 한편 코소보사태 당시에는 같은 당 출신인 시라크 대통령과 조스팽 총리는 호흡을 같이하여 국방위원회 사무부 정보와 정책 건의를 잘 받아들여 국제분쟁에서 프랑스가 역할을 잘 수행할 수 있었다. 국방위원회 사무부 실장, 부실장, 국장의 경우 임무 성격상 안보부처와의 유대관계, 중요 인물과의 허심탄회하고

[그림 6-4] 프랑스의 중앙정보부 조직

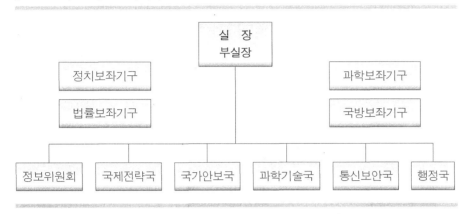

진솔한 의견교환, 협조체계의 유지가 성공적인 임무완수의 관건이라고 한다.

안보부처 차관급 회의소집, 업무진행사항을 대통령실 국방위원회에 보고하는 과정에서 사전조율은 필수적이다. 그리고 국무총리는 국방위원회 사무부 건의사항을 참고로 대통령과 직접 중요 안보사항을 협의, 결정하고 대통령 결심에 결정적 역할을 한다.

• 정보위원회의 역할

국무총리실의 국방위원회 사무부 내에 범정부차원의 정보위원회(Joint Intelligence Committee)가 있다. 총리실에서 일상적 국가안보업무를 관장하는 국방위원회 사무부의 가장 중요한 핵심임무가 바로 국가정보활동이다. 1978년 1월 대통령 행정명령으로 총리실 국방위원회 사무부에 정보위원회를 설치하고 정보위원회 사무부를 두어 국방위원회 사무부 실장이 직접 관장하고 있다. 국방위원회 사무부가 수행하는 업무가 국가안보, 국방 그리고 테러방지업무 등이라면 이를 뒷받침하는 정보활동이 핵심이며 사실상 90%에 가까운 업무량이 정보수집, 해석, 심의, 전파에 있다.

각 부처에의 정보제공, 국무총리에의 정보정책 건의, 대통령에 대한 최종 정보보고를 국방위원회 사무부의 정보위원회가 전담하고 있다. 특히 시라크 대통령 집권 2기에 대통령실에 설치한 테러 담당 국내안보위원회에 2개월에 1회 국제테러 동향과 국내테러 예방차원의 종합 정보를 제공하고 있다. 물론 국방

[그림 6-5] 프랑스 정보위원회

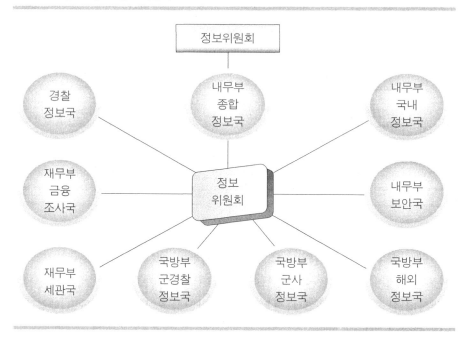

위원회 사무부 실장은 대통령실 국내안보위원회 정규멤버이며 대통령 안보보좌관(전 파리경찰청장 Massony)과 긴밀히 사전협의, 접촉을 유지하고 있다.

　　사실상 대통령, 대통령실 국방위원회, 국내안전위원회, 국무총리 그리고 유관부처의 정보판단은 최종적으로 총리실 국방위원회 사무부의 정보위원회가 정제한 종합정보에 의존하고 있다. 정보위원회는 대통령과 국무총리의 지시를 받으며, 국무총리실 국방위원회 사무부 실장이 관장하는데 정보위원회 위원은 국방, 내무, 외무, 교육연구부 그리고 사안에 따라 재경부 산하 관세청, 유관정보기관 국장급 간부(군은 2성 장군, 외무는 대사급, 일반 공직의 경우에는 국장급 이상 고위급), 총리실 보좌관, 대통령실 보좌관으로 구성되고, 국방위원회 사무부 실장 또는 부실장이 위원장으로 위원회를 운영한다. 한편 참여기관을 구체적으로 살펴보면 내무부의 종합정보국, 내무부의 국내정보국, 내무부의 보안국, 국방부 해외정보국, 국방부 군사정보국, 국방부 군경찰정보국, 재무부 세관국, 재무부 금융조사국, 경찰정보국으로 9개 부서장이 참여하고 있다.

참여기관 중에 내무부 산하 정보기관 3개, 국방부 산하 3개로 비슷한 비중을 차지하나 기능은 내무부는 국내 위주, 국방부는 군사 해외정보 활동 위주로 되어 있다. 회의형식은 상호정보 제공, 토의, 중요의제 결정이며, 중요의제 결정의 경우 사안의 중대성에 따라 투표로 결정하기도 한다. 예컨대 프랑스 방위산업체가 특정국가에 무기를 수출할 때, 수출 여부의 결정, 구체적 무기체계, 수량 등을 심의투표로 결정한다. 프랑스 영해에서 항해하는 선박 중 안보상에 의심이 가는 경우에 내리는 정선 및 나포명령도 이 위원회에서 결정한다. 또한 정보위원회는 국가위기 발생을 감지한 경우에 다섯 단계 경보를 발동하는 권한도 갖고 있다. 제일 낮은 1단계는 초록(green), 2단계 노랑(yellow), 3단계 오렌지(orange), 4단계 적색(red), 5단계 진홍(scarlet)으로 경보체계가 구성되어 있다. 2차 대전 당시 연합군의 노르망디 상륙작전 기념행사에 각 국 정상이 참석하였을 때는 이라크 인질살해, 이라크 무장테러 사태를 고려하여 전쟁상태인 제일 위험한 5단계 진홍색 다음인 적색경보를 발동했다고 한다.

또 어떤 정보내용을 국무총리와 대통령에게 보고할 것인가는 국방위원회 사무부 실장의 주관 아래 국무총리 비서실장(Head of Private Office of Prime Minister)이 좌장이 되어 심의 결정한다. 유관 부서 간부가 모이는 정보위원회는 매주 2회 정규회의를 가진다. 회의준비, 정보조정, 정보모니터, 보고, 명령지시 등으로 국방위원회 사무부 실장, 부실장, 국장 등 10여명과 직원 550명은 8시 30분에 일과 시작하여 보통 오후 11시에 퇴근한다. 때로는 자정 넘어 새벽까지 근무하고 토요일과 일요일에도 근무하여 보통 일반정부 부서에서 파견된 60% 근무자와 국방부에서 온 40% 정도의 군 요원, 그 밖에 일부 외부 전문분야에서 충원된 요원 중 350명은 지하 상황실에서 24시간 교대 근무로 정보 상황을 체크하고 있다. 보통 근무기간은 일반직은 3년 순환보직, 고위직은 5-6년 근무하는 것이 관례로 되어 있다. 순환보직 후 원래 부서로 복귀 시에 2성 장군은 3성 장군으로 그리고 국장급 공무원은 차관급으로 승진하는 경향이 크다.

국방위원회 사무처 요원은 각 정보기관의 임무성격, 기관을 이끄는 부서장의 개성 등이 다양하여 정보판단과 정책결정에서 의견을 수렴하는데 최고의 협상력, 외교적 노력, 인간적 유대강화를 함양시켜야 된다. 그리고 국제위기 발생 시에는 의견수렴, 각종 회의 제공처가 되기도 한다. 실제로 미국과 영국

군의 이라크 침공 당시에 엘리제궁의 대통령 결심과 상황판단에 도움을 주기 위해 매일 저녁 대통령 비서실장, 행정실장, 총리 비서실장, 대통령실 군사보좌관, 총리실 군사보좌관, 합참의장이 국방위원회 사무부 상황실에 모여 의견을 종합하고 총리에게 보고하며 최종적으로 수상과 대통령 비서실장이 대통령에게 보고하여 결심을 받아냈다.

시라크 대통령이 미국이 주관한 이라크 공격에 연합군(coalition force)으로 참여하기를 거부한 배경에는 프랑스 총리실의 정보위원회 판단도 한 몫 했다고 한다. 즉, 총리실 산하 국방위원회 사무처가 주관하는 정보위원회에서는

[그림 6-6] 프랑스의 정보조직 운영체계

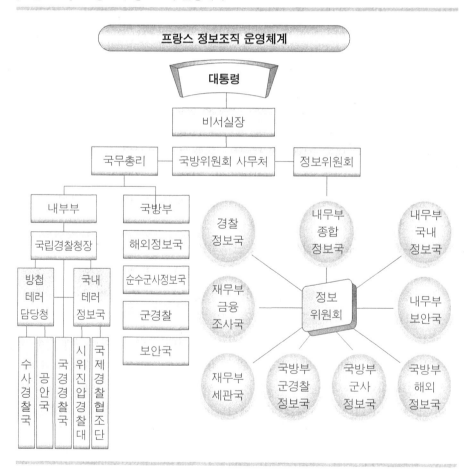

블리스(Hans Blix) 유엔무기 사찰단장이 이라크에 대량살상무기가 존재하지 않는다는 보고서를 발표하자 이를 참고하면서 프랑스 자체의 모든 정보기관이 자체 정보수집 결과를 정보위원회에 제출하여 집중 토의하였다. 그 결과 대량살상무기가 존재하지 않는다는 결론을 내리게 된 것이다. 아울러 대통령 비서실장, 행정실장, 대통령 군사보좌관, 국무총리 비서실장, 군사보좌관, 합참의장, 정보위원회 간부가 모여 한 고위전략회의 결과를 총리와 시라크 대통령에게 보고하자, 총리와 논의 후에 시라크 대통령은 자신의 정치 철학과 국가적 고려를 하면서 군사행동에의 참여를 거부한 것이다. 이렇듯 프랑스 안보기관으로부터 다양한 정보기관의 의견을 수렴하고 자체 정보활동을 하는 정보위원회는 총리실에 소속되어 정보 분야에서 실무적·전문적·비정치적으로 접근하면서 협의조정의 사령탑으로 활동한다.

그리고 대통령실과 사전협의하면서 대통령보좌진도 참여하도록 한 실무그룹의 운영은 대통령의 최종 결심을 돕고 있다. 이러한 정보관리 체계에 유의할 필요가 있다. 즉 동일 정당의 대통령과 총리, 상이한 정당배경의 대통령과 총리 동반 정부에서도 균형 정제된 최종 정보를 창출하는 전문적 정보활동으로 안정적 국가안보 정책결정에 기여하는 프랑스 총리실 국방위원회 소속 정보위원회의 존재와 활동에 청와대가 주목할 필요가 있다.

• 내무부와 국방부의 프랑스 2대 정보조직

프랑스는 1899년 국가기밀누설 간첩사건으로 세계적인 법정논쟁이 있었던 역사만큼 국가전복 방지, 국가이익 추구, 국가안보 차원에서 정보활동이 오랜 역사를 갖고 있다. 또한 정보수집, 해석, 수사, 전파 등 정보활동을 정부특정기관이 독점하는 것을 허용하지 않고 있다. 프랑스는 국무총리가 내각을 이끌어 주로 내정을 담당하고, 대통령이 국정을 감독조정하고 국가안보의 최고책임자로서 역할을 하는 궁극적으로 대통령중심제이다. 지방정부의 자율권이 인정되나 전통적으로 파리 중심의 강력한 중앙집권적 대통령제로 볼 수 있다.

그러나 프랑스가 성숙된 민주체제로 운영되는 저변에는 프랑스 정보기관이 단일 조직으로 운영되지 않고, 기능이 분산되어 있으며, 조직이 분리되어 정보독점으로 왜곡된 정보생산을 방지하고 통치권자의 권력 강화 도구로 사용되지 않는 특성을 보인다. 그러면서 정보활동의 효율성을 높여서 대통령과 국무총리의 국정운영에 버팀목이 되는 것은 분리분산으로 운영되는 정보기관이 상호협조, 조정통제의 공식·비공식 과정을 거치면서 정제되고 정확한 정보목표를 성취하기 때문이다.

프랑스 정보조직은 내무부(Ministere de L'Interieur)와 국방부(Ministere de Defence)로 대별된다. 내무부의 5개 조직이 직·간접 정보와 수사 임무를 수행하고 국방부는 3개의 기관이 정보수사 활동을 수행하고 있다. 이들 8개 정보기관은 국무총리실 국방위원회 사무처와 정보위원회에 보고하고 정보위원회의 정규멤버로 참가한다. 아울러 내무장관과 국방장관은 국가 극비정보를 이들 정보기관에서 보고 받으면 정보위원회와 총리에게 통고하지만, 사안에 따라 대통령에게 직접 보고한다. 내무부에는 차관이 없고 차관급이 이끄는 15개 청과 국을 내무부장관이 직접 장악하고 있다. 그 중에서 정보수사를 담당하는 기관은 방첩테러담당청, 경찰수사국, 공안국, 국내테러정보국, 국경수비경찰국 다섯

[그림 6-7] 프랑스 내무부의 정보조직

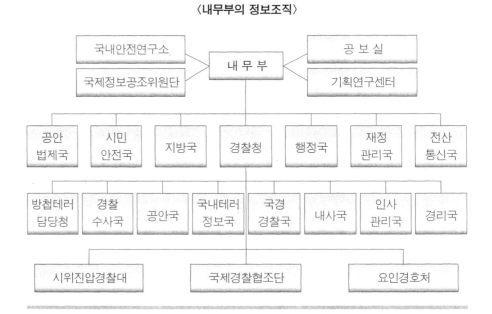

〈내무부의 정보조직〉

기관이다. 좀 더 범위를 확대하면 시위진압, 국제공조경찰대도 포함된다. 그중에서 담당영역과 기능에서 가장 규모가 크고 광범위한 정보활동을 전개하는 수석정보기관은 방첩테러담당청이다.

시라크 대통령은 동반정권 이후 대통령이 소속된 정당의 국무총리로 내각을 구성하면서, 비서실장과 외무장관을 역임한 빌펭을 내무장관에, 빌펭과 국립행정학교 동문이며 대통령비서실 행정실 차장과 보훈·영토담당 보좌관이던 부스께를 차관급인 방첩대터러청장으로 임명하였다. 방첩테러담당청(DST : La Direction De La Surveillance Du Territoire : Counter Intelligence and Anti-Terrorism)은 프랑스 국가안보에 위험이 되는 대외첩보행위 저지, 테러예방과 저지, 프랑스 주요 시설·인물·과학기술 보호, 유럽공동체 보호를 주 임무로 하고 있다. 대량살상무기, 마피아 조직, 이슬람 과격파 테러조직에 대응하여 국방, 과학, 기술 담당기관과 공조로 정보활동을 하고 있다. 정보활동의 2대 임무는 외국에서 정보수집을 하고 프랑스의 기밀유출을 저지하는 정보와 방첩임무를 수행하는 것이다. 그리고 본부, 파리, 5개 지방, 6개 지역, 4개 해외 지부가 설치 운영되고 있다.

내무부의 방첩테러담당청은 국방부, 정보담당부처, 국무총리실 정보위원회와도 긴밀한 공조체제를 유지하나, 내무부 내의 국내정보 안전기관과 긴밀한 협조체제를 유지한다. 프랑스 국내에서 일어나는 테러를 예방하고 저지하는 국내테러정보국, 수사전문기관인 경찰수사국, 공안사범처리 담당인 공안국, 국경에서 거동수상자를 수사 체포하는 국경수비경찰국, 시위진압경찰대, 국제경찰협조단이 협조대상이 된다. 구체적으로 프랑스는 이슬람 원리주의 과격단체, 과격인물이 자행하는 비타협적 테러행위를 냉전 이후 새로운 세계적 위험요인으로 보고 있으며 오래 지속될 것으로 보고 있다.

그래서 프랑스는 정부부처 모두에게 소관 업무사항과 연계된 위험요인을 제출하도록 하여, 자체 정보수요와 통합하여 정보수집, 분석 임무를 수행한다. 사안에 따라서는 특정 기업에도 경고 메시지를 보내며 보안조치를 하도록 한다. 냉전 이후 프랑스의 2대 정보목표가 이슬람 과격테러예방과 국경 없고 얼굴 없는 조직 혹은 기업에서 만들고 판매하는 핵무기, 화학무기, 미사일을 포함한 대량살상무기 확산저지에 두고 있다. 그래서 내무부에서 어떤 기관이 인

[그림 6-8] 프랑스 국방부의 정보조직

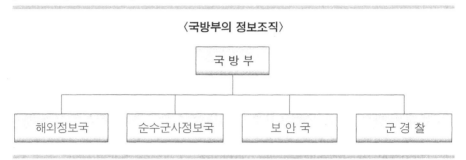

〈국방부의 정보조직〉

국방부 → 해외정보국 | 순수군사정보국 | 보안국 | 군경찰

지하던 사실을 방첩대테러청에 알리고 동시에 국내테러 정보국이 행동으로 옮기며, 경찰수사국이 수사하여 국경경찰수비대가 통로봉쇄 및 수색을 하고, 시가지 테러리스트 행동을 진압경찰이 저지·제압한다. 이런 과정에서 믿을만한 국가와 국제경찰 정보공조로 세계 수준의 테러예방과 대량살상무기 확산방지에 전력투구한다.

국방부에는 해외정보수집을 전담하는 해외정보국, 순수 군사정보국, 보안국이 있다. 해외정보국은 미국 정보부와 같은 기능을 수행하는데 해외정보 수집을 담당하고 있다. 국방부 해외정보국은 정보전략 전문성과 국제정세를 고려하여 군인과 민간 전문정보가가 혼성으로 근무하고 있다. 순수 군사정보국은 현역으로 조직되어 전 세계 군사첩보 수집과 정보업무를 담당하고 있다. 또한 보안국은 프랑스군의 쿠데타와 정보유출을 방지하고 군의 신상을 파악하는 보안업무를 담당하고 있다. 그리고 군사훈련을 받은 군인신분이지만 민간경찰업무를 담당하는 군경찰(Gendarmerie)이 있다. 이들 군경찰은 국내치안, 경찰, 국경수비, 시위진압, 테러진압, 요인경호 임무를 순수 경찰과 합동으로 수행한다. 이들은 임무 수행과정에서 자연히 습득한 정보사항을 자체수집하며 관련 정보기관에 제공한다.

러시아 정보조직관리 체계와 대통령 정보지원시스템

• 러시아 연방의 국가정보목표 우선순위 변화

1990년 동독의 베를린 장벽 철거 이후 동서독 통합과 고르바초프의 페레스트로이카 개혁, 옐친에 의한 공산당 해체와 자유주의 시장경제 체제로의 전환은 냉전 종식의 표상이 되었다. 이런 냉전 종식과 국제질서의 재편은 러시아 제국과 공산제국의 체제수호 전위대였던 국가보안부(KGB)와 군의 전략목표에 일대 수정을 가져왔다. 군정보기관의 정보활동목표나 KGB의 정보방향도 수정이 될 수밖에 없게 되었다. 특히 국가정보목표의 우선순위 선정에도 변화가 왔다. 정보목표우선순위 변화는 세계질서 변화, 국내여건 변화, 특히 냉전 종식으로 미국을 비롯한 가상적국이 사라진 상황으로 필연적인 것이다.

새로운 국가정보활동의 주요 목표는 냉전 종식 후에 국지적으로 러시아 국가이익에 영향을 주거나 세계화 추세 속에 평화번영을 추구하는 맥락에서 형성되었다. 국가정보기관이 수집, 분석, 생산, 전파하는 정보활동의 주요 목표와 활동영역은 냉전 종식 후에 전개된 국제·국내테러, 마약, 조직범죄, 외화 밀반출, 소수민족 종족분규, 지역·계층·빈곤·갈등으로 전개되고 있다. 국제·국내테러는 이슬람 과격단체의 국제테러와 이슬람 종교단체가 독립을 요구하는 러시아 내의 체첸 등 소수민족 종족분규로까지 이어진다. 실제로 러시아 정보 당국이 쏟는 정보역량의 70%가 이슬람테러 감지, 예측, 예방 등 조기경보 활동과 진압에 있다 한다. 그리고 국제조직과 연계된 러시아 내에 확산된 마약 단속에 20-30%의 정보활동 역량을 쏟고 있고, 그 외 10% 정도가 러시아 마피아 등 조직범죄에 집중하고 있다. 그리고 러시아가 그동안 비대해지고 통제 불능상태까지 간 거대 국가 관료조직을 슬림화시키기 위한 행정개혁을 전개하면서 자본주의 시장경제에서 필연적으로 독버섯 같이 확산되는 탈세와 외화 밀반출을 행정적으로 규제, 통제하는 메커니즘을 만들고 있다. 그와 병행하여 정보기관은 외화 밀반출, 탈세방지 예방 등에 정보력을 쏟고 있다. 그 밖에 탈공산화가 이루어지던 1990년대에 해외에 빠져나간 과학기술을 심각한 국력유출로 보아 과학기술 유출방지, 해외기술도입 그리고 환경 분야에까지 정보영역을 확대하고 있다.

• 러시아 연방의 국가정보기관 다원화

제정러시아와 공산제국 러시아에서도 정보기관 활동은 강력했다. 특히 스탈린은 공산독재체제를 공고히 하기 위해 거대 정보기구이자 무소불위 국가권력기구인 KGB를 건설하였다. KGB는 해외정보, 국내보안, 국경수비, 국가원수

요인경호, 기간산업시설 보호 등 총체적 체제수호 역할을 하면서, 정보권력 비
대화 괴물로 현대판 정치공룡(Leviathan)이 되었다. 그러나 옐친 대통령이 집권
하면서 2개 이상의 정보기관으로 분리하여 상호견제와 상호경쟁 속에서 고유
의 임무를 수행하는 것이 단일 거대 정보조직보다 낫다는 논리로 KGB를 해체
하였다. 영국, 미국, 독일, 프랑스 등 선진민주국가에서 단일 국가정보기관의
정보독점을 허용하지 않고 있다. 그러나 분산 경쟁하는 정보기관들의 정보가
수상과 대통령에게 전달될 때는 투명한 합의절차를 거쳐 정확하고 객관적이며
시의성이 있는 단일화된 정보활동이 있어야 된다. 이런 정보원칙 논리가 러시
아에서도 적용되고 있다. 옐친 대통령이 해체 분리한 정보기관은 푸틴 대통령
에게서 더욱 심화 발전되고 있다. 주요 개선내용은 전문성 향상, 정보자율성
보장, 지속적인 정보기관의 협의, 정보제공 원활화, 대통령에게 제공하는 정확
한 정보 내용선정의 투명성 그리고 정보전달의 신속시의성 등이다.

현재 러시아는 해외정보를 다루는 해외정보부(Foreign Intelligence
Service), 국내 정보, 방첩, 보안을 책임지는 국내보안부(Domestic Counter-
Intelligence Service)가 대통령 직속으로 정보의 양대 축이다. 이와 아울러 위
성, 통신첩보수집과 해외군사안보 정보를 수집하는 국방부 군사정보부, 외무부
정보국이 해외정보와 군사첩보 수집의 일익을 담당하고 있다. 그리고 신도전과
위협국(Department of New Challenges and Threats)이 신설되어 2001년 9·11
뉴욕 사태 이전에 벌써 테러, 마약, 조직범죄, 대규모 살상무기 확산과 핵무기
테러에 대한 국제공조 차원의 조직신설과 정보활동을 전개하고 있다.

외무부는 주로 현지 대사관을 통해 정보를 입수하고, UN을 중심으로 국제
협약에 따라 테러방지, 마약, 조직범죄 예방 및 소탕에 주력하고 있다. 아울러
외무부와 국내외 정보부는 국제지역 조직과 연계하는데, 협력대상 조직인 유럽
지역의 NATO, 유럽연합, 아시아의 지역포럼(Asian Regional Forum)을 통해 테
러, 마약, 국제범죄조직, 외화 밀반출 사전차단 해결에 주력하고 있다. 외무부,
정보부에 이어 국방부 군사정보부도 특히 체첸과 중앙아시아 등 종족분규, 이
슬람과격단체 테러에 의한 베슬란(Beslan) 지역 어린이 인질 테러 등에 정치군
사적으로 개입하며, 특히 1998년에 입법화된 연방테러방지 위원회가 총리 주도
로 테러대책 본부역할을 하고 있다. 러시아 재무부 재정금융정보국은 러시아가

[그림 6-9] 러시아 정보조직 운영체계

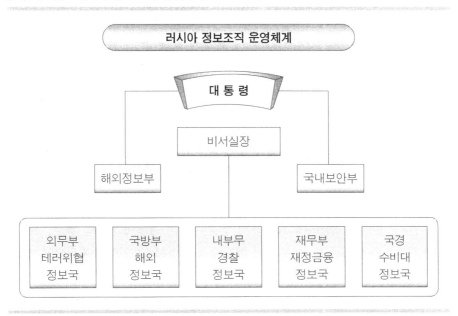

가장 고민하는 국내경제 침식의 주범으로 보는 외화 밀반출, 밀수, 마약단속에 일조하고 있다. 그 밖에 KGB에서 분리 운영되는 국경수비대가 수집하는 정보도 신속한 정보판단의 근거가 된다.

　이런 정보기관 중에서도 대통령 직속기관으로 대통령에게 직접 보고하는 정보기관이 해외정보부와 국내보안부이다. 국내보안부는 주로 해외기밀유출, 국내테러침투를 봉쇄하고 국내안전의 버팀목이 된다. 한편 해외정보부는 해외정보의 수집, 분석, 제공의 책임을 지는 대통령 보좌 정보기관의 핵심역할을 한다. KGB라는 거대 통합 정보부에서 분리되어 러시아 국가정보기관으로서 유일하게 해외정보를 담당하는 정보기관이 해외정보부이다. 해외정보부는 냉전종식 이후 변화하는 국제상황에 신축적으로 대응하고 빠른 속도로 전개되는 국내의 자유시장경제화, 국제화, 정보화, 민주화, 국내외 테러에 대응하는 정보생산의 주무기관이다. 푸틴 대통령 자신이 해외정보부 전신인 KGB의 해외정보부 서독 파견 주재관이어서 그가 해외정보부 활동에 거는 기대는 각별하다. 해외정보부의 정보목표는 러시아 국익에 도움이 되는 모든 정보활동이 포함된다. 그러나 구체적으로는 탈냉전시대, 정보화, 세계화, 종족분규, 테러시대에 대비하는 정보활동 다양화에 있다. 특히 첫째, 이슬람 테러, 러시아 소수민족 분리주의 과격단체 테러대응 정보활동과 둘째, 러시아에 유입되는 마약을 해외에서 차단하고 암약하는 국제범죄를 분쇄하는 정보활동이 중요하다. 아울러 과학기술, 환경 등에 관한 정보수집도 실행한다. 미국을 비롯한 강대국의 안보 관련 정책결정에 미치는 정보도 수집한다. 그리고 대통령이 관심을 가지거나 지시하는 정보사항, 행정 각 부처에서 요청하는 정보사항을 수집, 분석, 생산, 제공하는 역할을 부차적으로 수행하고 있다.

예를 들면, 미국, 영국이 이라크에 대량살상 무기가 테러에 사용된다는 명분으로 침공하려 할 때 해외정보부가 이라크에 대량살상 무기가 있는지 여부를 탐색했다고 한다. 국방부에 요청하여 인공위성과 정찰비행으로 영상, 신호 통신 감청결과를 수집하고, 외무부의 현지대사관 정보 그리고 국제적으로 언론에 공개된 모든 문건을 검토하고, 해외정보부 자체의 다양한 정보 그리고 인간정보에 의거하여 독자적 정보를 수집, 분석, 생산하여 대통령과 국가안보위원회에 제출했다. 당시의 분석결과는 이라크 내의 생화학, 핵무기 등 대량살상 무기 생산 보유는 사실이 아니라는 결론이었다. 물론 해외정보부 외에 핵에너지 담당청, 외무부, 국방부의 자체조사 결과도 대통령에게 보고했을 것이라고 생각하며 그 모든 종합결과로 보았을 때 이라크에는 대량살상 무기가 없다고 판단하여 이런 명분으로 미국의 군사작전에 공조하는 것을 푸틴 대통령이 공식적으로 거부한 것이다. 러시아 정부의 이라크 참전 거부 판단에 중요한 정보차원의 자료는 단연코 해외정보부 정보였다.

해외정보부장 1명과 6명의 차장이 있는데 해외정보부장은 장관급이며 실제로 대통령에게 직접 보고하고 관련 부처에 알려 조기경보형태로 초동대응을 신속하게 하는 역량과 위상은 장관급 이상의 위치에 있다. 차장은 기능적 지역 임무를 띠고 산하에 국과 과를 운영관리하고 있다. 6명의 차장은 각기 다른 업무를 수행하는데 총괄, 정보요원, 과학기술, 공작, 병참기술지원, 분석담당의 6개 분야로 이루어져 있다. 생산된 정보는 3쪽 이내로 만들어 매일 대통령에게 제출하는 일일보고와 일주일 단위로 분석하여 제공하는 주간보고로 나누어진다. 대통령에게 보고하는 정보보고서는 생생한 일차 자료로 정확하고 신뢰성이 있는 내용으로 되어 있다. 사안이 민감하고 신속한 대응조치가 필요한 정보사항은 정보부장이 대통령에게 직접 구두보고를 한다. 대통령에게 보고하는 것이 대부분이지만 때로는 총리, 외무, 국방, 재무, 에너지산업 장관에게 경제, 산업, 에너지 등 관련 일부 내용만 보고하며, 요청한 정보수집 내용만 제공한다. 중요한 원칙의 하나는 생생한 자료를 대통령에게 전달할 뿐이지 정책대안 제시는 하지 않는다는 것이다. 대안 제시는 관련 부처, 국가안전보장회의에서 할 사항이다.

• 대통령 정보지원 협조체계

해외정보부는 90% 이상이 노출된 정보자료를 사용하고 국방부의 인공위성 활용, 신호 감청 통신, 영상정보, 인간정보를 입체적으로 가동한다. 그리고 수집·분석되어 생산된 정보는 곧바로 대통령에게 전달된다. 그러나 정보의 전달체계에서 투명성, 정확성을 높이기 위해 외무부, 국방부, 해외정보부 관련 기관이 매일 회의를 하고 때로는 외무부 정보관계 연대서명으로 정보보고를 대통령에게 보내기도 한다. 이라크에 미군, 영국군, 동맹군이 참전했을 당시부터 지금까지 매일같이 관계부처 정보관끼리 회의를 했다고 한다. 또 긴급사안 발생 시에 해외·국내보안부장, 외무·국방장관이 함께 모여 수시로 회의를 하며 비공식 확대모임에는 내무장관, 재무장관, 산업에너지부 장관도 참석한다.

러시아 정보체계는 영국, 프랑스, 일본처럼 제도적 여과과정인 정보위원회를 거쳐 대통령이나 수상에게 보고하는 체계가 없다. 또한 독일처럼 수상실에 있는 정보수석이 러시아 대통령실에는 없다. 그러나 해외정보부, 국내보안부, 외무부, 국방부, 내무부, 재무부, 산업에너지부 등 관련 정보부처 실무자들끼리 비공식 모임을 사안에 따라 일정기간 매일 회합을 갖거나, 필요시 모임을 갖는 것이 관례가 되고 있다. 아울러 정보부장과 장관이 회합을 가지며 푸틴 대통령이 이들 정보부장과 관계 장관 그리고 총리를 불러 함께 회의를 한다. 대통령은 정보회의 후에 다시 전문가, 보좌관을 불러 특정 정보 사안에 대한 재검토와 그에 합당한 대응책을 강구한다. 이 경우에는 대통령 외교안보보좌관이 주요 역할을 한다. 그리고 해외정보부를 비롯한 정보기관에서 보내 온 정보를 토대로 매주 토요일 아침 국가안전보장회의를 개최한다. 때로는 푸틴 대통

[그림 6-10] 러시아 정보기관 정보창출 단계와 대통령 보고체제

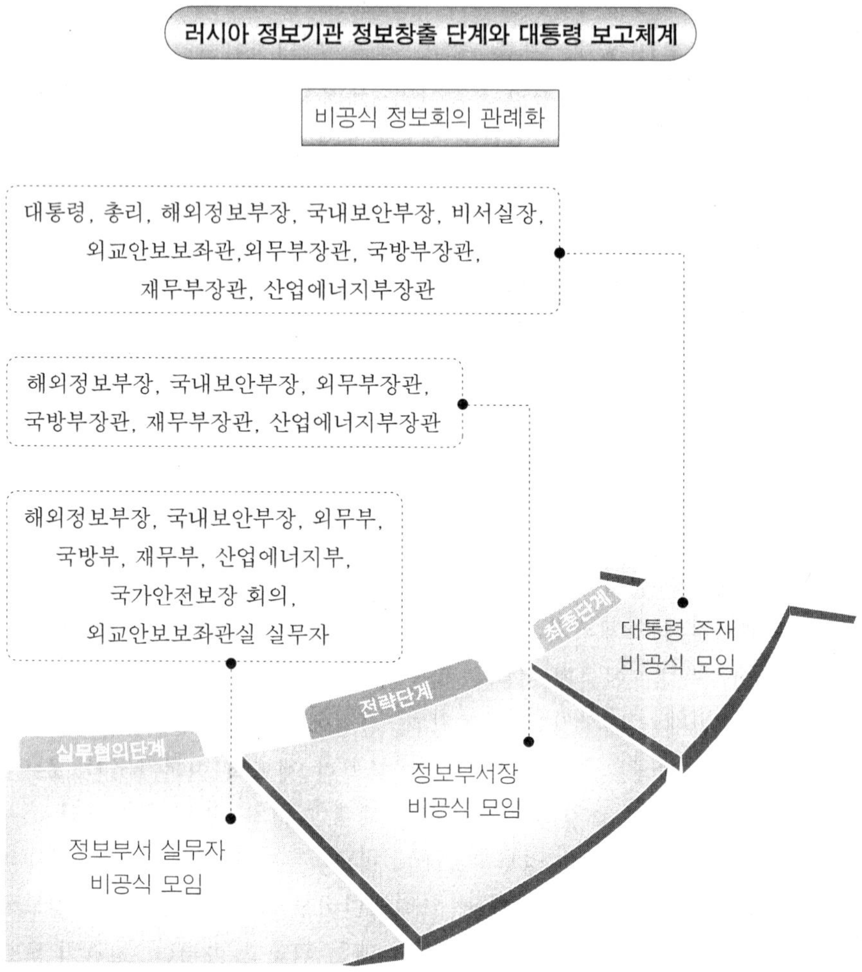

러시아 정보기관 정보창출 단계와 대통령 보고체계

비공식 정보회의 관례화

대통령, 총리, 해외정보부장, 국내보안부장, 비서실장,
외교안보보좌관, 외무부장관, 국방부장관,
재무부장관, 산업에너지부장관

해외정보부장, 국내보안부장, 외무부장관,
국방부장관, 재무부장관, 산업에너지부장관

해외정보부장, 국내보안부장, 외무부,
국방부, 재무부, 산업에너지부,
국가안전보장 회의,
외교안보보좌관실 실무자

최종단계

대통령 주재
비공식 모임

전략단계

정보부서장
비공식 모임

실무협의단계

정보부서 실무자
비공식 모임

령이 참석하는 국가안전보장회의는 자체 정보수집, 분석, 생산하는 기관이 아
니라 해외정보부를 주축으로 한 순수 정보제공에 따라 대응정책을 강구하는 안
보전략 조정기구이다.

　　헌법과 법규에 명시되어 있는 국가안전보장회의 정규멤버는 22명이며, 상
근필수멤버는 대통령, 국무총리, 상·하원 의장, 비서실장, 정보부장, 국내보

안부장, 대통령안보보좌관, 외무장관, 국방장관, 내무장관 등 11명이다.[1]

　　결론적으로 러시아연방공화국의 대통령보좌 정보기관은 대통령에게 직접 보고하고, 필요한 부분만 총리, 국방, 외무, 산업에너지부, 경제부처 장관 등에게 정보를 보고한다. 보고과정에서 관련 정보기관은 실무급, 부서장급의 비공식적 회의의 관례화와 투명성을 확보하고 어디까지나 정보 사실 자체만 보고한다. 정보보고에 따라 국가안보에 관한 정책대응은 국가안전보장회의 몫이다.

영국 정보조직관리 체계와 수상 정보지원시스템

• 영국 정보기관의 운영체계(MI5, MI6, DI)

　　영국 정보기관은 MI5, MI6, DI, 즉 국내정보부, 해외정보부, 국방정보국 3대 기관으로 대별할 수 있다. 그 중에서도 MI5와 MI6가 국내와 해외 정보의 2대 기관이다. 영국은 16세기부터 입헌군주체제로 정비되어 가는 과정에서 대양으로 진출, 식민지를 확대하는 대영제국으로 발전한다. 식민지를 확보하고 대영제국으로 발돋움하는 전초부대는 군대, 특히 해군이었다. 1568년 드레이크(Francis Drake)와 호킨스(John Hawkins)가 창시한 영국 해군은 스페인 무적함대를 격파하고 많은 민간 항해가도 참여하는 가운데 16세기 이후 아프리카, 아시아, 북남미에 걸쳐 식민국가 건설의 발판을 마련하였다. 이런 식민지 확장, 무역확대의 견인차가 해군을 중심으로 한 군대로서, 군대가 현지에서 보내오는 군사정보가 오늘날 국가정보의 핵심을 이루게 되었다.

　　그러다가 자연스럽게 MI5는 국내 국가정보기관, MI6은 해외 국가정보기관으로 발전·변모되었다. 그런 전통으로 오늘날 영국 정부의 2대 정보기관은 MI5와 MI6이다. MI는 군사 정보(military intelligence: MI)의 머리글자이며 이런 군사정보는 임무별로 한때 19개나 있었다 한다. 여기에 국방부의 군사정보국을 포함하여 정보의 3대 기구를 형성하고 있다. 5번째 군사정보 기구인 MI5는 후에 국내정보담당 기구로 고유한 정보활동을 하고 수상에게 직접 보고도 하나,

---

1) 참고로 국가안전보장회의를 지원하는 행정부서로는 안전보장회의 사무처가 있다. 국가안전보장회의 사무처는 처장, 3명의 부처장, 3명의 부처장보좌관, 다수의 정책보좌관, 국장, 과장 등 152명의 직원이 있다. 22명이 모이는 국가안전보장회의 전체회의는 매월 1회, 첫째 주 금요일 또는 화요일에 모인다. 짧게는 30분, 길게는 2~3시간, 오전 한나절을 보낸다. 그리고 상근회의는 매주 토요일 9시에 개최되고 오전 내내 계속된다.

소속기관은 내무부이며 국회의원인 내무부장관의 지휘를 받는다. MI5는 지역, 핵심 분석, 정보전달과 협력 담당 부서가 있고, 산하에 25개 단위 조직이 있다. 국내안보에 관한 정보수집, 분석, 전파 그리고 정부전복 예방, 해외에서 침투하는 테러분자와 위해요소를 제거하는 정보를 취급하고 있다. 현재 MI5 국내정보부장은 경력직 직업관료 최고직위인 사무부장관급(permanent secretary)이다. MI5가 영국 정보활동의 90%를 담당하고, 최근 테러예방과 진압에 필요한 정보활동에 활동의 80%를 쏟고 있다.

활동영역이 광역화, 복잡 다양화되는 이슬람 테러전 등 각종 테러에 대응하기 위해, 다양한 부처 전문가로 구성된 기구를 MI5 내에 만들어 폭넓고 깊이 있는 정보해석으로 보다 정제되고 균형 잡힌 정확한 정보를 제공하고 있다. 이 기구는 특히 이슬람 테러에 대비하기 위해 세워졌다. 2002년 인도네시아 발리 테러 이후 영국 하원의 정보안보위원회(Parliamentary Intelligence and Security Committee)의 보고서 건의 등으로 2003년 5월 국내정보부 MI5 내에 설치된 정부합동테러정보센터(JTAC: Joint Terrorism Assessment Center)가 그 것이다.

정부합동테러정보센터(JTAC)는 MI5, MI6, 외무부 테러정보국, 내무부 정부홍보국, 내무부경찰정보국, 국방부 정보국, 교통부 정보국, 세관 정보국 등에서 파견된 요원 130명으로 구성되어 있다. 내무부 소속이지만 독자적 정보활동을 전개하는 국내정보부(MI5)가 수집한 정보의 정보폐쇄성, 정보경직성, 고정관념을 극복하기 위해, 각 부처의 다양한 배경과 전문성을 가미한 깊이 있고 광범위한 정보해석으로 정보의 질과 양에 새로운 지평을 여는 계기가 된 것이다. 정부합동테러정보센터의 주요 임무는 첫째, 국내정보부에서 수집한 비노출·노출 정보를 종합판단하고 둘째, 이슬람 테러대비 정보를 예측 판단하고 셋째, 정부 각 부처에서 요청한 정보수집·평가 결과를 해당 부처에 제공하며 넷째, 정제된 정보제공으로 관련 부처 스스로 전략적 대응정책 마련을 유도하며 다섯째, 정보수집 요원에게 변화된 정보 상황을 제공함으로써 정보수집에 편의를 제공하며 여섯째, 핵심적 임무로 범정부 차원의 권위 있고 정확한 종합 정보를 생산하고 제공하는 것이다.

내무부와 국내정보부(MI5)가 국내 정보활동으로 영국체제 보위에 일차 책임이 있다면, 외무부와 산하에 있는 해외정보부(MI6)가 대외정보 활동으로 영국안보를 책임진다. 수상을 보좌하는 관방부의 정보조정위원회를 정점으로 하여 외무부와 해외정보부가 해외정보를 수집하는데, 그 원칙에 4P가 있다. 첫 번째 P는 현재(present) 상태에서 선후진국 상황에 따라 가능한 정보를 수집하는 것을 말하고, 두 번째 P는 속행(pursue)으로 필요한 현지정보원을 채용하고 정보망을 구성하여 특히 테러분자나 테러망을 포착 제거하는 행동추구를 말한다. 세 번째 P는 보호(protect)로써 영국에 위해를 가하는 테러요인을 극소화하고 해외 영국대사관을 보호하고 안전조치를 향상시키는 기능을 말한다. 마지막 약자인 P는 예방(prepare)으로써 위기상황, 테러발생에 대비한 위기관리 대응책 마련, 즉각 대응력을 갖춘 완벽한 대응준비태세를 의미한다. 그리고 수상을 보좌하는 관방부가 주관하는 정보조정위원회에 연락하고 실시간으로 조정위원회에서 운영하는 관방부 상황실(Cabinet Office Briefing Room: COBRA)에 항시 연락채널을 가동하고 있다. 제각기 고유한 정보 업무를 수행하는 영국정보기관들은 어느 한 기관이 국가정보를 독점 수행할 수 없다는 원칙을 세우고 있으나, 국가 차원에서 수상을 보좌하는 지평에서는 하나로 뭉치는 정보협조·조정이 이루어지고 있다. 분산과 협조조정의 원칙은 오늘날 선진민주국가의 정부에서 정립된 정보원칙이고 잘 짜여진 정보조직 관리체계에서 나타나고 있다. 즉, 분산된 정보기관의 정보활동을 수상에게 보고하는 통합정보체계가 수상실 정보위원회와 관방부 정보조정위원회에서 현실화되고 있다.

• 수상실 정보위원회와 관방부 정보조정위원회 운영체계

수집·분석·해석된 정보는 기능별, 조직별, 기관별로 다양하게 대통령, 수상, 각료에게 보고되며, 기능별, 조직별, 기관별 협조·협의과정을 거친 최종정보의 단일화 원칙이 오늘의 선진국 정보운영체계이다. 영국 수상, 각료나 중요 부서 인사에게 제공되는 단일화되고 정제된 최종 정보는 정보조정위원회(Joint Intelligence Committee: JIC)에서 만들어지고, 이 최종 정보는 각료급으로 구성된 수상정보위원회(Committee on Security and Intelligence: CSI)에서 수상의 국정운영 지평과 전략정책 선택 차원에서 검토된다. 정부정보기관에서 수집, 분석, 해석된 모든 정보를 각 부처 정보기관과 협의·조정하여 정제된 최종 정보를 생산하는 곳이 정보조정위원회이다. 수상을 위원장으로 하는 수상

[그림 6-11] 영국 수상실 정보조직 운영체계

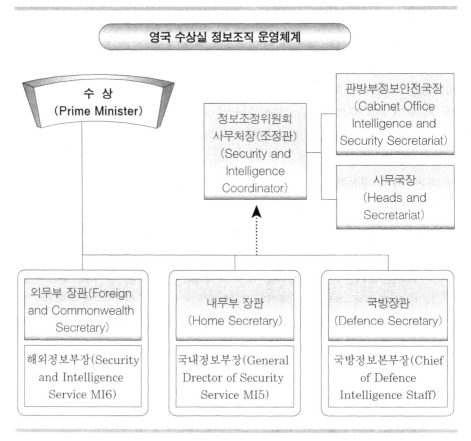

주재 정보위원회는 정보조정위원회 사무처에서 제공한 정제된 최종 종합 정보를 기반으로 국가안보와 국정운영 차원에서 전략 정보를 다루고 정책선택을 고려하게 된다. 단일하고 정제된 정보를 생산하여 정보위원회에 제공하는 정보조정위원회가 영국 정보생산의 최종 핵심기관이다.

정보조정위원회는 광의로 수상실 직속기관이지만 형식적으로는 정규부서로 수상비서실 임무를 수행하는 관방부(Cabinet Office, Duchy of Lancaster)에 소속되고 행정지원을 받는다. 정보조정위원회의 위원장은 관방부장관이고, 매일의 정보조정협의는 관방부 정보조정위원회 사무처(Cabinet Office Intelligence and Security Secretariat)가 주관한다.

사무처는 정보조정위원회 책임조정관인 사무처장이 지휘하고 있다. 정보조정위원회 사무처장은 수석사무부장관(Senior Permanent Secretary)이며 관방부장관을 보좌한다. 그가 이끄는 정보조정위원회 사무처는 여러 정보기관에서 파견된 요원으로 구성된 기관이지만 정보협의조정, 정보판단, 전략정책구상을 위한 수상 주재 수상정보위원회에 회부하는 정보제공 활동은 독립적으로 수행한다. 관방부장관, 관련 정보기관 부서장과 협의하긴 하지만, 정보조정위원회 사무처의 최종 정보판단과 정제된 정보제공은 수상과 수상실 국정운영을 위한 정보활동이어서 수상에 직접 보고하는 계선조직 선상에서 운영된다. 그 밖에 사무처장 지휘 하에 사무처 국장과 관방부의 정보국장이 정보위원회 사무처가 주관하는 정보조정협의에서 광의의 주무 실무부서가 된다.

[그림 6-12] 영국 수상실 정보조정위원회

정보조정위원회는 외무부 해외정보부, 내무부 국내정보부, 국방부 국방정보본부, 재무부, 통상산업부의 정보 관련 국장급이 참여하는 협의체이며 매주 1회 수요일에 조정협의회를 개최한다. 따라서 최종 조정협의회를 개최하기 전 단계로 각 부처에서 파견된 정보실무자들이 정보조정위원회 사무처에서 24시간 상황근무를 하게 된다. 그리고 정보조정위원회의 사무처는 성격상 관방부 소속이어서 정부부처 차원의 수상 비서실 역할을 하는 관방부의 관련 부서에서 지원한다. 이들 지원부서와 협조운영체계는 요원 30명으로 구성된 정보조정위원회 사무처의 판단국(JIC Assessment Staff), 35명의 인력을 가진 정보조정팀 (Intelligence Coordination Group), 관련 부서 정보제공이 주 임무인 합동정보관리국(Joint Intelligence Secretariat), 정보통신 컴퓨터 처리팀(IT Project Security Computer Network), 그리고 보안정책국(Security Policy Division)으로 구성되어 있다.

관방부 내에서 독자적으로 활동하는 정보조정위원회와 관리주체인 사무처의 주요 임무는 정보심의판단, 정보제공, 정보기관 내의 협조·조정, 정부 수요 우선순위 선정과 활동관찰, 동맹국가 정보연락 유지 등 크게 4가지로 대별된다. 정보조정위원회는 정보기관의 고위정보관이 매주 수요일 오후에 모여 현재 또는 중장기적 관점으로 나누어 국가 이익추구, 국가외교, 국방안보차원에서 수집·분석된 정보를 심의 판단한다. 선정된 정보는 수상, 각료, 관련 부서장에게 제공된다. 정보내용을 심의 판단하는 기능은 정치, 경제, 군사, 또는 국방, 외교, 국제범죄, 국제경제, 테러에 걸쳐 영국과 세계에 위험요인을 관찰하고 수상, 각료, 관련 부서에 조기 경보차원의 정보제공을 의미한다. 그러므로 각 부처에서 파견된 정보전문가가 부처별, 기능별로 30개의 실무반으로 편성된다. 이들은 해당 정보기관에서 수집된 정보를 분석·해석하고 정보위원회에 회부될 보고서를 작성한다.

수상 비서실인 관방부의 정보조정위원회 사무처 멤버들은 상황근무자를 제외하고 각 팀별로 매일 8시에 출근하여 9시 30분까지 중요 자료를 취합하고 10시에 단계별로 회의를 하며, 오후에는 모두 관련 보고서를 작성하고 필요한 부서나 단계별 분석심사팀에 전달한다. 물론 각 정보기관에서 최초로 제공된 정보내용이나 자료 중에서 지극히 민감하고 알려야 될 내용은 실무팀, 중견실

[그림 6-13] 영국 정보조정위원회의 임무와 활동 평가 주기

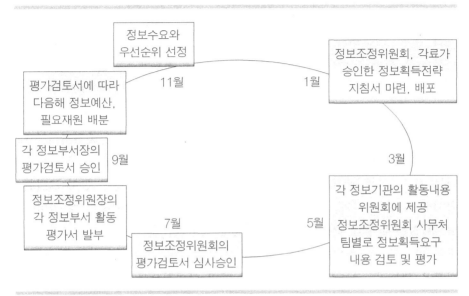

무팀, 정보조정위원회를 거치기 전에 직접 수상에게 보고되기도 한다. 이보다 더 민감하고 중요한 경우에는 국내, 해외정보부장이 직접 수상에게 획득된 일차 자료를 보고하는 경우도 있다.

한편 영국 정보조정위원회는 관련부처와 수상실의 정보수요를 받아 정보수요를 선정하고, 정보활동 우선순위를 선정한다. 이에 따라 정보획득을 하는 단계별, 정보보고서를 작성하는 과정을 심사 판단하여 재원배분을 한다. 이런 정보 주기(Intelligence Cycle)는 1년 단위로 운영하며 대략 1월부터 4월까지는 정보 관련 부서장관이 승인한 정보조정위원회의 정보전략지침서 작성, 5월부터 6월까지는 정보기관에서 활동하여 획득한 정보보고서 제출과 정보위원회 사무처 각 팀의 심사판단, 7월에는 정보위원회가 심사판단한 정보보고서 내용 승인이 이루어진다. 그리고 9월까지는 정보위원회 위원장이 판단한 보고서를 각 관련 정보부처에 제시하고 장관이 승인한다. 11월 이후에는 장관이 정보보고서를 배포하고 다음 주기에 필요한 예산, 기타 정보활동에 필요한 지원내용을 결정한다.

• 의회의 정보활동 감독과 감독감시기구

수상실 정보조정위원회의 최종 정보생산은 때로는 비판의 대상이 되고 견제나 감시·감독의 기구 필요성을 낳기도 한다. 우선 외국과의 정보교류에서 비록 우호 동맹국이라 할지라도 독재국가에까지 정보제공을 할 수 있는가의 문제가 있다. 다음은 과다한 정보노출인데 1973년 전쟁중 이집트, 1981년 전쟁중 이라크와는 어느 정도 수준의 정보교류가 부메랑 효과를 가져 올 수 있는가가 문제가 되기도 하였다. 그리고 정보심사판단 과정에서 충분한 증거가 있는데도 이전에 판단한 내용을 번복하기를 주저하는 경우, 정보판단이 전쟁도 감수해야 하는 경우, 너무 쉽게 판단을 번복하거나 판단을 내리는 경우 등이 그러한 상황이다. 그뿐 아니라 정보조정위원회가 확실한 합의를 모색하는 데 있어 발생할 수 있는 논쟁과 갈등을 피하여 저강도 정보판단에 그치는 무사안일주의 상황이 발생하기도 한다. 그리고 정확한 정보 요구와 우선순위에 따라 정보획득 활동을 했는지, 정보비 사용은 규정에 따라 합리적으로 신축성 있게 이루어졌는지, 월권행위는 없는지, 정보활동중에 비합법적·위법적 방법을 사용하는지를 감시하고 개선해야 하는 데 필요성을 느끼게 되었다.

이런 취지에 따라 1989년 정보기관 임무를 규정한 법안(Security Service Act)이 의회를 통과하고 뒤이어 1994년에는 외무부 산하 해외정보부와 국정홍보처 임무를 규정한 정보법(Intelligence Services Act)이 발효되었다. 그리고 1996년에는 해외정보활동을 위반할 때 범죄행위를 규정한 정보안전법(Security Services Act)과 2000년에는 정보활동에서 시민 도청 등 위법행위를 금지하고 감시·감독 권능을 부여한 조사법(Regulation of Investigatory Power Act)이 의회에서 통과되었다. 이런 법규에 따라 의회에서 1994년에 정보안전위원회가 구성되어 정보기관 조사연구 보고서를 매년 9월 수상에게 보고한다. 그리고 2000년에는 정보감시위원단(Intelligence Service Commissioner)이 법관으로 구성되어 그 보고서를 매년 수상과 국회에 보고하며, 같은 해에 조사위원단(Investigatory Power Tribunal)이 수상이 임명하는 법관으로 구성되어 정보기관의 위법행위를 심판하고 있다. 2004년에는 통신조사단(Interception of Communication Commissioner) 역시 법관으로 구성되어 정보기관에서의 불법적 시민 도청, 감청을 자행하는 위법정보활동을 감시하고 처벌하는 기능을 수행하며, 그 결과를 역시 수상과 의회에 연차보고서로 제출하고 있다. 정보획득 활동은 기관별 다원화하고 수상에게 보고하는 최종정보는 협의과정체계로 단일화하고 정보과정을 1년 주기로 하면서, 의회정보위원회와 사법감시기관으로 하여금 불법·위법·월권 정보활동을 견제·감시하는 메커니즘이 오늘날의 영국정보 운영체계이다.

독일 정보조직관리 체계와 수상 정보지원시스템

• 독일 정보 조직의 4개 축

수상을 정보면에서 보좌하는 중앙정부 정보기관은 크게 4가지로 대별되고, 수상실의 정보수석실이 4개의 정보기관을 조정협의·총괄한다. 정보기관

[그림 6-14] 독일 정보조직 운영체계

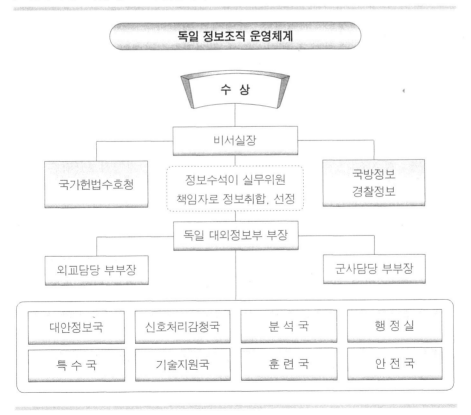

으로서 첫째 대외정보를 수집·분석·전파하고 전략정책을 건의하는 대외정보부가 있다. 대외정보부는 8개의 국실로 되어 있다. 1국은 인간정보, 2국은 신호처리감청국, 3국은 분석국, 4국은 행정실, 5국은 특수국으로 마약, 금융, 범죄, 테러담당 정보활동을 전개하고 있다. 6국은 기술지원국, 7국은 정보학교운영을 책임지는 훈련국, 8국은 안전국으로 직원의 신상, 방첩, 보안을 임무로 수행하고 있다. 그리고 16개 지방정부에 분실이 있다. 이들 정보내용은 모두 정보부장관을 겸임하고 있는 수상실 비서실장에게 보고된다. 그러나 실질적 조정통제는 수상실의 정보수석실에서 임무를 수행한다.

　　두 번째의 정보기관은 국방부의 군사정보국이다. 순수한 군사정보 수집과 분석을 주 임무로 하며, 군 내부동향 파악과 외부에서 침투한 공작활동을 봉쇄하는 보안부대도 크게 군사정보기관에 포함된다.

　　세 번째 정보기관은 경찰이다. 경찰이 수집하는 정보는 순수경찰 차원의 정보이면서도 국내정보, 국내테러, 국내에서 암약하는 외국조직 범죄, 대량살상무기 유입 등을 총괄하고 있다. 또한 국경경찰수비대와 협조하여 국경, 해안, 공항에서 일어나는 중요 정보와 테러정보를 취합한다. 독일 경찰은 중앙연방경찰과 *지방정부경찰로 분리되어 있고, 16개 주의 지방정부 지사, 시장이 직접 장악하는 지방경찰이 있다. 그러나 지방경찰과 연방경찰은 서로 필요에 의해 지방경찰 간, 지방과 중앙 간의 정보교류가 빈번하여 연방경찰의 16개 지부 파견경찰, 정보조직으로부터도 정보를 수집하고 있다. 경찰정보국장은 경찰청 차장급에 해당한다.

　　네 번째 정보기관은 주로 국내 정보를 담당하는 연방정부의 헌법수호청으로 내무부장관의 지휘를 받으며 연방정부와 주정부에 조직되어 있다. 연방정부에는 정보조정기관으로 역할을 하고 지방정부 헌법수호청은 정부 전복 행위와 대테러 예방진압에 관한 정보, 국내질서 유지와 안정유지를 위한 광범위한 정보를 수집하고 있다. 헌법수호청, 경찰정보, 군사정보, 대외정보부의 정보내용은 각 정보 부서장을 거쳐 정보부장관을 겸임하고 있는 수상 비서실장에게 보고된다.

• 수상비서실 정보수석비서관의 정보 조정 협조

모든 정보보고는 수상실의 정보수석실에서 취합된다. 수상실의 정보수석실은 독일 정부의 각종 정보를 조정, 협의, 통제, 취합 과정을 거쳐 수상과 각 부처에 정제된 정보를 전달하는 최종 최고의 조정기관이다. 정보수석실은 전문요원을 수상이 직접 임명하거나 각 정보부처에서 파견된 인물로 충원하고 업무량에 따라 인원 수도 늘어나고 있다. 파견된 정보수석실 보좌관 요원은 대략 3-4년 근무한 후 소속 부서로 돌아가며 공훈 업적에 따라 소속 부서에서 승진된다. 제일 중요한 업무로는 수상, 각 부처가 요구하는 정보수요를 정리하여 해당 정보기관에 이첩하고 정보수석실이 필요하다고 판단되는 정보도 요청한다. 수상의 정치적 판단, 수석실 자체판단, 현 국제상황, 언론동향, 세계변화 등이 정보요구에 참작된다. 이러한 정보요구와 자체 필요에 따른 정보를 수집·분석·해석한 결과를 통보받은 정보수석실은 수상에게 또는 행정부처에 보고할 정보를 최종 결정한다. 그러나 정보수석실은 반드시 관련 정보기관의 부부장, 외무, 법무, 국방, 내무, 경찰의 차관을 주 1회 매주 화요일 수상실에 소집하여 정보의 정확성을 검토 확정하고 어떤 내용을 수상과 각 부처에 보고할 것인가를 확정한다. 그리고 테러사태나 국제분쟁이 발생하여 이를 실무급 정보조정위원회와 더불어 장관급 정보조정위원회로 격상하여 위기관리에 대응한다.

특히 화요일에 소집되는 정보기관장회의는 수요일 각료회의에도 보고할 정보 아젠다 선정과도 맞물려 있다. 현재 헌법수호청은 콜론, 경찰정보국은 비스바덴, 대외정보부는 뮌헨에 있고 대외정보부 수상 연락실과 분석국은 베를린에 있다. 이들 지역에 있는 본부에서 매일 실시간으로 수상실 정보수석실에 보고 자료를 보내고 매주 화요일에 조정회의를 개최한다. 이와 같이 기능 면에서 정보기관이 분산되어 있는 것은 독일제국, 히틀러 나치정부의 단일정보 조직의 폐해를 방지하고 민주사회의 인권보장과 성숙된 사회의 정보관리를 도모하려는 취지에서 자연스럽게 도안된 것이다. 그러나 분산 분리의 정보활동도 반드시 조정 협의 통제과정을 거쳐야 정제되고 정확한 전략정보가 생산될 수 있는데 독일 수상실의 정보수석실에서 정보기관을 조정·협조·통제한다.

또한 유럽통합정부(Europe Government) 차원에서 범유럽 정보협의체(Pan Europe Intelligence Service)가 창설되어 유럽 각국의 정보를 교류·공유하여,

보다 포괄적이고 완벽한 정보수집과 위기관리를 도모한다. 최근 유럽 국가는 물론 독일도 이슬람 원리 과격파의 테러를 냉전 이후 최대의 안보위협으로 보고 있다. 즉 이슬람 과격 테러리스트에 민감히 반응하여 향후 오랜 기간 이슬람 테러가 유럽과 세계 도처에 파급될 것으로 보고 있다. 특히 독일 내의 외국인 분포 중 70%가 터키인이며 이들이 모두 이슬람 교도여서 이들 중 잠재적 이슬람 과격 테러리스트 활동에 정보력을 쏟고 있는 실정이다.

정보부처와 정보수석실이 정보보고서를 작성할 때는 간결한 형식으로 작성하고 특히 수상에게는 1쪽 정도로 압축 요약한 정보보고서를 제출하는데, 그 내용은 수상이 읽은 후 즉각 파기된다. 모든 정보보고와 조정절차는 예규에 따라 제도적으로 투명성 있게 진행되며 수상실의 정규 정보보고철은 연방정부 문서보관소에 소장된다. 유럽과 미국은 이슬람 과격단체와 개인의 테러, 그리고 동북아시아의 북한 핵무기를 21세기 국제안보질서의 최대 위협 요소로 보고 있다. 그리고 프랑스와 독일에는 뉘앙스가 다르긴 해도 대통령·수상실의 정보조정위원회가 공통으로 작동되고 있다. 어느 한 기관에 정보 독점권을 주지 않으면서 정보 조직과 기능을 분산시키고 경쟁시켜, 궁극적으로 국가안보의 최종책임자인 내각제의 수상과 대통령중심제의 대통령실이 범정부 차원의 조정과 타협으로 균형잡힌 정보 전략 정책을 내리는 국정운영을 하고 있다.

이탈리아 정보조직관리 체계와 수상 정보지원시스템

• 수상실 정보보안위원회(Interministerial Committee for Intelligence and Security)

기원 전 공화정, 기원 후 로마제국 당시에 유럽과 아프리카, 중동, 소아시아에서 원정하던 로마군단이 보내 오는 군사정보는 정치, 경제, 사회에 걸친 정보였다. 도시국가 시절에는 무역산업을 통해, 그 이후에는 프랑스와 독일 교황으로부터 살아남기 위한 정보전은 치열하였다. 그러나 현대 정보의 역사는 1900년 군 정보부대를 시발로 한다. 이후 1927년 법령으로 육군정보참모부가 조직되고 곧이어 해군에도 정보참모부가 운영되었다. 이들 조직은 1943년까지 방첩임무도 수행하다가 2차 대전 후 육해공군 합동정보참모부로 확대하여 국가정보기관으로 발전하였다. 그러나 이들 정보기관은 각 군에 순수 군사정보참

[그림 6-15] 이탈리아 정보조직 운영체계

이탈리아 정보조직 운영체계

수 상

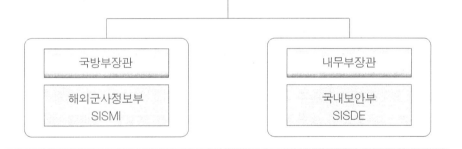

이탈리아 수상실 정보보안위원회
Interministerial Committee for Intelligence and Security

• 위원장 : 수 상
• 위원 : 외무부장광, 내무부장관, 국방부장관, 산업부장관, 재무부장관
• 임무 : 국가정보보안의 기본방침, 정보목표 우선순위 선정, 전략방법 제시, 정부
  각료급 정보 조정 협의 최고기구

국방부장관

해외군사정보부
SISMI

내무부장관

국내보안부
SISDE

모부로 남고 1977년에는 해외정보와 군사국제정보를 전담하는 정보기관
(SISMI)이 국방부에 설치되었다. 국가보호를 위해 군사침략과 해외위험 관련
정보를 수집·분석·생산하는 역할을 수행하고 있다.

한편 1977년에는 국내테러, 방첩, 정부전복, 사회혼란, 조직범죄, 마약 등
에 걸쳐 정보를 수집·분석·생산·제공하는 국내보안부(SISDE)가 내무부 산
하에 발족하였다. 그리고 1977년 10월 24일 법률 801호로 해외군사정보부와 국
내보안부의 정보를 통합조정·운영하는 각료급 정보보안위원회를 설치하였다.
정보보안위원회는 수상이 의장이 되고 내각의 정보 관련 장관이 국가안보의 핵
심정보를 다루는 위원이 된다. 정보보안위원회의 정규멤버는 외무부·내무

부·국방부·산업부·재무부 장관이다. 이 정보보안위원회는 매년 2회 회합을 통해 기본 정보활동지침을 제시하고, 수상의 안보전략지침을 확정 점검하며, 의회에 제출할 정보보고서를 점검한다. 이러한 수상 주재 정보보안위원회를 실무적으로 지원하기 위해 집행위원회가 설치되었다.

• 수상실 정보보안집행위원회와 정보보안부

수상 주재 정보보안위원회는 1년 2회 정도 열리는 전략정보조정회의로 매일의 국가정보를 생산·보고하는 실무부서는 수상 직속 정보보안집행위원회이다(Executive Committee for Intelligence and Security). 정보보안집행위원회는 자체에 사무처인 정보보안부를 두고 사무총장(General Secretary of Intelligence and Security Services)과 차장이 지휘하고 있다. 정보보안집행위원회 정례회의는 없으나 필요시 서너 차례 만나 정보조정 실무회의를 개최하는데, 실무부서장이 구성멤버이다. 국방부 해외군사정보부, 내무부 국내보안부장, 경찰청장, 헌병사령관, 경찰군사령관, 재무부 경제마약정보부장, 외무부 사무차관, 수상비서실 차장(운영실장)이 정규멤버이다. 집행위원회는 실무차원에서 각 부 정보활동과 상호협조, 정보취합 절차와 기준을 수상에게 보고하는 정보내용 산정기준과 내용정리 등에 대해 토의한다. 정보보안집행위원회 사무총장은 최고위 경력직 공무원으로 장관과 차관급 사이에 위치하고 있으며, 그 역할은 각료급이다. 현 사무총장은 경찰청 차장, 로마 도지사를 역임한 베테랑 행정가로서 집행위원회를 이끌어간다.

각 실, 국, 과 단위로 조직되어 있는 사무부서인 정보보안부는 해외군사정보부나 국내보안부, 군경찰, 재무부 마약정보기관, 산업부 산업스파이 담당기관, 지방정부 민원정보 부서에서 보내 오는 모든 정보를 수집, 취합하고 분석한다. 동시에 수상실 정보보안부가 수상경호실을 직접 장악 운영하고 있다. 정보의 객관성, 배후 의도, 예방차원의 조기경보 제시를 포함하여 정보 자체만 분석하여 30-40건의 정보사항을 가능한 사항별로 1쪽씩 압축 정리하여 매일 수상에게 보고한다. 수상에게 보고할 때는 비서실장을 경유하여 보고하며, 긴급 시에는 비서실장에게 일보를 띄우면서 수상에게 직접 보고하기도 한다. 그리고 정보보안집행위원회 정보보안부는 수상뿐 아니라 외무부, 내무부, 국방부, 재무부, 산업부 장관에게도 중요 정보사항을 제공하고, 종합정보는 각료에게 돌려 정책결정에 도움이 되게 한다. 물론 해외군사정보, 국내보안, 산업스파이 정보, 경찰정보, 외교정책정보 등을 외무부, 내무부, 국방부, 재무부, 산업부 장관 등이 수상에게 보고한다. 그러나 각 부처의 정보는 법률상이나 제도적으로 혹은 필요에 의해서 수상실 정보보안위원회를 실무적으로 보좌하는 정보통합조정부처인 정보보안집행위원회 소속 정보보안부(Italian Intelligence and Security Services)로 보낸다. 그러면 정보보안부는 종합분석, 통합된 전략정보를 생산하여 수상과 각료, 해당 부처에 제공한다. 그런 정보보안 보고서에 따른 초동대응, 기민한 대응조치, 정책대응은 소관 부서의 몫이다.

이탈리아 수상실 정보보안부는 외국 정보기관과의 정보동맹, 외교적인 창구역할도 한다. 정보보안부 직원은 각 부처에서 파견되어 온 전문경력직 공직자도 있으나, 대부분 정보보안부 소속 전문공직자로서 정규공무원이며 65세까지 일한다. 그리고 수상을 보좌하는 최고 정보조정, 통합, 전략정보 생산 기관

[그림 6-16] 이탈리아 수상실 정보보안위원회의 실무위원회 조직체계

이탈리아 정보조직 운영체계

이탈리아 수상 정보보안위원회

수상 정보보안집행위원회

• 위원 : 해외군사정보부장, 국내보안부장, 경찰청장, 헌병사령관, 경찰군사령관, 재무부 경제마약 정보부장, 외무부 사무차관, 수상 비서실 차장(운영실장)
• 임무 : 정보보안위원회를 실무지원, 정보보안 업무 조정 협의, 정보 내용 취합, 보고절차 기준설정

실무위원회 사무처(정보보안부)
정보실무위원회 사무총장(정보보안 부장)
차장, 실, 국, 과로 구성

에서 일하는 자부심으로 사기가 높은 편이다. 그리고 수상실 정보보안부는 매년 2회 국회정보위원회에 정보보안 활동의 현황을 보고한다. 최근 각 정보기관의 활동이나 수상실 정보보안부에서 쏟는 정보활동의 30%는 이슬람 과격 테러 정보이다. 오래 지속될 테러에 대한 예방과 신속한 대응을 위한 테러정보활동이 유럽과 미국 중앙정보기관의 핵심 업무가 되어가고 있다.

그리고 각 정보기관의 고유활동의 자율성과 정보기관 간의 경쟁을 장려하되, 어떤 정보기관의 국가정보 독점은 정보권력 비대와 권력침해, 정보전문성 약화로 이어지기 때문에 거부하고 있다. 대신 수상과 대통령에게 보고하는 절차의 투명성, 협조과정을 통한 정보보고 내용의 우선순위 선정 그리고 내용정리를 위해 수상과 대통령 직속 정보위원회를 조직하여 범정보기관 참여를 지향하는 정보실무위원회 형식의 정보수석실 혹은 정보부를 운영하고 있다. 국가원수 직속 위원회 형식의 정보부 운영은 유럽, 아시아 일본 정부에서 시행되는 공통 추세이다.

일본의 정보조직관리 체계와 총리 정보지원시스템

• 21세기 안보위협환경에 대응한 총리주도 내각정보활동과 내각위기관리 강화

일본은 냉전시대에 러시아, 중국, 북한을 잠재적 북방 적국으로 보고 군사정보작전을 펼쳐 나갔다. 아시아·태평양 군사작전을 code번호 5000번으로 명명하는 미국의 군사계획에 따라 일본은 1989년 베를린 장벽이 무너지기까지 미일 공동군사작전계획 5051로 주공격방어대상을 소련 태평양 함대, 공군과 육군을 중심으로 한 극동 소련군으로 간주하고 홋카이도에 육상부대를 집중배치하고 공군과 해군력을 강화하였다. 그러나 탈냉전 이후 서남아시아의 해로 안전, 중동사태로 인한 유류보급로와 해상 무역로 안전망 확보를 골자로 1995년에 5053 미일 군사공동작전계획이 마련되고, 2002년에는 한반도 유사시 공격당한 미군수색구조, 미군출격과 보급기지, 항만안전 확보를 주요 내용으로 하는 군사작전계획을 수립·운영하고 있다.

특히 일본은 1995년 발생한 오사카 대지진, 동경 지하철의 옴진리교 독가스 살포, 일본 항공기 납치사건, 1996년 페루 일본 대사관 점거사건, 북한공작

선 사건, 1997년 일본 근해 선박조난으로 인해 기름유출 사건 그리고 1998년 일본영공을 거쳐 발사된 북한 미사일 발사, 1999년 괴선박, 2001년 구주(九州) 남서해의 괴선박 도주, 2005년의 북한 핵무기개발 등으로 인해 안보위기가 고조되고 있다. 한편, 1998년 행정개혁 중간보고서에는 자연재해, 돌발사태, 국가안보에 심각한 타격을 주는 비상사태에 대비한 정부의 위기관리 대응기능을 강화할 것을 권고하고 있다. 특히 핵물질로 인한 방사선 확산, 생물화학 테러, 원자력 발전소, 대량수송기관 파괴행위 등 대량살상으로 인한 국민 불안, 북한 등 잠재 가상군의 일본 상륙 특수부대 공격, 해상교통로 공격, 미사일 공격, 항공기 공격 등 군사무력 공격을 탈냉전시대의 21세기 일본의 신 안보위협으로 보고 있다. 국내 지진, 해일, 홍수와 함께 점증하는 이슬람 테러, 북한 핵미사일 위협 등 신 안보위협에 대처하는 자위대 관련 법규 그리고 위기관리에 신속히 대응하는 내각법(內閣法)이 수정 보완되었다.

21세기 국내외 안보와 국민안전을 보장하는 일본 정부의 위기관리 대응 태세에는 3가지 전략요소가 있다. 이는 정확한 정보처리와 신속한 정보정책 판단으로 사고예방과 위기 극복, 정부의 조직적 대응, 총리관저중심 전력화로 총리의 위기관리 대응 직접주도로 집약된다. 정확한 정보처리와 신속한 정책판단으로 인한 사고예방과 위기 극복 대응은 내각관방부 정보조사실의 정보처리능력과 밀접한 관련이 있다. 내각관방장관 주도의 정보합동회의와 자문회의, 긴급각료회의 그리고 안전보장회의에서 논의하는 내용은 정보정책판단과 국회동의를 연결하는 정보처리와 테러 대응 태세이다. 그리고 정부의 조직적 대응은 총리비서실격인 내각관방의 관방장관, 부장관, 부장관보, 위기관리감, 내각정보조사실 정보감으로 이어지는 정보처리 기동체계와 정책판단과 즉각 대응능력을 의미한다. 최종적으로 각료회의를 거쳐 국회동의를 얻은 후 총리가 주도하는 정부 위기관리 대응력에 귀결된다. 총리 주도의 정보활동과 위기관리 대응은 총리비서실장인 관방장관을 중심으로 정보와 위기관리 대응 조직의 전력화는 물론 관저 중심의 안보정책결정의 신속성과 총리를 보좌하는 총리관저 지하실에서 활동하는 관저위기관리센터와 내각정보집약센터 운용을 말한다. 이들은 백안관의 상황실과 국가정보부, 영국 총리관방부의 정보조정위원회, 독일의 정보수석실, 프랑스 총리실의 정보조정위원회, 러시아 대통령 정보 지원 각료급 정보조정회의, 이탈리아 수상실의 정보실무위원회 정보보안부처럼 총리의 최근접 거리에서 실무적으로 보좌하는 최일선 Nerve Center 기능을 한다.

• 내각관방의 내각정보조사실을 중심으로 한 정보활동 네트워크

일본 정부의 정보처리는 위기관리 즉각 대응으로 이어지는 활동체계를 유지하고 있다. 관방장관 아래 3명의 부장관 중 사무담당 직업공직자 출신 관방부장관과 역시 직업공직자 출신의 안보와 안전담당 내각관방 부장관보, 내각정보조사실의 정보관, 위기관리감이 핵심역할을 한다. 내각관방에는 수석 국장급이지만 실제로 차관급 역할을 하는 수석비서관급인 3명의 부장관보, 내각광보관, 내각조사실의 정보관, 내각위기관리감이 있다. 내각위기관리감은 총리관저의 정보집약센터의 보고, 내각조사실의 정보관이 제공하는 정보, 내각관방장관이 주도하는 정보합동조정회의에서 정제된 정보제공에 따라 즉각 총리에게 보고하고 필요할 경우 위기관리 초동대응 태세를 취한다. 따라서 위기관리감, 내각관방장관, 총리로 이어지는 위기관리대응은 일본 내각 정보활동에 크게 의존하고 있다.

일본 정부 정보활동의 근간은 내각관방장관의 지휘 아래 있는 수석비서관 격인 내각정보조사실이다. 내각정보조사실은 정보관을 정점으로 차장 그리고 총무, 국내, 국제, 경제 분야로 나누어 정보를 수집, 분석하고 총리관저 지하의 내각정보집약센터를 관리한다. 아울러 내각위성정보처리센터를 직접 운영한다. 내각정보조사실장격인 정보관의 지휘 아래 내각정보조사실은 국내, 국제, 경제, 인공위성으로 나누어 정보수집, 기획, 정보집약분석, 각 부처 정보제공 그리고 긴급사태 발생 시의 초동대응 임무를 수행하고 있다. 내각정보조사실은 미국, 영국, 프랑스, 한국의 정보기관처럼 해외지부나 국내지부가 없다. 따라서 정보수집은 1998년 북한 미사일 일본 영공 발사 사건 이후 2001년 4월에 설치, 운영되는 내각정보조사실 위성정보센터의 영상신호정보, 외무부, 국방부, 경찰, 법무부 공안위원회에서 제공된 정보, 지방정부에서 제공하는 정보, 필요 시 현지 출장방문, 기타 민간기업, 언론보도, 사회조직에서 제공받는 정보이다.

내각정보조사실장은 이렇게 정제된 정보를 내각관방 산하 3명의 부장관보, 위기관리감, 광보관에 수평적으로 빈번히 제공한다. 부장관과 관방장관에게 정보보고를 하고 일주일에 1회 부장관, 관방장관과 함께 총리에게 정보 브리핑을 하고 필요한 정보를 관련 정부부처에 제공한다. 이렇듯 정보 수요에 대응하는 환류과정 속에 있다. 그리고 총리관저 지하에 설치 운용되는 내각 정보집약센터는 실시간으로 총리에게 정보를 제공하며 정보조사실 직원이 교대로 상황근무를 한다.

내각정보조사실은 주요 정보수집기관으로부터 받는 정보와 자체수집정보를 통합하여 내각관방장관이 연 2회 주관하는 내각정보회의에 전략정보회의 의제를 정리·제시한다. 아울러 내각관방장관이 격주제로 주재하는 각 부처 정보실무자로 구성된 합동정보회의 준비와 회의진행의 실질 주체가 된다.

일본은 고이즈미 내각 이후에도 정보권력기관을 분산시키고 지위격상을

[그림 6-17] 일본 정보조직 운영체계

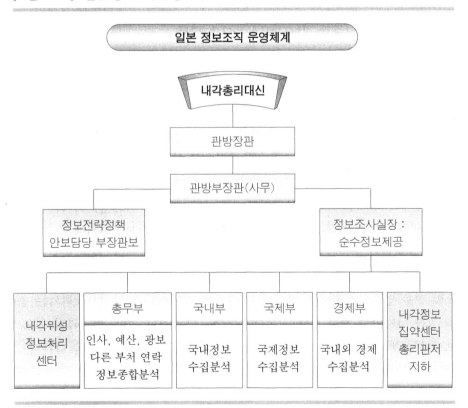

하지 않는 정책 자세를 취하고 있다. 고이즈미 총리를 지원하는 내각관방의 3명의 부장관보, 위기관리감 등이 증편되고 안보정책조정과 정보정책판단을 부장관보가 다루는 정책판단 무게가 실린 역할변화가 있었다. 그러나 내각정보조사실장인 정보관이나 조사실 위상은 그대로이다. 한편 위성정보센터와 총리관저 정보집약센터 운영, 500명인 현재의 내각정보조사실 직원의 정예화, 정부 내의 정보교류제공 협조, 민간기업의 정보협조, 증대되는 안보위협감에 따르는 국민의 정보조사실에 거는 기대는 매우 커서 일부는 직업관료, 일부는 특정직 정보공직자들로 구성된 구성원들은 사기가 매우 높다. 정보관은 인접 광보관, 부장관보에게 정보를 제공하고 사무부장관, 관방장관을 경유하여 총리에게 정보를 제공하는데 긴급 사태발생시 1-2쪽 정도의 서면 또는 구두로 직접 총리에게 보고한다. 총리에게 보고할 때 약간의 정보기관 간의 경쟁의식도 있으나 국가안보의 신경중추로서 협력조정이라는 정보기관의 목적의식과 그러한 목적의식 공유를 보고기준과 전략으로 삼는다고 한다.

• 정보처리, 위기관리에 관한 정부의 조직적 대응

일본 정부의 정보처리와 사전예방, 사후대응에 관한 정부행동은 내각관방의 위기관리감, 안보안전담당 부장관보, 내각정보조사실의 정보관을 주축으로 정보를 다루는 정부기관과의 협력체계 구축과 총리에 대한 최종적으로 정제된 정보제공과 대응책 건의이다. 총리를 정점으로 하는 정보와 위기관리 대응체계는 정보관, 부장관보, 관리감을 주축으로 한 관방장관이 핵심주체이다. 관방장관은 연 2회 열리는 내각정보회의와 격주제로 열리는 합동정보회의를 주관한다. 관방부, 내각정보회의와 합동정보회의를 거쳐 안전보장회의에서 의결되면 관계각료회의와 임시각료회의를 거쳐 의회의 동의를 받는다. 주로 안보와 국내 재난 방재담당 각료가 모인 관계 각료긴급협의를 거쳐 안전보장회의 의결이 필요할 경우 안전보장회의를 개최한다. 내각법 9조에 따라 안전보장회의는 총리를 위한 국가안보 자문, 국방기본방침 결정, 방위계획 수립, 외국과의 중요 안보사태 발생 시 기본방침 수립, 국가중요사태 대처방안 심의 등을 다룬다. 그리고 최종적으로 총리의 의견을 구하고 결의한다. 의장은 총리이며 참여의원은 총무, 외무, 재무, 경제, 산업, 국토교통, 내각관방, 국가공안위원회위원장, 방위청장관으로 구성되어 있다.

안전보장회의를 개최하기 전에 내각정보조사실, 내각정보위원회, 정부합동 정보위원회에서 정제된 정보를 놓고 내각관방장관을 위원장으로 하여 내각관방 정무사무부장관, 내각관방위기관리감, 내각관방부장관보 내각정보관, 총무성 총무심의관, 소방청장관, 법무성입국관리 국장, 외무성 종합외교국장, 재무성 재무관, 재무성 관세국장, 경제산업성 무역경제협력국장, 자원 재생청장관, 국토교통성 국토교통 심의관, 해상보안청 장관, 경찰청차장, 방위청 방위국장, 통합막료회의의장으로 구성된 사태대처 전문위원회를 가동한다. 사태대처 전문위원회는 2003년 8월에 신설되었다. 범정부적으로 관련 부처 부장관급 실무책임자가 모여 정책실무 차원에서 사태 성격 검토, 확인, 대응방침 절차 확정으로 안전보장회의 결의에 필요한 정책전문 자문기능을 수행한다. 그리고 안전보장회의를 거친 결의사항이 각료회의에 회부할 안건이면 전체각료가 참여한 각료회의에서 결정된다. 아울러 국회동의가 필요하면 즉각 총리명의로 국회동의 요구서를 국회에 송부하여 국회동의를 얻는다. 의회의 동의를 받으면 국가긴급사태 발생 시 총리가 정부대책본부를 설치하고 본부장이 되어 사태를 진두지휘한다. 따라서 내각정보회의와 합동정보회의, 안전보장회의, 관계각료회의, 임시각료회의, 국회동의, 대책본부설치와 대응 수준이 일본의 정보협조에 의한 위기관리 대응체계이다.

국가비상사태 처리가 즉각 이루어지는 기반인 정보수집, 정리, 분석, 전파 등 정보처리 흐름을 총리를 정점으로 정보의 인프라를 연결한 체계 측면에서 보면 정보전략 차원 3단계, 정보처리 차원 3단계(three layers of intelligence process)로 이루어진다. 전략 측면은 총리가 하부정보기관의 협조체계에서 수집된 자료를 통해 마련한 전략과 관련하여, 총리실 관방심의와 각료회의를 거쳐 국회동의를 얻어 국내외 국가비상사태를 선포하고 총리가 대책본부장을 맡아 활동하는 국정관리 차원에서 보는 정보활동 과정이다. 이 과정은 크게 보아 정보를 실무 차원에서 다루는 관방부 단계, 행정부 각료회의에서 내린 결정을 국회동의로 확정짓는 정치단계, 총리의 위기관리 수행단계로 나누어 볼 수 있다. 여기서 총리가 본부장이 되는 경우는 대개 대규모 무력침공, 테러 공격 시 군사력 운영이 필요한 때이다. 대신 지진, 홍수, 대규모 해상조난 등 일본의 자

[그림 6-18] 정보처리, 위기대응 정부협력 조직대응체계

연재해 발생 시는 규모에 따라 방재담당 각료가 본부장이 될 수 있다.

한편 국가위기 시나 평시에 실무차원에서 정보처리 흐름을 3단계로 나누어 볼 수 있다. 이 3단계 정보처리과정이 총리가 국정위기관리에 관한 최종적 판단을 내리거나 정치전략 차원에서 각료회의나 국회 동의과정에 이루어지는 정보판단의 원천이 된다.

기술적으로 일본 정부의 정보판단은 내각관방의 내각정보조사실의 정보관이 정보를 수집·분석·집약하는 1단계부터 시작한다. 2단계는 집약한 정보를

수평적으로 인접 수석비서관인 위기관리감, 안전위기관리담당 부장관보, 기타 정부정보기관에 제공하고 내각부장관과 장관이 이 정보를 토대로 관련 정부기관의 책임자가 모여 정보를 취합·종합하는 단계이다. 이 과정은 관련정보기관 책임자가 이미 정보조사실에 제공한 정보 이외에 추가 정보사항을 내놓고 함께 검토하고 포괄적 토의 및 심층토의를 거쳐 정제된 정보를 집약 체계화하는 단계이다. 2단계에서 합동정보회의가 일차적으로 이 임무를 수행한다. 합동정보회의는 내각관방 사무부장관이 의장이 되고 위원은 내각위기관리감, 내각정보조사실 정보관, 안전보장 위기관리 담당 부장관보, 경찰청 경비국장, 방위청 방위국장, 법무부 공안조사청 차장, 외무성 정보통괄관으로 되어 있다. 격주제로 개최되는 합동정보회의는 내각관방의 정보관이 제공한 정보에 따라 사무부장관이 내각관방 주도로 정보커뮤니티에 정보교류 정보제공, 정보교류 정보집약 정리, 민간공공기관에 정보제공, 내각관방장관이 주관하는 내각정보회의에

[그림 6-19] 일본 수상실 위기, 평시 실무 차원의 정보처리 3단계

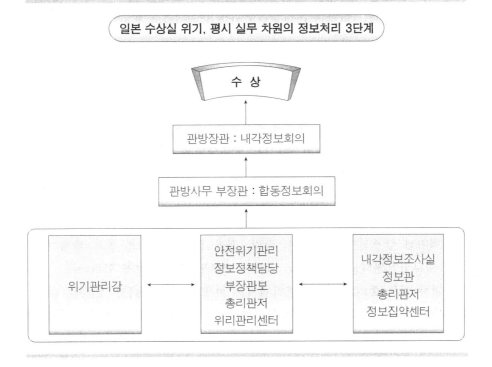

서 다룰 정보내용정리, 관방장관과 총리에 보고하는 중요 정보내용을 정리·요약한다. 이 회의 이후 필요하면 기자회견을 통해 회의 내용을 공개하기도 한다.

3단계는 합동정보회의에서 정리된 정보를 토대로 내각관방장관이 의장이 되는 내각정보회의를 개최하는 것이다. 국내외 정보를 전략적 차원에서 종합하고 국민의 안전, 국가안보에 관한 정보를 종합하여 총리와 각료에게 보고한다. 이는 안전보장회의, 각료회의, 국회동의 과정, 국민의 국가안보 합의점 모색에 종합판단이 되는 전략정보회의이다. 내각정보처리는 연 2회 개최하고 참여의원은 정보담당 각 성청의 부장관급이다. 내각관방 부장관, 내각관방 안전위기관리 담당 부장관보, 내각정보조사실 정보관, 경찰청장관, 방위청 사무부장관, 공안조사청 장관, 외무성 사무부장관이 그 참여 위원이다.

일본 정부의 정보처리과정은 총리비서실인 내각관방 주도로 내각관방의 정보조사실, 위기관리담당 부장관보, 위기관리감이 주축이 되어 정부 내 협조로 정보를 수집하고 격주제로 정부합동정보회의를 개최하여 모든 정보 집약과 해석, 우선순위를 선정하는 절차로 진행된다. 그 정제된 내용은 다시 내각관방장관이 의장이 되는 격상된 내각정보회의에서 정치전략 차원으로 정제된다.

• 총리주도 관저 Nerve Center

고이즈미 총리에 와서 총리관저에 정보상황실과 위기관리통제실이 마련되었다. 오사카 대지진, 옴진리교 독가스 살포, 북한 미사일 일본 영공 발사 등에 자극받아 때마침 완공된 총리관저 정보상황실과 통제실을 마련하여 총리의 국정위기관리 리더십을 강화한 것이다. 국내외에서 발생하는 위기를 조기에 감지·예방하고, 사건 발생 시에 적실한 일차 초동대응, 위기확대 방지, 그리고 대규모 비상사태 해결에 본부장으로 선두에 나서는 총리의 눈과 귀가되는 최측근 조직체계로 발돋움한 것이다.

백악관 상황실이 정보수집, 정리, 전파 센터라면 일본 총리 관저 지하에 있는 정보집약센터는 말 그대로 내각의 정보통합, 지휘관찰 센터이다. 그리고 백악관에 없는 총리관저 위기관리센터는 천재지변, 내우외환, 대규모 군사 테러에 대응하는 총리의 지휘통제 연락센터이다. 일본 총리는 관저에 정보와 지휘통제 기능체계를 설치하여 실시간으로 두 기능을 동시에 연계 운용하고 있다. 내각정보집약센터나 관저위기관리센터는 긴급사태가 발생할 때 문제해결과 총리가 각의의결과 국회동의를 거쳐 총리가 정부대책 본부장으로 나설 때까지의 초동대응과 대응절차에 대한 단계별 정보제공과 지휘연락을 담당한다. 실제 긴급 국가비상사태에는 총리에게 지속적 정보제공과 지휘통제연락 기능을 수행한다. 평시, 긴급재난, 국가전시 비상시기에 이르기까지 총리의 눈과 귀가 되는 신경센터(nerve center)이며 관찰 · 지휘 통제 센터이다.

임무수행 절차 측면에서 보면 국내 위협과 해외 위협요인으로 보고, 국내 위협은 주로 지진, 대홍수 또는 테러위협으로 나누고, 해외위협은 해외의 일본인, 일본 시설 테러, 일본 국내에 군사적 침공, 테러행위로 나누어 총리에게 정보와 위기대응을 연계하여 보좌하는 임무를 수행한다. 국내의 자연재해는 신속하고 적실한 초동대응이 필요하다. 긴급재난 상황을 즉각 총리에 보고하여 총리는 필요한 조치를 내각에 내리고, 내각과 지방정부, 자위대, 경찰 등 관련 기관이 초동단계에서 주민안전을 강구하는 일련의 정보와 대안강구 피드백이 바로 총리 관저에 있는 내각정보집약센터와 관저위기관리센터를 통해 이루어진다. 또한 국가안보와 관련해서 과거 냉전시대에는 북방 러시아 침공에 무력으로 대응하는 방위지침을 기본으로 하였다. 이 방위지침에 따라 지상상륙부대, 특수침투부대, 해상자위대, 항공자위대, 미사일부대가 합동작전을 하였다. 그러나 냉전 종식 후 일본 방위 기본 지침을 검토하면서 대규모 테러, 방사선 생물화학테러전, 원자력시설 공격, 대량수송교통 수송기관 공격, 항공기 납치, 무장공작원 침투 등에 대비하는 지침을 만들었다. 이 지침에 따라 육상, 해상, 항공자위대, 지방경찰, 지방정부, 행정부 내 관련 기관과 유기적 협조체계를 유지하며 총리를 중심으로 한 지휘부의 기민한 대응과 원활한 조치가 이루어졌고 이는 신속한 의사결정으로 귀결된다.

특히 2003년 12월부터 미사일 방위운영 지침이 검토되고 있는데 날아오는 미사일을 무력공격으로 인지하여 누가 요격지시를 하느냐 하는 기준과 절차를 포함한 법률을 검토하는 단계까지 왔다. 현재 법률 검토중인 내용은 정보획득과 위기관리대응책의 핵심으로 타국 잠수함이 일본 영해로 왔을 때 총리의 명령을 기다리기 이전에 해상보안청, 해상자위대가 명령을 내리는 기준, 시기, 방법 등을 명기한 미사일법이다. 미사일법에는 전화로 총리를 중심으로 한 각

의결정 간략화, 법률상 미사일 요격, 군사행동 승인 간략화, 조치 간결화의 내용이 포함된다. 특히 일본은 북한의 핵과 미사일을 심각한 위협으로 인식하여 한국과 중국보다 북한의 핵과 미사일이 일본을 일차 목표로 볼 것으로 인식한다. 그리하여 헌법상 미사일 요격과 경찰권 행사를 자위권으로 보는 법률조치 검토를 아울러 진행하고 있다.

　일본 내각관방, 방위청, 외무부 등 안보 관련 기관 책임자는 북한 등 적대국이 핵무기 미사일로 공격할 때 일미공동방위로 대응하고 일본이 독자적 공격능력을 갖추는 동안에 얼마 동안은 미국에 의존하는 역할분담을 해야 한다고 본다. 또 현재 일본은 미사일 공격능력을 갖출 필요는 없다고 본다. 그래서 비용효과면을 고려하여 미국과 공동 대응하는 과정에서 미국으로부터 탄도미사일을 도입하고 공격용 방어 무기체계를 갖춘다는 것이다. 한편 징병제인 한국군의 강력한 지상군, 대북억제력을 갖춘 한국 해·공군력은 독자 군사력이 있

[그림 6-20] 일본 총리 국가비상사태 관리체계와 정보 보좌

일본 총리 국가비상사태 관리체계와 정보 보좌

관방장관 부장관
합동정보회의
내각정보조사실

내각정보집약센터

안전보장
위기관리
담당
부장관보

총 리
국가위기관리
대책본부장

국회동의
관계장관회의

관저위기관리센터

내각위기관리감
안전보장회의
각료회의

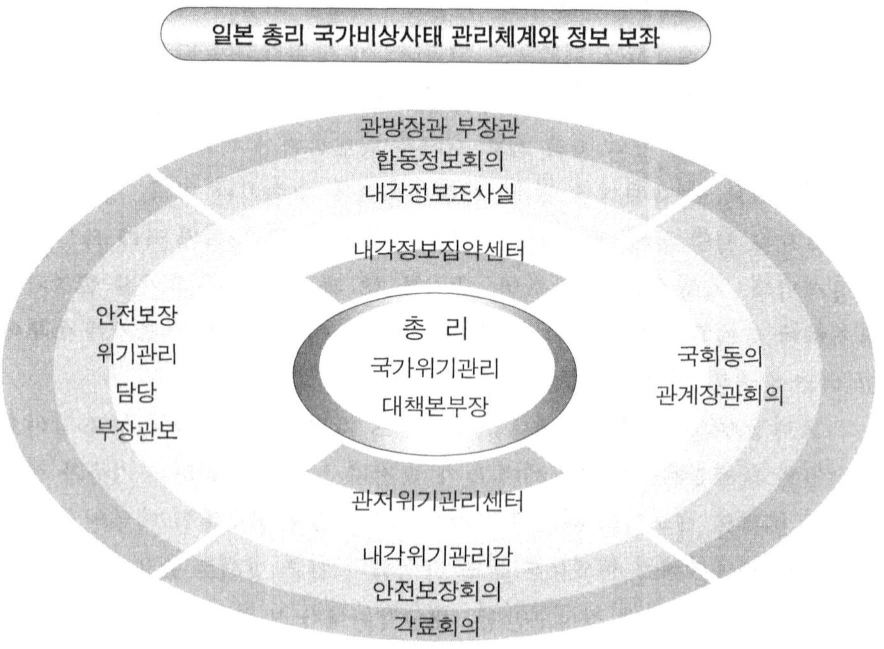

다고 판단하여 한미일 관계 속에서 미국과 함께 한국을 지역안정 파트너로 한 일관계를 돈독히 하려 한다.

이런 거시적 국제정세와 실제로 나타난 위기사태에 이르기까지 총리에게 보고되는 모든 정보와 사태추이를 보고하고 지시를 전달하는 센터가 총리관저에 있는 내각정보집약센터와 관저위기관리센터이다. 따라서 예상되는 사태의 정보판단, 위기대응의 일차 창구는 총리관저에 있는 이들 센터이다. 여기에서 제공되는 국내외 안보상황이 내각관방 사무부장관, 관방장관이 주도한 사태대처회의, 관계각료회의, 안전보장회의, 임시각의, 국회동의, 총리 주도 대책본부 설치운영으로 이어지는 최초 인지 안테나인 셈이다. 또한 총리를 중심으로 한 참모에게 최단거리 내에서 정보제공, 사태모니터링, 긴급명령 전달, 정부기관과 민간조직과의 커뮤니케이션 역할을 이들 내각정보집약센터와 관저위기관리센터가 수행한다.

내각관방장관, 사무부장관에 이어 수석비서관인 내각정보조사실장인 정보관이 정보집약센터장으로 운영책임을 진다. 그러나 일일정보 상황 관리책임자는 내각정보조사실의 참사관(과장)으로, 그가 팀장이 되어 20명을 움직여 4명 1개조로 5교대, 1일 평균 4.8시간을 총리관저 지하 1층 정보집약센터에서 집중적으로 정보 상황을 운영 관리한다. 국내외 정보를 실시간으로 받아 총리, 내각관방장관, 간부, 기타 정부 성·청에 알리고 문제발생 시 초동대응이 이루어지도록 조치를 취하는 조기경보 기능을 수행한다. 내각정보조사실에는 정보화기술을 접목하여 정보기관 내 인트라넷, 데이터베이스, 네트워크를 구축하고 있다. 이런 정보수집망은 내각정보조사실 소수인원으로 제한된 정보력을 극대화하는 데 일조한다.

물론 경찰공안위원회, 법무성 공안청, 자위대 정보국 등 다른 정보기관이 총리에게 중요하고 민감한 정보를 장관 지휘라인으로 직접보고하기도 한다. 그러나 통합정보를 다루는 내각정보조사실에 정보를 모두 제공하여 정보를 공유한다. 따라서 내각정보조사실은 자체의 인공위성정찰, 정보수집, 정부정보기관이 제공한 정보, 언론보도기관의 뉴스, 정부공공기관, 가스전기회사, 원자력발전소 등에서 보내오는 정보, 지방자치단체가 수집한 정보, 대기업과 중소기업이 국내외 지사에서 획득한 중요한 국가안보 관련 정보, 동맹우호국이 정보교류 차원에서 제공한 정보를 종합 정리·분석하여 정제된 정보를 생성한다. 그리고 다시 그 정보를 총리, 각부 성청, 다른 정보기관, 외국정보기관에 제공한다. 현재의 내각조사실 정보관은 경찰출신이다.

한편 내각관방장관 지휘로 천재지변 등 국내 위기상황을 주로 관리하면서 외국의 군사위협에 초동 대응하는 위기관리감은 위기관리의 실무책임을 진다. 위기관리감은 관저 위기관리센터에서 취합된 위기상황과 내각정보집약센터에서 보내 온 정보판단에 따라 실제 위기발생지역의 위기관리를 실무차원에서 총리와 내각관방장관을 보좌하여 조정, 협조, 통제 모니터링한다. 현재 위기관리감은 그런 실무운영을 경험한 경찰청장관 출신이다. 그런데 실제 대응을 할 때 정책 차원의 행동 판단은 위기관리안전담당 내각관방 부장관보가 책임을 진다. 따라서 지휘 운영상 수상실 지하 1층에 있는 내각정보집약센터는 내각정보 조사실장인 정보관이 장악하고 관저위기관리센터는 부장관보가 책임을 진다.

아울러 총리, 관방장관, 사무부장관이 정치적 결단을 내리기까지 전문적 정책판단은 위기관리 안전담당 부장관보가 책임을 진다. 정책 차원에서 정보집약센터가 관저위기관리센터에서 최초 접수한 위기상황과 정보에 따라 초동대응으로 관련 정부 성·청이 필요한 조치를 취하게 하고, 이어서 합동정보회의, 내각정보회의, 관계 장관 각료회의, 안전보장회의, 각료회의, 의회결정, 총리결정으로 이어지는 위기안보관리의 전문적 정책 실무관리(gate keeper)는 부장관보실에서 이루어진다. 현재 부장관보는 방위청 고위국장에서 발탁되었다. 서열상 관방장관, 사무부장관 지휘 아래 총리관저 총무관, 국내담당 부장관보, 정보관, 광보관과 동일 서열의 수석비서관인 위기관리 안전담당 부장관보는 위기관리, 정보상황의 전문 정책판단을 책임진다는 관점에서 정보관, 광보관보다 다소 높은 위치에 있다고 한다.

안전보장·위기관리담당 부장관보는 국장급인 3명의 심의관을 두고 휘하에 14명의 참사관, 79명의 사무관을 두어 부장관보를 포함 97명의 맘모스급 안전위기관리 정보관 수석비서관 역할을 한다. 요원들은 내각관방에서 경력을 쌓은 관료도 있으나 내각부, 경찰청, 총무성, 소방청, 법무부 공안청, 외무성, 재무성, 후생성, 농림수산성, 경제산업성, 국토교통성, 기상청, 해상보안청 등에서 파견된 겸임 직업 관료로 혼성팀을 이루고 있다. 이들을 거느린 제1심의관

[그림 6-21] 일본 내각관방부장관보(안전보장 위기관리담당) 체계

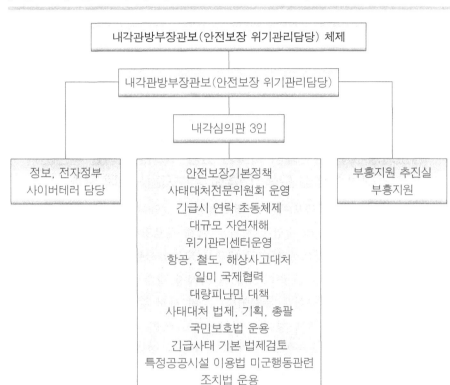

은 정보, 전자정보, 사이버테러 등을 담당하고 제 2심의관은 안전보장 기본정책을 보완하며 이 취지 속에서 사태대처전문위원회 운영관리, 긴급사태 초동대처, 대규모 자연재해, 위기관리센터 운용, 육해공 교통안전, 국민보호법 운영, 공공기관 이용, 미군행동조치법 운영 등 기획·운영 면에서 미국의 국토안보부의 기능을 수행한다. 그리고 제 3심의관은 재난복구지원, 자위대 재난복구지원금 제공 등 재난지원기관 모니터링을 수행하고 있다.

　　종합하자면 정보관, 총무관, 광보관, 위기안전보장담당 부장관보가 초동대응, 정책판단의 전문수석비서관 역할을 한다. 그리고 관방사무부장관은 관방장관, 관계 장관회의, 안전보장회의, 각료회의, 국회동의, 총리위기관리 본부장 행동의 정치적 국정운영의 미드필더 역할을 한다. 마지막으로 관방장관은

내각과 의회를 연결하여 총리를 보좌하며 총리가 국정운영의 중심에 서게 하는 정치정책의 조정자 역할을 한다고 본다.

3. 한국 정보조직관리 체계와 21세기 대통령 정보지원 시스템 디자인

정보기관 고유 정보활동 자율성 고양, 국가정보목표 우선순위 선정에 대한 합의점 모색, 대통령 정보지원시스템 구축

국가 형성 이후 한반도에서도 정보활동은 있었다. 삼국시대 고구려 장수왕은 바둑을 잘 두는 승려 도림을 첩자로 백제 개로왕에게 접근시켰다. 도림은 바둑친구가 되어 개로왕으로 하여금 대규모 토목공사를 일으키게 하였다. 이로 인해 백성의 원성을 사고 국력이 소모된 백제를 장수왕이 침공하여 수도 한성을 함락하고 개로왕은 죽임을 당하였다. 고려 사신 문익점은 전략물자인 목화씨를 원나라에서 붓 뚜껑에 넣어와 고려에서도 목화 재배가 가능해서 고려 서민에게 옷감 원단을 공급하였다. 문익점은 한반도 역대 국가와 정부 정보원 중에서 국가정보원이 선정한 전문 정보원의 표상으로 벤치마킹하고 있다.

조선 시대의 보부상(褓負商)은 전국 산간벽촌, 교통요지를 누비는 상단으로 전국의 기업정보망을 공유하고 중앙정부에 민생의 생활정보를 제공하는 정보원이었다. 고종황제는 급변하는 국내외 정치, 경제, 사회상황을 조사하여 보고하는 제국익문사(帝國益聞社)를 설치하고 제국익문비보장정(帝國益聞秘報章程)이라는 정보수집전달 예규를 만들었다. 이 당시 고종이 임명한 밀정이 영국, 미국, 프랑스, 일본, 청나라, 경성과 국내 항구에서 정보를 수집하여 보고하고 고종 친서를 은밀히 전달하는 임무를 수행하였다. 항일독립운동 시기에는 사회주의 독립동맹의 지도자인 김원봉은 의열단, 임시정부 주석 김구는 애국단을 결성하여 만주 주둔 일본 관동군의 기밀 입수, 국내에 잠입하여 독립군 군자금 모금, 일본 군 습격, 일본 요인 테러의 전위대가 되었다.

해방 이후 1945년부터 1948년 대한민국 정부가 들어서기까지는 한국에 주둔한 미군 24군단을 지원하는 방첩부대(Counter Intelligence Corps: CIC)가 정보활동 기구의 근간이 되었다. 방첩부대는 미군정체제 보호, 북한 간첩 활동 무력화, 한국 내 테러와 태업 예방, 일본 경찰이 남긴 정보통신체계와 미군 통신으로 통신감청과 우편 검열 임무를 수행하였다. 한국 정부가 수립되자 이범석 국방장관이 국방부 4국을 만들어 북한군사 정보를 담당하고 미군 방첩대와 24군 정보참모부는 한국 육군본부의 정보국에 정보지원을 하면서 정보국은 특수정보과(Special Intelligence Section)를 설치하고, 이후 특무대로, 북한군사 정보 수집을 위한 첩보부대(Higher Intelligence Department: HID)로 정보 조직 분화가 이루어졌다. 1950년 6·25전쟁을 치루면서 특무부대는 정부전복, 군사반란, 군부동향, 대북 첩보 수집 정보활동을 하고, 1968년에 국군 보안사령부로 개칭하여 육해공군 보안정보 활동을 통합한다.

군사 정보와 관련해서는 5·16 군사 혁명을 거치고 신군부가 등장하면서 1990년대에 북한 정보 수집을 위주로 하는 국군정보사령부, 북한 위주의 통신감청과 암호해독 담당인 정보통신사령부, 군부 내 동향파악을 임무로 하는 국군기무사령부, 대외 군사정보 수집과 군사정보를 종합하는 국방부 정보본부가 설치운영되고 있다.

한편 이승만 대통령의 자유당 정권이 4·19 학생혁명으로 붕괴되고 5·16 군사 혁명으로 박정희 정권이 탄생되기까지 국내 정보, 북한 정보 수집을 내무부 정보수사과와 정보계가 담당하고, 후에 특수정보과, 내무부 치안국 정보과, 치안본부 정보과, 경찰청 보안과, 정보국으로 조직과 임무 변화를 거듭하면서 국내 치안정보, 북한 정보 생산을 수행하고 있다.

그리고 5·16 이후 미국 중앙정보부의 지원으로 1961년 탄생한 정보종합기구인 중앙정보부가 국가안전기획부, 국가정보원이란 명칭 변경을 하면서 대내외 정보 수집·분석·생산·배포, 정부 부처 보안 점검, 정보 종합기획조정 업무를 수행하고 있다. 이 밖에 정보 기구로 법무부 공안부 정보기획관, 경찰청 정보국, 통일부 정보분석국, 재경부 국제금융정보, 행자부 민원성 정보를 담당하는 부서가 있다.

2차 대전 종전 후부터 미군정 체제를 지나 1948년 대한민국 정부 수립 이래 현재까지의 국가 정보를 정리하면 첫째 정보전문성 취약, 둘째 국내 지향 정보활동, 셋째 정부 정보기관의 고유성과 자율성 미숙, 넷째 21세기 국가목표와 연계한 국가정보 목표의 우선순위 선정과 정보체계 혁신 결여, 다섯째 대통령에게 전달되는 정보지원 시스템의 미숙으로 요약할 수 있다. 그리고 이들 문제점은 모두가 상호 연계되어 혁신의 대상이 되고 있다.

정보전문성의 취약은 정권안보 정보활동으로 인한 해외정보 활동의 전문성 결여로 연결된다. 이승만 정권의 특무부대와 경찰 사찰 정보, 박정희·전두환·노태우 정권의 보안사령부, 중앙정보부는 정권 정통성 결여로 인한 정권취약성을 극복하기 위해 국내정보에 치우친 경향이 있다. 물론 국내에서 암약하는 북한 간첩 검거, 국내 과학기술정보 유출 사전 차단, 국제 조직범죄, 마약단 검거, 테러 예방, 북한 정보 분석의 정밀성, 해외 전략정보수집에 공헌한 정보 활동의 업적도 있다. 그러나 권위적 강압적 정권에서 국내정보 활동은 은밀한 정보 수집과 분석이 크게 요구되지 않는 백주 대낮의 고속도로 질주형, 저인망 어로 작업이라 볼 수 있다. 따라서 은밀성과 비노출이 필수적인 고도의 과학적 정보 전문성이 창의적으로 발전될 수 있는 정보환경이 조성되지 않았다. 그저 권력의 태양 아래 춤추는 정보 카니발만 있을 뿐이다.

해외에서 근무하는 외교관 신분의 정보요원이나 비노출 정보요원은 근무지 국가의 대학 학부나 대학원을 졸업하여 오래도록 순환 근무로 근무지 인사와 인맥도 튼튼한 지역정보 전문외교관이 되어야 한다. 그러나 국내 정보요원에게 상대적으로 인사고가에서 높은 인센티브가 주어지고, 근무지 국가의 약간의 언어 소통이 전부인 배경으로 2-3년 근무 후 보직변경하기 때문에 한국 정부의 모든 해외 정보 요원의 정보 경쟁력은 선진국에 비해 떨어질 수밖에 없다. 물론 9·11 테러 이후 아프간, 이라크 군사작전에 투입된 미국 중앙정보부, 해병대, 육해공군 군사정보대의 현지 언어 사용 전문 정보요원이 부족하다는 자체 평가도 있다. 그러나 정권안보의 국내지향 정보력 우선주의는 해외정보 활동 전문 경쟁력 약화의 연장선 상에 있다. 문민정부로 와서도 국내정보 우위는 변함이 없다. 정권안보 차원에서 필요하다면 대상을 가리지 않고 무작위로 국내 시설, 인사들의 활동을 도청한 정보기관의 보고서를 주기적으로 읽고서도 문민 대통령들은 사법처단을 받은 정보실무자들에 대해서 나 몰라라 하고 있다.

그러다 보니 정보를 종합 기획하는 국가정보원 수장은 국내외 정보를 독점하거나, 국가정보원, 군, 경찰, 기타 정보기관 책임자는 대통령 입맛에 드는 정보를 진상하는 정치정보를 하게 되는 실책을 범하게 된다. 21세기 국가정보체계는 국가정보원, 군, 검찰, 경찰, 민원성 지방 정보 수집기관, 통일, 외교통상, 환경, 과학기술 분야의 정부 정보 담당 기관이 독자적이면서 자율적으로 정보수집, 분석, 생산, 생산된 정보를 제공하는 환류 순환 과정을 가져야 할 것이다. 그리고 국가정보원은 해외 정보, 해외 과학기술, 에너지, 환경 정보, 북한정보를 다루는 대외지향 정보활동 모드로 체질을 변경하고 독자적인 인공위성, 무인정찰기를 운용하는 착실한 계획 속에서 인간정보력 극대화에 우선순위를 두면서 정보요원 전문화, 세계적 경쟁력을 갖춘 전문 인력 양성에 최우선을 두어야 한다.

전문성 강화, 국내지향에서 해외지향 정보력 증대, 정보기관의 고유 임무를 자율적으로 수행하는 경쟁체제 속에서 모색해야 될 중요한 과제는 냉전체제 종식, 9·11 테러, 세계화, 정보화 시대에 대응하는 국가목표에 따라 국가정보 목표우선순위(priorities of national intelligence objectives)를 착실하게 선정하는 것이다. 그에 따라 정보기관들이 수행하는 고유 임무의 독자성과 자율성은 인정하되, 대통령에게 보고하는 정보우선순위는 모든 정보기관이 모여 투명성 있게 합의제로 결정하고 그 조정중재 기관을 대통령실에 두는 정보시스템 구축이라는 시대적 요구에 직면하고 있다.

주요 선진국에서는 대통령과 수상에게 정보를 지원하는 시스템 개혁은 냉전체제 종식이 시작된 1990년대 초반부터 9·11 테러를 거쳐 이라크 침공 전후에 대통령·수상 비서실에 정보실무위원회, 정보 수석실, 국가정보부를 국회에서 여야당의 합의로 설치 운영하는 데서 이미 시작되었다. 그런데 우리나라의 경우 문민정부와 참여정부에 와서 누적된 대통령 직속 위원회가 31개가 있다. 민주평화통일위원회, 중앙인사위원회, 국민고충처리위원회 등 집행성격을 띤 8개 위원회와 국가균형발전위원회, 정부혁신지방분권위원회 등 심의와 자문 역할을 하는 23개 위원회가 그것이다. 그런 위원회 중에 국가정보시스템을 혁신 발전시키려는 한시적 자문·심의 위원회는 없으며 정보기관이 자율적으로 알아서 혁신하라는 의지 표명으로 국가정보 분야는 대통령의 관심 밖이나 정보혁신 방치 상태로 흘러가고 있다. 차기 대통령이 당선되면서 정권인수기간에 해결해야 될 전략과제가 대통령 정보지원시스템 구축이다.

이를 위해 우선 한국 정보기관들의 임무와 기능에 대한 재고 조사를 해야
한다(function inventory). 그런 연후에 국정목표 설정에 따른 정보목표우선순
위를 선정하고 국가정보기관 전체의 구조조정으로 조직과 임무를 정보전문화
와 세계적 경쟁력이 있는 국가 정보력 강화 맥락에서 재정비할 것이 요망된다.
물론 해외 정보, 북한 정보, 국내 보안방첩, 국제범죄, 테러예방에 관련된 정보
업무 혁신과 조직 재편이 정보전문성과 세계적 경쟁력 지평에서 핵심 과제가
되어야 한다.

최종적으로는 대통령을 보좌하는 정보기관 운영체계를 확립해야 할 것이
다. 매일 아침 수석비서관이 참석하고 청와대 비서실장이 주재하는 일일현황점
검회의에 국정상황실 실장이 간사로 이들 정보기관이 수집, 분석, 생산하여 보
내 온 정보를 브리핑한다. 그리고 군사안보, 북한 관련 정보는 대통령 자문기

[그림 6-22] 21세기 청와대 조직운영과 정보보좌 시스템

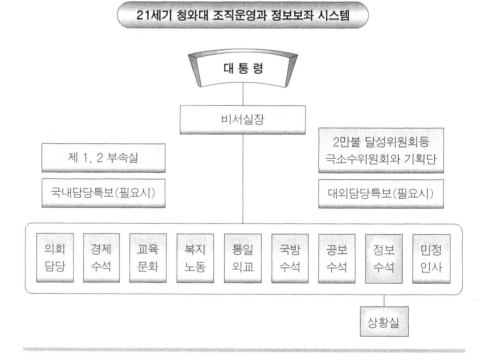

관인 국가안전보장회의(NSC)의 정보관리실에 보내 취합 정리하고 대통령에게
보고된다. 이러한 일련의 정보 과정을 국가정보시스템 운용체계라고 할 수 있
다(김민수, 2005: 27; 문정인 편, 2002: 578). 대통령 보좌 정보지원 시스템 확립
과정에서 고려해야 할 것은 대통령을 지원하는 정보기관들의 임무와 활동을 다
원화하면서 자율성을 보장하고 경쟁을 유도하며 어느 특정 정보기관의 정보독
점을 배제하는 원칙을 세워야 한다. 그리하여 대통령에게 정보를 지원하는 보
고체계는 정보기관이 공동으로 참여하여 대통령에게 보고하는 정보협조체계를
유지하면서 투명성 있게 간결성, 단일표준화, 객관성, 정확성, 신뢰성을 갖춘

[그림 6-23] 대통령 정보보좌조직 운영체계

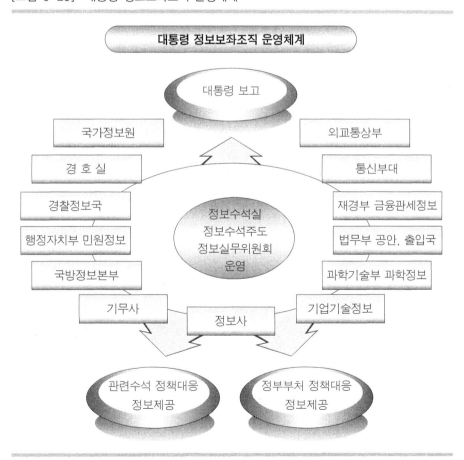

정보 내용을 취합해야 한다. 이런 정보조정 협조유지를 위해 청와대 내에 정보
기관 실무자들이 모인 정부정보합동 실무위원회를 구성하든지 동일한 임무를
수행하는 정보수석실을 두는 것을 고려해 볼 만하다. 대통령에게 정보를 보고
하는 최종 책임을 지는 정보수석비서관실이나 정보실무위원회 산하에 실시간
으로 운영되는 상황실이 가동되고, 이 상황실에서 청와대 수석비서관실과 정부
부처에 필요한 정보를 실시간으로 배포하는 것이다. 이러한 대통령 정보지원시
스템 구축을 위의 도표에서 정리 요약해 본다.

대통령 경호시스템 비교

대통령 경호시스템 비교

1. 민주정치체제와 전문 경호조직관리 체계

　　대통령, 수상의 신변에 위해가 가해지면 본인과 가족 불행은 물론이고 국가안보의 기저가 흔들리고, 때로는 세계 평화 질서 구도에도 틈이 생긴다. 그로 인한 국가신인도 추락과 국가 경쟁력 저하에 추가 정치비용 부담도 막대하다. 이에 9·11 테러 이후 중요 국가는 요인 보호, 기간시설 경비에 국가 차원의 구조조정으로 경호경비 시스템 재정비에 들어갔다. 21세기 대통령·수상 등 국가 중요 인사 경호, 국가 기간시설 경비는 미국의 국토안보부 같은 정규 부처 소속 기구, 수상실 직속 정예조직, 경찰, 군 조직에 소속되어 활동지원을 받고 있다. 대통령·수상 측근 경호는 30-40대의 경호대장, 경찰 경정, 총경, 또는 소령, 중령이 팀장이 되어 순수 경호전문성을 기반으로 경호에 임하고 있다. 또한 최근 경호는 테러대비 정보 분석에 무게를 두는 예방 경호 추세로 흐르고, 정교한 방탄차량, 방독면 개발 운영, 위성통신 추적 시스템 활용으로 대량살상 조직 테러에 대비하는 고강도 순간 경호에 주력하고 있다.

　　대통령 경호를 중요 국가의 경호조직관리 체계, 경호기법, 인사관리, 경호장비, 경호원의 전문성, 경호직업 충성심을 비교하면서 규명해 본다. 이런 지평에서 21세기 청와대 경호실의 정체성(正體性, identity)을 정리한다.

　　대통령이나 수상의 경호체계는 정치체제와 밀접한 관련이 있고 나라마다 고유한 정치상황에서 발전하여 왔다. 문헌분석과 12개 주요 국가의 경호실을 현지 방문하여 면접과 현지조사로 분석 결과를 보면, 경호실이 전문 공직기관으로 제도화되어 있는 나라일수록 민주적으로 발전되어 있고 안정된 정치체제를 갖추고 있다. 따라서 경호기법도 전문화된 시스템으로 정비되어 있다. 대통령제로 운영하는 국가는 독립된 경호실이, 내각제 국가는 경찰이 경호를 담당하고, 대개 정치적으로 불안정하고 쿠데타가 잦은 국가는 군대가 경호를 하고 있다. 그리고 다원화되고 공개된 민주국가일수록 경호시스템이 고도로 전문화되어 있고 경호기법도 이론적으로 체계화되어 있으며 경호원은 직업공직자로 되어 있다. 따라서 경호시스템과 정치체제와는 깊은 함수관계가 있음을 알 수 있다. 정치체제 형태가 내각책임제 혹은 대통령책임제인가에 따라 대통령 경호의 관리체제가 다르며, 각 국의 정치상황과 문화풍토에 따라 경호실의 전문성 확립에 다소의 차이가 있다. 이는 국가원수 경호의 관리가 이루어지는 부처인 경찰, 군 혹은 독립된 경호기관을 분석함으로써 파악될 수 있다.

대통령제를 채택하는 미국, 프랑스, 러시아, 필리핀 그리고 페루, 칠레, 브라질 등 남미 국가는 독립된 경호실을 운영하고 있다. 말하자면 대통령 중심제를 취하는 국가의 국가 원수 경호관리는 경찰, 군대가 아닌 독립된 경호기관이 운영하고 있다.

한편 내각책임제를 정치체제로 운영하는 영국, 독일, 캐나다, 일본, 말레이시아는 입헌군주국으로 국왕은 국가통합의 상징적 존재이며 수상이 현실 정치의 최고지도자이므로 경호의 주력은 수상에 있고 국왕과 수상의 경호는 전부 경찰에서 담당하고 있다. 반면에 같은 입헌군주제이면서 내각책임제 형태를 취하는 스페인과 태국은 국내 정치상황에 의해 군과 경찰의 혼합조직 내지는 군에 의한 국가원수 경호관리가 이루어진다. 스페인 국왕의 경호는 군이 담당하며, 태국은 국왕 경호는 경찰이, 수상 경호는 군에서 담당하고 있다. 공화체제이면서 내각책임제 국가인 이탈리아는 과거 군경찰(Constabulary Force)과 경찰의 혼합조직이 수상을 경호했으나 최근 수상실 직속 정보보안위원회의 사무부 내에 수상 경호대를 신설 운용하고 있다.

문화풍토 면에서 카톨릭을 신봉하며 정치적 불안정 속에서 발전하는 국가로 볼 수 있는 라틴 계통의 국가인 스페인, 이탈리아, 필리핀은 군 혹은 군과 경찰이 혼성팀을 유지하는 군경찰이 국내치안 기관으로 군림하며 국가원수 경호의 핵심부서로 존재하고 있다. 입법부, 사법부, 행정부에 절대적 영향력을 행사하여 국민당 일당체제를 유지하다가 다당제로 발전하는 대만은 총통제 정부조직으로 총통 경호는 군에서 차출된 병력으로 조직된 경호실이 책임지고 있

[표 7-1] 정치체제에 따른 각국의 경호기관

경호담당조직 정치체제	경　찰	군경찰 · 군	군	독립기관
입헌군주제	영국, 캐나다 일본, 말레이지아	스 페 인	태　국	
공화정체 내각책임제	독　일			이탈리아 (준독립)
대통령중심제		필 리 핀	페루, 칠레 브라질	미국, 한국, 프랑스, 러시아
총 통 제				대만

다. 특이한 것은 계속적으로 군사정권 혹은 정권의 평화적 이양이 순조롭지 못한 태국, 페루, 칠레, 브라질은 수상과 대통령 경호를 완전히 군이 관리하고 있다는 점이다. 국가 정치체제와 정치풍토에 따른 경호관리체계가 위의 도표로 표시된다.[1]

경호실이 경찰에 의해서 운영될 경우의 조직 형태는 각 국의 수도 경찰청과 지방경찰의 수사부, 공안부의 경호국 혹은 경비경호과에서 담당하며 책임자는 경호국장, 경호과장, 경호대장으로 통칭되며 직급은 경찰 차감에서 총경급이다(최평길, 1981: 26). 한편, 경호실이 군과 경찰의 혼성조직으로 관리될 때는 군경찰이 담당하고 책임자의 직급은 높은 편으로 장성급이나 차관급이다. 경호실의 운영이 군의 독자운영체제에 의한 경우는 태국이 유일한 경우로서, 정보와 보안을 담당하는 통합보안사령부의 경호대의 대령 내지 준장 급이 책임자로서 경호 책임을 진다. 경호실이 독립된 기관으로 운영될 경우는 실장은 장성급 내지 차관보급으로 운영된다([표 7-2] 각 국 경호 조직체계 참조). 이렇게 경찰, 군경찰, 군, 독립된 기관별로 경호를 담당하는 각 국의 경호조직체계 유형을 그 대표적 국가인 영국, 필리핀, 태국, 미국의 예로 표시하면 다음 [표 7-2]와 같다. 경호원 수를 보면 마르코스 시절 필리핀 경호사령부가 2,500명으로 가장

---

1) 1980년 7월-8월, 2004-2005년 기간에 저자 연구팀이 스페인, 프랑스, 독일, 영국, 이탈리아, 미국, 일본, 태국, 말레시아, 대만, 러시아의 국가원수 경호시스템을 현지 방문으로 조사하여 도표로 정리함.

많은 인원을 보유하고 있으며, 가장 적은 경호원을 가진 국가는 대만으로 총통

[표 7-2] 각 국 경호조직체계

국 별	경호대상	경호기관	경호책임자	인 원	협조기관
영 국	여 왕 수 상	경찰청 특수부경호국	경호국장 (부총감보) 경호대장(총경)	410명 (근접경호 20명 상주)	지방경찰
카나다	총 독 수 상	경시청수사부 경호국	경호국장(수사 부장, 경시차감, 경호국장, 총경)	200명 (근접경호 12명 상주)	지방경찰
일 본	황 실 수 상	경찰청경비국 공안2과(경호과)	경호과장 (경무관)	170명	지방경찰
말레이시아	국 왕 수 상	경찰청 경호과	경호과장 (총경, 경무관)	101명	지방경찰
독 일	대통령 수 상	내무부 범죄수사국(경호국)	국장(치안차감)	536명	
스페인	국 왕 수 상	경호실 안전성 안전국	실장(중령) 안전국장	376명	군
이탈리아	대통령 수 상	경호실	국장급 경호 대장(국장급)	80명	경찰군
필리핀	대통령	경호사령부	군경찰사령관(중장) (정보부장겸임)	2,500명	군
태 국	국 왕 수 상	보안사령부 경호대	경호대장 (대령)	300명	경 찰
프랑스	대통령	경호실	실장(경찰 차장보) 경호대장(경정, 중령)	400명	경 찰
미 국	대통령 부통령	경호실	실장(차관보)	350명	군·경찰
대 만	총 통	시위실	실장(중장)	20명 (근접경호)	헌병사령부 경비총본부

부의 시위실에 20명의 근접경호원만 있다. 조사대상 국의 경호 인원을 평균치로 환산하면 평균 경호원 수는 450명 정도이다(20<450<2500).

미국 대통령 경호체계

경호와 수사를 동시에 수행하는 전통 행정부서 조직인 미국 비밀 경호대는 미국 역사, 정치발전과 궤도를 같이하고 있다. 미국은 독립 이전에도 지역주민이 자체적으로 모은 비용으로 지방치안을 유지하고 독립 이후에는 연방정부에 의한 지방정부 간섭을 최소화하는 차원에서 철저한 지방 자치경찰제를 유지하였다. 특히 1863년 재무부가 연방화폐인 달러를 통용하기 전에는 주정부가 각기 고유한 화폐를 통용하고, 연방화폐인 달러도 남북전쟁이후 위조지폐가 남발하여 국가경제와 사회불안의 요인이 되었다. 1789년 워싱턴 대통령 취임 후인 건국 후부터 76년이 지난 1865년 남북전쟁 종료 시까지 미국은 각 주별로 고유한 화폐를 발행하였다. 그 결과 7,000여 종의 화폐가 통용되고 4,000여 종의 위조화폐가 미국 전역을 휩쓸어 위폐단속반이 필요하였다. 재무부의 계선조직으로 발족한 비밀경호국이 위폐 단속과 금융질서 확립에 앞장섰다. 비밀경호국은 1880년대에 연방국가 단일 화폐가 통용되면서 연방단일 화폐보호를 계속 일차 임무로 하면서도 금융질서 확립과 함께 잇따른 대통령 암살과 암살기도로 대통령 위해요인 제거와 경호임무를 추가로 부여받게 되었다.

미국은 1대 워싱턴 대통령부터 43대 부시대통령에 이르기까지 4명의 대통령이 암살되고, 5명의 대통령이 현장에서 저격당했으나 암살을 모면한 미수 사건이 발생했다. 지방 자치경찰의 협조를 받으면서 연방정부 차원에서 강력한 위조지폐 근절 수사과를 1865년 링컨 대통령의 재가로 머크로(Hugh Mccullough) 재무장관이 신설하였다. 비밀수사(Secret Service) 조직 신설이 승인된 그 날 링컨 대통령이 암살범 부스(John Wilkes Booth)에게 저격당하자 링컨 대통령 뒤를 이어 부통령에서 1865년 4월 15일 대통령직을 승계한 17대 존슨 대통령이 그 해 7월 5일 비밀경호대를 재무부 산하 계선조직인 국(局)으로 창설했다. 1881년 당선된 가필드(James A. Garfield) 대통령에게 선거운동에 기여한 공로로 직위를 요구하다가 거절당한 광신자 기토(Charles Guiteau)가 워싱턴 기차역에서 대통령을 저격한다. 그러자 의회도 요인경호에 관심을 표명하였다. 이후 클리블랜드(Grover Cleveland) 대통령이 휴가 등에 제한적으로 비밀수사대의 경호를 요구하여 처음으로 대통령에 대한 경호가 이루어졌다. 1901년 무정부주의자 졸고스(Leon Czolgosz)가 매킨리(William Mckinley) 대통령을 버팔로시 박람회장에서 저격하여 비밀경호팀 활동이 본격적으로 가동되었다. 1913년 하딩(Warren Harding) 대통령이 요구하여 의회가 백악관 경호대(White House Police Force) 창설을 허가하였다. 1963년 케네디 대통령이 오스왈드(Lee Harvey Oswald)에게 저격당하고 1969년 전 법무장관이었던 동생 로버트 케네디가 대통령 후보로 민주당 예비선거 유세 중에 시란(Siran Bishara Siran)에게 암살당하면서 유력 후보도 경호대상으로 확대된다. 미국 대통령 후보는 선거일 전 120일부터 비밀경호대와 경찰로부터 경호를 받도록 제도화되어 있다. 비밀수사대의 일부가 백악관에 파견되어 경호실을 구성하고 있는데, 경호법에 따라 백악관 경호실장은 비서실장의 지휘를 받으면서 백악관의 정규 기관으로 경호임무를 수행하고 있다. 비밀경호대(Secret Service)는 미국의 역사만큼이나 뚜렷한 임무와 조직관리 면에서 전통이 있는 행정부 부처 계선조직으로 발전하여 왔다. 백악관 비밀경호대는 경호(Protection)와 수사(Investigation)를

[표 7-3] 미국 대통령 저격 사례

사 망	미 수
Abraham Lincoln 대통령 1865. 4 .14 John Wilkis Booth가 암살	Andrew Jackson 대통령 1835. 1. 30 Richard Lawrence가 암살 시도
James Garfield 대통령 1881. 7. 2 Charles J. Guiteau가 암살	Franklin Roosevelt 대통령 1933. 2. 15 Guiseppe Zongra가 암살 시도
	Harry S. Truman 대통령 1950. 11. 1 Oscar Callaza가 암살 시도
William McKinley 대통령 1901. 9. 6 Leon Czolgosz가 암살	Gerald R. Ford 대통령 1975. 9. 5, 1975. 9. 22 Sara Gone Mose 암살시도
John F. Kennedy 대통령 1963. 11. 22 Lee Harvey Osward가 저격	Ronald Reagan 대통령 1981. 3. 30 John Hinckley 저격시도

[표 7-4] 미국의 주요 경호법안

1894	비공식 part time 경호요원 클리블랜드 대통령 경호
1901	맥킨리 대통령 피살 이후 의회에 경호 비공식 요청
1902	2명의 경호원이 대통령 경호
1907	Sundry Civil Expenses Act 발효 의회에서 대통령경호 예산승인
1908	대통령 당선자 경호, FBI 전신 기구에도 파견
1951	Public Law 82-79. 대통령, 부통령, 가족 경호, 당선자 경호
1965	중요 대통령후보 경호
1971	외국국빈 방문 원수 경호
1992	대통령 퇴임 후 10년간 경호
2000	Presidential Threat Protection Act
2001	Patriot Act

2대 기본 임무로 하고 있다. 한편 경호 법규와 관련해서 살펴보면,

대통령 위해상황 발생으로 대통령 경호에 관해 19종의 법안이 의회에 제출되었으나, 1906년에 의회가 재무부 비밀경호국 요원이 대통령을 경호하도록 허용했다. 그 이듬해 1907년 처음으로 손드리 법안(Sundry Civil Expenses Act for 1907) 통과로 공식적으로 재무부 비밀경호국 요원이 대통령을 경호하게 되었다. 그 후 경호법규가 추가되면서 오늘날은 전·현직 대통령과 그 가족, 3부 요인, 대통령후보, 미국을 방문하는 국빈, 백악관과 부통령 관저, 기타 국내외 상황에 따라 주요 인물을 경호한다. 퇴임 대통령은 퇴임 후 10년간, 자녀는 16세까지 경호한다.

위폐근절, 독립선언서, 헌법 원본, 유엔헌장 원본, 링컨 대통령 취임연설문 원본 등 주요 문서 보관업무를 수행한 비밀경호대는 2001년 9·11 테러 사건 이후 새로운 임무와 조직 강화 단계에 들어갔다. 미국 국내보안과 안전을 총체적으로 담당하는 국토안보부(Department of Homeland Security)가 2003년 3월 1일 자로 연방정부의 정규부처로 설치되면서 재무부 비밀경호국이 국토안보부로 편입된 것이다. 국방부가 해외군사 침공으로부터 무력으로 국토를 방위한다면 국토안보부는 국내 테러, 마약, 밀수, 불법이민 등 범죄를 방지·분쇄하

[그림 7-1] 미국 대통령 경호체계

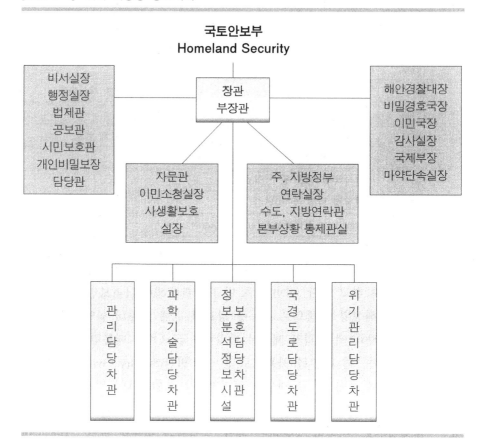

는 국내 안전을 책임지는 부서이다. 해안경비, 이민관리, 마약단속, 국경수비, 도로교통안전, 민방위, 주·지방정부 협조유지, 테러예방과 전담 등 국내안보 질서유지가 기본 임무이며 대통령을 위시한 요인경호, 백악관 경비 테러대응을 책임지는 비밀경호임무가 추가되었다.

국토안보부의 비밀경호국장(Director of the Secret Service)은 차관 (Undersecretary)과 차관보(Assistant Secretary)급이며 최고위 경력직에 해당한 다. 국토안보부 비밀경호국에서 파견된 백악관 경호대장(Chief of Secret Service White House)은 차관보급이며 미국연방공무원 최고위 직급인 GS 18(General Schedule 1-18)에 해당하거나 실질적으로 그보다 상위급이다. 경호법에 따라 대통령 안전은 경호실장이 책임지기 때문에 장관급인 백악관 비서실장도 기술적 경호안전에는 개입할 수 없다. 그래서 9·11 테러 당시에도 앤드류 카드(Andrew Card) 비서실장, 백악관 참모와 의견을 나누긴 했으나 경호실장에게 최종적으로 명령하는 유일한 사람은 대통령이었다. 그리고 부시 대통령이 전략사령부 지하 벙커에 있다가 백악관으로 복귀하자는 명령은 대통령이 직접 경호실장에게 명령하여야 가능한 것이다. 백악관 경호요원은 현재 200여 명으로서 기능별로 조직되어 있다. 참모조직은 실장과 차장을 정점으로 섭외홍보, 법률담당관이 있고, 임무수행 계선조직으로 감사, 경호, 정보조사, 수사, 행정, 전직대통령담당, 대테러처가 있다. 또한 국토안보부 소속으로 백악관 정보경호경찰이 있어 백악관과 아이젠하워 빌딩(Old Executive Building) 등 주변 대통령 부속건물, 외곽경호 임무를 워싱턴 D.C 경찰과 협조하여 수행하고 있다. 최근 백악관 비밀경호대는 선발대 운영, 검측, 통신운용, 기동경호, 의전, 의료, 정보문서 등 대통령 경호 기본임무를 수행하고 있으며, 특히 9·11 테러 이후는 이슬람 테러에 대비 등 테러대응 경호에 시간, 예산, 경호훈련, 조직관리, 정부 부처 간 협조에 많은 에너지를 쏟고 있다.

미국이 이념과 감정 면에서 증오의 대상이 되었다고 보고, 이런 증오는 테러로 표출된다고 본다. 그래서 국토안보부의 비밀경호국은 테러 대상이 되는 대통령과 대통령집무실 보호를 제일 임무로 하여 안전, 테러예방, 위기관리 완벽주의로 일관하고 있다. 그래서 9·11 테러 이후 비밀경호국은 국가위협대처센터(National Threat Assessment Center: NTAC)를 설치하여 최근 나날이 잔인해지고 대규모화 되어가며 기술적으로 정확해지는 대량살상 테러 위협에 대한 범정부 차원의 정보분석과 대응에 최선을 다하고 있다. 그런데 국가위협분석과 대응책을 마련하는 임무수행을 병행하면서 준비해야 하는 것은 국가 차원의 중요한 행사의 안전대응 프로그램을 마련하는 것이다. 선별된 국가안전보호행사를 기획하고 연출하는 총책임을 비밀경호국이 맡고 있다. 특별국가 행사의 총체적 안전기획프로그램(National Special Security Events: NSSE)의 구도 내에는 대통령 행사의 안전기획, 외국귀빈 방문 안전기획, 올림픽 행사 안전기획 등 국내적으로 미국의 국가이익과 안전보장에 치명적 결과를 초래할 중요 행사의 안전을 보장하는 프로그램을 기획 운영하고 있다. 물론 미국 내에서 1/3이 통

용되고 전 세계에서 2/3가 통용되는 달러 보호, 금융 유통구조 보호, 사이버 전
자범죄 예방과 대처를 위해 비밀경호국은 전자범죄 태스크포스(National
Network of Electronic Crime Task Force: ECTF)를 가동하고 있다. 그리하여 대
통령을 포함한 요인테러, 대량살상테러, 사이버테러에 대비하기 위한 기동대응
반(Critical System Incident Response Team: CSIRT)도 운용한다.

프랑스 대통령 경호체계

프랑스는 1789년 혁명 이후 공화정, 나폴레옹의 황제 집권체제, 왕조체제,
대통령제, 드골의 강력한 대통령제, 여야당 동반정부, 이원집정제, 알제리아
주둔 외인부대 반란 등, 숱한 정치여정을 걸었다. 경호는 1935년 국가원수 해
외 순방에 경호원이 수행하면서 시작되었고 오늘날은 경찰이 경호를 담당하고
있다. 드골 대통령 집권부터 1980년대까지는 엘리제궁은 프랑스 육군, 해군,
공군, 헌병의 4개 군에서 헌병이 경호대(Gendamerie Departementale)를 조직
하여 대통령이 임명한 헌병중장이 경호사령관으로 대통령을 경호하였다. 대통
령이 외부로 이동한 이후부터는 프랑스 내무부의 경찰이 경호대와 협조하면서
경호를 담당하였다.

1983년 대통령 행정명령으로 경찰, 군경찰 혼성경호반(Security Group of
Republic)이 조직되었다. 가장 최근인 1994년에 경호규정이 보강되면서 국립경
찰 산하 요인경호경찰대(SPHP: Service de Protection des Hautes Personnalites,
Police Service for VIP Protection)가 대통령을 비롯한 요인을 경호하고 있다.
경찰청 차장급인 최고위 경찰간부가 요인경호경찰대 경호실장을 맡고 이를 차
장이 보좌하고 있다. 요인경호경찰대는 엘리제 대통령궁의 비서실장, 행정실장
그리고 안전담당보좌관과 긴밀한 협조와 협의 그리고 광의의 지도체계 내에서
경호업무를 수행한다.

그리고 대통령실의 국내안전위원회, 수상실의 정보조정위원회와 긴밀한
공조체계를 유지하면서 대통령 경호에 관한 정보공유와 테러대응 차원에서 대
통령을 경호한다. 경호실장과 차장 휘하에는 국내요인 경호처, 대외요인 경호
처, 행정처 등 3개의 처가 있고, 국내요인 경호처는 대통령, 국무총리 경호담당
과 정부 각료, 국회 상하원, 기타 중 요인물의 경호를 수행한다. 대외요인경호는

[그림 7-2] 프랑스 대통령 경호체계

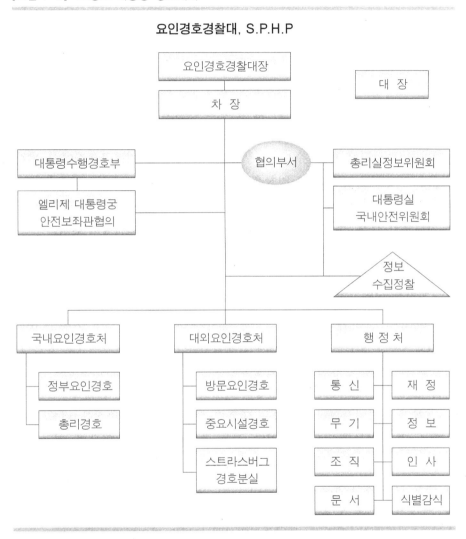

요인경호경찰대, S.P.H.P

프랑스를 국빈 방문하는 국가원수, 요인 또는 프랑스에 거주하는 외국인 개인, 상황에 따라 매우 중요한 표적 인물 경호를 담당한다. 행정처는 정보, 통신, 무기, 조직, 인사, 문서수발, 경리, 식별 배지 담당으로 나누어진다. 한편 경호경찰대에서 엘리제궁에 파견된 대통령수행 경호반이 대통령실에서 24시간 근접경호를 하며 해외순방 시에도 근접경호를 한다. 수행경호반장은 경찰 경정급 간부이다.

특이한 점은 프랑스 경찰은 내무부장관의 지시를 받는 경찰과 국방부장관의 지시를 받는 군사조직과 계급으로 움직이는 군경찰(Gendarmerie)로 구성되어 있다. 요인경호경찰대도 경찰과 군경찰로 구성되어 있으며, 경찰청 차장급인 경호실장을 비롯 경찰 고위간부 20명이 임무를 수행하고 있다. 물론 이들 중에는 장성급인 군경찰 간부도 있다. 같은 조직인사 논리에 따라 엘리제궁에서 대통령을 근접 경호하는 엘리제궁 근접수행경호부는 50%는 경찰, 50%는 군경찰로 구성되어 있고 수행경호부장은 경호경찰과 경호군경찰에서 번갈아 담당하고, 경찰은 경정급, 군경찰은 중령이 경호부장을 맡는다. 경호대상은 대통령과 영부인이며, 때로는 테러대상이 될 만하다고 생각되는 대통령 가족 또는 정부요인 가족, 전직 대통령, 각료도 상황에 따라 경호대상이 된다.

러시아 대통령 경호체계

러시아 연방공화국 대통령 경호실은 법규상 대통령 직속 독립기관으로 운영되고 있다. 경호법에 따라 그 조직, 임무가 명확하고 산하에 경호 고등학교와 사관학교가 부설되어 있다. 경호실장(Director)은 장관급으로 4성 장군이며, 대통령 위기발생시 육해공군 3군총장보다 우위에서 위기관리 조정과 역할 권한을 행사한다. 경호실장 밑에 3명의 차장을 두고 있는데, 선임 1차장은 경호실 전체의 조직인사관리, 2차장은 대통령 경호처 지휘, 3차장은 대통령 해외순방 시 경호 임무를 담당하고 있다. 모두 군사계급을 갖고 있으며, 차장은 3성 장군인 상장, 처장은 1성의 소장, 부처장 또는 과장은 대령이다. 현재 경호실장은 59세이며 3명의 차장은 50세 전후이다. 경호실장과 차장 산하에 7개 부서가 국, 처의 수준으로 구성되어 있다. 경호처, 크렘린 경호처, 수송교통처, 장비기술처, 요인경호처, 행정처, 특별통신정보처 그리고 지역연락처가 있다.

경호처는 대통령 외에 경호법규에 따라 대통령, 국무총리, 상하원의장, 대법원장, 헌법재판소장, 검찰총장, 그 외 직급과 위협대상이 되는 국가가 보호할 요인, 그 밖에 대통령이 지명하는 요인을 경호한다. 그리고 국빈 방문의 외국원수, 국제협약에 따라 러시아를 방문하는 국제기구인사를 경호한다. 아울러 경호처는 국무총리, 국회의장, 대법원장 공관과 주요 국가기관 시설보호도 주

[그림 7-3] 러시아 대통령 경호체계

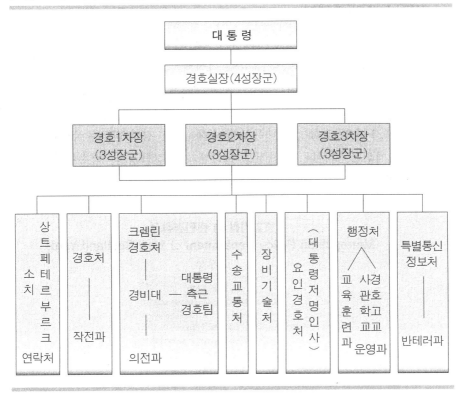

요 임무로 한다. 크렘린 경호처는 대통령 경호와 크렘린 보호를 주요 임무로 하며, 산하에 대통령 경비대와 경호의전과가 있다. 수송교통처는 대통령 차량 지원과 교통통제를 담당하고, 장비기술처는 경호기술과 장비자재 관리를 담당한다. 요인경호처는 법규상 지정된 요인 외에 대통령이 지명하는 국내외 요인을 경호하는 기동체계를 갖춘 조직이다. 그리고 행정처는 경호실 교육인사 훈련, 의료, 예산 관리를 책임진다. 특별통신정보처는 테러, 대통령 위해요인 정보분석 제공, 국내외 정보기관과 협조체계, 통신망을 관장한다. 그리고 대통령 휴양지인 소치와 상트페테르부르크 지역 연락처가 있는데, 처장은 본부처장과 동급이다. 경호실장은 대통령 국정보좌를 맡은 대통령 비서실장, 대통령직속 국내외 정보부장과 함께 대통령의 안전을 책임지고 크렘린을 밑받침하는 3대 축의 하나이다.

영국 수상 경호체계

영국 수상경호는 내각책임제를 채택하는 독일, 일본, 캐나다처럼 경찰이 경호를 담당하고 있다. 1839년에 창설된 세계에서 가장 오래된 영국 경찰은 중앙경찰과 런던 치안을 책임지는 런던 경찰청(New Scotland Yard)을 경찰 중추부로 하고, 런던, 웨일즈, 스코틀랜드 등 지방경찰청으로 나뉘어 있다. 그리고 런던 경찰청 겸 중앙 경찰청은 내무부에 속해 있고, 경찰청장은 국회의원인 내무부장관의 지휘를 받는다. 경찰청장 산하에 지방경찰청장, 직속차장이 있고,

[그림 7-4] 영국 수상 경호체계

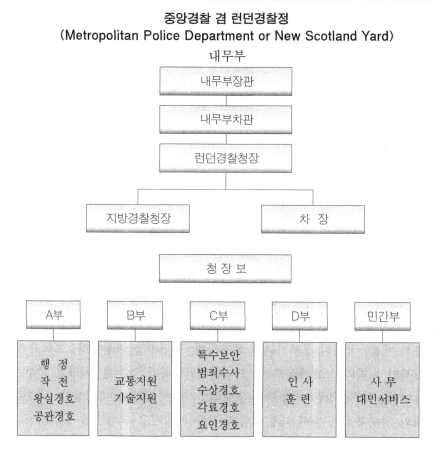

중앙경찰 겸 런던경찰정
(Metropolitan Police Department or New Scotland Yard)

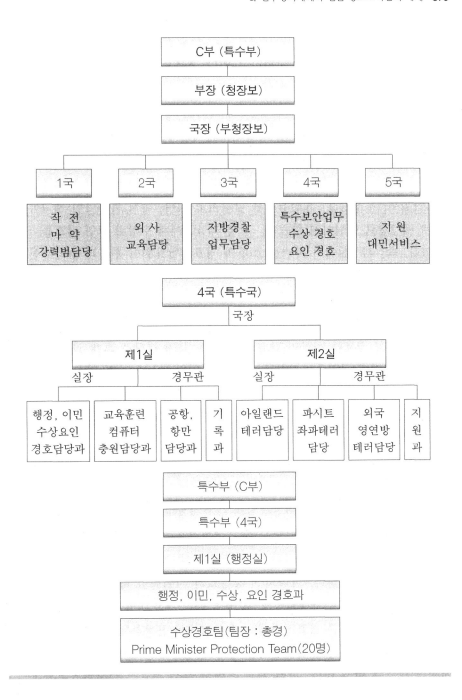

C부 (특수부)

부장 (청장보)

국장 (부청장보)

1국	2국	3국	4국	5국
작 전 마 약 강력범담당	외 사 교육담당	지방경찰 업무담당	특수보안업무 수상 경호 요인 경호	지 원 대민서비스

4국 (특수국)

국장

제1실	제2실
실장　　　경무관	실장　　　경무관

행정, 이민 수상요인 경호담당과	교육훈련 컴퓨터 충원담당과	공항, 항만 담당과	기 록 과	아일랜드 테러담당	파시트 좌파테러 담당	외국 영연방 테러담당	지 원 과

특수부 (C부)

특수부 (4국)

제1실 (행정실)

행정, 이민, 수상, 요인 경호과

수상경호팀(팀장 : 총경)
Prime Minister Protection Team(20명)

이들 지휘라인 밑에서 A, B, C, D 그리고 민간서비스부의 5개부를 청장보 (Assistant Commissioner)가 지휘하고 있다. A부는 경찰행정, 작전, 왕실, 공관 경호를 담당하고, C부는 700명의 경찰관으로 구성되어 특수보안, 범죄수사, 수상과 각료 경호, 요인경호를 담당한다. 따라서 여왕, 수상 등 요인을 경호하는 부서는 A부와 C부이다. A부의 왕실경호는 4촌 이내의 왕족을 정복 경찰이 경호하며, C부의 수상, 각료, 국빈방문 해외 국가원수, 은퇴수상, 상황에 따른 중요 인물경호는 정복 또는 사복의 경찰이 경호한다. C국 산하의 제 4국에서 특수보안업무, 수상경호, 요인경호를 담당하고 있다. 다시 특수국인 제 4국은 제 1실과 제 2실로 나뉘어져 있는데, 그 중 제 1실에서 수상과 요인 경호를 담당하고 있다. 즉, 제 1실에서 파견한 20명의 경호경찰요원이 수상과 수상부인을 경호하고 있다.

독일 수상 경호체계

독일수상 경호는 경찰이 담당하고 있다. 독일 경찰은 크게 연방경찰, 지방정부경찰 그리고 국경수비경찰로 나누어져 있다. 이 중 수상 경호의 외곽 경호는 독일 국경을 넘나드는 위험 인물을 국경에서부터 체크하는 국경수비경찰이 담당하고 있다. 국내 경호는 주·지방정부 관할인 지방경찰이 책임을 진다. 그리고 수상실 내에서 수상을 직접 경호하는 경찰은 중앙경찰인 연방경찰이 담당하고 있다. 베를린에 있는 수상 집무실 외곽과 도로는 베를린시 경찰이 담당하고 있다. 건물외곽, 정문초소는 연방정부경찰이 경비한다. 그러나 건물 내외 경비와 수상의 근접경호는 연방경찰의 수사경찰(federal criminal police officer)이 담당하고 있다. 사복으로 근무하는 근접경호대는 수상실 건물의 내부시설, 수상실 내의 주요 인사보호 그리고 수상집무실, 8층의 수상관저, 수상 이동시의 근접경호를 담당한다. 따라서 수상경호의 지휘책임 라인은 내무부장관, 연방경찰청장, 경찰청 수사경찰국장, 수상실 측근 경호대장으로 구성되어 있다.

그러나 수상 측근 경호경찰대는 수상실에서 근무하는 만큼 행정관리 차원에서 수상실 행정수석의 지휘협력을 받고 행정수석실 보안 비서관의 행정관리 지원과 협조를 받고 있다. 그런 체계 속에서 순수 경호는 수상경호경찰대가 맡고 있다. 수상실 행정수석비서관의 지휘를 받는 보안비서관은 수상실 안전수칙

[그림 7-5] 독일 수상 경호체계

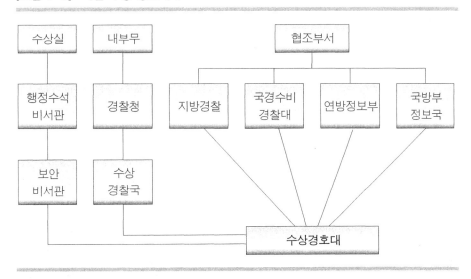

과 규정에 따라 수상실 직원의 신상조회, 보안유지 그리고 수상측근 경호경찰
대를 수상실 차원에서 조정·감독하고 있다. 즉 행정수석실의 보안비서관은 몇
명되지 않는 적은 인원으로 보안규정과 경호수칙을 만들어 규정에 따라 측근경
호 경찰대가 투명성 있게 제도적으로 움직이는 기술적 경호로 수상을 안전하게
지키는 감독 조정임무를 수행한다. 규정에 따라 움직이면 수상실 내의 보안 유
지는 용이하다고 한다.

그런 과정에 자연히 수상실 행정수석비서관과 보안비서관, 경찰청 수사국
의 수상경호경찰대는 다른 유관부처와의 긴밀한 협조관계를 유지한다. 국경수
비경찰, 지방경찰, 연방경찰과 경찰수사국 그리고 연방정보부, 국방부의 정보
국은 총체적으로 수상실의 경호에 체계적 협조를 하고 있다.

특이한 점은 독일 통일과 동시에 설계되어 2000년 초에 완공된 수상실 건
물은 바깥에서 보기보다 내부가 넓으며, 거리를 가로질러 있는 제국의회 빌딩
과 대조되는 현대식으로 지은 건물이다. 이 건물은 다양한 자동인식 보안시스
템(sensory security system)이 장착되어 건물 안팎의 위험경보 조기발견 등이
용이하게 되어 있는 점이 특이하다. 아울러 은밀함과 비노출 차원에서 이슬람
과격 테러분자와 국제테러에 대해 정부의 정보부서와 협력하여 끊임없는 모니

터링을 하고 있으며, 될수록 표면상의 대테러 진압행위는 자제하고 조용히 처리하고 있다.

이탈리아 수상 경호체계

유럽 내각제 국가에서 공통으로 사용되는 수상경호기구는 경찰이다. 이탈리아도 베를루스코니 수상 집권 전까지는 내무부 산하 경찰청 경호대에서 수상 경호를 맡았다. 당시까지 특정 경호법은 없었고 국가공무원법 규정에 따라 관리되는 경찰관 중에서 젊은 연령층이 경찰 경력으로 좋은 기회라 생각하여 수상 경호대에서 일하였다. 경찰경호대가 수행하는 경호대상은 국가통합 상징인 대통령, 수상, 수상이 지명하는 중요 인물이다. 이 외 경찰 경호대는 행사 경호, 가족 경호, 관저경비를 수행한다. 경찰청장, 차장에 이어 청장보급 경호실장이 150명의 경찰병력을 경호인력으로 관리하였다. 그리고 폭동진압과 경찰 조직이 없는 일부 지방에 경찰업무를 대신하는 군경찰이 수상 경호의 외곽을 담당하였다. 군경찰은 군사훈련을 받은 국방부 소속 군인계급을 가진 군인이나 경찰 임무를 수행한다.

1977년 국회입법으로 수상이 의장이 되는 각료급 정보보안위원회를 설치하고, 이를 행정적으로 뒷받침하는 사무처가 구성되었다. 국가정보보안위원회를 운영하는 사무처를 이끄는 책임자는 장관급인 사무총장이다. 그런데 베를루

[그림 7-6] 베를루스코니 수상 이전 이탈리아 수상 경호체계

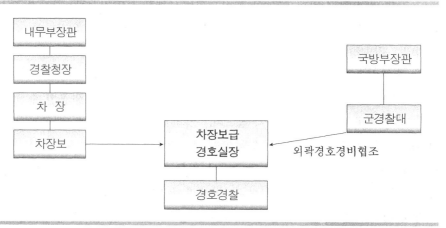

[그림 7-7] 베를루스코니 수상 이후 이탈리아 수상 경호체계(2002-현재)

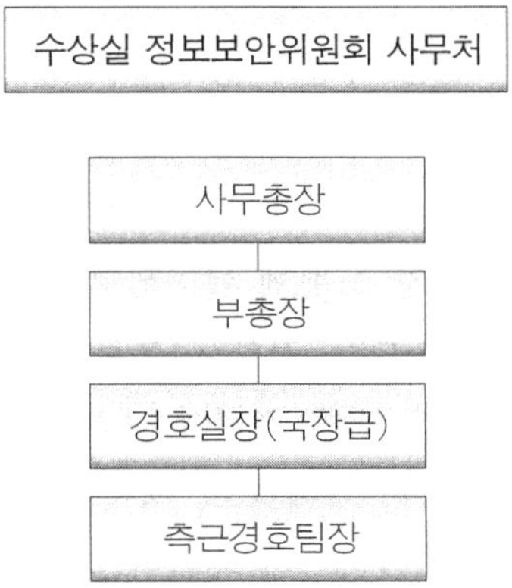

```
┌─────────────────────────────┐
│     수상실 정보보안위원회 사무처      │
└─────────────────────────────┘

        ┌───────────────┐
        │     사무총장     │
        └───────────────┘

        ┌───────────────┐
        │      부총장     │
        └───────────────┘

        ┌───────────────┐
        │  경호실장(국장급)  │
        └───────────────┘

        ┌───────────────┐
        │    측근경호팀장    │
        └───────────────┘
```

스코니 수상이 집권하면서 2002년에 수상실 정보보안사무처 산하에 수상 경호
대를 신설하였다. 정보보안위원회 사무총장이 책임지는 수상 경호대는 내무부
경찰이나 국방부 군경찰에서 완전히 분리된 독립경호조직이다. 이러한 정보보
안위원회 사무처 산하에 국장급의 40대 경호실장(Director of Division of
Security for Personnel and Safety)이 있다. 그리고 실제로 수상을 근접경호하는
경호팀장은 35세이고, 수상근접경호대는 약 60명이 된다.

　　수상경호대가 독립 신설되어 국가정보보안위원회 사무처에 소속 관리되는
이유는 소속기관인 정보보안위원회 사무처가 수상 직속 기관이란 점과 오늘날
같이 테러, 요인위협 요소가 많은 국제화 시대에 수상경호에 필요한 정보지원
이 소속기관 내에서 가능하기 때문이라고 한다. 그래서 베를루스코니 수상이
내무부장관과 협의하여 수상과 수상 가족, 부수상, 각료, 관저경비, 외국국빈
방문자, 기타 중요하다고 판단되는 중요 인물을 수상의 재가에 따라 경호하는
임무를 수상 직속 정보보안위원회 사무처가 맡게 되었다고 한다. 특히 정보보
안위원회 사무처에서 취합한 요인경호에 관한 통합된 정보를 가지고 예방경호
를 하며 내무부 경찰, 국방부 군경찰, 기타 주요 부서에서 수상, 요인경호 협조
를 효과적으로 제공받을 수 있는 장점이 있다는 것이다.

일본 총리 경호체계

2001년 9·11테러는 일본 국민과 정부에도 경각심을 주었다. 그리하여 국가요인, 황궁, 국회의사당, 총리관저, 원자력발전소 등을 자위대가 맡아야 한다는 주장이 나오면서, 실제로 의회도 경호법안을 입안하기 시작하였다. 그러나 국적 미상의 비행기가 동경 도심에 날아왔을 때 일본 자위대가 격추한다면 번화가에 미칠 피해가 막심하다는 것을 이유로 들어 경찰은 자위대의 군대식 방법에 의한 요인과 국가 주요 건물 경비에 대해 반대의견을 개진하였다. 그리고 시간이 지나면서 테러충격이 약해지고, 백주대낮에 도심지에서 자위대 군대 병력이 경비작전활동을 수행한다는 데 국민이 호감을 갖지 않는다는 여론이 일자, 경찰 주도의 경호경비법안이 만들어졌다. 그 결과 미군부대와 자위대 시설은 자위대 군병력이 경비하고, 그 외는 일본 경찰청 경찰병력이 경비를 맡는 법안이 의회에서 통과되었다. 사실 경찰은 시골 한적한 곳에 있는 원자력발전소에 정예경찰병력을 배치하는 것은 효과적이지 않다 하여 자위대가 경비하는 것을 허용했으나 일본 내의 모든 주요 국가시설 경비는 경찰이 맡고 있다.

2001년 9·11테러 이전에 총리경호는 관저 내의 총리신변보호로 국한했다. 따라서 총리 관저 경비대도 없었고 경찰기동대가 관저 주위 경비를 맡고 관저 내에는 주로 총리 신변경호를 맡는 경호대만 있었다. 새로운 경호법 발효와 함께 중앙의 경찰청에서도 경호체제를 정비하게 된다. 일본 총리의 경호조직체계는 일본국가 경찰조직 체계 속에서 지원받고 운영된다. 일본 경찰은 내각총리대신의 관할 하에 5인으로 구성된 국가공안위원회(國家公安委員會)를 이끄는 각료급인 공안위원장이 경찰을 관장한다. 그러나 실제 경찰병력지휘와 운용은 국가공안위원회 산하에 있는 국가경찰청이 맡고 있다. 국가경찰청의 총수인 경찰청장관은 국가경찰뿐만 아니라 각 지방 정부의 경찰로 충원, 훈련, 정보공유, 경찰병력 운용상의 협조체계 맥락에서 지휘하여 일본 경찰 전체를 장악운영하고 있다. 일본 지방정부는 도(都)·도(道)·부(府)·현(縣)으로 나뉘는데, 동경(東京) 지역만 동경도(東京都), 기타 광역지방정부는 도(道), 그 이하는 부현(府縣)으로 나뉜다. 동경도(東京都), 기타 도(道), 부(府), 현(縣) 정부는 선출직인 지사(知事)가 이끈다. 지사의 관할 하에 중앙의 국가경찰조직처럼 5명의 공안위원회가 경찰을 관장한다. 공안위원회의 관장 속에서 동경도에 경찰청이 있는데, 총수는 경찰총감이다. 기타 도부현(道府縣)에는 경찰본부장이 실제로 경찰을 지휘한다.

중앙의 국가경찰청에는 경찰의 기본업무 전담국(局)으로 생활안전, 형사, 교통, 경비, 정보통신국, 그리고 지역조정협력담당으로 동북, 관동, 중부, 구기, 중국, 사국, 구주국으로 나누어 있고, 그 아래에 관련 과(課)가 있다. 이 중 경비국 산하 경비과가 경호를 담당하고 있다. 광역지방정부인 동경도(東京都) 경찰청에만 조직범죄부, 공안부가 있고, 도경찰본부와 부경찰본부까지만 총무부, 시경찰부가 있다. 그 외 경무, 생활안전, 지역, 형사, 교통, 경비부는 기본 임무 수행부로 공통적으로 조직되어 있다. 그리고 중앙의 국가경찰청에만 경찰대학이 있고 그 외 교육훈련은 동경도 경찰청, 북해도 경찰본부, 기타 부(府), 현(縣) 경찰본부에 자체 경찰학교를 설치하여 경찰훈련교육을 담당하고 있다. 한편 현재 일선경찰조직은 경찰청이나 경찰본부 아래 경찰서(警察署) 교번(交番), 주재소(駐在所) 단위로 나누어 경찰활동을 하는데 전국 경찰서는 1,267개 교번은 6,509, 주재소는 7,592개이다.

총리 · 정부주요인사 · 외국귀빈 경호, 총리관저와 국가주요시설 경비를 맡는 주무부서는 중앙의 국가경찰청 산하에 있는 경비국 경비과이다. 물론 지방경찰청이나 경찰본부의 경비부, 경비과에서도 요인경호와 지방국가 시설경비 책임을 지며, 총리가 지방시찰 중에는 국가경찰청 경비과 경호실과 총리관저 경찰 경호대가 근접경호를 하나 지방경찰경비과 경호경찰이 합동으로 중간, 외곽경호를 맡는다. 2002년 平成 14년 4월 1일 총리경호 경찰대 조직은 새로운 경호경찰법 제정에 따라 강화되었다. 총리관저 내에서 총리 이동시에 측근 신변 경호를 담당하는 비밀경호대(Secret Police)는 사복을 착용하면서 200명으로 증원되었고 새롭게 100명의 관저경비경찰대가 발족되었다. 신축된 총리관저 경비를 정복을 착용한 관저경비경찰대가 맡는데, 만일 테러나 총리관저 내 집무실에 위기발생 시에는 관저경비경찰대가 관저 내로 들어가서 비밀경호경찰대와 합동으로 사태를 진압하게 되어 있다. 2001년 9 · 11 테러 이전에는 총리 비밀경호경찰(Secret Police: SP)대가 총리 신변경호만 맡았고 관저 주위경비는 경찰청 경비국 경비과의 경찰기동대가 맡았다. 그런데 2001년 9 · 11테러 이후

[그림 7-8] 일본 총리 경호체계

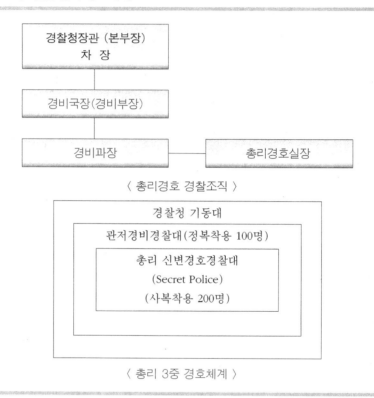

〈 총리경호 경찰조직 〉

〈 총리 3중 경호체계 〉

국민의 테러에 관한 경각심과 정부의 대응 태세에 대한 의회의 관심 등으로 경호법규가 새로 만들어지면서 국가 주요시설물 경비, 요인경호, 특히 총리 경호가 한층 강화되었다. 총리 측근경호를 맡은 사복착용의 비밀경호경찰의 증강과 신속기동경호, 총리관저경비대 발족과 활동, 그리고 보다 체계적이고 기동력을 갖춘 관저 외곽경비를 담당하는 기동대 강화가 총리와 총리관저를 위한 3중 경호경비체계 구축으로 요약된다.

2. 인사관리, 경호기법, 경호장비

미국 경호

경호와 수사를 2대 목표로 하는 국토안보부의 비밀경호대는 3가지 전략목표를 가지고 있다. 이는 경호전략목표(protective strategic goal), 수사전략목표(investigative strategic goal), 지원전략목표(supportive strategic goal)이다. 경호상의 전략목표는 미국의 국가지도자 경호, 국빈방문 외국지도자 경호, 주요 인물경호와 세계의 테러리스트 공격위협 분쇄이다. 수사상의 전략목표는 금융사이버 범죄, 위폐근절로 미국의 재정금융 질서와 달러 보호, 세계금융시장의 범죄수사와 금융질서 유지이다. 또한 지원전략목표는 경호와 수사를 행정관리 차원에서 밑받침하는 제도이다.

국토안보부의 비밀경호국은 연방정부의 공무원 채용인사규정에 따라 비밀경호원(Secret Service Agents)을 충원한다. 충원기준은 21세 이상의 고교이상 졸업자로 한다. 고교졸업자는 3년 이상 범죄수사분야 경험이 있어야 하고, 대학졸업자의 경우에는 경찰학, 범죄수사학을 이수한 사람이나 군 근무자를 우대한다. 최근에는 아랍어를 포함한 외국어 구사능력이 있는 지원자를 선호한다. 지원자 소재지의 연방인사청 지역본부에 비치된 서류에 따라 지원하여 인사청 심사를 거쳐 비밀경호국 지역 파견실에 모든 서류를 제출한다. 이후 국토안보부 비밀경호국 시험에 응시한다. 합격자는 지역파견 비밀경호국 인사팀이 면접하여 합격하면 경호국 정보조사처의 특수조사와 중앙정보부의 신원조사를 거쳐 최종 합격된다. 합격자는 비밀경호요원이 필수적으로 익혀야 할 교육훈련을 받는다. 교육훈련은 국토안보부 비밀경호국이 자체적으로 운영하는 훈련원(James J. Rowley Training Center)에서 경호원칙, 기법, 응급구조와 함께 경호학, 사격, 체력강화 훈련, 범죄수사학, 체포술, 폭동진압술, 군중통제요령 등의 훈련을 받는다.

한편 비밀경호국 요원이 백악관 대통령 경호대 경호원으로 선발되면 백악관 자체 훈련실에서는 경호요원을 초급, 중급, 고급반으로 나눈다. 그리고 대

통령 집무실 근무경호, 이동경호, 관련기관 협조 등 실제 상황 상태에서 문제
에 대해 효과적으로 기민하게 판단하여 민첩하고 부드럽게 처리하는 훈련을 실
시한다. 훈련과 실제 근무 결과는 반드시 근무평정 규정(Performance Review
Check List)에 따라 평가하여 경호기법을 향상시키는 데 참고한다. 미국의 경호
실은 초임자의 첫 3년 근무에는 2계급씩 승진시킴으로써 정신적·물질적 보상
을 동시에 만족시켜 초임자의 이직률을 감소시키고 있다. 경호원은 국가 원수
의 얼굴이기도 하며 지덕의 합일을 이루는 총화이기 때문에 개인 사생활도 건
전해야 하므로 백악관 경호원의 경우는 항상 개인 생활의 불안정 여부를 조사
하고 있다. 그리고 잦은 여행 등으로 집을 비우는 점 등을 고려하여 경호원 가
족을 경호실에 불러 일반적 운영 상황을 설명함으로써 협조를 구하기도 한다.
이런 연유로 다른 공안직 공무원에 비해 실제 가정의 이혼율이 낮다고 한다.

자체 교육훈련 외에 경호요원은 일반대학과 대학원 교육을 받아 전문경호
의 시야를 넓히고 있다. 또한 근접경호 요원일수록 대학 이상의 높은 학력수준
을 요구하며 순간적인 건전한 판단력 향상을 요구하고 있다. 그러므로 백악관
경호실에서는 중견 경호원일수록 대학원 이상의 교육을 받도록 장려하며, 현재
백악관 경호요원의 학력수준은 대학졸업자와 대학원 수료자가 반반씩이며, 박
사학위 소지자와 변호사도 있다. 높은 학력수준과 경호경험으로 인하여 미국의
경호원은 퇴직 후에는 대학의 경찰학교나 큰 기업체의 공안요원으로 발탁되기
때문에 평소 근무에 있어서 매우 여유가 있다.

경호기법은 경호전략, 경호운용, 경호원칙으로 나누어 볼 수 있다. 경호전
략은 경호상의 정보수집, 지원체계, 경호기획, 비서실과 유관기관 협조체계의
완벽 정도를 의미한다. 경호운용은 대통령 이동중 경호위해 상황에 따른 경호
대형, 차량대형, 위기시 대피요령 등이다. 경호원칙은 영국수상 경호경찰이 사
용하는 근접·중간·외곽경호의 삼중경호원칙 외에 두뇌, 방어경호, 은밀침묵
(sound off), 대통령 엄호 반경 확보(presidential cover), 상시 대피준비
(evacuate away from danger), 중단 없는 계속 임무수행(more carry on duty)의
행동지침이 있다.

백악관 대통령 경호는 영국 경호경찰의 이론적·관념적 경호기법에 비해
실용적 근접경호기법 운용과 개발에 역점을 두고 있다. 특히 케네디 대통령 암

[그림 7-9] 미국의 경호 유관기관 협조체계

백악관 비서실
국토안보부 담당비서관 공보비서관 대통령집무 부속실 의전, 일정담당비서관 부통령, 국토안보담당비서관

정부기관	민간기관
국토안보부 비밀경호국 NTAC(국가위협대처센터) FBI Joint Terrorism Task Force CIA, NSC National Infrastructure Protection 　Center(국가기간시설 보호센터) Critical Infrastructure Assurance 　Office(중요기간시설보호청) Computer Emergency Response 　Team/Coordination Center 　(전산위기대응조정팀) El Pasce Intellegence Center 　(엘파스 정보센터) National Security Agency : NSA 　(신호처리안보국) National Imagery and Mapping 　Agency(인공위성영상 감지청)	John Hopkins 대학 의료원 George Washington University 　의료원 Mental Health Care Profession 　(정신과 의료진) Metro Medical Strike Team 　(도심의료 기동팀) International Security Management 　Association(국제안전관리협회) International Organization on Computer Evidence(세계컴퓨터 조사 협회)

살 진상조사위원회 보고서 건의에 따라 백악관 경호대가 개발한 경호낭(警護囊, theory of protective envelope), 경호주머니, 경호 보자기 이론은 대통령과 주위를 근접 경호대장(detail leader)과 수행경호 팀장(shift leader)이 이끄는 근접 경호원, 경호 시설, 장비로 방벽을 쌓아 절대 안전 지역을 확보한다는 개념

이다.

과학기술, 첨단장비, 대량살상 무기, 그리고 세계 전역으로 심화되는 테러 위협으로 점점 어려워지는 대통령 경호에 대비하여 백악관 경호실은 대통령 경호 위해요인에 관한 정보와 경호 기동 부분에서 주변 관련 정부, 민간기관과 광범위하고 조직적인 협조체계를 유지하고 있다. 9·11 테러 이후 더욱 협조체계가 강화되고 있다. 대통령 일정에 따른 경호협조를 위해 국토보안부 담당비서관, 의전비서관, 공보비서관과 협의한다. 또한 대통령 위해 관련 정보수집과 대통령 이동과 행사에 관련한 경호협조를 위해 유관기관, 해외동맹국 기관, 해외파견 비밀경호대와 협조체계를 유지하면서 인공위성, 해저, 지상 정보감시체계, 인간정보, 과학기술영상정보, 이동통신, 데이터베이스, 컴퓨터 사이버 모니터링 시스템을 포괄적으로 이용하고 있다. 무기체계로는 스미스 웨슨 권총(Smith Wesson), 기관단총, 반자동기관단총과 테러 및 사이버 테러 대응장비가 있다.

큰 흐름을 보면 백악관 경호실은 재무부에서 시작하여 9·11 테러 이후 국내안전을 담당하는 국토안보부로 이전하여 대통령과 국민이 공감하는 경호임무의 중요성에 입각한 전통이 있는 경호실로 발전되고 있다. 동시에 백악관 경호실은 백악관 비서실은 물론 국무, 국방, 정보부, 연방수사국(FBI), 인공위성 통신감청, 사이버 범죄수사기관 등의 두터운 정보협조와 과학기술, 사이버 경호기법 개발, 해외경호실 파견 등으로 대통령을 위시한 요인 경호를 대량정밀살상 테러에 대응하는 대규모, 입체과학 세계화 경호로 확대·심화되고 있다.

프랑스 경호

프랑스 요인경호 경찰대는 자체에서 상황별 대처훈련을 실시하고 있으나 따로 교육훈련장이나 시설은 없다. 대신 프랑스 경찰 교육과정에 따라 훈련을 받고 파리경찰청 교육훈련시설을 이용한다. 요인경호는 고도의 순발력, 민첩한 행동과 더불어 빠르고 적절한 상황판단이 요청되므로 경호경찰의 대부분은 경찰 근무경험이 있는 30-40대 사이의 경찰로 구성되어 있다. 이들은 전국 경찰에서 자원한 자 중 고도의 심사과정을 거쳐 충원된 요인경찰이다. 그러므로 20대 때 경찰경험을 쌓은 뒤, 20대 후반에서 30대 초반에 경호경찰 요원으로 충원된다. 이들은 자원한 만큼 사기와 근무의욕이 매우 높다. 그러나 경찰내규에 따라 자체 내에서 승진되고 봉급을 받기 때문에 아무런 특혜나 특진도 없다. 승진은 요인경호경찰대 경호실장이 심사과정을 거쳐 상신한 서열에 따라 최종적으로 경찰청장이 승인하고 내무장관이 결정한다. 경찰고위직인 경우에 제한된 직책직급이라 경호대에서의 상신 후보도 경쟁대상으로 똑같이 심사를 받으며, 정규직급 승진은 대부분 경호실장이 상신한 대로 이루어진다.

현재 프랑스 요인경찰대는 550명으로 구성되어 있고 여자경호경찰은 31명 정도이며 현장에 투입되어 근무한다. 충원과 승진에서는 체력, 용모, 심리상태, 교육정도, 영어를 비롯한 어학능력이 중요 심사지표가 된다. 그리고 경찰은 직급에 따른 규정이 있으나 퇴직 연령은 60세이다.

경호 훈련은 프랑스 경찰 교육훈련에 따라 실시하나 3개의 경호 원칙이 있다. 첫째, 은밀 근접 경호로 경호 경찰은 사복근무로 대통령을 근접 경호한다. 이들은 대통령이 지방출장에서 시민과 악수하거나 접촉할 때 시민으로 위장하여 대통령과 악수하면서 자연스럽게 잠재적 위험인물로부터 대통령을 격리시키기도 한다. 대통령 신변경호를 주목적으로 하여 위기 시에 몸을 던져 대통령을 보호하는 행동지침을 습관화하고 있다. 둘째, 종합경호조치로서 선발대 운영, 감식·감별, 통신, 정보, 의전, 의료, 기자협조 통제, 차량행렬 통제, 대통령 차량 순서결정 등 제반조치를 의미한다. 아울러 위험인물 격리, 위험물품 제거 등도 종합경호의 한 부분이다. 셋째, 예방경호차원의 경호정보활동이다. 전국경찰청에서 수집되는 정보, 내무부 국내정보국, 테러정보국, 국방부 해외정보국, 총리실 정보조정위원회, 대통령궁 국내 테러담당 안전위원회, 국방위원회 등에서 논의 수집된 정보 중에서 대통령 위해 요인과 관련된 정보를 집중분석해 대통령 위해 요인을 사전에 차단시킨다.

엘리제궁 근처에는 미국, 영국, 일본 대사관이 있고 엘리제 대통령궁 정문 앞은 인도까지 포함하여 도로 폭이 4-5m로 대통령실에 이르는 거리가 아주 짧아 테러공격에 취약하다. 따라서 방어노력으로 주위감시, 모니터링이 24시간 계속되는데 길 건너편은 민간건물이고 아파트 상가건물이어서 지역경찰과 합동으로 주위 아파트 주민, 상가주민과 관련 인물을 중심으로 대통령 경호를 위한 예방차원의 신상정보 수집분석을 정기적으로 실시하고 있다.

프랑스 대통령 경호대는 자동소총이나 중화기를 소지하지 않으며 휴대무기는 글로크 권총(Glock26)이다. 대통령은 공군 1호기(A300), 공군 2호기(A309 Falcon)와 대통령 공군헬기를 사용하며 지방 및 해외 순방시 경찰, 군경찰, 육해공군의 총체적 협조지원을 받는다.

러시아 경호

경호실 행정처의 교육훈련과에서 운영하는 모스크바 근교에 위치한 보로네츠(Boronech) 통신기술고교와 독수리 사관학교가 경호원을 양성하는 교육기관이다. 보로네츠 통신기술고교는 중학교 졸업생 중에서 뽑아 정규고교 교육을 시킨다. 졸업 후에 일부는 독수리 경호사관학교에 선발, 입학시킨다. 학생 수는 200-1000명에 이른다고 한다. 경호사관학교 출신이 대통령경호원의 주류를 이룬다. 그러나 대통령경호원은 이들 외에도 대학생, 군인, 일반시민도 자격이 합당하면 경호원으로 충원한다. 보로네츠 통신기술고교 · 경호사관학교 · 경호원 선발충원의 요건은 건강한 신체와 체력, 전문경호원의 조직생활 적응도, 자질, 교양, 시험에 의한 학력 테스트 등이다.

현재 경호실 간부에는 새로운 경호체계 수립 이전에 국내보안부의 간부양성학교인 국내보안사관학교 출신이 포함되어 있다. 그들은 과거 KGB의 국내보안부에서 요인경호를 담당한 경험으로 자연히 우수한 전문 인재로서 인정을 받아 현재의 대통령 직속 독립 경호실 요원으로 선발충원된 것이다. 일단 경호요원이 되었을 경우에는 직급에 따라 모두가 재교육을 받아야 한다. 직무교육 프로그램은 직급과 업무에 따라 편성되어 있고, 내용은 주로 군사교육, 체력단련, 전문교육, 사격, 새로운 무기, 장비사용 훈련이다. 교육훈련은 경호실 실내강의와 2-3주 혹은 3개월 동안 숙식을 하면서 하는 모스크바 근처 자체 훈련장, 군대 숙영지 사격장 등에서 이루어지는 실외 훈련이 있다. 또한 근무를 하면서 재교육을 받고 매년 경호요원은 직위고하를 막론하고 체력, 군사, 경호이론에 관한 시험을 쳐야 한다. 합격하지 못하면 승진에서 탈락되며 현 근무부서에서 그대로 근무하게 된다.

또한 체력, 사격, 군사, 경호지식 외에 경호원이 무기와 체력보다 머리를 써서 순간적 위기돌발 상황에 신속히 대처하는 순발력, 과감성, 공격성, 위기관리능력을 중요시한다. 경호요원의 정년은 65세이나 경호실장 결심에 따라 단축되기도 하고 연장되기도 한다. 경호요원은 경호실에서 일부 지원한 아파트를 구입할 수 있으며 휴양시설 무료이용, 각종 복지의료혜택과 더불어 다른 공무원에 비해 생활에 지장이 없는 수준의 봉급을 지급한다. 러시아의 군, 정보요원은 봉급이 다른 공무원에 비해 다소 많은 편이며 경호원도 이 수준에 있다고 한다. 그리고 대통령 경호 자부심, 대통령 경호원의 위상강화로 사기는 높다고 한다.

크렘린 대통령 경호처 산하 대통령 경호팀은 평균나이 40-50세이며 경호경험을 갖춘 자로 한다. 현재 팀장은 35세이며 팀장이나 측근 경호요원은 전부 군사계급을 가지고 있으며 대위 내지 소령계급이다. 대통령 측근경호는 4명이 1개조를 이룬 4개조로 나누어 24시간 근무하며, 1개조의 1명이 항상 대통령 집무시나 취침 중에 경호를 하기 때문에 평균 6시간 집중경호를 하게 된다. 집무시에는 집무실 경호와 관저 크렘린 보호를 팀제로 나누어 임무를 수행한다. 그러나 대통령이 외부이동과 차량이동을 하고 다수의 군중을 접할 때는 선발대 운용, 군·경찰·정보기관의 정보협조, 위해상황 분석으로 경호상황에 따른 경호대형 그리고 차량대형을 바꾼다.

러시아 대통령 차량은 방탄차량이긴 하나 소총사격, 수류탄 폭발에 견딜 수 있는 정도이다. 탱크도 미사일에는 파괴되는데, 이 정도의 대통령 방탄차량으로는 대포나 미사일에 견딜 수 없다. 그러나 미사일 공격, 테러폭탄 공격에는 사전정보를 통한 예방경호에 주력하고, 위기 시에는 대통령 방탄차량과 유사한 차량을 다수 투입시켜 차량속도를 조절하고 차량대열을 변형시켜 공격자를 혼란에 빠뜨리는 등 신속한 대처로 대통령 안전을 보장한다. 최근 대통령 경호실 행정처는 일반정보 분석, 경호처 작전부에서는 위해정보 분석센터를 활용하여 가능한 대통령 현지방문 15일 전에 경찰, 국방부, 내무부, 정보기관과 협조체계로 합동점검협의회 개최를 제도화하고 있다. 그리고 필요시 정보자료를 요구하고 있으며 상시 협조점검회의는 개최하지 않는다. 2차 대전 전승기념일에 각국 원수를 초청하는 2005년 5월 국제규모의 행사를 위해 경호협의체를 각료급으로 구성하고 본부장은 경호실장이 맡았다.

한편 방탄차량 외에 테러범의 공격, 대량살상 대응장비 개발에도 힘을 쏟

고 있다. 그리고 경호요원 개인무기는 마크로바(Makroba) 권총이며, 위험지역
에서는 칼라쉬니코프(Kalashinikov) 자동소총을 휴대한다. 최근에는 도시의 다
수군중, 테러범 대응용으로 개량형 칼라쉬니코프 자동소총을 휴대하고 방탄복
과 가스마스크 장비를 갖고 다닌다.

영국 경호

경호대상은 수상과 그 가족, 특히 최근 이슬람 테러위협으로 인해 재무 ·
내무장관 그리고 위해노출 장관, 정부 · 사회요인도 경호대상이 된다. 수상 경
호는 은퇴 후 2년까지이나 캘러헌(James Callaghan) · 히드(Edward Heath) 수상
은 은퇴 후 2년이 지나도 계속 경호를 받았다. 은퇴 후 수상이 경호를 거부하는
경우 경호경찰이 철수하기도 한다. 수상경호경찰대는 35-50세까지의 경험 많
은 20명의 경찰로 구성되어 있고 경호대장은 45세 정도의 총경이다. 수상경호
경찰대는 내무부의 국내보안부(MI5) 내에 설치된 테러분석정보센터와 긴밀한
협조로 수상의 위해요인 정보를 받아 경호 수위를 조절한다. 보통 8시간 교대
로 5-6명이 한 팀이 되어 수상을 경호하고 교대시간이 9시간으로 연장되기도
한다.

이들은 소속부서의 추천이나 공고를 보고 지원한 경찰관으로 런던경찰청
경찰학교에서 요인경호 훈련을 받는다. 훈련 내용은 사격, 경호기법, 응급구
조, 군중저지, 폭약처리, 무술, 긴급 상황 대응판단 기획력 등의 실무훈련 위주
로 진행된다. 여기에서 합격하면 일부는 특수국 요인경호과나 수상 경호경찰대
로 배속된다. 여성경찰도 참여한 수상 경호경찰대는 매월, 매주 경찰학교에서
신기술 사격훈련을 받으며, 통상 3-5년을 주기로 교대 근무한다. 이들 경호경
찰대의 봉급, 승진에 대한 특별한 인센티브는 없으나 수상 경호와 국가안보의
최전선에 있다는 자부심과 수상 외국순방시 관련 국가 방문으로 견문을 넓힌다
는 것이 소득이라고 한다.

소지 무기는 방어용 글로크(Glock), 스미스 웨슨(Smith Wesson) 권총 등이
며, 반자동기관단총(MP5)을 휴대한다. 그 외 런던경찰청 경호과에서 지원되는
차량경호대가 증원된다. 수상은 최근 이슬람 테러에 대비해 영국산 방탄 특수
무장차량을 수상 승용차로 바꾸었다. 그리고 수상실 출입 인사는 검색대를 통

과해야 하고, 수상실 입구에서 디지털 카메라, 핸드폰은 모두 보관함에 맡겨야 출입이 허용된다. 이슬람 테러로 인해 영국 수상실 경호의 강도는 더욱 높아가고 있다.

독일 경호

순수 기술 경호를 살펴보면, 수상측근 경호경찰은 경찰청 수사경찰이 맡고 있다. 경호대장은 40대 경찰 총경이며, 경호경찰은 경험을 쌓은 30-40대가 주축을 이룬다. 경호는 8시간 3교대로 이루어지며, 방어용 권총이 주 무기이며, 사복착용으로 수상측근 경호와 수상실 건물보호가 주 임무이다. 경찰의 인사규정에 따라 순환보직이 이루어지며 3-5년 만에 측근경호경찰에서 경찰청의 다른 보직으로 이동된다. 경호경찰은 경찰관이므로 경찰청 인사규정에 따라 충원되고 경찰에서 훈련을 받아 수상 경호임무를 수행한다.

따라서 독일 수상 경호경찰대는 독자적 훈련시설이 없고 경찰청 훈련시설을 이용하여 경호교육 프로그램에 따른 훈련을 받고 있다. 매일 아침 경호간부회의, 일주일에 1회 경호경찰 전체모임이 있는데 여기에서는 경호경찰대 규칙, 수상실의 행정수석비서관실이 제시한 수칙, 경호절차가 모두 명문화되어 제도적으로 수상 경호체계가 움직이고 있다.

이탈리아 경호

과거 수상경호를 책임진 경호원은 경찰요원 중 경호기본교육, 운전실기, 체력단련과 유도 훈련을 마치고, 심리 검사와 건강진단을 거쳐 경호경찰관으로 선발되었다. 경호경찰관이 되면 경호사례연구, 사격, 체력단련의 교육을 받는다. 특전은 없고 경찰인사규정에 따라 타 부서로 전입되어 순환보직으로 경찰 경력을 쌓아간다.

2002년 국방부 정보부대와 내무부 보안부의 정보를 취합 조정하는 수상실 정보보안위원회 사무처에서 독립경호대를 창설·운영하게 되었다. 수상실 정보보안위원회 직속 독립경호대는 다양한 인력을 충원, 교육시켜 수상 경호요원으로 운용하고 있다. 선발대상은 경찰, 군 특수부대 출신, 군경찰, 대학졸업자로 가능한 특수경호 전문 경력을 갖춘 젊은이를 충원한다. 영어 등 외국어 구사능력, 판단력, 충직성, 강인한 체력 소유가 선발의 중요한 기준이 된다. 일단 수상실 경호대 경호관이 되면 정규과정을 거치고 한 달에 일주일씩 사격연습과 위기상황시 수상대피, 경호훈련을 받고 시사 교양 관련 교육을 받는다. 현역경찰, 군경찰, 군인은 3년 근무 후 원부대로 복귀할 수 있으나 새로운 경호대가 창설된 이후 아직 3년이 되지 않아 그때 가서 조정할 것이라 한다. 그리고 신설된 수상경호대 자체 프로그램에 따라 경호실 우수 인력을 양성하고 공무원 규정에 따라 65세까지 근무하고 연금혜택을 받는 경력직으로 공무원으로 관리할 것이라 한다. 60명의 순수 신변경호요원과 40명의 관저경비요원은 25-26세에 충원되어 30세 전후에 수상측근 경호요원이 된다. 최근 신설된 이탈리아 수상 경호대는 정보의 중요성과 수상 직속 정보보안위원회 사무처 소속의 조직위상과 연계되어 경호 효율성 극대화의 관심대상이 되고 있다. 수상실 경호원은 경호직이 앞으로의 경력관리에 유리하다고 생각하며 수당과 보수도 만족스러워 사기는 높다고 한다.

경호기법은 조직관리 정책 차원에서 수상실 정보보안위원회 사무총장과 부총장, 경호실장이 수상안전 정보보안관리에 따라 경호교리를 개발하고 있다. 중간 경호단계에서는 정보보안사무처 경호실장과 내무부 경찰청 경호경비과, 테러과, 군경찰경호과, 지방경찰이 밀접한 협조체계를 유지한다. 실무단계에서는 수상을 근접경호하는 35세의 경호대장이 지휘하는 60명의 수상 경호팀이 핵심 전력을 이루고 있다.

이탈리아의 알도 모로 수상의 괴한 납치 피살사건과 더불어 국내 마피아 테러와 최근 이슬람 과격 테러로 인해 최근 신설된 수상 경호대는 수상 경호, 수상 위험요소 정보 분석, 유럽연합 정보보안기구와 긴밀한 협조를 유지 하는데 많은 역량을 쏟고 있다. 선발대 운영에 비중을 두며 군, 경찰, 지방경찰과 협조체계를 상시 유지하고 있다. 수상관저 외곽경비는 관저담당 경찰서장이 맡고 있다.

그리고 최근 독일제 방탄차량(B7 Grade)을 도입하였는데, 이 방탄차량은 원거리에서 날아오는 대전차포에 견딜만한 수준이라고 한다. 경호원 개인무기는 과거 경찰이 경호를 담당하였을 때는 이탈리아제 베레타(Beretta Caliber 0.9) 권총과 40발 기관단총(Model 12)을 사용했다. 그러나 신설된 수상 직속 정보보안위원회 사무처 직속 수상 경호대 경호요원은 글로크(Glock) 권총과 반자동기관단총(Semi-automatic rifle Caliber 762)을 사용한다.

일본 경호

총리 경호경찰대 요원은 전국 경찰에서 자원하거나 상급자가 추천하여 3주내지 1개월 연수과정을 거쳐 평가에 합격한 적격자이다. 경찰부서별로는 수사, 교통, 정보 분야 종사 경찰관도 있으나 주로 기동대와 경비부분 종사 경찰관 출신이 경호경찰요원으로 충원된다. 천황 관련 의식을 중요하게 여기기 때문에 말도 잘 타고 용모나 예의에서 매끄러운 경찰관이 천황 경호경찰로 충원된다. 이에 반해 총리는 실제 위험상황에 노출되어 몸을 던져 위해요인을 막아야 되는 경우가 있어 자연히 순발력이 있고 체격과 체력이 좋은 경찰을 총리 경호경찰대로 선호한다. 기본훈련이 끝나면 경호임무 라인에 배치되어 경호근무 자체를 교육훈련으로 연결시킨다. 27세 전후의 경찰 경험이 있는 경호경찰 초임자인 순사부장은 관저경비, 기동경호의 보조자로 외곽에서 근무하면서 경호임무를 숙지한다. 그러다가 경험을 쌓고 경부가 되면서 총리 근접 경호를 맡게 된다. 총리 경호, 관저경비 경찰대 요원은 교실에서 경호실기, 경호기동실기, 총리를 포함한 요인 위해요소 분석, 치안정세 토론 등 이론을 익힌다. 그리고 동경도 경찰관 훈련장에서 사격훈련, 자동차 운전교육을 받고 각종 무술을 연마한다. 그리고 기동대, 관저경비대, 관저 내 경호경찰대와 위기상황 발생시 관저 내 진입, 외곽방어강화 등 상황에 따라 임부별 도상 실기훈련을 실시한다. 일본 국민 정서도 그렇거니와 정부 분위기도 대학원 교육은 이공계 출신을 위한 것이며 인문사회는 학부 과정으로 충분하고 만약 학부에서 대학원 진학을 한다면 그것은 대학이나 연구기관에서 경력을 쌓는 것으로 보고 있다. 그렇기 때문에 경찰청 경호경찰은 대부분 학부출신이며 그 대신 명문대학 출신이 경찰간부로 많이 진출해 있다.[2] 어학교육은 따로 실시하지 않으나 외국원수, 귀빈이 방문할 때는 외국어 능통 경호경찰을 경호관으로 배치한다.

경호경찰에게 이렇다 할 특전이 주어지지도 않고 일반 다른 경찰처럼 능

---

2) 2005년 10월 15일 아침 1시에 면담한 동경도 경찰청 경비과 경호실장은 동경대학 법학부 출신이다.

력에 따라 승진하며 간부 중에는 승진하면 경찰서장으로 나가기도 한다. 그리고 승진을 못할 경우, 5년 기간 계속 근무하고 그 이후 타부서로 이동한다. 그러나 자세히 보면 능력과 실력을 갖춘 경호 경찰관이 승진도 잘 된다. 경찰청 경비과장이나 경비과 소속 경호실장은 경시정(경무관급)이며, 관저 경호경찰대장은 경시(총경급)이며 40대이다. 다만 특전이라면 총리의 외국순방에 수행하여 외국문물을 익히며 경호수당이 기본급에 추가되어 지급된다는 점이다.

일본 총리경호 경찰대 요원도 다른 국가의 경호요원들처럼 총리를 경호하고 국가안보의 일익을 담당한다는 자부심으로 사기가 높다. 그리고 사용무기체계는 경호경찰요원의 기호에 따라 다르나 대개 스미스 웨슨(Smith Wesson) 권총이 기본 개인화기이며 반자동기관단총도 소지한다. 그리고 생화학 테러에 대비하여 경호원은 방호복, 세척장비를 항시 휴대하고 반복훈련을 통해 사용방법을 숙지한다.

총리의 차는 방탄차량으로 일본에서 특수 제조한 것이며 차량이동시에는 경호경찰이 동승하고 앞뒤로 경호차, 그 뒤에 경호요원이 탄 차량이 뒤따른다. 경찰청 경비과의 경호실, 총리관저 경호대는 항시 총리 이동 상황을 카메라로 모니터링하고 위기발생시 경찰방어용 트럭으로 총리 차량을 둘러쌀 준비태세를 갖춘다 한다. 경호경찰이 크게 관심을 가지는 것은 경호위해요인 정보인데, 일본 경찰에서는 해외파견 20명 요원과 함께 비교적 정확하고 시의성이 있는 정확한 정보를 수집·분석·응용하고 있다. 또한 경호경찰대는 내각정보조사실, 외무, 국방, 공안청과 총리 위해요인 예측을 위한 정보공조와 협조에 큰 주의를 돌리면서 고이즈미 총리, 현재 아베 총리에게 건의하여 경호 정보협조를 강조하고 있다. 이와 함께 총리는 정부 간 조직적 정보활동을 강화하고 있다.

3. 경호원의 전문성과 충성심, 21세기 청와대 경호실

경호원들은 위기 시에 국가원수를 위해자로부터 육탄으로 막는 투철한 국가관과 고도로 훈련된 문무겸전의 전문 직업 공직자들이다. 직업 전문가주의(Institutionalized Professionalism)란 자격요건, 충원, 교육, 승진 및 엄격한 경호 수행, 경호에서 정치성 배제 등의 일련의 요인이 제도적으로 정착되어 있음을 말한다. 그래서 경호원이 갖는 전문성이란 대학 이상의 학력수준과 더불어 일생을 두고 경력을 쌓아 타인이 개입할 수 없는 성격의 업무를 수행하는 지식과 능력을 말한다. 이러한 전문성은 엄격한 계층제, 기능의 전문화, 업적위주의 임명승진, 책임소재 명확, 협동체계로 규정되는 관료제와 현대 조직의 합리성에서 나타날 수 있다. 백악관 경호원은 50% 이상이 대학원 석사 학위 소유자이며 청와대 경호관도 대학원 이수자가 늘어가고 있다. 이처럼 고도의 전문성을 확립한 경호관 직책은 긴급한 상황에서 자기희생으로 국가원수를 보호하는 막중한 임무 때문에 국민으로부터 존경과 동정까지 받는다. 또한 전문성의 윤리관을 확립하여 대통령 경호에 임할 때 중요한 것은 모든 경력관리나 경호근무에서 정치성이 배제되고 경호원은 각각 고유의 임무만 부여받아, 경호 임무의 전문성에 입각하여 행동하는 것이다.

　　경호는 경호기획, 정보 판단, 선발대 운용, 검측, 기동, 통신, 의전, 의료 요인이 복합적으로 투사되어 대통령 안전도 도모하고 국민에게 사랑받는 대통령의 이미지를 자연스럽게 극대화시키는 종합안전 예술 작품을 창조하고 있다. 경호에는 삼중경호 원칙이 있다. 삼중경호는 국가원수가 위치한 지역에서 가장 근거리부터 엄중한 경호를 취하는 순서로 근접경호(Inner Ring), 중간경호(Center Ring), 외곽경호(Outer Ring)로 나누고 그에 따른 요원의 배치와 임무가 부여된다. 근접경호, 중간경호, 외곽경호를 거시적이고 철학적인 이론으로 정립한 경우는 영국 경찰청 경호국이며, 이를 실제 기법으로 적용한 경호기관은 백악관 경호실이다.

　　영국의 근접경호는 수상의 신변보호 및 관저경비이며, 중간경호는 정복경관의 일상적인 경찰 행동, 교통질서정리, 관찰, 통신 등의 활동을 통한 수상 경호이다. 그리고 외곽경호는 정보분석, 항만관리, 위험인물 작성, 사건 발생소지의 사전제거로 되어 있다. 그러나 이러한 삼중경호는 경호에 임하는 경찰로서는 동일하게 비중을 두며 어떤 의미에서는 외곽경호에 더욱 비중을 두기도 한다. 영국 수상 경호의 제일 큰 착안점은 경호원의 정보분석력 향상에 있는 것도 바로 이런 외곽경호에서 위험요인의 사전 제거에 있기 때문이다. 그러므로 인도 뉴델리나 남아프리카공화국의 케이프타운에서 영국식민지 통치 비판

운동이 있을 경우, 경찰청 경호대 3중경호대의 외곽경호대는 그들의 경호영역을 뉴델리와 케이프타운까지 연장한다. 이러한 관점에서 볼 때 영국 수상 경호의 3중 경호 원칙은 수상을 중심으로 하여 거리와 지역을 고려한 것이기는 하나 정보 분석 차원에서는 단순한 거리감각을 초월하여 경호의 철학으로 존재하는 철학적 경호이론이다.

아울러 대통령 보호와 위험순간 격리원칙에 입각한 경호낭 논리(protective envelope philosophy through cover and evacuate)를 실제의 경호에 적용하고 경호공간을 최소화하여 국민에게 불편을 주지 않는 순간 경호로 발전되고 있다. 그래서 정보분석, 선발대 파견에 의한 예방경호, 근접경호대에 의한 밀착 순간 경호, 공격 시의 대응반, 사고 발생 시에 정리와 현장보존 수습반 운영으로 대통령 경호 기법이 정밀화되고 있다.

또한 근접경호에는 몇 가지 기본 원칙이 있다. 현장에서 근접 경호요원이 기민한 순간 판단을 해야 되는 과학적인 두뇌작용, 짧은 순간에 이루어지는 사고 발생을 차단하는 담당 경계지역을 총체적으로 투시하는 고도의 경계집중력, 위해요인을 제어할 수 있는 적절한 위치선정, 주변 지형지물과 시설을 최대한 활용하는 경제적·효과적 지역방어, 대통령, 대통령 주변의 다양한 보좌관, 막료의 의사소통을 보장하면서도 경호실장, 경호부장, 수행팀장으로 이어지는 고유한 경호 명령보고체계로 구축된 확실한 지휘권 단일화 원칙이 그것이다(장기붕, 2007: 109-120). 이런 일련의 경호이론을 대통령 경호에 적용하는 조직문화 자체가 경호전문성, 경호직업 충성심이다.

좋은 일화가 있는데, 영국은 전통적으로 아랍국가에 값비싼 정밀무기를 수출하고 있다. 어느 날 사우디 국방장관이 런던을 방문하게 되어 영국 정부의 국방장관이 동료인 내무장관에게 각별한 경호를 부탁하였다. 국회의원인 내무장관은 사무부장관에게 알려 런던 경찰청장에게 사우디 국방장관을 잘 경호하라고 명령을 한다. 경찰청장이 경호국장에게 의뢰한 결과 경호경찰관이 분석 건의한 내용은 "사우디 국방장관을 잘 아는 영국 시민은 하나도 없습니다. 그러니 공항에서부터 경찰이 드러내 놓고 요란한 싸이렌을 울리는 경호로 장관을 안내하면 오히려 위험인물에게 표적을 노출시키는 것이니, 영국 주재 사우디 대사관 직원이 조용히 대사관 승용차나 표시 없는 개인 승용차로 모시는 것이

더 안전합니다. 그러므로 런던경찰청 경호경찰이 경호할 필요가 없습니다." 이런 건의를 받은 경찰청장은 사무부장관을 경유하여 내무장관과 국방장관에게 이런 내용을 전달하였다. 그러나 국방장관은 "우리 국방부가 경호를 요청한 것은 요란한 경찰경호로 사우디 국방장관을 기분 좋게 하여 많은 무기를 팔기 위한 것이니, 내무부장관께서는 다시 한 번 경찰경호를 고려하시기 바랍니다."라고 다시 요청을 한다. 이 요청을 접수한 런던 경찰청의 최종 결정은 다음과 같았다. "그렇다면 그것은 정치경호다. 우리 런던 경찰청 경찰경호임무는 요인 신변안전에 있다. 무기를 팔기 위한 정치경호는 당사자인 국방부에서나 할 일이다." 이러한 일화는 정치성이 배제된 전문경호의 좋은 실례이다.

지미 카터 대통령이 대통령 후보 당시 수행 경호한 경호원을 당선 후에도 근접경호원으로 사용하겠다는 의사 표시를 하였으나, 경호원의 경력 관리상, 그리고 3년 정도의 특정직 종사자는 순환 보직되어야 본인에게도 유리하기 때문에 시카고 지역 파견관으로 근무 조치한 바 있다. 그리고 카터 대통령이 걸어 갈 때, 근접경호원에게 평소 자신이 직접 들고 다니는 가방을 들어달라고 요청하면 근접경호원은 공손히, 그러나 단호하게 "대통령 각하, 저는 가방을 들 수 없습니다. 만일 내가 대통령 가방을 한손에 들게 되면 대통령을 어떻게 충분히 경호할 수 있겠습니까. 그리고 그것은 경호규정에도 어긋납니다. 제가 뒤 따르는 비서관에게 무전으로 연락하여 대통령님의 가방을 들도록 조치하겠습니다." 그러니까 대통령이 "아, 그렇게 해주세요." 하고 대답했다. 그 가방은 자연스럽게 뒤 따르던 백악관 비서실 비서관에게 인계되었다. 이 과정에서 대통령이 노(怒)하기는커녕 당연히 그런 이유를 인정하고 경호원의 말에 순응한 것은 전문경호를 인정한 좋은 예이다.

또한 1981년 8월 캐나다 오타와 경찰청 수사부 요인보호처에 가서 경호관리 연구를 할 때, 요인보호처에서 경찰관의 직업윤리, 경호의 전문자율성에 관한 일화를 소개해 준 바 있다. 요인보호처에서 피에르 트루도(Pierre Trudeau) 수상을 경호할 때 일어난 일이다. 트루도 수상은 잘 알려진 진보적 정치이념과 자유분방한 기질을 지닌 정치인으로 20년 연하인 부인과 별거중에 있었다. 어느 날 수상은 퇴근 후 저녁 10시경에 근접경호 경찰총경을 불러 "오늘은 일찍 잘 터이니, 내방 주위에 경찰관을 배치하지 말고 모두들 푹 쉬게."라고 명령을 하였다. 그런데, 밤 11시가 넘어 수상이 허름한 점퍼차림에 모자를 눌러쓰고 검은 안경을 낀 채 복도를 지나 차고에 가서 개인 스포츠카에 시동을 걸더니 쏜살같이 빠져나가는 것이다. 경호경찰관이 부리나케 그 뒤를 따라가니, 수상이 오타와 외곽의 허름한 카페에 들어가서 맥주를 마시면서 여자들과 어울려 춤을 추는 것이다. 그러자 손님들 한 둘이 모여들어 "당신 트루도 수상을 닮았는데, 피에르 아니야"하고 물으니 트루도 수상은 "아니 내가 그렇게 보이나"라고 응수하는 것이다. 그러고 있는 사이 많은 사람이 모이자 좌우에서 조용히 지켜보던 경호경찰관이 트루도 수상의 양쪽 손을 붙잡고 "수상님 가십시요."하고 밖으로 나와 경호차에 태웠다. 수상관저로 돌아오는 차 속에서 트루도 수상은 "너희들이 뭔데 내가 즐겁게 노는데 방해하나. 관저에 가자. 너희들은 모두 파면이다"라면서 불같이 화를 내는 것이었다. 그러나 다음날 아침 트루도 수상은 어제 밤에는 아무 일도 없었던 것처럼 근엄하게 "자 수상실로 가지."라고 말하고는 집무실로 향하는 것이다. 이러한 예들은 대통령은 대통령으로서, 경호원은 경호원으로서 자기 고유의 임무에 충실하는 고도의 전문 윤리관이 분명히 확립되어 있음을 보여준다. 경호의 전문성은 경호실 요원의 자질향상을 기하고, 효과적으로 경호 임무를 수행하며, 경호원이 시민으로부터 환영받을 수 있는 원인이 된다고 볼 수 있다.

백악관의 경호나 영국의 경호는 바로 이러한 경호의 전문성 향상에 역점을 두는 경호관리체제를 지향하고 있다. 1981년 3월 30일 힌클리(John Hinckley)라는 정신병력자가 워싱턴 D.C.에 있는 힐튼호텔 앞에서 레이건 대통령을 저격하자 매카시(Tim Mccathy) 경호원은 몸을 던져 인간방패 역할로 날아오는 총탄을 막고, 제리 파(Jerry Parr) 경호대장은 대통령을 리무진에 밀어 넣어 병원으로 신속히 이동하였다.

국가정보 활동과 대통령 보호 임무를 맡은 중앙정보부장이 박정희 대통령을 살해하자 자기 몸을 던져 대통령을 보호하기는커녕 살해현장에서 도망치는 경호실장의 정치경호와 정보부장의 행동에 같이 참여하자는 요구를 거부하고 목숨 걸고 대응한 경호요원의 몸에 밴 전문경호 직업윤리에서 확연한 차별성을 본다.

수상이나 대통령을 정책면에서 보좌하는 비서실과 신변안전을 책임지는 경호실이 대통령·수상실을 떠받치는 2대 지주이다. 그리고 두 기관은 물밑에서 익명으로 조용히 보좌하는 면에서 공통점이 있으나, 경호실은 보다 은밀히 행동하는 기관이다. 국가원수를 경호하는 조직은 지근거리에서 호위하는 만큼 충성심과 무술이 뛰어난 아서왕을 호위한 흑기사, 중세 기사를 재현한 바티칸 교황 경호대, 고려의 성중애마(成衆愛馬) 근위부대, 조선왕을 호위한 내금위(內禁衛)의 무용담을 연상할 수 있다.

한국은 1949년 1월 6일 공포된 대통령 비서관 직제령에 경비대 설치를 규정하였는데, 이를 가칭 친위대라고 한다. 그 이후 경무대 경찰서를 설치하여 경찰이 경호를 담당하고 장면 총리시절에는 서울시 경찰국 경비과에서 경찰을 파견하여 청와대 대통령과 총리를 경호하였다.

5. 16 군사혁명 후에는 국가재건최고회의에 의장 경호대가 설치되고 후에 중앙정보부에 경호대로 이관되었다. 박정희 대통령이 청와대에 입성하면서 1963년 12월 14일 대통령 경호실법과 시행령을 공포하여 청와대 소속 정부기관으로 대통령 경호실이 발족된다. 경호실법이 개정되어 경호실장, 차장, 기획관리실, 감사관, 종합상황실, 그리고 기능별로 경호 1, 2, 3, 5처로 운영되다가 처장은 본부장, 부장, 팀장으로 기업관리형 조직편제를 지향하고 있다.

이승만 대통령 당시는 경무대 경찰서장을, 박정희·전두환·노태우 군부 대통령이 집권 할 때는 군장성 후배를, 김영삼·김대중·노무현 대통령은 친소관계, 지역성을 고려한 군장성, 경찰총수 출신을 경호실장으로 기용하였다. 박정희 대통령의 군사혁명, 전두환·노태우 대통령에 이르는 신 군부 정변으로 대통령 스스로 예상되는 역 정변에 대처해야 하고, 북한 게릴라 부대의 청와대 습격 사건으로 청와대를 군사 요쇄화하고, 경호실 지휘부를 전부 군장성 출신으로 임명하였다. 그리하여 국민과 함께 하는 과학적 경호보다는 대규모 밀집 방어, 완력, 위력 경호를 시행한 적도 있었다. 현재 정치적 인물이 실장이 되어 장관급 영향력을 행사하고, 주요 고위공직자 인물 추천을 스크린하는 관행은 사라졌다. 또한, 새 대통령이 들어오면서 데리고 온 아마추어 측근 경호원과 전문화된 직업공직 경호요원 간에 경호 수행에서 갈등이 생기는 관행도 없어졌다. 이렇듯 문민정부 시대에 걸 맞는 전문 경영관리 경호체제를 갖추어가고 있다. 노무현 대통령 집권 후반기에 전문 경호원으로 경력을 쌓은 경호간부를 경호실 차장, 실장으로 기용한 것은 경호전문성 향상 제도화에 진일보한 조치라고 본다.

2002년 당시에는 청와대 경호실 규모는 순수 경호원 336명을 포함한 489명에 연간 예산은 4백 31억 원이었다. 2007년 현재 기능직을 포함 경호인력 500명이고, 연간 예산 700억 원이다. 그리고 경호실장, 차장과 더불어 경호·안전·행정의 3개 본부장, 본부장급의 경호안전교육원장, 혁신기획실장 직제로 청와대 경비와 대통령을 경호하고 있다.

21세기 청와대 경호실 관리체제의 궁극 목표가 민주적·개방적인 국가원수의 행동반경을 가장 효율적으로 안전하게 유지시켜 주는 데 있다고 본다면, 민주적·효율적 경호의 기본요건은 직업적이고 전문적인 경호관리체제의 확립 발전이다. 국가 전체의 전략적 경호경비 목표 재조정과 그런 재조정된 목표체계 내에서 청와대 경호실 임무가 명확히 규명되어야 할 것이다. 대통령과 요인 경호, 관저 및 국가 핵심시설물 경비·경호 기관으로서 경호실은 군, 경찰, 국가정보원 등 관련 기관과의 조직 역할 관계도 재정립되어야 한다.

영국, 독일, 일본의 수상, 프랑스 대통령의 경호는 내무부 산하 경찰 혹은 경찰위원회 산하 경찰청이 담당하고 미국 대통령 경호는 국토보안부 산하 비밀경호국에서 파견된 백악관 경호대가 책임지며, 러시아 대통령 경호는 대통령 직속 독립 경호군사부대가 맡고 있다.

경호실의 장래 조직과 위상을 지금 같은 독립된 정예 경호체제로 갈 것이냐, 미국의 국토안보부 같은 국내 안보를 책임지는 기구의 일부로 대통령을 위시한 요인경호, 핵심시설 경비, 테러대응, 민간경호경비인력 훈련도 지원 협조하는 전문기관으로 거듭날 것인가는 행정자치부 역할 재조정, 혹시 있을지 모르는 정·부통령제 헌법 개정과 맞물린 정부 기구 조정 등 총체적 맥락에서 차기 정부가 다루어야 할 과제이다. 그러나 대통령 정보지원시스템 구상과 마찬가지로 21세기 대통령 경호체계 대구상(Grand Design, 大構想)은 지금부터 검토하고 준비해야 한다. 그리고 이 구상에는 경호실 임무와 조직, 경호안전교육원과 경호연구원 활용 계획, 경호원 국내 학위과정 연수, 해외 주요 국가 대학 및 대학원 연수, 주요 국가 경호실에 교환 인턴 파견, 대규모 살상 국제테러 대비책, 그리고 세계 주요 국가 경호실이 벤치마킹 대상으로 꼽을 만한 경쟁력 있는 청와대 경호실 모델이 포함되어야 한다.

대통령의 국정 파트너

| 제 8 장 | 대통령의 국정 파트너 |

1. 부통령과 국무총리

대통령은 고도로 전문화된 경호원이 보호하고 건강은 주치의가 팀장인 의료진이 돌보고 있다. 또한 전문성과 충성심으로 무장한 대통령실의 참모진이 대통령의 국정수행을 보좌하고 있다. 따라서 대통령은 혼자 하는 것이 아닌 팀으로 운영되는 제도, 시스템으로 보아야 한다. 이러한 대통령실은 내부의 협조 시스템이 성공의 관건이지만 주변의 협조체계 역시 중요하며 대통령실의 파트너로서 인식되고 있다. 대통령실의 협조 파트너로 부통령, 국무총리, 행정부 각료, 의회·정당과 사법부, 언론 등을 들 수 있다.

대통령중심제를 국정운영체제로 하는 미국은 대통령−부통령 체제를 유지하고 있다. 부통령의 권능과 활동영역은 헌법과 법규, 대통령의 부통령에 대한 믿음과 부여하는 임무성격, 부통령의 리더십에 따라 변화하나 대체로 확대·강화되고 있다. 헌법은 대통령의 사망, 사임, 직무수행이 불가능한 유고 시 부통령이 대통령직을 계승하도록 규정하고 있다. 또한 부통령이 대통령후보로 지명될 경우 대통령으로 당선되는 일이 적지 않다. 실제로 43대 부시 대통령까지 1/3에 해당하는 14명이 부통령에서 대통령이 되었고, 그 중에서 9명은 대통령 유고로 대통령직을 계승하고 5명은 선거에 의해 대통령에 당선되었다. 해리슨 (William Henry Harrison)은 68세 고령으로 9대 대통령에 당선되었다. 그런데 비를 맞으며 취임사를 2시간 동안 하느라 폐렴에 걸려 취임 후 30일만인 1841년 4월 4일 사망한 최초의 대통령이 되었다. 따라서 부통령이었던 테일러(John Tyler)가 10대 대통령직을 이어받아, 테일러는 최초로 부통령에서 대통령이 된 사례가 되었다. 20C에 들어서서 트루먼 부통령은 루즈벨트 대통령의 사망으로 대통령이 되었고, 존슨 부통령은 케네디 대통령을 계승하였으며, 포드 부통령은 닉슨 대통령 사임으로 대통령에 취임하였다. 부통령에서 당의 대통령후보로 지명되어 대통령에 당선된 사람들로는 애덤스, 제퍼슨, 부렌, 닉슨, 부시에 이르는 5명의 대통령이 있다. 부통령은 헌법상 상원의 의장이 되고, 가부가 동수인 경우에는 결정권을 갖는다. 그리고 법규상으로는 국가안보회의 위원, 과학기술·환경·경쟁력강화위원회 등 백악관 직속 위원회 위원장, 스미소니안 박물관 이사장을 겸하고 있다. 그러나 부통령이 스스로 활동공간을 넓혀 나가는 정무영역이 무엇보다 중요하다. 그러한 정무 영역으로는 대통령, 부통령, 하원 435명, 상원 100명을 합한 537명의 선거직에서 제2인자로 현실 정치에서 정당의 부대표, 대통령을 대표한 의회연락 담당, 최고위 대통령 해외특사, 대통령 부재 시에 각료회의 주재, 행정부 위기관리의 종합 조정자, 대통령의 최고위 정책 보좌역 등이다(Davis, 1995: 375).

전통적으로 미국 부통령은 정치무대에서 잊혀진 존재로 취급되어 왔다. 대통령선거에서 차점자, 혹은 대통령이 당선되는 데 필요한 지역, 이념 대표성을 보강해 줄 수 있거나 의회의 지지를 이끌어 내는 데 도움이 되는 인물을 부통령으로 지명한다. 대통령에 당선되면 대통령이나 백악관 참모는 부통령이 정치 전면에 나서는 것을 원치 않아서 마샬(Thomas Marshall) 부통령은 대통령이 펼치는 정치를 듣지도 보지도 말하지도 말라 하고, 루즈벨트 부통령은 잊혀진 존재, 존슨 부통령은 폭설에 내팽개친 나상, 험프리 부통령은 덫에 걸린 존재로 부통령을 평가하고 있다. 일찍이 제퍼슨 부통령은 행정부 각료회의에 참석해 달라는 아담스 대통령의 제의를 거절하면서 부통령은 상원의장 임무에 충실하면 된다고 하였다. 따지고 보면 미국 부통령은 행정부의 제2인자, 상원의장으로서 행정부와 의회에 요직을 가지고 있으나 행정부에서는 견제를 당하고, 의회에서는 부통령을 의회 구성원으로 인정하지 않는 허상일 뿐이라는 논쟁이 있어 왔다. 그래서 부통령직을 아예 없애버리거나 아니면 예비선거에서부터 직접 출마하거나, 예비선거 차점자를 부통령후보로 하여 정·부통령 동일티켓으로 동반당선시켜 대통령 통치권의 일정 지분을 배분하자는 제의도 있다.

반면에 기존 선거골격을 다소 수정하여 대통령 당선자가 지명한 부통령후보를 상하원에서 승인하는 절차를 밟는 방식, 예비선거에서 승리한 후보가 지명한 부통령후보 명단 중에서 전당대회를 통해 선출하는 방식, 당선자가 추천한 후보 중 당의 중진회의에서 심의하여 추천한 후보를 전당대회에서 투표로 결정하는 방식이 논의되고 있다. 그러나 대통령후보가 부통령을 지명하여 대통령 후보 지명 전당대회에서 동시승인을 받는 현재까지의 부통령후보 선출방식에서 지명대회 최소 3주 전에 대통령후보가 좀 더 여유를 가지고 유능한 부통령후보를 지명하자는 개선안이 설득력 있게 제기된다(Diclerico, 1995: 396-374).

부통령이 헌법상 또는 정치관행에서 능력을 발휘하는 원천은 국정의 동반자로서 대통령과 함께 팀워크를 이루어 임기동안 업적을 이룩하려는 대통령의 부통령에 대한 믿음에서 기인한다. 부통령을 각료회의에 처음 참석시킨 대통령은 윌슨 대통령이었으며, 의회지도자인 부통령 월라스(Henry Wallace)를 경제공황 극복과정에서 의회지지를 이끌어 내는 데 적극 활용한 대통령은 루즈벨트이다. 뒤를 이어 아이젠하워 대통령은 닉슨 부통령을 해외특사로 활용하여 부통령 재임 중 54회 해외 정상 순방외교가 이루어지도록 하고, 존슨 부통령에게는 케네디 대통령의 업적으로 꼽는 평화봉사단의 지원위원회 위원장을 맡겼으며, 포드 대통령은 록펠러(Nelson Rockefeller) 부통령에게 국내정책 조정자 역할을 부여하였다.

20세기에 와서 부통령의 역할을 증대시키고 적극적으로 활용한 대통령은 카터, 레이건, 클린턴 대통령을 들 수 있고, 부통령의 행동반경은 점차 넓고 심화되어가고 있다. 조지아주지사 경험으로 대통령이 된 카터 대통령은 상원의원으로 워싱턴 정가를 잘 알며 부통령의 위치를 낮은 자세로 받아들인 먼데일(Walter Mondale) 부통령을 신임하여 백악관 서관에 집무실을 장만해 주고, 매주 월요일 단독 오찬을 정례화하고 각료회의, 매일 아침 안보정세 브리핑, 대통령 주재 각종 회의에 참석시켜 정치쟁점, 전략정책에 관한 광범위한 최종적 자문 상담 역할을 맡게 하였다(Diclerico, 1995: 378-380).

클린턴 대통령은 예비선거에서 승리하면서 같은 40대로 테네시주 상원의원인 고어를 부통령 후보로 지명하여 선거기간에 전국 버스투어 유세를 함께하며 정책을 조율하고 우의를 다졌다. 취임 후, 클린턴 대통령의 지지 속에 고어 부통령은 정부구조조정위원회를 이끌어 공화당이 내건 작은 정부에 대안으로 행정개혁을 하여 고객위주, 실적위주 행정에서 예산 절감, 민영화 행정으로, 연방정부시대에서 주·지방 정부시대를 여는 행정의 선도역할을 하였다. 과학 기술, 정보통신, 환경위원회를 백악관 직속으로 강화하고, 대외적으로는 북남 미자유무역협정 체결, 러시아와 중국 총리를 상대역으로 대화 채널을 가동하는 차기 대통령을 준비하는 모습을 보였다(Pika, 1999: 530-552). 한편 부시 대통령 팀의 체이니(Richard Cheny) 부통령은 포드 대통령시절부터 백악관 조정담당 비서관, 하원의 다선 의원, 부시 대통령 집권 당시에 백악관 비서실 차장과 실 장을 역임하여 정치와 행정을 고루 경험한 공화당 원로이면서도 자기를 낮추고 국정을 조정하여 젊은 부시 대통령을 보필하는 원로원 수장역할을 하였다.

한편 프랑스는 직선제 대통령에 부통령을 두지 않고, 대신에 총리직을 설 치하여 국가를 관리하는 이원집정제로 되어 있다. 그래서 총리는 원내 다수당 의 지지로 선출되어 대통령이 임명하고 제도적으로 내정을 총람하고 있다. 같 은 당에서 선출된 총리라면 직선으로 당선된 대통령과 호흡을 같이 하면서 차 기 대통령으로서 내정관리를 순항할 수 있다. 반면에 대통령과 다른 당에서 선 출된 총리는 동반정권의 한 축으로서 그 위상 역시 무게가 실린다. 프랑스 총 리는 원내 다수당 대표로 내정의 실질 관리자인 점에서 미국의 부대통령보다 정국운영에서 제도적으로 위상이 높다.

총리 재임기간은 지스카르 대통령 당시에 평균 3년 5개월로 제일 오래 재 임하였으며, 다음은 드골 대통령 시절에 평균 3년(38.6개월) 이상, 현재 시라크 정권에서는 3년(37.5) 이상, 뽕삐두 정권에서는 2년 5개월, 미테랑 정권에서는 2년 2개월 순으로 되어 있다. 따라서 프랑스 총리의 평균 재임기간은 2년 2개 월이며, 최 장수 총리는 드골 대통령 당시의 뽕삐두로 6년 이상을 재임하였다. 그리고 지스카르 대통령 집권 시에 레이몽 바르 총리가 5년, 시라크 대통령 집 권시 조스팽 총리가 5년 이상 재임하였다. 총리가 비교적 안정된 재임기간을 유지하나 오히려 7년 임기에 연임이 가능한 직선제 대통령이 안정된 정국운영 의 고리를 쥐고 정책의 일관성을 유지하고 있다(Meny and Knapp, 1998: 240).

한편 내각책임제인 영국, 일본, 독일 수상은 근본적으로 원내 다수당 당수 로 국회에서 선출된 국정총람의 총수로서, 정국을 능동적으로 운영하고 있다. 그런데 한국의 국무총리는 대통령중심제의 부통령이나 이원집정제의 총리권능

[표 8-1] 프랑스 대통령과 총리 재임기간

대 통 령	총 리
Charles de Gaulle (1959.1-1969.4)	Michel Debré(1959.1-1962.4) 드골당 Georges Pompidou(1962.4-1968.6) 드골당 Maurice Couve de Murville (1968.6-1969.6) 드골당
George Pompidou (1969.6-1974.4)	Jacques Chaban-Delmas(1969.6-1972.7) 드골당 Pierre Messmer(1972.7-1974.5) 드골당
Valery Giscard d'Estaing (1974.5-1981.5)	Jacques Chirac(1974.5-1976.8) 드골당 Raymond Barre(1976.8-1981.5) 지스카르파
François Mitterrand (1981.5-1995.5)	Pierre Mauroy(1981.5-1984.6) 사회당 Laurent Fabius(1984.6-1986.3) 사회당 Jacques Chirac(1986.3-1988.5) 드골당 Michel Rocard(1988.5-1991.5) 사회당 Édith Cresson(1991.5-1992.4) 사회당 Pierre Bérégovoy(1992.4-1993.3) 사회당 Édouard Balladur(1993.3-1995.5) 드골당
Jacques Chirac (1995. 5-2007.5)	Alain Juppé(1995.5-1997.6) 드골당 Lionel Jospin(1997.6-2002. 4) 사회당 Jean-Pierre Raffarin(2002.5-2005.6) 드골당 Dominique de Villepin(2005.6-2007 5) 드골당
Nicolas Sarkozy(2007. 5-)	François Fillon(2007. 5-)

도 갖지 못하고 있으며, 독일 수상부의 비서부 장관의 권능이나 역할에도 미치지 못하고 있다. 건국 당시 대부분의 한민당 의원이나 초대 의원들은 내각책임제를 선호하고 헌법 초안도 내각제에 맞추어 작성되었다. 그러나 미국식 대통령중심제를 완강히 주장하는 이승만 대통령의 뜻이 관철되는 과정에서 내각제 요소를 통치체계에 가미하는 타협의 산물로 국무총리제가 헌법에 삽입되었다. 그 이후 제 2차 대통령 직선제 헌법개정 과정에서 부통령제가 신설되었으나 3차 헌법개정 이후로는 국무총리제가 부활되어 오늘에 이르고 있다. 따라서 대통령중심제에서 권력기구와 관련하여 개헌 반대론자가 내세운 명분인 내각제 요소를 가미한 국무총리제는 역대 대통령 누구도 국정수행과정에서 활용하는 데 관심이 없었으며 재임기간도 단명이었다.

헌법 86조 2항은 "국무총리는 국회의 동의를 얻어 대통령이 임명한다" 하고, 87조 1항에는 "국무총리는 대통령을 보좌하여 행정에 관하여 대통령의 명을 받아 행정 각부를 통활한다"고 명기되어 있다. 또한 "국무총리는 국무위원 임명을 대통령에게 제청하면 대통령은 임명한다"고 되어 있다. 그러나 국무위원을 임명하는 실질적 권한자는 대통령이며 국무총리의 제청권은 사후 추인 기능으로 사용될 뿐이다. 또한 실질 권한이 없는 국무총리는 대통령의 의전행사 대행자로 대통령 연설문을 가감없이 낭독하거나 소외된 지역의 인물로 임명하여 대통령의 바람막이 또는 정치적 희생양 역할이 고작이다. 그러기 때문에 정치적으로 불안정할수록 국무총리는 자주 교체되어, 이승만 정권의 제 1공화국에서는 국무총리의 평균 재임기간이 9.7개월이고, 4·19혁명 이후 정권 교체기였던 제 2공화국에서는 7개월이었다. 박정희 정권이 들어선 제 3공화국에서는 국무총리 평균재임 기간이 3년을 넘어서고 특히 정일권 총리는 6년, 김종필 총리는 4년 6개월을 재임하여 역대 최장수 총리로 기록된다. 이 시기에 경제개발 기틀이 잡히고, 군사독재정권 성향 속에서나마 안정을 유지하여 수출주도전략 경제정책을 일관성 있게 추진할 수 있었다. 정일권 총리는 원만한 성격으로 대권에 도전하지 않는 군의 원로로 군사 쿠데타 이후 강력한 사회세력인 군심을 아우르고 미국과의 외교관계를 순탄하게 순항시키는 등, 박정희 대통령을 편안하게 하는 총리로 장수하였다.

반면에 혁명 제 2인자로서 차기 대통령 후계자로 인정받고 힘이 실린 김종필 총리는 역대 어느 총리보다 소신 있게 헌법에 규정된 대통령을 보좌하였고 행정에 관해 대통령의 명을 받아 행정 각부를 통활하였다. 정일권 총리 시절에 임명되어 김종필 총리까지 보좌한 경험이 있는 행정조정실장은 정일권 총리와 한 팀으로 6년 간 일했지만 아무런 연고가 없는 김종필 총리의 계속 근무하라는 권유로 일한 4년 반의 기간이 가장 소신 있게 행정 각부를 조정·협조·통활한 시기라고 한다.[1)]

그러나 박정희 대통령 사망 후에 이어진 군사정변 기간인 제 4공화국에서

---

1) 총리실 행정조정실장을 역임한 박성복 전 샘표식품 회장이 1983년 5월 스탠포드 대학을 방문하여 진행한 간담회와 1985년 9월 연세대 행정학과 정책과학 초청강의 '총리의 국정수행과 리더십'에서 언급.

[표 8-2] 역대 국무총리와 재임기간(평균 재임기간: 13.7개월)

제 1 공화국 (9.7 개월)*	제 2 공화국 (7.07 개월)	제 3 공화국 (36.5 개월)	제 4 공화국 (18.3 개월)	제 5 공화국 (9.73 개월)	제 6 공화국 (12.13 개월)	김영삼 정부 (10.1 개월)	김대중 정부 (14.07 개월)	노무현 정부
이범석 (48.7. 31-50. 4.20)	허 정 (60.6. 15-60. 8.18)	최두선 (63.12. 17-64. 5.9)	최규하 (75.12. 19-79. 12.5)	유창순 (82.1. 4-82. 6.24)	이현재 (88.2. 25-88. 12.16)	황인성 (93.2. 25-93. 12.16)	김종필 (98.3. 3-20. 1.12)	고 건 (03.2. 27-04. 5.24)
장 면 (50.11. 23-52. 4.23)	장 면 (60.8. 19-61. 5.17)	정일권 (64.5. 10-70. 12.20)	신현확 (79.12. 13-80. 5.21)	김상협 (82.6. 25-83. 10.14)	강영훈 (1988. 12.5-90. 12.26)	이회창 (93.12. 17-94. 4.21)	박태준 (00.1. 13-00. 5.18)	이해찬 04.6.29 -06. 3.14
이윤영 (52.4. 24-52. 5.5)	장도영 (61.5. 20-61. 7.2)	백두진 (70.12. 21-71. 6.3)	박충훈 (80.5. 22-80. 9.1)	진의종 (83.10. 15-85. 2.18)	노재봉 (90.12. 27-91. 5.23)	이영덕 (94.4. 30-94. 12.16)	이한동 (00.5. 23-02. 7.11)	한명숙 (06.4. 20-07. 3.7)
장택상 (52.5. 6-52. 10.5)	송요찬 (61.7. 3-62. 6.15)	김종필 (71.6. 4-75. 12.18)	남덕우 (80.9. 2-82. 1.3)	신병현 (84.11. 7-85. 2.18)	정원식 (91.5. 24-92. 10.7)	이홍구 (94.12. 17-95. 12.17)	김석수 (02.09. 10- 03.2.27	한덕수 (2007. 4.3)
백두진 (52.10. 9-54. 6.17)	박정희 (62.6. 18-62. 7.9)			노신영 (85.2. 19-87. 5.25)	현승종 (92.10. 8-93. 2.24)	이수성 (95.12. 18-97. 3.4)		
변영태 (54.6. 27-54. 11.28)	김현철 (62.7. 10-63. 12.16)			이한기 (87.5. 26-87. 7.13)		고 건 (97.3. 5-98. 3.2)		
백한성 (54.11. 18)				김정렬 (87.7. 14-88. 2.24)				

참고: 역대 정부관보

*각 공화국별 국무총리 평균 재임 기간

는 총리가 평균 1년 6개월, 전두환 대통령의 제5공화국에서는 9.7개월, 노태우 정권에서는 12개월이 평균 총리 재임기간이다. 문민정부라는 김영삼 정권에서는 국무총리가 평균 10개월 근무하였고, 국민의 정부인 김대중 정권에서는 1년 2개월 가량이 평균 총리 재임기간이다. 건국 초기부터 현재까지 한국 정부의 총리 평균 집무기간은 13.7개월이다. 1개월 재임총리는 이윤영, 2개월 총리로 허정, 장도영, 4개월 총리로 이회창, 5개월 총리로 노재봉이 있다.

국가관리와 정책집행 경험을 최소 일 년 정도 가진 후, 다음 해에 수행할 단기 전략정책을 예산에 연계하여 수행하는 최소한의 정책수행 라이프 사이클(policy implementation life cycle) 마저도 허용 안 되는 것이 한국 대통령제에서 국무총리가 처한 현실이다. 또한 짧은 총리 복무기간은 능력이 검증도 안 된 차기 대통령 후보군만 양산하는 상황만 초래하고, 각 부 장관이나 공직자가 정책수행과정에서 청와대와 총리실을 이중으로 접촉하는 번거로움만 양산한다. 이에 청와대를 중심으로 확실한 정책 조정협의를 고려하여 총리실 기구를 축소하자는 의견이 있다.[2]

그리하여 영국 수상 관저의 정책실 운영 묘미를 고려하여 전략적 정책 보좌관을 영역별로 약간 명만 두어, 각료 간의 갈등해소, 각료와 대통령 간의 정책 가교역할, 의회 협조에 수상 활동초점을 맞추고, 최근 미국 부통령의 역할처럼 최종적 전략정책에 관한 대통령 정치상담 역할을 수행하도록 하는 것도 고려할 만하다. 그리고 대통령중심제를 제대로 성숙·정착시키려면 부통령제를 두는 헌법 개정의 필요성이 제기된다. 부통령제는 대통령·참모·내각을 팀워크로 한 제도로서 대통령제를 순항시키는 데 기여하고, 지역갈등 봉합과 통일 이후 북한 정치역량을 하나로 결집시키는 데도 공헌할 것이다.

---

2) 최근 학계에서도 대통령 권력집중을 군림형 대통령(domineering president)으로 보고 대통령 법률안 제출권 제한, 국무총리제 폐지가 논의되고 있다(양동훈, 1999). 권력집중 군림형 대통령의 특성으로 대통령의 헌법 우월성, 국가 보위자, 원수, 국무위원, 행정각부, 감사원, 대통령부 존재와 대통령 영향력, 국회법률안 제출권, 거부권, 대법원 구성권, 사면권, 긴급명령권, 긴급재정처분권, 계엄선포권, 권력분립원칙의 현실적 폐기로 국회의원의 국무위원 겸직, 대통령에 의한 정당 종속화와 인위적 의회개편을 든다. 대안으로 대통령의 법률안 제출권 제한(긴요긴급 경우), 국회의원의 국무위원 겸직 금지(총리 포함), 국무총리제 폐지, 분할정부 문제개선, 작위개편 반대, 국회의원과 대선 동시 혹은 1년 간격으로 실시하는 헌법개정이 있다.

2. 행정부 각료

내각은 행정부의 각 부처를 관리하는 장관인 국무위원으로 구성된 합의체로서 대통령이 지향하는 정책을 집행하는 계선 조직이다. 내각의 기능은 합의체로서 대통령의 정책을 연대하여 지지하고 대외적으로 대표하며 책임을 진다. 한편, 소관 부처의 최고관리자인 장관은 소속 부처의 정책을 성공적으로 실현하여 국민에게 만족스러운 서비스를 전달함으로써 국민의 대통령에 대한 지지도를 극대화한다. 따라서 대통령은 대통령실에 포진한 참모는 물론 내각의 각료인 장관에게서도 정책 자문을 받으면서 국정을 운영한다. 그러므로 내각은 행정부의 최고 합의체 기구로 대통령에게 조언하고 각료회의에서 부처 간 정책 갈등을 해소하고, 행정부의 단합을 도모하고, 대통령실과 협조하며 대통령의 국정운영을 돕고 있다. 따라서 내각은 행정부의 효율적인 최고 합의체 정책결정 기구로 그 역할을 수행해야 되나 구체적으로는 각료가 장악하고 있는 행정부처가 소관 정책업무를 성공적으로 집행하여 국민이 만족하는 업적을 창출해야 된다. 합의체로서 내각이 제 기능을 얼마나 잘 수행하느냐 여부는 각료와 부처의 정책 수행능력에 달려 있겠지만 대통령과 대통령의 참모진이 포진한 대통령실이 내각과 행정부처를 거느린 각료를 국정운영의 동반자로 인식하는 정도와 협조 조정 의지에 달렸다.

내각책임제인 영국, 독일, 이탈리아, 일본은 오랫동안 축적된 정치관행에서 수상이나 국무총리가 이끄는 내각의 권한이나 위상이 국정수행의 중심에 정착되어 있다. 그러나 대통령중심제에서 내각과 각료는 국정수행의 중심에 있긴 하나 대통령의 정책자문과 상담역할에 큰 비중을 두어 소관부처의 업무와 관련하여 장관(minister) 임무와 함께 보좌관(secretary)으로서의 역할에 무게를 둔다. 미국 헌법 2조 2항에 "대통령은 부처의 수장(principal officer)인 장관(department heads)에게서 조언을 구한다"는 규정이 있다. 건국 초에 의회는 워싱턴 대통령에게 국무, 국방, 재무부를 설치해 주고 정책실행 부서의 기능뿐만 아니라 이들 3부서의 장관을 전문적 정책조언을 하는 보좌관으로 활용하도록 하였다(Pfiffner and Davidson, 1997: 136-138). 현재 14개 부처로 구성되어 있는 미국의 내각은 대통령에게 정책 자문을 하고 합의체 정책결정으로 부처 업무를 수행하여 대통령과 정부에 대한 국민지지도를 끌어 올리려 한다.

내각과 각료를 어떻게 활용하는가는 대통령의 내각운용 관점에 달려 있다. 밖으로는 내각 중심 국정운용(rhetoric of cabinet government)이라 하고 안으로 대통령부(大統領府)인 백악관 위주(White House domineering) 국정관리를 시도하는 전통에서 아이젠하워 대통령은 군부대 운용관행을 국정운영에 적용시켰다. 그는 백악관은 참모조직으로, 내각은 일선부대로, 각료는 부대지휘관으로 관리하여 백악관 비서실장은 참모장, 비서관 중 한 명은 내각 연락 보좌관으로 활용하였다.

케네디 대통령은 내각을 정부정책 집행의 핵심기구로, 닉슨 대통령은 내각을 부처 관리자로, 카터 대통령은 제일 중요한 자문 상담역으로, 포드 대통령은 종합 정책심의와 집행기구로, 레이건 대통령은 행정부 장악의 도구로 운용하였다(Pfiffner, 1996: 34-40).

포드 대통령은 월 1회 백악관 비서관이 참석하는 각료회의를 개최하고, 카터 대통령은 주 1회 혹은 주 2회 각료회의를 개최하였으며, 레이건 대통령은 내각을 기능별로 몇 개의 부처를 묶어서 대통령이 직접 참석하거나 책임 있는 백악관 수석비서관이 함께 하는 위원회를 운용하였다. 경제, 상업무역, 인적자원, 자원환경, 식량농업, 법규, 행정관리위원회 등으로 나누어, 유사한 기능을 수행하고 정책을 다루는 부처 간의 갈등 해소, 상호 이해, 협조를 도모하였다.

내각의 진면목은 각 부처를 이끄는 각료인 장관이 리더십을 발휘하여 대통령의 국정비전을 구체화하는 정책을 개발하고, 내각의 협조를 받아 국회의 동의를 얻어 정책을 실현하여 국민에게 만족스러운 서비스를 제공하는 데 있다. 그러므로 장관의 선임 기준으로 대통령의 국정비전 이해도, 소속정당의 지향이념 동조성, 대통령 참모진과의 친화력, 의회와의 협상력, 부처관리능력, 지역, 인종배경 등을 들 수 있다.

한국의 헌법 95조는 "국무총리 또는 행정각부의 장은 소관 사무에 관해 법률이나 대통령령의 위임 또는 직권으로 총리령 또는 부령을 발 할 수 있다"고 하고, 96조에는 "행정 각부의 설치, 조직과 직무범위는 법률로 정한다"고 규정되어 있다. 이런 헌법규정과 함께 대통령의 내각 운영에 대한 관점에 따라 내각을 운영하는 스타일이 다르고, 부처의 성격, 각료와의 친소관계에 따라 각료를 신임하고 활용하는 방식이 다르다. 이승만 대통령은 각료를 미국식 정책자문 보좌관으로 인식하고, 박정희·전두환·노태우 대통령은 장관을 일선부대 지휘관으로 인식하여 정책을 집행하는 부처의 최고관리자로 대우하는 경향이 현저했다고 한다. 한편 김영삼·김대중 대통령은 각료를 부처의 최고 정책 집행자로 인식하고 있으나 청와대를 통한 정책통제가 높은 경향이다.

장관들은 정책을 집행할 때 정부의 관행인 담당 부처의 정책제안–입법예고–법제처 심사–차관회의–국무회의–대통령 재가 과정을 거친다. 그러나 이런 제도적 과정을 거치는 동안 이익집단과의 대화, 공청회 개최, 언론의 협조, 여당과 협의과정 등을 거치면서 청와대의 승인과 협조가 제일 중요하다. 장관이 정책을 발의하여 집행하는 과정에서 가장 중요한 정책협조 대상기관, 신경을 써야 하는 조직은 대통령과 청와대 수석비서관실, 국회의 상임위원회, 그리고 언론기관이다(안병영, 1999: 9–11; 안병영, 2001: 95, 105). 정책을 성공적으로 집행하여 국민에게 만족스러운 서비스를 제공하는 역할은 내각의 각 부처 몫이며 장관과 전문 공직관료의 행정수행능력에 그 성공 여부가 달려 있다. 따라서 대통령과 장관, 즉, 청와대·백악관·엘리제궁과 내각과의 정책감독·조정·협조·지원에 관한 원칙이 정권인수 당시부터 수립되어야 한다.

그리고 대통령과 수상은 비서실과 내각과의 국정수행 업무 역할을 규정한 원칙을 취임 초부터 세워서 국정운영을 순항시키는 계기를 마련해야 한다. 그러한 밑그림 가운데는 대통령이 각료를 기껏해야 일 년에 2–3회 만나 대화를 나누는 관행에서 벗어나 분기별로 최소 연간 4회 정도 대통령과 장관의 깊이 있는 정책협의를 위한 만남을 마련해야 한다. 또한 한국의 장관 재임은 길어야 2년 이내인데 장관이 주도적으로 정책과 예산을 연계시켜 정책을 형성하여 집행하기 위해서는 3년 이상의 재임기간이 필요하다. 대통령이 5년 단임이어서 대통령 주도로 정책을 형성하고 예산을 편성하여 집행하는 기회는 4번 밖에 없다. 따라서 앞으로 대통령 재임기간을 4년 중임할 수 있는 헌법수정이 필요하며, 그런 연장선 상에서 장관은 최소 3년 이상 재임하여 전문 관료를 장악하여 일관성 있는 정책을 추진할 필요가 있다.

3. 의회, 사법부, 시민단체

의회와 사법부는 행정부와 함께 국가를 운영하는 정부의 3대 지주이다. 삼권분립의 원칙에 따라 행정부는 정책을 집행하고 의회는 집행할 정책을 정당성과 합법성 측면에서 심의하며 사법부는 법률적 판단을 내린다. 의회의 기능은 법률 제정, 인사 승인, 조약 체결 승인, 국정조사, 예산심사 승인, 대통령과 각료 탄핵 등을 포함한 행정부 견제와 통제로 정부권한 행사에 균형을 유지하는 데 있다. 행정부의 정책수행과정을 중심으로 보면 의회는 대통령이 이끄는 행정부가 정책을 집행하기 전에 통제 감시하는 법률심사, 예산승인, 각료임명을 동의하는 기능을 수행한다. 또한 행정부가 정책을 집행하는 과정을 감시·통제하는 청문회 개최, 국정조사, 각료를 상대로 한 국회 본회의 의원질의, 국회 상임위원회 및 소위원회 활동이 있다. 이 외에도 정책집행 후에 결과를 평가하는 국정감사와 의회활동 전체 과정에서 내각불신임, 내각과 대통령을 탄핵하는 통제 감시기능을 수행한다.

내각책임제인 영국, 독일, 이탈리아, 일본, 이원집정제인 프랑스에서는 하원에서 다수의석을 확보한 정당의 당수가 수상으로 선출되고 내각을 구성한다. 따라서 의회의 여당이 주도하는 행정부를 의회 내의 야당에서 통제 감시를 수행한다. 대통령 중심제인 미국에서는 비록 하원과 상원에서 야당이 주도적으로 행정부를 감시하고 통제하지만 크게 보아 여야당을 포함한 의회가 대통령이 주관하는 행정부를 견제하고 감시한다.

미국의 대통령은 법률제안권이 없다. 그래서 대통령은 상원과 하원의 여당, 야당을 넘나들며 입법 활동에 전방위적 협력을 구하고 통과된 법안이 대통령의 국정철학과 정책전략에 맞지 않으면 거부권도 행사한다. 또한 대통령이 각료·대사·법관을 임명할 때, 외국과의 전쟁 선포, 외국과의 조약체결에 상원의 승인과 인준을 받아야 한다. 미국 헌법 제1조 8항은 "의회는 외국과의 전쟁선포권을 가지며 군사활동 비용을 승인하는 권한을 가진다"고 규정하고, 제2조 2항은 "상원의원 2/3 이상의 찬성으로 대통령이 체결한 외국과의 조약을 승인하며 각료와 법관은 상원의 조언과 승인으로 대통령이 임명한다"고 규정하고 있다. 이런 입법부의 견제로 대통령을 권력 균점형 대통령 또는 대통령 · 의회 공동 대통령이라고도 한다.

　한국 헌법은 대통령이 법률안 제안권과 거부권을 동시에 가지며 의회의 승인 없이, 청문회 결과에 법적 구애를 받지 않고 국무총리의 제청으로 각료를 임명한다. 한편 한국 국회는 여느 나라처럼 입법권, 예산승인권, 조약체결승인권, 본회의 질의, 소위원회 및 상임위원회에서 각료출석과 질의, 청문회 개최, 국정감사, 대통령과 각료 탄핵소추권을 행사한다. 이렇듯 행정부와 의회는 기능, 역할, 권한의 속성상 상호 견제를 하여 갈등이 생길 수밖에 없어 상호협력으로 국정운영에서 공동책임을 져야 하는 처지이다.

　대통령중심제에서 행정부 수장인 대통령은 전국단위에서 직선 대통령이며 의회의 대표인 의원은 지역구에서 직선 의원이다. 그러므로 선출된 대통령을 중심으로 하는 대통령실과 선출된 의원으로 구성된 의회는 혼합된 국민 대표성(mixed representation)을 가지며 동시에 확산된 책임(diffused responsibility)을 지고 있다(Jones, 1994: 115-126, 239-268, 297-298). 여기서 대통령이 행정부 대표로 상대적으로 의회보다 더 많은 권한을 가지려 하는 대통령 우위 체제로 나가면 제왕대통령이 되어 헌법독재자가 될 수 있다. 반면에 의회가 대통령업무에 사사건건 개입하여 의회중심 체제로 되면 제왕의회가 된다. 그리고 의회중심 혹은 대통령중심의 정부시스템 논박은 권력의 무게중심을 기초로 분류하는 정치모형으로 대통령과 의회의 갈등만 조장하는 우려가 있어 견제, 균형, 조화의 맥락에서 대통령과 의회가 이륜자동차로 앞뒤에서 힘을 합해 달리는 제도모형(tandem-institutional perspective)으로 볼 필요가 있다(Nelson, 1998: 471, 477).

　증폭되는 갈등 속에 표류하는 국정을 바로잡으려는 맥락에서 행정부를 이끄는 대통령을 국가 주무 관리자(chief manager), 의회는 공동관리자(co-manager)로서, 또는 행정부와 의회는 공동 동격 정부기구(co-equal branch of government)로 상호 협조를 하게 된다. 특히 행정부의 중추 신경인 대통령실은 효율적인 정책 수행을 위해 의회의 협조를 구하는 과정에서 대통령을 위시한 참모진이 승자독식(winner takes all)의 일방적 승리가 아닌 상생의 국정을 펴는 리더십을 발휘하여 제도적으로 협력하는 통로를 마련해야 된다(Moe, 1999:

272-273). 대통령실을 중심으로 비서실, 여당, 각료를 팀워크로 하고 우호적인 이익집단, 시민단체, 언론의 협조로 국회로부터 입법 활동에 관한 협력을 얻어 내기 위해 집중적인 로비를 해야 된다. 특히 대통령을 당선시킨 여당이 원내 소수당이 되고 야당이 원내 다수당이 되는 분할 정부(divided government)가 되면 대통령의 중요 정책을 수행하려는 법안 상정에 원내 다수 야당이 제동을 걸고 끊임없는 국정조사, 각료 불신임, 청문회 개최로 대통령실의 일관성 있는 국정수행이 비틀거리게 된다.

1968년 이후 2001년까지 33년 중 27년이 원내의 야당이 다수당이 되는 분할정부였다. 여소야대 정부가 되어 인위적으로 거대 야당에서 의원 빼오기 아니면 야당과 합당하여 연립정부를 구성하였다. 1988년 노태우 대통령이 집권하면서 여당은 국회의원 총선거에서 득표율 41.8%를 얻고 국회의원 전체의 과반수에서 25석이 미달된 의석을 확보하여 소수 여당이 되었다. 이후 1992년 민자당으로 통합된 여당은 총선에서 49%를 얻고 원내 의석의 과반수에서 1석이 미달된 소수야당이 되고, 1996년 김영삼 정부가 치른 총선에서는 득표율 43.5%를 확보하고 과반수 원내의석에서 11석이 미달되었다. 2000년에 실시한 총선에서 김대중 정부의 새천년민주당은 42.1% 득표율에 과반수에서 22석이 부족하여 총리 인준마저 받지 못하는 집권 초의 대통령과 의회의 밀월기간은 원초적으로 소멸되었다. 그러므로 선거법을 개정하거나 통치체계를 원천적으로 개편하는 정치변혁을 시도하려는 구상을 할 수 있겠으나, 일차적으로 대통령이 대통령실의 조직과 정치역량을 최대한 가동하여 여야당 의원을 포함한 의회협조를 끌어내는 제도적 리더십 발휘가 결정적으로 중요하다.

대통령이 국회의 협조와 지지를 획득하는 방편, 기법, 수완은 다양하다. 대통령이 국회로부터 행정부 정책 수행에 지지와 협력을 받아 내는 방안과 전략은 대통령의 인기도, 소속정당 장악력, 지지획득의 폭이 큰 이념과 성격을 내포한 정책추진, 대통령의 협상력, 국회대책팀의 협상조정력을 기반으로 탄력적으로 구사된다(Pfiffner and Davidson, 1996: 353). 대통령과 대통령 참모 팀이 적절히 구사하는 국회 로비 방안으로는 대통령직을 이용한 의원접촉, 의원의 입법활동 협조, 의원과 소속정당이 원하는 정책·숙원사업·인사충원의 수용, 국회의원 선거지원 등이 있다. 또한 헌법이 부여한 대통령의 거부권 행사를 입법과정에서 대통령이 사용할 수 있다는 경고 메시지를 사전에 알린다든지 세가 불리하면 국민을 상대로 대통령의 호소정치를 시도함으로써 대통령이 의도하는 입법을 국회에서 통과하거나 국회지지를 받아내는 방법이 있다(DiClerico, 1995: 82-92).

대통령직을 이용한 국회의원 로비 방법으로는 의원 개개인, 상임위원회 위원, 상임위원장, 원내대표, 여야당 지도자의 백악관, 청와대, 엘리제궁에 만찬 초대, 전화통화로 협조 설득, 친필서신 발송, 캠프데이비드, 대통령 별장 초대로 의원별로 법안 통과, 예산승인, 각료임명과 조약체결 동의에 협조를 구한다. 그리고 의원이 법안을 발의할 때나 원내의 상임위원회와 소위원회가 법안을 심의하고 본회의에서 법안이 통과되도록 여야당 의원을 설득하고 지원한다. 이 과정에서 여야당 의원이 요구하는 댐 건설, 교량건설, 추곡수매량과 수매액, 정부와 공사조직에 요구한 인사발탁 허용 등으로 의원의 지지를 확보한다.

국회의원에게는 선거 당선이 제일 큰 관심사이다. 대통령은 여야 의원을 막론하고 국회의원 선거지원에 관심을 두는데, 특히 여당후보에게는 과거 원내에서 협조한 행적과 미래에 협력을 보장받는 암묵리에 선거지원을 하고 인기 있는 대통령은 직접 지역구에 후보지원 선거유세에 나가기도 한다. 또한 대통령은 입법과정에서 헌법에 보장된 거부권을 발동할 의향을 보여 원하지 않는 법안 통과를 사전에 저지하거나 통과 후에는 거부권을 행사하여 의회 의원의 2/3 표결이 요구되는 어려운 재심과정에서 거부 법안을 사장시킨다.

대통령이 행사하는 마지막 의회 설득 노력은 국민 앞에 나서서 전국 단위의 순회강연, 좌담회, TV 방송과 언론매체를 통한 국민지지를 얻어 의회에 원하는 법안이나 정책을 채택하도록 압력을 가하는 정치력 행사이다. 이 경우는 대통령이 높은 국민지지도를 가지고 있거나 대화에서 국민을 감동시킬 수 있는 설득력이 있어야 한다. 그러나 의회와 잦은 갈등으로 자주 국민 앞에 나와 호소하는 대통령의 모양새가 좋지 않게 보일 수도 있다. 닉슨 대통령은 워터게이트 사건을 무마할 목적으로 국민에게 직접 호소하였으며, 같은 시기에 국내경제 정책과 외교정책에 대해 국민을 직접 설득하였지만 이에 대해 의회에서는 부정적 반응을 보였다. 반면에 레이건 대통령은 의회 로비와 국민 직접설득 연설결과로 정부지출 축소법안을 찬성 256, 반대 173, 세금감면법안은 282대 95

로 하원에서 통과시켰다(DiClerico, 1995: 92; Davis, 1995: 119).

국민에게 제시한 비전과 정책공약 중에 가장 핵심적인 비전과 전략 정책은 취임 후 일 년 이내에 성취하든지 시작해야 하며, 의회도 이 기간에는 여야당을 막론하고 행정부 정책지원에 호의적이다. 레이건 대통령 취임 일 년을 월별로 나누어 의회에서 통과된 법안 비율을 보면 1월-3월 72%, 4월-6월 39%, 7월-9월 25%, 10월-12월 25%로 시간이 흐르면서 의회지지율이 떨어지고 있다. 연도별로 보아도 비슷한 경향이어서 81년 82%, 82년 72%, 83년 67%, 84년, 65%, 85년 59%, 86년 56%, 87년 43%, 88년 47% 순으로 되어 있다(DiClerico, 1995: 67).

그런데 대통령이 의회의 협조와 지지를 얻는 데는 의회의 여야당 지도부의 협조가 필요하다. 그러나 지역구 선거구민의 강력한 정당귀속감이 갈수록 약해지고 의회 내의 다선 위주의 지도력도 초선의원, 신진의원에게는 강력히 먹혀들지 않는 추세여서 대통령의 의회 로비 협상력이 갈수록 중요해지고 있다. 영국, 독일, 이탈리아, 프랑스는 의회의 행정부 통제 감시 영향력이 저하되고 있으나, 새로운 신진의원 영입과 당선, 언론·TV 매체를 통한 의회활성화로 수상과 당의 지도부의 의원을 상대로 한 타협과 설득의 노력은 더욱 증대되고 있다(Meny and Knapp, 1998: 220-225).

하원과 상원 의원으로 23년을 활동하고 상원 원내대표를 역임한 존슨 대통령도 임기동안 자기 소속당인 민주당 의원이 하원에서 대통령이 원하는 법률안에 동의한 평균 비율은 하원 72%, 상원은 59%이다. 카터 대통령의 법안 지지율은 하원 62%, 상원 66%, 부시 대통령은 하원 61%, 상원 73%, 레이건 대통령은 하원 64%, 상원 73%이다(DiClerico, 1995: 73-79). 아울러 20세기에 들어와서 대통령이 선호하는 법안의 의회통과 평균 비율은 하원은 53%, 상원은 57% 정도이다.

그리하여 백악관에는 국회담당 정무수석 비서관실이 원내대표와 긴밀한 협조로 국회협력을 얻어내려 하며, 아이젠하워 대통령부터는 국회연락관실을 백악관에 설치하여 국회 로비에 팀워크로 총력전을 펼치고 있다. 한국의 국회에도 의원과 대통령, 국회와 대통령실의 대등한 관계에서 이루어지는 타협과 설득 노력이 있다. 그러나 이승만 대통령 당시는 대통령의 강압과 카리스마적 리더십, 군사정부 시절에는 대통령의 일사불란한 명령체계, 문민정부에 와서는 다선 위주의 경력을 기반으로 한 총재 중심 집정으로 공천권 행사와 정치자금 배분의 일방적 독점이 통치력 행사 차원에서 의회를 조정하는 경향이 강하였다.

이런 정치관행은 야당에도 이루어지고 있다. 그러나 최근에 와서 이념과 정책면에서 그룹별로, 초재선 등 신진의원별로, 여야당을 막론하고 의회에서 대통령실과 대통령 국정행위에 대해 뚜렷한 정책 선호, 개혁방향 제시 등 다양한 목소리가 표출되는 것은 건강한 의회의 성장을 알리는 신호탄이라 볼 수 있다. 이에 국회 협조를 구하는 대통령과 대통령 팀의 강도 높은 설득과 타협의 리더십 발휘가 요구된다.

사법부는 법 해석 과정에서 대통령을 견제하거나 영향력을 준다. 대통령이 수행하는 정책의 성격이나 적법성, 정책실현 과정에서 하자를 들추어 내고, 국정수행에서 적용된 법규의 최종 유권 해석을 내린다. 전통적으로 미국 대법원은 의회에서 통과된 법의 적용과정에서 하자가 발생할 때 최종적 유권해석을 내린다. 남북전쟁 당시 링컨 대통령이 기업에 발동한 공장의 배타적 전시 생산품목 규정에 대법원이 제동을 걸었고, 루즈벨트 대통령이 수행한 뉴딜정책의 자유로운 기업 활동 제한에도 위법판결을 내렸다. 워터게이트 사건과 관련하여 대통령이 지시한 내용이 담긴 녹음테이프를 특별검사에게 넘겨 주기를 거부한 닉슨 대통령의 명령을 뒤집은 대법원 판결로 정치 소용돌이 중심에서 물꼬를 트기도 하였다(Davis, 1995: 358).

대통령이 추진하는 정책실현에 영향을 주는 대법원의 법리론에 관한 유권해석과 관련하여 대법원 판사 각자가 판단하며, 합의를 도출하는 과정에서 제기한 대법관 각자의 의견은 속기록에 남긴다. 그래서 대법관, 고등법원, 순회법원 판사, 일반법원 판사 임명권은 대통령에게 있어 대통령 정책수행에 도움을 줄 수 있는 법관을 임명하려 한다.

고등법원을 위시한 일반 법관임명은 관할 소재지의 상원의원 및 주정부에 일임하거나 선거과정에서 임명되기도 하나, 카터 대통령은 법관선임위원회를 구성하여 추천된 법관을 임명하였고 레이건 대통령은 백악관에 법관선임대통령위원회를 두어 일반 법관임명에 주도권을 행사하였다.

대통령이 지명한 대법관 후보가 이념성향에서 기피인물이며 자질 면에서 동의할 수 없다고 판단되면 상원의원은 여야당으로 나뉘어, 사안별로 연대하여 대법관 임명에 거부권을 행사하는 경우가 있다. 1968년 진보적 성향의 포타스 (Abe Fortas) 후보를 보수파 의원이 동의하지 않자, 1969년 보수성향의 헤인즈워스 후보가 진보파 의원들로부터 집중 거부를 당하여 두 후보가 모두 대법관 임명에서 탈락되었다. 이처럼 대법관임명은 상원청문회를 거쳐 상원의 동의로 임명되기 때문에 대통령은 백악관 정무수석비서관, 의회담당 수석비서관을 동원하여 상원의 여야당 의원에게 대법관후보의 경력을 홍보하거나 집중적 로비를 하며 언론방송 매체를 이용하여 대법관 후보 자질을 홍보하고, 낙태금지·허용 문제, 학교에서 기도 실시 등 사회적 쟁점에 관련 시민단체 혹은 이익집단이 선호하는 대법관 후보를 지지하도록 유도한다(Maltese, 1998: 510-511).

독일은 연방헌법재판소를 정점으로 민사·형사, 노동, 사회, 행정, 재정의 5개 기능 분야로 나누어진 최고재판소가 있다. 최고재판소가 내린 판결 중 헌법 사안과 관련된 안에 대한 최종 심의판결을 헌법재판소가 내리며, 연방수상이 헌법재판소와 5개 최고재판소 소장을 상원 동의로 임명한다. 객관적으로 능력과 자질을 인정받은 법관을 임명하긴 하지만 수상은 집권당과 수상이 지향하는 정치이념과 정책에 호의적인 후보를 최고재판소 법관에 임명하려 한다.

한국의 대법관은 대통령이 국회의 동의를 얻어 임명하나 미국처럼 대법관 임명에 대통령실에 의한 집중적 국회로비는 심하지 않은 편이다. 대법관 임명의 기준이 대통령과 대통령실이 지향하는 정치이념보다는 법관 자질, 법조계 평판에 무게가 실려 있기 때문이다. 최근에는 대법관 후보가 내린 판결사안과 판결 이해관계에 따라 여야 정당의 지지반응이 다르고, 시민단체의 지지와 반대 견해표명이 대법관 임명에 영향을 주고 있다. 헌법에 위반되는 법과 규정을 해석하는 헌법재판소 판사는 추천을 거쳐 대통령이 임명하는데, 3명은 대통령이, 3명은 국회 여야당의 협의를 거쳐 국회의장이, 3명은 대법원장이 추천하여 대통령이 임명하므로 대통령실이 국정수행에 협조를 구하기 위하여, 선호하는 헌법재판관을 임명하도록 개입하는 시도에는 한계가 있다.

앞으로 열린사회의 다양한 이념과 정책 스펙트럼에 대처하는 법관의 입장, 투명성 있는 공정한 판결, 사이버 공간에서 토론되는 많은 단체와 개인의 대법관 후보 자질 평가는 대통령의 대법관 선임에 신중한 참고자료가 될 것이다. 한국 사회가 열린 시민사회로 전환되면서 정당, 시민단체, 개인은 헌법재판소에 헌법소원을 내는 사례가 잦아지고 있다. 국회에서 가결된 노무현 대통령 탄핵심판의 심사를 필두로, 대법원 판결, 국회의정에서 제기된 현안을 헌법재판소에 위헌 여부를 심사하여 달라는 청구는 계속 증가할 것이며 대통령의 정책결정에 미치는 파장도 커질 것이다. 그리고 대통령실은 다양한 이익을 표출하고, 정부에 정책대안을 제시하는 시민단체의 의견을 폭넓게 수용해야 한다. 청와대 시민사회수석비서관실, 시민참여수석비서관실도 이익집단 혹은 시민단체의 의견수렴을 적극적으로 반영하려는 취지에서 고안된 것으로 본다.

제9장

대통령 평가

1. 대통령과 언론

　　열린 시민사회에서 대통령과 언론미디어의 관계[1]는 국정관리의 중요 요소이다. 대통령의 원활한 국정수행을 위해 그리고 국민지지도 확보를 위해 언론미디어는 절대 간과되어서는 안 될 요소로 매스커뮤니케이션 시대에 들어서면서 대통령에게 있어서 언론미디어의 중요성은 점점 더 커지고 있다. 이는 대통령 비서실의 언론미디어 관련 조직의 규모·기능 확대와 언론미디어에 대한 각종 전략구사로 나타난다. 이러한 현상을 미디어 대통령(media presidency)이라고 한다.

　　대통령은 집권당, 참모, 각료와 함께 효율적이고 책임지는 국정으로, 뜻하는 정책을 성취하고 그 결과를 국민에게 전달하여 국민 지지를 극대화하려 한다. 매스커뮤니케이션 시대 이전에는 국민 앞에 직접 나서서 대중연설도 하고 옥내집회도 가졌다. 그러나 현실적으로 전국규모로 국민과 대화하고, 달성하려는 정책에 대해 국민 전체를 설득하고 이해시키기에는 한계가 있었다. 이러한 한계는 매스커뮤니케이션 시대에 들어서면서 어느 정도 극복되었다. 즉, 신문과 방송 등 각종 언론미디어를 적극적으로 활용함으로써 가능해진 것이다. 따라서 건국 이후 19세기까지 미국 대통령은 언론미디어를 통한 정책홍보라는 측면에서, 그리고 20세기에 와서는 언론미디어의 적극적 협조를 끌어내기 위한 전략적 접근이라는 측면에서 언론에 대한 각종 전략을 구사하면서 관계를 유지해 왔다. 대통령 입장에서 보면 언론미디어는 국민에게 대통령업적을 홍보하여

---

[1] 여기서 언급하는 언론미디어나 뉴스미디어는 동일 개념이며, 인쇄매체인 신문과 전파매체인 TV방송을 총칭하는 개념이다.

국민의 대통령지지율을 극대화하는 전략 홍보 수단이다.

한편 19세기와 20세기 초에는 정당정치가 정치의 중심에서 맹렬한 위세를 발휘함에 따라 국민은 원하는 정당에 가입하여 당에서 공천한 지방자치단체장, 국회의원과 대통령후보를 지지하는 대규모 집회에 참석하고 득표활동에 적극 참여하였다. 미국 17대 맥킨리 대통령은 1896년 선거유세에서 출신 주 오하이오에 전국 당원 75만 명을 결집한 적이 있고, 한국의 경우 1987년 대통령 선거 당시 김대중 후보는 광주에서, 김영삼 후보는 부산에서, 노태우 후보는 대구에서 각각 100만 명을 동원하였다. 그러나 점차 대규모 대중동원은 사라지고 투표율은 저하되고 있다. 한국은 대통령선거 투표율이 86%에서 81%의 수준으로 점점 낮아지고, 미국은 유권자의 과반수 정도가 대통령 선거에 투표하고 있다.

오늘날 대통령을 중심으로 본 정치현상에서 두드러지는 특징은 저조한 투표율, 대중동원 조직력이 현저히 떨어지는 정당 체질약화, 후보자 중심의 조직력과 리더십 중요성 증대, 각종 이익집단의 정치세력화, 신문방송 매체의 정치권 중심부 진입이다. 이러한 현상 속에서 작은 정부와 저비용 고효율의 책임정당정치를 추구하는 대통령이 효과적인 국민지지를 획득하는 요체는 언론과의 긴밀한 협조관계 유지와 국정수행과 관련한 언론의 적극적인 활용이다. 즉, 일간신문, 방송, TV가 뉴스로 대통령의 정책을 전국에 전파해야 국민이 이해하고 지지 여부를 결정하게 된다. 이에 방송, TV 전파매체와 신문, 잡지 인쇄매체는 대통령이 대화로 국민을 이해시키고 동의를 구하며 지지를 획득하는 데 필수적인 도구이며 수단인 것이다.

대통령중심제의 대통령이든 내각책임제의 수상이든 국민지지도나 인기도(presidential approval rate)가 40% 미만에 머물면 정부를 이끌어 가는 데 힘이 들고 30% 미만이 되면 국정수행에 빨간 불이 켜져서 십중팔구는 재선거에서 낙선하거나 의회 총선거에서 소수당으로 실각하게 된다.[2] 따라서 대통령은 언론이 대통령과 정책에 대해 호의적인 보도를 하도록 여러 가지 전략을 구사하게 된다. 즉, 대통령에게 있어서 만족할 만한 국민지지도와 인기유지 비결은

---

2) 최근 미국 대통령 중 평균 국민지지율 50% 선을 유지한 대통령은 레이건(1981~1989), 부시(1989~1993), 클린턴(1993~2001)이었고, 닉슨(1969~1974), 포드(1974~1977), 카터(1977~1981)는 40% 대의 평균 국민지지율을 보인다. 그리고 닉슨 사임, 포드, 카터, 부시 재선 실패 당시 국민지지율은 40% 미만으로 30% 선이었다(Edward III and Wayne, 2003: 112~124).

국민에게 신선하고 매력적인 정책 서비스를 제공하는 데 있다. 그러나 국민이 피부로 느끼고 실감하는 정책효과와 더불어 대통령과 정부에 대한 지지는 언론미디어가 전달하는 뉴스에 상당한 영향을 받는다. 그래서 정부 홍보기관은 언론미디어에게 정책 배경을 설명하고, 국민에게 전달된 정책효과를 뉴스를 통해 알리기 위해 총력을 기울이고 있다. 미국, 영국을 포함한 각 국가의 대통령과 수상은 언론미디어를 다루는 접근 방식과 전략에 최우선 관심 표명과 최대의 국정 에너지를 투입하고 있다. 특히 최근 유럽, 북미, 일본 등 G8 국정최고관리자 모두 공통적으로 언론미디어를 다루는 전략과 홍보에 상당한 우선권을 부여하고 있다.

대통령과 언론미디어의 관계에서 재미 있는 점은 대통령 취임 초기에는 의회뿐만 아니라 언론도 대통령의 정강 정책에 대한 긍정적 뉴스와 해설기사로 보도하여 대통령과의 밀월여행을 시작한다는 것이다. 통계적으로 보면 대통령은 취임 초기에 높은 인기도를 만끽한다.[3] 의회도 대통령에게 친밀감을 표시하는데 대통령도 이 시기에 중요 법안을 처리하고 전략적 정책을 조기에 실시한다. 특히 대통령이 속한 집권당이 의회에서 소수당일 때는 국회 법안 통과와 정책집행 예산 승인을 위한 다수당과의 협상을 위해 국민에게 직접 호소하여 의회를 압박하는 전략을 구사한다. 그리고 국민을 상대로 호소할 때 대통령은 언론을 활용하게 된다. 이 과정에서 중간 전달매개자인 언론미디어와 대립·갈등을 지양하고 화해·협력의 동반자로서 우호세력권 내에 끌어들이려 한다.

그러나 언론미디어는 단순한 홍보를 위한 수단이 아니라 스스로의 가치관과 목표를 갖고 대통령과 정책에 대해 해석과 분석을 하게 된다. 또한 시장의 확대와 함께 독립적인 세력을 형성하게 되었는데, 이를 표현하는 것이 언론정당(Press Party) 혹은 제 4의 정부이다(Edward Ⅲ Wayne, 2003: 183; Cater, 1959). 따라서 언론미디어는 대통령이나 수상이 주장하고 정부 홍보기관이 설명하는 내용을 액면 그대로 뉴스로 내보내지 않는다. 그런 확장자, 확성기 역할은 정부 홍보기관의 소관이고, 언론미디어는 정부 발표나 대통령의 국정수행에 대해 반드시 긍정적 혹은 부정적인 견해를 보이고 때로는 냉소적 시각으로

---

3) 미국 대통령과 한국의 대통령의 취임 초와 집권 말기의 지지도를 보면 취임 초에 높은 지지율을 보이다가 집권 말이 되면 지지율이 상당히 떨어지는 것을 볼 수 있다.

[표 9-1]   최근 한국과 미국 대통령 국민 지지율

대 통 령		재직 시기	취임 초 국민지지율	집권 말 국민지지율
한국	김영삼	1993-1998	83.4%(취임 초 100일)	6.1%
	김대중	1998-2003	62.2%(취임 초 100일)	28.9%
	노무현	2003-2008	40.2%(취임 초 100일)	
미국	아이젠하워	1953-1960	79%	49%
	케네디	1961-1963	83%	57%(사망시)
	존슨	1963-1968	80%	35%
	닉슨	1969-1974	68%	24%
	포드	1974-1976	71%	37%
	카터	1977-1980	75%	21%
	레이건	1981-1988	68%	35%
	부시	1989-1992	83%	32%
	클린턴	1993-2000	58%	49%
	부시	2001-2007	57%	45%(현재)

자료: http://www.gallup.co.kr/News/2003/release047.html 한국갤럽, 중앙일보, 갤럽 (www.gallup.com)

기사를 작성하게 된다. 언론미디어의 권력 견제라는 역할 및 성격과 함께 기사가 상품성이 있어야 시청자와 구독자를 매료시켜 시장경쟁에서 살아남기 때문이다. 여기에서 대통령과 언론미디어 간에 원초적 갈등관계가 생성된다.[4] 국정운영을 둘러싼 여러 행위자들 간의 다양한 갈등관계, 상호작용관계는 현대사회의 국정관리에서 중요한 요소로 등장하고 있다. 대통령과 언론미디어 관계에서 발생하는 순기능, 역기능, 그리고 그로 인한 파급효과는 국가발전, 거버넌스 전체에 커다란 영향을 주고 있다.

여기서 대통령과 언론미디어에 대한 논의는 크게 두 가지 측면에서 이루어진다. 대통령과 언론미디어의 관계와 관계에 영향을 주는 요소, 그리고 대통령 입장에서 언론미디어에 대한 대응체계 즉, 대통령 비서실의 언론미디어 관

---

4) 이와 관련하여 Davis(1991: 1476)는 기자회견(press conference)과 관련해서 대통령(설득)과 언론(책임)의 목적의 상이함으로 인해 기본적으로 갈등관계가 형성된다고 보았다.

련 조직의 규모와 기능, 그리고 전략이 그것이다. 대통령과 언론미디어 관계는 박정희 대통령 이후 역대 대통령과 언론미디어 관계에 영향을 주는 요인에 대해 청와대에 근무한 전 현직 언론공보(홍보) 참모와 대통령 비서실 출입기자를 상대로 실시한 설문조사를 토대로 기술한다. 그리고 대통령의 언론미디어 대응 체계에 대한 논의는 한국을 비롯한 미국, 영국, 프랑스, 일본 등 각국의 대통령·수상 비서실의 대언론 관련 조직과 전략에 대한 비교분석으로 이루어진다.

대통령과 언론미디어 관계

국정관리 측면에서 대통령과 언론미디어 관계는 매우 중요하다. 특히 대통령 정책에 대한 언론미디어의 영향력이라는 측면에서 그러하다. 대통령 및 정부 정책에 대한 언론의 영향력 논의는 정치커뮤니케이션 영역에 해당하는 것으로 매스커뮤니케이션 이론의 도움을 많이 받는다. 매스커뮤니케이션 이론은 제공자, 상품전달자, 수혜자 그리고 이들의 상호관계를 설명하고 있다. 라스웰의 정치배분이론을 적용하면 정치행위는 자원의 권위적 배분(authoritative allocation of resources)이며, 배분하는 자, 배분받는 자, 자원, 배분방법과의 관계규명이 중요하다(Laswell, 1948). 매스커뮤니케이션 분야에서는 라스웰의 제공자, 수혜자, 자원, 배분방식을 이용하여 "누가, 무엇을, 어떤 채널을 통해, 누구에게 말해(to whom), 어떤 효과를 가져 왔는가"라는 형태의 도식을 개발하고 있다(맥퀘일, 위달 저, 임상원·유종원 공역, 2001). 이러한 송신자와 수신자 그리고 전달매체, 효과에 대한 논의는 각각의 상호작용에 대한 논의, 정치커뮤니케이션 즉, 대통령과 언론미디어에 대한 논의로 확장될 수 있다.

대통령과 언론미디어의 관계에 대한 논의와 더불어 정치커뮤니케이션에서는 정부와 언론미디어에 대한 논의가 더 많이 이루어졌다. 정부와 언론미디어 및 대통령과 언론미디어 관계에 대한 설명은 다양하다. 우선 정부와 언론미디어 관계를 대중의식적 견제관계, 정부주도적 공생관계, 상호보완적 공생관계, 미디어주도적 견제관계(김기정 외, 2000)로 보는 의견, 권위와 비중의 주체에 따라 상호의존 모델, 정치권력우위 모델, 언론우위 모델, 상호공생 모델, 상호침투 모델(최경진, 2003)로 보는 의견이 존재한다. 더불어서 대통령과 언론미디어 관계를 협력(alliance), 경쟁(competition), 분리(detachment)의 관계

(Grossman and Kumar, 1979),[5] 적대, 견제, 공생, 유착, 일체화의 진자운동(유재천, 이민웅, 1994: 33)으로 설명하기도 한다. 대통령과 언론미디어 관계는 전문기술 발전에 따라 여론형성 과정 변화와 그에 따른 영향력 확대의 과정을 통해 상호작용하는 역동적 진자운동을 보이면서 변한다.

　　물론 열린 민주시민사회에서 대통령과 언론미디어 관계는 견제와 공생 관계 사이를 왔다 갔다 할 가능성이 높다. 대통령의 정책에 대한 국민의 동의 수준이 낮아지면 견제 관계가 더 강화될 수도 있고, 동의수준이 높으면 협조공생 관계가 더 강화될 수도 있다. 이는 언론방송과 대통령의 관계가 국민의 동의수준에 의해 결정될 수 있음을 보여준다. 그리고 대통령과 언론방송이 서로 필요한 존재라고 해서 반드시 공조관계가 된다고는 말할 수 없다. 서로를 필요로 하지만 대통령이 언론방송의 건전한 비판까지도 용납하지 못하고 언론방송을 선전이나 여론 조작의 도구로 간주하여 정부에 불리한 정보를 억제하고 유리한 정보만을 보도해 주기를 원한다면 협조관계가 아니라 견제관계를 넘어서 대립관계로까지 발전할 수 있다. 따라서 대통령과 언론의 공생관계가 협조관계로 발전하려면 자기의 필요성을 상대방에게 일방적으로 강요할 것이 아니라 상대의 존재이유를 바르게 인식하여 그 필요가 제대로 충족되도록 도와 주어야 할 것이다.

　　한편 견제관계는 현대 사회에서 더욱 중요한데, 즉 각 사회마다 언론의 취재·보도와 관련하여 여러 가지 사회적·법률적 특권이 나름대로 부여되고 있는 것은 바로 언론이 공공문제에 대한 국민의 알 권리를 대행하면서 권력을 감시하고 비판하는 책임을 맡고 있기 때문이다. 만약 언론이 다른 사기업과 마찬가지로 이윤 추구에만 급급하다면 이러한 견제기능을 충분히 수행할 수 없을 것이다. 이에 대통령과 언론미디어의 양자관계를 적대←긴장←비판견제←협조공생의 갈등전개에서 적대→긴장→비판견제→협조공생의 갈등봉합의 상황에 따른 역동적 관계모형으로 정의한다.

---

5) 그로스만과 쿠마(Grossman and Kumar, 1979: 40)에 따르면 이러한 세 가지 국면은 각 대통령마다 어느 한 국면이 뚜렷하게 나타나는가 하면, 또한 한 대통령 임기 내에도 3가지 국면이 시기에 따라 다르게 나타난다. 미국의 경우 협력은 주로 새로운 행정부의 처음 한 달과 맞물린다. 이를 보통 허니문 기간(honeymoon period)이라 한다. 경쟁은 일반적으로 첫 번째 임기의 말경에 나타나고, 분리기간은 백악관과 기자들이 서로의 행태에 영향을 주고자 하는 노력을 포기하게 하는 일련의 사건의 발생에 의존한다.

　이러한 대통령과 언론미디어 관계의 역동적 변화에 영향을 주는 요인으로는 크게 세 가지 범주로 나눌 수 있다. 첫째, 대통령과 대통령 참모조직 측면에서 대통령 개인의 언론관, 대통령의 이념성향과 더불어 공보참모의 언론관, 전문성·성별·연령 등 공보참모의 개인 특성, 공보참모 조직의 언론대응 행태, 공보참모조직의 전문화, 언론에 대한 뉴스거리 제공 전략과 방법이 있다. 둘째, 언론미디어 측면에서 언론방송사의 이념성향, 언론방송인(기자, 편집인, 경영인)의 대통령에 대한 시각, 언론방송사의 언론관, 언론사의 조직관의 엄격성을 들 수 있다. 마지막으로 환경적 요소로서 쟁점을 중심으로 한 대통령과 언론방송에 대한 국민 인식의 변화, 대통령에 대한 국민 지지도, 의회의 대통령에 대한 태도를 들 수 있다.[6]

　언론미디어와 대통령의 관계는 관계 그 자체로 끝나는 것이 아니라 국민과의 상호관계로까지 발전된다. 즉, 긴장 고조는 대통령에 대한 언론의 국민 대리전으로 이어지고 상호협조는 대통령에 대한 국민의 지지율 향상으로 발전된다. 그 과정에서 언론인, 언론사, 대통령과 참모, 대통령 비서실이라는 개인과 기관이 한데 섞여 복잡한 형태를 띠면서 관계를 형성하게 된다.

　그렇다면 구체적으로 대통령과 언론미디어 관계는 어떠한지에 대해 살펴보도록 하자.[7] 대통령과 언론미디어 관계는 규범적·당위적 차원[8]과 실질적인 차원으로 나누어서 볼 수 있다. 먼저, 규범적·당위적 차원에서 대통령과 언론미디어의 가장 적절한 관계는 비판 및 견제관계와 긴장관계이다.[9] 즉 대통령과

　6) 환경변수에 해당하는 대통령과 언론미디어에 대한 국민의 인식변화, 대통령에 대한 국민의 지지도, 그리고 의회의 대통령에 대한 태도 및 지지도는 대통령과 언론미디어 관계에 영향을 주기도 하지만 다른 한편으로 영향을 받기도 한다. 즉, 대통령에 대한 국민의 지지도가 높게 되면 언론미디어도 대통령에 대해 보다 호의적인 기사를 작성하게 된다. 다른 한편 언론미디어와 대통령의 관계가 서로 협력적이면 기사작성이 호의적이게 되고 그러면 국민들의 대통령에 대한 인식도 보다 호의적이게 될 것이다. 그러나 본 연구의 진행을 위해 대통령에 대한 국민의 지지도 등 환경적인 부분에 해당하는 변수들이 대통령과 언론미디어 관계에 영향을 주는 것으로 전제한다.

　7) 대통령과 언론미디어 관계에 대한 논의는 한국을 중심으로 한다. 대통령과 언론미디어 관계의 영향모형, 한국의 역대 대통령의 언론미디어와의 관계 논의는 주로 전현직 청와대 공보참모와 청와대 출입기자를 상대로 한 설문면접조사 결과를 토대로 이루어진다. 전체 60명을 상대로 설문조사를 실시하였는데, 전체 응답자의 7할(73.3%)는 전현직 청와대 출입기자이고, 3할에 약간 못미치는 정도(26.7%)는 역대 대통령 공보 및 홍보 참모이다. 여기서 공보와 홍보는 엄격한 의미에서 다르다. 즉, 공보는 주로 대언론관계를 다루는 업무를 하고, 홍보는 대언론뿐만 아니라 직접적인 홍보업무를 다루기 때문이다. 그러나 실제 홍보를 위해서는 언론을 상대로 하는 경우가 많기 때문에 공보와 홍보업무 담당자를 모두 대상으로 하였으며, 이후 논의에 있어서도 마찬가지이다.

　8) 이는 대통령과 언론미디어의 관계가 어떠해야 바람직한지에 대한 질문으로 구성된다.

[그림 9-1] 대통령과 언론미디어와의 관계 영향 요인

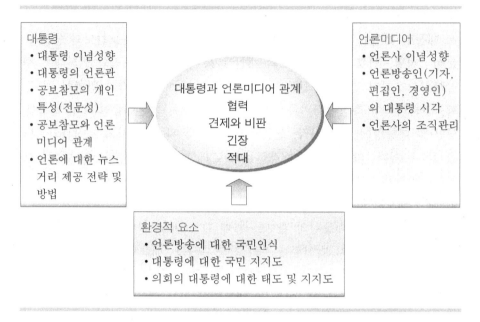

언론미디어의 적절한 관계에 대한 인식은 비판견제 ← 긴장 ← 협조공생 ← 적대관계 순으로 나타난다. 따라서 당위론 차원에서는 대통령과 언론미디어의 적정관계는 협조공생도 아니고 적대관계는 더더욱 아니며, 비판견제와 긴장관계의 진자 속에서 확립되는 영역이라고 할 수 있다. 이는 대통령과 언론미디어의 관계가 긴장 속에 있을 때 사회 전체적으로 순기능을 발휘하지만, 적대관계에 있을 때는 역기능을 하게 된다는 논의와도 일맥상통한다. 즉, 언론미디어는 바람직한 것에 대해서는 긍정적으로 평가하고 보도하지만 그렇지 않을 경우 올바르게 알리고 지적하면서 비판자로서 기능해야 한다는 의미이다.

당위적인 차원과는 별개로 실질적인 측면에서 우리나라 역대 대통령과 언론미디어 관계는 긴장관계와 협조공생관계(긴장관계-3할 이상, 협조공생-3할)를 중심으로 그 외 비판견제관계(2할)와 적대관계(1할)를 보였다. 당위론적 관계에 비해 현실에 나타난 대통령과 언론미디어 관계는 긴장관계를 축으로 협조공생

---

9) 대통령과 언론미디어의 가장 적절한 관계에 대해 비판 및 견제관계(6할)와 긴장관계(3할)여야 한다는 인식이 전·현직 청와대 출입기자와 청와대 언론공보참모들 사이에서 존재한다.

[표 9-2] 대통령과 언론미디어의 관계(단위: 빈도(%))

	당위론 측면에서 대통령과 언론미디어 관계	실제 역대 대통령과 언론미디어 관계
적대관계	1(1.7)	8(13.3)
비판견제 관계	37(61.7)	14(23.3)
긴장관계	17(28.3)	21(35.0)
협조공생관계	5(8.3)	17(28.3)
Total	60(100.0)	60(100.0)

관계, 비판견제관계, 적대관계로 분산되고 있다. 이는 기존에 우리나라 정부와 언론미디어가 일반적으로 투쟁의 시기, 탄압의 시기, 그리고 권언유착의 시기를 거쳐 온 것과 무관하지 않다. 이는 언론미디어가 대통령을 비롯한 정부와 권력에 대한 비판견제 기능을 제대로 하지 못하였다는 점과 연관이 있다.

이와 관련하여 실제 역대 대통령별 언론미디어 관계를 보면 박정희 대통령시절은 주로 협조공생관계(6할 육박)와 긴장관계(3할 육박), 전두환 대통령시절은 비판견제와 협조공생관계, 노태우 대통령시절은 긴장관계와 비판견제관계를 형성한 것으로 보인다.[10] 박정희 대통령은 재임시절 언론미디어와 좋은 관계를 맺으려고 스스로 겸허하고 기자를 존중한 반면, 회유하고 위협하는 방책도 구사하여 협조공생관계와 긴장관계의 진자 속에 있었다고 본다. 그러나 전두환 대통령 시절부터는 공생협조관계에서 비판견제관계로, 노태우 대통령 정부에서는 완화된 독재권력 공간에서 긴장과 비판견제관계로 진전된다. 이는 군사정권 하에서 정권에 대한 언론의 감시와 비판이라는 기능을 상당부분 상실하고 정권에 일정부분 예속되어 제도언론으로서 기능한 것과 무관하지 않다. 이러한 현상이 노태우 대통령 이후부터 어느 정도 완화되어 점차적으로 언론이 하나의 독자적인 세력을 형성하면서 기능하게 된다.

김영삼 정부에서는 협조공생관계, 긴장관계, 비판견제관계가 혼재하는데,

---

10) 박정희 대통령은 언론 사주, 방송사 사장, 편집국장, 보도본부장, 정치부장을 수시로 만찬에 초대하고, 각 언론방송사에서 청와대 취재 출입기자로 첫 출근하는 신참기자는 대통령이 단독으로 저녁초대를 하여 권위주의 체제로 경제발전을 수행하는 배경을 설명하고 이해를 구하며, 비판적 기자는 언론방송사로 하여금 조치를 취하도록 하는 당근과 채찍이라는 양면책을 쓴 것으로 보인다(2003년 4월 5월 당시 조선일보 부사장과 임방현 공보수석면담).

[표 9-3] 대통령과 언론미디어 관계(단위: 명(%))[11]

		대통령과 언론미디어와의 관계			
		적 대	비판견제	긴 장	협조공생
재직당시대통령	박정희		1(8.3)	4(33.3)	7(58.3)
	전두환		2(66.7)		1(33.3)
	노태우		1(50.0)	1(50.0)	
	김영삼		1(25.0)	1(25.0)	2(50.0)
	김대중		2(22.2)	7(77.8)	
	노무현	7(31.8)	5(22.7)	7(31.8)	3(13.6)
	기 타	1(14.3)	1(14.3)	1(14.3)	4(57.1)
Total		8(13.6)	13(22.0)	21(35.6)	17(28.8)

김영삼 대통령은 '언론이 만들어 준 대통령'이라고 할 정도로 한국 언론이 대통령 만들기에 나섰다. 따라서 김영삼 대통령 취임 초기에 언론미디어는 김영삼 대통령에 대해 호의적이면서 협조관계를 보였다. 그러나 언론이 김영삼 대통령의 개혁 작업 대상이 되면서 갈등관계가 나타나기 시작하였다.

김대중 대통령 당시는 긴장관계가 우세한 속에서 일정정도 비판견제관계를 유지하였다. 그리고 노무현 대통령에 와서는 긴장관계와 적대관계가 두드러지게 나타나고 어느 정도 비판견제와 협조공생관계를 나타낸다.[12] 사실 노무현 대통령 이전에는 대통령과 언론미디어의 관계가 긴장관계와 비판견제, 그리고 협조공생관계에서 움직이는 진자운동이었다고 한다면 노무현 대통령에 이르러서는 적대관계까지를 오가는 폭넓은 진자운동 틀을 보여주고 있다. 이러한 결과는 최근 정부와 언론의 관계가 '전쟁'을 불사하는 관계로까지 비유되는 것

---

11) 사실 대통령과 언론미디어 관계를 일방적으로 단언할 수 없다. 즉, 한 대통령 시기에도 여러 관계가 형성될 수 있다. 따라서 표에서 제시된 관계는 대통령 시기 전부에 걸친 것이 아니라 이러한 관계가 두드러졌다는 것을 의미한다.

12) 이에 대해서는 실제 역대 대통령의 대통령과 언론미디어가 어떠했는지에 대한 질문으로 구성된다. 그리고 〈표 9-3〉의 대통령별 언론미디어 관계는 교차상관관계분석을 실시한 것으로 유의수준 .05에서 유의미하다. 그러나 표본수가 작은 관계로(60명) 대통령별 언론미디어 관계에 있어서는 한 칸에 포함된 수가 5 미만인 것이 많아 분석의 한계가 있다. 다만 여기서는 관계에 대한 단서를 제공하는데 의의를 두며, 이후 표본 수를 늘림으로써 대통령별 언론미디어 관계에 대한 보다 타당한 분석이 가능할 것이다.

과 연관시켜 생각해 볼 수 있다.

그렇다면 이러한 대통령과 언론미디어 관계에 영향을 미치는 영향요소들의 특성은 어떠하며 구체적으로 어떠한 영향관계를 보이는지에 대해 살펴보고자 한다. 대통령과 언론미디어 관계가 현실 상황에 따라 긴장, 비판견제, 협조공생, 적대관계의 역동적 진자관계로 전개되는 요인은 이미 기술하였듯이 크게 대통령 차원, 언론미디어 차원, 환경 차원으로 나누어 볼 수 있다. 다시 대통령 차원에서는 상황에 따른 정치체제 속에서 대통령의 이념성향, 대통령의 언론미디어에 대한 인식(언론관), 청와대 언론공보(홍보)참모의 전문성, 언론공보참모와 언론미디어 관계, 기자회견 등 언론미디어에 대한 전략적 대응이 대통령과 언론미디어에 영향을 주는 요인에 해당한다.

대통령과 언론미디어 관계는 대표적으로 대통령 이념성향에 따라서 차이를 보이는데.[13] 대통령의 이념성향이 진보적일수록 대통령과 언론미디어 관계는 적대와 비판 및 견제관계를 중심으로 움직이고, 보수적일수록 긴장 및 협조공생을 중심으로 관계가 형성된다. 이는 언론방송사의 이념성향과 맞물리는데 전체적으로 우리나라 언론방송사의 이념성향은 보수적인 성격이 강하다. 따라서 보수적인 이념성향을 보이는 언론방송사는 보수적인 대통령에 대해 보다 호의적인 태도를 보이게 되는 것이다.

미국의 경우 미국 언론인 240명을 선정하여 조사를 실시한 적이 있는데, 언론계가 진보 좌파적 이념성향이 강하다면 보수 우파정당 출신 대통령은 언론보도 면에서 비판적·부정적 불이익을 받는다는 인식이 팽배한 속에서 실제 조사한 결과 진보좌파나 보수우파라고 하는 언론계의 이념성향이 실제로 다루는 기사내용에는 그렇게 큰 영향을 주지 않는 것으로 나타났다. 즉, 미국 언론인 240명 중 온건좌파는 56%이고 온건우파 언론인은 19%였다. 따라서 언론계가 전체적으로 온건좌파 경향을 띤다고 볼 수 있다. 그러나 1980년 미국 대통령 선거에서 민주당 세 명의 후보가 발표한 176회 기사 내용 중 후보에게 유리한 5개 내용 가운데 1개만, 공화당 9명의 후보가 발표한 145회 기사 내용 중 후보

---

13) 대통령 이념성향에 따른 대통령과 언론미디어 관계의 차이를 알아보기 위해 교차상관관계분석을 실시하였다. 결과 대통령 이념성향에 따른 대통령과 언론미디어 관계 차이는 유의미한 것으로 나타났다.

[표 9-4] 대통령 이념성향과 재직 당시 대통령과 언론관계의 교차분석 및 언론방송사 이념성향

		재직 당시 대통령과 언론미디어의 관계				재직당시 언론 방송사의 이념성향
		적 대	비판견제	긴 장	협조공생	
대통령이념성향	매우 진보	50.0%	10%	50.0%		
	진 보	14.8%	25.9%	51.9%	7.4%	8.5%
	보 통	18.2%	18.2%	18.2%	45.5%	13.6%
	보 수		29.4%	17.6%	52.9%	69.5%
	매우 보수		10%	50.0%	50.0%	8.5%
Total		11.9%	23.7%	35.6%	28.8%	100.0%
Chi-square test		$x^2 = 21.093(.050)$, df = 12				

에게 유리한 6개 내용 중 1개만 CBS TV의 뉴스시간에 방영되었고 CBS, ABC, NBC 방송 3사는 대통령 후보가 발표한 내용 중에 후보에게 유리한 기사를 케네디 19, 카터 35, 부시 6, 레이건에게 36회를 할애하였다. 1984년 선거에서 집권하고 있는 레이건과 부시 후보에 대해서는 TV방송사는 730초간의 유리한 뉴스를, 7,230초는 비판적 내용의 뉴스로 보낸 반면에 도전하는 먼데일과 페라로 후보에 대해서는 1,970초를 유리한 뉴스, 1,450초를 불리한 뉴스로 방영하였다. 1992년 대선에서 언론이 유리하게 보도한 내용은 집권하고 있던 부시 후보 31%, 케일 후보 37%, 도전한 클린턴 대통령 후보 45%, 고어 부통령 후보에게 75%를 허용하였다(DiClerico, 1995: 149-151). 따라서 언론이 뉴스 내용을 선정하는 기준은 언론계가 선호하는 진보좌파 이념성향과 더불어 기존 정치에 대한 비판 성향이 가미된 것이라 볼 수 있다.

대통령의 이념성향은 대통령의 언론관과도 맞물리는데, 우리나라의 경우 전체적으로 대통령들의 언론관은 긍정적인 것보다는 부정적인 것으로 인식된다.[14] 이는 대통령이 언론을 국정운영의 파트너로서 보기보다는 정치도구로서의 수단 아니면 국정운영에 걸림돌이 되는 대상으로 보게 되면서 언론에 대해

---

14) 대통령의 언론관이 부정적이었는지 긍정적이었는지에 대한 질문에서 49.2%가 부정적이라는 응답을 한 반면, 보통은 20.3%, 긍정적이라는 응답분포는 30.5%로 나타났다.

부정적인 태도를 취함을 의미한다.

한편 대통령의 국정홍보 및 대통령 이미지 제고를 위한 언론미디어와의 접촉점은 언론공보(홍보) 참모조직이다. 따라서 대통령과 언론미디어 관계에 언론공보참모 및 조직이 영향을 주게 된다. 우선 언론공보참모의 전문성과 언론공보참모와 언론미디어 관계가 중요한데, 우리나라의 경우 전체적으로 언론공보참모의 전문성이 심하게 떨어지는 것은 아니지만 만족할 만한 수준은 아닌 것으로 이야기된다.[15] 흥미로운 점은 언론공보참모 전문성이 높다고 인식할수록 언론공보참모와 언론미디어 관계도 협조적이라고 인식한다는 것이다.[16] 따라서 언론공보참모의 전문성 확보 속에서 언론공보참모와 언론미디어 간의 보다 원활한 관계 형성이 가능하다고 볼 수 있다. 미국 클린턴 대통령 1기 초반에 문제가 되었던 것은 대통령의 언론미디어에 대한 태도와 함께 언론공보참모들의 전문성이었다. 언론공보참모들의 전문성 저하가 지적되면서 언론방송의 대통령과 대통령 정책에 대한 보도는 상당히 비판적이었다.

한편 대통령과 언론공보참모는 언론미디어에 대해 각종 전략을 구사하게 되는데, 우리나라의 경우 정책에 대한 배경설명, 개인적 친분, 촌지, 편집인에게 자세한 설명, 신문기고, 인터뷰 등 다양한 전략 중에서 정책에 대한 배경설명을 가장 많이 활용하는 것으로 나타났다. 이러한 다양한 전략 구사는 한편으로는 언론공보참모의 전문성과도 밀접한 관계를 갖는데, 전문성을 구비할수록 언론미디어와의 접촉에 다양한 방법을 조직적으로 구사하게 된다.

두 번째, 대통령과 언론미디어 관계에 영향을 주는 언론미디어 요인으로 언론미디어의 이념성향과 언론미디어의 조직관리 그리고 언론방송사주·편집인·기자의 대통령에 대한 시각을 들 수 있다.[17] 우리나라의 경우 전체적으로 언론미디어의 조직관리가 엄격한 것으로 보인다.[18] 따라서 기자는 소속 언론

---

15) 응답대상자인 전·현직 청와대 출입기자와 언론공보참모의 28.8%가 재직 당시 언론공보 참모의 전문성이 낮다고 보는 반면 47.5%는 높다고 하였다.

16) 즉, 언론공보참모 전문성과 언론공보참모와 언론미디어 관계에 대해 교차분석을 실시한 결과 언론공보참모의 전문성이 '매우 낮다'고 응답한 전원이 언론공보참모와 언론미디어 관계가 비협조적이라고 하였다. 그리고 '낮다'고 본 응답자는 69.2%가 비협조적이라고 보았다. 한편 언론공보참모의 전문성이 '높다'고 본 응답자의 경우 53.8%가 언론공보참모와 언론미디어 관계도 협조적이라고 하였으며, '매우 높다'고 본 응답자는 전원이 언론공보참모와 언론미디어 관계가 협조적이라는 인식을 보이고 있다.

17) 언론미디어 이념성향은 이미 앞에서 논의하였으므로 여기서는 생략한다.

18) 재직 당시 언론미디어의 조직관리가 엄격했는지 느슨했는지를 묻는 질문에 47.4%가 엄격하다

방송사의 조직 원리나 이념성향에 의해 크게 영향을 받을 수밖에 없게 되고 보다 자유롭게 대통령에 대한 의견을 제시하는 것이 어렵다. 한편 언론방송사주, 편집인은 전체적으로 대통령에 대해 호의적이기보다는 부정적인 시각을 보이는 경향이 강하다. 이러한 부정적인 시각은 곧바로 대통령에 대한 부정적인 기사로 나타나게 되고 이는 다시 대통령과 언론미디어 관계에 영향을 주게 된다.

한편 기자의 대통령에 대한 시각은 언론방송사주나 편집인의 시각과는 반대의 모습을 보여 오히려 호의적인 경향이 강하게 나타나고 있다. 그러나 언론미디어의 조직관리가 엄격하여 기자가 자유롭게 대통령에 대한 의견을 제시하기 어려운 상황에서 기자의 대통령에 대한 호의적인 시각이 기사로 작성되는 한계가 있다. 따라서 언론사주나 편집자의 대통령에 대한 시각이 더 영향력을 발휘하는 것으로 볼 수 있다. 이에 언론방송사주의 시각과 대통령과 언론미디어의 관계를 비교분석한 결과 언론방송사주의 대통령에 대한 시각이 호의적인 경우 협조공생관계를 형성하는 데 반해, 시각이 부정적인 경우에는 주로 적대관계를 포함한 비판견제관계가 형성되고 있음을 알 수 있다.[19]

[표 9-5] 재직 당시 언론방송사주 · 편집자 · 기자의 대통령에 대한 시각(단위: 빈도(%))

	언론방송사주의 대통령에 대한 시각	편집자의 대통령에 대한 시각	기자의 대통령에 대한 시각
매우 부정적	6(10.3)	2(3.4)	4(6.9)
부정적인 편	16(27.6)	23(39.0)	14(24.1)
보 통	23(39.7)	30(50.8)	20(34.5)
호의적인 편	10(17.2)	4(6.8)	18(31.0)
매우 호의적	3(5.2)		2(3.4)
Total	58(100.0)	59(100.0)	58(100.0)
Missing	2	1	2
Total	60	60	60

고 한 데 반해, 느슨하다는 의견은 15.8%에 지나지 않았다(보통=36.8%).

19) 언론방송사주의 시각과 재직 당시 대통령과 언론미디어 관계에 대한 교차분석결과 대통령에 대한 언론사주 시각이 부정적인 경우 대통령과 언론미디어 관계유형은 적대관계 18.2%, 비판견제, 31.8%, 긴장, 40.9%, 협조공생 9.1%로 나타는데 반해, 호의적인 경우에는 협조공생관계 84.6%, 긴장관계 15.4%로 나타난다.

마지막으로 환경요인으로는 국민의 언론인식, 국민의 대통령에 대한 지지도, 의회의 대통령에 대한 지지도를 들 수 있다. 국민의 언론인식은 전체적으로 부정적인 경향이 더 강한 것으로 나타나는데,[20] 확연하게 차이가 나는 정도는 아니지만 아직까지도 우리나라 언론에 대해 국민의 시각이 결코 곱지만은 않다는 것을 언론방송사 기자와 청와대 근무자들이 인식하고 있다는 사실에 주목할 필요가 있다.[21] 한편 의회와 국민의 대통령 지지도를 보면 전체적으로 의회와 국민의 대통령에 대한 지지도는 낮은 편이다. 사실 의회와 국민의 대통령 지지도는 대통령 집권 시기에 따라 달라질 수 있지만 낮은 지지도는 최근 들어 더 두드러지는 현상이다.[22] 의회와 국민의 대통령 지지도와 대통령과 언론미디어 관계가 상호 어떤 영향을 줄 것인지에 대한 연구는 지속적으로 이루어져야 한다.

그렇다면 대통령, 언론미디어, 환경 측면에서 각 요인들이 대통령과 언론

[표 9-6] 재직 당시 의회와 국민의 대통령 지지도

	의회의 대통령 지지도	국민의 대통령 지지도
매우 낮음	15(25.9)	4(6.8)
낮은 편	22(37.9)	27(45.8)
보 통	10(17.2)	11(18.6)
높은 편	10(17.2)	16(27.1)
매우 높음	1(1.7)	1(1.7)
Total	58(100.0)	59(100.0)
Missing	2	1
Total	60	60

20) 재직 당시 국민의 언론에 대한 인식이 어떠했는지에 대한 질문에 대해 긍정적 33.9% 부정적 28.8% 보통 37.3%의 의견분포를 보였다.
21) 이미 밝혔듯이 여기에서 제시되는 통계값들은 전현직 청와대 출입기자와 대통령 비서실 공보(홍보)참모조직에서 근무했던 사람들의 응답결과이다. 따라서 국민의 언론에 대한 인식의 더 정확한 측정을 위해서는 국민을 상대로 한 조사결과와 cross-check를 해야 한다.
22) 의회와 국민의 대통령 지지도를 측정하는 방법은 국민의 대통령 인기도(approval rate) 조사 등과 같은 방법을 활용할 수 있으나 우리나라의 경우 대통령에 대한 인기도 조사는 김영삼 대통령 이후부터 이루어졌기 때문에 박정희 대통령때부터 현재까지 일관적으로 적용할 수 있는 자료가 부족하다. 그것은 의회의 대통령에 대한 지지도도 마찬가지이다. 따라서 여기서는 단순하지만 일관적인 방법으로 각 시기 대통령에 대한 지지도를 직접 물어보는 방식으로 측정하였다.

[그림 9-2] 대통령 언론미디어관계에 대한 경로모형

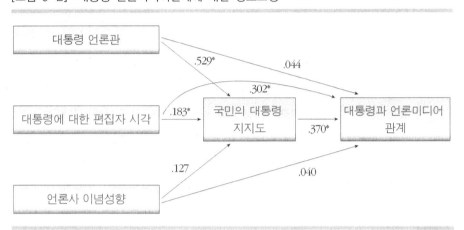

미디어의 관계에 어떻게 영향을 주는가? 각 요인들의 영향관계 분석을 위해 구조방정식모형 중 하나인 경로분석을 이용하였다.[23] 그 결과 대통령 언론관은 대통령과 언론미디어 관계에 직접적으로 영향을 주지 않지만 국민의 대통령 지지도라는 매개변수를 통해 영향을 준다. 따라서 대통령이 언론미디어와 관계를 형성할 때는 주로 간접적 영향력이 커서, 대통령이 매력적인 정책서비스를 제공하면 언론미디어는 이 내용을 뉴스로 내보내게 된다. 국민은 뉴스로 이를 인식하고 대통령을 지지하는 경향이 높아지게 된다. 이런 과정에서 대통령과 언론미디어 관계도 호의적이게 된다. 반면에 언론미디어는 뉴스를 국민에게 직접 제공함으로써 대통령과 언론미디어 관계 형성에 상대적으로 직접적 영향력을 행사하는 것으로 보인다. 사실 대통령과 언론미디어 관계는 언론방송사의 대통령 및 대통령 비서실에 대한 보도내용을 중심으로 인식된다. 따라서 청와대 출입기자, 편집자, 사주가 주축인 언론방송사의 대통령에 대한 보도의 내용이 곧바로 대통령과 언론미디어의 관계로 비쳐질 수 있다.

대통령과 언론미디어 관계의 경로효과를 직접효과와 간접효과로 분해해 보면, 편집자의 대통령에 대한 시각이 가장 큰 총효과를 보인다. 다음으로 대통령 언론관, 언론사의 이념성향 순으로 나타난다. 한편 대통령 언론관의 경우는 직접효과보다 국민의 대통령 지지도를 매개로 한 간접효과가 훨씬 더 크게

23) 경로모형을 작성하는 과정에 대해서는 〈부록〉을 참고하기 바란다.

나타난다. 결과적으로 대통령은 국민 지지도를 등에 업고 언론미디어를 활용하여 정책결과를 국민에게 알리는 간접효과를 주로 지니며, 언론미디어는 대통령의 정책수행과정이나 결과를 직접 뉴스로 보내어 국민이 알게 되는 직접 효과를 갖고 있다고 할 수 있다(경로분해 결과표는 〈부록〉을 참고할 것).

　　대통령과 언론미디어관계를 종합정리하면 첫째, 대통령과 언론미디어의 적절한 관계 수준은 비판 및 견제관계를 포함한 긴장관계이다. 우리나라의 경우 군사정권 시절의 협조공생관계가 우세하고 후속적으로 비판견제 및 긴장관계가 형성되었다. 그런 과정에서 언론미디어와 대통령 간의 건전한 비판견제와 긴장관계가 제 기능을 발휘하기도 전에 적대관계의 모습이 먼저 나타났다. 따라서 언론미디어는 당파성을 배제한 감시와 견제에서 대통령이 잘못한 것에 대해서는 엄격히 따지고 비판하지만 또한 잘 하는 것에 대해서는 긍정적인 태도를 보이면서 보다 원만한 긴장 및 비판견제 관계를 발전시켜 나갈 필요가 있다. 대통령과 언론미디어는 불가근, 불가원(不可近, 不可遠)의 관계를 유지하면서 끝없는 상호견제와 긴장관계에 놓여 있고, 생산적·상생적 역할 관계 설정은 영원한 그러나 당연한 시지프스 徒勞(sisyphean labor)인 것 같다.

　　둘째, 대통령과 언론미디어 관계는 국민의 대통령 지지도를 매개로 한다. 즉, 대통령은 대통령과 언론미디어 관계에 있어서 대통령의 언론관 등 대통령 측면에서 직접적인 영향을 주기보다는 국민의 지지 속에서 언론미디어를 활용해야만 국민이 대통령 정책을 인지하고 지지를 하게 되는 간접효과를 주로 갖고 있다. 반면, 언론미디어는 대통령과 언론미디어 관계에서 국민의 대통령 지지도를 의식하면서 대통령 정책을 곧바로 국민에게 뉴스로 내보는 직접효과를 지니고 있다는 것이다. 바로 이 점에 착안하여 대통령과 언론공보, 홍보참모는 정책을 국민에게 홍보하여 국민의 지지를 극대화하는데 언론미디어 활용과 호의적인 관계유지를 국정운영에서 최우선 과제의 하나로 생각하여 조직적이고 적극적인 대응체계를 수립운영하고 있다.

대통령의 언론미디어 대응체계

　　대통령의 언론미디어 대응체계는 언론미디어를 다루는 대통령 비서실의 언론홍보공보 조직의 규모, 기능, 그리고 전략 체계를 말한다. 그런데 언론미디어에 대한 대통령의 전략적 대응은 한국만이 아닌 다양한 국가들의 대통령·수상실에서 구사하는 세계적인 현상이다. 대통령중심제인 한국을 비롯한 미국, 프랑스, 러시아 대통령, 내각책임제인 영국, 독일, 이탈리아, 일본의 수상이 구사하는 언론 대응체계는 정치과정, 법제도 등 개별국가의 사회·경제·정치상황에 따라 다소 다르게 표출되어도 크게 보아 대응 조직, 전개하는 접근 기법에는 큰 차이가 없다.[24] 대통령과 수상은 그 스스로 홍보조직을 갖고 있기도 하지만 사실상 국민은 TV, 신문, 잡지, 인터넷 등 여러 언론미디어 매체에 의해 더 많은 영향을 받게 된다. 따라서 대통령 비서실 언론홍보기능의 확대강화는 대통령비서실 내 언론홍보 및 공보조직 크기, 기능, 인원의 변화로 측정할수 있다.[25]

언론의 성장과 역할에 대응하고 국정홍보로 국민의 적극적 지지를 끌어내기 위해 대통령 비서실 내 언론공보 및 홍보담당 조직의 크기와 활동영역이 계속 확대되어 왔다.[26] 한국을 비롯한 미국, 영국, 프랑스, 독일, 일본, 이탈리아, 러시아의 대통령 비서실 및 총리실의 언론공보참모조직은 구조적인 측면에서 그리고 인적인 측면에서 계속 팽창되었고, 이는 대통령 및 수상 비서실의 대언론에 대한 교두보인 언론공보수석의 역할 강화와 맞물린다.[27]

---

24) 따라서 이후 논의의 전개과정에서 내각책임제 수상이든 대통령중심제 대통령이든 정부의 언론미디어에 대한 조직적 대응, 접촉, 로비 기법의 다양성·적극성은 정도의 차이는 있어도 공통된 흐름이고, 우리나라가 대통령제이기 때문에 대통령 중심으로 논의를 하지만 수상에게도 동일하게 적용된다.

25) 이러한 비교 연구는 다양한 관련 문헌분석과 2004년-2005년에 미국, 프랑스, 러시아 대통령실, 영국, 독일, 이탈리아, 일본 수상실 현지방문 인터뷰 결과를 중심으로 이루어진다.

26) 대통령의 언론미디어에 대한 대응전략의 강화가 대통령 비서실 내 언론홍보 참모조직의 크기와 활동영역의 확대 강화로 나타나는데, 이는 비교론의 차원에서 각 국의 언론홍보 참모조직에 대해 살펴보는 방법과 시계열적인 차원에서 살펴볼 수 있다.

27) 미국의 경우 한국의 총리실 소속인 국정홍보처 임무를 수행하는 언론홍보실과 대통령 대변인을 포함한 청와대 홍보수석실 기능을 담당하는 공보비서실이 모두 백악관에 있다. 프랑스 대통령실인 엘리제궁의 공보수석비서관은 시라크 대통령이 파리 시장 시절부터 막료로 일한 여성보좌관과 대통령의 딸이 공동으로 맡고 있다. 그리고 비서실 차장겸 비서실 운영을 총괄하는 행정실장이 공보수석과 함께 언론미디어 대응 전략과 대통령 홍보를 책임지고 있다. 한편 러시아 대통령비서실에는 공보수석비서관, 대통령연설문작성 보좌관, 홍보보좌관이 있다. 독일 수상실은 비서실장이 대변인이며 800명의 행정부처 공보관들을 조정하여 각 부처 장관, 공보관, 수상 실에서 발표할 내용을 조정하는 언론미디어 창구담당 최종 책임자 역할을 한다. 일본 총리실 대변인은 관방장관이며 국정수행을 국민에게 뉴스미디어로 알리는 홍보팀 리더이다. 실무면에서는 관방장관 휘하의 공보담당 수석비서관인 광보관이 주도하는 광보관실 공보팀이 총리의 언론미디어 접촉과 관계유지에 주무역할을 한다. 이탈리아 수상의 언론홍보활동은 국회의원으로 차관급인 대변인 소관이다. 내각책임제인 영국은 전통적으로 수상실 강화를 의회가 견제해 왔으나 9·11 테러와 EU 대응, 영국 경제의 세계 경쟁력 확보 목적으로 다우닝 10번지

언론홍보·공보조직은 대통령과 참모들이 국민과 대화하는 중요한 매개창구이다. 따라서 한국을 비롯한 미국·프랑스·러시아 대통령 비서실, 영국·독일·이탈리아·일본 수상실의 언론공보 참모조직은 구조적인 측면과 인적인 측면에서 계속 팽창되어 왔다.

조직의 활동영역 중요성에 대한 평가는 크게 두 가지 차원에서 이루어질 수 있다. 하나는 시계열적으로 조직의 규모와 기능이 어떻게 변화되었는지 살펴보는 것이고, 다른 하나는 현 시점에서 전체 조직에서 한 가지 기능을 담당하는 조직의 상대적 크기를 측정하는 것이다.

대통령·수상 비서실은 언론미디어에 대한 적극적 대응이라는 기능변화에 따른 조직구조의 확대변화와 동시에 언론미디어가 호의적으로 기사를 작성하도록 다양한 전략, 전술, 기법을 구사하게 된다. 대통령과 수상의 입장에서는 언론미디어가 고객이고 대통령실과 수상실은 공급자로서 질 좋은 고객관리로 대통령과 수상에 대한 우호적인 기사작성을 유도한다. 따라서 언론미디어가 대통령과 수상에 대한 호의적인 기사작성과 방송을 유도하는 다양한 전략, 기법의 실체는 언론미디어에게 제공하는 서비스 내용과 관리를 조직전력화하는 것이다.

조직적 대응 전력화의 방법으로는 뉴스내용 조정, 기자회견, 공식 브리핑, 인터뷰, 사진촬영 기회제공, 배경설명, 대통령 해외 순방시 기자들에 대한 편의 제공, 매일 필요한 유인물(daily handouts) 제공, 신문기고, 비공식 접촉 등이 존재한다.

여기서는 한국을 비롯한 각 국가들의 대통령·수상실의 언론공보 및 홍보조직의 구조(규모)와 기능, 그리고 언론미디어에 대한 다양한 전략들을 논의하고자 한다. 관련 국가별로는 문헌과 현지 면접조사 자료를, 한국의 경우는 2004년에 이루어진 설문과 인터뷰 자료를 활용한다.

미국의 경우 언론홍보 관련 참모조직은 상당히 분화된 형태를 보인다. 역사적으로 언론홍보 및 공보활동은 윌슨 대통령 당시 1917년 백악관에 정보홍보위원회(Committee on Public Information)를 만드는 데서 시작한다. 정보홍보

(10 Downing) 수상관저가 백악관 비서실 운영 모형을 도입하여 기능을 강화하고 있다. 확대 강화된 수상관저 비서실에는 수상의 언론미디어 활용과 대응 기능이 제일 큰 비중을 차지하고 있다(최평길, 2004).

위원회는 당시 1차 대전 상황이나 각 부처 정부업무 추진실태를 국민에게 체계적으로 홍보하는 조정기관 역할을 담당하였다. 그러다가 프랭클린 루즈벨트 대통령에 이르러서는 뉴딜정책 집행 2기와 2차 대전 수행 상태를 국민에게 효과적으로 알리기 위해 1939년 정부공보실(Office of Government Reports)을 만들어 행정부의 홍보내용을 통합 조정하도록 하였다. 공보수석비서관(Press Secretary)은 케네디 대통령에 와서 처음으로 설치되어 백악관 기자단에게 뉴스 브리핑을 정례화한다. 닉슨 대통령은 기존 공보수석실의 기능을 둘로 나누어, 공보수석비서관은 백악관 출입기자단을 다루고, 언론공보실(Office of Communication)을 따로 설치하여, 커뮤니케이션 기획과 중앙·지방의 TV방송사와 언론홍보기관에 정부자료와 뉴스거리를 제공하는 기능을 담당하도록 하였다. 이는 한국의 국정홍보처에 해당한다. 이후 새로운 통신기술의 발전과 더불어 1995년에 설치된 미디어실(Office of Media Affairs)은 텔레비전 스튜디오 관리, 라디오·신문기자를 위한 대통령 연설시 전화선 개설, 인터넷 링크 제공, 웹사이트에서 백악관 정보 제공 등의 기능을 담당하였다. 클린턴 행정부동안 인터넷이 활발하게 이용되었는데, 백악관은 웹사이트를 통해 브리핑, 연설문, 보도문을 제공하였다(Kumara, 2001: 313). 이렇듯 환경과 기술이 변함에 따라 그에 걸맞은 기능을 담당할 새로운 조직이 생기거나 기존조직의 분화가 이루어졌다.

언론미디어 환경변화에 따른 기능 변화는 전체적인 백악관 언론공보 및 홍보활동을 담당하는 조직규모 크기의 확대를 가져온다. 백악관 언론공보 및 홍보활동은 아이젠하워 대통령 당시에는 하나의 단위 사무실 즉, 공보실(Press Office)에서 이루어졌다. 공보수석비서관(Press secretary)을 중심으로 공보차석비서관, 두 명의 비서관, 한명의 속기사, 두 명의 경력직 공무원이 업무를 수행하였다. 이 외 두 명의 연설문작성관과 TV 고문이 백악관 커뮤니케이션 활동업무를 맡았다. 현재는 5개 조직단위에서 50명 정도의 인원이 언론공보 및 홍보업무를 담당하고 있으며, 1,700명의 정규 출입기자와 4,500명의 백악관 취재기자를 다루고 있다. 언론홍보기능을 담당하는 조직은 언론자문을 포함한 대통령 자문관을 정점으로 하여 공보실, 연설문작성실, 홍보실, 국제홍보실, 미디어실의 5개 조직으로 분화되어 있다. 이 중에서 언론을 주로 담당하는 것은 공보실

[그림 9-3] 미국의 대통령 비서실 공보홍보 관련 참모조직

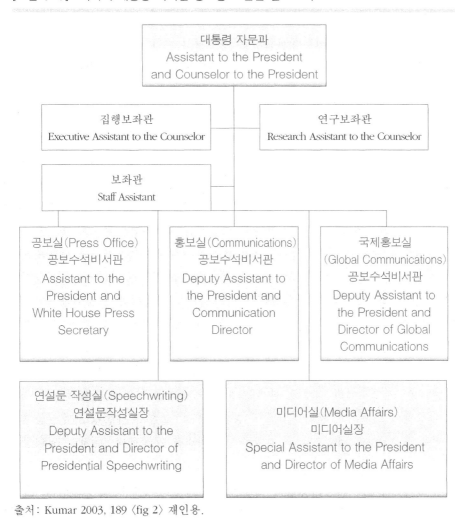

출처: Kumar 2003, 189 〈fig 2〉 재인용.

과 미디어실이다.[28]

현재 부시 대통령의 언론홍보활동은 아이젠하워 대통령 당시에 비해 더

28) 공보실(Press Office)은 웨스트 윙(West Wing)에 위치하면서 주로 백악관 기자단의 정보수요를
충족시키기 위해 설계되었고 미디어실(Office of Media Affairs)은 아이젠하워빌딩(Eisenhower
Executive Office Building; EEOB)에 위치하면서 지방 언론과 전자미디어를 주로 다룬다(Kumar
2001, 306).

커지고 임무에 있어서도 더 구체화되었다. 아이젠하워 집권 시에는 언론홍보활동을 담당하는 인원이 10명 정도였던 것이 부시대통령에 와서는 백악관 비서실 요원 435명 중 49명이 언론홍보활동을 담당하고 있다. 수치로만 보면 부시대통령의 언론홍보 활동을 위한 조직규모가 아이젠하워 대통령에 비해 4배 이상이 커졌다.[29]

미국은 뉴스내용 조정, 기자회견, 배경설명, 인터뷰, 브리핑 등 여러 가지 서비스들을 조직적인 차원에서 제공하고 있다. 뉴스조정은 두 개의 중요한 사안이 하루에 터지는 것을 막고 더 긍정적인 뉴스로 나쁜 뉴스를 덮고 최대 혹은 최소의 효과를 갖도록 발표의 타이밍을 조절한다는 측면에서 중요하다. 대통령은 각 부처로부터 나오는 뉴스의 파악, 실무관료들에 대한 대통령의 정책의지 설명, 백악관과 다른 행정부처가 표출하는 서로 다른 목소리 조정을 책임지는 임무를 언론미디어 담당보좌관들에게 부여한다. 특히 레이건 대통령은 백악관 내부 뉴스조정 차원에서 임기 동안 정책 통로(policy midway)를 설치했다. 언론과 백악관 참모의 인터뷰가 모니터되고, 컴퓨터에 저장되게 함으로써 백악관 정책이 정확히 소개되고 동시에 정보가 새는 것을 막을 수 있었다.[30]

기자회견은 대통령과 언론미디어 사이의 가장 잘 알려진 직접적인 상호작용이다. F.루즈벨트 대통령의 집무실 기자회견 이후 공식화의 길을 걷기 시작하였는데, 아이젠하워 대통령 때 처음으로 기자회견 사본이 만들어졌고, 케네디 대통령에 이르러서 텔레비전으로 방영되었다. 트루먼 대통령 이후로는 미리 준비된 성명서(opening statements)로 기자회견을 시작했다. 현재는 담화문 발표와 대통령의 상·하 양원 연두교서, 연두기자회견, 중요 사안에 따른 기자회견이 있다. 기자회견은 대통령이 직접 국민에게 각종 메시지를 전달하는 데 있어서 중요한 수단이다. 따라서 미국 대통령의 경우 기자회견에 대비해서 상당

---

29) 참고로 클린턴 대통령과 부시 대통령의 언론홍보활동 담당인원을 비교해 보면 클린턴 대통령 (1996년) 때는 124명 중 14명, 2000년 부시 대통령에 와서는 113명 중 17명, 2004년에는 113명 중 18명이 언론공보활동을 담당하였다. 따라서 미세하기는 하지만 10년 이내에도 언론공보활동 담당인원이 증가하였음을 알 수 있다. 여기서 이용된 자료는 plum books를 이용한 것으로 여기에는 백악관 인턴 등이 빠지므로 위의 White House Office Staff List에서 제시된 인원수에 비해 적다(Committee on Governmental Affairs, United States Senate 1996, 2000, 2004).

30) 레이건 대통령 시절, 인사보좌관을 역임한 던럽(Becky Dunlop)은 언론미디어를 상대로 대통령의 정책의제를 홍보하고 호의적 뉴스거리를 만들기 위해 공보수석 외에 백악관 고위보좌관 1/3이 참여하는 백악관 수시 전략회의를 개최하였다 한다(2004년 10월 1일 오후 2시–4시 Heritage Foundation 부회장 사무실에서 면담).

한 준비를 한다. 트루먼 대통령은 예상 질문에 대해 준비하는 예행연습을 실시했으며, 레이건 대통령은 1982년 모의 기자회견(full-scale mock news conference)과 중요회견 준비에 하루 2시간을, 섹스 스캔들을 일으켰던 클린턴은 3시간을 할애했다. 아울러 레이건, 클린턴, 부시 대통령 모두 구체적 상황, 기자들의 유도발언 등에 대비하여 비서실장, 정책 상담역, 법률보좌관, 공보비서관이 참석한 예행연습으로 확정된 내용에서 1인치도 벗어나는 발언을 하지 않는다는 불문율을 견지하고 있다.

다음으로 언론미디어에 대한 서비스 제공수단으로 뉴스브리핑이 있다. 평일 아침이나 오후 그리고 상황에 따라 시간대가 달라지는데,[31] 매일의 브리핑에서 기자들은 임명과 사임, 법안들에 대통령이 서명하여 승인할 것인지 아닌지의 결정과 이러한 행위의 설명, 대통령 스케줄에 관한 정보를 제공받는다. 언론 입장에서 브리핑은 사안들에 대한 대통령의 반응, 이슈에 대한 백악관의 방침과 방침의 변경 여부, 대통령의 기분과 아이디어 등 다양한 기사거리를 제시한다는 점에서 의미가 있다. 그리고 대통령 입장에서 보면 대통령이 뉴스미디어를 통해 국정운영을 쟁점별, 주요 사항별로 국민에게 알리는 좋은 기회가 된다. 브리핑은 중대 사안에 따라서는 행정 각 부처와 백악관 내의 관련 수석비서관이 정리한 내용 또는 대통령, 비서실장, 관련 수석비서관, 법률고문, 특별보좌관이 참석하여 브리핑 내용을 협의 확정한다. 원칙적으로 전문정책 쟁점발표는 공보비서를 통한 기자회견, 브리핑 형식으로 이루어지지만, 경제, 외교안보, 환경오염, 교육 등 사회적 쟁점에 뉴스미디어가 관심을 보이면 관련 수석비서관이나 장관이 백악관 브리핑룸에서 기자회견을 하기도 한다.

브리핑과 함께 대통령이 수행하려는 정책 사안이나 쟁점에 대한 정책배경 설명을 제공한다. 이러한 배경설명은 언론미디어에 대한 중요한 서비스 중의 하나로서 뉴스미디어가 입법, 행정, 사법부에 관한 쟁점, 대통령 동정, 그리고 중요한 연설을 취재하는 데 큰 영향을 준다. 그리고 특별한 배경설명회가 주말에 주간지를 위해 열리기도 한다. 공식적인 배경설명회 외에 백악관 보좌관들은 비공식적으로 정보를 제공할 수 있다.

---

31) 현 부시 대통령의 경우에는 일반적으로 매일 오전 11시와 오후 4시에 백악관 기자단에게 뉴스 브리핑을 한다.

언론미디어에게 있어 대통령 및 백악관 고위 참모들과의 인터뷰는 매우 가치 있는 상품이다. 따라서 때로 백악관의 목적을 달성하기 위해 특정사안에 흥미를 가진 우호적인 신문사, TV 방송사와 개별 단독인터뷰를 하며, 간혹 연예프로그램에 나가 대통령이 국민 속에 있다는 메시지를 남기기도 한다. 예로 닉슨 대통령은 표지이야기를 전제로 타임즈의 시드니(Hugh Sidney)와 독점 인터뷰를 했다. 그 외에 대통령과 공보수석비서는 신문사에 기고를 하거나 기자 개인별 면담, 토론 그리고 기자, 편집인, 사주 등과의 오찬, 만찬 및 비공식적 모임을 갖기도 한다. 레이건 대통령과 부시 대통령은 전통적으로 비우호적으로 비판적 기사를 작성했던 워싱턴포스트의 사주를 자주 만나고 만찬에 초대하였고.[32] 클린턴 대통령은 최초 대국민연설을 하기 전에 TV 앵커들을 백악관 점심에 초대했다. 이렇듯 1960년대 이후, 백악관은 기자들의 일상적인 요구를 다루는 것 외에도 편집자, 발행인, 프로듀서 등 언론미디어 조직의 대표들과 직접적 만남을 가졌다.

이 밖에도 대통령과 그의 정책에 관련한 다양한 정보를 담고 있는 브리핑, 대통령 연설 사본, 매일의 배포물, 주요 성명서 발표 등을 기사 마감시간에 맞추는 시간조절 편의 제공과 사진촬영기회 제공 조정 등의 다양한 전략들이 구사되고 있다.[33]

프랑스 엘리제궁을 보면 언론미디어 접촉 활동을 정당한 업무관계로 대응한다. 그러나 비공식적 막후접촉은 집요하고 치열한 도전이다. 공식적으로는 매주 수요일 9시 30분부터 10시 30분까지 진행되는 각료회의가 끝나면 엘리제궁 대통령 대변인이 회의내용을 서면으로 알리고 기자회견을 한다. 같은 맥락에서 총리실, 각 행정부처 공보담당관이 엘리제궁과 협의하여 그 임무에 따라 기자회견과 기사내용을 알린다. 기자들은 각 보좌관과 접촉할 수 있으나, 기사

---

32) 레이건 대통령 재임기간 동안 주기적 만찬, 외국 원수 국빈만찬에 워싱턴 포스트 사주를 초청하였으나 한 번도 우호적 기사를 쓴 적이 없었다. 그러나 레이건 대통령 서거에 워싱턴포스트만 유일하게 조사를 신문 사설에 띄었다(2004년 10월 1일. 레이건 대통령 정무 · 인사보좌관 던럽(Becky Dunlop)과 헤리티지 재단 부회장실에서 면담 인터뷰).

33) 사진촬영기회를 제공할 때는 대통령이나 공보수석비서실에서 대통령 이미지 제고를 위해 기자들에게 여러 가지 요구사항을 제시할 수 있다. 대통령의 따뜻하고 인간적이고 가족적인 면을 두드러지게 보이도록 사진촬영을 요구할 수 있고, 공식적인 자리에서만의 사진촬영을 요구할 수 있다. 사진촬영 시 대통령이 원하는 이미지가 충분히 보일 수 있도록 위치선정, 조명 등 여러 방법을 강구하는 것이 공보수석비서실 전문성의 한 요소이다.

화될 공식적 정책 내용은 반드시 엘리제궁 대통령 비서실 공보보좌관 창구로 단일화되어 있다. 언론미디어에서 알고자 하는 내용을 공보보좌관실에 요청하면 공보보좌관은 해당 보좌관에 알려 내용을 충분히 이해하여 언론에 알린다. 그러나 사안에 따라 정책전문분야의 기능별 보좌관이 국민에게 기자회견 형식으로 알리는 것이 효과적인 경우에는 해당 보좌관이 직접 기자회견을 한다. 그러나 공보보좌관이 발표해야 할지 전문보좌관이 발표해야 할지는, 즉 발표할 내용과 보좌관 선정은 공보보좌관과 기능별 보좌관의 의견을 들어 대통령 비서실장과 행정실장이 최종 결정한다. 그리고 대통령과 대통령비서실이 언론미디어와 원활한 관계를 유지하기 위해 대통령이 언론방송사 소유주, 편집인, 간부, 기자를 만찬에 초청하거나 환담시간을 가지기도 하며 비서실장과 공보보좌관은 거의 매일 뉴스기사화에 관해 출입기자를 만나고 접촉하여, 기사화할 때는 정책배경설명과 함께 협조를 구한다.

또한 프랑스 대통령은 미국 대통령이 수시로 기자회견을 하는 것과는 달리 1년에 1–2회 기자회견을 하는데 이를 프랑스 방식(French style)이라고 한다. 예견된 대통령 정례 기자회견은 신년회견과 7·14 프랑스 혁명기념일 회견이다. 이와 별도로 중요 국가 방문 후 귀국 시에 국민에게 알리는 연설 형식의 기자회견을 갖는다. 이 과정에서 국민의 관심사항이 되고 특별 외교쟁점에 관해 기자의 질문에 응답하게 된다. 특이한 점은 대통령이 국빈방문으로 해외에서 프랑스 기자와 회견할 때 외교 사안이 아닌 프랑스 국내문제 질문에는 일절 응답하지 않는 것이 관례로 되어 있다. 그러나 프랑스 국내에서 외국기자가 프랑스 국내문제를 질문할 때에는 대통령이 성실히 이에 응답한다. 시라크 대통령은 7·14 혁명 기념일에 실시되는 군사 퍼레이드 뒤에 식장에서 국민에게 보내는 연설문 낭독, 대통령궁 가든파티에서 기자회견할 때의 질의응답 준비에 참모들과 함께 거의 반나절을 보낸다.

러시아는 고르바초프 공산당 서기장 시절에 문민화, 민주화 그리고 시장경제화를 겪는 과정에서 타스(Tass) 통신, 이스베트시아(Izvetsia)신문, 국영 모스크바 방송의 편집, 보도 자유가 어느 정도 이루어졌다. 그리고 폭로성 기사, 표현의 자유 분출을 마음껏 구가하는 시민이 만드는 중앙의 시민신문이 발간되었고 외신보도와 현지취재가 증가하였다. 옐친 대통령에 와서는 이의 연장선상에서 외국방송 채널, 케이블TV가 등장하게 되고 이와 함께 대통령 관련 기사와 뉴스가 눈에 띄게 증가하였다. 과거 공산제국의 선전도구였던 언론뉴스미디어는 대통령 근황을 국민에게 알렸으며, 때로는 비판기사, 정책해설기사로 인해 직·간접적으로 대통령과 언론미디어와의 긴장, 견제, 비판 때로는 적대적 관계가 조성되었다. 언론미디어는 고르바초프의 개혁개방 정책인 페레스트로이카를 적극 지지하였다. 그러나 흑해연안 공산보수파의 쿠데타로 감금되고 물러났을 때 러시아 언론미디어는 그의 지도력 취약성에 가차없는 공격을 가하였다. 반면, 옐친이 레베데프(Levedev) 장군의 쿠데타 반대 기치를 내걸고 모스크바 광장에 진입한 탱크부대의 지원을 받아 탱크 위에 서서 러시아 민주화와 공산당 정권종식을 선언한 옐친의 연설과 군중의 환호를 가감없이 보도하여 옐친 대통령 당선에 언론미디어가 일조하였다.

그러나 푸틴 대통령이 들어서면서 계속되는 언론미디어의 보도 편집의 자율화, 때로는 긴장관계로까지 발전하는 언론미디어의 대통령 비판과 비난 보도에 대해 러시아 정부는 언론미디어에 대한 정부의 예속 통제화 정책을 펴게 되었으며, 현재의 러시아 언론미디어 활동은 자유롭지 못한 상황이다. 따라서 대통령과 언론미디어 관계는 긴장에서 비판견제를 떠나 제도적 공생관계에 있다고 볼 수 있다. 러시아 대통령비서실에는 공보수석비서관실과 대통령연설문작성 보좌관실이 있다. 이것은 다른 국가 대통령·수상실의 언론공보담당조직과 유사하나 공보수석비서관실과 대통령연설문작성 보좌관실에는 행정실이 있어 지원 인원이 다른 어느 국가 언론공보요원 수보다 많다. 그리고 대통령홍보보좌관이 있어 대통령의 정책홍보, 인터넷 서신교환, 지방신문과 방송에 뉴스자료 제공, 대통령 인기와 정책호감도 여론조사 등을 실시하고 있다.

그러나 타스통신 사장, 국영모스크바 방송기자 출신 등 언론종사자를 공보수석, 홍보보좌관으로 기용하는 등 언론공보 수석보좌관이나 홍보보좌관, 언론공보실의 행정요원의 전문화를 계속 꾀하고 있다. 또한 이에 대응한 뉴스미디어 커뮤니티 역시 편집과 보도 자율성을 확보하려는 민주화 과정의 초기단계에 있다. 그러나 최근 편집 보도의 기술, 내용은 많이 향상되어 유럽연합 국가의 뉴스미디어에 견줄 만한 러시아 특유의 뉴스미디어 예술성 콘텐츠가 발전하고 있다.

[그림 9-4] 러시아 대통령 비서실 언론홍보·공보 조직

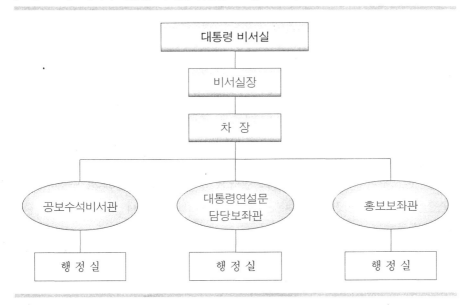

다음은 내각제에 해당하는 국가들에 대해 살펴보고자 한다. 여기서 다루는 내각제 국가는 영국, 독일, 이탈리아, 일본이다. 의원내각제는 대통령제와 달리 참모조직이 하나의 내각으로 구성된다. 그러나 영국, 독일, 이탈리아, 일본 모두 점차 수상의 강력한 리더십이 요구되면서 대통령제에서와 비슷한 형태의 수상보좌 기구들이 만들어지고 있다. 영국에서 그 경향이 뚜렷한데, 이는 '내각의 정부'가 아닌 '수상의 정부(prime minister government)'라는 말로 잘 표현된다. 보다 더 적절한 표현은 대통령형 수상실(presidential prime minister)로, 수상이 대통령제의 대통령만큼 강력한 리더십을 발휘하면서 국정을 주도적으로 운영해 감을 의미한다.[34]

영국 수상의 역할 강화 중심에 수상관저 비서실이 있다. 블레어 수상이 집권하면서 다우닝 10번지 수상관저에 백악관 비서실 형태의 비서실 조직을 구축하였는데, 비서실장을 비롯하여 언론홍보수석(Director of Communication and

---

34) 이러한 경향은 특히 영국의 블레어 수상과 일본의 고이즈미 수상에서 두드러지게 나타나고 있다. 이를 수상의 대통령화(presidentialization)라고 표현하기도 한다(Krauss and Nyblade 2005; Paul 2005; Helms 2005; Foley 2000; Thomas and Paul 2005).

Press Office), 정책수석(Head of Policy Directorate), 정부대외담당수석
(Director of Government Relations)이라는 3명의 수상 수석보좌관을 두었다.
이는 내각 차원의 공식적인 수상비서 조직인 관방부와는 별도로 수상을 근접
보좌하기 위해 설치된 것이다.

　　이중 언론홍보수석실은 뉴스미디어를 통한 수상의 국정 운영에 대한 총체
적 결과의 국민에 대한 홍보와 지지획득 극대화라는 측면에서 매우 중요하다.
그래서 조직서열에서도 선임수석비서관이다. 언론홍보수석실은 다시 3개의 중
요 부서로 구성되어 있는데, 매일의 수상 국정운영 브리핑을 담당하는 언론홍
보실, 월·분기·연도별 언론홍보 전략을 구사하는 전략홍보실, 수상의 언론홍
보활동을 분석·평가·연구하는 정보조사실이 그것이다. 또한 이들을 행정적
으로 지원하는 행정관리팀이 있다.

[그림 9-5] 영국 언론홍보수석실 조직구조와 기능

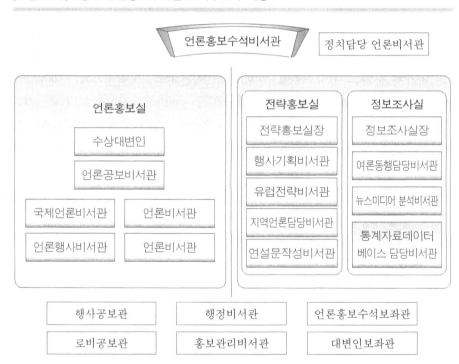

출처: 2004년 9월 23일 영국 수상 관저 비서실 방문 공보관 인터뷰

언론홍보수석실은 수석비서관이 이끌며 언론홍보실은 수상대변인(Prime Minister's Official Spokesman: PMOS)이 책임지고 있다. 그 휘하에 6명의 비서관(언론홍보비서관, 국제담당비서관, 언론비서관, 행사비서관, 행사홍보비서관, 행사지원비서관), 1명의 자문관, 1명의 보좌관, 그 외 지원팀이 매일 뉴스브리핑의 제공과 수상 행사에 대해 국내외 기자들에게 언론홍보활동과 편의제공 임무를 수행한다. 한편 전략홍보실에는 실장 휘하에 유럽언론홍보전략, 영국 지역 언론홍보전략, 행사기획, 연설문 작성비서관이 있다. 다우닝 10번지 수상관저 비서실에는 300명 정도가 근무하는데, 언론홍보수석실에는 60명, 정책수석실에는 20명, 정부대외담당 수석실에는 60명 정도이고, 그 외 수상실 기능보조인이다.[35] 단순한 숫자만 보더라도 전체 수상관저 비서실 인원 중 정부대외담당 수석실과 더불어 1/5을 언론홍보수석실에서 차지하는 것을 보면 언론홍보기능의 중요성을 어느 정도 가늠할 수 있다.

영국의 수상관저 비서실 내의 언론홍보수석실 기능은 매우 체계적이다. 언론홍보실은 매일의 수상 동정과 국정운영 알림, 수상 기자회견을 위한 행동팀으로 일하는 데 반해, 전략홍보실은 국정운영의 전체 틀 속에서 주간, 월간, 분기별로 언론홍보전략을 수립하고, 각 정부부처 언론홍보팀과 협조계획, 수상과 각료의 언론활동 업무분담 기획 등의 장기적인 관점에서 전략수립과 조정업무를 수행한다. 따라서 각 부처 언론공보관과 협의하여 수상이 발표할 내용, 각 부처 장관의 회견 내용, 심도 있는 수상의 연설문 작성 등 정책적인 맥락에서 수상의 언론홍보활동을 보좌한다. 더불어서 지역 언론미디어, 인터넷, 상용광고, 연예프로그램 등 비언론뉴스 부분도 취급한다. 정보조사실의 경우, 수상에 대한 여론동향 파악, 수상과 각료에게 중요 뉴스거리 내용 설명, 언론홍보차원에서 주요 쟁점사항 요약보고, 언론홍보용으로 각종 정부통계수치의 요약, 그리고 중요 연설내용물 작성에 필요한 자료 취합을 주요 임무로 하고 있다. 언론홍보, 전략홍보, 정보조사실 외에 이들 업무를 보좌하는 행정관리실이 있다. 이렇듯 영국의 수상 언론홍보수석실은 장기전략과 단기전략 구사에 있어서 전문화가 이루어져 있다. 전략홍보실이나 정보조사실이 일주일 혹은 장기전략 홍보에 역점을 두는 동안 수상실의 언론홍보실은 매일매일 진행되는 수상의 동

---

35) 영국 수상관저 비서실 방문 공보관 John Pratt 현지 인터뷰 내용(2004년 9월 23일 10 : 30−11 : 30).

정을 언론미디어에 알리는 단기 언론홍보활동에 주력하고 있다.[36]

영국의 경우, 수상실의 공보기능이 상당히 전략적이고 체계적이다. 여기에서는 홍보팀의 하루 일과를 분석함으로써 전략에 대한 논의를 대신한다. 언론홍보팀의 하루 일과는 크게 오전 6시의 뉴스종합과 아침뉴스 분석, 8시 30분의 각 행정부서 언론공보관과 수상홍보팀의 수상실에서 뉴스브리핑과 기사거리 채택, 그리고 수상공보비서관이 발표할 내용 선정, 11시의 수상비서관의 오전 기자회견으로 언론홍보팀의 오전 일과는 일단 마감된다. 그러나 오전 기자회견 후 점심시간에 기자를 위한 정오 뉴스거리를 수상언론홍보실 게시판에 게재한다. 이어서 3시 45분에 다시 수상공보비서관의 기자회견이 이어진다. 그 이후에는 저녁뉴스와 다음날 아침 뉴스 시간에 맞춰 조율된 내용을 갖고 수상실의 언론홍보팀, 각 부처의 언론공보관이 기자와 접촉한다.

저녁 뉴스 방송마감 이후에는 국내·국외에서 일어난 사건, 국정흐름을 모니터링하는 야간 숙직팀이 가동된다. 한편 오후 6시 3분부터는 의회에 기자회견장을 설치하고 7시 24분에 의원들과 정치부기자가 의견을 나누는 자리를 마련한다. 그리고 같은 시간에 수상실 홍보팀은 비보도를 전제로 기자단에게 뉴스거리를 제공하며, 간혹 발표해도 좋은 내용은 8시 17분경에 인터넷에 띄우기도 한다. 오후 8시 2분경에는 외신기자에게 중요 기사를 제공하고, 필요할 때는 각료나 부처 공보관이 참석하여 배경설명을 한다. 이와 함께 뉴스미디어와 원만한 관계를 유지하기 위해 수상은 수상실 출입기자, 편집국장 또는 런던 타임즈(London Times), 데일리 뉴스(Daily News)의 사주, BBC 방송사장을 직접 초대하여 의견을 나누고 협조를 구한다.[37]

독일은 수상실의 비서실장이 대변인이다. 그러나 공보보좌관이 있으며 수석공보보좌관, 차석공보보좌관이 있다. 이들은 수상과 수시로 만나 언론에 발

---

36) 독일 수상실도 비슷한 언론홍보 조직기능을 갖고 있다. 대변인 역할을 하는 비서실장 외에 공보보좌관과 수석공보보좌관, 차석공보보좌관이 수상과 수시로 만나 발표할 내용을 결정한다. 공보보좌관은 수상실의 6개 수석보좌관실과 수시로 접촉하여 공보보좌관실을 단일 창구로 하여 주요 정책사항을 언론미디어에 발표한다. 언론미디어와 수상과의 관계는 가능한 제도적 접근으로 일정한 관계를 유지하나 비공식 접촉채널도 열어 놓고 있다. 이탈리아의 경우에 수상실의 공보조직은 수상의 언론미디어 노출효과를 극대화하는 임무를 지닌 3선 국회의원인 대변인을 정점으로 인터넷 담당공보관, 정부부처 공보조정국장으로 트리오를 이루고 있다.

37) 프랫(John Pratt) 공보관을 수상관저 비서실에서 인터뷰. 일정표 열람(2004년 9월 23일 10시 30분–11시30분).

표할 내용을 결정한다. 공보보좌관은 수상실의 6개 수석보좌관실과 수시로 접촉하여 공보보좌관실을 단일 창구로 하여 주요 정책사항을 기사화하도록 언론미디어에 발표한다. 언론미디어와 수상과의 관계는 가능한 제도적 접근으로 일정한 관계를 유지하나 비공식 접촉채널도 열어 놓고 있다. 수상실에서 수상의 공식 기자회견, 각료회의 후에 수상이나 관련 장관, 비서실장, 공보보좌관이 뉴스거리를 제공한다.

제일 중요한 언론미디어와의 접촉통로는 기자회견이다. 기자회견 준비를 위해 수상실 공보보좌관이 1주일에 3회 연방정부 부처의 모든 대변인과 부처관련 뉴스거리를 토의한다. 이러한 준비과정을 거쳐 매주 월, 수, 금요일 아침 7시 30분부터 11시 30분까지 수상실 공보보좌관을 위시한 부처 대변인이 함께 기자회견을 실시한다. 수상실 출입기자단은 없고 정부출입기자단이 있어 이들을 상대로 기자회견을 한다. 주로 수상공보보좌관이 중심이 되어 내용을 발표지만 구체적 정책 사안에 관한 질의에 대해서는 관련부처 공보관이 응답한다. 다음은 수상 기자회견인데 크게 1년에 2회 정도 정규기자회견을 한다. 그러나 슈뢰더 수상은 전임 콜 수상과는 달리 기자와 만나 질의응답하기를 좋아하는 편이다. 연 2회 기자회견을 하지만 사실 매월 기자회견을 실시하는 편이다. 외국 대통령, 수상, 비중 있는 외무장관 그리고 귀빈이 방문할 때마다 수상은 방문외빈과 공동으로 기자회견을 하며, 이 경우 2주일에 1회 기자회견을 하는 셈이 된다. 간혹 유럽정상회담을 할 때는 수상, 비서실장 혹은 수상실 유럽담당 수석비서관이 기자회견을 하게 된다.

수상이 기자회견 준비를 할 때는 통상 보좌관의 도움으로 전문적 조언과 수상의 정치적 입장을 고려하여 준비하고 기자에게 브리핑하기까지의 시간은 대략 1~2시간이 소요된다. 그러나 중요하고 복잡한 내용을 기자에게 설명할 때는 5시간 정도 준비한다. 질의응답 과정에서 수상의 위트와 순간적 판단력, 호소력, 정책 대응성이 큰 몫을 차지한다. 수상실에서 공보보좌관이 주 2회 정례브리핑을 하는 것과 평균 월 2회 수상이 외국방문 귀빈과 함께 기자회견 또는 유럽담당보좌관이 기자회견을 하는 것 외에 인터넷에 수상실 홈페이지를 만들어 기자 개개인에게 비밀번호를 부여하여 기자의 질문에 응답하거나 대화를 하고 있다.

비공식적으로 수상실이 언론미디어와 접촉하는 방법으로 수상이 일년에 1회 중앙·지방기자단 천여 명을 초청하여 식사를 나누는 전체모임이 있다. 그 외 수상은 월 1회 언론사, 방송사 사주나 편집인을 오찬 혹은 만찬에 초청하고 특별히 수상 개인이나 정책관점에 비판적인 기자는 개인적으로 초청하며, 때로는 기사화하지 않는다는 전제(off the record)로 서로 격의 없는 대화를 나눈다. 다음은 공보보좌관이 기자를 추천하여 비서실장과 면담을 주선하거나, 비서실장과 면담을 요청하는 기자를 비기사화 조건으로 평균 1주일에 2회 기자와 만나는 모임을 가진다. 그리고 특별한 전문정책 상황에 문제가 있다거나 미리 알릴 필요가 있을 때, 수상실 수석보좌관이 공식 기자회견을 한다. 그러나 비기사화 조건으로 기자와 만나는 것 외에는 기자와 수석비서관, 기타 비서관은 일체 기자회견을 못하게 되어 있고, 오직 공보보좌관을 통해 기자에게 공식 발표를 하는 것이 일반규칙으로 되어 있다. 이런 이유로 수상실 공보보좌관은 영향력 있는 신문사와 방송사 기자의 성향을 잘 알아야 되고, 빈번한 접촉을 통해 직업상의 친밀감을 갖고 있어야 한다.

그러나 정부가 추진하는 정책홍보와 상당수의 상업성 언론방송사가 수행하는 기사화 원칙이 일치하지 않는 경우가 많다. 그래서 수상 공보보좌관은 설득과 설명 외에 언론방송사와 기자가 원하는 편집방향에 대응하고 구미에 맞는 정책을 시의성 있게 제공하려는 전략을 구사하고 있다. 그러나 언론방송사나 기자가 국민감정과 일치하지 않는 보도를 하거나 기사를 쓸 때에는 시청률과 구독률이 낮아지게 된다. 따라서 정부는 국민을 상대로 수용 가능한 타당성 있는 정책을 발표하면 언론방송사는 자연히 따라오게 유도하고, 결국 정부는 국민에게 매력적인 것으로 인식되고 기사화될 수 있는 정책을 개발 선보인다고 한다. 국민과의 직접 접촉에서 극적인 홍보효과를 노리는 것이다.

이렇듯 독일 수상실이 중요 국정 내용을 기사화하고 가능한 긍정적 논조로 뉴스거리가 되도록 언론미디어와 거래하는 방법은 특정 기자, 언론방송사를 상대로 한 정책배경 설명과 중요 쟁점 사항에 대한 이해도 증대를 위한 각종 전략의 구상이다. 특이한 점은 공보보좌관실 요원이 특정 언론사나 방송사가 최근 무엇에 관심을 가지며 중요 편집방향을 어디에 두는가를 탐색하여 언론방송사가 추구하는 이해나 관심사에 초점을 맞추어 추진하려 하거나 추진중인 정부 정책을 공표, 발표하는 전략을 구사하기도 한다는 것이다. 공보실 요원은 5명이며 오전 7시에 출근하여 오후 10시까지 일하며 수상의 연설문 작성, 교정 등으로 주말에도 일하고 있다.

　이탈리아 실비오 베를루스코니 수상은 원래 직업 정치인이 아니고 건설사장, AC 밀란 축구팀 구단주, 2개의 상업 TV 사주였다. 수상으로 취임하면서 새 정치, 세제개혁 정책, 부패척결 운동을 세상에 알리고 국민의 지지를 받기 위해 언론미디어를 적극적으로 활용하였다. 이런 국정개혁이 국민에게 혜택을 준다는 홍보만이 국민의 지지를 받을 수 있다고 누구보다도 강하게 인식하고 있는 베를루스코니 수상은 언론사주 경험을 십분 발휘하여 언론홍보매체 활용을 극대화하였다. 언론뉴스미디어를 적극적으로 활용하기 위한 조직구조를 보면 수상의 언론홍보활동을 극대화하는 임무를 담당하는 조직과 함께 인터넷 홍보,

[그림 9-6]　이탈리아 수상실 언론홍보 조직

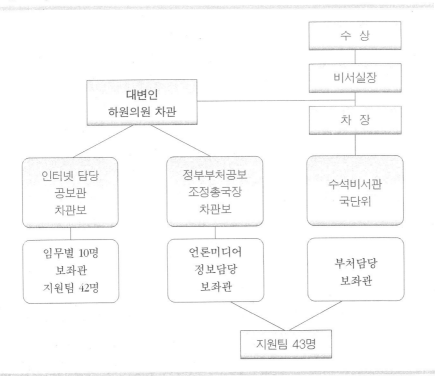

내각 부처의 홍보를 유기적으로 조정, 통제하고 기자를 상대로 하는 정부기관 홍보로 나누어져 있다. 따라서 수상실의 공보조직은 수상의 언론미디어 노출효과를 극대화하는 임무를 지닌 대변인을 정점으로 인터넷 담당공보관, 정부부처 공보조정 총국장으로 트리오를 이루고 있다.

　대변인은 베를루스코니 수상과 정치동반 협력자로 하원 의원이며 차관급이고 의회와 연결된 정치영향력 면에서 수상 보좌장관인 비서실장과 거의 대등하다. 대변인은 1명의 비서관, 2명의 보좌관을 두고 총리의 기자회견, 연설문 작성, 공보실인 대변인실의 인터넷 담당보좌관, 정부홍보조정 총국장을 지휘하여 수상의 언론미디어 활동과 정부홍보의 총체적 책임을 지고 있다. 인터넷 담당 공보보좌관은 수상 홈페이지를 만들어 수상실 정책동향, 수상의 국내활동 상황, 해외순방 소식을 전한다. 수상 홈페이지에 포함되는 중요 내용은 수상 연설문, 각료 이력사항, 정보홍보 내용물, 자동차 운전시 주의사항, 사회 각 계층에 대한 홍보활동 내용, 수상의 언론미디어 접촉기사 내용, 수상의 지역 기자회견, 그 밖에 언론미디어 뉴스를 종합 정리한 내용이 포함된다. 정부홍보조정 총국장은 여성으로 정부부처의 홍보내용 발표를 협의·조정하고 취합하여 발표하며, 모든 신문과 TV 뉴스 내용을 취합하여 대변인에게 제출한다. 이 내용을 대변인은 비서실장, 차장에게도 보이고 수상에게 보고한다.

　신문, TV 기사 종합분석반은 교대로 매일 아침 5시에 출근하여 11시 30분까지 근무하고 다음 팀이 뒤를 이어 오후 기사를 정리 보고한다. 또한 정부부처 공보조정실에는 10명이 따로 기자회견실을 운영하고 매년 말에 각 부처가 작성 제출한 사업내용을 정리 요약한 정부백서를 만드는 일도 한다. 인터넷 담당 보좌관이나 정부부처 공보조정 총국장은 부처 국장보다 상위인 차관보급이며, 과장은 정부부처 국장에 상응하는 임무와 역할을 수행한다고 한다. 특히 베를루스코니 수상의 언론미디어에 관한 각별한 중요성과 정부홍보활동에 갖는 높은 관심과 연관된다고 한다.

　총선에서 승리한 사회당 출신 프로디 수상도 수상실 공보시스템을 그대로 운영하고 있다. 대변인실은 수상의 국정운영 결과를 언론미디어를 통해 국민에게 긍정적으로 알려 수상의 국민지지를 극대화하려는 임무를 수행한다. 그 임무의 핵심은 수상 자신이 주체가 된 언론미디어 활용이다. 언론미디어를 활용하는 수상은 일차적으로 언론미디어에게 호의적이고, 시의적절하게 뉴스거리를 제공한다. 그리고 국민이 수용 가능하며 뉴스거리가 될 내용을 발표한다. 언론미디어 대응전략의 핵심은 수상의 기자회견이다. 프랑스 대통령처럼 이탈리아 수상의 정규기자회견은 1년 1회 송년기자회견이다. 이 전통은 50년 동안 모든 수상이 답습한 것이다. 수상이 서두에 5-15분 동안 인사말을 하고 기자 질문에 응답하는 형식으로 이루어진다. 질문은 사전에 미리 정해진 것은 없고 질문할 신청 기자 이름만 대변인실에서 받아 놓는다. 이는 질문자 순서를 매끄럽게 하고 시간절약을 하려는 의도이다. 질문은 보통 30개로 30명의 기자가 질문하는 셈이 되며, 시간은 2-4시간이 걸린다. 이 밖에 정상회담이나 해외 순방기간시 회견을 한다. 그리고 공화신문(La Republica) 같은 중앙 유력 신문이나 지방신문사, 8개 TV 채널 기자를 개별적으로 초청하거나, 회견요청에 응하여 회견하는데 대개 회견시간은 1시간 정도이다.

수상이 중요 행사 참석 시에 수행하는 기자와 자연스럽게 대화하는 과정에서 내용이 기사화된다. 따라서 이런 회견을 기준으로 보면 이탈리아 수상은 매일 최대 6회 정도 기자와 상대하는 경우도 있다. 그러나 평균 1일 1회, 일주일에 최소 3-5회는 수상이 기자와 회견형식의 접촉을 갖는다. 지난 2005년 1월 독일 아우스비츠(Auswitz) 유태인 수용소 해방 기념일에 참가했을 때는 기자와 종일 접촉했다고 한다. 베를루스코니 수상은 취임 당시에는 기자와 상대할 때 긴장하는 모습이었으나, 지금은 부드러운 태도와 상대방을 불쾌하게 하지 않으려 하면서 농담도 잘 하고 자기 자신의 입장을 이해시키려 노력한다고 한다. 수상은 이 밖에 마약퇴치를 위한 국민 동참을 요구하는 내용을 갖고 TV 토크쇼에도 출연하는 모습을 보였다. 또한 언론기관에서 정부가 추진하는 정책을 왜곡 보도하는 경우, 수상이 필요하다고 생각하면 기자회견을 자청하고 편집국장에게 해명서한을 보내며, 이것이 수상의 기고문 형식으로 신문에 실리기도 한다.

그 밖에 각부장관이 회견을 할 때는 중요 사안에 따라서는 수상, 비서실장, 차장, 해당 장관, 대변인이 모여 회의를 하며 결정한다. 그리고 비서실장, 차장은 기자회견을 하지 않으며 대변인도 기자회견을 하지 않는다. 다만 해외 순방 시, 정상회담 등 기타 중요한 사안이 발생하여 대변인 성명이 필요하면, 인쇄된 대변인 성명을 언론배포용(Press Release)으로 발표하는 것이 통례로 되어 있다. 언론미디어가 발표한 내용에 착오가 있는 경우 혹은 정정이 필요할 때도 대변인실은 기자회견 대신에 성명서 발표로 끝낸다. 수상의 기자회견 준비나 연설문 작성 내용을 대변인실이 정리하면, 비서실장과 차장, 대변인 또는 수상실 정보위원회 사무처장이 참석하여 내용을 최종 정리한다. 연설문은 가끔 수상이 중요 내용을 제시하거나 구술한 내용을 녹음하여 정리한다. 연설문 작성의 최종 책임자는 대변인이다.

이탈리아에는 국내외 신문을 합쳐 40개가 있고, 8개 TV 채널이 있어 수상실 출입기자만 수백명이 된다. 그 중에 3개 TV 채널은 국영이며 3개는 민영방송이다. 그 중에 베를루스코니 수상이 사주로 있는 TV 방송사는 2개이다. 이들 언론미디어와 우호적인 관계를 유지하는 공보대변인실 원칙은 정직하고 투명성 있는 관계유지라고 한다. 그리고 될 수 있는 대로 신속히 많은 양의 정보를 주어 언론미디어의 신뢰를 확보하는 것이다. 그 외 수상은 언론사 편집국장을 가끔 개인적으로 식사초대를 하며, 출입기자와 개인적으로 함께 차를 마시거나 식사 초대를 하는 등 격의 없는 의사소통을 통해 인간적 유대감을 갖으려 한다. 언론미디어 사주를 초대하지 않고 편집국장을 초대하는 이유는 이탈리아에서는 언론미디어 사주가 기본 가이드라인 제시 외에 편집내용을 간섭하면 유능한 편집국장은 기자를 모두 데리고 회사를 떠나버리기 때문에, 사주가 권한행사를 하지 않는 대신에 편집국장이 큰 영향력을 행사한다. 그래서 수상은 자기 정권에 비판적일수록 좌우 중도 이념성향을 가리지 않고 자주 편집장, 기자와 만날 기회를 갖는다. 식사대접과 대화 외에 다른 접촉방법은 없다.

이탈리아 수상과 언론미디어 관계에 있어서 두드러지는 것은 수상의 언론미디어 주도권 확보와 수상 위주 언론 노출(solo player)을 통한 호의적인 관계유지를 위한 노력, 정부 차원의 대응과 인터넷 홍보의 유기적 결합, 그리고 중도 좌우파 이념 스펙트럼의 언론미디어를 잘 포용하려는 전략정책 구사에 있다. 평균 수상 재임기간이 6개월에서 1년인 이탈리아의 단명 내각 체제를 실비오 베를루스코니(Silvio Berlusconi) 수상이 온건 실용 노선을 표방한 전진 이탈리아당(Forza Italia)을 창당하여 5년 6개월이라는 정치적 안정 내각으로 바꾸었다. 그 기저에는 자신이 이탈리아 최대 시청률을 자랑하는 민영 TV 2개사 사주이며 AC 밀란 구단주로서 언론 활용 기술을 최대로 구사하는 데 있었다고 수상

보좌관이 증언하였다(Ginsborg, 2005:65-67, 94-96, 188-190).[38]

　일본은 영국과는 조금 다르게 공식 내각조직인 관방부에서 총리를 보좌하고 있다. 일본에서 총리의 비서기능을 담당하는 것은 내각관방(Cabinet Secretariat)으로 내각총무관실, 내각광보관실, 내각정보조사실 등이 설치되어 있다. 이 중 공보담당 수석비서관인 내각광보관이 관장하고 있는 내각공보실에서 총리의 언론미디어 접촉과 관계유지의 주무역할을 담당하고 있다. 내각공보실에는 광보관(홍보관)이라 불리는 수석비서관 아래 내각홍보실과 관저보도실이 있고 3명의 과장급 내각공보참사관이 있다. 내각공보관은 행정부서의 공보관을 총괄 조정하여 해당 부서의 각료가 발표할 사항, 공보관이 발표할 내용, 또는 총리나 관방장관이 발표할 전략정책 내용을 분류 조정하는 임무를 수행한다. 아울러 총리와 내각관방장관, 부장관의 기자회견, 인터뷰를 위한 내용, 장소정리 등 사전준비 작업을 하는 일체의 공보업무를 수행하며 총리 지지 여부에 관한 여론조사도 실시한다.

　그리고 내각관방의 공보관실에 있는 과장급 공보담당 참사관은 각각 정부 전체 홍보기획, 총리 서신발송, 각종 언론잡지에 회신, 공보총괄 업무를 실무적 차원에서 수행한다. 또한 공보관실에서 총리관저에 파견되어 있는 참사관 과장급인 관저보도실장은 7명의 공보담당관과 함께 총리실출입기자 지원, 총리의 기자회견 장내 정리 지원업무를 담당하고 있다. 총리관저에서 진행되는 각종 행사, 정상회담, 내각회의 등을 취재하는 기자단 지원(logistic meeting) 업무를 담당하는 것이다. 그러나 연두기자회견, 총리연설문 작성은 총무관실의 연설문담당 비서관이 직접 관장하고 있다. 한편 총무관실의 연설문담당 비서관은 각 부처의 정책총괄 책임자, 공보관과 협의하여 연두교서, 국회연설문 문안을 작성하며 총리가 수정 후 발표문으로 완성된다. 내각관방의 공보관실과 총무관실은 총리 동정에 관한 정보제공에서 뉴스거리로서 가치 극대화를 노리는 전략적 활동을 전개한다.

　일본 내각관방의 근무자들 중에서 공보업무 담당자의 수를 보면, 1996년에 내각관방의 정원규모는 총 175명이고 이 중 간부는 148명이다. 148명의 간

---

38) 2005년 1월 28일 오후 2시 30분-3시 집무실에서 이탈리아 수상 비서실장 안토니오 카트리칼라(Antonio Catricala), 차장 마시모 펜손타(Massimo Pensonta)면담.

[그림 9-7] 일본의 내각관방 공보관실 조직기능

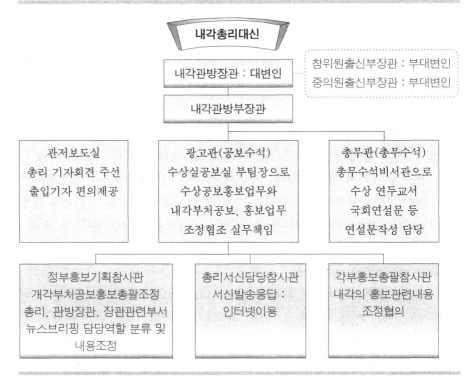

출처: 2004년 10월 14일 일본 내각총리대신 관저보도실장 쿠사카 마시치카(日下正周) 현
지방문 인터뷰 자료

부 중 공보업무 담당 간부는 10명이다. 그러던 것이 2000년에는 11명의 간부가
공보업무를 담당하였다.[39] 일본은 내각관방이 수상비서실이긴 하지만 정치적
으로 임명되기 보다는 거의 관료들로 구성이 되어 그 업무가 어느 정도 고정되
어 있다. 따라서 관련 업무 직원 수에 있어 큰 변화를 보이지 않고 있다.[40]

일본 총리실 공보팀의 임무는 뉴스미디어를 활용하여 총리를 뉴스미디어
의 초점이 되게 하는 조직 전략화에 있다. 기자회견의 경우 고이즈미 총리가
취임하면서 매일 2회(오전 12시와 오후 6-7시)의 총리실 출입기자단과 관저 기

---

39) 전체 내각관방의 정원규모 중 공보업무담당 직원 수를 봐야 하지만 자료의 한계상 광보업무를
담당하는 전체 직원 수가 아닌 간부직원 수만 파악이 가능하여 그 자료를 이용하였다.
40) 2004년에는 내각관방의 수가 대폭적으로 늘었다. 이는 전체적인 일본 내각조직의 개혁 차원에
서 이루어진 것이다. 따라서 이로부터 공보실의 직원 수도 늘었을 것으로 추측된다.

자회견을 정례화하였다. 그 밖에 총리는 예산안 국회통과 전후, 정기국회 폐회 이후, 환율문제 등 국정의 쟁점, 핵심사항이 발생할 때 따로 기자회견을 한다. 특히 각료회의가 있은 직후 총리기자회견은 필수적이다. 다음으로 대변인 겸 비서실장인 관방장관이 총리기자회견 전 11시와 오후 4시에 기자단과 인터뷰를 하여 총리기자회견 전에 보다 세밀하고 정리된 내용을 설명하여 총리의 기자회견에 걸림돌을 제거하는 정지작업을 한다. 관방장관은 특히 매주 화, 금요일에 있는 각료회의 내용을 브리핑하고 주요 쟁점현안을 기자에게 설명하고 질의에 답변한다.

다음으로 3–5선 출신 중의원인 정무부장관과 2선 출신 참의원인 정무부장관이 중의원과 참의원에서 현안 논의, 법률안 심의, 의회와 관계를 중심으로 개최하는 정무부장관회의 후에 기자회견을 한다.

한편 직업 관료로서 최고위직인 사무담당 관방부장관은 각료회의가 있기 전인 월요일과 목요일 오후 3시에 질의응답을 포함 10분 이내로 기자단과 인터뷰를 한다. 사무부장관은 각 부처 사무부장관과 각료회의에 상정할 안건의 최종정리, 쟁점별 합의조정을 하여 그 결과 중에서 미리 기자단에게 알릴 내용을 중심으로 정책수행의 관리 면에서 기자회견을 한다. 따라서 총리를 포함한 총리실 공보팀의 주간 기자회견으로 국민에게 노출되고 홍보하는 시간은 대략 1일 80분이고 월요일–금요일 1주 5일 동안에는 440분(7시간 20분)이다. 일본 총리와 공보팀이 기자회견으로 언론미디어에 노출되어 국민을 상대로 하는 홍보활동에 보내는 시간을 각 국의 대통령, 수상과 비교하면 최상위권이다.

총리실 공보지원팀은 기자와 좋은 관계를 유지하는 방법으로 총리를 중심으로 24시간 활동을 투명성 있게 공개하고, 가능한 성실하게 기자를 대하는 것을 원칙으로 한다. 총리의 일정은 모든 출입 기자에게 공개되어 있고 이것이 기자의 뉴스원이 된다. 뉴스취재를 통한 사실보도와 함께 분석해설기사, 정책비판기사가 늘어나는 것이 오늘날 세계적 추세이다. 일본 총리 공보관실은 이 점을 고려하여 기자 개인과 언론방송사를 개별 접촉하여 설득하고, 정책배경 설명도 내밀성 있게 추진하고 있다. 기사작성은 각 언론방송사마다 철학, 전략, 상품성 기준이 있어 일률적으로 대하기 힘든 면이 있다. 그래서 각부 장관은 담당기자와 만나 식사를 하면서 간담회를 가지고 총리와 관방장관은 언론방

[표 9-7] 일본 총리의 언론미디어 회견시간((미디어 노출 시간)

총리실 공보주역	1일 공보노출시간	1주 공보노출시간
총리	오전(20분), 오후(20분)	5일 200분
관방장관	오전(20분), 오후(20분)	5일 200분
중의원 관방부장관		1회 10분
참의원 관방부장관		1회 10분
관방 사무부장관		1회 10분
5인	80분(1시간 20분)	440분(7시간 20분)

송사주, 편집국장, 부장을 정기적으로, 특히 국회 개회 전에 개회연설내용을 화제로 삼으면서 식사 초대 또는 간담회 개최로 이해를 구한다. 그 외에 논설위원, 출입기자단 간사를 저녁식사를 겸한 회식에 년 1-2회 초대한다. 그리고 광보관실 공보요원은 거의 매일 출입기자와 저녁에 비공식적으로 접촉을 한다. 대부분 각 부처에서 파견된 공직자로 구성된 내각관방의 요원, 특히 공보요원은 내각총리대신의 국가 공보요원이라는 자부심을 가지고 뉴스미디어에 밀착 접근하여 총리와 언론미디어와의 관계를 우호적으로 발전시키기 위해 노력하고 있다.

마지막으로 **한국**은 이승만 대통령의 제 1공화국 집권 초에는 경무대에 공보비서를 두어 신문기사 내용 정리, 서신접수와 발송, 문서번역, 진정서검토 관장 업무로 출발하였다. 구체적으로 보면 1·2공화국에서는 공식적인 비서실 직제가 마련되지 않고, 비서실은 성격상 대통령의 국정 전반에 대한 운영을 보좌하기보다는 단지 대통령에 대한 사적인 비서진 모임에 불과하였다.[41] 공보 분야도 마찬가지로 1공화국에서는 공보비서가 있었고, 2공화국에서는 대변인과 공보담당비서가 비서실장 하에 조직되었다. 박정희 대통령 집권 3공화국에서는 대통령 비서실 직제가 처음으로 마련되면서 공보는 비서실장 직속부서로 조직되었다가 제 4공화국에서 와서는 공보수석실이 설치되었다. 4공화국의 공보수석실은 정당, 국회, 언론, 사회에 대한 공보와 연설문 작성을 그 임무로 하

---

41) 1946년 1월 6일 대통령 비서관 직제를 공포하고 관저와 시종, 서무와 경리, 공보와 정무로 업무 분장을 규정하였다.

였다. 5공화국 공보수석실은 주로 홍보기획과 통치사료를 담당하였다. 그리고 공보활동으로는 보도와 외신 및 방송매체를 담당하였고 더불어서 영부인 홍보를 그 임무로 하였다. 그러던 것이 6공화국에 와서는 다시 기능이 축소되면서 홍보, 외신, 사료, 대통령에 대한 보도를 담당하였다.

  김영삼 대통령 때 언론홍보활동은 공보수석실과 정무수석실에서 이루어졌는데, 공보수석실은 해외공보와 영상공보, 연설문 작성과 춘추관을 관장하였고 정무수석실은 신문홍보와 방송홍보를 담당하였다. 1995년 직제 개편으로 홍보라는 말을 공보로 개칭하면서 춘추관담당실을 보도담당으로 개칭하였다. 이러한 개칭은 언론미디어에 대한 적극적인 대응과 공보와 홍보의 엄격한 분리를 의미한다. 김대중 대통령에 이르러 공보수석실은 전반적인 공보기획을 담당하면서, 국내언론과 해외언론 그리고 대통령 연설을 담당하였으며 보도지원을 적극적으로 모색하기에 이른다. 이때까지 사실상 공보와 홍보업무는 분리되었다. 그러나 노무현 대통령에 와서 홍보수석으로 개칭하여 장기적인 홍보기획 및 국정홍보, 국내언론과 해외언론을 담당하는 공보 및 홍보기능을 통합한다. 더불어서 홍보수석실 안에서 조직분화가 이루어지는데 장기적인 홍보기획, 국정홍보, 국내언론, 해외언론, 대변인 팀이 그것이다.

  현재 홍보수석실의 구체적인 임무를 보면 홍보기획실은 중장기적인 홍보기획 및 전략을 수립하고, 정부홍보정책시스템 혁신에 관한 업무를 담당하고 있으며 대국민 직접커뮤니케이션 개발을 기획하고 있다. 국정홍보실은 청와대 브리핑 제작 배포, 인터넷 여론 수렴, 청와대 홈페이지와 정책고객서비스를 담당하고 있다. 이러한 국정홍보실의 기능은 현재 인터넷 시대를 반영한 것이다. 그리고 해외언론은 해외홍보기획을 조정하고 외신 홍보활동과 해외홍보 컨텐츠 생산관리를 담당하고 있다. 한편 대변인팀이 따로 설치되어 있는데 대변인팀에는 대변인과 부대변인, 보도지원실이 있다. 보도지원은 청와대 출입기자단에 대한 취재를 지원하는 것으로 김영삼 대통령 이전에는 간과되던 기능 중의 하나이다. 즉, 대통령 비서실 보도 자료를 그대로 기사로 작성했기 때문에 언론미디어에 대한 적극적인 지원의 필요성이 그다지 크지 않았다. 그러나 김영삼 대통령 이후 한국 언론의 성장과 함께 이전의 종속적인 입장에서 벗어나 대통령과 대통령 정책에 대해서 여러 비판을 가하게 되면서 대통령 비서실 입

[표 9-8] 한국 역대 대통령 공보수석비서관실 기능 및 임무

	공보수석비서관실의 기능
4공화국(박정희)	정당, 국회, 언론, 사회에 대한 공보와 연설문 작성
5공화국	홍보기획, 통치사료, 보도, 외신(섭외), 방송매체, 영부인홍보, 문고
6공화국	홍보, 외신, 사료, 보도
김영삼	해외공보, 영상공보, 춘추관담당, 연설문작성(홍보1, 홍보2) ** 정무수석: 신문홍보, 방송홍보
1995.12 직제개편	홍보1, 2 → 공보 1, 2로 개칭, 해외공보를 해외, 영상공보실을 영상, 춘추관담당실을 보도담당으로 개칭 정무수식실의 홍보를 홍보와 정책조사로 분리하여 홍보는 매체를 통한 홍보업무, 정책조사는 대국민홍보담당, 여성담당에 각종 사회단체 이외의 여론주도층 담당
김대중(2002.7)	공보기획, 국내언론, 국내언론2, 해외언론, 연설담당, 보도지원
노무현	홍보수석으로 개칭통합 홍보기획, 국정홍보, 국내언론, 해외언론 *대변인팀 ** 국정홍보는 노무현 대통령 출범 초기에는 없었음.

출처: 박중훈 1996, 44-56를 토대로 구성; 김석준 2002, 288; 청와대 홈페이지 2005년 12월.

장에서도 언론이 보다 호의적으로 대통령과 대통령 정책에 대해 보도하도록 적극적인 지원 필요성이 제기되었다. 이것이 대통령 비서실에서 보도지원이 공보조직의 공식적인 업무가 된 배경이다. 또한 노무현 대통령에 이르러 국정홍보실 업무는 주로 온라인상에서 이루어진다. 따라서 온라인을 통한 자료 배부, 여론수렴과 홈페이지 운영 등의 기능을 담당할 조직이 설치된 것이다. 이렇듯 환경이 변함에 따라 새로운 기능들이 필요하게 되고 다시 이를 담당할 새로운 조직이 설치되는 과정에서 조직의 분화와 조직규모 확장이 이루어진다.

조직과 기능 분화에 따라 2004년에 총정원 498명 중 홍보수석실에 배치된 인원은 61명이다. 이는 대통령 비서실 근무인원의 12.2%에 해당한다. 전체적으로 대통령 비서실의 인원은 팽창되었다. 그런 연장선상에서 언론공보 및 홍보를 담당하는 인원도 꾸준히 증가하고 있다. 이렇게 대통령제를 채택하는 한국, 미국, 프랑스, 러시아와 내각책임제를 채택하는 영국, 독일, 이탈리아, 일본 모

[그림 9-8] 청와대 비서실 언론홍보조직과 기능(2007년 6월 기준)

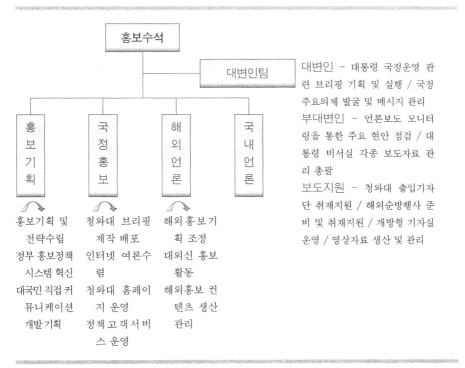

대변인 - 대통령 국정운영 관련 브리핑 기획 및 실행 / 국정 주요의제 발굴 및 메시지 관리
부대변인 - 언론보도 모니터링을 통한 주요 현안 점검 / 대통령 비서실 각종 보도자료 관리 총괄
보도지원 - 청와대 출입기자단 취재지원 / 해외순방행사 준비 및 취재지원 / 개방형 기자실 운영 / 영상자료 생산 및 관리

출처: www.president.go.kr

두 국정과정을 홍보하는 데 있어서 언론미디어 활용과 우호적 관계유지에 착안하여 대통령·수상실에 언론홍보 및 공보조직의 기능과 역할 강화 그리고 이로 인한 조직구조 변화와 조직규모의 확대가 공통적으로 이루어지고 있다.

그리고 대통령과 대통령 정책에 대해 언론미디어가 호의적인 태도를 보이고 긍정적인 기사를 작성하도록 대언론미디어에 대한 다양한 전략과 노력을 구사하여 왔다. 여기서 논의되는 것은 2003-2004년에 이루어진 전·현직 청와대 출입기자와 청와대 공보수석실 근무자들을 상대로 조사한 설문면접 결과를 토대로 한 것이다. 권위주의 시대에는 정부가 언론을 위협하거나, 보상성격을 띤 물질적 회유로 언론미디어가 정권과 야합하는 경우도 있었다. 그래서 한국 언론은 정권비호와 특혜과점업체로서 양적 성장을 해 왔고, 이렇게 성장한 언론은 제 4의 권력으로서 무소불위의 힘을 발휘하면서 문민정부에서는 누구로부터도 간섭을 받지 않는 지나친 방임상태에 놓이게 되었다.

최근 일부 언론, TV방송이 특정 대통령 이념·정책과 연계하여 편향적 뉴스와 해설기사를 내보낸다하여 비판의 도마에 오르내렸고, 인쇄매체와 전파매체 상호간에 비판과 비방을 주고받기도 하였다. 그러나 유착, 협조공생, 비판견제, 긴장, 적대라는 역동적 진자관계 속에서 언론미디어가 대통령에 대해 긍정적이고 우호적인 태도를 갖도록 여러 노력을 하는데, 이를 단순히 언론에 대한 아부가 아닌 대통령의 원활한 국정운영 전략 차원에서 볼 필요가 있다.

첫째로 중요한 것이 기자회견이다. 대통령은 매년 초 연두기자회견과 중요한 상황이 발생했을 때 기자회견을 한다. 초대 이승만 대통령이 1948년 7월 20일 처음 대통령 기자회견을 시작한 이래 매주 금요일 경무대나 중앙청 회의실에서 정례 기자회견을 가졌으나 시간이 갈수록 정치상황의 변화에 따라 회견 횟수가 줄어들어 나중에는 한 달에 한 번도 제대로 하지 않았다. 박정희 대통령은 1967년 부정선거 문제로 야당 측과 긴장관계가 조성된 가운데 임시국회가 열리지 못하게 되자 그때까지 국회에서 연두교서를 통해 시정방향을 제시해 오던 것을 바꾸어 기자회견을 하게 되었다. 즉, 1968년 1월 15일 청와대 대접견실에서 연두회견을 한 것을 시발로 대통령의 연두 기자회견이 제도화되었다.[42]

이 후 대통령 기자회견은 연초에 관례적으로 이루어지고, 또한 수시로 중요한 일이 발생할 때 기자회견을 하였다. 기자회견은 대통령이 국정 전반에 대한 운영계획을 발표하거나 특정 사안에 대한 방침을 나타내는 장으로 철저한 준비가 필요하다. 그런데 최근의 대통령 기자회견에서 여러 가지 문제점이 노출되고 있다. 용어선택의 문제, 기자 질문에 대한 준비문제 등으로 언론 뿐만 아니라 국민들에게 있어서도 대통령에 대한 신뢰도를 떨어뜨리는 결과를 가져왔다.

또한 대통령 기자회견 이외에도 대변인이 여러 가지 사안에 대해 브리핑을 하고, 유인물을 기자들에게 배포한다. 현재 이러한 작업은 인터넷상에서도 동시에 이루어진다. 한편 박정희 대통령은 1년에 언론 사주, 방송사 사장, 편집국장, 보도본부장, 정치부장을 수시로 저녁만찬에 초대하고, 각 언론방송사에

---

42) 박정희 대통령은 청와대 비서관, 장관, 공화당 고위간부까지 배석시킨 가운데 적게는 1시간 35분, 많게는 3시간 15분에 이르기까지 기자회견을 하였다. 기자들의 사전 질문 제출은 물론 질문기자와 순서까지 미리 정하는 등 치밀하게 이루어졌다.

서 청와대 취재 출입기자로 첫 출근하는 신참기자는 대통령이 단독으로 저녁초 대를 하는 배려도 이루어졌다.[43]

이 외에도 다양한 전략들이 존재한다. 청와대 전현직 출입기자와 공보참 모들을 대상으로 하는 설문조사에서 9할에 가까운 전·현직 청와대 출입기자 와 공보참모들은 청와대가 기사를 원하는 방향으로 보도해 주도록 노력하거나, 보도해 달라고 요청받은 일이 있다고 하였다.[44] 청와대가 대통령의 국정운영 과 관련된 주요 사항이 원하는 방향으로 보도될 수 있도록 하는 노력의 종류에 는 정책에 대한 배경설명, 개인적 친분 활용, 촌지, 편집인에게 설명, 신문기고 및 인터뷰 등 여러 가지가 있는데, 이 중에서도 정책에 대한 배경설명이 가장 많이 이용되는 것으로 나타났다.

기사화노력으로 정책배경설명이 가장 비중이 높은 가운데 대통령의 이념 성향, 대통령 언론공보참모와 언론미디어 관계, 언론공보참모의 전문성, 대통 령에 대한 기자시각, 재직 당시 국민의 대통령 지지도에 따라 약간의 차이를 보이고 있다. 대통령의 이념성향이 진보적일수록 정책 및 사건에 대한 배경설 명을 더 선호하는 데 반해(93%), 대통령이 보수적일 경우 전체적으로 정책 및 사건에 대한 배경설명이 가장 많이 이용되는 가운데(72%) 때로는 편집인에게 중요성을 설명하거나 신문기고나 인터뷰를 시도하는 다원화된 패턴(28%)을 보 인다. 또한 대통령 언론공보참모와 언론미디어의 관계가 협조적일수록 그렇지 않을 때보다(85%) 정책 및 사건의 배경설명 비율이 높아진다(90%). 그리고 재 직 당시 언론공보참모의 전문성이 낮을 경우 정책배경설명(80%)과 개인적 친 분(20%)을 이용하는 것으로 나타나고, 언론참모의 전문성이 높을 경우 정책 및 사건에 대한 배경설명(85%)과 함께 빈도 수가 적긴 하지만 편집인 및 언론사 간부에게 중요성을 설명하는 방법과 개인적 친분보다는 신문기고, 인터뷰 방

---

43) 박정희 대통령은 언론사주와 기자를 초대하여 담소도 나누는 한편 때로는 청와대 출입 기자가 취재하여 뉴스보도로 나간 내용이 마음에 안 들고 자기에게 도전적이라 생각하면 언론사에 해고 압력도 가하는 등 이중적인 모습을 보였다(11월 25일 오후 3시 임방현 박정희 공보수석 면담).

44) 대통령과 언론과의 관계에 대한 연구를 위해 전현직 언론홍보비서관과 청와대 출입기자 60명 을 대상으로 1994년에서 1995년에 걸쳐 설문조사를 실시하였다. 전체 응답자의 7할(73.3%)은 출입기자이고 3할(26.7%)은 역대 대통령 공보담당 참모이다. 이후의 논의들은 설문조사를 토 대로 한 것으로 모수의 수가 적은 관계로 표본의 수도 적은 한계 속에서 선정되어 논의가 진행 되는 점에 유의 할 필요가 있다. 모수가 적은 이유는 이승만 대통령 이후 언론공보, 언론홍보 비서관이 절대수가 적고, 그나마 박정희 대통령 이전의 공보분야 비서관은 거의 생존하지 않 고, 그 이후 정부의 선임 홍보 보좌관들 일부는 건강상 설문조사에 임할 수 없는 상황도 있다.

[표 9-9] 청와대의 기사화 노력 종류

	빈 도	백 분 율	유효백분율
정책에 대한 배경설명	49	81.7	86.0
개인적 친분	3	5.0	5.3
촌 지	1	1.7	1.8
편집인에게 설명	3	5.0	5.3
신문기고, 인터뷰	1	1.7	1.8
전 체	57	95.0	100.0
Missing	3	5.0	
Total	60	100.0	

법, 촌지 제공 방법 등을 병행하는 등 다양한 전략을 구사한다.

마지막으로 국민의 대통령 지지도가 높을수록 대통령 국정수행 내용을 기사화하기 위한 청와대 노력 형태로는 정책 및 사건의 배경설명이 가장 많은 가운데(71%), 촌지, 편집인이나 언론 사주에게 중요성 설명, 신문기고, 인터뷰 요청 등 다원화된 전략을 구사하는데(29%) 반해, 대통령 지지도가 낮을 경우에는 개인적 친분(11%)을 주로 이용하는 것으로 나타났다. 이렇듯 대통령 이념성향이 진보적일 때보다는 보수적일 때, 언론공보참모와 언론미디어 관계가 호의적일 때, 언론공보참모의 전문성이 높고 대통령에 대한 지지도가 높을 때 언론미디어가 대통령 및 정책에 대해 원하는 방향으로 기사를 작성하도록 언론미디어에 다양한 전략을 구사한다.

그리고 기사가 원하는 방향으로 보도될 수 있도록 노력하는 가장 효과적인 방법은 정책에 대한 배경설명으로 정공법이 최선의 효과적 방책이라고 본다. 더불어 현재 대통령과 언론미디어의 관계에서 신뢰회복을 강조할 필요가 있다. 대통령은 언론을 선의의 감시자로 생각하는 긍정적인 언론관으로 바꾸면서 정확한 정보제공과 일관된 정책수행으로 언론미디어에 협조를 구하고, 보좌하는 청와대 대변인 팀은 고도의 전문성을 확보할 필요가 있다.

결론적으로 각국 언론미디어 담당 조직구조를 보면 대통령제를 택하는 미국과 한국의 경우 대통령 비서실의 조직구조의 변화가 내각제 국가의 경우보다 더 자유롭다. 내각제인 영국, 일본의 경우 공보관실은 내각에 소속된 것으로 수상이 조직구조를 개편하는 데 있어서 경직성을 띤다. 따라서 조직구조의 변화, 규모의 확대, 기능의 확대 등은 제한을 받을 수밖에 없으며, 정부의 행정개혁 차원에서 변화가 이루어진다. 따라서 미국이나 한국에 비해 그 변화의 정도가 크지 않으며, 조직의 안정성이 유지된다고 볼 수 있다. 이에 반해 대통령제를 택하는 미국과 한국의 경우 대통령은 자신의 비전과 전략을 조직형태로 구현하는 데 있어서 내각제 형태의 정부보다 자유롭다. 따라서 언론미디어 환경 변화에 대한 전략적인 대응이 조직형태로 나타나는 데 있어서 보다 신축적이며, 대통령의 중요 비전들이 조직의 모습으로 투영된다.

한편 내각제를 채택하고 있는 영국, 독일, 이탈리아, 일본의 경우는 수상이 점차 대통령중심제의 대통령처럼 언론미디어의 중요한 대상이 되고, 수상은 언론접촉 강화와 대국민 홍보로 수상의 국민지지를 극대화하려는 정치와 언론미디와의 새로운 관계설정 지평이 펼쳐지고 있다. 최근 영국 수상의 대통령화(presidentialization of prime minister)를 추동하는 힘 중 하나가 바로 언론미디어라는 분석과 일맥상통한다.

조직 규모 증대에 따른 기능의 확대는 정보조사기능과 조정기능에서 뚜렷이 부각된다. 대통령과 행정부가 언론에 브리핑할 내용에 대한 조정이 중요한데 미국, 영국, 일본은 명시적으로 잘 되어 있다. 이러한 아젠다 조정의 필요성은 영국, 일본보다 미국에서 더 두드러지게 나타나고 있다. 영국과 일본의 경우 내각제라는 상황에서 내각이 수상과 정치적·정책적으로 연대성을 강하게 띤다고 볼 수 있다. 이에 반해 대통령제에 속하는 미국의 경우 내각을 구성하는 각부 장관을 대통령이 임명하기는 하지만 독자적인 의견의 제시 가능성이 크다. 즉, 미국 정치가 갖고 있는 정치적 다원주의와 이로 인한 이익집단에 의한 포획가능성, 그리고 조직의 생존을 위한 이기주의적 전략 차원에서 대통령과 다른 정책 및 의견을 제시할 수 있다. 따라서 대통령의 입장에서 원활한 국정운영을 위해서 이러한 여러 가지 의견들을 조정할 필요성이 크다고 볼 수 있다. 따라서 브리핑을 하거나 정책에 대한 의견을 제시할 때 서로의 의견을 조율하고 그 속에서 언론보도가 이루어지도록 하려는 노력이 강하게 나타난다.

이는 우리나라의 경우도 마찬가지이다. 그러나 미국에 비해 조정기능이 크게 발달하지 않은 것은 강력한 발전을 추진하는 속에서 정부가 한 목소리를 내야 한다는 의식이 강하게 깔리고 또한 군신문화(君臣文化)관계 속에 투영된 대통령의 일방적 리더십에 그 원인을 둘 수도 있을 것이다. 그러나 점차 한국 정치에서도 다원주의화가 진행되고 이러한 가운데 정부 내에서 다양한 목소리가 나올 가능성이 커질 것이다. 따라서 다양한 목소리는 국정운영에 있어서 혼란을 가져올 소지가 크며 조정의 필요성도 그 만큼 커지게 된다. 여기에 우리나라 대통령 비서실의 언론홍보기능이 수행해야 되는 중요한 요소가 위치하고 있다.

다음으로는 언론미디어가 대통령이 원하는 방향으로 기사를 작성하여 방송하도록 구사하는 전략들 중 가장 중요한 것은 기자회견, 브리핑, 인터뷰를 통한 정책배경설명이다. 기자회견은 국정운영에 대한 대통령의 철학을 발표하는 장이다. 매해 신년기자회견 등 정기적인 기자회견이 있는가 하면 중요한 상황이 발생했을 때 하는 기자회견이 있다. 기자회견에서 중요한 것은 준비된 기자회견이다. 기자회견은 언론미디어를 통해 국민에게 직접적으로 다가갈 수 있는 중요한 기회이다. 준비가 되지 않았을 경우 언론으로부터는 물론이거나 국민으로부터 신뢰를 상실할 수 있다. 그리고 보좌관과 합의한 연설문, 예행연습에서 준비한 회견 내용 외에는 실제 회견장에서 발표할 때, 대통령이나 수상은 임의로 다른 내용을 추가 하지 않는 것이 엄격한 불문율로 되어 있다. 예술적 정교성을 가진 연설문 내용을 감정적 대응으로 훼손하거나, 정치적 법적 문제를 야기하여 국민지지 획득에 역기능을 가져다 줄 것을 우려한 데서 연유한다.

모든 국가들에서 뉴스브리핑과 보도문을 정기적으로 작성하고 배포한다. 이러한 뉴스브리핑과 보도문은 인터넷이 발달한 요즘에는 국민도 직접적으로 볼 수 있도록 홈페이지를 통해 제공되고 있다. 그 외에 여러 가지 언론미디어에 대한 서비스를 제공하고 있다.

마지막으로 대통령의 언론인에 대한 간담회 및 만찬초대도 중요한 서비스 수단으로 이용되고 있다. 가장 두드러진 것은 미국의 경우로 적대적인 입장을 취하는 언론미디어 관계자라도 초청해서 설득하는 노력을 보이는 것이다. 이는 언론에 대한 과유불급 차원을 떠나 원활한 국정운영이라는 전략적인 차원에서 고려한 것이다. 대통령이나 수상은 상황에 따라 언론미디어와 협조공생, 비판견제, 긴장, 적대라는 진자관계에 직면하고 있다. 그런 관계를 긍정적으로 유지하는 비결은 언론미디어에 제공하는 국정관리 내용이 진실하고 일관성 있는

[표 9-10] 각국의 언론홍보 조직 및 기능 비교

	미 국	한 국	영 국	일 본
정치체제	대통령제	대통령제	의원내각제	의원내각제
담당 인원	부시 (2003.6) :49명/435명* (대통령비서실 근무인원의 11%)	61명/498명 (2004년) (대통령비서실 근무인원의 12%)	60명/300명 (2004) (수상비서실 근무인원의 20%)	11명/148명 (2000년)** (내각관방 간부인원 중 7%)
조직 구조	백악관 언론홍보 조직 - Press Office - Communication - Global Communication - Speechwriting - Media Affairs	홍보수석실 - 홍보기획 - 국정홍보 - 해외언론 - 국내언론	언론홍보수석실 - 언론홍보실 - 전략홍보실 - 정보조사실	내각공보실 - 내각홍보실 - 관저보도실 참고) 연설문작 성담당 비서관은 총무관실 소속
기 능	공보 및 홍보 조정기능 (대통령 비서실 내 혹은 행정부와 대통령비서실 언 론보도에 대한 시 기 및 내용에 대 한 조정)	공보 및 홍보	공보 및 홍보 조정기능 (각 부처 언론공보 관과 협의하여 수 상이 발표할 내용, 각 부처 장관의 회 견내용 조정) 정보조사기능	공보 및 홍보 조정기능 (행정부서의 공 보관을 총괄 조정 하여 해당 부서의 각료가 발표할 사 항, 공보관이 발 표할 사항, 또 총 리나 관방장관이 발표할 내용에 대 한 분류 조정)

*자료: "White House Office Staff List" in http://www.washingtonpost.com/wp-
  srv/politics/administration/

**일본의 자료는 자료 접근상 전체 소속 직원이 아니라 간부 직원의 명부를 통해 파악된
  수이다.

실체여야 한다는 평범한 진리이다. 그 평범한 진리는 동시에 언론홍보담당 보좌관들이나 대통령·수상실을 출입하는 기자의 공통된 의견이기도 하다.

오늘날 대통령과 언론미디어와의 관계는 대통령의 원활한 국정수행과 국정관리에 있어서 중요한 요소이자 단위이다. 대통령과 수상의 입장에서는 언론미디어를 통한 국민의 지지극대화를 꾀하기 위해 언론미디어가 호의적으로 기사를 작성하고 보도하도록 여러 가지 노력들을 구사하게 된다. 이러한 여러 가지 노력, 즉 언론미디어에 대한 대응은 조직운영 면에서 그리고 다양한 전략, 전술의 구사로 이루어진다. 따라서 이러한 언론미디어의 역할 증대와 언론미디어에 대한 대응분석을 위해 기능 및 조직규모의 확대 그리고 대통령과 수상 비서실에서 구사하는 여러 가지 다양한 전략, 기법들을 살펴보았다. 언론미디어의 역할 증대와 더불어 정부의 언론미디어에 대한 적극적인 대응과 다양한 전략, 기법구상은 체계속성과 상관 없이, 정치체제로서 대통령제를 취하든 내각책임제를 취하든 중요한 국정우선순위 과제로서 모든 국가에서 공통적으로 중요하게 나타나고 있다.

2. 대통령 기념도서·박물관

대통령이 매력적이고 미래를 내다보는 정책을 수행하고, 언론을 통해 이를 알려서 인기 좋은 대통령이 되면, 대통령 퇴임 후 국정운영의 결과물인 대통령 자료를 역사의 유산으로 남기려 하며, 마땅히 그래야 한다. 그것은 대통령의 바람이며 국민에 대한 의무이기도 하다. 대통령 국정자료는 대통령의 업적이며, 다음 세대를 위한 평가 자료이며 미래에의 길잡이다. 역사의식이 있는 대통령이 두려워해야 할 것은 재임중 차곡차곡 쌓이는 대통령 국정자료이다. 대통령 자료는 영원히 남을 대통령의 반면교사이자 대통령을 평가하는 역사 자료이다. 보통 일반적으로 대통령들은 성공적인 사례에 관한 자료나 호응도가 높을 자료는 보관하려 하지만 재임중 정책실패 자료나 밀실 야합 정치 산물기록은 은폐·파기하려 한다. 그래서 미국은 [대통령기록물관리법(Presidential Record Act)]에 따라 대통령이 백악관에 입성하여 최초로 서명한 서류부터 정부기록물보관소 직원이 백악관에 상주하여 절차에 따라 하나도 버리지 않고 직접 저장 보관하여 퇴임 후에 들어서는 대통령 기념도서 · 박물관(presidential library and museum)에서 보관 관리한다.

우리나라에는 역대 대통령이 집무할 때 만든 서류, 역사적 자료, 외국 사절이 선물한 기념품을 모아 놓은 도서관이나 박물관이 없다. 삼국사기, 삼국유사, 고려사, 조선왕조실록에 버금가는 해방 후 한국 현대 실록을 정리하거나 한국 사회 현상을 다양한 분야에서 연구하는 원천이 될 대통령에 관련된 중요 자료를 체계적으로 축적해 놓은 시설물이 없는 것이다.[45] 그래서 한 시대를 정치적으로 이끈 대통령과 정권이 지향한 이념과 실천한 정책을 정리하고 평가하며 좋은 전통은 계승해야 할 자료가 축적되어 있지 않다. 최근 미국에는 아이젠하워 대통령이 재임 당시에는 대통령직 자체를 소극적으로 생각하고 운영한 연약한 대통령으로 인식되어 왔으나 그의 도서박물관에 소장되어 있는 대통령 문서자료 분석에서 강력한 지도력을 보여 준 대통령으로 재인식되고 있다. 트루먼 대통령 역시 그의 재임 당시 문서 평가에서 인기 있는 대통령으로 부상하고 있다.

미국은 대통령 기념도서 · 박물관(presidential memorial library and museum), 호주는 수상 도서관 · 박물관(prime ministerial library and museum)이 있다. 대통령 기념도서 · 박물관은 대통령과 그의 참모가 역사의식과 도덕성, 성실성, 투명성을 같고 국정을 운영하게 하는 역사적 장치이기도 하다. 그런 순수 대통령중심제에서 배출된 대통령이 7명이나 있는 한국에 아직도 대통령 기념도서 · 박물관이 없다. 그리고 재임 당시에 조성된 국정운영 서류는 대통령 개인이 소장하고 있거나 일부는 정부기록물보관소에 소장되어 있다. 분산되고 사장(私藏)되어 있는 대통령 문서와 기념물을 법규에 따라 제도화하여 국민 곁으로 다가가는 공익추구 기관으로 대통령 기념도서 · 박물관을 설립운영 해야 한다.

현재 미국과 호주는 법규에 따라 대통령 기념도서 · 박물관을 설치운영하고 있다. 미국은 프랭클린 루즈벨트(Franklin Roosevelt) 대통령의 재임 당시에 의회가 법률로 대통령 기념도서 · 박물관법을 심의통과하자 대통령이 공포하여

---

45) 2007년 4월 27일 [대통령기록물 관리에 관한 법률]이 제정되어 대통령기록관을 설치하도록 규정하였다. 이에 따라 이제 대통령 기록을 체계적으로 관리하려는 노력이 나타나고 있지만 이는 미국이나 호주 형태의 대통령 기념도서 · 박물관의 형태는 아니다.

20세기에 와서 본격적으로 대통령 기념도서·박물관이 가동하게 되었다. 호주는 미국 모델을 참고하면서 1980년대에 대학과 연계하여 대학 구내에 수상 기념도서·박물관을 설치운영하고 있다.[46]

미국 대통령 기념도서·박물관은 루즈벨트 대통령이 재임 당시에 만들면서 시발된다. 대통령이 조성한 모든 자료는 국가유산이며 국민 곁에 있어야 한다는 논리였다. 그래서 재임 당시인 1939년에 대통령이 가지고 있던 개인 소장 저서, 자료, 기념품, 가족 유품, 해군 차관보 당시 서류, 대통령으로 집무하면서 작성된 모든 서류를 연방정부에 기증하고 뉴욕주의 하이드 파크(Hyde Park)에 후원자와 자기재산으로 도서관을 건립한다. 그리하여 도서관은 물론 가족 소유 저택과 토지를 전부 정부에 기증하고 정부문서보관소는 같은 해 6월 30일에 공식적으로 정부소유로 공포하게 되었다. 도서관 준공식과 정부 중정식에서 루즈벨트 대통령은 다음과 같은 말을 남겼다. "대통령 기념도서관은 과거를 인정하고 믿으며 동시에 미래를 확신하는 믿음 속에 과거를 거울삼아 미래를 창조하는 국민의 저력을 높이는 원동력으로, 모든 자료를 소장하는 이 도서관을 개관한다."

뒤를 이은 트루먼 대통령은 의회 협조로 1955년 대통령 기념도서관법(Presidential Libraries Act of 1955)을 제정·공포하게 된다. 대통령 기념도서관법 골자는 모든 대통령은 퇴임 후에 도서관을 설립하도록 종용하고 건립된 도서관은 즉시 정부에 기증하여 정부재산으로 귀속하고 정부는 유지관리를 책임진다는 것이다. 트루먼 대통령도 부통령과 대통령 재임 시에 만들어진 모든 서류를 수집하여 미주리주의 고향 인디펜든스(Independence)에 기념도서관을 설립하고 이를 정부문서기록보존소에 기증하여 정부소유 시설로 하였다. 이렇게 하여 현재 미국에는 후버 대통령 도서관, 루즈벨트 대통령 기념도서관을 시발로 아칸사주의 리틀록에 건설된 클린턴 대통령 도서관까지 11개의 대통령 기념

---

46) 1982년 미국 스탠포드 대학에 설치되어 있는 후버(Herbert Hoover) 대통령 도서관, 1995년 보스턴에 있는 케네디(John F. Kennedy) 대통령 도서박물관, 2002년 12월에는 켈리포니아주의 로스앤젤레스 인근 시미벨리에 있는 레이건(Ronald Reagan) 대통령 도서관, 텍사스주의 칼리지 스테이션 소재 부시(George Bush) 대통령 기념관, 조지아주의 아틀랜타에 있는 카터(Jimmy Carter) 대통령 박물관, 뉴욕주의 하이드 파크에 설치되어 있는 루즈벨트 대통령 기념도서·박물관을 현지 방문 조사하였다. 이 과정에서 정부문서기록보존소(National Archives and Record Administration) 관리들과 면담하여 관련 법규와 문헌을 검토하였다.

도서·박물관이 있다. 닉슨 대통령 기념도서관은 재임 당시 조성된 워터게이트 비디오테이프 소유와 공개 문제로 법정에 계류중이어서 닉슨 대통령 자료 모음(President Nixon Material Project)으로 남아 있다. 물론 루즈벨트 대통령 전임 대통령인 후버 대통령은 이보다 앞서 모교 스텐포드 대학에 후버(Herbert Hoover Library) 대통령 도서관을 설립하고 자료를 소장하도록 하여 대통령 도서관으로서 최초의 면모를 지금도 지니고 있다. 이렇게 조성된 역대 대통령 기념도서·박물관에는 4억 쪽의 문서, 천만 장의 사진, 15만 피트의 영화기록물, 10만 시간 소요의 오디오테이프, 비디오 녹음자료, 다양한 기념품이 일정의 온도 유지와 영구보존 처리로 소장되어 활용되고 있다.

이렇게 법규에 따라 20세기부터 후버, 루즈벨트, 부시, 클린턴 대통령에 이르기까지 대통령 기념도서·박물관이 운영되고 있다. 그렇다면 그 이전 대통령들의 통치 사료나 기념품은 어떻게 보존되고 있을까? 18세기 초대 워싱턴 대통령부터 후버 대통령 직전인 20세기 초반 쿨리지 대통령의 사료나 문서 기념품은 개인 소장품으로 인식되어 가족 친지가 보관하고, 일부는 가치 있는 고서나 골동품으로 판매되고, 일부는 소실되거나 의도적으로 파기되었다. 100년 전인 1900년 초부터 의회에서 예산을 배정하여 흩어져 있는 자료를 구입하거나 수집하여 현재는 의회 도서관 내에 있는 대통령문서국(President Manuscript Division, Library of Congress)이 보관 관리하고 있다. 초기 대통령 문서는 보좌관들이 직접 기록한 필사본이 많으며 링컨 대통령 문서는 보좌관 2명을 포함한 3명이 손으로 직접 쓴 문서라고 한다. 그리고 1900년에 의회 내에 처음으로 설치된 정부문서보관소(Federal Archives)가 1934년에 법령공포로 행정부 기관이 된 정부문서기록보존소에 일부 대통령 문서를 보존하고 있다. 그 외는 개인, 일반 도서관, 각종 역사연구회(Massachusetts Historical Society 등)에서 소장하고 있다. 대통령 기념 도서박물관을 설립 운영하는 법적 근거는 대통령도서관법(Presidential Library Act of 1955(44 U.S.C. 2108)), 대통령기록물법(Presidential Record Act of 1978(44 U.S.C.)), 대통령자료보존법(Presidential Recordings and Materials Preservation Act of 1974), 정보자유법(Freedom of Information Act of 1966(5 U.S.C. §552))이다. 이 법규 중에서 대통령도서관법이 기본골격을 이루고 있다.

대통령 기념도서 · 박물관을 설립하는 기본법인 대통령도서관법은 1955년에 공포하여 1986년에 수정되어 시행되어 오고 있다. 핵심 내용을 법률 조항별로 보면 다음과 같다. 정부 문서기록보존소장은 대통령에 관한 자료, 자료를 소장 할 시설, 시설이 들어설 대지를 대통령 문서를 소장하고 있는 당사자, 관련 있는 대학, 연구소, 재단과 협정을 맺어 정부문서기록의 일부로 소유하여 보관, 관리 운영, 보호한다. 대통령 기념도서 · 박물관을 설립한 퇴임 대통령 재단은 대통령도서 · 박물관 일체를 법적으로 정부문서기록보존소에 기증하며, 이 때에 정부문서기록보존 소장은 상원과 하원의장에게 대통령 기념도서 · 박물관에 소장된 내용 일체(presidential archival depository)를 보고한다. 보고 할 내용은 대지, 건물, 장착된 시설물, 기증협의 내용, 도서박물관에 소장될 문서(paper), 자료(document), 역사적 유품(historical materials), 시설물 유지관리와 운영비로 되어 있다.

정부문서기록보존 소장은 공익추구에 이롭다고 판단되면 대통령 문서기념품 관리와 연구에 관해 관련 대학, 연구소, 교육기관, 재단, 사회단체, 자격 있는 개인과 협조한다. 소장은 유익하다고 판단되면 기부금을 받고, 도서박물관 사용자와 방문객에게 일정의 참관비를 징수할 수 있다. 그리고 기부금이나 징수된 금액 은 전액 정부문서기록보관기금(National Archives Trust Fund)에 입금 관리된다. 모금 수집된 기금은 소장의 판단으로 대통령 기념도서 · 박물관 운영에 사용된다. 대통령 기념도서 · 박물관에는 관련 전직 대통령이 집무 기거할 사무실, 숙소가 마련되어야 한다. 수정된 조항에는 대통령 기념도서 · 박물관의 규모를 한정하는 규정이 있는데 단임이든 중임이든 최대 7만 피트의 시설물 규모로 한정하고 있다.

요지는 대통령이 은퇴하면 본인이 집무할 때 처리한 모든 문서와 자료, 국내외에서 받은 선물을 국민 소유로 보고, 자연스럽게 재단을 만들고 기금을 마련하여 대지 구입, 건물 완공, 자료보관 시설 설치물을 완비하여 정부문서기록보존소에 기증한다는 것이다. 이로써 모든 대통령 기념도서 · 박물관은 정부소유로 되고, 정부는 시설보호, 자료보관, 운영일체를 책임지고 비용을 제공한다. 한편 1978년에 의회를 통과한 대통령문서기록보존법에는 문서, 기록, 물품에 대한 정의, 기록보존과 파기절차, 문서관리절차, 문서공개지침을 규정하고 있다. 대통령 문건은 대통령 집무과정에서 조성된 저서, 서신, 메모, 문서, 서류, 팸플릿, 예술작품, 사진, 지도, 필름, 오디오, 영상작품을 포함한 영화, 전자기기조작 기록물 일체를 의미한다. 그리고 대통령 기록물은 대통령, 보좌관, 대통령실 직무와 직접 관련하여 다른 부처 기관과 주고받은 헌법상, 정부조직법상, 관행 면에서 조성된 일체의 기록물을 의미한다. 여기에는 대통령 개인기록물도 포함되는데 재임 시의 일기, 잡지논문, 각종 사회단체와의 개인적 관계 서류, 선거기간 중에 교환한 서신, 서류를 말한다.

    대통령은 취임하면서 재직 중 조성된 각종 자료를 정리하는 원칙, 규정 절차를 세워야 하고 정부문서기록보존소와 긴밀히 협조하여 재임중에 조성된 모든 자료를 정부문서보관소에 이관하고 도서 · 박물관이 완공되면 이곳에 자료를 이관하여 영구 보존 관리한다. 대통령 기념도서 · 박물관은 정부문서기록보존소와 대통령 재단으로 구성된 이원 조직으로 운영된다. 정부문서기록보존소는 도서관 시설 보존, 비치된 자료와 박물관에 전시된 공식 선물 일체를 파견된 공무원이 관리한다. 한편 새로운 자료 발굴, 대통령의 정치이념을 소개하고 다양한 세미나, 회의 운영, 정치 교육은 대통령재단이 책임지고 운영관리비도 자체적으로 조성한다. 실제로 재단운영비는 정부문서기록보존소가 지불하는 직원 봉급, 시설관리비보다 훨씬 많으며 도서관 운영에도 공동 참여하여 수준 높은 시설과 운용을 유지 개선하려 한다.

    카터 대통령은 재임 당시에 이스라엘 수상과 팔레스타인 정부 수반을 대통령 별장인 캠프 데이비드 산장(Camp David)에 초청하여 평화회담을 개최하였다. 아랍 국가들은 카터 대통령을 팔레스타인 자치정부를 최초로 승인한 대통령이라고 높이 평가하여 카터 대통령 기념도서 · 박물관에 큰 규모의 재정지원을 하였고 현재 재단은 1억 달러 이상의 재단기금을 확보하고 있다. 그리고 텍사스 A&M 대학 구내에 있는 부시대통령 기념도서 · 박물관 재단 이사장은 최근 임명된 국방장관 게이트 전 중앙정보부장이며 1억 달러 이상의 재단기금을 운용하고 있다. 클린턴 대통령 기념도서 · 박물관은 정보문서기록보존소가 지원한 시설자금 외에 재단이 따로 조성한 기금으로 정치교육장 시설물을 위시한 다목적용 시설로 확장하여 건물시설비에만 1억 달러가 소요 되었다고 한다.

    이렇게 대통령 기록물을 국가재산으로 관리하는 것은 대통령 기록물은 국민이 선출한 공인이 국민 혈세로 국정을 수행하는 과정에서 생성된 국가 재산이기 때문에 당연히 국민의 소유물이어야 된다는 공인정신이 있었기 때문에 가능했다. 이런 공인정신을 행동으로 보여 준 이는 앞서 이야기한 바와 같이 경제공황을 극복하고 2차 대전을 승리로 이끈 프랭클린 루즈벨트 대통령이었다. 노벨상을 받은 T. 루즈벨트 대통령과는 5촌 인척이도 한 그는 중국과 비단 무역, 금융 투자로 거부가 된 네덜란드계 이민 조상이 물려 준 뉴욕 주의 허드슨 강변에 광활하게 펼쳐 있는 농장, 산림, 주택단지에 대통령 기념관을 건립하고 전 재산과 함께 국가에 헌납하였다. 그 후 연방정부는 이 지역 하이드 파크 일대를 국립공원으로 선포하였다. 대통령 기념전시관에는 대통령, 참모, 각료가 작성한 문서, 자료, 유품, 영상화된 자료, 비디오, 외국에서 받은 선물 일체는 물론 자신의 유치원생 사진, 초·중고·대학 성적, 가족 사진도 전시하고 있다. 이후 1955년에 미국의회에서 제정되어 수차례 보완된 대통령기록물관리법에 따라 퇴임한 대통령의 승인으로 대통령 향리 단체나 연고가 있는 대학이 대지를 마련하면 정부문서기록보존소가 최대 2000평 규모의 건축비를 부담한다. 20세기 이후 모든 미국 대통령은 이 법에 따라 그의 고향이나 연고가 있는 대학에 대통령 기념도서·박물관(presidential library and museum)을 건립하고 국가에 헌납하였다.

한편 한국의 경우 최근 대통령 기록물 관리가 뜨거운 감자로 거론되고 있다. 2007년 4월 27일에 제정 공포된 [대통령기록물 관리에 관한 법률]은 중앙기록물관리기관이 대통령기록물을 관리하게 되어 있고, 대통령 연고지 단체나 대학이 보관 운영한다면 예산을 지원하기로 되어 있다. 대통령 기록관이 연고지역이나 대학에 건립 운영되는 것은 국가 실록이 분산 보관되어 자연재난과 전쟁에서 소실을 피할 수 있고, 지역발전, 지역 대학의 연구 활성화, 관광명소로 기여하는 장점이 있어 장려할 만하다.

그러나 우리나라는 이승만 대통령부터 박정희 대통령까지는 장기집권으로 퇴임 후 재임기간에 생산된 국정기록물을 체계적으로 정리하지 못하였다. 전두환, 노태우, 김영삼, 김대중 대통령은 재임 당시 기록물을 사저 지하에 보관하고 노무현 대통령은 청와대 국정사료실에 비치하고 있다. 대통령기록물 보관에 관한 법률이 제정되어 2007년 7월 28일부터 시행이 된다. 법률제정으로 대통령

기록물 보관은 한 걸음 나아갔다고 볼 수 있다. 이제는 중앙정부기록원이 연고지 대학이나 단체가 대통령 기록관을 설립할 수 있도록 지원하는 유인책을 내놓아 음성보존에서 양성관리체계로 전환하여야 한다.

　　우리나라의 대통령 기록물 보관관리와 이의 역사적 평가와 활용이 제대로 이루어지기 위해서는 제도적 뒷받침과 함께 대통령 기록에 대한 역사의식의 전환이 있어야 한다. 대통령이 재임 시에 저지른 국정파탄이나 실패를 기록한 사료를 보존하는 대통령기록관 건립을 연고지역이나 대학이 자존심 상하는 일이라고 거부하는 경우를 볼 수 있는데, 이것은 한국적 비극이다. 영구집권, 개발독재, 신군부, 경제파탄, 북한 퍼주기, 얼치기 좌파 대통령이라는 부정적 인식으로 인해 한국 대통령들의 기록물은 한국에 설 땅이 없다. 그러나 국민에게 이런 부정적 시각을 가져다 준 원인제공자가 바로 한국 현대사의 대통령 그들 자신이란 것도 사실이다. 이 시점에서 대통령은 재임 1분 1초가 역사기록물을 창조한다는 겸허한 생각으로 서민이 사랑하고 존경하는 대통령이 되어야 한다는 역사의식이 있어야 한다.

　　다음으로는 대통령 기록물에 대한 인식의 전환이다. 연산군이 싫다고 연산군 실록마저 불태울 수는 없는 것 아닌가. 긍정적이든 부정적이든 대통령기록물은 후세 역사가, 학자, 국민이 연구할 자료로 보존 되어야 한다. 레이건 대통령도서관의 연간 운영비 천만 달러 중에 7할은 매년 10만 명이 넘는 서민이 보내오는 50불 내외의 기부금이라 한다. 동시에 중앙정부기록원은 대통령 취임 순간부터 대통령이 생산하는 어떤 종류의 자료도 분실 파기되지 않게 감독 관리하는 투철한 사관의식(史官意識)을 가져야 한다.

3. 대통령 평가

　　세계화 시대에 상생의 정치를 펴면서 선거에서 약속한 비전과 전략정책을 우선순위에 따라 팀워크를 통해 대내외의 도전에 효과적으로 대응하면서 역사에 길이 남을 업적을 달성한 대통령을 위대한 대통령으로 평가하고 있다. 미국의 경우 대통령을 중심으로 한 통치 스타일, 대통령과 막료의 국정수행능력,

의회와 사법부와의 관계, 언론관계, 선거과정, 집권과정, 리더십과 의사결정, 도덕성, 용인술(인사), 위기관리능력에 등에 걸쳐 평가가 계속 이루어지고 있다. 여론조사에 능숙한 변호사인 라이딩과 역사물 편집장인 맥키버는 미국 전역에서 선발한 역사학자, 정치학자 7백 19명에게 리더십, 위기관리 능력과 업적, 정치협상력, 인사용인술, 도덕성의 다섯 분야에 걸쳐 초대 대통령부터 42대 클린턴 대통령까지 분야별 점수로 평가하였다(Ridings, 1997). 이 외에도 다양한 평가가 있다. 한편 한국의 경우에도 역대 대통령들에 대한 평가가 있는데, 정치학자들, 국민, 대학생들에 대한 설문조사를 토대로 역대 대통령들에 대한 평가를 시도한 연구도 있다(최평길, 1997, 2005).

　　이러한 평가는 평가자의 관점에 따라, 평가 기준에 따라, 평가 영역에 따라, 평가가 이루어진 시대적 배경에 따라 달라지게 된다. 즉, 평가가 이루어진 시기가 경제적으로 어려움에 처해 있게 되면 경제적 업적이 큰 대통령의 가치가 높게 평가되는 경향이 있다. 그러나 경제적인 호황 시기에 평가가 이루어질 때는 다른 결과가 나올 수 있다. 그럼에도 불구하고 여러 평가들은 거의 유사한 결과를 보인다. 미국과 한국 모두 마찬가지이다.

　　여기서는 미국과 한국의 대통령에 대한 평가를 토대로 미국의 경우는 10위 이내의 대통령 그리고 한국의 경우는 역대 대통령에 대한 평가 차원에서 서술하고자 한다.

미 국

　　1948년 이후부터 60년대, 70년대, 80년대, 90년대, 2000년대에 걸쳐 평가된 41대까지의 역대 대통령 중에서 10위권에 드는 위대한 대통령을 순위대로 보면 1787년 건국 후 20세기 이전까지의 미국 자유이념과 체제를 정착시킨 초창기의 대통령 5명, 1900년대 이후인 20세기에 들어와 산업사회와 세계적 리더십을 갖게 하는 미국으로 변모시키는 역동적 단계의 대통령 5명으로 나누어져 있다. 그리고 제각기 다른 개성, 리더십, 지성, 경력을 배경으로 그 시대를 선도하거나, 미래에 대비한 역사의식이 뚜렷한 비전과 정책을 내걸고 오늘에 의미를 주는 위대한 과업 또는 유산을 남긴 대통령이라는 점이 공통된 특징이다.

모든 평가에서 거의 유사한 결과를 보이는데, 링컨, 워싱턴, F. 루즈벨트, 제퍼슨 대통령은 모든 평가에서 5위 안에 포함되었다. 그 외 윌슨, T 루즈벨트, 잭슨, 트루먼, 애덤스, 케네디, 클리블랜드, 포크, 아이젠하워, 메디슨, 먼로, 잭슨 대통령이 5위에서 10위 사이의 대통령으로 평가되었다. 이 중 T. 루즈벨트, 윌슨, 잭슨, 트루먼 대통령은 모두 8위 안에 랭크되었다. 그 외에 대통령은 8위부터 10위 안에서 평가마다 다른 순위를 보인다.

어느 시기 누구를 막론하고 제1위의 위대한 대통령으로 생각하는 인물은 링컨 대통령이다. 우선 그는 켄터키주 시골 가난한 통나무집 농부의 둘째 아들로 혼자 독학으로 자수성가한 정직하고 온순 친절한 동네 대통령이란 점에서 서민적 매력이 있다. 건국 초기에 천명한 하나 되는 미국, 인간다운 자유를 누리는 표상이라 생각하고 흑인 노예해방을 달성하였다. 이 과정에서 발생한 남북전쟁을 과단성 있게 승리로 이끌고, 정부 수반의 관용과 타협으로 내전을 종

[표 9-11] 역대 미국 대통령 평가(10위권의 위대한 대통령)

순위	슐레징거 1948	슐레징거 1962	마르넬-도드 1970	시카고 트리뷴 1982	윌리엄 라이딩 1997	파버-파버 2000
1위	링컨	링컨	링컨	링컨	링컨	링컨
2위	워싱턴	워싱턴	워싱턴	워싱턴	F. 루즈벨트	워싱턴
3위	F. 루즈벨트	F. 루즈벨트	F. 루즈벨트	F. 루즈벨트	워싱턴	윌슨
4위	윌슨	윌슨	제퍼슨	T. 루즈벨트	제퍼슨	F. 루즈벨트
5위	제퍼슨	제퍼슨	T. 루즈벨트	제퍼슨	T. 루즈벨트	제퍼슨
6위	잭슨	잭슨	윌슨	윌슨	윌슨	트루먼
7위	T. 루즈벨트	T. 루즈벨트	트루먼	잭슨	트루먼	T. 루즈벨트
8위	클리블랜드	포크	잭슨	트루먼	잭슨	케네디
9위	J. 애덤스	J. 애덤스	J.F.케네디	아이젠하워	아이젠하워	먼로*
10위	포크	클리블랜드	J. 애덤스	포크	메디슨	잭슨

* 파버의 평가에서 먼로 대통령과 잭슨 대통령은 종합평점 60점으로 공동 9위를 차지하였다.
** 참고: DiClerico, 1999: 338; Schlesinger, 1948: 65; Schlesinger, 1962: 12; Maranell and Dodder, 1970: 418; Riding, 1997; Chicago Tribune Magazine, January 10, 1982: 9; 찰스 F 파버 & 리처드 B 파버, 김형곤 역, 2002: 41.

결지어 오늘의 공화당을 태동시키는 계기를 만들었다.

다음으로 라이딩의 평가를 제외한 거의 모든 평가에서 2위는 워싱턴 대통령이다. 워싱턴 대통령은 측량기사에서 영국군에 대항하여 독립군 사령관이 되고 미합중국의 초대 대통령이 되었다. 워싱턴 대통령은 미국을 건국한 국부로서 높이 평가받고 있다.

대부분의 평가에서 3위로 기록되는 인물은 루즈벨트 대통령이다. 다만 라이딩의 평가에서는 2위, 파버-파버의 평가에서는 4위로 나타났다. 20세기에 들어 와서 링컨과 대조적으로 뉴욕의 부유한 명망가 출신인 그는 해군차관, 뉴욕주지사를 거쳐 대통령이 되었다. 1933년 경제공황에 전 미국의 50%에 달하는 은행이 파산당하는 경제공황과 더불어 공산주의, 파시스트, 무정부주의 폭력이 물결치는 암울한 시기에 대통령이 되었다. 그는 즉각 시민건설단(Civilian Conservation Corps)을 결성하여 저소득 빈곤가정의 300백만 젊은이를 도로건설, 식수, 홍수방지 건설 사업에 투입하여 산업 인프라와 기반확충을 통해 고용을 창출하고, 농촌청을 신설하여 농산물 생산제한에 보조금을 지급하여 농산물 가격을 안정시켰다. 특히 7개 주에 전력을 공급하고 홍수예방, 토양관리, 산림육성 등 다목적 테네시계곡개발처(Tennessee Valley Authority)를 발족시켜 사업을 추진시키고 연방긴급구호청(Federal Emergency Relief Administration)을 신설하여 지방정부에 구호기금을 방출하여 주로 빈곤주민이 지방 건설 사업에 참여하도록 하였다. 여세를 몰아 국가산업부흥법(National Industrial Recovery Act)을 입안하여 산업부흥청이 주 정부, 시 정부에 보조금을 주어 도로, 댐, 하수도, 공공건물 등을 건설하고, 일시 독점금지법도 해제하고 노조, 기업, 정부가 협조하는 산업재건을 시도하였다. 국내공황을 해결하는 동안 제2차 세계대전을 맞아 태평양에서는 일본을, 대서양 넘어서는 독일을 상대로 연합군이 주축이 된 전쟁을 치러야 했다. 전쟁을 승리로 이끌고 얄타회담을 통해 전쟁 후의 평화 수습방안을 마련한 루즈벨트는 1945년 4월 12일 타계했다. 링컨이 초창기의 자유이념을 내전과정을 거치면서 정착시켰다면, 루즈벨트는 자원동원과 세계전쟁을 치르면서 현대적 산업화의 기틀을 다졌다.

제퍼슨 대통령은 모든 평가에서 4위와 5위를 차지하였는데, 그는 버지니아 주지사, 프랑스 대사, 초대 국무장관, 부통령 등을 지낸 준비된 대통령이었다. 그러나 그는 화려한 공직 경험보다는 독립선언문 초안자, 농민, 변호사, 음악인, 작가, 건축가, 교육자, 발명가로서 백악관의 문예부흥자, 철학이 있는 대통령으로 일컬어진다. 그는 주정부와 지방정부에 자율권을 인정하고 오늘의 지방정부와 연방정부의 균형을 유지한 미합중국의 체제 확립과 루이지아나주를 3센트에 구입하여 중서남부 영토 확장에도 일조를 한 대통령으로 남는다. 그는 퇴임 후에 버지니아 대학을 손수 설계 건축하고 강의과목도 만들어, 후에 총장을 맡아 교육에도 기여한 지성인 대통령이었다. 재미 있는 점은 위에서 이야기된 4명의 대통령 중 2명은 20세기 현대파 대통령이고 2명은 19세기 고전파 대통령에 속한다는 점이다.

　　T. 루즈벨트 대통령(Theodore Roosevelt)은 42세 최연소로 당선되었는데, 거구에 기자, 사냥꾼, 카우보이 농장주, 뉴욕경찰청장, 스페인 전쟁 당시 기병대대장으로 텍사스를 미국 영토에 편입시키고, 뉴욕 주지사를 거친 준비된 대통령이다. 그는 대통령관저를 오늘의 백악관이라는 명칭을 붙이고, 흑인교육에 관심을 두고, 반독과점 제도를 정착시키고, 파나마운하를 건설하고, 러일전쟁 후 포츠머스에서 전쟁중재회담을 개최하는 등 내치와 외치에 족적을 남긴 대통령이다. 러일전쟁을 종결지은 포츠담 회담을 성사시켜 한국과 만주지역은 일본이, 태평양 이동은 미국이 장악하도록 하고 러시아는 현재의 영토를 보존하도록 하는 등 태평양 동북아시아 국제질서 안정화를 도모한 기여로 노벨 평화상을 받았다. 그가 기용한 국무장관 엘리후 루트도 노벨 평화상을 받아 인사용인술에도 뛰어났고, 차기 대통령에 국방장관인 태프트를 공화당 대통령후보로 밀어 당선시켰다. 그러나 태프트 대통령의 국정운영이 자신의 정치 노선과 다르다고 다음 선거에 다시 출마하여 공화당 전당대회에서 후보로 지명받지 못하자 진보당을 창당하여 공화당 태프트 후보, 민주당 윌슨 후보, 급조 진보당 후보 루즈벨트 삼파전에서 윌슨 민주당 후보가 어부지리로 대통령이 되는 정치 실책을 범하였다.

　　윌슨 대통령(Woodroow Wilson)은 파버-파버의 경우에는 3위, 그리고 그 외는 4위와 6위의 평가를 받았다. 윌슨 대통령은 프린스턴 대학총장, 뉴저지 주지사를 거친 지성인 대통령으로 이름 그대로 내치와 외치에도 탁월한 업적을 쌓았다. 그는 연방준비은행법(The Federal Reserve Act of 1913)을 만들어 미국내 12개 연방준비은행 지점을 설치하여 지방의 금융소통을 원활히 하고 인플레와 경기침체를 예방하는 데 기틀을 다지고, 헌법을 개정하여 소득세를 신설하여 금융재정제도를 정착시켰다. 또한 연방통상위원회(Federal Trade Commission)를 설치하여 기업의 독과점 금지, 노조활동 보장으로 기업체질 개선을 시도하였다. 외치 면에서 윌슨은 1차 세계대전을 마무리하고 국제연맹을 창안하여 오늘의 UN을 있게 한 공로로 노벨 평화상을 받기도 하였다.

잭슨(Andrew Jackson) 대통령은 슐레징거에 의해서는 6위의 대통령으로, 시카고 트리뷴에 의해서는 7위의 대통령으로, 라이딩에 의해서는 8위의 대통령으로, 그리고 파버-파버에 의해서는 9위의 대통령으로 평가받았다. 잭슨대통령은 부인을 유혹하고 자신을 모욕한다고 권총 결투를 하고, 영국 주둔군 장교의 구두닦이를 거부하여 영창생활을 하고, 영국군에 대항하는 독립군을 지휘하여 플로리다를 점령하는 기록을 남긴 다혈질적인 열혈 쾌남아로서 주지사도 역임하였다. 테네시주를 대표한 상원의원을 거쳐 대통령이 된 그는 가난한 자 편에 선 시민대통령으로 오늘의 민주당을 창시한 인물이다.

다음으로 트루먼(Harry Truman) 대통령은 1970년 이후부터의 평가를 보면 5-8위 사이의 평가를 받는다. 파버-파버의 평가에서는 6위, 마르넬-도드와 라이딩의 평가에서는 7위, 시카고 트리뷴의 평가에서는 8위의 결과를 보인다. 그는 당나귀 중개군의 아들로서 대통령 퇴임 후 고향 인디펜던스로 가는 시골길에서 양치기가 양 떼를 모두 몰고 지나갈 때까지 기다리면서 차에서 내려 양치기와 다정스레 이야기를 나누는 서민적인 대통령이었다. 그러나 한국전쟁 당시에 전략 면에서 대통령에 맞선 전쟁영웅 맥아더 장군을 전격 해임시킬 정도로 과단성 있고 '모든 책임은 대통령 집무실에서 끝남'이라는 팻말을 항상 집무실 책상 위에 놓아 둔 일관성 있는 대통령이다. 2차 대전 종료 직전 루즈벨트 대통령의 사망으로 부통령에서 대통령이 된 그는 독일 항복에 이어 태평양전선에서 재래식 전투로 일본으로부터 항복을 받아내는 데 25만 미군의 희생이 불가피하고 전쟁이 장기전이 될 것으로 판단, 히로시마와 나가사키에 원자폭탄을 투하하여 전쟁을 마무리하였다. 그리고 마샬 플랜으로 유럽복구, 후진국, 신생국 원조로 2차 대전 이후 자유시장체제의 세계화에 기여하고, 국제질서유지에 미국의 관여를 알리는 트루먼 독트린을 추진하였다. 국내적으로는 의료보험, 노동법 정비, 노령자보험을 추진하고 산업사회에 맞는 체제로 정비를 하게 된다.

아이젠하워 대통령은 자신이 공포한 것처럼 재임중 전쟁 없는, 그리하여 미군이 한 명도 전사하지 않은 평화를 구축한 대통령으로 인식된다. 대통령의 권한행사를 자제하면서 유럽의 나토군 창설, 한국전 종식, 오늘의 국제원자력 기구 창설, 시민법 제정, 흑백분리교육철폐의 모범적 시행, 42,000마일의 대륙 고속도로 건설 등 평화 시 업적창출의 본보기 대통령으로 인식된다. 다음으로 위대한 대통령으로 메디슨(James Madison)과 포크(James Polk) 대통령을 들 수 있다. 제 4대 대통령인 메디슨은 제퍼슨 대통령과 쌍벽을 이루는 건국의 이론가로 미국 헌법, 권리선언문 기초자 중 한 사람으로 원칙주의자이면서, 입법·사법·행정의 상호견제와 권력분립을 주장하고 자유무역을 실천한 원만하고 성숙한 대통령이다. 11대 포크 대통령은 뉴멕시코, 텍사스, 오래곤, 캘리포니아주를 포함한 48개 주를 만들어 대서양에서 태평양으로 영토를 확대한 대통령이다.

케네디(J. F. Kennedy) 대통령은 영감과 카리스마를 가진 지도자였다. 그리고 훌륭한 연설자였으며 상황을 정확하게 분석하고 국가의 운명을 개선시키는 전략과 위험으로부터 국가를 구해 내는 전략을 구상하는 데 뛰어났다는 평가를 받는다. 애덤스(John Adams) 대통령은 강하고, 성장하는 경제를 유지시켜 나갔다. 그리고 독립혁명의 지도자 중 한 사람으로서 노예제도를 악이라고 생각하면서 미국 전역 어디에서나 노예제도의 존재를 반대했다. 애덤스는 카리스마적인 개성을 갖고 있지는 않았지만 자신의 글과 솔선 모범을 통해 다른 사람을 감동시켜 많은 존경을 받았다.

클리블랜드(Grover Cleveland) 대통령은 정직한 정부를 목표로 삼으면서 특별한 이익집단에 의해 영향을 받지 않고 특별한 이익집단의 압력을 이용하여 자신의 프로그램을 실현시킨다든가 하지 않으면서 자신이 내걸었던 목표들을 달성해 나갔다. 먼로(James Monroe) 대통령은 외교에서 중요 업적을 남겼는데, 전쟁을 통하지 않고도 플로리다를 얻었고, 태평양에 대한 미국의 영토주장을 확대했다. 그리고 그는 예의바르고 겸손하고 솔직담백하며 친절한 태도로 다른 사람들을 편안하게 해 주는 특유의 능력을 갖고 있어서 대부분의 미국민들이 좋아한 대통령이었다.

한 국

다음으로 한국의 대통령에 대해 살펴보고자 한다. 여기서는 우선 역대 대통령에 대한 논의를 먼저 하고, 이후에 전체적인 한국 대통령의 평가결과를 보고자 한다.

먼저, 초대 대통령인 우남(雩南) 이승만(李承晩)은 1875년 황해도 평산군 마산면 능내동에서 태어났다. 1904년에 도미하여 10년 간 유학 생활 후 1910년 귀국하였다가 1912년에 다시 미국으로 출국하여 해외 독립운동 33년 생활을 끝내고 1945년 10월 귀국하였다. 이 시기까지를 보면 국내 거주 31년, 미국을 위시한 해외생활이 42년이 된다. 국내에서는 네 살 때부터인 1879년에 서울에 있던 낙동서당(駱洞書堂)에서, 10살 때인 1885년에는 도동서당(桃洞書堂)에서 한문과 유학을 배웠다. 그리고 20세 되던 해인 1895년에 배재학당에서 서양교육을 받고 2년 반 후 1898년 7월 졸업식에서 한국독립이라는 제목으로 영어 연설을 하였다. 그는 협성회보 주필, 매일신문 창간 참여, 제국신문 편집과 종 9품의 중추원 의관을 지나 고종황제 퇴위, 박영효와 연루된 정부전복 죄로 1899년-1904년까지 6년 간 한성감옥에서 옥중 생활을 하였다. 옥중에서 성경번역 등 기독교 신자가 된 이승만은 미국에 가서 조지 워싱턴 대학에서 학부(1905-1907), 하버드 대학에서 석사(1907-1910), 프린스턴 대학에서 박사(1908-1910) 학위를 받았다. 그는 T. 루즈벨트 대통령을 면담하고, 프린스턴 대학 시절 은사이었던 우드로 윌슨 뉴저지 주지사를 세 차례 만나고, 백악관에서 대통령으로 있는 동안은 서면으로 계속 접촉하였다. 이승만은 미국에 재차 입국하여 망명 독립운동을 하면서 상해 임시정부의 국무총리, 집정관총재, 대한민국 임시정부 주미외교위원부 위원장직을 맡았고 귀국 후에는 조선독립촉성중앙협의회 총재, 미국 군정당시 남조선 대한민국 대표 민주의원 의장, 제헌의회 의장을 거쳐 국회에서 초대 대통령으로 당선되었다. 독실한 기독교 신자인 그가 1919년 4월 14일 필라델피아 한인총대표회에서 미국에 호소문을 보냈는데, 그 내용은 다음과 같다. "우리의 대의명분은 하나님과 인간의 법 앞에서 당당한 것입니다. 우리의 목적은 우리 민족을 일본의 군국주의적 전제로부터 해방시키는 것이며, 우리의 목적은 아시아에 민주주의를 부식하는 것이며, 우리의 희망은 기독교를 보급시키는 것입니다(유영익, 1996: 46-60, 218-225); 유영익, 1997; 유영익, 1999; 김학준, 1997; 이택희, 1997; 정해구, 1997)."

　귀국 후 집권기간 동안 이승만 대통령은 한국을 한국적 기독교 국가, 민주공화제, 반공보루, 평등사회, 문명부강을 실현하려는 비전을 내세우고 자유민주국가의 기틀을 잡기 위해 노력한 대통령이었다(유영익, 1996: 217-224). 이승만은 미국 명문대학에서 수학하고 한국의 명문 서당에서 한학을 섭렵한 당대의 지성인이며, 미국은 물론 유럽과 모스크바를 건너 중국, 일본을 독립외교 활동 무대로 하고 한국에 정치 날개를 내렸다. 구한말부터 해방 후 1960년까지 동서양을 넘나들었던 경쟁력 있는 정치지도자이었다는 점은 크게 평가를 받을 만하다. 동시에 기독교와 유교, 동양학과 서양학문을 두루 섭렵하고 한국어와 영어를 비롯한 2개 이상의 언어를 구사한 19세기의 국제경쟁력 있는 지도자이며 동서양 정치문화를 기업합병한 대기업 우량주를 만드는 20세기 세계화 대통령의 상징일 수 있었다. 이와 더불어 조지 워싱턴이 대통령을 두 번만 하고 마운트 버넌농장으로 돌아갔듯이 이승만도 대통령 중임을 끝내고 깨끗이 서민으로 이화장에 돌아 왔더라면 아시아에서도 서구 민주주의가 싹트는 가능성을 보여 줄 수 있었을 것이다.

　그런 이승만이 왜 장기 집권욕에 사로잡힌 인위적 개헌을 하며 국민이 무엇을 원하는지도 모르는 세상물정에 어두운 권위주의 대통령이 되었을까? 10대-20대에 몸에 읽힌 아시아적 가치의 부정적 요소인 군위신강관(君爲臣綱觀), 사농공상(士農工商) 생활관과 서양 최고의 교육수련과 두루 읽힌 세계안목을 갖고 있다는 생각이 부정적으로 작용하면서 스스로를 유아독존적 아집과 군림하는 황제 대통령으로 여기면서 대통령직을 수행하는 데 마이너스가 되지 않았나 생각된다. 거기에다 해외 생활 40여년 만에 귀국한 1945년에 이미 칠순이 된 그는 한국 사정을 파악하고 한국에 뿌리를 내린 동반지지 세력을 타협과 설득으로 규합하는 데 공격적이고 역동적이기에는 한계가 있었다. 국내파 한민당과 김구를 중심한 한독당 세력을 두려워하였다. 그래서 그의 주위에는 한국 사회를 구성하는 다양한 배경을 가진 여러 세력과 민중과 접촉하는 전략적 사고를 가진 투명성 있는 진실한 조언을 하는 보좌진이 결여되어 있었다. 또한 강력한 도전자나 경쟁자들 없이 추대로 대통령이 된 것도 대통령직에 대한 심사숙고하는 태도를 갖도록 하는 기회를 상실하도록 하는 데 한몫한 것으로 보인다.

이승만이 미국에 체류한 40년 동안 T. 루즈벨트, 윌리엄 태프트(William Taft), 우드로 윌슨(Woodrow Wilson), 워렌 하딩(Warren Harding), 캘빈 쿨리지(Calvin Coolidge), 허버트 후버(Herbert Hoover), 프랭클린 루즈벨트, 해리 트루먼(Harry Truman)에 이르는 여덟 대통령이 통치하는 것을 몸소 관찰하였다. 이들 여덟 대통령들이 1·2차 대전을 치르고 미국의 영역과 영향력을 확대하고 경제공황을 슬기롭게 해결하는 과정에서 끊임 없는 의회의 견제와 언론비판 속에 국정을 운영하는 것을 보았고, 루즈벨트 대통령 집권 후에는 대통령 임기를 2회 중임으로 제한하는 수정헌법을 상·하 양원에서 통과한 것을 현장에서 몸소 체험한 이승만 박사였다. 재미 있는 것은 이승만은 스승이었던 윌슨 대통령이 그의 교육, 가정배경, 정치입지배경에 걸맞은 자기 과신과 오만으로 임기 말기에 파탄을 일으킨 정치여정과 우연스럽게 비슷한 궤적을 그리고 있다.[47] 윌슨은 프린스턴 대학 교수시절에 이승만을 가르쳤고, 이승만은 윌슨에게 소수민족의 민족자결권을 역설하여 후에 윌슨 대통령이 민족자결주의를 주창한 계기를 만들어 주었다. 그리고 일차대전 후 오늘날 유엔(UN)의 모델이 된 국제연맹을 만들어 소수민족 문제를 다루자는 정책강령에 아이디어를 제공하였다. 독립투사로, 지성인으로서 국제 감각을 갖추고 있었던 이승만은 과거 세계 어느 나라에 내 놓아도 손색 없는 지도자로서의 자질을 갖춘 경쟁력 있는 대통령이었음에도 불구하고 제도와 팀워크로 국정을 운영하기보다는 그가 스스로 자초한 오만한 제왕적 인치(人治)로 인해 국정파탄을 야기하였다.

이승만 대통령은 이미 밝혔듯이 학력·경력 면에서 드물게 보는 최고의 경쟁력 있는 자질을 가진 대통령이었다. 건국의 아버지이자 6·25를 치르고,

---

47) 우드로 윌슨은 데이비드선 대학에서 신학을 공부하다가 프린스턴 대학을 졸업하고, 버지니아 대학에서 법학을 전공하여 변호사가 되었다. 그 후 미국 대학 중 최초로 사회과학부를 세운 존스 홉킨스 대학에서 정치학 박사를 받아 프린스턴 대학에서 교수와 총장을 역임한다. 차후에는 프린스턴 대학이 있는 인근 뉴저지 주지사 후보에 민주당 후보로 나가 주지사가 되고, 지도력을 인정받아 1912년 28대 대통령에 당선되고 일차대전을 치러 내며 국제연맹 창설에 힘써 노벨 평화상까지 받게 된다. 그러던 그도 국제연맹창설 협약을 비준받으려 상원에 조약승인 안을 법안으로 제출했으나 보기 좋게 거부당하고 말았다. 윌슨 대통령으로서는 당연히 세계가 원하는 국제연맹 창설 비준안이 상원에서 통과될 것으로 생각하고 주위 참모가 상원의원을 상대로 협조 로비를 건의하였으나, 이를 무시하자 상원의원은 윌슨 대통령의 오만에 격분하여 비토를 놓은 것이다. 상원거부 파동에 충격을 받아 뇌일혈을 일으켜 남은 임기 마지막 해는 부인의 수렴청정으로 끝나게 되었다.

자유 시장경제체제와 자유민주주의를 확립하고, 성격 면에서나 임기중 업적·위기관리 능력 면에서 결코 다른 나라 대통령에 못지 않다. 그 결과 7명의 한국 대통령 중에서 무난히 상위권에 드는 대통령으로 평가된다. 그러나 그는 불행히도 노년기에 경무대에 틀어박혀 주위의 막료 보좌진으로부터 현실상황과 동떨어진 기분 좋은 조언과 보고만 받으면서 눈과 귀가 어두워졌고, 자기의 자질과 명성을 과신한 나머지 국가지도자는 자기밖에 없다는 유아독존 식으로 군림하여 무리한 장기집권으로 독재자란 오명을 뒤집어 쓰고 강요된 망명길에서 객사한 초대 대통령으로 기록되게 된다. 이승만이 다음 대통령에게 위대한 유산을 남기겠다는 역사의식을 갖고, 한 발짝 물러서는 것이 이기는 것이라는 평범한 이치를 조금이라도 깨달았더라면, 그가 미국 체류 중 경험한 8명의 대통령이 임기 내에 대통령직을 성공적으로 마무리 짓고 퇴임하는 관행을 통치행위의 준칙으로 몸에 익혔더라면 성군 대통령으로 기억되었을 것이다. 또한 수백 명 학생의 목숨을 앗아간 4·19 혁명이나 곧이어 들이닥친 군사혁명의 명분도 뿌리내리지 못했을 것이다. 그는 위대한 혁명가이자 지성인이었으나 요즈음 흔히 쓰는 말로 마음을 비운 경영마인드가 별로 없었던 대통령이었다고 볼 수 있다. 옷을 꿰매 입는 검소한 대통령이었으나 전략적 사고를 가진 유능한 보좌진 혹은 몸을 바쳐 바른말로 진언하는 참모진을 구축하지 못했다. 즉 인의 장막 정치로 이미 노쇠한 이승만 대통령은 그 당시의 상황에 대한 올바른 판단이 불가능하였던 것이다. 또한 국가경영을 신축적으로 능수능란하게 요리하기 위해서 필수적인 대통령 자신을 포함한 전략가 참모진이 빈약한 가운데 경무대와 각료의 효율적 팀워크를 유지하지 못하였다.

장기집권과 독재라는 첫 단추부터 잘못 끼워진 이승만 대통령 집권 시기를 거쳐 정당정치가 채 뿌리내리지 못한 한국 상황에서 내각책임제로 통치 메커니즘을 바꾸어 지성이 넘치고 온유한 성품을 갖고 있던 장면 총리가 새로이 국정을 운영하게 되었다. 그러나 뚜렷한 이념과 정책으로 차별화되지 않는 보수파별 정치로 분가된 민주당의 신파와 구파의 갈등, 내각제에서 소속정파의 연약한 귀속감을 결집시키는 리더십이 부족한 장면 총리, 그리고 자제할 줄 몰랐던 군부와 시민이 복합적으로 사회 자정능력을 약화시켰다. 그래서 장면 내각은 1년도 지탱하지 못하고 5·16 군사혁명으로 단명하게 된다. 수녀원에 숨어 있다가 내각책임제 정권을 고스란히 물려 준 장면 국무총리의 우유부단은 위기 시에 냉철하게 대응하는 리더십의 부족을 드러냈고, 따라서 위기관리능력이 결여된 총리, 단기간 집권으로 업적 면에서도 이렇다 할 공적을 쌓지 못한 무능한 총리로 회자된다. 그리하여 내각책임제 실패의 총체적 책임을 정치적 업보로 삼고 역사의 무대에서 사라져 간 것이다. 그러나 장면 총리 팀이 의욕적으로 마련한 국토건설계획과 경제개발계획은 군사정변으로 등단한 박정희 정권이 추진한 경제개발 5개년 계획의 골간이 되었다.

경북 선산 산언덕에서 태어난 가난한 농촌 출신 박정희는 일제 하의 사범학교 출신, 만주군관학교, 일본 육사출신으로 총명함을 지니고 손수 피아노를 치면서 작사 작곡까지 해 내는 재치 있는 일본 군인정신으로 길든 사무라이 저항아이었다. 때로는 냉소적이고 반골기질이던 박정희 장군은 승진과 보직 인사에서 빛을 보지 못한 불만과 나름대로의 혁명적인 개혁철학이 복합적으로 어우러져 권력공백기인 60년대 초의 한국사회에서 가장 조직적이고 기동적이던 군 조직을 이끌고 경무대로 입성한다. 그러나 쓰라렸던 가난한 과거의 투영에서 경제부흥을 도모했던 그는 유신 철학으로, 굶주린 한국을 일으키고 백 달러 미만의 국민소득을 천 달러로 끌어올린 한강의 기적을 이루어 냈다.

국민의 선거로 정권을 정상적으로 이어받은 정부는 정권인수 과정을 거쳐 길게는 1년, 짧게는 100일 동안에 국민에게 공약한 대통령의 비전과 정책을 신속히 수행해야 된다. 국민이 열망하고 의회가 협조하는 이 기간의 밀월시기에 개혁정책을 밀어붙여야 한다. 준비된 대통령이란 출마에서 당선까지 추진할 정책을 마련하고 집행할 조직을 구성하고 그 조직에서 일할 참모를 확실히 구성해 놓아야 한다. 그래야 정권인수 기간에 여론과 의회 청문회를 거쳐 각료와 보좌관을 적기에 임명하고 신속하게 핵심 정책을 실현할 수 있는 것이다. 이런 준비된 대통령과 잘 짜여진 보좌진을 전략적 대통령(strategic presidency)이라고 한다(Pfiffner, 1996: 113-127).

쿠데타로 정권을 장악한 박정희 군사정권은 정권인수과정을 거칠 것도 없이 곧바로 정부주도형 경제발전정책을 저돌적으로 수행하였다. 이 시기에 제3공화국의 정부기구와 청와대 보좌진은 역대 정권 중 가장 방대한 규모로 일사불란하게 운영되었다. 따라서 7명의 대통령 중 업적, 인사용인, 솔직 담백한 인간 면에서 1위의 평점을 받았다. 그리고 쿠데타 이후 질서 유지, 경제발전 과정에서의 오일쇼크, 70년 전후의 한국 경제부흥에 제동을 걸기 위한 북한의 청와대 습격, 울진·삼척 간첩침투, 원산 앞 바다에서 미군 정보함 푸에블로호 납치, EC 121 미군정보기 격추 등 북한 도발에 잘 대처한 점도 인정되고 있다. 또한 카터 대통령의 미군철수 주장에 자극받아 핵무기 제조에 착수하여 한민족 주체성을 확실히 다지는 등, 군사안보 면에서도 나름대로의 통치철학을 갖추었던 대통령으로 평가된다. 한편 그는 유능한 막료를 기민하게 운영하려고 노력한 대통령이기도 하다.

그러나 그도 권좌의 유혹에서는 벗어나지 못했고 유신헌법으로 장기집권을 시도한 독재자 대통령임에는 이승만과 다를 것이 없다. 결국 박정희 대통령은 자신의 심복이자 최고의 정보책임자이며 국가안보의 핵심인물인 중앙정보부장의 총격으로 살해되면서, 한국 정치수준이 C급, D급인 것을 세계만방에 알리고, 10. 26사태로 허망한 독재의 종지부를 찍고 말았다.

미국 교육을 받은 이승만과 일제교육을 받은 박정희가 동일하게 독재자였던 점에서 한국의 정치풍토, 한국의 정치 문화의 미발달과 함께 조선시대의 '왕'과 같은 인식이 제왕적 대통령으로서 독재자를 낳게 하는 이유로 볼 수 있다. 양자 간에 차이가 있다면 일본식 교육을 받은 가난했던 왜소한 박정희 대통령이 새마을운동으로 농민에게 보릿고개를 해결하고 양으로나마 배불리 먹게 해 준 점, 서민에게 보다 친근한 인상으로 접근한 점, 핵무기를 만들어 자위국방을 다져 민족자존심을 높이려 한 점이 다르다면 다르다고 할 수 있다.

최근 조사한 핵무기 개발에 관한 군, 정부공직자, 대학생의 의견을 관찰하면 군장병은 9할 이상, 정부공직자는 8할, 대학생은 8할, 국민은 7할 이상이 핵무기를 보유하거나 핵무기 제조능력을 당장 갖추자고 주장하고 있다(아래 [표 9-12] 참조). 군 장병을 전후방, 육해공군, 부대단위, 계급별로 나눈 다단계표 본추출로 1981년과 1995년에 조사한 내용 중 과거의 역사나 미래의 주변 안보 상황을 고려할 때 한국이 핵무기를 확보하거나 최소한 핵무기 제조기술은 갖고 있어야 한다는 견해에, 당장 핵무기를 가지자는 의견은 47.5%, 핵 제조는 보류하되 핵 제조 능력은 확보하자는 견해가 49%로, 전체 97%의 군 장병은 핵무기를 가지거나 제조능력을 갖추기를 바라고 있다. 박정희 정권은 이런 민족정서

[표 9-12] 핵 개발에 대한 인식과 태도

(과거 역사 고려, 주변국, 북한 핵 상황에서 국민의 핵 의식 증대)

한국군 핵무기 사용견해		대학생 핵무기 사용견해			국민 핵무기 사용견해
1981년	1995년	1977년	1987년	2005년	2005년
전쟁 억제용 가능 (52%)	미국의 핵우산으로 개발반대 (1.3%)	적극찬성 (24%)	적극찬성 (6.9%)	미국의 핵우산으로 개발반대(8.0%)	미국의 핵우산으로 개발반대 (11.7%)
한국 위기 시 사용 (14%)	핵 개발기술 확보(49.4%)	약간 찬성 (19.3%)	약간 찬성 (10.6%)	핵 개발기술 확보 (71.6%)	핵 개발기술 확보(62.9%)
전면전시 사용(5%)	핵무기 즉각 제조(47.9%)	보통 (14.5%)	보통 (7.7%)	핵무기 즉각 제조 (13.3%)	핵무기 즉각 제조(15.1%)
제한 국지전 사용 (3%)	모르겠다 (1.5%)	약간 반대 (25.8%)	약간 반대 (13.3%)	모르겠다(7.0%)	모르겠다 (10.3%)
핵무기 사용불가 (25%)		아주반대 (16.4%)	아주반대 (59.7%)		

자료: 1977년부터 2005년까지, 군, 대학생, 국민에 대한 설문조사 결과이다.

를 잘 읽어 나갔던 것이다.

한편 군 장병이 5·16과 12·12에 내린 평가를 보면 5·16은 긍정적으로 평가되나 12·12는 부정적으로 평가되고 있다. 5·16의 경우 1981년 조사결과에 비해 1995년 조사결과는 긍정적인 평가는 줄어들고 부정적 평가는 증가하였다. 특히 신세대 병사와 장교일수록 12·12 군 하극상 쿠데타를 부정적으로 보고 있는 경향이 높다.[48]

이러한 박정희 대통령에 대해서 정치학자들은 쿠데타와 군사독재정치의 투영으로 학점으로 치자면 C급 대통령으로 평가한 반면 국민은 이념과 이론적

---

48) 1981년, 1995년에 육해공군, 전후방, 장성, 영관, 위관, 부사관, 병사로 나눈 다단계 층화 무작위 표본추출로 1500명 장병 상대로 한 군의식 설문 조사 결과이다.

[표 9-13] 5·16과 12·12에 대한 군장병 평가(단위: %)

	5·16		12·12
	1981년	1995년	1995년
아주 외면당할 것이다	2.0	3.7	26.1
외면당할 것이다	10.0	32.1	61.0
인정받을 것이다	65.0	52.8	9.4
매우 인정받을 것이다	23.0	8.7	0.6
무응답	0.0	2.7	2.9

접근에 앞서 배고픔을 해결해 준 현실론으로 B급이긴 하나 A에 육박하는 대통령으로 후하게 평가하고 있다.

　　개성이 강한 박정희 대통령이 자신의 퇴임 후 후계자로까지 생각한 최규하 대통령은 대통령제 하의 대독 총리, 전형적 소모 총리에서 어쩌다 밀려서 청와대까지 올라가 대통령직에 올라앉은 국가원수로 평가된다. 강력한 정치지도자가 추진하는 외교정책을 직업외교 기능인으로 무난히 매끄럽게 수행하는 데 일가견이 있지만 대중성을 가지고 정치무대에 등장하지 못한 최대통령은 대통령 시해사건으로 소용돌이치는 정국의 중심에서 위기를 해결하기에는 원천적으로 한계가 있을 수밖에 없었다. 그리하여 장막 뒤의 실세였던 전두환 국보위원장이 대통령으로 취임하기 전 잠깐 스쳐간 솜사탕 대통령이었다.

　　이어 군 기밀유지의 총책인 보안사령관직으로 모든 정보를 손아귀에 쥐고 권력 공백기를 틈타 쿠데타로 대통령에 취임한 전두환 대통령은 질서유지와 취임 초기의 경제난 해결, 위기관리 능력서, 인사용인, 업적, 자질 면에서 특히 공직자들이 2위로 평가하는 등 의외로 후한 평점을 받는다. 비록 부하들에게 베풀기는 하였으나 과도한 정치자금 모금, 군사쿠데타 주모자라는 태생적 한계 등 시민들에게 각인된 인상이 이승만이나 박정희와는 차원이 다른 것으로 보인다. 5·16에 비해 12·12에 대한 부정적 시각이 이를 단적으로 보여준다(위 〈표 9-13〉 참고).

　　노태우 대통령은 위기관리능력·업적·인사용인 등에서 보잘 것 없는 점수를 받았고, 그의 우유부단한 자질, 솔직 담백하지 못한 성격에서도 낮은 평가를 받았다. 특히 전두환 군사 쿠데타 리더의 후계자로서 전두환과는 달리 부하들에게 베푸는 데 인색하고 5천억 이상의 정치자금을 모으고도 관리조차 못한 무능하고도 부패한 철학이 없는 대통령이란 멍에를 지게 되었다.

　김영삼 대통령은 최하위를 기록한 대통령으로서의 평가를 받았다. 정치학자, 공직자, 대학생, 국민 모두가 업적, 위기관리 능력, 자질, 인사용인술에서 수준 이하로 떨어진다는 평가를 내리고 있다. 민주화의 투사로 추앙 받았으나 대통령이 된 후 국정관리 수행 면에서 준비되지 못한 모습을 보여 줌으로써 거리의 투사일 뿐 사려 깊은 통치철학이나 깊은 관조 없이 시류에 편승하여 언론 플레이에만 민감했던 정치보스로 국민에게 각인된 것이다. 몸 바쳐 자신을 당선시킨 능력 있는 일부 참모를 주위 모함에 따라 멀리하고 아무 관련 없는 인물의 인기상승에 부합한 임명, 조자룡 헌 칼 쓰듯 일회용으로 잘라 내리는 깜짝쇼 인사단행, 정책의 투명성 없이 밀실에서 전격적으로 진행된 금융실명제, 군 개혁의 대명사인 양 단행된 하나회 제거, 갈팡질팡한 대북·대미외교, 오늘날의 경제추락, 이러한 것들이 전문가나 국민이 최하위 대통령으로 평가하게 하는 요소로 이야기된다. 그리하여 그렇게 시퍼랬던 사정의 칼날 통치는 무뎌지고, 집권말기 소속정당 하나 추스르지 못하는 무기력한 리더십은 국민에게 고통을 주었으며 제도가 아닌 인치로 국정을 운영함으로써 이를 더욱 악화시켰다. 최근 출간된 그의 회고록, [민주주의를 위한 나의 투쟁](김영삼, 2000)에서 이승만, 박정희, 전두환, 노태우 대통령에 이르는 역대 정권과의 민주화 투쟁, 당내 지도력 강화 책략 외에 국가통치에 관련된 경륜, 정치이념, 국정운영의 비전을 제시하는 고민과 노력은 전혀 보이지 않고 있다. 동시대를 살아 온 영국의 대처 수상, 프랑스 미테랑 대통령, 미국의 카터 대통령의 자서전을 보면 정치이념 창출, 선거 전후의 당내 전략, 정책수행 체계 확립, 협상과 타협 도출의 리더십, 세계관과 관련하여 고민하고 그 나름의 논리를 정립하고자 하는 노력이 역력한데, 이와는 너무나 차이가 난다. 한마디로 통치철학 빈곤과 국정수행 능력이 부족한 대통령으로서 자칭 역사를 바로잡는 문민정부를 좌초시킨 비판을 면할 수가 없게 되었다.

　미국 백악관 비서실 인사 기록카드에는 맨 먼저 "귀하는 현대통령 선거 당선에 얼마나 기여하였는가"를 기입하도록 되어 있다. 비록 민정당 출신이나 선거 당시 함께 뛰었던 김영삼 정부의 초대 총리인 황인성 외에는 이회창, 이영덕, 이홍구, 이수성, 그 어느 총리도 김영삼 대통령 선거 캠프에서 적극적으로 뛴 사람이 아니었다. 또한 1백 50명 남짓한 김영삼 정부의 장관급 인사 중 80% 이상이 민주화 운동 혹은 선거운동에 참여한 적이 없는 인물들이었으며, 1997년 집권 말기 청와대 고위막료나 각료급은 거의 대부분 전문 직업관료 출신이었다. 대통령 보좌 그리고 정무직 인사에서 전문성과 능력 못지 않게 고려되어야 할 것이 충성심이다. 전문성과 충성심과 적절하게 고려된 속에서 인사용인술을 구사하는 것은 성공한 대통령이 되기 위한 하나의 요건이기도 하다. 따라서 미우나 고우나 능력에 다소 우열이 있더라도 훈련시키고 키워서 충성심 있고, 능력 있는 자기의 인물들을 특히 청와대에 포진시켰더라면 그들은 역사의식을 갖고 몸을 던지는 팀워크로 대통령이 화를 내더라도 진실을 이야기하고, 역사에 남는 업적을 남기도록 대통령을 보좌했을 것이다. 원칙 없는 인사용인술, 비전의 부재 등으로 인해 경제가 불황의 늪에 빠지고, 자식이 감옥에 가게 되고, 자기가 이끈 집권당이 분열하여 반기를 들며, 대통령이 무력화된 이 시점에서 대통령에 대한 국민의 평가는 당연히 부정적일 수밖에 없을 것이다. 그러나 시일이 경과되어 먼 훗날 제 사건에 대해 감정이입 없이 객관적인 재평가가 이루어진다면 금융실명제, 하나회 제거, 공직자 재산등록, 정치개혁입법 등은 긍정적 재평가가 가능하리라 본다.

김대중 대통령은 취임 후에 IMF 관리체제를 극복하여 한국 경제를 정상궤도에 올리고, 남북정상회담, 노벨평화상 수상, 월드컵 4강 신화, 정보화 기술기반 구축으로 박정희 대통령 다음 반열에 오르고 있다(2005년 평가결과). 그러나 월드컵 4강은 오래전부터 준비해 온 국민과 사회 각 계층의 노력이라는 점, 남북정상회담과 관련한 금전적인 거래 및 북한 핵무기 개발 등이 김대중 대통령에 대한 평가를 하는 데 있어서 더 고려되어야 할 요소로 남아 있다. 노벨 평화상을 받으면서 국제적 지도자의 반열에 서게 된 김대중 대통령은 인사 충원에서 지나친 지역 배려, 퇴임 후에도 지역을 등에 업고 정치에 개입하려는 행위는 국가 통합지도자의 이미지와는 거리가 멀다.

노무현 대통령은 고교 졸업자도 대통령이 될 수 있다는 학벌위주의 정치문화에 신선한 충격을 주었다. 빈부격차, 지역격차를 줄이고 국가균형발전에 노력을 쏟는 모습이 국민을 결집시키고 희망을 안겨 주는 정치 환경을 조성하는 듯 했다. 그러나 노무현 대통령에 대한 평가는 차후의 이루어지겠지만 무엇보다도 현재 가장 많이 언급되는 것이 '대통령의 말'이다. 자기 비하를 초래하는 비속어 막가파 언행과 참모와 함께 준비한 회견문을 팽개치고 즉석 한풀이 감정 표출을 언론미디어를 통해 여과 없이 국민에게 전달하는 모습들은 대통령에 대한 부정적인 이미지를 창출하기에 충분하다. 이와 함께 부시 대통령 앞에서는 6·25 전쟁 당시 미군 파병이 없었다면 자기는 이미 북한 강제 수용소에 있을 신세라고 하더니, 귀국하여서는 급하면 미국인 바짓가랑이를 붙든 한국민이라고 하여 자기는 물론 국민을 비하하는 이중 발언을 서슴없이 함으로써 이런 부정적 인식을 가중시켰다. 삼고초려로 영입한 총리며 재임 중 대통령도 탄핵되는 어려운 상황에서 국정을 잘 이끌어 주었다고 칭찬한 지 얼마 후에 실패한 총리라 하고, 대통령 권한도 일부 양보할 것이니 야당과 연정을 하자던 때는 언제고 야당이 집권하면 나라가 파탄난다는 정치 행위로 한국을 평가절하(Korea discount) 시키는 대통령이 되고 말았다.

　　실패한 대통령은 어떤 경우일까. 실패한 대통령은 오만과 자기고집에 눈이 어둡고 분별력이 없어 국정파탄과 자기파멸을 초래하는 비극적 대통령이라는 평가와 함께 역사의 산증인으로 닮지 말아야 할 반면교사가 된다. 특히 노벨평화상을 수상한 몇 안 되는 세계적 경쟁력이 있는 대통령이 우수한 자질로 대통령 재임중에 탁월한 업적을 이룩하다가 집권 말년에 자기과신, 오만, 독선, 유아독존적 처신으로 지워지지 않는 역사의 오점을 남기게 되는 사실에 주목할 필요가 있다. 레흐 바웬사(Lech Walesa) 폴란드 대통령은 소련과 동구권 공산독재에 항거하고 동구 공산권 국가 몰락과 민주화에 봉화를 올린 그다니스크 조선소 용접공 출신 운동권대통령이다. 이 공로로 노벨평화상을 받고, 민선 영웅 대통령으로서 세계가 기대한 대통령이었으나 집권 후 가족, 친지, 운동권 중심 패거리 정치와 경제회복을 위한 관리능력 부재로 실패한 대통령이 되었다. 이는 2001년 10월 대통령 선거가 절실하게 보여준다. 그는 대통령 선거에 재도전했으나 전체 유권자 중 1.01%표를 받고 당선자 알렉산더 크바스니 대통령에게 무릎을 꿇고 말았다. 타협과 설득에서 진정한 권력과 강력한 리더십이

나온다는 이치를 교과서에나 있는 것으로 알고, 자기과신, 자만, 오만에 눈이 멀어 옳은 말하는 참모는 떠나보내고 독선 속의 나 홀로 대통령의 말로가 대통령 개인과 국가에 얼마나 소름끼치는 비극을 가져다 주는지 오늘날 우리 대통령들이 투철한 역사의식을 갖고 곰곰이 생각해 볼 일이다.

역사에 대한 평가는 수백 년이 지나고 천여 년에 걸쳐 다양한 시각과 조명을 통해 재평가되고 재정리되어야 진면목이 나올 것이고, 두고두고 다음 세대에 반성과 행동의 귀감이 될 것이다. 연산군과 광해군에 대한 평가도 조선왕조실록과 그 밖의 자료를 바탕으로 다양한 전문가가 여러 접근방식으로 파악하고, 감정이입 없이 마음을 비운 상태에서 객관적 실체로 평가하려는 노력들이 있어 왔다. 마찬가지로 섣불리 현 시점에서 세속적이고, 때로는 시류에 편승한 감정 섞인 상황평가는 조금은 자제하고, 이후에 객관적 평가가 이루어지도록 하는 것이 필요할지도 모른다. 그럼에도 불구하고, 한국정치무대에서 B, C, D, F급의 연출자가 연출한 수준 이하의 정치현실, 암울했던 과거, 평탄치 못했던

[표 9-14] 정치학자들의 역대 대통령에 대한 평가(1997)(( )안은 점수)

전체총점 순위	위기관리능력	임기중 업적	자 질	용 인(인사)	성 격
1위 박정희 (71.9)	2위 (69.1)	1위 (71.3)	2위 (72.9)	1위 (71.8)	1위 (74.3)
2위 이승만 (67.5)	3위 (67.5)	2위 (62.6)	1위 (76.3)	3위 (61.3)	2위 (69.8)
3위 전두환 (63.6)	1위 (73.9)	3위 (58.8)	3위 (58.2)	2위 (67.2)	5위 (60.0)
4위 노태우 (48.1)	4위 (48.1)	4위 (52.6)	6위 (44.1)	4위 (47.1)	6위 (48.8)
5위 장 면 (46.5)	7위 (32.1)	5위 (37.5)	4위 (55.1)	5위 (44.6)	3위 (63.1)
6위 최규하 (44.7)	6위 (36.0)	6위 (36.9)	5위 (47.8)	6위 (42.1)	4위 (60.9)
7위 김영삼 (38.9)	5위 (41.0)	7위 (33.4)	7위 (42.6)	7위 (33.2)	7위 (44.1)

국가진로, 내리막길 경제상황은 씁쓸함을 금치 못하게 한다. 정치학자, 국가공직자, 대학생, 국민 모두가 그 동안 이 나라 국정을 요리한 총리, 대통령을 낮게 평가한 결과에는 그럴 만한 이유가 내재해 있다

우선 1997년 10월 25일부터 11월 10일 사이에 국내 정치학자 2백 4명에게 100점 만점으로 위기관리능력, 임기중 업적, 자질, 인사용인, 성격 등 5개 분야로 나누어 평점을 매긴 결과를 순위별로 보면 5개 분야에 걸친 총점에서 1위는 박정희였고, 그 외는 2위 이승만, 3위 전두환, 4위 노태우, 5위 장면, 6위 최규하, 7위 김영삼 대통령 순으로 나타났다(최평길, 1997)(〈표 9-14〉 참고).

이를 수·우·미·양·가 기준으로 환산하면 1위인 박정희 대통령이 '미'에 해당하고, 이승만, 전두환 대통령은 '양', 나머지 4, 5, 6, 7위인 노태우, 장면, 최규하, 김영삼 대통령은 '가'에 해당하는 점수를 받았다. 결국 우리나라가 내각제를 시도해 본 1960년대 초의 총리를 포함한 최고 통치권자 7명 중 절반이 넘는 4명이 낙제 대통령인 셈이다. 비록 '미'급 대통령이라도 1위의 평점을 받은 박정희 대통령은 업적, 인사용인술, 성격 면에서 1위, '양'급 대통령으로 2위인 이승만은 자질 면에서 1위, 3위인 전두환은 위기관리 면에서 1위를 차지하고 있다. 반면에 4위에서 7위에 이르는 '가'에 해당하는 낙제 대통령 4명 중에서 내각제에서 총리였던 장면이 위기관리 면에서 최하위이고, 그 외 업적·자질·인사용인술·성격 면에서 최하위는 모두 김영삼 대통령이다.

한편 전국의 국민 1500명을 표본 추출하여 조사한 국민의 대통령에 대한 평가를 보면 전문 정치학자의 평가보다는 한 단위 높게 다소 후한 평점을 주고 있다. 1997년 2005년 두번에 걸친 조사결과가 있다. 먼저 1997년의 경우 평가점수를 수·우·미·양·가로 환산해서 보면, 역대 대통령에 대해 국민은 1위 박정희를 86점의 '우', 2위 이승만을 62점 '양', 3위 전두환은 58점으로 '양에 근접'한 대통령으로 각각 평가하고, 김영삼은 42점, 노태우는 41점으로 '가'급 낙제 대통령으로 평가하고 있다. 특히 50대와 60대 이상일수록 박정희와 이승만을 긍정적으로 평가하고, 아주 부유하거나 매우 가난한 계층일수록, 또는 경북 대구·이북 출신일수록 박정희와 전두환 대통령을 높게 평가하는 경향을 보이고 있다. 반면 학력수준이 높고 젊은 세대일수록 이승만·박정희·전두환을 부정적으로 보는 경향이 높다. 아마도 자유민주국가의 초석을 다지고 경제발전

을 이룩함으로써 물가와 사회질서를 유지한 다소간의 구체적 업적과 그 결과로 혜택을 받았다는 점에서 박정희 · 이승만 · 전두환 대통령 순으로 평가를 내리는 것으로 보인다. 그러나 이승만은 민간인 독재자, 박정희와 전두환은 군인 독재자인 점에서 도덕적으로 거부되고 특히 학력이 높거나 젊은 세대는 독재자인 이들의 권력정당성을 인정하려 하지 않고 있다. 아울러 노태우의 우유부단함과 부패성, 김영삼의 준비되지 못한 무능성에 전문 정치학자나 국민 모두가 학력 · 경제수준 · 남녀노소 가릴 것 없이 실패한 낙제생 대통령으로 보고 있다.

5년 후인 2005년에 김대중, 노무현 대통령을 포함하여 조사를 한 결과, 국민은 박정희 대통령을 역시 1위로 B학점에 해당하는 80점에 근접하게 높이 평가하고 있다. 김대중 대통령은 2위로 D학점에 해당하는 51점이라는 평가가 이루어졌다. 그 외는 3위 이승만, 4위 전두환, 5위 노무현, 6위 김영삼, 7위 노태우 순으로 꼽으나 전부 30점과 40점 사이의 수준 이하이라는 평가가 이루어지고 있다. 박정희 대통령은 경제부흥, 김대중 대통령은 IMF 경제관리 체제를 벗어나게 한, 국민이 피부로 느낄 수 있는 실체가 있는 정책, 즉, 경제를 살리는 대통령으로 1, 2위에 올려놓고 있다.

한편 2002년 중앙 정부 공직자와 광역 지방정부 공직자가 내리는 대통령 평가 순위는 박정희 1위, 2위에 전두환, 3위에 김대중, 4위 이하 김영삼, 이승만, 노태우 대통령 순 이다. 2005년 전국 대학생이 내린 대통령 평가에서는 70점에 육박하는 1위 박정희, 2위 김대중, 다음은 모두 노무현, 이승만, 김영삼, 전두환, 노태우 대통령 순으로 되어 있다. 공직자들은 전두환 대통령이 비록 권위주의 군사정권 대통령이지만 정부에서 논의과정을 거쳐 결정한 정책은 순간적 여론, 정치권 향배에 흔들리지 않고 공직자가 소신 있게 일관성을 가지고 정책을 집행하게 외압을 막아 준 대통령이라고 박정희 대통령 다음 순으로 후하게 평가하고 있다. 젊은 대학생 세대는 민주화에 이바지한 김대중, 노무현, 이승만, 김영삼 대통령을 상대적으로 군사정권 지도자인 전두환, 노태우 대통령보다 다소 높게 평가한다. 호의적인 평가 범위 내에서도 1996년부터 2005년 21세기 초엽인 현시점에 이르기까지 70점 이상의 점수를 받고 부동의 1위 평가를 받고 있는 대통령은 박정희, 다음은 시계열 상에서 국민, 공직자, 대학생들이 내리는 평가에서 단 한번이라도 60점대에 진입한 대통령은 이승만, 전두환,

[그림 9-9] 전문학자, 공직자, 대학생, 국민의 역대 대통령 평가

역대 대통령 평가

전문학자(1996), 국민여론조사(1997), 공직자(2002),
국민과 대학생(2005)의 역대 한국 대통령 평가

	전문학자(1996)	국민(1997)	공직자(2002)	국민(2005)	대학생(2005)
이승만	2위 : 67.5점	2위 : 62점	5위 : 52점	3위 : 47점	4위 : 39점
박정희	1위 : 71.9점	1위 : 86점	1위 : 78점	1위 : 77점	1위 : 67점
전두환	3위 : 63.6점	3위 : 58점	2위 : 73점	4위 : 41점	6위 : 28점
노태우	4위 : 48.1점	5위 : 41점	6위 : 48점	7위 : 29점	7위 : 26점
김영삼	5위 : 38.9점	4위 : 42점	4위 : 54점	6위 : 30점	5위 : 29점
김대중			3위 : 64점	2위 : 51점	2위 : 55점
노무현				5위 : 36점	3위 : 44점

김대중 대통령으로 나타났다.[49] 이승만은 건국 주도, 박정희는 건국된 한국의 근대화, 전두환은 질서유지 위기관리, 노태우는 민주화 과도기 관리, 김영삼은 민주개혁, 김대중은 민족통일을 추구한 대통령이라고 긍정적으로 보려는 관점도 있다(김충남, 2006: 61-68, 657).

　　정치학자 이스튼(Easton, 1965: 365-440)은 그의 정치체계론에서 정책결과 산출물은 말로서 하는 선언적 성격과 피부로 느끼고 손으로 만질 수 있는 정책 서비스로 크게 나눌 수 있다고 하였다. 그저 잘 살아 보자는 말로만 하는 것이 아니라 무주택자에게 임대 주택 제공, 국민소득 3만 달러 달성, 일자리 100만

---

49) 2002년 중앙 행정부처, 광역 지방정부의 1급-9급에 이르는 공직자 1500명, 2005년에 전국 지역별 다단계 층화표출로 국민 1500명, 대학생 1500명을 대상으로 한 사회 경제 배경, 국내외 정치경제사회인식, 정부공공기관 인식 평가, 역대 대통령 평가 설문조사 결과이다.

개 마련 등 실체(visible performance)가 있는 정책 산출물을 국민은 원한다. 동시에 사회적으로 안정되고 편안하며 평화로운 국가를 민주적으로 이끄는 정치사회 지도자를 국민은 선호한다. 따라서 중화학 공업, 수출주도형 경제발전으로 배불리 먹고 잘 입고 잘 살게 하는 국가를 만들고자 노력한 박정희 대통령과 김대중, 김영삼, 노무현 대통령 같이 민주성이 가미된, 즉 박정희와 링컨이 화학반응으로 이루어진 경제를 살리면서 고도의 도덕성을 가진 대통령을 21세기 대통령으로 한국 국민이 원하는 것 같다. 아마도 실체가 있는 경제 부흥을 일으키는 수도승 같은 민주 대통령은 21세기 모든 세계인이 염원하는 대통령, 수상 모델일 것이다.

성공적인 대통령이 되기 위해 고려해야 할 요건들은 매우 다양하여 그 모든 것을 다 기술하기는 힘들지만 핵심적인 사항에 대해서 기술함으로써 결론을 대신하고자 한다.

먼저, 성공한 대통령이 되기 위해서 내각제 수상이나 대통령 중심제 대통령은 정책 대결로 선거전에서 국민지지를 획득하여 당선되는 순간 재빨리 국정관리체제 모드로 전환하여야 한다. 국정관리체제 전환은 질서 있고 체계적인 정권인수에 착수함을 말한다. 정권인수를 함에 있어서 먼저 고려해야 할 것은 정책우선순위의 설정이다. 즉, 국민 앞에서 공약한 비전을 명확히 천명하고, 그 비전을 실천 가능한 정책프로그램으로 만들어 정부 예산 범위 내에서 정책우선순위를 설정해야 한다. 다음으로는 인사와 조직구성에 대한 전략을 마련해야 하는데, 정책을 집행할 전문성과 충성심이 충만한 인재를 폭넓게 기용하고, 특히 핵심 전략정책을 수행하는 데 필요한 정책 수단 엔진으로서 부분적 정부 조직도 재편해야 한다. 대통령이 청와대에 입성하면 정비된 조직과 충원된 참모, 각료, 전문 공직자, 의회, 시민단체와 협력체계로 시종여일 일관성 있는 정책집행으로 임해야 한다. 그리고 청와대는 경제, 안보, 홍보의 기능별 전문 정책 분야를 골격으로 정무, 정보, 복지로 확대된 수석비서관 위주의 기동형 조직과 그에 입각한 정부체제 정비로 5년 동안 24시간 완전 가동하는 기동형 국정관리체계를 최적 상태로 운영해야 한다.

다음으로 대통령은 취임 1년차에 가졌던 겸허한 의견 수렴, 혼자가 아닌 보좌관이 함께하는 팀 리더로 초심을 5년간 끝까지 간직해야 한다. 그리고 대통령은 매주, 매일, 세부계획에 따라 수석비서관 회의, 각료회의, 각료, 의원, 사회저변 기능별 전문가와 면담하고 기록하며, 정책에 반영하는 부지런함을 보여야 한다. 하루에 평균 150쪽 보고서를 읽고 전국, 세계 차원의 동향을 면밀히 파악하며, 언론미디어에 발표하는 국정 내용은 반드시 보좌관과 토론, 정리한 것이여야 한다. 냉철한 이성, 합리적 사고, 균형감각을 지닌 강인한 체력과 지적 사고력으로 후세에 위대한 업적을 남긴다는 투철한 역사의식은 대통령이 갖추어야 할 요소이다. 특히, 대통령과 그를 보좌하는 비서진, 각료들은 팀워크를 유지하여 팀플레이의 공동체정신으로 서로를 밀어 주면서 위대한 업적을 창출하겠다는 역사의식을 가지고 온 몸으로 국정에 돌진해야 될 것이다.

　　마지막으로 고려되어야 할 것이 도덕성이다. 트루먼 대통령은 그의 자서전에서 스스로 3가지를 다짐하고 있다. "나는 이 자리에 있으면서 권력, 돈, 여자를 이렇게 생각한다. 권력은 흘러가는 시냇물처럼 내 앞에 왔을 때 잠시 맡았다가 도로 흘러 보낸다. 돈은 자동차를 운전하는 데 드는 기름같이 필요한 만큼 쓰고, 여자는 평생의 반려자로 족하다." 미국은 대통령이나 공직자가 되면 모든 재산을 공개하고 또한 감시의 표적이 되며 보유한 주식은 공적관리대상으로 위탁시킨다. 현 한국 상황을 고려하면 경제위기 극복, 정경유착 차단, 기업·금융·공직자 먹이사슬 봉쇄는 대통령이 먼저 솔선수범해야 한다. 그래서 다음과 같은 21세기 한국 대통령의 도덕성 표상을 생각해 본다. 대통령은 청와대에 입성하는 순간 전 재산을 국내외 신인도가 있는 회계기관에 위탁하여 전부 처분해서 유망한 중소벤처기업에 투자하여 경제 살리기에 자신을 던지고, 일부는 소년소녀가장에게 희사하여 소외계층 돌보기와 과학기술자에게 지원하여 과학기술력이 국가경쟁력임을 몸소 실천하는 모습을 보여 주어야 한다. 그리고 5년 후 청와대를 떠날 때는 자서전을 집필할 자료가 든 가방하나를 들고 세종로를 걸어가는 대통령의 모습을 보여 주어야 한다. 우리나라의 역대 대통령은 객사하거나 총격으로 사망하지 않는 경우, 경호, 의전상의 이유라는 명목으로 청와대를 나올 때 사저를 청와대관저 스타일로 증축시킨다. 퇴임하는 대통령이 자신을 보호하고 품위 유지와 의전 절차상 아래·위·옆집을 사서 요새를 만들 정도로 재력을 모았다는 셈이다. 지금 같은 경제 위기를 극복하고 세계경쟁에서 살아남아 세계 7강의 경제 강국으로 발돋움하자는 국민의 열망을 화산폭발 같은 응집력으로 결속시키는 데는 자기를 초개처럼 버리는 대통령의 순교자 같은 청교도 정신이 그 어느 때보다도 필요하다. 그리하여 통일 이후 100여 년 동안은 한국의 대통령이나 수상은 전 재산을 사회에 돌리고 자기를 버리는 순교자 같은 정신으로 국민의 선두에 서서 뛰는 견인차 역할을 해야 될 것이다. 그래야만 국민이 정부를 믿고 따를 것이며 월가의 투자가와 세계 신용 평가 기관도 한국을 선진국 반열에 오르는 평가를 내릴 것이다.

청와대 주인만 대통령이 아니다. 자기 가정, 자기 조직, 자기 분야에서 모든 구성원을 팀워크로 묶어 뚜렷한 비전과 실천 가능한 목표를 일관성 있게 추진하여 후대에도 살아남을 경쟁력을 갖춘 시스템을 이룩한 지도자라면 그가 그 조직의 대통령일 것이다. 이 저서는 그런 모든 분야의 대통령이 되는 지혜를 정리한 것이다. 앞으로 우리나라의 대통령은 최소한 대통령학 교과서대로 국정을 운영해도 반타작은 한 셈이고 성공한 대통령의 길목에 서 있다고 보아도 될 것이다. 그런 대통령을 보면 나라가 보인다.

부록 1　대통령과 비서실장 일정표

1. 대통령 일정표

1) 김대중 대통령 일정표

〈취임당일(98.2.25.목)〉

시 간	장 소	행 사 내 용
08 : 35		국립묘지 참배 (내외분)
09 : 00		본관 도착
09 : 20	접견실	무궁화대훈장 증정 (내외분) (총무처장관/비서 · 경호실장, 전수석비서관)
09 : 25	집무실	임명동의안 재가 (총무처장관/비서실장)
10 : 00		제 15대 대통령 취임식 (내외분/국회의사당 광장)
12 : 10		귀 저
12 : 30		오 찬
15 : 00	접견실 집 실	임명장 수여식 (내외분) 국무총리, 감사원장, 비서 · 경호실장, 전수석비서관(동부인)
16 : 00		취임경축연회 (내외분/세종문화회관)
16 : 40		귀 저
17 : 25	접견실	T. McLarty 미국=축사절단장 접견
17 : 40	접견실	주요외빈 환담(7명) ※영부인 별도환담 (외교안보 · 공보수석)
18 : 30	세종실 충무실	경축만찬(내외분) (비서 · 경호실장, 외교안보 · 공보수석, 의전비서관)

⟨2000.2.1(화)⟩

시 간	장 소	행 사 내 용
10 : 00	세종실	국무회의(비서실장, 전수석비서관)
11 : 00	집무실	법무부장관 보고(민정수석)
11 : 45	영빈관	불교지도자 오찬 (비서실장, 경호실장, 교육문화수석, 공보수석)
15 : 30	집무실	국무총리 보고
16 : 30	접견실	Time, Fortune 아시아판 발행인 접견(공보수석)

⟨2000. 2.11(금)⟩

시 간	장 소	행 사 내 용
10 : 00	백악실	러시아 TV 회견(공보수석)
10 : 45	접견실	히구치 일본 경제전략회의 회장 접견 (경제수석, 외교안보수석, 공보수석)
11 : 30	영빈관	능력개발유공자 오찬(경호실장, 복지노동수석, 정책기획수석, 경제수석, 교육문화 수석, 공보수석)
14 : 20		출 발
14 : 30		환경인 신년모임 (내외분/ 프레스센타)
15 : 00		도 착
15 : 30	집무실	국가정보원장 보고(외교안보수석)

2. 비서실장 일정표

1) 박지원 비서실장

시 간	활 동 내 용
05 : 30	기상, 기상 후 12개 신문 읽음, 실내자전거 타면서 뉴스청취
06 : 50	출근, 각종 보고서 읽음.
07 : 10	대통령님 보고 (관저)
08 : 00	수석회의
08 : 50	수석 주요사항 개별보고

09 : 50-10 : 00	대통령님 보고 (집무실)
10 : 00	행사 배석
11 : 00	출입기자단 티타임
12 : 00	오찬 혹은 행사배석
14 : 00	정부 각 부처 업무현황보고 취합 및 대통령님께 보고
15 : 00	행사 참석, 혹은 각 기관장 업무논의 - 주요현안 수석 개별 보고 받음. 전화 업무 지시
17 : 30	대통령님 보고 (집무실)
18 : 30	만찬행사 배석 혹은 19 : 30시 개별 만찬 (언론사 간부 등)
23 : 00	대통령님께 전화 보고
00 : 30	취침

2) 김우식 비서실장

시 간	활 동 내 용
05 : 50－07 : 30	기상, 명상과 기도, 8개 신문, Fax, 외신 읽음.
07 : 30－07 : 45	공관 식사, 사무실 이동
07 : 45－08 : 10	일정 확인
08 : 10－09 : 00	일일현안 점검회의, 수석비서관, 상황실장
09 : 00－12 : 00	서류 결재, 면담, 대통령 수시 면담
12 : 00－14 : 00	종교계, 학계, 기업인등 외부 인사 점심,휴식
14 : 00－18 : 00	서류 결재, 비공식 회의, 면담, 공식 일정 완료
18 : 00－21 : 00	외부인사, 정부인사 회의 겸 저녁식사
21 : 00－21 : 45	9시 뉴스 시청
21 : 45－23 : 00	삼청동 주위 걷기, 체력단련, 귀가
23 : 00－24 : 00	뉴스 청취, 서류 점검, 취침

부록 2 대통령과 언론미디어 관계의 경로분석 과정

경로분석은 먼저 요인분석, 2번의 회귀분석의 과정으로 이루어진다. 요인분석으로 연관성이 높은 변수들을 범주화하고, 도출된 요인값(factor value)을 이용하여 회귀분석(regression analysis)을 실시한다. 요인분석 결과 요인 1에는 언론공보참모의 전문성, 대통령 언론관, 언론공보참모와 언론미디어의 관계, 국민의 대통령 지지도가 포함되고, 요인 2에는 국민의 언론인식, 의회의 대통령 지지도, 대통령 이념성향이 포함된다. 그리고 요인 3은 편집자 · 기자 · 언론사주의 대통령에 대한 시각으로 구성되고, 요인 4는 언론사의 조직관리와 언론사 이념성향으로 구성된다. 요인 1의 경우, 국민의 대통령 지지도를 제외하고는 대통령을 중심으로 한 내용으로 이루어져 있다. 그래서 요인 1을 대통령 관련 요인이라 칭한다. 요인 2는 대통령 이념성향을 제외하고 언론과 대통령에 대한 지지도에 해당됨으로 대통령과 언론에 대한 지지요인이라 명명한다. 요인 3은 편집자 · 기자 · 언론사주의 대통령에 대한 시각이므로 포괄적으로 언론방송부문의 대통령에 대한 시각으로 볼 수 있다. 마지막으로 언론사의 조직관리와 언론사 이념성향으로 구성된 요인 4는 언론방송사 이념 및 관리로 명명한다.[1]

여기서 사용된 변수들 간의 인과관계를 검토하기 전에 상관관계분석을 실시하여 변수 간의 관련성에 대해 알아보는데, 대통령실의 언론요인, 대통령과 언론에 대한 지지요인, 언론방송사의 대통령에 대한 시각, 언론방송사의 이념 및 조직관리 중에서 대표적인 변수인 대통령의 언론관, 국민의 대통령 지지도, 편집자의 대통령에 대한 시각, 언론방송사의 이념성향을 추출하였다. 그 결과, 대통령 언론미디어 관계는 국민의 대통령 지지도, 대통령의 언론관, 편집자의 대통령에 대한 시각과 깊은 관련성을 보이고 있다. 그리고 국민의 대통령 지지도는 대통령 언론관과 상대적으로 높은 상관관계를 보인다.

---

1) 상호연관성이 높은 문항들을 몇 가지 요인으로 분류하기 위한 주성분 요인분석을 사용하고, 요인추출방법은 회전시킨 배리맥스(Varimax)를, 요인의 수는 고유치(Eigenvalue)가 1 이상인 것을 기준으로 결정한다. 요인분석결과 개별 변수들을 총 4개의 요인으로 묶였다. 이러한 4개 요인의 분산 총 설명력은 74%이다. 기본적으로 총분산의 70% 이상을 설명해야 만족스러운 것으로 보나, 사회과학에서는 분석가에 따라 총분산의 60% 이상을 설명해도 만족한 것으로 본다.

[표 Ⅰ-1] 추출된 요인과 요인명

	요 인				요 인 명
	1	2	3	4	
언론공보참모의 전문성	.842	.128	.109	.238	대통령 관련 요인
대통령 언론관	.799	−3.242E−02	6.982E−02	.206	
언론공보참모 및 언론미디어 관계	.771	.330	.123	2.539E−02	
국민의 대통령 지지도	.677	.475	.172	.134	
국민의 언론인식	−9.475E−02	.808	.213	−2.658E−02	대통령과 언론에 대한 인식 지지 요인
대통령 이념성향	.401	.772	.170	.124	
의회의 대통령 지지도	.455	.740	.106	6.907E−02	
편집자의 대통령에 대한 시각	−3.149E−02	.159	.878	4.684E−02	언론방송부문의 대통령에 대한 시각 요인
기자의 대통령에 대한 시각	.276	.161	.825	−4.649E−02	
언론사주의 대통령에 대한 시각	.397	.406	.546	−.354	
언론사의 조직관리	.153	1.919E−03	6.888E−02	.882	언론방송사 이념 및 관리 요인
언론사 이념성향	.206	9.309E−02	−.114	.706	

＊추출방법: 주성분 분석
＊＊회전방법: 배리맥스

[표 Ⅰ-2] 관련변수들 간의 상관관계

	대통령의 언론관	편집자의 대통령에 대한 시각	국민의 대통령 지지도	재직 당시 대통령 언론관계	언론사의 이념성향
대통령의 언론관	1.000				
편집자의 대통령에 대한 시각	.078	1.000			
국민의 대통령 지지도	.558**	.215	1.000		
재직당시 대통령과 언론관계	.278*	.382**	.466**	1.000	
언론사의 이념성향	.113	−.074	.173	.086	1.000

＊＊ Correlation is significant at the 0.01 level (2-tailed).

＊ Correlation is significant at the 0.05 level (2-tailed).

　　마지막으로 대통령과 언론관계에 대한 경로계수를 알아보기 위해 두 번의 회귀분석을 실시하였다. 먼저, 국민의 대통령 지지도를 종속변수로 하여 대통령 언론관, 대통령에 대한 편집자 시각, 언론사 이념성향에 대해 회귀분석을 실시한 결과, 대통령 언론관은 유의미한 영향관계를 보이고, 대통령에 대한 편집자 시각은 유의수준 0.1에서 국민의 대통령 지지도에 유의미한 영향을 주는 것으로 분석된다. 한편 언론방송사 이념성향의 경우는 국민의 대통령 지지도에 유의미한 영향을 주지 않는 것으로 나타난다.

[표 Ⅰ-3] 국민의 대통령 지지도에 대한 회귀분석

	비표준화된 회귀계수		표준화된 회귀계수	t	Sig.
	B	Std. Error	Beta		
(상수)	4.034E−02	.759		.053	.958
대통령 언론관	.475	.098	.529	4.843	.000
대통령에 대한 편집자 시각	.274	.163	.183	1.686	.098
언론방송사 이념성향	.177	.152	.127	1.165	.249
R^2	0.357				
F	10.166 (sig = .000)				

　　다음은 재직 당시 대통령과 언론미디어 관계를 종속변수로 하고, 국민의 대통령 지지도를 비롯한 대통령 언론관, 대통령에 대한 편집자 시각, 언론사 이념성향을 독립변수로 하여 회귀분석을 실시하였다. 그 결과 국민의 대통령 지지도와 대통령에 대한 편집자 시각이 대통령과 언론미디어 관계에 영향을 주는 것으로 나타난다. 한편 대통령 언론관과 언론사 이념성향은 대통령과 언론미디어 관계에 유의미한 영향을 주지 못하는 것으로 분석된다.

　　이상에서 도출된 표준화된 회귀계수를 경로계수로 이용하여 경로모형을 작성하였다(본문 [그림 9-2] 참고).

　　마지막으로 대통령과 언론미디어 관계 대한 경로효과를 직접효과와 간접효과 총효과를 나타내는 분해표를 작성하여, 각 변수들의 영향관계 정도를 비교하였다. 여기서 직접효과는 경로모형의 경로계수, 즉 다중회귀분석의 표준화된 회귀계수와 일치한다. 간접효과는 독립변수에서 매개변수로의 경로계수와 매개변수에 종속변수로의

[표 Ⅰ-4] 재직 당시 대통령 언론미디어 관계에 대한 회귀분석

	비표준화된 회귀계수		표준화된 회귀계수	t	Sig.
	B	Std. Error	Beta		
(상수)	.343	.789		.435	.665
대통령 언론관	3.897E-02	.122	.044	.320	.750
대통령에 대한 편집자 시각	.447	.173	.302	2.575	.013
언론사 이념성향	5.431E-02	.160	.040	.340	.735
국민의 대통령 지지도	.366	.140	.370	2.614	.012
R^2	0.304				
F	5.886 (sig = .001)				

경로계수를 곱하면 된다.

[표 Ⅰ-5] 대통령과 언론미디어 관계에 대한 경로효과의 분해표

독립변수	직접효과	간접효과	총효과
대통령의 언론관	.044	.529*.370=.196	.044+.196=.240
편집자의 대통령에 대한 시각	.302	.183*.370=.068	.302+.068=.370
언론사의 이념성향	.040	.127*.370=.047	.040+.047=.087

부록 3	대통령기록물 관리에 관한 법률
	(제정 2007. 4. 27 법률 제 8395호)

제1장 총칙

제1조 (목적) 이 법은 대통령기록물의 보호·보존 및 활용 등 대통령기록물의 효율적 관리와 대통령기록관의 설치·운영에 관하여 필요한 사항을 정함으로써 국정 운영의 투명성과 책임성을 높이는 것을 목적으로 한다.

제2조 (정의) 이 법에서 사용하는 용어의 정의는 다음과 같다.

　　1. "대통령기록물"이란 대통령(「대한민국 헌법」 제71조에 따른 대통령권한대행 과 「대한민국 헌법」 제67조 및 「공직선거법」 제187조에 따른 대통령당선인을 포함한다. 이하 같다)의 직무수행과 관련하여 다음 각 목의 기관이 생산·접수 하여 보유하고 있는 기록물(「공공기록물 관리에 관한 법률」 제3조 제2호에 따른 기록물을 말한다. 이하 같다)과 국가적 보존가치가 있는 대통령상징물(대 통령을 상징하는 문양이 새겨진 물품 및 행정박물 등을 말한다. 이하 같다) 을 말한다.

　　　가. 대통령

　　　나. 대통령의 보좌기관·자문기관 및 경호업무를 수행하는 기관

　　　다. 「대통령직인수에 관한 법률」 제6조에 따른 대통령직인수위원회(이하 "대통령직인수기관"이라 한다)

　　2. "대통령기록관"이란 대통령기록물의 영구보존에 필요한 시설 및 장비와 이 를 운영하기 위한 전문인력을 갖추고 대통령기록물을 영구적으로 관리하는 기관을 말한다.

　　3. "개인기록물"이란 대통령의 사적인 일기·일지 또는 개인의 정치활동과 관 련된 기록물 등으로서 대통령의 직무와 관련되지 아니하거나 그 수행에 직 접적인 영향을 미치지 아니하는 대통령의 사적인 기록물을 말한다.

제3조 (소유권) 대통령기록물의 소유권은 국가에 있으며, 국가는 대통령기록물을 이 법으로 정하는 바에 따라 관리하여야 한다.

제4조 (다른 법률과의 관계) 대통령기록물의 관리에 관하여는 다른 법률에 우선하여 이 법을 적용하되, 이 법에 규정되지 아니한 사항에 관하여는 「공공기록물 관리에 관한 법률」(이하 "공공기록물관리법"이라 한다)을 적용한다.

제2장 대통령기록관리위원회

제5조 (대통령기록관리위원회)

① 대통령기록물의 관리에 관한 사항을 심의하기 위하여 공공기록물관리법 제15조 제1항에 따른 국가기록관리위원회(이하 "국가기록관리위원회"라 한다)에 대통령기록관리위원회를 둔다.

② 제1항에 따른 대통령기록관리위원회(이하 "위원회"라 한다)는 다음 각 호의 사항을 심의한다.

　1. 대통령기록물의 관리에 관한 기본정책

　2. 대통령기록물의 폐기 및 이관시기 연장의 승인

　3. 제17조 제1항에 따른 대통령지정기록물의 보호조치 해제

　4. 비밀기록물 및 비공개 대통령기록물의 재분류

　5. 개별대통령기록관의 설치에 관한 사항

　6. 대통령기록관의 운영에 관한 주요 사항

　7. 그 밖에 대통령기록물의 관리와 관련한 사항

③ 위원회는 위원장 1인을 포함한 9인 이내의 위원으로 구성하며, 위원은 다음 각 호에 해당하는 자 중에서 국가기록관리위원회 위원장이 임명 또는 위촉한다. 다만, 위원의 2분의 1 이상은 제3호에 규정된 자 중에서 위촉하여야 한다.

　1. 국가기록관리위원회의 위원

　2. 대통령기록관의 장

　3. 대통령기록물의 관리에 관한 학식과 경험이 풍부한 자

④ 위원회의 위원장은 제3항에 따른 위원 중에서 국가기록관리위원회 위원장이 지명한다.

⑤ 공무원이 아닌 위원의 임기는 3년으로 한다.

⑥ 위원회의 사무를 지원하기 위하여 위원회에 간사 1인을 두되, 간사는 대통령기록관의 소속 공무원 중에서 위원장이 지명하는 자가 된다.

⑦ 제2항 제2호부터 제4호까지, 제6호 및 제7호의 사항에 대하여 위원회의 심의를 거친 사항은 공공기록물관리법 제15조에 따른 국가기록관리위원회의 심의를

거친 것으로 본다.

⑧ 위원회의 구성 및 운영 등에 관하여 필요한 사항은 대통령령으로 정한다.

제6조 (위원의 정치적 중립성 유지 등) 위원회의 위원은 그 권한에 속하는 업무를 수행 함에 있어서 정치적 중립성과 업무의 독립성 및 객관성을 유지하여야 한다.

제3장 대통령기록물의 관리

제7조 (생산·관리원칙)

① 대통령과 제2조 제1호 나목 및 다목의 기관의 장은 대통령의 직무수행과 관련 한 모든 과정 및 결과가 기록물로 생산·관리되도록 하여야 한다.

② 공공기록물관리법 제9조에 따른 중앙기록물관리기관(이하 "중앙기록물관리기 관"이라 한다)의 장은 대통령기록물을 철저하게 수집·관리하고, 충분히 공 개·활용될 수 있도록 하여야 한다.

제8조 (전자적 생산·관리) 제2조 제1호 나목 및 다목의 기관(이하 "대통령기록물생산 기관"이라 한다), 대통령기록물생산기관의 기록관 및 대통령기록관의 장은 대 통령기록물이 전자적으로 생산·관리되도록 하여야 하며, 전자적 형태로 생산 되지 아니한 기록물에 대하여도 전자적으로 관리되도록 하여야 한다.

제9조 (대통령기록물생산기관의 기록관)

① 대통령기록물생산기관의 장은 대통령기록물의 체계적 관리를 위하여 대통령령 으로 정하는 바에 따라 기록관을 설치·운영하여야 한다. 다만, 기록관 설치가 곤란한 대통령기록물생산기관에 대하여는 대통령보좌기관이 설치한 기록관이 제2항 제1호부터 제3호까지, 제5호 및 제6호의 업무를 수행한다.

② 대통령기록물생산기관의 기록관의 장은 다음 각 호의 업무를 수행한다.

1. 당해 기관의 대통령기록물 관리에 관한 기본계획의 수립·시행
2. 당해 기관의 대통령기록물 수집·관리·활용 및 폐기
3. 중앙기록물관리기관으로의 대통령기록물의 이관
4. 당해 기관의 대통령기록물에 대한 정보공개의 접수
5. 관할 대통령기록물생산기관의 대통령기록물 관리에 대한 지도·감독 및 지 원
6. 그 밖에 대통령기록물의 관리에 관한 사항

제10조 (생산현황의 통보)

① 대통령기록물생산기관의 장은 대통령기록물의 원활한 수집 및 이관을 위하여

매년 대통령기록물의 생산현황을 소관 기록관의 장에게 통보하고, 소관 기록관의 장은 중앙기록물관리기관의 장에게 통보하여야 한다. 다만, 임기가 종료되는 해와 그 전년도의 생산현황은 임기가 종료되기 전까지 통보하여야 한다.

② 대통령기록물 생산현황의 통보방법 및 시기 등의 절차에 관하여 필요한 사항은 대통령령으로 정한다.

제11조 (이관)

① 대통령기록물생산기관의 장은 대통령령으로 정하는 기간 이내에 대통령기록물을 소관 기록관으로 이관하여야 하며, 기록관은 대통령의 임기가 종료되기 전까지 이관대상 대통령기록물을 중앙기록물관리기관으로 이관하여야 한다. 다만, 대통령직인수기관의 기록물은 「대통령직인수에 관한 법률」 제6조에 따른 존속기한이 경과되기 전까지 중앙기록물관리기관으로 이관하여야 한다.

② 제1항에도 불구하고 대통령 경호업무를 수행하는 기관의 장이 대통령 경호 관련 기록물을 업무수행에 활용할 목적으로 이관시기를 연장하려는 때에는 대통령령이 정하는 바에 따라 중앙기록물관리기관의 장에게 이관시기의 연장을 요청할 수 있다. 이 경우 중앙기록물관리기관의 장은 대통령 경호기관의 장과 협의하여 이관시기를 따로 정할 수 있다.

③ 중앙기록물관리기관의 장은 제1항 및 제2항에 따라 대통령기록물을 이관 받은 때에는 대통령기록관에서 이를 관리하게 하여야 한다.

④ 대통령기록물생산기관의 기록관의 장은 대통령 임기종료 6개월 전부터 이관대상 대통령기록물의 확인·목록작성 및 정리 등 이관에 필요한 조치를 강구하여야 한다. 이 경우 중앙기록물관리기관의 장은 기록물정리인력 등 대통령기록물의 이관에 관하여 필요한 사항을 지원할 수 있다.

제12조 (회수) 중앙기록물관리기관의 장은 대통령기록물이 공공기관 밖으로 유출되거나 제11조제1항 및 제2항에 따라 이관되지 아니한 경우에는 이를 회수하거나 이관받기 위하여 필요한 조치를 강구하여야 한다.

제13조 (폐기)

① 대통령기록물생산기관의 장은 보존기간이 경과된 대통령기록물을 폐기하려는 때에는 위원회의 심의를 거쳐 폐기하여야 한다.

② 대통령기록물생산기관의 장은 제1항에 따라 대통령기록물을 폐기하려는 경우에는 폐기대상 목록을 폐기하려는 날부터 60일 전까지 대통령기록관의 장에게 보내야 하며, 대통령기록관의 장은 목록을 받은 날부터 50일 이내에 위원회의

심의를 거쳐 그 결과를 대통령기록물생산기관의 장에게 통보하여야 한다. 이 경우 대통령기록물 생산기관의 장은 폐기가 결정된 대통령기록물의 목록을 지체 없이 관보 또는 정보통신망에 고시하여야 한다.

③ 대통령기록관의 장은 제11조 제1항 및 제2항에 따라 이관된 대통령기록물 중 보존기간이 경과된 대통령기록물을 폐기하려는 경우에는 위원회의 심의를 거쳐야 한다. 이 경우 대통령기록관의 장은 위원회의 심의를 거쳐 폐기가 결정된 대통령기록물의 목록을 지체 없이 관보 또는 정보통신망에 고시하여야 한다.

④ 대통령기록물의 폐기 절차 등에 관하여 필요한 사항은 대통령령으로 정한다.

제14조 (무단파기·반출 등의 금지) 누구든지 무단으로 대통령기록물을 파기·손상·은닉·멸실 또는 유출하거나 국외로 반출하여서는 아니 된다.

제15조 (보안 및 재난대책) 대통령기록물생산기관의 장 및 대통령기록관의 장은 소관 대통령기록물의 보호 및 안전한 관리를 위하여 대통령령으로 정하는 바에 따라 대통령기록물에 대한 보안 및 재난대책을 수립·시행하여야 한다.

제4장 대통령기록물의 공개·열람

제16조 (공개)

① 대통령기록물은 공개함을 원칙으로 한다. 다만, 「공공기관의 정보공개에 관한 법률」 제9조제1항에 해당하는 정보를 포함하고 있는 경우에는 이를 공개하지 아니할 수 있다.

② 대통령기록물생산기관의 장은 소관 기록관으로 대통령기록물을 이관하려는 때에는 당해 대통령기록물의 공개 여부를 분류하여 이관하여야 한다.

③ 대통령기록관의 장은 비공개로 분류된 대통령기록물에 대하여는 이관된 날부터 매 2년마다 위원회의 심의를 거쳐 공개 여부를 재분류하여야 한다.

④ 비공개 대통령기록물은 생산연도 종료 후 30년이 경과하면 공개함을 원칙으로 한다.

⑤ 제4항에도 불구하고 대통령기록관의 장은 공개될 경우 국가안전보장에 중대한 지장을 초래할 것이 예상되는 대통령기록물에 대하여는 위원회의 심의를 거쳐 당해 대통령기록물을 공개하지 아니할 수 있다. 이 경우 제2조 제1호 나목의 기관의 장의 의견을 들을 수 있다.

제17조 (대통령지정기록물의 보호)

① 대통령은 다음 각 호의 어느 하나에 해당하는 대통령기록물(이하 "대통령지정

기록물"이라 한다)에 대하여 열람·사본제작 등을 허용하지 아니하거나 자료제
출의 요구에 응하지 아니할 수 있는 기간(이하 "보호기간"이라 한다)을 따로 정
할 수 있다.

1. 법령에 따른 군사·외교·통일에 관한 비밀기록물로서 공개될 경우 국가안
   전보장에 중대한 위험을 초래할 수 있는 기록물

2. 대내외 경제정책이나 무역거래 및 재정에 관한 기록물로서 공개될 경우 국
   민경제의 안정을 저해할 수 있는 기록물

3. 정무직공무원 등의 인사에 관한 기록물

4. 개인의 사생활에 관한 기록물로서 공개될 경우 개인 및 관계인의 생명·신
   체·재산 및 명예에 침해가 발생할 우려가 있는 기록물

5. 대통령과 대통령의 보좌기관 및 자문기관 사이, 대통령의 보좌기관과 자문
   기관 사이, 대통령의 보좌기관 사이 또는 대통령의 자문기관 사이에 생산된
   의사소통기록물로서 공개가 부적절한 기록물

6. 대통령의 정치적 견해나 입장을 표현한 기록물로서 공개될 경우 정치적 혼
   란을 불러일으킬 우려가 있는 기록물

② 보호기간의 지정은 각 기록물별로 하되, 중앙기록물관리기관으로 이관하기 전
에 하여야 하며, 지정 절차 등에 관하여 필요한 사항은 대통령령으로 정한다.

③ 보호기간은 15년의 범위 이내에서 정할 수 있다. 다만, 개인의 사생활과 관련
된 기록물의 보호기간은 30년의 범위 이내로 할 수 있다.

④ 보호기간 중에는 다음 각 호의 어느 하나에 해당하는 경우에 한하여 최소한의
범위 내에서 열람, 사본제작 및 자료제출을 허용하며, 다른 법률에 따른 자료
제출의 요구 대상에 포함되지 아니한다.

1. 국회재적의원 3분의 2 이상의 찬성의결이 이루어진 경우

2. 관할 고등법원장이 해당 대통령지정기록물이 중요한 증거에 해당한다고 판
   단하여 발부한 영장이 제시된 경우. 다만, 관할 고등법원장은 열람, 사본제
   작 및 자료제출이 국가안전보장에 중대한 위험을 초래하거나 외교관계 및
   국민경제의 안정을 심대하게 저해할 우려가 있다고 판단하는 경우 등에는
   영장을 발부하여서는 아니 된다.

3. 대통령기록관 직원이 기록관리 업무수행상 필요에 따라 대통령기록관의 장
   의 사전 승인을 받은 경우

⑤ 대통령기록관의 장은 전직 대통령 또는 전직 대통령이 지정한 대리인이 제18

조에 따라 열람한 내용 중 비밀이 아닌 내용을 출판물 또는 언론매체 등을 통하여 공표함으로 인하여 사실상 보호의 필요성이 없어졌다고 인정되는 대통령지정기록물에 대하여는 위원회의 심의를 거쳐 보호조치를 해제할 수 있다.

⑥ 제4항에 따른 열람, 사본제작 및 자료제출의 방법과 절차 등에 관하여 필요한 사항은 대통령령으로 정한다.

제18조 (전직 대통령에 의한 열람) 대통령기록관의 장은 제17조제4항에 불구하고 전직 대통령이 재임 시 생산한 대통령기록물에 대하여 열람하려는 경우에는 열람에 필요한 편의를 제공하는 등 이에 적극 협조하여야 한다.

제19조 (대통령지정기록물의 누설 등의 금지) 대통령기록물 관리업무를 담당하거나 담당하였던 자 또는 대통령기록물에 접근·열람하였던 자는 그 과정에서 알게 된 비밀 및 보호기간 중인 대통령지정기록물에 포함되어 있는 내용을 누설하여서는 아니 된다. 다만, 전직 대통령 또는 전직 대통령이 지정한 대리인이 제18조에 따라 열람한 대통령지정기록물에 포함되어 있는 내용 중 비밀이 아닌 사실에 대하여는 그러하지 아니하다.

제20조 (비밀기록물의 재분류)

① 대통령기록관의 장은 보존 중인 비밀기록물에 대하여 비밀을 해제하거나 보호기간 등을 연장하려는 경우에는 대통령령으로 정하는 바에 따라 위원회의 심의를 거쳐 재분류를 실시하여야 한다. 이 경우 관계 기관의 의견을 들을 수 있다.

② 제1항의 경우에 그 대통령지정기록물이 비밀기록물인 경우에는 그 보호기간이 종료된 후에 재분류를 실시하여야 한다.

제5장 대통령기록관의 설치·운영

제21조 (대통령기록관의 설치) 대통령기록물의 효율적 보존·열람 및 활용을 위하여 중앙기록물관리기관의 장은 그 소속에 대통령기록관을 설치하여야 한다.

제22조 (대통령기록관의 기능) 대통령기록관은 다음 각 호의 업무를 수행한다.

1. 대통령기록물의 관리에 관한 기본계획의 수립·시행
2. 대통령기록물의 수집·분류·평가·기술(記述)·보존·폐기 및 관련 통계의 작성·관리
3. 비밀기록물 및 비공개 대통령기록물의 재분류
4. 대통령지정기록물의 보호조치 해제

　　5. 대통령기록물의 공개열람·전시·교육 및 홍보

　　6. 대통령기록물 관련 연구 활동의 지원

　　7. 제26조에 따른 개인기록물의 수집·관리

　　8. 그 밖에 대통령기록물의 관리에 관하여 필요한 사항

제23조 (대통령기록관의 장)

　① 대통령기록관의 장은 대통령기록물의 관리 및 대통령기록관의 운영과 관련한 제반 사무를 통할하고, 소속 직원을 지휘·감독한다.

　② 대통령기록관의 장의 임기는 5년으로 한다.

제24조 (대통령기록관의 운영)

　① 대통령기록관의 장은 대통령기록관의 운영에 관한 주요 사항을 결정하려는 경우에는 위원회의 심의를 거쳐야 하며, 위원회의 심의 결과를 존중하여야 한다.

　② 대통령기록관의 장은 대통령기록물에 대한 효율적 활용 및 홍보를 위하여 필요한 때에는 대통령기록관에 전시관·도서관 및 연구지원센터 등을 둘 수 있다.

　③ 그 밖에 대통령기록관의 운영에 관한 사항은 대통령령으로 정한다.

제25조 (개별대통령기록관의 설치 등)

　① 중앙기록물관리기관의 장은 특정 대통령의 기록물을 관리하기 위하여 필요한 경우에는 개별대통령기록관을 설치할 수 있다.

　② 개인 또는 단체가 대통령령으로 정하는 기준에 따라 특정 대통령의 기록물을 관리하기 위한 시설을 건립하여 「국유재산법」 제9조에 따라 국가에 기부채납하는 경우에는 위원회의 심의를 거쳐 이를 제1항에 따라 설치한 개별대통령기록관으로 본다.

　③ 중앙기록물관리기관의 장은 개인 또는 단체가 국가에 기부채납할 목적으로 특정 대통령의 기록물을 관리하기 위한 시설을 건립하고자 하는 경우에는 위원회의 심의를 거쳐 필요한 경비의 일부를 예산의 범위 안에서 지원할 수 있다.

　④ 제1항 및 제2항에 따른 개별대통령기록관의 장은 당해 대통령기록물에 대하여 제22조 제2호부터 제8호까지의 규정에 따른 업무를 수행한다.

　⑤ 제2항에 따라 개별대통령기록관을 설치하는 경우에 해당 전직 대통령은 그 개별대통령기록관의 장의 임명을 추천할 수 있다.

제6장 보칙

제26조 (개인기록물의 수집 · 관리)

① 대통령기록관의 장은 역대 대통령(제25조에 따른 개별대통령기록관의 경우에는 당해 전직 대통령을 말한다)이 재임 전 · 후 및 재임 당시에 생산한 개인기록물에 대하여도 국가적으로 보존할 가치가 있다고 인정되는 경우에는 당해 대통령 및 해당 기록물 소유자의 동의를 받아 이를 수집 · 관리할 수 있다.

② 대통령기록관의 장은 제1항의 개인기록물을 수집하는 때에는 대통령 및 이해관계인과 해당 기록물의 소유권 · 공개 및 자료제출 여부 등 관리조건에 관한 구체적 사항을 협의하여 정하여야 한다.

③ 대통령기록관의 장은 제1항의 개인기록물을 수집하기 위하여 필요한 경우에는 보상을 할 수 있으며, 보상 금액 및 절차 등에 관하여 필요한 사항은 대통령령으로 정한다.

제27조 (대통령선물의 관리) 중앙기록물관리기관의 장은 「공직자윤리법」 제16조에 따라 이관 받은 대통령선물의 관리에 관하여 필요한 조치를 하여야 한다.

제28조 (연구활동 등 지원) 중앙기록물관리기관의 장은 위원회의 심의를 거쳐 대통령기록물의 연구를 수행하는 교육연구기관 등에 대하여 연구비용의 일부를 예산의 범위 안에서 지원할 수 있다.

제29조 (벌칙 적용에서의 공무원 의제) 위원회의 위원 중 공무원이 아닌 위원은 「형법」 제129조부터 제132조까지의 규정에 따른 벌칙의 적용에서는 이를 공무원으로 본다.

제7장 벌 칙

제30조 (벌칙)

① 다음 각 호의 어느 하나에 해당하는 자는 10년 이하의 징역 또는 3천만원 이하의 벌금에 처한다.

　1. 제14조를 위반하여 대통령기록물을 무단으로 파기한 자

　2. 제14조를 위반하여 대통령기록물을 무단으로 국외로 반출한 자

② 다음 각 호의 어느 하나에 해당하는 자는 7년 이하의 징역 또는 2천만원 이하의 벌금에 처한다.

　1. 제14조를 위반하여 대통령기록물을 무단으로 은닉 또는 유출한 자

　2. 제14조를 위반하여 대통령기록물을 무단으로 손상 또는 멸실시킨 자

③ 제19조에 따른 비밀누설의 금지 등을 위반한 자는 3년 이하의 징역이나 금고 또는 7년 이하의 자격정지에 처한다.

④ 중대한 과실로 대통령기록물을 멸실하거나 일부 내용이 파악되지 못하도록 손상시킨 자는 1천만원 이하의 벌금에 처한다.

부칙 〈제8395호, 2007.4.27〉

제1조 (시행일) 이 법은 공포 후 3개월이 경과한 날부터 시행한다.

제2조 (대통령기록관의 설치 · 운영에 관한 특례) 중앙기록물관리기관의 장은 제21조에 따라 대통령기록관의 설치 등에 관한 계획을 행정자치부장관 및 기획예산처장관 등 관계 기관과 협의하여 이 법 시행 후 3개월 내에 수립하여야 하며, 대통령기록관의 설치 · 운영에 필요한 조치를 강구하여야 한다.

제3조 (이 법 시행 전의 대통령기록물의 관리에 관한 특례)

① 대통령기록관의 장은 이 법 시행 전의 전직 대통령, 그 보좌기관 · 자문기관 및 경호기관이 직무수행과 관련하여 생산한 기록물을 수집하여 관리할 수 있도록 필요한 조치를 하여야 한다.

② 대통령기록관의 장은 제1항에 따른 기록물을 수집하는 경우에는 해당 기록물의 유지 · 보존에 들어간 비용을 대통령령이 정하는 바에 따라 지급할 수 있다.

제4조 (다른 법률의 개정) 공공기록물 관리에 관한 법률 일부를 다음과 같이 개정한다.

제12조 및 제6장(제31조)을 각각 삭제한다.

부록 4 대통령직 인수에 관한 법률
(일부개정 2005. 7. 28 법률 제 7614호)

제1조 (목적) 이 법은 대통령당선인으로서의 지위와 권한을 명확히 하고 대통령직의
원활한 인수에 필요한 사항을 규정함으로써 국정운영의 계속성과 안정성을 도
모함을 목적으로 한다.

제2조 (정의) 이 법에서 사용하는 용어의 정의는 다음과 같다.

　　1. "대통령당선인"이라 함은 헌법 제67조 및 공직선거및선거부정방지법 제187
조의 규정에 의하여 당선인으로 결정된 자를 말한다.

　　2. "대통령직"이라 함은 헌법에 의하여 대통령에게 부여된 직무를 말한다.

제3조 (대통령당선인의 지위 및 권한)

　① 대통령당선인은 대통령당선인으로 결정된 때부터 대통령임기개시일 전일까지
그 지위를 갖는다.

　② 대통령당선인은 이 법이 정하는 바에 따라 대통령직 인수를 위하여 필요한 권
한을 갖는다.

제4조 (예우) 대통령당선인과 그 배우자에 대하여는 다음 각호의 규정에 의한 예우를
할 수 있다.

　　1. 대통령당선인에 대한 교통·통신 및 사무실 제공 등의 지원

　　2. 대통령당선인과 그 배우자에 대한 진료

　　3. 그 밖에 대통령당선인에 대하여 필요한 예우

제5조 (국무총리후보자의 지명 등)

　① 대통령당선인은 대통령임기개시 전에 국회의 인사청문의 절차를 거치게 하기
위하여 국무총리 및 국무위원 후보자를 지명할 수 있다. 이 경우 국무위원후보
자에 대하여는 국무총리후보자의 추천이 있어야 한다. 〈개정 2005.7.28〉

　② 대통령당선인은 제1항의 규정에 의하여 국무총리 및 국무위원후보자를 지명한
경우에는 국회의장에게 국회법 제65조의2 및 인사청문회법에 의한 인사청문의
실시를 요청하여야 한다. 〈개정 2005.7.28〉

제6조 (대통령직인수위원회의 설치 및 존속기한)

① 대통령당선인을 보좌하여 대통령직의 인수와 관련된 업무를 담당하기 위하여 대통령직인수위원회(이하 "위원회"라 한다)를 설치한다.

② 위원회는 대통령의 임기개시일 이후 30일의 범위까지 존속한다.

제7조 (업무) 위원회는 다음 각호의 업무를 수행한다.

　1. 정부의 조직 · 기능 및 예산현황의 파악

　2. 새 정부의 정책기조를 설정하기 위한 준비

　3. 대통령의 취임행사 등 관련업무의 준비

　4. 그 밖에 대통령직의 인수에 필요한 사항

제8조 (위원회의 구성 등)

① 위원회는 위원장 1인, 부위원장 1인 및 24인 이내의 위원으로 구성한다.

② 위원장 · 부위원장 및 위원은 명예직으로 하고, 대통령당선인이 임명한다.

③ 위원장은 대통령당선인을 보좌하여 위원회의 업무를 통할하며, 위원회의 직원을 지휘 · 감독한다.

④ 위원장이 부득이한 사유로 직무를 수행할 수 없는 경우에는 대통령당선인이 지명하는 자가 그 직무를 대행한다.

제9조 (위원회의 직원)

① 위원회의 업무를 효율적으로 수행하기 위하여 위원회에 전문위원 · 사무직원 등 직원을 둘 수 있다.

② 위원장은 위원회의 업무수행을 위하여 필요하다고 인정하는 경우에는 관계기관의 직원을 소속기관장의 동의를 얻어 전문위원 · 사무직원 등 직원으로 파견 근무하도록 요청할 수 있으며, 요청받은 관계기관의 장은 특별한 사유가 없는 한 이에 응하여야 한다.

제10조 (위원 등의 결격사유) 국가공무원법 제33조 각호의 1에 해당하는 자는 위원회의 위원장 · 부위원장 · 위원 및 직원이 될 수 없다.

제11조 (위원회의 예산 및 운영 등) 이 법에 규정된 사항 외에 위원회의 예산 · 직원 및 운영 등에 관하여 필요한 사항은 대통령령으로 정한다.

제12조 (위원회활동에 관한 협조 등)

① 행정자치부장관은 위원회가 원활하게 운영될 수 있도록 업무지원을 하여야 한다.

② 관계기관의 장은 위원회의 효율적인 운영을 위하여 자료 · 정보 또는 의견의

제출, 예산의 확보 등 필요한 협조를 하여야 한다.

제13조 (직원의 직무전념) 위원회의 직원은 위원회의 업무에 전념하여야 한다.

제14조 (비밀누설 및 직권남용의 금지) 위원회의 위원장·부위원장·위원 및 직원과 그 직에 있었던 자는 그 직무와 관련하여 알게 된 비밀을 다른 사람에게 누설 하거나 대통령직의 인수업무외의 다른 목적으로 이용할 수 없으며, 직권을 남 용하여서는 아니된다.

제15조 (벌칙적용에 있어서의 공무원 의제) 위원회의 위원장·부위원장·위원 및 직원 과 그 직에 있었던 자 중 공무원이 아닌 자는 위원회의 업무와 관련하여 형법 그 밖의 법률에 의한 벌칙의 적용에 있어서는 이를 공무원으로 본다.

제16조 (백서발간) 위원회는 위원회의 활동경과 및 예산사용 내역을 백서로 정리하여 위원회의 활동종료 후 30일 이내에 공개하여야 한다.

부칙 〈제6854호,2003.2.4〉

제1조 (시행일) 이 법은 공포한 날부터 시행한다.

제2조 (위원회의 설치에 관한 경과조치) 이 법 시행 당시 종전의 법령에 의하여 설치된 대통령직인수위원회는 이 법에 의하여 설치된 것으로 본다.

제3조 (다른 법률의 개정) 공직선거및선거부정방지법 중 다음과 같이 개정한다.
　　　제14조 제1항 본문중 "다음 날부터"를 "다음날 0시부터"로 한다.

부칙(국회법) 〈제7614호,2005.7.28〉

제1조 (시행일) 이 법은 공포한 날부터 시행한다. 〈단서 생략〉

제2조 생략

제3조 (다른 법률의 개정) ① 생략 ② 대통령직인수에관한법률 일부를 다음과 같이 개정한다. 제5조 제1항 및 제2항 중 " 국무총리후보자"를 각각 "국무총리 및 국무위원 후보자"로 하고, 같은 조 제1항에 후단을 다음과 같이 신설한다. 이 경우 국무위원후보자에 대하여는 국무총리후보자의 추천이 있어야 한다. ③ 생략

참고문헌

국회정치개혁특별위원회 편역. (2001). 「미국의 선거과정」. 서울: 국회 행정자치위원
    회 겸 정치개혁특별위원회.

김기정 · 김용호 · 정병석. (2000). "김대중 정부의 외교정책과 언론: 관계유형의 모색
    과 사례분석을 중심으로." 「국제정치논총」. 제 40권 제 4호. 363-397면.

김 당. 「한국정보기구」. 서울: 박영사.

김민수. (2005). 「국가정보 시스템 운용체계와 관리에 관한 연구」. 연세대학교 대학
    원 석사학위 논문.

김보상. (1998). 「한국정치의 고비용 선거 개선에 관한 연구」. 연세대학교 행정대학원
    석사 학위논문.

김석준. (2002). 「현대대통령연구Ⅰ」. 서울: 대영문화사.

김영삼. (2000). 「김영삼 회고록, 민주주의를 위한 나의 투쟁, 1, 2, 3」. 서울: 백산서
    당.

김웅진. (1995). "비교정치연구의 분석전략과 디자인: 통칙생산의 기본규준을 중심으
    로." 「비교문화연구」. 제 2집. 89-116면.

김정해. (2003). "대통령 비서실의 제도화 성격분석: John Burke 모형에 따른 한국사
    례의 비교분석." 「한국행정학보」. 제 37권 제 1호. 225-247면.

김충남. (2006). 「대통령과 국가경영」. 서울: 서울대학교 출판부.

김학준. (1997). "우남 이승만". 「진리 자유」. 통권 제28호. 서울: 연세대학교.

김형렬. (1997). 「정책결정론」 서울: 대영사.

김호진. (1990). 「한국정치체제론」. 서울: 박영사.

남궁근. (1998). 「비교정책연구-방법, 이론, 적용」. 서울: 법문사.

맥퀘일 위달. 임상원 · 유종원 공역. (2001). 「커뮤니케이션 모델: 매스 커뮤니케이션
    의 이해」. 서울: 나남출판.

문정인 편. (2002). 「국가정보론」. 서울: 박영사.

박경석. (2000). "대통령 호칭 120년 秘史." 「신동아」. 9월호. 508-518면.

박석희. (1993). 「한국청와대의 정책 조직 관리 연구」. 연세대학교 대학원 석사학위

논문.

박성래. (2001). "미국 대통령에 대한 짝사랑." 중앙일보. 1월 30일자.

박중훈. (1996). 「대통령비서실의 조직과 기능」. 서울: 한국행정연구원.

백상기. (1994). 「비교정치제도」. 서울: 형설출판사.

서동만. (1998). 「90년대 일본의 정계 개편에 관한 연구」. 서울: 외교안보연구원 정책 연구 시리즈.

서정갑 외. (1994). "한국의 비합법적 정치자금의 유형과 실태." 「동서연구」.

宋復, 河慶姬. (1997). 「論語書藝展」. 서울: 삼보인쇄공사.

모리야 히로시 저. 박화 옮김. (2004). 「중국 3천년의 인간력」. 서울: 청년정신.

신명순. (1994). "한국의 정당과 정치." 「연세대학교 사회과학논집」. 서울: 연세대학교 사회과학연구소.

안병영. (1999). "개혁과정과 장관의 역할. 문민정부 교육개혁을 중심으로." 「연세행정논총」. 24권. 9-11면.

_____. (2001). "입법 및 정책결정과정에서 장관과 국회상임위원회의 상호관계." 「의정연구」. 제 7권 제 1호.

양동훈. (1999). "한국 대통령제의 개선과 대안들에 대한 재검토." 「한국정치학회보」. 제 33권 제 3호.

월로치 이저. 차재호 옮김. (2001), 「나폴레옹의 싱크탱크들」. 서울: 홍익출판사.

유영익. (1996). 「이승만의 삶과 꿈-대통령이 되기까지」. 서울: 중앙일보사.

_____. (1997). "자료를 통해본 인간 이승만". 「진리자유」. 통권 제28호.

_____. (1999). "雩南 李承晚의 獄中雜記 白眉". 「인문과학」. 제 80집. 서울: 연세대학교 人文科學 研究所.

俞鎭午. (1949). 「新稿憲法解義」. 서울: 明世堂.

유재천·이민웅. (1994). 『정부와 언론』. 서울: 나남출판.

이명재·서동희. (1998). "조직환경변화와 조직구조의 발전전략." 「사회과학연구」. 제 11권. 1-17면. 상명대학교 사회과학연구소.

이종수. (1987). 「한국에 있어서의 정책과정 변화」. 연세대학교 대학원 석사논문.

이택희. (1997). "한국 근대사와 이승만". 『진리 자유』, 통권 제28호. 서울: 연세대학교.

이효성. (1996). "언론분석-공익 저버린 '선택되지 않은 권력'." 『저널리즘 비평』. 15권. 46-55면.

이홍종. (1997). "김영삼 정부시기의 정치와 언론: 언론과 민주주의와의 관계에 대한 평가적 분석."『한국정치학회 9월 월례발표회 논문집』. 81-93면.

장기붕. (2007).「근접경호론, Executive Protection」. 대구: 홍익출판사.

장달중. (2000). "일본의 국제화와 정치체제의 변화."「국제지역연구」. 제 9권 제 3호. 가을호.

전선일. (2001). "정당 국고보조금의 배분 및 집행실태 분석."「한국행정학보」. 제 35권 제 2호. 117-137면.

정해구. 1997. "해방 후 이승만 노선의 검토와 평가".『진리 자유』, 통권 제28호. 서울: 연세대학교.

제15대 대통령직인수위원회. (1998).「대통령직인수위원회 백서」. 서울: 정부간행물제작소.

조성한 외. (1996).「일본의 정부조직」. 서울: 한국행정연구원.

중앙선거관리위원회. (1998).「제15대 대통령선거총람」. 서울: 중앙선거관리위원회(선거행정 간행물등록번호 93000-3216-07-9804).

최경진. (2003). "한국의 정부와 언론의 갈등적 관계에 관한 일 고찰: 참여정부의 언론정책적 행위를 중심으로."『언론과학연구』. 제 3권 제 3호: 195-132.

최병제 편. (2006).「국가정보학」. 서울: 박영사.

최평길. (1981). "국가원수경호관리 모형 연구." 서울: 연세대학교 행정학과 연구보고서

_____. (1996). "사회과학의 보편이론 정립과 방법론."「연세대학교 사회과학논집」. 제 27집.

_____. (1997). "정치학자 204명의 역대대통령 평가조사."「한국논단」. 제100호. 12월호.

_____. (2004). "대통령과 언론미디어와의 관계설정모형: 청와대 언론홍보활동과 언론미디어 역할과의 관계설정."「한국언론학술논총」. 283-351면.

최평길 · 박석희. (1994). "청와대와 백악관 비서실의 정책조직관리 비교연구."『한국행정학보』제 28권 제 4호.

최평길 · 백정미. (2005). "대통령과 언론."「한국행정학보」. 제 39권 제 4호. 394-407면.

한영철. (1998). "영국 내각제에 관한 재고찰 - 수상, 내각 및 의회의 역할변화를 중심으로-."「명지대학교 사회과학논총」. 제 14권 제 1호. 275-294면

함성득. (2002). 「대통령비서실장론」. 서울: 나남출판.

허준 엮음/해설. (2005). 「손자병법과 병법36계」. 서울: 카프치노 문고.

Aaron, Henry J. ed. (1990). *Setting National Priorities.* Washington, D.C.: The Brookings Institution.

Aberbach, Joel D., and Bert A. Rockman. (1990). "Problems of Cross-National Comparison." in D. C. Rowat (ed.). *Public Administration in Developed Democracies: A comparative Study."* New York: Marcel Dekker. pp. 419-400.

Aldrich, H. E. (1979). *Organization and Environments.* New Jersey: Prentice-Hall.

Aldrich, John H. (1993). "Presidential Selection." in George C. Edwards, John H. Kessel, and Bert A. Rockman (eds). *Researching Presidency: Vital Questions and New Approaches.* Pittsburgh and London: The University of Pittsburgh Press.

Almond, Gabriel A. and G. Bingham Powell, Jr. (1966). *Comparative Politic.* Boston: Little, Brown and Company.

_____. (2000). 7th ed. *Comparative Politics Today: A World View.* New York: Longman.

Almond, Gabriel A. and Sidney Verba. (1966). *The Civic Culture.* Princeton: Princeton University Press.

Andersen, Sven S and Kjell A. Eliassen (eds). (1993). *Making Policy in Europe, the Europeification of National Policy-making.* London: Thousandks.

Anderson, Charles W. (1971). "Comparative Policy Analysis: The Design of Measures." *Comparative Politics.* Vol. 4. No. 3. pp. 117-131.

Andrew, Christopher. (1966). *For the President's Eyes Only. Secret Intelligence and American Presidency from Washington to Bush.* New York: Harper Collins Publishers, Inc.

Barber, James. (1972). 4th ed. *The Presidential Character: Predicting Performance in the White House.* Englewood Cliffs, New Jersey: Prentice-Hall.

Bardwick, Judith M. (1996). "Peacetime Management and Wartime Management." in Hesselbein, Frances, Marshall Goldsmith, and Richard Beckhard (eds). *The*

Leader of the Future, New Visions, Strategies, and Practices for the Next Era. San Francisco: Jossey-Bass Publishers.

Barnard, Chester I. (1938). *The Functions of the Executive.* Cambridge, Massachusetts: Harvard University Press.

Bauer, Carl M. (1986). *Presidential Transitions.* New York: Oxford University Press.

Beckhard, Richard and Reuben T. Harris. (1977). *Organizational Transitions: Managing Complex Change.* Reading, Massachusetts: Addison-Wesley Publishing Company.

Bennis, Warren G. (1969). *Organizational Development: its Nature, Origins and Prospects.* Reading, Massachusetts: Addison-Wesley Publishing Company.

Bohn, Mcichael K. (2003). *Nerve Center, Inside the White House Situation Room.* Washington, D.C.: Brassey's, Inc..

Bolger, Jr., Paul F. (1985). *Presidential Campaign.* New York: Oxford University Press.

Bostdorff, Denise M. (1994). *The Presidency and the Rhetoric of Foreign Crisis.* Columbia: University of South Carolina.

Buchanon, Bruce. 1998. "The Presidency and the Nominating Process," in Michael Nelson, ed. *The Presidency and the Political System.* Washington, D.C.: Congessional Quarterly Inc.

Bundesregierung. (1995). *Almanach der Bundesregierung 1995/1996.* Bonn: Heraugegeben Vom Press und Informationsamt.

Burke, John P. (2000). *The Institutional Presidency: Organizing and Managing the White House from FDR to Clinton.* Baltimore: The Johns Hopkins University Press.

Cabinet Ministry. (1995). *Cabinet Committee Business. A Guide for Departments.* London: Cabinet office.

Cater, Douglass. (1959). *The Fourth Branch of Government.* Boston: Houghton Mifflin Co.

Chicago Tribune Magazine. 1982. January 10. p. 9.

Claisse, Allain. (1996). *The French Constitution and Political Life under the Fifth Republic in The International Institute for Public Administration, An*

Introduction to French Administration. Paris: The Research and Publication Directorate of International Institute for Public Administration

Committee on Government Reform and Oversight, U.S. House of Representatives. (1996, 2000, 2004). *United State Government Policy and Supporting Positions(Plum Books)*, Washington D. C.: U. S. Government Printing Office. in http://www.gpoaccess.gov/plumbook/1996/index.html

Congressional Research Service. (1997). *Campaign Financing of National Elections in the Selected Foreign Countries.* Washington, D. C.: Federal Archives.

Cook, Timothy E and Lyn Ragsdale. (1998). "The President and Press: Negotiating Newsworthiness at the White House." Michael Nelson (ed.). *The Presidency and The Political System.* Washington, D.C.: Congressional Quarterly Inc.. pp. 323-357.

Davidson, Roger H. (1997) "Presidential-Congressional Relations." in James P. Pfiffner and Roger H. Davidson. eds. *Understanding the Presidency.* New York: Addison-Wesley Educational Publishers Inc.. pp. 336-347.

Davis, Jame D. (1991). "Presidential Press Conference: A Critical Approach." *The American Political Science Review.* Vol 85. No. 4. pp. 1476-1477.

Davis, James W. (1995). *The American Presidency.* Westport, Connecticut: Praeger.

Diclerico, Robert E. (1995). *The American President.* Englewood Cliffs, New Jersey: Prentice Hall.

Dye, Thomas R. (1972). *Understanding Public Policy.* Englewood Cliffs, New Jersey: Prentice-Hall, Inc.

Easton, David. (1965). *A Systems Analysis of Political Life.* New York: John Wiley & Sons.

Edward Ⅲ, George C. (1999). "Director or Facilitator? Presidential Policy Control of Congress." in James P. Pfiffner. ed. *The Managerial Presidency.* College Station, Texas: Texas A & M University Press.

Edward Ⅲ, George C. and B. Dan Wood. (1999). Who Influences Whom? The President, Congress, and the Media. *American Political Science Review.* 93(2): 327-344.

Edwards Ⅲ, George, John H. Kessel, and Bert A. Rockman, eds. (1993). *Researching*

Presidency: Vital Questions and New Approaches. Pittsburgh and London: The University of Pittsburgh Press.

Edward Ⅲ, George C and Stephen J. Wayne (2003). *Presidential Leadership: Politics and Policy Making.* Belmont, C. A. : Wadsworth/Thomson Learning.

Engels, Frederick. ed. (1967). *Capital.* New York: International Publishers.

Etzioni, Amitai. (1966). *The New Golden Rule, Community and Morality in a Democratic Society.* New York: Basic Books.

Foley, Michael. (2000). *The British Presidency: Tony Blair and the Politics of Public Leadership.* Manchester: Manchester University Press.

Foreign & Commonwealth Office. (1996). *Britain's System of Government.* London: HMSO.

Fox, Jeffrey J. (1998). *How to Become CEO.* New York: Hyperion.

Gardner, John W. (1990). *On Leadership.* New York: The Free Press.

Gerbner, G. (1956). "Toward a general model of communication." *Audio Visual Communication Review.* Vol 4. pp. 171-199.

_____. (1967). "Mass Media and human communication Theory." in F. E. Dance (ed.). *Human Communication Theory.* New York: Holt, Rinehart and Winston

Ginsberg, Benjamin, Walter R. Jr., and Martin Schefter. (1998). "The Presidency, Social Forces, and Interest Groups: Why Presidents Can No Longer Govern." in Michael Nelson (ed.). *The Presidency and Political System.* Washington D. C.: Congressional Quarterly Inc, pp. 358-373.

Ginsborg, Paul. (2005). *Silvio Berlusconi.* London: Verso.

Goleman, Daniel, Richard Boyatzis, and McKee Annie. (2002). *Primal Leadership: Realizing the Power of Emotional Intelligence.* Boston, Mass.: Harvard Business School Press.

Goodwin, Doris Kearn. (1999). "Ten Lessons from Presidents." in Hesselbein, Francis and Paul Cohen M (eds). *Leader to Leader.* San Francisco: Jossey-Bass Publishers.

Gore, Al. (1993). *Creating A Government That Works Better & Costs Less, Report of the National Performance Review.* New York: Times Books.

Grossman, Michael B. and Martha J. Kumar. (1979). "The White House and the News Media: The Phase of Their Relationship." *Political Science Quarterly.* Vol. 94. No. 11. pp. 37-53.

Hargrove, Erwin C. (1993). "Presidential Personality and Leadership Style." in George C. Edwards Ⅲ, John H. Kessel, and Bert A. Rockman (eds). *Researching Presidency: Vital Questions and New Approaches.* Pittsburgh and London: The University of Pittsburgh Press.

Hayao, Kenji. (1993). *The Japanese Prime Minister and Public Policy.* Pittsburgh, P.A.: The University of Pittsburgh Press.

Heclo, Hugh. (1997). "The Changing Presidential Office." in Pfiffner James P. and Roger H. Davidson (eds). *Understanding the Presidency.* New York: Longman.

Hennessy, Peter. (2000). *The Prime Minister. The Office and Its Holders Since 1945.* New York: PALGRAVE.

Herman, Michael. (2001). *Intelligence Services in the Information Age. Theory and Practice.* London: Frank Ass.

Hess, Stephen. (2002). *Organizing the Presidency.* Washington, D.C: The Brookings Institution.

Hesselbein, Frances, Marshall Goldsmith, and Richard Beckhard (eds). (1996). *The Leader of the Future, New Visions, Strategies, and Practices for the Next Era.* San Francisco: Jossey-Bass Publishers.

HMSO. (1991). *Organization of Political Parties.* London: HMSO.

HMSO. (1996). *The Central Office of Information, Britain: An Official Handbook.* London: HMSO.

Holt, Pat M. (1995). *Secret Intelligence and Public Policy.* Washington, D. C.: CQ Press.

Hult, Karen M. (1993). "Advising the President," in George C. Edwards, John H. Kessel, and Bert A. Rockman (eds). *Researching Presidency: Vital Questions and New Approaches.* Pittsburgh and London: The University of Pittsburgh Press.

Jamil, Jreist E. (2005). "Comparative Public Administration is Back In, Prudently."

Public Administration Review. Vol. 65. No. 2. pp. 236-238.

Janowitz, M. (1968). "The Study of Mass Communication". in D. E. Sills(ed.). *International Encyclopedia of the Social Science.* New York: Macmillan and Free Press. 3.

Jones, Charles O. (1994). *The Presidency in a Separated System.* Washington, D. C.: Brookings Institution.

Jones, G. W. (2001). "Book Review: The British Presidency: Tony Blair and the Politics of Public Leadership." *American Political Science Review.* Vol. 95. No. 4. pp. 1017-1018.

Kernell, Samuel. (1997). "The Evolution of the White House". in. James Pfiffner and Roger H. Davidson (eds). *Understanding the Presidency.* New York: Longman.

Kernell, Samuel and Popkin, Samue (eds). (1986). *Chief of Staff.* Berkeley, Los Angeles, London: The University of California Press.

Kiewe, Amos and Davis W. Houck. (1991). *A Shining City on a Hill: Ronald Reagan's Economic Rhetoric, 1951-1989.* New York: Praeger.

King, Anthony. 1993. "Foundations of Power" in George C. Edward Ⅲ, John H. Kessel, and Bert A. Rockman (eds). *Researching Presidency: Vital Questions and New Approaches.* Pittsburgh and London: The University of Pittsburgh Press.

Kingdon, John W. (1995). *Agendas, Alternatives, and Public Policies.* New York: Harper Collins College Publishers.

Koenig, Louis W. (1968). *The Chief Executive.* New York: Harcourt, Brace & World, Inc.

Krauss, Ellis S. & Benjamin Nyblade. (2005). "Presidentialization in Japan? The Prime Minister, Media and Election in Japan." *British Journal of Political Science.* Vol. 35. pp. 357-368.

Kumar, Martha Joynt. (2001). "The Office of the Press Secretary." *Presidential Studies Quarterly.* Vol. 31. No. 2. pp. 296-322.

_____. (2003). "Source Material: The White House and the Press: News Organizations as a Presidential Resource and as a Source of Pressure."

Presidential Studies Quarterly. Vol. 31. No. 3. pp. 669-683.

Kurtz, Howard. (1998). *Spin Cycle. How the White House and the Media Manipulate the News.* New York: Touchstone.

Lengle, James I. (1997). "Evaluating and Reforming the Presidential Nominating Process," in Pfiffner James P. and Roger H. Davidson. eds. *Understanding the Presidency.* New York: Longman.

Light, Paul C. (1993). "Presidential Policy Making" in George C. Edwards, John H. Kessel, and Bert A. Rockman (eds). *Researching Presidency,: Vital Questions and New Approaches.* Pittsburgh and London: The University of Pittsburgh Press.

Lijphart, Arend, ed. (1992). *Parliamentary versus Presidential Government.* New York: Oxford University Press.

Lincoln, Abraham. (1894). "Letter to A. G. Hodges." in John Nicolay and John Hay. eds. *The Complete Works of Abraham Lincoln,* Vol. 10. New York: Francis D. Tandy Co.

Lowenthal, Mark M. (2003). *Intelligence from Secrets to Policy.* Washington, D.C.: CQ Press.

Maltese, John Anthony. (1994). *Spin Control: The White House Office of Communications and Management of Presidential News.* Chapel Hill: the University of North Carolina Press.

_____. (1998). The Presidency and Judiciary. Michael Nelson (eds). *The Presidency and the Political System.* Washington D. C.: Congressional Quarterly Inc. pp. 510-511.

_____. (2000). The Presidency and the News Media. *Perspectives on Political Science.* Vol. 29. No. 2. pp. 77-83.

Maranell, Gary and Richard Dodder. (1970). "Political Orientation and Evaluation of Presidential Prestige: A Study of American Historians." *Social Science Quarterly* Vol. 51.

McCombs, M. E. and D. L. Shaw. (1972). "The Agenda-Setting Function of Mass Media." *Public Opinion Quarterly.* Vol. 36. pp. 176-187.

McLeod, J. M. and S. H. Chaffee. (1973). Interpersonal Approaches to

Communication Research. *American Behavioral Scientist.* Vol. 16. pp. 469-499.

Medlberg, B. L., P. C. Nystrom and W. H. Starbuck. (1976). "Camping on Seesaws: Prescriptions for a Self-designing Organization." *Administrative Science Quarterly.* Vol 21. No. 1. pp. 41-65.

Meltsner, Arnold. (1967). "Policies and Policy Making," in Fred. I. Greenstein and Nelson. W. Polsby eds. *Handbook of Political Science Massachusetts: Addition Wesley Publishing Company.* Vol. 6. pp. 350-357.

Meny, Yves and Andrew Knapp. (1998). *Government and Politics in Western Europe, Britain, France, Germany, Italy.* Oxford: Oxford University Press.

Mill, John Stuart. (1958). *Considerations on Representative Government.* New York: The Bobbs-Merrill Company, Inc.

Moe, Ronald C. (1997). "The President's Cabinet" in James P. Pffiffner and Davidson, Roger C. *Understanding Presidency.* New York: Longman.

_____. (1999). "The President's Role as Chief Manager." in James P. Pfiffner. *The Managerial Presidency.* College Station, Texas: Texas A & M University press.

Moe, Terry M. (1993). "President, Institutions and Theory", in George C. Edwards, John H. Kessel, and Bert A. Rockman (eds). *Researching Presidency: Vital Questions and New Approaches.* Pittsburgh and London: The University of Pittsburgh Press.

Mullen, Lawrence J. (1997). Transformations in the Press-Political-Public Relationship: Presidential Campaigning and Political Imagery. *Journal of Communication.* Vol. 47. No. 2.

Nagelschmitz, Helmut(a). ed. (1995). *The Federal Government, The Chancellor-The Ministers.* Bonn: Inter Nations. Basis-Info.

Nagelschmitz, Helmut(b). ed. (1995). *The Heads of Government of the 16 Constituents States in Germany.* Bonn: Inter Nations. Basis-Info.

National Journal. (2001). *Weekly Magazine.* June 25. Washington, DC.

Nelson, Dale. (1998). *Who Speaks for the President?, The White House Press Secretary from Cleveland to Clinton.* Syracuse, New York: Syracuse University Press.

Neustadt, Richard E. (1980). *Presidential Power: The Politics of Leadership from FDR to Carter*. NY: John Wiley and Sons, Inc.

_____. (1990). *Presidential Power and the Modern Presidents*. New York: The Free Press.

Niccolo, Machiavelli. (1950). *The Prince and the Discourses*. New York: Modern Library

Nigro, Felix A. and Nigro, Lloyd G. (1986). *The New Public Personnel Administration*. Itasca, Illinois: F. E. Peacock Publishers, Inc.

Noonan, Peggy. (1995). "Ronald Reagan, 1981-1989.," in Robert A. Wilson. ed. *Character Above All, the Presidents from FDR to George Bush*. New York: A Touchstone Book.

Office of the Federal Register and National Archives and Records Administration. (2004). *The United States Government Manual 2004/2005*. Washington D. C.: U.S. Government Printing Office.

Office of the Federal Register. (2005). *The United States Government Manual 2005/2006*. Washington D.C.: U.S. Government Printing Office.

Osborne, David and Ted Gaebler. (1992). *Reinventing Government, How the Enterprenuerial Spirit is Transforming the Public Sector*. New York: A Plume Book.

Peterson, Mark A. (1998). "The President and Congress." in Michael Nelson. ed. *The Presidency and the Political System*. Washington, D.C.: Congessional Quarterly Inc.

Pfiffner, James P. (1996). *The Strategic Presidency*. Lawrence, Kansas: The University of Kansas Press.

_____. (1999). *The Managerial Presidency*. College Station, Texas: Texas A & M University Press.

Pfiffner, James P. and Roger C. Davidson. (1997). *Understanding Presidency*. New York: Longman.

Pika, Joseph A. (1999). "The Vice Presidency: New opportunities and Old Constraints." in Michael Nelson. ed. *The Presidency and the Political System*. Washington, D.C.: Congessional Quarterly Inc.

Ponder, Stephen. (1999). *Managing the Press: Origins of the Media Presidency, 1897-1993.* New York: St. Martin's Press.

Press and Information Office of the Federal Government. (1995). *Key Data on Germany.* Wisdom: Statistisches Bundesamt, General Information Office.

Press und Informationsamt der Bundesregierung. (1995). *Jahresbericht der Bundesregierung.* Bonn: Heraugegeben Vom Press und Informationsamt.

Przeworski, A. and H. Teune. (1970). *The Logic of Comparative Social Inquiry.* New York: Wiley.

Reedy, George(1970). *The Twilight of the Presidency.* New York: The New American Library, Inc..

Richardson, Elliot L. and James P. Pfiffner. (1999). "Politics and Performance, Strengthening the Executive Leadership System." in James P. Pfiffner. *The Managerial Presidency.* College Station, Texas: Texas A &M University Press.

Ridings, Jr., William J. and Stuart B. McIver. (1997). *Rating The Presidents: A Ranking of U.S. Leaders, From the Great and Honorable to the Dishonest and Incompetent.* Secaucus, New Jersey: A Citadel Press Book.

Riggs, Fred W. (1991). "Public Administration: A Comparative Framework." *Public Administration Review,* Vol. 51. No. 6. pp. 473-777.

Rose, Richard and Ezra N. Suleiman (eds). (1980). *Presidents and Prime Ministers.* Washington, D.C.: American Enterprise Institute,

Rousseau, Jean Jacques. (1950). *The Social Contract and Discourses.* New York: E. P. Dutton and Company, Inc.

Rozell, Mark J. (1990). "President Carter and the Press: Perspectives from White House Communication Advisers." *Political Science Quarterly.* Vol. 105. No. 3. pp. 419-434.

Satori, Giovanni (1970). "Concept Misformation in Comparative Politics." *The American Political Science Review.* Vol. 64. No. 4. pp. 1046-1052.

Schaefer, Todd M. (1997). "Persuading the Persuaders: Presidential Speeches and Editorial Opinion." *Political Communication.* Vol 14. pp. 97-111.

_____. (1999). "The Rhetorical Presidents Meets the Press: The New York Times and the State of the Union Message." *Journalism and Mass Communication Quarterly.* Vol. 76. No. 3. pp. 530.

Schein, Edgar H. (1992). *Organizational Culture and Leadership.* San Francisco: Jossey-Bass Publishers.

_____. (1996). "Leadership and Organizational Culture." Frances Hesselbein, Marshall Goldsmith, and Richard Beckhard. (eds). *The Leader of the Future.* San Francisco: Jossey-Bass Publishers.

Schlesinger, Arthur M. (1948) "The U.S. Presidents." *Life.* November 1. p. 65.

_____. (1962). "Our Presidents: A Rating by 75 Historians." *New York Times Magazine.* July 29.

Sinclair, Barbara. (1993). "Studying Presidential Leadership." in George C. Edwards, John H. Kessel, and Bert A. Rockman (eds). *Researching Presidency: Vital Questions and New Approaches.* Pittsburgh and London: The University of Pittsburgh Press.

Smith, Carlyn. (1990). *Presidential Press Conference: A Critical Approach.* New York: Praeger.

Sorensen, Theodore. (1965). *Kennedy.* New York: Harper & Row.

_____. (1969). *The Kennedy Legacy.* New York: Macmillan.

Stodgill, R. M. (1974). *Handbook of Leadership: A Survey of Literature.* New York: The Free Press.

Taft, William Howard. (1916). *Our Chief Magistrate and his Powers.* New York: Columbia University

Thach, Jr. Charles C. (1989). *The Creation of the Presidency.* Baltimore, Maryland: The Johns Hopkins University Press.

Thomas, Ponuntke and Webb Paul. (eds). (2005). *The Presidentialization of Politics: A Comparative Study of Modern Democracies.* Oxford: Oxford University Press.

Tracey, M. (1977). *The Production of Political Television.* London: Routledge and Kegan Paul.

Treverton, Gregory F. (2003). *Reshaping National Intelligence for an Age of Information.* Cambridge, UK: Syndicate of the University of Cambridge.

Truman, Harry S. (1965). *Memoirs, Years of Decisions.* New York: New American Library.

Volker, Busse. (1994). *Bundeskanzleramt und Bundesregierung.* Heidelberg: Huthigm.

Volker, Worl. (1995). *Five Decades of Social Market Economy.* Bonn: Basis-Info, German Government.

Wahl, Jurgen. (1995). *The Evolution of Party Democracy after 1945.* Bonn: In-Press.

Walcott, Charles E. and Karen M. Hult. (1999). "White House Staff Size: Explanations and Implications." *Presidential Studies Quarterly.* Vol. 29. No. 3. pp. 638-656.

Waldo, Dwight. (1984). *The Administrative State.* New York: Holmers & Meier Publishers.

Watts, Duncan. (2006). *British Government and Politics. A Comparative Guide.* Edinburgh, UK: Edinburgh University Press Ltd.

Weko, Thomas and Aldrich, John H. (1998). "The Presidency and Campaign." in Michael Nelson. ed. *The Presidency and the Political System.* Washington, D.C.: Congessional Quarterly Inc.

Weller, Patrick. (1985). *First Among Equals; Prime Ministers in Westerminster Systems.* Sydney: George Allen and Unwin.

Wilson, Woodrow. (1897). "The Study of Administration." *Political Science Quarterly,* Vol 2. pp. 197-220.

_____. (1908). *Constitutional Government in the United States.* New York: Columbia University Press.

Woodward, Bob. (1994). *The Agenda: Inside the Clinton White House.* New York: Simon and Schuster.

Yukl, Gary. (1994). *Leadership in Organizations. Englewood Cliffs,* New Jersey: Prentice-Hall, Inc.

_____. (1999). "Managerial Leadership: a Review of Theory and Research." *Journal of Management.* Vol. 15. No. 2. pp. 279-289.

Freedom of Information Act of 1966(5 U.S.C. §552)

Presidential Library Act of 1955(44 U.S.C. 2108)

Presidential Record Act of 1978(44 U.S.C.)

Presidential Recordings and Materials Preservation Act of 1974

한국 대통령실 홈페이지

> http://www.president.go.kr,
>
> http://www.president.go.kr/cwd/kr/about/organization.

미국 부시 정권인수 홈페이지 http://www.whitehouse2001.org.

영국수상실 홈페이지 http://www.pm.gov.uk/

일본 내각관방 홈페이지 http://www.cas.go.jp

워싱턴포스트지 백악관 직원 리스트

> "White House Office Staff List" in http://www.washingtonpost.com/wp-srv
> /politics/administration/
>
> http://www.appointee.brookings.org/sg/c2-1.htm(The Council for
> Excellence in Government and The Presidential Appointee Initiative, A
> Survivor's Guide for Presidential Nominees)
>
> www.usaid.gov/procurement_bus_opp/procurement/forms/SF-86/sf-86.pdf
>
> http://www.whitehouse2001.org or www.appointee.brookings.org(2006년)

색 인

저자 약력

연세대학교 사회과학대학 행정학과 및 동 대학원 졸업
미국 시라큐스 대학 맥스웰대학원 행정학 석사, 박사
연세대학교 행정학과 교수
연세대학교 연구처장
연세대학교 국제학대학원장
연세대학교 명예교수

주요 저서

「미리보는 코리아 2000」. 서울 : 도서출판 장원, 1993
「신세대가 몰려온다」. 서울 : 고려원, 1996
「21세기 동북아 정세예측과 한국의 전략적 대응방안」. 서울 : 집문당, 1996
「P세대(실용주의 세대)」. 연세대학교 출판부, 2006

대통령학

2007년 10월 15일	초판발행
2016년 8월 30일	중판발행

저 자 최 평 길
발행인 안 종 만
발행처 ㈜ **박영사**

저 자 와
협 의 하 여
인 지 를
생 략 함

서울특별시 종로구 새문안로3길 36, 1601
전화 (733)6771 FAX (736)4818
등록 1959. 3. 11. 제300-1959-1호(倫)

www.pybook.co.kr e-mail: pys@pybook.co.kr
파본은 바꿔드립니다. 본서의 무단복제행위를 금합니다.

정 가 30,000원   ISBN 979-11-303-0365-9